AF829984

Haftungsprivilegierung der Geschäftsleitung durch fachkundige Beratung

Schriften zum Gesellschaftsrecht und Unternehmensinsolvenzrecht

Herausgegeben von Hans-Friedrich Müller und Peter Reiff

Band 1

PL ACADEMIC RESEARCH

Björn Müller

Haftungsprivilegierung der Geschäftsleitung durch fachkundige Beratung

Entwicklung eines gesellschaftsrechtlichen Vertrauensgrundsatzes unter Berücksichtigung anglo-amerikanischen Rechts

PL ACADEMIC RESEARCH

Bibliografische Information der Deutschen Nationalbibliothek
Die Deutsche Nationalbibliothek verzeichnet diese Publikation in der Deutschen Nationalbibliografie; detaillierte bibliografische Daten sind im Internet über http://dnb.d-nb.de abrufbar.

Zugl.: Trier, Univ., Diss., 2016

D 385
ISSN 2366-729X
ISBN 978-3-631-67630-1 (Print)
E-ISBN 978-3-653-06991-4 (E-Book)
DOI 10.3726/978-3-653-06991-4

© Peter Lang GmbH
Internationaler Verlag der Wissenschaften
Frankfurt am Main 2016
Alle Rechte vorbehalten.
PL Academic Research ist ein Imprint der Peter Lang GmbH.

Peter Lang – Frankfurt am Main · Bern · Bruxelles · New York · Oxford · Warszawa · Wien

Das Werk einschließlich aller seiner Teile ist urheberrechtlich geschützt. Jede Verwertung außerhalb der engen Grenzen des Urheberrechtsgesetzes ist ohne Zustimmung des Verlages unzulässig und strafbar. Das gilt insbesondere für Vervielfältigungen, Übersetzungen, Mikroverfilmungen und die Einspeicherung und Verarbeitung in elektronischen Systemen.

Diese Publikation wurde begutachtet.

www.peterlang.com

In Memoriam

Ursula und Gertrud Müller

Vorwort

Die vorliegende Arbeit wurde im Sommersemester 2016 vom Fachbereich Rechtswissenschaft der Universität Trier als Dissertation unter dem Titel: „Haftungsprivilegierung der Geschäftsleitung durch fachkundige Beratung" angenommen. Rechtsprechung und Literatur sind bis März 2016 berücksichtigt.

Ein besonderer Dank gilt Herrn Prof. Dr. Hans-Friedrich Müller, LL.M., der die Betreuung meines Promotionsvorhabens übernahm. Er regte dabei nicht nur das Thema dieser Arbeit an, sondern stand mir stets für Nachfragen zur Verfügung und war mir daher eine wertvolle Hilfe. Bei ihm und Herrn Prof. Dr. Peter Reiff möchte ich mich auch für die Aufnahme diese Arbeit in die Reihe „Schriften zum Gesellschaftsrecht und Unternehmensinsolvenzrecht" bedanken.

Ebenso gebührt mein aufrichtiger Dank Herrn Prof. Dr. Arnd Arnold, Dipl.-Vw., für die zügige Erstellung des Zweitgutachtens. Die Arbeit entstand während meiner Tätigkeit als wissenschaftlicher Mitarbeiter an seinem Lehrstuhl für Bürgerliches Recht, Wirtschaftsrecht und Steuerrecht an der Universität Trier. Sowohl die stets angenehme Arbeitsatmosphäre, der juristische Austausch untereinander als auch die gewährten Freiräume ermöglichten es mir, diese Arbeit erfolgreich fertigzustellen.

Von Herzen danke ich meiner Verlobten Frau Isabel Schwierzy, die unerschütterlich an mich geglaubt und beständig motiviert hat. Dies hat wesentlich zum Gelingen dieser Arbeit beigetragen.

Weiter bedanke ich mich bei Herrn Heribert Ries, Frau Andrea Löhr und Frau Nicole Hansen für das Korrekturlesen meiner Arbeit. Nicht zuletzt möchte ich meiner gesamten Familie, den Mitarbeitern am Lehrstuhl von Prof. Dr. Arnold und meinen Freunden danken, die mir über die Jahre der Promotion den nötigen Rückhalt gaben und daher stets eine wertvoll Stütze waren.

Wittlich, im April 2016 Björn Müller

Inhaltsverzeichnis

Abkürzungsverzeichnis

a. A.	andere Ansicht
a. E.	am Ende
a. F.	alte Fassung
A.2d	Atlantic Reporter 2nd
A.C.	Official Law Reports: Appeal Cases
AcP	Archiv für die civilistische Praxis (Zeitschrift)
AG	Die Aktiengesellschaft (Zeitschrift)
AJCL	Australian Journal of Corporate Law
AktG	Aktiengesetz
AktR	Aktienrecht
Am. L. & Econ. Rev.	American Law and Economics Review
Am. U. Bus. L. Rev.	American University Business Law Review
AnwBl.	Anwaltsblatt (Zeitschrift)
Art.	Artikel
AT	Allgemeiner Teil
BaFin	Bundesanstalt für Finanzdienstleistungsaufsicht
BAG	Bundesarbeitsgericht
BauP	Bauprozess
BB	Betriebs-Berater (Zeitschrift)
BeckOK	Beck'scher Online-Kommentar
BeckRS	Elektronische Entscheidungsdatenbank Beck Online
BGB	Bürgerliches Gesetzbuch
BGBl.	Das Bundesgesetzblatt
BGH	Bundesgerichtshof
BGHSt	Entscheidungssammlung des Bundesgerichtshofs in Strafsachen
BGHZ	Entscheidungssammlung des Bundesgerichtshofs in Zivilsachen
BKR	Zeitschrift für Bank- und Kapitalmarktrecht
BLJ	Bucerius Law Journal
BLT	Business Law Today
BMJV	Bundesministerium der Justiz und für Verbraucherschutz
BOARD	Zeitschrift für Aufsichtsräte in Deutschland
BORA	Berufsordnung der Rechtsanwälte

BRAO	Bundesrechtsanwaltsordnung
BRAO-E	Entwurf eines Gesetzes zur Neuordnung des Rechts der Syndikusanwälte
BR-Drucks.	Drucksache Bundesrat
BSG	Bundessozialgericht
bspw.	beispielsweise
BT-Drucks.	Drucksache Deutscher Bundestag
BUSLAW	Business Lawyer (Zeitschrift)
BVerwGE	Entscheidungssammlung des Bundesverwaltungsgerichts
bzgl.	bezüglich
bzw.	beziehungsweise
CCZ	Corporate Compliance Zeitschrift
CNLR	Cornell Law Review
D&O	Director & Officer
d.	durch
d.h.	das heißt
DB	Der Betrieb (Zeitschrift)
DBW	Die Betriebswirtschaft (Zeitschrift)
DCGK	Deutscher Corporate Governance Kodex
DGCL	Delaware General Corporation Law
DJT	Deutscher Juristen Tag
DRiG	Deutsches Richtergesetz
DStR	Deutsches Steuerrecht (Zeitschrift)
DTWIR	Deutsche Zeitschrift für Wirtschafts- und Insolvenzrecht
E. R.	English Reports
ESMA	Europäische Wertpapier- und Marktaufsichtsbehörde
et al.	et alii, et aliae, et alia
EuG	Gericht der Europäischen Union
EuGH	Der Gerichtshof der Europäischen Union
EuR	Zeitschrift Europarecht
EuZW	Europäische Zeitschrift für Wirtschaftsrecht
EWHC	High Court of England and Wales
EWiR	Entscheidungen zum Wirtschafsrecht (Zeitschrift)
F. Supp.	Federal Supplement
F.2d	Federal Reporter 2nd
FAO	Fachanwaltsordnung

FAZ	Frankfurter Allgemeine Zeitung
FCAFC	Federal Court of Australia Full Court
Fn.	Fußnote
Fordham L. Rev.	Fordham Law Review
FS	Festschrift
GA	Goltdammer's Archiv (Zeitschrift)
GAin	Generalanwältin
GEOJLE	Georgetown Journal of Legal Ethics
GesR	Gesellschaftsrecht
GewO	Gewerbeordnung
ggf.	gegebenenfalls
GmbH	Gesellschaft mit beschränkter Haftung
GmbHG	Gesetz betreffend die Gesellschaften mit beschränkter Haftung
GmbHR	Die GmbH-Rundschau (Zeitschrift)
grds.	grundsätzlich
GRUR	Gewerblicher Rechtsschutz und Urheberrecht (Zeitschrift)
GWR	Gesellschafts- und Wirtschaftsrecht (Zeitschrift)
h. M.	herrschende Meinung
Hervorh.	Hervorhebung
HGB	Handelsgesetzbuch
i. d. R.	in der Regel
i. H. v.	in Höhe von
i. R. d.	im Rahmen der/des
i. S. d.	im Sinne des/der
i. V. m.	in Verbindung mit
InsO	Insolvenzordnung
IRZ	Zeitschrift für Internationale Rechnungslegung
JR	Juristische Rundschau (Zeitschrift)
Jura	Juristische Ausbildung (Zeitschrift)
jurisPK	Juris Praxiskommentar
jurisPR-HaGesR	Juris Praxisreport – Handels- und Gesellschaftsrecht
JuS	Juristische Schulung
JW	Juristische Wochenschrift
JZ	Juristen Zeitung (Zeitschrift)
KG	Kammergericht Berlin
KGesR	Kapitalgesellschaftsrecht

KK	Kölner Kommentar
KonTraG	Gesetz zur Kontrolle und Transparenz im Unternehmensbereich
KSzW	Kölner Schrift zum Wirtschaftsrecht (Zeitschrift)
KWG	Gesetz über das Kreditwesen
LG	Landgericht
LMK	Kommentierte BGH-Rechtsprechung Lindenmaier-Möhring
m. w. N.	mit weiteren Nachweisen
MBCA	Model Business Corporation Act
MLR	Modern Law Review
MüKo	Münchener Kommentar
MünchHdb	Münchener Handbuch
n. F.	neue Fassung
N.E.2d	North Eastern Reporter 2nd
NJW	Neue Juristische Wochenschrift
NK	Nomos Kommentar
Nr.	Nummer
NZG	Neue Zeitschrift für Gesellschaftsrecht
NZI	Neue Zeitschrift für Insolvenz- und Sanierungsrecht
NZM	Neue Zeitschrift für Miet- und Wohnungsrecht
OHSLJ	Ohio State Law Journal
OLG	Oberlandesgericht
OVG	Oberverwaltungsgericht
r+s	Recht und Schaden (Zeitschrift)
RDG	Gesetz über außergerichtliche Rechtsdienstleistungen
RegE	Regierungsentwurf
RestrukturierungsG	Gesetz zur Restrukturierung und geordneten Abwicklung von Kreditinstituten, zur Errichtung eines Restrukturierungsfonds für Kreditinstitute und zur Verlängerung der Verjährungsfrist der aktienrechtlichen Organhaftung
S.	Seite
SASR	South Australian State Reports
SG	Sozialgericht
SK-StGB	Systematischer Kommentar zum Strafgesetzbuch
SMG	Schuldrechtsmodernisierungsgesetz
sog.	sogenannte(r)

StBerG	Steuerberatungsgesetz
StGB	Strafgesetzbuch
StV	Strafverteidiger (Zeitschrift)
UMAG	Gesetz zur Unternehmensintegrität und Modernisierung des Anfechtungsrechts
UmwG	Umwandlungsgesetz
Urt.	Urteil
v.	vom
Va. L. Rev.	Vigrinia Law Review
Verf.	Verfasser
VersR	Versicherungsrecht (Zeitschrift)
vgl.	vergleiche
VorstAG	Gesetz zur Angemessenheit der Vorstandsvergütung
WFLR	Wake Forest Law Review
WILR	Wisconsin Law Review
wistra	Zeitschrift für Wirtschafts- und Steuerstrafrecht
WL	West Law
WM	Zeitschrift für Wirtschafts- und Bankrecht
WpHG	Gesetz über den Wertpapierhandel
WPO	Wirtschaftsprüferordnung
WpÜG	Wertpapiererwerbs- und Übernahmegesetz
WTR LCPR	Law and Contemporary Problems
WuM	Wohnungswirtschaft und Mietrecht (Zeitschrift)
WuW	Wirtschaft und Wettbewerb (Zeitschrift)
YLJ	Yale Law Journal
z.B.	zum Beispiel
ZBB	Zeitschrift für Bankrecht und Bankwirtschaft
ZEuP	Zeitschrift für Europäisches Privatrecht
ZfB	Zeitschrift für Betriebswirtschaft
ZFS	Zeitschrift für Schadensrecht
ZGR	Zeitschrift für Unternehmens- und Gesellschaftsrecht
ZHR	Zeitschrift für das gesamte Handels- und Wirtschaftsrecht
Ziff.	Ziffer
ZInsO	Zeitschrift für das gesamte Insolvenzrecht
ZIP	Zeitschrift für Wirtschaftsrecht
ZMR	Zeitschrift für Miet- und Raumrecht

ZögU	Zeitschrift für öffentliche und gemeinwirtschaftliche Unternehmen
ZPO	Zivilprozessordnung
ZRP	Zeitschrift für Rechtspolitik
zuzgl.	zuzüglich

Einleitung

A) Die Problematik des Vertrauens auf eine fachkundige Beratung

Geschäftsleiter von Kapitalgesellschaften sehen sich mit einer wachsenden Inanspruchnahme auf Schadensersatz konfrontiert. In einem Artikel aus der Wirtschaftswoche heißt es hierzu: „Regressforderungen – Jetzt sollen die Manager bezahlen".[1] Zwar kann nicht von einer Haftungswelle gegenüber Geschäftsleitern gesprochen werden, dennoch machen Aktiengesellschaften und Gesellschaften mit beschränkter Haftung Regressansprüche immer öfter geltend. Dies vor allem gegen bereits ausgeschiedene Geschäftsleitungsmitglieder.[2] Bis vor einigen Jahren stellte sich dies noch ganz anders dar, sodass von einem „juristischen Papiertiger" gesprochen wurde, den die gesetzlich kodifizierte Geschäftsleiterhaftung aufgrund der fehlenden praktischen Relevanz darstellte.[3] Dieses Bild ist mittlerweile überholt.

Neben der gestiegenen Inanspruchnahme durch die Gesellschaften sind auch unterschiedliche Verschärfungen des materiellen Rechts durch den Gesetzgeber erfolgt. Zuletzt haben die Verwerfungen der Leitungsebenen internationaler

---

1 *Schumacher/Tödtmann/Hielscher*, Regressforderungen, Wirtschaftswoche vom 14.12.2013.

2 Siehe hierzu ausführlich: *Bachmann*, Gutachten 70. DJT, E 12 ff. (20), der davon spricht, dass „sich in Deutschland insgesamt ein haftungsfreundliches Umfeld entwickelt hat, welches die Durchsetzung der Organhaftung zumindest in kritischen Fällen begünstigt". *Fleischer* bezeichnet daher das Organhaftungsrecht nun als „law in action", *Fleischer*, in: FS Hüffer, S. 187. Eine ausführliche Darlegung von Haftungsprozessen gegen die Geschäftsleitung gibt: *Ihlas*, D&O, S. 113 ff., 163 ff. Eine gestiegene Inanspruchnahme von Geschäftsleitungsmitgliedern feststellend: *Bachmann*, BB 2015, 771; *ders.*, WM 2015, 105; *Ek*, Haftungsrisiken, S. 1; *Eufinger*, WM 2015, 1265; *Gottschalk/Weng*, GWR 2013, 243; *Kaulich*, Haftung von Vorstandsmitgliedern, S. 1; *Krieger*, ZGR 2012, 496; *Loritz/Wagner*, DStR 2012, 2189; *H.-F. Müller*, DB 2014, 1301; *Reichert*, in: FS Hommelhoff, S. 907 (907 ff.); *Sieg*, in: Terbille/Höra, Münchener Anwaltshandbuch,VersR, § 17 Rn. 19 ff.; *Spindler*, in: FS Canaris, S. 403; *Strohn*, CCZ 2013, 177.

3 *Mertens*, in: Feddersen/Hommelhoff/Schneider, Corporate Governance, S. 155 (157). *Wellhöfer*, in: Wellhöfer/Peltzer/Müller, Vorstandshaftung, § 1 Rn. 1 spricht von einer ehemaligen „stiefmütterlichen Behandlung" der Vorstandshaftung. Aus dem Jahre 1980: *Wiedemann*, Gesellschaftsrecht, S. 624: „Die Haftungsvorschriften verkörpern kein ‚lebendes Recht', da Haftungsklagen in Großunternehmen und Publikumsgesellschaften in der Bundesrepublik nicht erhoben werden."

Gesellschaften, insbesondere im Bankensektor, die im Jahre 2007 zur Weltwirtschaftskrise führten, erneute Haftungsverschärfungen im Rahmen des VorstAG[4] und des RestrukturierungsG[5] hervorgerufen. Die Geschäftsleiterhaftung als Binnenhaftung stellt sich vor allem aufgrund einer partiellen Beweislastumkehr insgesamt bereits als streng dar. Organmitglieder müssen selbst ihr pflichtgemäßes Handeln oder zumindest ein nicht schuldhaftes Handeln darlegen. Besonders prekär für die in Anspruch genommenen Geschäftsleitungsmitglieder ist zudem, dass die durch die Gesellschaft geltend gemachten Schadenssummen vielfach extreme Höhen erreichen.[6]

Viele Pflichtverletzungen der Organmitglieder beruhten und beruhen häufig auf einer nicht ausreichenden Informationsbeschaffung im Rahmen der Entscheidungsvorbereitung. Die durch die Globalisierung vorangetriebene internationale Verflechtung sowohl der Wirtschaft als auch der rechtlichen Systeme unterschiedlicher Staaten, aber auch allgemeine Gesetze supranationaler Organisationen wie etwa der Europäischen Union führen zu einer enormen Steigerung zu beachtender Gebote, sodass sich Organmitglieder immer weitergehenden Pflichten ausgesetzt sehen. Dies führte zu einer Verrechtlichung der unternehmensleitenden Tätigkeit. Ein Geschäftsleiter steht somit vor einer allein nur schwer zu bewältigenden Aufgabe. Jede Entscheidung muss sorgfältig vorbereitet werden. Dabei sind sämtliche gesetzlichen Normen, jedoch auch tatsächliche Voraussetzungen oder technische Gegebenheiten zu beachten. Geschäftsleiter sind somit zwingend auf die Hilfe Dritter angewiesen, da sie weder ein allumfassendes Fachwissen besitzen noch alle Tätigkeiten alleine ausführen können. Ein Vorstandsmitglied kann gemäß § 93 IV 1 AktG seine Schadensersatzpflicht gegenüber der Gesellschaft von Anfang an ausschließen, wenn die Maßnahme auf einem gesetzmäßigen Beschluss der Hauptversammlung beruht. Ein solcher Beschluss kann jedoch nicht für jede Maßnahme des Alltagsgeschäfts eingeholt werden. Daher sind Geschäftsleitungsmitglieder auf weitergehende und praxisnahe Enthaftungsmethoden angewiesen.

Allgemein anerkannt ist daher, dass insbesondere Geschäftsführungsaufgaben auf Dritte delegiert werden dürfen. Um den vielfältigen Aufgaben nachzukommen, die

---

4 Gesetz zur Angemessenheit der Vorstandsvergütung vom 31. Juli 2009, BGBl. I S. 2509.

5 Gesetz zur Restrukturierung und geordneten Abwicklung von Kreditinstituten, zur Errichtung eines Restrukturierungsfonds für Kreditinstitute und zur Verlängerung der Verjährungsfrist der aktienrechtlichen Organhaftung vom 09.12.2010, BGBl. I S. 1900.

6 Exemplarisch nur: BGH NJW 2013, 1958: Die Aktiengesellschaft verlangte von den ehemaligen Vorständen 250.403.491,69 Euro, hilfsweise gar 3.413.135.060,70 Euro. Siehe hierzu auch: *Paefgen*, AG 2014, 554 (555 insb. Fn. 9).

teilweise von den Organmitgliedern selbst ausgeführt werden müssen, kommt neben einer solchen Delegation jedoch auch die Beauftragung eines fachkundigen Beraters in Betracht. Aufgrund der steigenden Anforderungen an die Unternehmensleitertätigkeit greifen immer mehr Geschäftsführer bzw. Vorstände auf gutachterliche Stellungnahmen zurück, um ihrer fehlenden eigenen Rechts- bzw. Fachkunde entgegenzuwirken, gesetzliche Vorschriften befolgen zu können und somit eine eigene Haftung zu vermeiden. Der Berater erfüllt hierbei nicht die Aufgabe des Geschäftsleiters selbst, sondern wird im Rahmen der sorgfältigen Entscheidungsfindung und -vorbereitung unterstützend tätig. In den vergangenen Jahren beauftragten immer mehr Geschäftsleiter immer häufiger Gutachter zur Absicherung ihrer Entscheidungen. Man kann gar von einer „beispiellosen Welle von (Vorrats-) Gutachten jeglicher Art in Vorstands- und Aufsichtsratsetagen" sprechen.[7]

Eine durchgeführte Beratung kann sich in besonderem Maße verhaltenssteuernd auf die Entscheidungsfindung der Geschäftsleitung auswirken. So ist in einem medizinischen Artikel detailliert analysiert worden, dass der Rat eines Experten nachweisbar neurobiologische Auswirkungen hat.[8] Problematisch hierbei ist, dass die Studie auch feststellte, dass die Beratenen anschließend selbst nur noch eine geringe eigene Bewertung der Situation durchführten und die Bereiche des Gehirns, die für das Treffen von Werturteilen zuständig sind, weniger aktiv waren. Doch muss gerade ein totaler Verantwortungsentzug vermieden werden. Die Geschäftsleitung bleibt weiterhin für die geplante Maßnahme selbst verantwortlich. Ein blindes Vertrauen auf einen Rat erfüllt sicherlich nicht die Sorgfaltsanforderungen aus §§ 93 I 1 AktG, 43 I GmbHG.

Die Problematik des Vertrauens auf Expertenrat wurde bis zum Jahr 2007 in der zivilrechtlichen Literatur kaum diskutiert. Auch die Rechtsprechung musste sich mit diesem Thema nur wenig auseinandersetzen. Zudem enthält das deutsche Kapitalgesellschaftsrecht keine Antwort auf diese Frage. Lediglich in einem Urteil aus dem Jahre 1994 führte der BGH beispielsweise kurz und knapp aus, dass ein Geschäftsführer einer GmbH, der nicht über ausreichende Kenntnisse zur Überprüfung der Konkursantragspflicht verfügte, sich notfalls fachkundig beraten lassen müsse.[9]

---

7 *Theisen*, BB 38.2012 – Die erste Seite. Ähnlich: *Jahn*, Manager haften selten – aber streng, in: FAZ vom 15.09.2014, S. 17. Siehe auch: *Kreuz*, Enthaftung des Geschäftsleiters, S. 31.

8 *Engelmann/Capra/Noussair/Berns*, Expert Financial Advice Neurobiologically "Offloads", S. 1 (3).

9 BGHZ 126, 181 (199).

Unter welchen Voraussetzungen kann also ein Vorstandsmitglied oder ein Geschäftsführer dazu verpflichtet sein, seine eigenen fehlenden Kenntnisse durch die Beauftragung eines Experten zu erweitern, welche „Wissensorganisationspflichten“[10] treffen ihn? Hieran anknüpfend stellt sich eine für Geschäftsleitungsmitglieder bedeutende und zugleich praxisrelevante Frage: Kann sich der Geschäftsleiter bei Erfüllung seiner Aufgaben in dem Maße auf einen Berater verlassen, dass er – selbst wenn sich die ausgeführte Maßnahme anschließend als fehlerhaft herausstellt – mit der Begründung, er habe alles ihm Mögliche getan und sei dem Rat eines Experten gefolgt, eine Haftungsprivilegierung erreicht?

Die höchstrichterliche Rechtsprechung musste sich mit diesem Thema im Jahre 2007 erstmals ausführlicher beschäftigen. Dort legte sie Grundregeln fest, unter welchen Voraussetzungen ein berechtigtes Vertrauen auf Expertenrat und eine hieran anknüpfende Haftungsprivilegierung der Geschäftsleitung möglich ist. Demnach müsse sich ein Vorstand unter „umfassender Darstellung der Verhältnisse der Gesellschaft und Offenlegung der erforderlichen Unterlagen von einem unabhängigen, für die zu klärende Fragestellung fachlich qualifizierten Berufsträger beraten lassen“ und das Ergebnis einer Plausibilitätskontrolle unterziehen.[11] Im konkreten Fall konnte sich ein Vorstand einer Aktiengesellschaft entlasten, da er sich auf ein Gutachten berief, das er selbst von einem Wirtschaftsprüfer angefordert hatte und das zu dem Ergebnis gelangte, dass er keinen Insolvenzantrag stellen müsse. Tatsächlich war die Gesellschaft jedoch bereits materiell insolvent und der unterlassene Insolvenzantrag war objektiv als Pflichtverletzung anzusehen.

Nach einem weiteren Urteil im Jahr 2007 erregte die ISION-Entscheidung des BGH im Jahre 2011 besonderes Aufsehen. Der BGH knüpfte an seine Rechtsprechung an, ließ jedoch wesentliche Punkte ungeklärt. Infolgedessen setzten sich vermehrt wissenschaftliche Aufsätze mit diesem Thema auseinander und versuchten, die Grundregeln des BGH weiterzuentwickeln.

Die noch junge Diskussion im deutschen Kapitalgesellschaftsrecht ist in anderen Rechtsordnungen bereits fortgeschrittener. So finden sich vor allem im angloamerikanischen Rechtsraum vermehrt Rechtssätze, die diese als „reliance defence“ bekannte Doktrin gesetzlich kodifizieren. *Fleischer*, der sich bereits mit Aufkommen des ersten Urteils des BGH zu dieser Problematik mit dem Thema der Arbeit beschäftigte, hat zur Weiterentwicklung der Verhaltensanforderungen

---

10 *Buck-Heeb*, BKR 2011, 441.

11 BGH NZG 2007, 545. Dies fortführend: BGH NZG 2011, 1271; 2012, 671; 2013, 1028 (in Bezug auf einen Gesellschafter); 2015, 792 (794); DStR 2007, 1641. Ähnlich bereits früher aus strafrechtlicher Sicht: BGHSt 40, 257 (264).

vielfach Gesetze, Rechtsprechung und Aufsätze des angloamerikanischen Rechtsraumes herangezogen.[12] Im Rahmen dieser Arbeit wird daher auch auf ausländische Rechtssätze zurückgegriffen. Die hierzu ergangenen Entscheidungen der Rechtsprechung und die wissenschaftlichen Aufsätze werden mit in die Untersuchung eingebunden.[13] Zwar können und sollen diese Regeln nicht gänzlich übernommen werden, jedoch können sie als Auslegungs- und Interpretationshilfe dienen. Denn Rechtssysteme, die sich bereits häufiger mit diesem Thema befasst haben, können vielfach Problemlagen aufzeigen und haben bereits eigene Lösungsansätze entwickelt. Daher bleibt auch zu überlegen, ob eine gesetzliche Kodifizierung eines Vertrauensgrundsatzes nicht vorteilhaft oder gar notwendig wäre.[14]

B) Ziel der Untersuchung

Ziel der Untersuchung ist es – in Fortführung der vom BGH aufgestellten Grundvoraussetzungen und durch eine ausführliche Analyse sowohl der gerichtlichen Entscheidungen als auch der wissenschaftlichen Beiträge – einen allgemeinverbindlichen „Vertrauensgrundsatz im Kapitalgesellschaftsrecht"[15] zu entwickeln.

---

12 Vgl hierzu: *Fleischer*, in: FS Hüffer, S. 187; *ders.*, ZIP 2009, 1397; *ders.*, NZG 2010, 121; *ders.*, KSzW 01.2013, 3.

13 Prägnant zur Problematik der „reliance-defence" Doktrin: *Rokas*, 2 Am. U. Bus. L. Rev. 323 (324 f.): „Many challenges appear in periods of uncertainty, such as during financial and other crises. In such periods, decision-makers would feel extremely relieved if somebody else could bear the burden and offer an answer to whatever dilemma they are facing. They would feel even more comfortable if they knew that relying on this advice would remove the burden of responsibility, in case the advice proves to be wrong."

14 Kritisch: *Fleischer*, DB 2014, 1971 (1973 f.). Aus dem australischen Recht eine gesetzliche Kodifikation befürwortend, mit besonderem Bezug zum Vertrauen auf eine fachkundige Beratung: *Byrne*, AJCL 21 (3), S. 238 (240): „Doubts have been expressed about the extent to which it is permissible for directors, non-executive directors in particular, to delegate functions to, and rely on, advice and information provided by others. Uncertainty about the circumstances in which it is appropriate for a director to delegate to, or place reliance on the advice of others could lead to an overly conservative approach to management and could impede the decision-making processes within a company. This is a less than optimal outcome and is not conducive to the development of sound corporate governance practices such as putting in place appropriate board committee systems. To remedy this, it is proposed to provide specific legislative authority for delegation and reliance by directors."

15 *Fleischer*, in: Spindler/Stilz, AktG, § 93 Rn. 209; *ders.*, NJW 2009, 2337 (2339).

Die hier dargelegten Anforderungen sollen dem ratsuchenden Geschäftsleiter eine Handlungsmaxime an die Hand geben, bei deren Befolgung er nicht vor risikobehafteten Geschäften zurückschrecken muss, sodass weiterhin unternehmerisches Handeln gefördert und somit unternehmerischer Erfolg ermöglicht wird. Dabei müssen die gewählten Voraussetzungen ein sorgfältiges Handeln sicherstellen, ohne den Ratsuchenden zu überfordern. Weder sollen hierdurch „Gefälligkeitsgutachten", die lediglich eine „Feigenblattfunktion" einnehmen, gefördert werden noch soll es dem Geschäftsleiter unmöglich gemacht werden, eine sorgfältige Entscheidungsvorbereitung durchzuführen.

Doch nicht nur die Voraussetzungen im Einzelnen sollen erläutert werden, sondern ebenso die allgemeine dogmatische Struktur einer möglichen Haftungsprivilegierung. Erfüllt etwa der Geschäftsleiter mit sorgfältiger Beauftragung eines Beraters bereits seine Sorgfaltspflichten, sodass eine Pflichtverletzung abzulehnen wäre oder verbleibt ihm die Berufung auf einen schuldausschließenden Rechts- bzw. Tatsachenirrtum?

Wird die Diskussion der Beratung zumeist auf rechtlichen Rat begrenzt, sollen hier auch die Besonderheiten von sonstigem fachkundigen Rat wie wirtschaftlichem oder technischem Rat aufgezeigt werden. Zudem sollen die in der Literatur diskutierten Fragen geklärt werden. Ungeklärt ist etwa, ob Angestellte der eigenen Rechtsabteilung als Berater beauftragt werden dürfen. Als wohl problematischste Voraussetzung ist die vom BGH geforderte Plausibilitätskontrolle anzusehen. Hierzu soll erforscht werden, welche Anforderungen an eine Plausibilitätskontrolle zu stellen sind, ob es stets einer intensiven Überprüfung bedarf oder ob diese sogar in bestimmten, einfach gelagerten Situationen gänzlich entbehrlich ist.

C) Gang der Untersuchung

In Kapitel 1 wird die allgemeine Problematik des Vertrauens auf einen fachkundigen Berater im Rahmen vertraglicher Schuldverhältnisse betrachtet. Hierbei sollen die dogmatischen Strukturen einer etwaigen Haftungsprivilegierung analysiert und somit erste Anhaltspunkte für die kapitalgesellschaftsrechtliche Organhaftung gewonnen werden.

Im zweiten Kapitel werden sodann die dogmatischen Grundlagen der Geschäftsleiterhaftung – insbesondere der Innenhaftung – erläutert. Sodann werden die vom Geschäftsleiter erwarteten Kenntnisse und Qualifikationen beschrieben. Außerdem wird auf die Möglichkeit eingegangen, fehlendes Fachwissen durch die Beauftragung eines fachkundigen Beraters zu erweitern. In bestimmten Situationen besteht gar eine Pflicht des Geschäftsleiters, eine fachkundige Beratung einzuholen. Dabei wird zugleich bewertet, ob eine Beratungsleistung enthaftende Wirkung für das Organmitglied erzielen kann. Wenn man dies anerkennt, stellt sich dennoch die Frage, ob dem Geschäftsleiter nicht ein etwaiges Verschulden des Beraters nach § 278 S. 1 BGB zuzurechnen ist. Hier werden sowohl Ähnlichkeiten als auch Unterschiede zur Haftung innerhalb vertraglicher Schuldverhältnisse dargestellt.

Das darauf folgende Kapitel beschäftigt sich schließlich ausführlich, unter besonderer Berücksichtigung der ergangenen Rechtsprechung und Literatur, mit den von dem ratsuchenden Organmitglied einzuhaltenden Voraussetzungen. Hierbei werden die vom BGH nicht näher erläuterten Anforderungen genauer analysiert, wobei rechtsvergleichende Aspekte mit in die Argumentation aufgenommen werden.

Im letzten Kapitel werden die unterschiedlichen Möglichkeiten und Pflichten des Geschäftsleiters im Anschluss an eine Beratung beschrieben. Hier wird erläutert, wie sich der Geschäftsleiter zu verhalten hat, wenn der Rat zu einem eindeutigen Ergebnis gelangt oder welche Sorgfaltspflichten ihn treffen, wenn der Rat nicht alle Unklarheiten beseitigen kann. Ein besonderes Augenmerk soll zudem auf das in diesem Bereich kaum diskutierte Problem des rechtmäßigen Alternativverhaltens gelegt werden.

Kapitel 1: Haftungsprivilegierung des Schuldners durch die Beauftragung eines Beraters innerhalb vertraglicher Schuldverhältnisse?

Die Beurteilung einer Haftungsprivilegierung der Geschäftsleitung durch einen ordnungsgemäß eingeholten Rat wirft neben den darzustellenden inhaltlichen Anforderungen verschiedene dogmatische Fragen auf. Daher ist zunächst ein Blick auf das Haftungsrecht außerhalb des Kapitalgesellschaftsrechts angebracht. Demzufolge wird zunächst die grundsätzliche Problematik des Vertrauens auf einen fachkundigen Berater im Rahmen vertraglicher Schuldverhältnisse erörtert. Ist eine Haftungsprivilegierung des Schuldners dadurch zu erreichen, dass er seine Verantwortung zur Informationsbeschaffung (zumindest teilweise) auf einen Berater überträgt? In den folgenden Ausführungen sollen erste Ansatzpunkte einer Enthaftung, die auch für die Geschäftsleiterhaftung von entscheidender Bedeutung sind, aufgezeigt werden. Inwiefern diese Grundsätze übertragen werden können oder abweichende Regeln angebracht sind, wird in den darauffolgenden Kapiteln erörtert.

A) Allgemeines

Im Rahmen vertraglicher Schuldverhältnisse verpflichtet sich der Schuldner regelmäßig, eine bestimmte Leistung zu erbringen. Ihm obliegt es, den erforderlichen Sachverhalt sorgfältig zu ermitteln, die gesetzlichen Vorschriften einzuhalten und daraufhin seine vertraglichen Pflichten ordnungsgemäß zu erfüllen.[16] Eine Haftung des Schuldners für Pflichtverletzungen kommt insbesondere nach den §§ 280 ff. BGB in Betracht. Eine solche Haftung besteht dann, wenn zwischen Schuldner und Gläubiger ein Schuldverhältnis besteht, der Schuldner eine Pflichtverletzung begangen hat, dem Gläubiger hieraus ein Schaden entstanden ist und der Schuldner die Pflichtverletzung zu vertreten hat. Im Gegensatz zum allgemeinen Grundsatz, wonach den Gläubiger die Beweislast trifft, wird das Vertretenmüssen des Schuldners nach der gesetzlichen Beweislastumkehr des § 280 I 2 BGB vermutet.

---

16 Vgl. *Löwisch/Feldmann*, in: Staudinger, BGB, § 286 Rn. 142 ff.

Die Verletzung einer Leistungspflicht wird hierbei objektiv bestimmt.[17] Wird das positive Leistungsinteresse des Schuldners objektiv verletzt, ist mithin eine Pflichtverletzung zu bejahen. Bei allen erfolgsbezogenen Leistungspflichten, etwa den Hauptleistungspflichten im Rahmen eines Kauf- oder Werkvertrages, begründet somit allein der Nichteintritt dieses Leistungserfolges die Pflichtverletzung des Schuldners.[18] Dabei kommt es nicht darauf an, ob das gestörte Leistungsinteresse des Gläubigers auf ein vorwerfbares Verhalten des Schuldners zurückzuführen ist. Bei verhaltensbezogenen Leistungspflichten ist eine Pflichtverletzung gegeben, wenn die Schuldnertätigkeit den objektiv notwendigen Anforderungen nicht entspricht oder gänzlich unterbleibt, wobei es jedoch ebenfalls nicht entscheidend ist, dass diese Unzulänglichkeit auf einem Fehlverhalten des Schuldners beruht.[19] Ein Fehlverhalten des Schuldners wird vielmehr erst im Rahmen des Verschuldens relevant.[20] Denn eine objektive Leistungspflichtverletzung wird dem Schuldner nur dann haftungsrechtlich zugerechnet, wenn ihm selbst ein Verstoß gegen eine Verhaltenspflicht vorzuwerfen ist, die zu einer Pflichtverletzung geführt hat.[21]

Daher stellt sich die Frage, inwieweit sich der Schuldner zur Befolgung seiner Pflichten fachkundig beraten lassen kann, und hieran anschließend, ob eine solche Beratung zu einer Enthaftung des Schuldners selbst dann führen kann, wenn sie sich anschließend als fehlerhaft herausstellt. Da die Pflichtverletzung objektiv zu bestimmen ist, ändert eine ordnungsgemäß eingeholte Beratung nichts an dem ausgebliebenen Leistungserfolg oder der nicht ordnungsgemäß erbrachten Schuldnertätigkeit. Hat der Schuldner somit durch die Beauftragung eines fachkundigen Beraters im Rahmen des Entscheidungsfindungsprozesses alles ihm

---

17 Begr. RegE SMG, BT-Drucks. 14/6040, S. 92, 134 f.; *Grüneberg*, in: Palandt, BGB, § 280 Rn. 12; *Unberath*, in: BeckOK, BGB, § 280 Rn. 12. Nach *Benicke/Hellwig*, NJW 2014, 1697 (1698) liegt somit eine Leistungspflichtverletzung immer dann vor, „wenn das konkret vorliegende Leistungsergebnis hinter dem zurückbleibt, was nach der Leistungspflicht zu ihrer Erfüllung erforderlich ist."

18 *Benicke/Hellwig*, NJW 2014, 1697 (1698); *Grüneberg*, in: Palandt, BGB, § 280 Rn. 12; *Unberath*, in: BeckOK, BGB, § 280 Rn. 12.

19 *Unberath*, in: BeckOK, BGB, § 280 Rn. 12; *Schulze*, in: Schulze, BGB, § 280 Rn. 10.

20 Hierzu ausführlich: *Ernst*, in: MüKo, BGB, § 280 Rn. 10 ff. Vgl. auch: *Schulze*, in: Schulze, BGB, § 280 Rn. 9. Anders ist dies bei Rücksichtnahmepflichten nach § 241 II BGB. Hier ist zur Bejahung einer Pflichtverletzung der Nachweis eines pflichtwidrigen Verhaltens des Schuldners erforderlich, *Benicke/Hellwig*, NJW 2014, 1697 (1698).

21 *Benicke/Hellwig*, NJW 2014, 1697 (1698); *Caspers*, in: Staudinger, BGB, § 276 Rn. 3; *Ernst*, in: MüKo, BGB, § 280 Rn. 21, 28; *Westermann*, in: Erman, BGB, § 280 Rn. 8.

Mögliche getan, kann sich dies lediglich auf sein individuelles Verschulden, nicht jedoch auf die Pflichtverletzung auswirken.

Wann der Schuldner einen Berater beauftragen muss, bleibt weiterhin fraglich. Eine im Einzelfall bestehende Verpflichtung des Schuldners zur Beauftragung eines Beraters stellt sich indes als Verhaltenspflicht, nicht jedoch als Erfolgspflicht dar, da eine selbstständige gesetzliche Pflicht zur Einholung von Expertenrat weder innerhalb vertraglicher Schuldverhältnisse noch im sonstigen Zivilrecht begründet ist.[22] Anknüpfungspunkt für die Einholung einer fachkundigen Beratung bilden vielmehr die jeweiligen gesetzlichen bzw. vertraglichen Verhaltens- und Leistungspflichten, die der Schuldner zu befolgen hat.[23]

B) Der Verschuldensmaßstab nach § 276 BGB

Für eine (Ent-) Haftung ist somit zunächst das Verschuldensprinzip, das in § 276 BGB verankert ist, zu beachten. Dieses besagt, dass der Schuldner nicht für jede Pflichtverletzung einzustehen hat, sondern nur für solche, bei denen er nicht die von der Verkehrsanschauung an ihn gestellten Anforderungen beachtet hat.[24] Ist somit eine Pflichtverletzung gegeben, hat er diese zu vertreten, wenn er vorsätzlich oder fahrlässig handelte, soweit eine andere Haftung nicht bestimmt ist, § 276 I 1 BGB.

Vorsatz ist das Wissen und Wollen der objektiven Tatbestandsvoraussetzungen.[25] Fahrlässig handelt hingegen derjenige, der die im Verkehr erforderliche Sorgfalt außer Acht lässt, § 276 II BGB. Der Verschuldensmaßstab ist im Rahmen des § 276 I 1 BGB objektiv zu bestimmen, sodass es gerade nicht darauf ankommt, ob der Schuldner die objektiv gebotene Sorgfalt aufgrund seiner individuell geringeren Fähigkeiten nicht einhalten konnte.[26] Der Schuldner muss sich

---

22 Vgl. *Huber*, S. 712, wonach sich der Schuldner bei einer offenen Rechtslage grundsätzlich „sachgemäßer Beratung" bedienen müsse. Es bestehe jedoch keine Verpflichtung im eigentlichen Sinne. Unterlasse der Schuldner jedoch die Beauftragung eines Beraters, handele er auf eigene Gefahr.

23 *Binder*, AG 2008, 274 (274 f.).

24 *Grüneberg*, in: Palandt, BGB, § 276 Rn. 3 ff.; *Caspers*, in: Staudinger, BGB, § 276 Rn. 3; *Unberath*, in: BeckOK, BGB, § 276 Rn. 1.

25 *Grundmann*, in: MüKo, BGB, § 276 Rn. 154; *Stadler*, in: Jauernig, BGB, § 276 Rn. 15.

26 BGHZ 80, 186 (193); *Caspers*, in: Staudinger, BGB, § 276 Rn. 29 f.; *Grundmann*, in: MüKo, BGB, § 276 Rn. 55. Besitzt im Einzelfall der Schuldner ein höheres Fachwissen, das über das von der Verkehrsanschauung erforderliche Maß hinausgeht, muss er dieses ebenfalls einsetzen, um seinen Pflichten nachzukommen. So: OLG Koblenz, NJW-RR 2004, 1025; *Westermann*, in: Erman, BGB, § 276 Rn. 10.

also so verhalten, wie es die Verkehrsanschauung von einer sorgfältigen Person in der konkreten Situation verlangt.[27] Der einzuhaltende Verschuldensmaßstab kann aufgrund dessen nicht generell bestimmt werden, sondern ist von der konkreten Situation und dem betroffenen Verkehrskreis abhängig.[28] Zudem verbietet es sich im Anschluss an die Handlung des Schuldners, diese aus der ex-post Perspektive zu bewerten. Vielmehr ist die Sicht des Schuldners zum Zeitpunkt der Handlung entscheidend, sodass erst nachträglich erkennbare Umstände unberücksichtigt bleiben müssen, sog. ex-ante Perspektive.[29]

Grundsätzlich muss sich jeder Schuldner selbst über seine Verhaltenspflichten und die dem Vertrag zugrunde liegenden Tatsachen informieren, sodass er seine vertraglichen Pflichten ordnungsgemäß erfüllen kann. Ist dieser dazu mangels ausreichender eigener Kenntnisse nicht in der Lage, ergibt sich als „Annexpflicht" aus § 276 BGB, dass der Schuldner seine Leistungspflicht erforschen und sich daher in der Regel durch einen Experten beraten lassen muss.[30]

Dieses Verschuldensprinzip unterscheidet gerade das deutsche Recht von anderen Rechtsordnungen, insbesondere dem angloamerikanischen Recht. Dort haftet ein Schuldner bereits, wenn er eine Pflichtverletzung begeht, ohne dass es regelmäßig auf sein persönliches Verschulden ankommt, da er bei Eingehung einer vertraglichen Pflicht i. d. R. eine Garantie abgibt.[31] Heutzutage finden sich auch im Common Law mehrere Ausnahmen, vor allem im Bereich professioneller Dienstleistungen, bei denen der Schuldner nur haftet, wenn er nicht alles getan hat, was von ihm vernünftigerweise verlangt werden konnte („*reasonalbe care and skill*").[32] Dennoch bleibt der Unterschied zwischen den beiden Rechtsordnungen, trotz dieser Annäherung, im Grundsatz bestehen.

C) Unvermeidbarer Rechts- oder Tatsachenirrtum

Beauftragt der Schuldner zur Erfüllung seiner Pflichten einen Berater und vertraut infolgedessen einem im Ergebnis fehlerhaften Rat, unterliegt er einem

27 BGH NJW 1972, 150 (151).

28 *Caspers*, in: Staudinger, BGB, § 276 Rn. 32 ff.

29 RGZ 163, 129 (132); BGHZ 12, 161 (167); 80, 186 (193); *Grüneberg*, in: Palandt, BGB, § 276 Rn. 16; *Westermann*, in: Erman, BGB, § 276 Rn. 10.

30 *Huber*, Leistungsstörungen, S. 695. Vgl. auch: BGH NJW 1970, 463 (464).

31 *Paradine v. Jane* (1647) 82 E. R. 897; *Raineri v. Miles* (1981) A.C. 1050 (1086); *Caspers*, in: Staudinger, BGB, § 276 Rn. 4; *Zimmermann*, The Law of Obligations, S. 814 (814 f.); *Pellegrino*, ZEuP 1997, 41 (47 f.).

32 Section 13, Supply of Goods and Services Act 1982 (Großbritannien); *Pellegrino*, ZEuP 1997, 41 (47 f.).

Irrtum. Aus dem soeben erläuterten Verschuldensprinzip ergibt sich, dass er für diesen Irrtum grundsätzlich nur einzustehen hat, wenn dieser zumindest auf einem fahrlässigen Handeln beruht, den Schuldner somit ein Verschulden trifft. Ein unverschuldeter Irrtum schließt hingegen das Verschulden aus.[33] Ein solcher Irrtum kann sowohl auf der fehlerhaften Anwendung von Rechtsnormen bzw. der Auslegung von vertraglichen Regelungen begründet sein (sog. Rechtsirrtum) als auch auf einer fehlerhaften oder unzureichenden Sachverhaltsermittlung (sog. Tatsachenirrtum) beruhen.

I. Rechtsirrtum

Ein Rechtsirrtum liegt dann vor, wenn der Schuldner rechtliche Fragestellungen fehlerhaft beurteilt, den zugrunde liegenden Sachverhalt aber richtig erkennt.[34] Dieser kann sich etwa auf die Anwendung oder Auslegung von Gesetzen beziehen. Dabei kann eine fehlerhafte Subsumtion des Sachverhalts, ein Missverständnis der Tatbestandsmerkmale oder die komplette Unkenntnis der gesetzlichen Norm zu einem Irrtum führen.[35] Doch daneben kann sich ein Rechtsirrtum ebenso auf Vertragspflichten beziehen, die bzgl. einer konkreten Frage beispielsweise nicht oder nur lückenhaft geregelt wurden und daher ein eindeutiges Ergebnis nur schwerlich zu bestimmen ist.[36] Ein solcher Rechtsirrtum kann sowohl auf der mangelnden Kenntnis des Schuldners bei einer eindeutigen Rechtslage als auch auf einer umstrittenen oder nicht eindeutigen Rechtslage beruhen.

---

33 Ganz h. M.: BGHZ 59, 30 (39 f.); 118, 201 (208); BGH NJW 1951, 758 (759); 1974, 1903 (1904); 2014, 2951; OLG München, BKR 2008, 129 (130); *Caspers*, in: Staudinger, BGB, § 276 Rn. 53; *Ernst*, in: MüKo, BGB, § 286 Rn. 111; *Grüneberg*, in: Palandt, BGB, § 276 Rn. 22. Der Gesetzgeber hat dies bewusst nicht in einer gesetzlichen Regelung determiniert, weil er dies in konsequenter Anwendung des Verschuldensprinzips als selbstverständlich erachtete, *Harnos*, Geschäftsleiterhaftung, S. 235; *Huber*, Leistungsstörungen, S. 706.

34 So liegt ein entschuldigender Rechtsirrtum gerade nicht vor, wenn ein Rechtsanwalt zwar zur Beurteilung der Rechtslage beauftragt wurde, der zugrunde liegende Sachverhalt aber weiterhin als ungeklärt anzusehen ist. Ein Rechtsirrtum kann somit nur dann von einer Haftung befreien, soweit sich der Schuldner auf eine geklärte Tatsachenlage stützt: *Blank*, NZM 2007, 788 (789).

35 Siehe hierzu: *Benicke/Nalbantis*, in: Soergel, BGB, § 286 Rn. 166; *Harnos*, Geschäftsleiterhaftung, S. 234 m. w. N.

36 Als Beispiel für die fehlerhafte Auslegung eines Versicherungsvertrages: RGZ 156, 113 (120). Siehe allgemein auch: *Benicke/Nalbantis*, in: Soergel, BGB, § 286 Rn. 166; *Löwisch/Feldmann*, in: Staudinger, BGB, § 286 Rn. 175.

Die Frage eines Rechtsirrtums wird häufig bzgl. des Zahlungsverzugs nach § 286 BGB und bzgl. der Kündigung eines Mietverhältnisses i. R. d. §§ 543 und 573 BGB diskutiert, ist aber grundsätzlich auf alle anderen Bereiche übertragbar. Da der Schuldner alle seine geistigen Erkenntniskräfte einsetzen muss, muss er die Rechtslage sorgfältig prüfen, insbesondere die höchstrichterliche Rechtsprechung beachten *und sich in Zweifelsfällen rechtlich beraten lassen.*[37] Das Risiko der Verkennung der Rechtslage trifft grundsätzlich den Schuldner selbst. Folglich liegt es sowohl bei unzureichenden Kenntnissen als auch bei einer unklaren Rechtslage im Verantwortungsbereich des Schuldners, sich die notwendigen Kenntnisse zu verschaffen.[38]

Erkennt der Schuldner seine gesetzlichen oder vertraglichen Pflichten nicht oder beurteilt diese fehlerhaft, ist sich aber über die tatsächlichen Gegebenheiten bewusst, so befreit ihn dies allein regelmäßig nicht von einer Haftung. Hier entfällt lediglich der Vorsatz des Schuldners, denn nach der im Zivilrecht zumeist vertretenen Vorsatztheorie ist – im Gegensatz zur im Strafrecht vertretenen Schuldtheorie – nicht nur das Wissen und Wollen der Tatbestandsverwirklichung Bestandteil des Vorsatzes, sondern auch das *Bewusstsein, rechtswidrig zu handeln.*[39] Irrt sich der Schuldner über die Rechtslage, fehlt ihm dieses Rechtswidrigkeitsbewusstsein, sodass eine Haftung aufgrund einer vorsätzlichen

---

37 BGH NJW1994, 2754 (2755); 2001, 3114 (3115); 2006, 3271 (3272); 2007, 428 (429); 2014, 2951; *Blank*, NZM 2007, 788 (789); *Lorenz*, WuM 2013, 202 (206); *Caspers*, in: Staudinger, BGB, § 276 Rn. 55. Speziell in Bezug auf die Geschäftsleiterhaftung siehe nur: BGH NZG 2011, 1271 (1273); *Buck-Heeb*, BKR 2011, 441 (444).

38 BGHZ 131, 346 (353); BGH NJW 1982, 635 (637); BGH NZG 2011, 1271 (1273); *Benicke/Nalbantis*, in: Soergel, BGB, § 286 Rn. 168.

39 Der Vorsatztheorie folgend: RGZ 72, 4 (6 f.); 84, 188 (194); BGHZ 69, 128 (142 f.); 118, 201 (208); 170, 226 (235); BGH NJW 2014, 2951; OLG München, BKR 2008, 129 (130); *Buck-Heeb*, BKR 2011, 441 (443); *Grüneberg*, in: Palandt, BGB, § 276 Rn. 11; *Knops/Brocker*, WM 2010, 1101; *Unberath*, in: BeckOK, BGB, § 276 Rn. 10; *U. Schmidt*, in: Heidel, AktG, § 93 Rn. 105; *Pfeiffer*, in: Soergel, BGB, § 276 Rn. 61; *Stadler*, in: Jauernig, BGB, § 276 Rn. 15, 21; *Westermann*, in: Erman, BGB, § 276 Rn. 8 f. Hingegen vertreten die Anhänger der Schuldtheorie, dass das Bewusstsein der Rechtswidrigkeit gerade kein Bestandteil des Vorsatzes sei: BAG NJW 1965, 1502; *Wolf*, in: Soergel, BGB, 12. Aufl., § 276 Rn. 55. Vgl. zum Ganzen: *Harnos*, Geschäftsleiterhaftung, S. 236 f. Differenzierend: *Grundmann*, in: MüKo, BGB, § 276 Rn. 158 ff. Die Schuldtheorie hat zur Folge, dass der Vorsatz bei einem vermeidbaren Rechtsirrtum und richtig erkannter Tatsachenlage bestehen bleibt. Nur wenn der Rechtsirrtum unvermeidbar war, entfällt nach der Schuldtheorie somit sowohl der Vorsatz als auch ein Fahrlässigkeitsvorwurf und damit das Verschulden. Im Rahmen des § 826 BGB und auch dann, wenn ein strafrechtliches Schutzgesetz betroffen ist, etwa in Verbindung mit § 823 II BGB, soll

Pflichtverletzung ausscheidet. Ausnahmsweise bleibt der Vorsatz nur dann bestehen, wenn der Schuldner über grundlegende Anforderungen des Rechts leichtfertig irrt.[40]

Ist der Vorsatz mangels Rechtswidrigkeitsbewusstsein ausgeschlossen, kommt eine Haftung aufgrund fahrlässigen Handelns in Betracht. Hieraus folgt, dass ein Rechtsirrtum i. d. R. den Vorsatz entfallen lässt, wohingegen nur ein unvermeidbarer, das heißt ein nicht auf Fahrlässigkeit beruhender Rechtsirrtum den Schuldvorwurf gänzlich ausschließt. Einer Haftung entgeht der Schuldner daher nur dann, wenn sein Irrtum unvermeidbar war.[41] Dabei bedingt eine zweifelhafte Rechtslage alleine sicherlich nicht die Unvermeidbarkeit des Rechtsirrtums, denn die an den Schuldner gerichteten Anforderungen sind, wie zu zeigen sein wird, äußerst streng.[42]

Fahrlässigkeit setzt jedoch stets Erkennbarkeit der Gefahr voraus.[43] Insbesondere wenn der Schuldner bewusst von einer rechtlichen Prüfung absieht und aufgrund dessen gegen ein Gesetz verstößt, oder seine vertragliche Leistung nicht oder nicht ordnungsgemäß erbringt, handelt er schuldhaft mit der Folge, dass der Irrtum vermeidbar gewesen wäre.[44] Denn das Kennen und Befolgen sowohl der rechtlichen Voraussetzungen als auch der vertraglichen Pflichten bzw. die bei fehlenden eigenen Kenntnissen hieraus folgende Pflicht zur Einholung fachkundiger Beratung gehört gemäß § 276 I 1 BGB zur verkehrsüblichen

---

jedoch nach ganz h. M. die Schuldtheorie gelten, BGH NJW 1985, 134 (135); *Westermann*, in: Erman, BGB, § 276, Rn. 9.
Letztlich bleibt der Streit für eine Enthaftung des Schuldners zumeist ohne praktische Bedeutung, da im Gegensatz zum Strafrecht i. d. R. fahrlässiges Handeln eine Haftung begründet. Der Schuldner muss somit, gleich welcher Meinung gefolgt wird, nachweisen, dass sein Irrtum unvermeidbar war.

40 BGH NJW 1970, 1082 (1082 f.); *Grüneberg*, in: Palandt, BGB, § 276 Rn. 11; *Harnos*, Geschäftsleiterhaftung, S. 236; *Unberath*, in: BeckOK, BGB, § 276 Rn. 13. Wohl auch: *Grundmann*, in: MüKo, BGB, § 276 Rn. 159.

41 So die ganz h. M.: Siehe nochmals Nachweise in Fn. 33. Eine ausführliche Begründung findet sich bei *Huber*, Leistungsstörungen, S. 706 ff.

42 *Benicke/Nalbantis*, in: Soergel, BGB, § 286 Rn. 168.

43 *Grundmann*, in: MüKo, BGB, § 276 Rn. 68 ff.; *Grüneberg*, in: Palandt, BGB, § 276 Rn. 20; *Unberath*, in: BeckOK, BGB, § 276 Rn. 28 ff.; *Rittner*, in: FS von Hippel, S. 391; *Pfeiffer*, in: Soergel, BGB, § 276 Rn. 108.

44 Vgl. BGHZ 62, 29 (36); BGH NJW 1982, 635 (637); *Caspers*, in: Staudinger, BGB, § 276 Rn. 56; *Ernst*, in: MüKo, BGB, § 286 Rn. 112.

Sorgfalt, die der Schuldner einhalten muss.[45] Sofern eine Gefahr im Tatsächlichen für den Schuldner erkennbar war, ist daher regelmäßig davon auszugehen, dass die Rechtswidrigkeit erkennbar war.[46] Es bedarf zur Erforschung der Rechtslage ggf. eines gewissen Aufwands des Schuldners. Dies ist jedoch damit zu rechtfertigen, dass bei Unterlassen dieser Prüfung dem Gläubiger der Eintritt eines Schadens drohen würde, was aufgrund der den Schuldner treffenden Überprüfungsanforderungen vermieden werden soll.[47]

Nur ausnahmsweise kann sich der Schuldner ohne Einholung von Rechtsrat auf einen unvermeidbaren Rechtsirrtum berufen, wenn eine Möglichkeit zur Beratung, etwa aufgrund der Dringlichkeit der Entscheidung, nicht bestand oder wenn die Rechtswidrigkeit tatsächlich nicht erkennbar war.[48] Dies wird jedoch nur in extremen Ausnahmesituationen der Fall sein. Die Möglichkeit der Enthaftung muss daher regelmäßig genutzt werden, um die Unvermeidbarkeit des Irrtums zu begründen. Als weitere denkbare Enthaftungsalternative kommt die Berufung auf ein rechtmäßiges Alternativverhalten (bzw. entschuldigtes Alternativverhalten) in Betracht.[49] D. h. der Schuldner müsste darlegen, dass er durch die Einholung rechtskundiger Beratung zum gleichen fehlerhaften Ergebnis gelangt wäre. Dies erscheint allerdings nur äußerst schwer zu beweisen und vermag daher auch nur im Ausnahmefall zu einer Enthaftung führen.[50]

1) Eindeutige Rechtslage

Aus dem Vorherigen ergibt sich Folgendes: Hat sich zur konkreten Rechtsfrage eine gefestigte höchstrichterliche Rechtsprechung oder eine ganz herrschende Meinung herausgebildet, darf sich der Schuldner auf diese grundsätzlich verlassen.[51] Weicht das Gericht anschließend aufgrund einer Rechtsprechungsänderung

---

45 *Binder*, AG 2008, 274 (276); *Caspers*, in: Staudinger, BGB, § 276 Rn. 55 f. Das Verschulden kann hier in der Verletzung der Prüfungs- und Beratungspflichten gesehen werden. Siehe auch: BGH NJW 1974, 315.

46 *Grundmann*, in: MüKo, BGB, § 276 Rn. 73; *Pfeiffer*, in: Soergel, BGB, § 276 Rn. 120.

47 So: *Grundmann*, in: MüKo, BGB, § 276 Rn. 73.

48 *Huber*, Leistungsstörungen, S. 708; *Westermann*, in: Erman, BGB, § 276 Rn. 14.

49 *Buck-Heeb*, BKR 2011, 441 (443); *Grundmann*, in: MüKo, BGB, § 276 Rn. 73; *Pfeiffer*, in: Soergel, BGB, § 276 Rn. 113.

50 Als Beispiel für eine wirksame Enthaftung aufgrund rechtmäßigen Alternativverhaltens: OLG München, BKR 2008, 129 (131). Siehe ausführlich zum rechtmäßigen Alternativverhalten der Geschäftsleitung: Kapitel 4 C).

51 BGH NJW 1972, 1045 (1046); 2008, 840 (842); *Alpmann*, in: jurisPK, BGB, § 286 Rn. 56; *Benicke/Nalbantis*, in: Soergel, BGB, § 286 Rn. 169; *Ernst*, in: MüKo, BGB, § 286 Rn. 114;

hiervon ab, so handelt der Schuldner in einem unvermeidbaren Rechtsirrtum, da ihm ein Fahrlässigkeitsvorwurf nicht zur Last gelegt werden kann. Handelt der Schuldner hingegen entgegen einer gefestigten Meinung, sei es aufgrund einer unterlassenen Überprüfung der Rechtslage oder aufgrund einer eigenen fehlerhaften Beurteilung, ist der Irrtum als vermeidbar anzusehen.

2) Umstrittene Rechtslage

Ist hingegen die Rechtslage umstritten, darf sich der Schuldner nicht ohne Weiteres auf die für ihn günstigere Rechtsansicht berufen.[52] Unverschuldet ist ein Rechtsirrtum nach der Rechtsprechung des BGH und einem Teil der Literatur nur dann, wenn der Schuldner *nicht damit zu rechnen hat*, dass die Gerichte seine Rechtsansicht nicht teilen werden, dass er also im Prozess aufgrund der von seiner Ansicht abweichenden Beurteilung der Gerichte unterliegen wird. Der BGH begründet diese strenge Haftung insbesondere mit der gerechten Risikoverteilung zwischen den Parteien. Erkenne der Schuldner die strittige Rechtslage und folge er daraufhin der für ihn günstigeren Meinung, handele er zumindest fahrlässig, teilweise gar mit Eventualvorsatz, da er es in einem solchen Falle für möglich erachte, dass das Gericht einer anderen Ansicht folgen wird.[53]

Von dieser strengen Ansicht weichen die Rechtsprechung des BAG und hieran anknüpfend Teile der Literatur ab. Demnach wird vom Schuldner lediglich

S. *Lorenz*, in: BeckOK, BGB, § 286 Rn. 58. Der BGH stellte in GRUR 1987, 564 fest, dass der Schuldner strenge Anforderungen einzuhalten hat, dies vor allem auch dann, wenn keine höchstrichterliche Rechtsprechung besteht. Dem ist zuzustimmen. Hierbei muss es aber genügen, wenn sich der Schuldner auf eine ganz h. M. in der Literatur und ggf. auf gleichlautende instanzgerichtliche Entscheidungen verlässt.

52 Siehe Kapitel 3 B) II. und Kapitel 4 B) für eine detaillierte Auseinandersetzung bzgl. der Organhaftung im Rahmen einer offenen oder umstrittenen Rechtslage.

53 Zum Ganzen: BGH NJW 2007, 428 (430): „Bei einer zweifelhaften Rechtsfrage handelt bereits fahrlässig, wer sich erkennbar in einem Grenzbereich des rechtlich Zulässigen bewegt, in dem er eine von der eigenen Einschätzung abweichende Beurteilung der rechtlichen Zulässigkeit des fraglichen Verhaltens in Betracht ziehen muss." Vgl. auch: RGZ 141, 266 (276); BGH NJW 1951, 398; 1972, 1045 (1046); 1978, 2148 (2149); NJW 2006, 3271 (3272 f.); 2014, 2951; BGH NJW-RR 2013, 407; OLG Hamm, NJOZ 2006, 1301 (1302); *Blank*, NZM 2007, 788 (789); *Benicke/Nalbatnis*, in: Soergel, BGB, § 286 Rn. 174; *Hager*, in: Erman, BGB, § 286 Rn. 65. Die Annahme, dass der Schuldner mit einer abweichenden Beurteilung der Rechtslage nicht „rechnen müsse", ist nur bei einer gefestigten höchstrichterlichen Rechtsprechung oder einer eindeutigen herrschenden Meinung gegeben, so: *Buck-Heeb*, BKR 2011, 441 (445).

verlangt, dass dessen Rechtsstandpunkt als *vertretbar* erscheine.[54] Nach dieser Ansicht genügt es also, dass der Schuldner eine nachvollziehbare Begründung für seine Entscheidung darlegt, auf die er vertrauen darf. Er müsse somit seine Rechtsansicht „unter Beobachtung der im Verkehr erforderlichen Sorgfalt" gebildet haben.[55]

Dennoch ist die strenge Ansicht des BGH vorzugswürdig, da nur diese in ausreichender Weise die Interessen des Gläubigers berücksichtigt, auf den das Risiko der Verkennung der Rechtslage nicht übertragen werden soll.[56] Zudem gesteht diese Ansicht dem Schuldner Ausnahmen zu, um auch dessen Interessen ausreichend zu berücksichtigen. In Fällen, in denen das Problem aufgrund der Komplexität und Schwierigkeit gänzlich ungelöst und die Rechtslage somit vollkommen unklar ist, handelt der Schuldner auch dann in einem unvermeidbaren Rechtsirrtum, wenn er sich nach sorgfältiger Meinungsbildung einer Ansicht anschließt.[57]

II. Tatsachenirrtum

Vom Rechtsirrtum dogmatisch zu unterscheiden ist der Tatsachenirrtum. Ein solcher liegt dann vor, wenn der Schuldner die tatsächlichen Gegebenheiten verkennt oder fehlerhaft beurteilt oder eine fehlerhafte Entscheidung aufgrund eines unklaren Sachverhalts trifft.[58] Liegt ein solcher Irrtum vor, entfällt ebenfalls der Vorsatz, da der Schuldner die Umstände nicht erkennt bzw. fehlerhaft beurteilt, die zur Tatbestandsverwirklichung führen.[59] Davon unberührt bleibt abermals die Haftung für fahrlässiges Handeln. Ob eine solche in Betracht kommt, entscheidet sich also danach, ob der Irrtum, in concreto die Unkenntnis oder

54 BAGE 101, 328 (339); BAG, Urt. vom 27.05.1999, 8 AZR 322/98, BeckRS 1999, 30778890; BAG, Urt. vom 23.09.1999, 8 AZR 791/98, BeckRS 1999, 30780928; *Löwisch/Feldmann*, in: Staudinger, BGB, § 286 Rn. 171; *Rittner*, in: FS von Hippel, S. 391 (416).

55 *Mayer-Maly*, AcP 170 (1970), 133 (149 f.).

56 BGHZ 89, 296 (303); BGH NJW 1972, 1045 (1046); *Blank*, NZM 2007, 788 (789). Siehe zur ausführlichen Diskussion zwischen beiden Ansichten: *Huber*, Leistungsstörungen, S. 720 ff.

57 BGH NJW 1999, 1470 (1474 f.); 2005, 976 (977); *Ernst*, in: MüKo, BGB, § 286 Rn. 115; *Grüneberg*, in: Palandt, BGB, § 276 Rn. 23; *Hager*, in: Erman, BGB, § 286 Rn. 65; S. *Lorenz*, in: BeckOK, BGB, § 286 Rn. 57.

58 *Blank*, NZM 2007, 788 (789).

59 *Deutsch*, Allgemeines Haftungsrecht, Rn. 351; *Unberath*, in: BeckOK, BGB, § 276 Rn. 11 ff. Siehe auch: *Binder*, AG 2008, 274 (275).

die Fehlbewertung der entscheidungserheblichen Tatsachen, vermeidbar war.[60] Dabei sind die gleichen strengen Maßstäbe anzusetzen wie bei einem Rechtsirrtum, sodass beide Irrtümer in Bezug auf ein etwaiges Verschulden vergleichbar zu behandeln sind.[61]

Da Fahrlässigkeit Erkennbarkeit der Gefahr erfordert, stellt sich hier aber die Frage, ob den Schuldner regelmäßig eine Nachprüfungspflicht bzgl. der unterschiedlichsten Tatsachen trifft. Eine solch allgemeine Pflicht ist zu verneinen.[62] Sind dem Schuldner keine Anzeichen bekannt, die auf eine Verpflichtung seinerseits hinweisen, kann man von ihm nicht verlangen, jede in Betracht kommende Möglichkeit, die zu einer Haftung führen könnte, zu überprüfen. Erst wenn sich für den Schuldner erste Anhaltspunkte einer Haftung ergeben, dies kann etwa aufgrund eines eigenen Vertragsabschlusses oder aber durch die Berichterstattung des Gläubigers geschehen, obliegt es ihm, die Aufklärung des Sachverhaltes voranzutreiben, um auf diese Weise seinen Pflichten nachzukommen.[63] Letztendlich bleibt zu beachten, dass das Risiko, den entsprechenden Sachverhalt zu verkennen, den Schuldner trifft, somit sind die Anforderungen an einen Tatsachenirrtum hoch anzusetzen und können nur ausnahmsweise zur Enthaftung führen.[64]

III. Ordnungsgemäß eingeholte Beratung

Verfügt der Schuldner selbst nicht über ausreichende rechtliche oder sonstige fachkundige Kenntnisse, muss er sich, wie bereits dargelegt, beraten lassen, um seinen Pflichten nachzukommen und auf diese Weise eine Haftung zu vermeiden.[65] Dass sich der Schuldner zur Erfüllung seiner Leistungspflichten

---

60 *Binder*, AG 2008, 274 (275).

61 BGH, Urt. vom 20.11.1990, IV ZR 202/89, BeckRS 2008, 19328; Blank, NZM 2007, 788 (789); *Benicke/Nalbantis*, in: Soergel, BGB, § 286 Rn. 166. In den Voraussetzungen nicht zwischen den beiden Irrtümern unterscheidend: BGH NJW-RR 2013, 407; OLG Karlsruhe, NJW 2005, 515 (516).

62 *Huber*, Leistungsstörungen, S. 695. Siehe auch: *Grundmann*, in: MüKo, BGB, § 276 Rn. 68.

63 *Huber*, Leistungsstörungen, S. 695. Siehe auch: *Grundmann*, in: MüKo, BGB, § 276 Rn. 69, wonach Erkennbarkeit nur dann gegeben ist, wenn der „Teilnehmer im betroffenen Verkehrskreis bereits ohne nennenswerte gesonderte Suchanstrengungen die Möglichkeit der Gefahr erkennen konnte."

64 *Ernst*, in: MüKo, BGB, § 286 Rn. 116; *Lorenz*, in: BeckOK, BGB, § 286 Rn. 59.

65 Dazu schon oben: Fn. 30. Neben der Einholung von Rechtsrat muss der Schuldner auch bei einem unklaren Sachverhalt einen fachkundigen Berater hinzuziehen: OLG Karlsruhe, NJW 2005, 515 (516).

regelmäßig eines Dritten bedienen darf, soweit keine höchstpersönliche Pflicht besteht bzw. vereinbart wurde, ist allgemein anerkannt.[66] Daher ist in der heutigen modernen Wirtschaftswelt eine teils unerlässliche Arbeitsteilung an der Tagesordnung.[67] Die sich hieraus ergebenen Vorteile sind vielfältig: Der Schuldner kann seine eigenen Aufgaben an einen oder mehrere Dritte delegieren, sodass er nicht stets selbst bei Erfüllung seiner Pflichten beteiligt sein muss. Dies erweitert seine eigene Handlungsfähigkeit und steigert infolgedessen seine Gewinnmöglichkeiten.[68] Erst recht darf der Schuldner zur Erfüllung der vertraglichen Pflichten einen Berater einschalten, der in der zu beurteilenden Frage im Rahmen des Entscheidungsfindungsprozesses unterstützend tätig wird. In einem solchen Fall handelt es sich nicht um eine gänzliche Delegation, da der Berater eine Pflicht des Schuldners nicht unmittelbar gegenüber dem Gläubiger erfüllt. Er wird vielmehr zur Vorbereitung der Handlung für den Schuldner tätig, sodass dieser im Folgenden seinen Pflichten selbst ordnungsgemäß nachkommen kann.

Hieran anschließend ist auch die steigende Bedeutung der Einholung fachkundiger Beratung zu verstehen, da die rechtlichen Rahmenbedingungen eine immer umfassendere Rechtskenntnis voraussetzen, die der Schuldner häufig nicht besitzt. Eine solch allumfassende Kenntnis wird allerdings nicht von ihm erwartet. Für komplizierte Tatsachenfragen, wie etwa technische, bilanzielle oder wirtschaftliche Fragestellungen, die der Schuldner nicht selbst beantworten kann,

---

66 BGH NJW 2008, 3700 (3702); *Larenz*, Schuldrecht I, § 20 VIII, S. 297; *Musielak/Hau*, BGB, § 10 Rn. 1218; *Pfeiffer*, in: Soergel, BGB, § 278 Rn. 1; *Westermann*, in: Erman, BGB, § 278 Rn. 1. So verweist auch die strafrechtliche Literatur darauf, dass eine allgemeine selbstständige Pflicht zur Ermittlung der gesetzlichen Pflichten ohne die Hinzuziehung eines Beraters vom Bürger „nicht nur außergewöhnliche Anstrengungen verlangen und ihn vielfach einfach überfordern, sondern darüber hinaus auch die Ordnung unseres gesellschaftlichen Lebens schwer erschüttern, insbesondere aber die heute nicht mehr entbehrliche Arbeitsteilung und Spezialisierung ignorieren und sabotieren“ würde. Ferner: „(D)ie Befolgung des Rechts [würde demnach] vielfach bereits an der Unfähigkeit des einzelnen scheitern […], seine Rechtspflichten zu ermitteln.“ So *Rudolphi*, Unrechtsbewusstsein, S. 243.

67 *Pfeiffer*, in: Soergel, BGB, § 278 Rn. 1. In Bezug auf den Model Business Corporation Act: *Balotti/Shaner*, 74-WTR LCPR 161 (169 f.): „The MBCA acknowledges the reality of the management of the corporate entity and that the delegation, and subsequent reliance, by officers and directors alike is a practice that frequently takes place and is of practical necessity for the modern corporation to function.“

68 *Larenz*, Schuldrecht I, § 20 VIII, S. 300; *Westermann*, in: Erman, BGB, § 278 Rn. 1. Angestellte können beispielsweise die Verpflichtungen des Geschäftsherrn erfüllen, sodass er aufgrund dieser Arbeitsteilung mehrere Leistungen gleichzeitig bewerkstelligen kann.

wird er ebenfalls regelmäßig fachkundigen Rat einholen. Es stellt sich somit die Frage, unter welchen Voraussetzungen sich der Schuldner auf einen solchen Rat verlassen darf bzw. welche Folgen ein fehlerhafter Rat für ihn hat.

Erläutert wurde bereits, dass derjenige, der sich auf einen fehlerhaften Rat eines Dritten verlässt, bei der darauf folgenden Handlung einem Irrtum unterliegt.[69] Als Beispiel für einen Tatsachenirrtum kann etwa die fehlerhafte Einschätzung bzgl. der Einhaltung von Grenzwerten im Umwelt- oder Technikrecht durch einen Fachmann genannt werden.[70] Die vom Schuldner zu beachtenden Anforderungen sind hier nur in aller Kürze darzulegen, da eine vertiefte Auseinandersetzung im Rahmen der Geschäftsleiterhaftung erfolgt. Beachtet er diese Voraussetzungen, ist der Irrtum unvermeidbar, sodass sein eigenes Verschulden entfällt. Schließlich hat er durch die sorgfältig eingeholte Beratung alles getan, was von ihm vernünftigerweise verlangt werden kann.

1) Die Voraussetzungen einer ordnungsgemäßen Beratung im Überblick

a) Auswahl des Beraters

Zunächst setzt ein unvermeidbarer Rechts- oder Tatsachenirrtum voraus, dass der Schuldner den Berater sorgfältig auswählt. Denn aus § 276 I 1 BGB ergibt sich, dass der Schuldner bei der Auswahl des Beraters die von der Verkehrsanschauung an ihn gestellten Anforderungen einhalten muss, um einer eigenen Haftung zu entgehen. Schließlich obliegt es grundsätzlich ihm selbst, die entscheidungserhebliche Frage zu beantworten. Um die Gläubigerinteressen nicht unberücksichtigt zu lassen, muss ein eingeholter Rat somit von einem fachlich qualifizierten Berater stammen,[71] der zudem eine frei von sachfremden Erwägungen getragene objektive Begutachtung gewährleistet[72]. Andernfalls kommt bereits eine Haftung aufgrund eines Auswahlverschuldens in Betracht.[73] Mithin handelt der Schuldner zumindest fahrlässig, wenn er eine sorgfältige Auswahl des Beraters unterlässt, wobei die Anforderungen an den Laien jedoch nicht überspannt werden dürfen.

---

69 Vgl. hierzu: BGH NJW 2007, 428 (429); OLG Karlsruhe, NJW 2005, 565 (566); *Binder*, AG 2008, 274 (275); *Grüneberg*, in: Palandt, BGB, § 276 Rn. 22.

70 *Binder*, AG 2008, 274 (275).

71 OLG Karlsruhe, NJW 2005, 515 (516). Vgl. hierzu: BGH NJW 2007, 428 (429), wonach der Schuldner sich auf die fachliche Qualifikation eines Mieterschutzvereins bzgl. Mietangelegenheiten verlassen dürfe. Siehe auch: BGH NZM 2008, 216.

72 Vgl. *Pfeiffer*, in: Soergel, BGB, § 276 Rn. 113.

73 *Benicke/Nalbatnis*, in: Soergel, BGB, § 286 Rn. 175.

Benötigt der Schuldner zur Klärung einer Rechtsfrage etwa die Unterstützung eines Rechtsberaters, genügt es im Rahmen allgemeiner vertraglicher Rechtsbeziehungen i. d. R., dass dieser einen zugelassenen Rechtsanwalt beauftragt.[74] Eine weitergehende Überprüfung, ob der Anwalt für die entscheidungserhebliche Frage fachlich ausreichend qualifiziert ist, wird man grundsätzlich nicht verlangen können. Denn vielfach ist es dem Schuldner nicht möglich, die Qualifikation im Detail zu überprüfen. Kann der Berater also eine staatlich anerkannte Qualifikation nachweisen, muss dies für die Auswahlsorgfalt des Schuldners genügen.[75] Im Bereich nicht rechtlicher Beratung genügt ein staatlich vereidigter Sachverständiger regelmäßig den Anforderungen. Letztlich wird man außerhalb von staatlich anerkannten Qualifikationen auf den Einzelfall abstellen und die tatsächliche Qualifikation des Beraters anhand der konkreten Umstände bewerten müssen. Der Irrtum aufgrund des fehlerhaften Rats wäre im Falle eines nicht fachkundigen Beraters gerade nicht unvermeidbar gewesen, sodass dem Ratsuchenden ein eigenes Verschulden zur Last fallen würde.

b) Information des Beraters

Weiterhin ist es als eine Selbstverständlichkeit anzusehen, dass der Schuldner seinen Berater umfassend über die zur Beurteilung erheblichen Umstände informiert. Nur so kann der Berater einen sorgfältigen Rat abgeben, auf den sich

---

74 BGH NJW 1981, 1098 (1099). So kann sich der Schuldner grundsätzlich auf die Qualifikation eines Rechtsanwalts für die Beurteilung von Rechtsfragen verlassen. Vgl. hierzu: *Grundmann*, in: MüKo, BGB, § 276 Rn. 73 (Fn. 221); *Piepenbrock*, Defense of Reliance, S. 218 f. Siehe zur besonderen Qualifikation des Rechtsanwalts: Kapitel 3 C) I. 1) b) aa) (1). Im Einzelfall können jedoch auch andere Personen, die nicht über eine Anwaltszulassung verfügen, aufgrund ihrer besonderen Rechtskunde in ihrem eigenen Fachgebiet zur Beantwortung von Rechtsfragen fachlich qualifiziert sein. Siehe hierzu *Grundmann*, in: MüKo, BGB, § 276 Rn. 73 (Fn. 222); *Pfeiffer*, in: Soergel, BGB, § 276 Rn. 113 m. w. N. Vgl. aus strafrechtlicher Sicht, wonach ein Rechtsanwalt eine zuverlässige Auskunftsquelle darstelle: BGHSt 20, 342 (372); 21, 18 (21 f.). Zudem müsse ein Laie die Qualifikation des Beraters nicht über Formalqualifikationen hinaus überprüfen: *Kirch-Heim/Samson*, wistra 2008, 81 (84); *Löw*, Erkundigungspflicht beim Verbotsirrtum, S. 213; *Neumann*, in: NK-StGB, § 17 Rn. 75 f.; *Roxin*, Strafrecht AT, § 21 Rn. 62.

75 Insbesondere sind bei der „Prüfung der Erforderlichkeit der Beauftragung eines bestimmten Sachverständigen […] auf die Kenntnisse des Geschädigten auf dem ihm in der Regel fremden Markt der Sachverständigenleistungen abzustellen (subjektiver Schadenseinschlag)", *Diehl*, ZFS 2003, 75.

der Schuldner verlassen darf.[76] Eine fehlerhafte oder unvollständige Information steht folglich einem unvermeidbaren Rechts- bzw. Tatsachenirrtum entgegen.

c) Überprüfung des Rates

Nach einer Entscheidung des BGH unterliegt der Schuldner einem unvermeidbaren Rechts- bzw. Tatsachenirrtum, wenn er sich auf einen fehlerhaften Rat eines von ihm ordnungsgemäß ausgewählten und informierten Beraters verlässt und zudem keine Gründe ersichtlich sind, die Zweifel am Ergebnis des Beraters aufwerfen.[77] Eine weitergehende Begründung hinsichtlich der auftretenden Zweifel ist dem Urteil aber nicht zu entnehmen. Dennoch lässt diese Formulierung darauf schließen, dass der Schuldner nicht blind auf den Rat vertrauen darf. Es stellt sich somit die Frage, ob den Schuldner neben der soeben dargelegten Auswahl- und Informationsverantwortung auch eine Überwachungsverantwortung trifft. Für eine zumindest in eindeutigen Fällen notwendige Überwachungspflicht können mehrere Beispiele aus der Rechtsprechung angeführt werden, wonach ein Rechtsrat dann nicht zur Enthaftung führen kann, wenn dieser eine eindeutig sittenwidrige Handlung als zulässig erklärt.[78] Dem wird man aufgrund der hohen Anforderungen, die an einen unvermeidbaren Rechts- bzw. Tatsachenirrtum zu stellen sind, zustimmen müssen. Eindeutig sittenwidrige oder schlicht falsche Gutachten können nicht zur Enthaftung des Schuldners führen.

Allerdings kann von einem Laien keine ausführliche und detaillierte Auseinandersetzung mit dem Gutachten bzw. dem Rat erwartet werden. Der Schuldner beauftragt schließlich den Berater, da er selbst im entsprechenden Bereich zumeist über nicht ausreichende Kenntnisse verfügt. Vergleichbar hat der BGH in einer Entscheidung anerkannt, dass der Schuldner grds. mit der Beauftragung eines sorgfältig ausgewählten Dritten (in diesem Fall einem Nachunternehmer)

---

76 LG Aachen, WM 1989, 371; *Fischer*, ZMR 1994, 309 (310); *Lorenz*, WuM 2013, 202 (207). Vgl. auch: *Benicke/Nalbantis*, in: Soergel, BGB, § 286 Rn. 175.

77 BGH NJW 2007, 428 (429).

78 BGHZ 74, 281 (284 f.); OLG Rostock, OLG-NL 2000, 177 (178). Zwar sind beide Urteile gegenüber einem Kaufmann bzw. einem GmbH-Geschäftsführer ergangen. Da an einen schuldausschließenden Irrtum jedoch grundsätzlich hohe Anforderungen zu stellen sind, wird man dies bei offensichtlich fehlerhaften oder sittenwidrigen Gutachten auch auf einen nicht kaufmännischen Schuldner übertragen können. Insofern nicht auf die Kaufmannseigenschaft eingehend: *Westermann*, in: Erman, BGB, § 276 Rn. 14. Ebenfalls erlangt der Schuldner keine Enthaftung, wenn er sich auf ein Gutachten beruft, das entgegen einer eindeutigen Rechtslage zu einem erkennbar anderen Ergebnis führt, BGH NJWE-MietR 1997, 49 (50).

seinen Pflichten nachkommt und eine Verpflichtung zur Überprüfung des Ergebnisses nicht zwangsläufig vonnöten ist, sofern er selbst nicht über eigene Fachkunde verfügt.[79] Auch hat der BGH in einer neuen Entscheidung konkret in Bezug auf die Einholung rechtlichen Rats festgehalten, dass „der Mandant […] – selbst wenn er über eine juristische Vorbildung verfügt – sich darauf verlassen können [muss], dass der beauftragte Anwalt die anstehenden Rechtsfragen fehlerfrei beantwortet und der erteilte Rechtsrat zutreffend ist […]. Dem Mandanten obliegt es nicht, den Anwalt zu überwachen oder dessen Rechtsansichten durch einen weiteren Rechtsberater überprüfen zu lassen."[80] Eine intensive Überprüfungspflicht, die gar teilweise zur Folge hätte, dass ein zweiter Berater beauftragt werden muss, ist sicherlich abzulehnen. Diese würde dem Ratsuchenden jeglichen Nutzen der Beratung nehmen.

Die Ausführungen des letztgenannten Urteils beziehen sich aber auf das konkrete Rechtsverhältnis zwischen Anwalt und Mandanten, da der Mandant einen Anspruch gegen seinen Anwalt geltend machte. Nach Ansicht des BGH sei der Anspruch des Mandanten nicht verjährt, da der Mandant in der Regel nicht verpflichtet sei, den eigenen Rechtsanwalt zu überprüfen, sodass im konkreten Falle nicht von einer grob fahrlässigen Unkenntnis der anspruchsbegründenden Tatsachen i. S. d. § 199 I Nr. 2 BGB gesprochen werden könne. Welche Pflichten den ratsuchenden Kläger gegenüber dessen eigentlichen Vertragspartner (in casu seinem Mieter) treffen, kann dem Urteil allerdings nicht entnommen werden.

Um Gefälligkeitsgutachten nicht „Tür und Tor" zu öffnen, wird man daher die bereits angesprochene begrenzte Überprüfungspflicht zum Schutz der Gläubigerinteressen allgemein anerkennen müssen. Folglich ist eine Überwachungspflicht in Bezug auf offensichtliche Mängel stets erforderlich, sodass für jedermann erkennbar fehlerhafte Gutachten keine sorgfältige Entscheidungsgrundlage darstellen können.[81] Der Beratene darf sich mithin auf den Rat verlassen, soweit

79 BGHZ 174, 32 (37): „Jedenfalls soweit Leistungen zur Herstellung von Bauteilen an den Nachunternehmer vergeben werden, die der Unternehmer mangels eigener Fachkunde oder sogar mangels Lizenzierung nicht selbst vornehmen kann, besteht für ihn grundsätzlich keine Möglichkeit, den Herstellungsprozess außerhalb der Baustelle zu überwachen oder sonstigen Einfluss auf dessen Organisation zu nehmen. Der Unternehmer genügt seinen Organisationspflichten in diesen Fällen, wenn er den Nachunternehmer sorgfältig aussucht."

80 BGH NJW 2014, 993 (994). Siehe auch: BGH NJW 1981, 1098 (1099); 1993, 2747 (2750); 2000, 1263 (1265); BGH NJOZ 2011, 460 (461).

81 Allgemein das Bedürfnis einer Plausibilitätskontrolle im Rahmen vertraglicher Schuldverhältnisse anerkennend: *Lorenz*, WuM 2013, 202 (207).

keine Hinweise auf Fehler oder Widersprüche offensichtlich sind. Vice versa, lässt sich der Schuldner durch einen ordnungsgemäß ausgewählten Berater beraten und ergeben sich aus dem von diesem erteilten Rat keine offensichtlichen Fehler oder Zweifel, unterliegt der Schuldner somit einem unvermeidbaren Irrtum, der dessen Verschulden ausschließt.

Etwas anderes ergibt sich jedoch, wenn der Experte zu keinem eindeutigen Ergebnis gelangt, etwa, weil die tatsächliche Lage unübersichtlich ist oder noch nicht alle notwendigen Informationen zur Verfügung stehen. Sodann muss der Schuldner weitere Nachforschungen anstellen oder gar einen zusätzlichen fachkundigen Berater beauftragen, der weitere Sachverhaltserforschungen anstellt und auf diese Weise Unsicherheiten beseitigt.[82] Weist der Rechtsberater auf eine umstrittene Rechtslage hin, gelten die oben genannten strengen Anforderungen des BGH bzgl. eines Rechtsirrtums bei unsicherer Rechtslage entsprechend.[83]

2) Problemlage bei Vorliegen eines unvermeidbaren Irrtums

Kommt der Schuldner den soeben aufgezeigten Anforderungen nach, ergibt sich folgendes Problem: Begeht der Schuldner aufgrund des fehlerhaften Rates eine Pflichtverletzung, würde seine eigene Haftung durch seinen unvermeidbaren Rechts- oder Tatsachenirrtum ausscheiden. Für die auf den Berater übertragenen Informationspflichten ist jedoch der Schuldner im Grundsatz selbst verantwortlich.[84] Hätte er selbst die notwendigen Informationen ermittelt, hätte er sich gerade nicht enthaften können. Hieran anschließend muss das berechtigte Interesse des Gläubigers, allein mit seinem Vertragspartner in Rechtsbeziehungen zu stehen, beachtet werden. Dieser hat den Schuldner als Vertragspartner ausgewählt, da er diesem das entsprechende Vertrauen entgegenbringt.[85] Auf die Auswahl des eingeschalteten Beraters hingegen, der die Ermittlung der Rechts- bzw. Tatsachenlage übernimmt, hat der Gläubiger indessen keinerlei Einfluss, sodass er dessen Kompetenz und Zuverlässigkeit selbst nicht beurteilen kann.[86] Doch auch der Berater würde einer ungerechtfertigten Privilegierung unterliegen. Da dem Schuldner kein eigenes Verschulden vorzuwerfen ist und somit eine

82 BGH VersR 1968, 148; *Löwisch/Feldmann*, in: Staudinger, BGB, § 286 Rn. 174.

83 Siehe hierzu Fn. 53. Ausführlich zur offenen Rechtslage: Kapitel 4 B).

84 Vgl.: OLG Karlsruhe, NJW 2005, 515 (516).

85 *Grundmann*, in: MüKo, BGB, § 278 Rn. 3; *Larenz*, Schuldrecht I, § 20 VIII, S. 297; *Pfeiffer*, in: Soergel, BGB, § 278 Rn. 1.

86 *Grundmann*, in: MüKo, BGB, § 278 Rn. 3. Zudem treffen den Schuldner keine Informationspflichten gegenüber dem Gläubiger, wenn sich der Schuldner eines Dritten zur Erfüllung seiner Pflichten bedient: BGH NJW 2008, 3700 (3701).

Haftung gegenüber dem Gläubiger ausscheidet, entsteht dem Schuldner selbst kein Schaden, den er vom Berater ersetzt verlangen könnte. Somit würde der Berater trotz des fehlerhaft erteilten Rats einer Haftung entgehen.[87]

Folglich muss ein Weg gefunden werden, diese ungerechte Risikoverteilung zu vermeiden. In Betracht kommt neben der Anwendung der Grundsätze der Drittschadensliquidation eine Zurechnung des Beraterverschuldens, sodass der Ratsuchende nicht nur die Vorteile der Arbeitsteilung in Anspruch nehmen kann, sondern ihn auch die damit verbundenen Risiken treffen.

IV. Drittschadensliquidation

Zunächst ist also an eine Haftung des Beraters nach den Grundsätzen der Drittschadensliquidation zu denken.[88] Die Situation ist dadurch gekennzeichnet, dass eine Rechtsposition des Ratsuchenden durch den Berater aufgrund seiner fehlerhaften Auskunft verletzt wurde, dem Ratsuchenden selbst jedoch kein Schaden entstanden ist. Dieser ist vielmehr bei einem Dritten entstanden, da der Ratsuchende, vertrauend auf den Rat, seine Leistung dem Dritten gegenüber fehlerhaft erbracht hat. Jene Schadensverlagerung führt somit dazu, dass ein Schadensersatzanspruch gegen den Berater trotz seiner fehlerhaften Auskunft am fehlenden Schaden des Anspruchsinhabers (des Ratsuchenden) scheitert. Der Geschädigte selbst hat aufgrund der fehlenden vertraglichen Beziehung mit dem Berater zwar einen Schaden mittelbar durch diesen erlitten, aber gerade keinen eigenen Anspruch gegen diesen.

Um eine solche unbillige Entlastung des Schädigers zu verhindern, könnte der Ratsuchende nach den Grundsätzen der Drittschadensliquidation den Schaden des Dritten gegen den Schädiger – in diesem Falle also des Beraters – geltend machen. Der Schaden wird folglich zum Anspruch „gezogen".[89] Der Ratsuchende ist anschließend in der Regel gemäß § 285 BGB (analog) dazu verpflichtet, diesen Anspruch an den Dritten abzutreten.[90] Liegen die Voraussetzungen des § 285 BGB nicht vor, so ergibt sich eine Pflicht zur Abtretung regelmäßig aus dem Vertrag zwischen Beratenem und Dritten.[91]

87 OLG Karlsruhe, NJW 2005, 515 (516). Außerdem kann der Berater vom Gläubiger i. d. R. nicht schuldrechtlich in Anspruch genommen werden, da zwischen diesen beiden keine vertraglichen Beziehungen bestehen.

88 Ausführlich hierzu: *Oetker*, in: MüKo, BGB, § 249 Rn. 289 ff.

89 *Brox/Walker*, Schuldrecht AT, § 29 Rn. 16.

90 *Brox/Walker*, Schuldrecht AT, § 29 Rn. 16; *Medicus/Petersen*, Bürgerliches Recht, Rn. 838; *Schubert*, in: BeckOK, BGB, § 249 Rn. 158.

91 *Brox/Walker*, Schuldrecht AT, § 29 Rn. 16.

Da grundsätzlich nur die Geltendmachung eigener Schäden möglich ist, wohingegen ein mittelbarer Schaden in aller Regel nicht ersetzt werden kann, ist eine Drittschadensliquidation jedoch nur möglich, wenn die Schadensverlagerung aus Sicht des Schädigers zufällig erfolgte.[92] Hierzu haben sich mehrere Fallgruppen herausgebildet, innerhalb derer die Drittschadensliquidation Anwendung findet.[93] Für den vorliegenden Fall der Beraterhaftung ähnelt die Situation der Fallgruppe der *obligatorischen Gefahrentlastung*.[94] Zwar wird bei der Beraterhaftung die Gefahrtragung nicht aufgrund einer gesetzlichen Gefahrtragungsregelung auf den Dritten verlagert, dennoch ist die vorliegende Konstellation dadurch gekennzeichnet, dass aufgrund der vertraglichen Konstruktion zwischen den drei Parteien der Gläubiger die Gefahr trägt, obwohl er am Vertrag zwischen Berater und Ratsuchendem nicht beteiligt ist. Er hat lediglich mit dem Ratsuchenden einen Vertrag geschlossen, ohne dass er regelmäßig den Beratungsbedarf seines Vertragspartners erkennen konnte. Zudem ist es aus Sicht des Beraters zufällig, dass der Schaden bei dem Dritten entsteht, da er seine Leistung gerade für den Beratenen und nicht für dessen Vertragspartner erbringt. Weiterhin hat er selbst auf den Vertrag zwischen diesen keinen Einfluss. Damit ähnelt die Situation den obligatorischen Gefahrtragungsregeln, sodass die Grundsätze der Drittschadensliquidation Anwendung finden könnten.

Dennoch hätte die Lösung des Problems über die Grundsätze der Drittschadensliquidation für den Gläubiger erhebliche Nachteile. Eine Haftung des Beraters nach diesen Grundsätzen käme nur in Betracht, wenn zwischen dem Ratsuchenden und dessen Berater eine vertragliche Rechtsbeziehung bestünde. Läge hingegen lediglich ein Gefälligkeitsverhältnis vor, könnte nicht auf die Grundsätze der Drittschadensliquidation zurückgegriffen werden, da dem Ratsuchenden selbst kein vertraglicher Anspruch gegen den Berater zustünde. Hilfsweise könnte der Gläubiger in einer solchen Situation allerdings dennoch einen Schadensersatzanspruch gegen den Beratenen geltend machen. Dieser würde nämlich regelmäßig aufgrund eines Auswahlverschuldens haften, da ein Gefälligkeitsverhältnis zur Ermittlung der vertraglichen Pflichten in der Regel nicht als ausreichend angesehen werden kann.[95] Als weiterer Punkt könnte der Gläubiger keine Verzugszinsen geltend machen. Denn der Ratsuchende würde sich aufgrund des fehlerhaften Rates in einem Irrtum befinden, der sein Verschulden

---

92 *Looschelders*, Schuldrecht AT, Rn. 1024.

93 Vgl. hierzu: *Oetker*, in: MüKo, BGB, § 249 Rn. 296 ff.; *Schubert*, in: BeckOK, BGB, § 249 Rn. 159 ff.; *Teichmann*, in: Jauernig, BGB, Vor §§ 249–253, Rn. 19 f.

94 *Binder*, AG 2008, 274 (276 Fn. 21).

95 *Binder*, AG 2008, 274 (277).

ausschließen würde, sodass die Voraussetzungen des Verzugs gemäß § 286 BGB nicht vorlägen.[96] Darüber hinaus würde eine Haftungsbeschränkung zwischen Ratsuchendem und Berater auch gegenüber dem Gläubiger wirken. Denn der Gläubiger kann sich im Rahmen des § 285 BGB nur einen tatsächlich bestehenden Schadensersatzanspruch seines Vertragspartners, also des Ratsuchenden, abtreten lassen. Besteht ein solcher aber aufgrund einer Haftungsbeschränkung nicht, kann auch über die Grundsätze der Drittschadensliquidation kein Anspruch fingiert werden. Aufgrund dieser für den Gläubiger negativen Folgen scheint eine andere Lösung angebracht.

V. Verschuldenszurechnung nach § 278 S. 1 BGB

Um diese Nachteile zu vermeiden, hat der Gesetzgeber § 278 BGB eingeführt. Gemäß § 278 S. 1 BGB hat der Schuldner das Verschulden seines gesetzlichen Vertreters und der Personen, derer er sich zur Erfüllung seiner Verbindlichkeit bedient, in gleichem Umfang zu vertreten wie eigenes Verschulden. Die Regelung soll vermeiden, dass sich der Schuldner, der die Vorteile einer Arbeitsteilung in Anspruch nimmt, hierdurch seiner eigenen Haftung unbillig entzieht. Dieser soll vielmehr die Risiken, die mit einer solchen Arbeitsteilung verbunden sind, tragen.[97] Schließlich führt der Schuldner in einer solchen Situation nicht jeden Arbeitsschritt selbst aus und kann infolgedessen nicht jedes Detail bestimmen und überwachen. Dabei beruht diese Regelung auf dem Gedanken, dass jeder Schuldner für seinen vollständigen Geschäfts- und Risikobereich einzustehen hat.[98] Schaltet der Schuldner einen Gehilfen zur Erfüllung seiner Pflichten ein, erweitert dies seinen Risikobereich.[99] Infolgedessen muss er für die daraus entstehenden Folgen einstehen.[100] Die unterschiedlichen Begründungsansichten haben jedoch gemeinsam, dass die Anwendung des § 278 BGB gerade

---

96 *Blank*, LMK 2007, 208173.

97 BGH NJW 1983, 448; *Caspers*, in: Staudinger, BGB, § 278 Rn. 1; *Grundmann*, in: MüKo, BGB, § 278 Rn. 3; *Musielak/Hau*, BGB, § 10 Rn. 1218 f.; *Pfeiffer*, in: Soergel, BGB, § 278 Rn. 1; *Schmidt-Kessel*, in: Prütting/Wegen/Weinreich, BGB, § 278 Rn. 1; *Westermann*, in: Erman, BGB, § 278 Rn. 1.

98 BGHZ 62, 119 (124); 131, 200 (204); *Grüneberg*, in: Palandt, BGB, § 278 Rn. 1; *Schmidt-Kessel*, in: Prütting/Wegen/Weinreich, BGB, § 278 Rn. 1; *Unberath*, in: BeckOK, BGB, § 278 Rn. 1.

99 *Grüneberg*, in: Palandt, BGB, § 278 Rn. 1; *Larenz*, Schuldrecht I, § 20 VIII, S. 297.

100 Weiterhin wird die Ansicht vertreten, dass der Grund der Haftung nach § 278 BGB darin bestehe, dass sich der Schuldner zur Erfüllung einer Pflicht eines Dritten bedient, die er selbst hätte erfüllen müssen: BGH NJW 1974, 692 (693); *Musielak/Hau*,

verhindern soll, dass die Übertragung der Schuldnerpflichten dazu führt, dass sich der Schuldner einer Haftung entzieht.

§ 278 BGB schließt somit aus, dass sich der Schuldner durch Darlegung einer ordentlichen Auswahl bzw. Überwachung des Gehilfen entlasten kann.[101] Der Schuldner genießt die Vorteile der Arbeitsteilung und kann die Person des Erfüllungsgehilfen frei wählen. Zudem hat er die Möglichkeit der Überwachung. Mithin ist es nur gerechtfertigt, ihm auch das Verschulden des Erfüllungsgehilfen zuzurechnen, sodass der Gläubiger durch das Hinzuziehen eines Dritten nicht schlechter gestellt wird. Ferner spricht die zwischen Schuldner und Gläubiger bestehende rechtliche Sonderverbindung für eine solche Betrachtungsweise, da beide Parteien zumindest nach § 241 II BGB dazu verpflichtet sind, auf die Rechtsgüter des anderen Vertragspartners Rücksicht zu nehmen.[102] Für den Schuldner besteht somit eine unbedingte Einstandspflicht für das schuldhafte Handeln seines Erfüllungsgehilfen, sodass die Verschuldenszurechnung des § 278 BGB als Garantiehaftung verstanden werden kann.[103]

Um eine solche Zurechnung des Beraterverschuldens an den Ratsuchenden zu erreichen, müssen allerdings die Voraussetzungen des § 278 S. 1 BGB gegeben sein. Hierbei ist vor allem fraglich, ob ein Berater als Erfüllungsgehilfe des Schuldners anzusehen ist.

1) Sonderverbindung

Zunächst muss zwischen Ratsuchendem und dessen Gläubiger eine Sonderverbindung bestehen. Diese darf nicht erst durch ein Fehlverhalten des Schuldners oder seines Gehilfen begründet werden. § 278 BGB findet im Rahmen der §§ 823 ff. BGB also grundsätzlich keine Anwendung.[104] In Betracht kommen aber neben schuldrechtlichen Rechtsgeschäften auch vertragsähnliche oder

---

BGB, § 10 Rn. 1219. Vgl. zu den unterschiedlichen Ansichten: *Schmidt-Kessel*, in: Prütting/Wegen/Weinreich, BGB, § 278 Rn. 1 m. w. N.

101 *Grundmann*, in: MüKo, BGB, § 278 Rn. 2; *Schmidt-Kessel*, in: Prütting/Wegen/Weinreich, BGB, § 278 Rn. 1.

102 *Larenz*, Schuldrecht I, § 20 VIII, S. 303; *Musielak/Hau*, BGB, § 10 Rn. 1220.

103 *Grundmann*, in: MüKo, BGB, § 278 Rn. 3; *Larenz*, Schuldrecht I, § 20 VIII, S. 297; *Caspers*, in: Staudinger, BGB, § 278 Rn. 1; *Musielak/Hau*, BGB, § 10 Rn. 1219; *Pfeiffer*, in: Soergel, BGB, § 278 Rn. 1.

104 *Looschelders*, Schuldrecht AT, Rn. 505.

vergleichbare Rechtsbeziehungen.[105] In der Regel wird diese Voraussetzung somit unproblematisch erfüllt sein.

2) Erfüllungsgehilfeneigenschaft

Ob ein Berater als Erfüllungsgehilfe angesehen werden kann, bedarf einer genaueren Betrachtung. Erfüllungsgehilfe ist derjenige, der mit Wissen und Wollen des Schuldners in dessen Pflichtenkreis tätig wird.[106]

§ 278 BGB betrifft regelmäßig den Fall, dass der Schuldner sich eines Dritten bedient, indem er seine Pflichten an diesen delegiert, sodass der Erfüllungsgehilfe gegenüber dem Gläubiger unmittelbar auftritt und dort die Pflichten des Schuldners erfüllt. Setzt der Schuldner hingegen einen Berater ein, unterscheidet sich die Situation gerade dadurch, dass der Schuldner seine Pflichten nicht freiwillig an diesen delegiert, sondern vielmehr den Berater hinzuzieht, um seinen eigenen Pflichten nach § 276 I 1 BGB zur ordnungsgemäßen Informationsbeschaffung nachzukommen und im Folgenden aufgrund der hinzugewonnenen Informationen selbst gegenüber dem Gläubiger tätig zu werden.[107] Der Berater wird also lediglich im Entscheidungsfindungsprozess tätig, was für den Gläubiger regelmäßig nicht erkennbar ist.

Sowohl *Lorenz* als auch ältere Teile der Literatur lehnen deshalb die Erfüllungsgehilfeneigenschaft eines Beraters ab.[108] Der Berater selbst erfülle keine Pflicht des Schuldners unmittelbar gegenüber dem Gläubiger und trete diesem gegenüber nicht in Kontakt. Die Pflicht, sich fachkundig beraten zu lassen, sei keine konkrete Leistungspflicht des Schuldners, sondern entstamme vielmehr seiner allgemeinen Sorgfaltspflicht nach § 276 I 1 BGB.[109] Infolgedessen sei das Beraterverschulden dem Schuldner mangels Erfüllungsgehilfeneigenschaft nicht nach § 278 S. 1 BGB zuzurechnen. Dabei stützt sich diese Ansicht auf das Verschuldensprinzip, denn der Schuldner solle nur haften, wenn dieser die von der

---

105 *Schmidt-Kessel*, in: Prütting/Wegen/Weinreich, BGB, § 278 Rn. 2. Als vergleichbare Rechtsbeziehungen kommen etwa Schutz- und Obhutspflichten in Betracht, so: *Westermann*, in: Erman, BGB, § 278 Rn. 2.

106 BGHZ 13, 111 (113); BGHZ 50, 32 (35); *Grundmann*, in: MüKo, BGB, § 278 Rn. 20; *Medicus/Petersen*, Bürgerliches Recht, Rn. 801; *Stadler*, in: Jauernig, BGB, § 278 Rn. 6.

107 *Binder*, AG 2008, 274 (277).

108 *Lorenz*, WuM 2013, 202 (206 f.). Siehe auch: LG Karlsruhe, WuM 1990, 294; *Battes*, in: Erman, BGB, 10 Aufl., § 285 Rn. 5; *Reichel*, JW 1931, 535; *Rittner*, in: FS von Hippel, S. 391 (415 Fn. 124).

109 *Lorenz*, WuM 2013, 202 (206 f.).

Verkehrsanschauung an ihn gestellten Anforderungen nicht erfüllt.[110] Hat er diese aber durch eine sorgfältige Auswahl und Überwachung des Beraters beachtet, habe er alles Zumutbare getan, um sich ordnungsgemäß zu verhalten, sodass eine Anwendung des § 278 S. 1 BGB ausscheide und der Schuldner lediglich für ein Auswahlverschulden einzustehen habe.[111]

Zuzustimmen ist dieser Ansicht jedoch nur insoweit, als eine unbedingte Einstandspflicht des Schuldners für seinen Berater tatsächlich dem Verschuldensprinzip widerspricht. Dies ist jedoch keine Besonderheit bezüglich der Haftung für einen beauftragten Berater. Auch außerhalb der Einstandspflicht des Schuldners für seinen Berater ist allgemein anerkannt, dass § 278 BGB aufgrund der nur so zu erreichenden gerechten Risikoverteilung eine Ausnahme vom Verschuldensprinzip darstellt.[112]

Dieser Ansicht steht daher die vorzugswürdige herrschende Meinung in Rechtsprechung und Literatur gegenüber.[113] Der Schuldner soll regelmäßig für das Verschulden seines Beraters einstehen, denn auch ein Berater ist als Erfüllungsgehilfe anzusehen. Vor allem die bereits oben angesprochene Risikoverteilung spricht für eine solche Betrachtungsweise. Wird das Verschulden des Beraters dem Schuldner gemäß § 278 S. 1 BGB zugerechnet, haftet er für das Fehlverhalten des Beraters. Er kann jedoch seinerseits den Berater in Regress nehmen. Dies erscheint als gerechte Lösung, denn für den Gläubiger ist es rein zufällig und vielfach nicht erkennbar, ob sein Vertragspartner die entsprechenden Kenntnisse besitzt oder ob er diese von einem Dritten hinzugewinnt. Nur durch eine Zurechnung nach § 278 S. 1 BGB kann also eine optimale Risikoverteilung erreicht werden.[114]

---

110 Vgl. hierzu *Reichel*, JW 1931, 525. Kritisch zur h. M., wonach dieser folgend der Schuldner selbst dann haften müsse, wenn er alles getan hat, was von ihm verlangt wurde: *Lorenz*, WuM 2013, 202 (206 f.).

111 *Lorenz*, WuM 2013, 202 (206 f.).

112 *Binder*, ZGR 2012, 757 (768); *Kaiser/Rieble*, NJW 1990, 218 (220); *Mayer-Maly*, AcP 170 (1970), 133 (149 f.); *Schulze*, in: Schulze, BGB, § 278 Rn. 1; *Stadler*, in: Jauernig, BGB, § 278 Rn. 2; *Westermann*, in: Erman, BGB, § 278 Rn. 1.

113 BGH NJW 2006, 3271 (3273); 2007, 428 (430); BAG ZIP 1987, 1339 (1341); OLG Köln, ZMR 1998, 763 (766); OLG Karlsruhe, NJW 2005, 515; *Benicke/Nalbantis*, in: Soergel, BGB, § 286 Rn. 175; *Binder*, ZGR 2012, 757 (768); *Blank*, NZM 2007, 788 (789); *Fischer*, ZMR 1994, 309 (311); *Grüneberg*, in: Palandt, BGB, § 278 Rn. 18; *Häublein*, in: MüKo, BGB, § 573 Rn. 64; *Huber*, Leistungsstörungen, S. 712 f., 723; *Löwisch/Feldmann*, in: Staudinger, BGB, § 286 Rn. 174.

114 Aufgrund dessen ist auch die Ausnahme vom Verschuldensprinzip zu rechtfertigen. Vgl. *Binder*, AG 2008, 274 (277) m. w. N.

Darüber hinaus ist zu beachten, dass der Schuldner den Berater einschaltet, um die an ihn gerichtete Pflicht zu erfüllen. Ohne diesen Rat ist es ihm ggf. aufgrund mangelnder Kenntnisse nicht möglich, dieser Pflicht ordnungsgemäß nachzukommen. Der Berater wird folglich zur Erfüllung der Verbindlichkeit im Einflussbereich des Schuldners tätig. Dies gilt auch dann, wenn er nicht unmittelbar gegenüber dem Gläubiger auftritt und seine Tätigkeit sich ausschließlich auf eine den Schuldner beratende Funktion beschränkt. Mithin wird er also lediglich zur Entscheidungsfindung bzw. Willensbildung, nicht jedoch zur Entscheidungsdurchführung tätig.[115] Der Schuldner ist vielmehr besonders schutzwürdig, da er keinerlei Einblicke in die von einem Dritten durchgeführte Informationsbeschaffung erlangt. Dies hat die Rechtsprechung etwa im Falle eines anwaltlichen Rats bzgl. einer Zwangsvollstreckung bestätigt.[116] In diesem Fall sah sie den Anwalt, den der Vollstreckungsgläubiger aufgrund einer Drittwiderspruchsklage um Rat bat, als dessen Erfüllungsgehilfen an.

Beauftragt der Schuldner den Berater zur Ermittlung einer bestimmten Information, deren Bestimmung sich gar als Nebenpflicht aus dem eigentlichen Schuldverhältnis darstellt, ist § 278 S. 1 BGB erst recht auf den Berater anwendbar. Beispielhaft soll hier die Situation einer teilweise zurückgehaltenen Mietzahlung aufgrund eines Mangels an einer Wohnung angesprochen werden. Aufgrund der sich aus dem Mietvertrag ergebenen Nebenpflicht des Mieters obliegt es diesem, die korrekte Minderungshöhe zu ermitteln.[117] Daher sah der BGH einen Mietschutzverein, der den Mieter in der betreffenden Frage beriet, als Erfüllungsgehilfen mit der Folge an, dass der Mieter für den fehlerhaften Rat gemäß § 278 S. 1 BGB einzustehen hatte.[118] Die Einstandspflicht bestehe unabhängig davon, ob der Mieter für die zu niedrige Mietzahlung Schadensersatz zu leisten habe oder aber, ob ihm das Fehlverhalten im Rahmen einer Kündigungsklage des Vermieters zugerechnet werde.[119] Ausdrücklich ist es laut BGH nicht vonnöten, unterschiedliche Haftungsmaßstäbe in diesen beiden Varianten anzuwenden. Dies wird in der Literatur häufig diskutiert.[120] Soweit jedoch die Anwendung des § 278 S. 1 BGB bzgl. der Zurechnung des Beraterverschuldens an den Mieter kritisiert und abgelehnt wird, wird nicht die Erfüllungsgehilfeneigenschaft

---

115 OLG Karlsruhe, NJW 2005, 515 (516); *Löwisch/Feldmann*, in: Staudinger, BGB, § 286 Rn. 174.

116 BGHZ 58, 207 (215).

117 Zum Ganzen: *Fischer*, ZMR 1994, 309 (311).

118 BGH NJW 2007, 428 (430 f.).

119 So ausdrücklich BGH NJW 2007, 428 (430 f.).

120 *Blank*, NZM 2007, 788 (790 f.); *Klees*, NJW 2007, 431.

des beratenden Mieterschutzvereins bestritten, sondern vielmehr die grundsätzliche Anwendbarkeit des § 278 S. 1 BGB i. R. d. Kündigungsvoraussetzungen der §§ 543 und 573 BGB.[121]

Die Erfüllungsgehilfeneigenschaft beschränkt sich jedoch nicht nur auf Rechtsberater. Auch sonstige, etwa technische oder wirtschaftliche Berater sind als Erfüllungsgehilfen des Schuldners anzusehen. So hat das OLG Karlsruhe einen Kfz-Gutachter als Erfüllungsgehilfen eines Gebrauchtwagenverkäufers angesehen.[122] Der Gutachter ermittelte die Fehlerquelle für den Schaden des Fahrzeugs in einem Bruch der Umlenkrolle, die im Garantievertrag nicht aufgeführt wurde. Daraufhin lehnte der Gebrauchtwagenhändler die kostenlose Reparatur ab. Dieses Gutachten war allerdings fehlerhaft, denn der Fehler lag vielmehr im Defekt der Spannrolle, die von der Garantie erfasst war, sodass der Gebrauchtwagenhändler zur Fehlerbehebung verpflichtet gewesen wäre. Nach den Ausführungen des Gerichts könne für einen technischen Berater hinsichtlich der Erfüllungsgehilfeneigenschaft nichts anderes gelten als für einen Rechtsberater.[123] Dem ist zuzustimmen. Der Schuldner muss sich das Verschulden eines sonstigen Beraters ebenfalls gemäß § 278 S. 1 BGB zurechnen lassen, denn er lehnte die Reparatur gerade aufgrund des fehlerhaften Rats ab. Die Beurteilung der eigenen Haftungsvoraussetzungen stellt gerade eine Pflicht des Schuldners dar, bei deren Ermittlung der Berater zur Vorbereitung der daran anschließenden Reaktion tätig wird.[124] Hier muss sich der Schuldner, wie bereits erwähnt, über sämtliche tatsächlichen Voraussetzungen informieren, die zur Erfüllung seiner Pflichten erforderlich sind.[125] Gerade hierbei ist das Gutachten des Beraters jedoch von entscheidender Bedeutung. Die Reaktion des Schuldners, z. B. auf das Haftungsverlangen des Gläubigers, wird regelmäßig auf dem Ergebnis des Gutachtens beruhen. Der Schuldner setzt folglich auch einen nicht-juristischen Berater zur Erfüllung seiner Verbindlichkeiten ein.

Festzuhalten bleibt somit, dass sowohl ein Rechtsberater als auch ein sonstiger Berater als Erfüllungsgehilfe des Schuldners anzusehen ist.

---

121 Ob im Rahmen der §§ 543 und 573 BGB entgegen dem BGH ein anderer Haftungsmaßstab anzulegen ist und der Mieter nur für eigenes Verschulden einzustehen hat, sodass eine Zurechnung nach § 278 BGB ausscheidet, wie ein Teil der Literatur dies vorschlägt, kann hier nicht weiter erörtert werden. Vgl. hierzu: *Blank*, NZM 2007, 788 (790 ff.) m. w. N.

122 OLG Karlsruhe, NJW 2005, 515 (516).

123 OLG Karlsruhe, NJW 2005, 515 (516).

124 OLG Karlsruhe, NJW 2005, 515 (516).

125 Siehe dazu bereits oben Kapitel 1 B).

3) *Handeln in Erfüllung der Verbindlichkeit*

Begeht der Berater die Pflichtverletzung nur bei Gelegenheit, scheidet eine Zurechnung des Verschuldens allerdings aus.[126] Eine Haftung des Schuldners für den Erfüllungsgehilfen kommt daher nur in Betracht, wenn die Handlung des Gehilfen, in concreto des Beraters, im sachlichen Zusammenhang mit der Erfüllung der dem Schuldner obliegenden Verbindlichkeit steht.[127] Dieses Kriterium liegt im Bereich der Beraterhaftung meist unproblematisch vor. Der Berater kommt grundsätzlich mit dem Gläubiger nicht in Kontakt, sodass er unmittelbar keinen Einfluss auf dessen Rechtsgüter hat, mit der Folge, dass eine direkte Schädigung außerhalb der Schuldnerpflichten kaum möglich erscheint. Berät er seinen Vertragspartner und erteilt diesem einen Rat, handelt er also in Erfüllung einer Verbindlichkeit.

4) *Verschulden des Erfüllungsgehilfen*

Außerdem muss der Erfüllungsgehilfe selbst schuldhaft handeln, ihm muss also grundsätzlich Vorsatz oder Fahrlässigkeit gemäß § 276 I 1 BGB zur Last fallen. Hier ist jedoch grundsätzlich der Sorgfaltsmaßstab, der an den Schuldner gestellt wird, entscheidend.[128] Daran anschließend ergibt sich auch, dass etwaige Haftungsausschlüsse zwischen Gläubiger und Schuldner zu berücksichtigen sind.[129] Ist vereinbart oder gesetzlich vorgeschrieben, dass der Schuldner nur für grobe Fahrlässigkeit haftet und lässt er sich zur Erfüllung seiner vertraglichen Pflicht von einem Dritten beraten, kommt eine Zurechnung des Verschuldens über § 278 S. 1 BGB nur in Betracht, wenn der Berater selbst grob fahrlässig handelte.

Erteilt der Berater einen fehlerhaften Rat, kommt es darauf an, ob er die fehlerhafte Auskunft gemäß § 276 I 1 BGB zu vertreten hat. Unterliegt der Berater selbst einem Irrtum, finden die oben genannten Grundsätze auch auf ihn Anwendung.[130] Ist der Irrtum unvermeidbar, hat er diesen nicht zu vertreten,

---

126 *Pfeiffer*, in: Soergel, BGB, § 278 Rn. 37 ff.; *Stadler*, in: Jauernig, BGB, § 278 Rn. 12; *Schulze*, in: Schulze, BGB, § 278 Rn. 11.

127 BGHZ 23, 319 (323); 31, 358 (366); 114, 263 (270). Siehe auch: *Unberath*, in: BeckOK, BGB, § 278 Rn. 44 ff.; *Stadler*, in: Jauernig, BGB, § 278 Rn. 12.

128 BGHZ 31, 358 (367); 114, 263 (272); BGH NJW 2008, 3700 (3701); *Caspers*, in: Staudinger, BGB, § 278 Rn. 2, 60 ff.; *Grundmann*, in: MüKo, BGB, § 278 Rn. 50; *Grüneberg*, in: Palandt, BGB, § 278 Rn. 27; *Pfeiffer*, in: Soergel, BGB, § 278 Rn. 33; *Stadler*, in: Jauerning, BGB, § 278 Rn. 13.

129 *Caspers*, in: Staudinger, BGB, § 278 Rn. 4.

130 Vgl. hierzu oben Kapitel 1 C) I. und II.

sodass eine Zurechnung nach § 278 S. 1 BGB mangels Verschulden des Beraters ausscheidet. Hierbei muss aber beachtet werden, dass der Schuldner bei eigener Unkenntnis dazu verpflichtet ist, sich *fachkundig* beraten zu lassen.[131] Der beauftragte Ratgeber muss somit grundsätzlich diejenige Sorgfalt einhalten, die von einem fachlich versierten Berater im entsprechenden Fachgebiet erwartet wird.[132] Vielfach wird der Irrtum aufgrund der hohen Anforderungen also vermeidbar sein, sodass ein Verschulden des Beraters zu bejahen ist. Verletzt der Berater also eine Pflicht schuldhaft, muss sich der Schuldner dieses Verschulden zurechnen lassen, wie wenn er die entscheidungserhebliche Frage selbst beantwortet hätte.[133]

VI. Zwischenergebnis

Diese Darlegungen weisen auf ein Dilemma des Schuldners hin. Er selbst darf bei fehlenden Kenntnissen nicht ohne eine fachkundige Beratung handeln. Er muss vielmehr einen Berater sorgfältig auswählen, informieren und überwachen, um seine Pflichten aus § 276 I 1 BGB zu erfüllen. Doch selbst wenn er nach den strengen Voraussetzungen, die an einen unverschuldeten Rechts- oder Tatsachenirrtum zu stellen sind, aufgrund des fehlerhaften Rats einem solchen Irrtum unterliegt, so entgeht er regelmäßig doch nicht der eigenen Haftung. Denn obwohl es an seinem eigenen Verschulden mangelt, wird ihm das Verschulden des Beraters gemäß § 278 S. 1 BGB zugerechnet. Der Schuldner hat durch die Einschaltung des Beraters alles getan, was von ihm verlangt werden kann. Wird ihm das Verschulden des Beraters dennoch zugerechnet, haftet er auch für solche Informationen, über die er regelmäßig nicht selbst verfügt und ggf. nicht verfügen kann. Zudem hat er mangels eigener Fachkenntnisse kaum eine Möglichkeit, den vom Berater erbrachten Rat vertieft zu analysieren und zu bewerten.[134] Diese Einschränkung des Verschuldensprinzips ist jedoch zu akzeptieren, weil nur so eine gerechte Risikoverteilung zwischen Schuldner, Berater und Gläubiger zu erreichen ist. Diese unbedingte Einstandspflicht des Schuldners erscheint auf den ersten Blick zwar sehr weitgehend, dennoch liegen die fehlerhaften Informationen, aufgrund dessen der Schuldner seine Handlung vornimmt, in seiner

131 Vgl. Fn. 37.

132 So *Lorenz*, WuM 2013, 202 (206 Fn. 31). Generell auf den höheren Sorgfaltsmaßstab des beratenden Experten abstellend: *Freund*, GmbHR 2011, 238 (240).

133 *Caspers*, in: Staudinger, BGB, § 278 Rn. 2; *Picker*, AcP 183 [1983] 369 (488 f.); *Westermann*, in: Erman, BGB, § 278 Rn. 1.

134 *Binder*, AG 2008, 274 (277).

Risikosphäre.[135] Dieses Risiko auf den Gläubiger zu übertragen, obwohl jener meist keinerlei Kenntnis von der Beratung und keine Einfluss- oder Überwachungsmöglichkeit hat, erscheint nicht gerecht. Indessen darf nicht übersehen werden, dass sich der Schuldner beim Berater aufgrund des fehlerhaften Rats zumeist regressieren kann.

D) Zusammenfassung

Verpflichtet sich der Schuldner zu einer vertraglichen Leistung, muss er die dazu erforderlichen Kenntnisse besitzen oder sich diese zumindest durch eine Beratung aneignen.[136] Beauftragt der Schuldner zur Entscheidungsvorbereitung einen fachkundigen Berater und stellt sich der erteilte Rat als fehlerhaft heraus, unterliegt er einem Rechts- bzw. Tatsachenirrtum. Folgt der Ratsuchende sodann dem Rat des sorgfältig ausgewählten, informierten und überwachten Beraters, kann er hierdurch sein eigenes Verschulden selbst dann ausschließen, wenn sich der Rat als fehlerhaft erweist, da der Irrtum als unvermeidbar anzusehen ist. Der hinzugezogene Berater ist jedoch regelmäßig als Erfüllungsgehilfe des Schuldners anzusehen, sodass eine Zurechnung des Beraterverschuldens nach § 278 S. 1 BGB erfolgt, was faktisch einer Garantiehaftung des Schuldners gleichkommt.

Die hier aufgezeigten schuldrechtlichen Grundlagen sollen im Rahmen der Geschäftsleiterhaftung als erster Ansatzpunkt einer möglichen Enthaftung herangezogen werden, wobei an den entsprechenden Stellen abweichende dogmatische Konstruktionen erforderlich sein werden.

---

135 *Binder*, AG 2008, 274 (277).

136 *Binder*, AG 2008, 274 (276).

Kapitel 2: Grundlagen der Haftungsprivilegierung im Kapitalgesellschaftsrecht

Die Geschäftsleitung einer Kapitalgesellschaft sieht sich allgemein einer strengen Haftung ausgesetzt. Da deren Geltendmachung in den letzten Jahren aus den noch darzulegenden Gründen zugenommen hat, ist das Bedürfnis der Geschäftsleitung nach wirksamen Enthaftungsmethoden gestiegen. Nach den aufzuzeigenden Pflichten der Geschäftsleitung stellt sich die Frage, in wie weit diese zur Erfüllung ihrer Aufgaben auf fachkundige Berater zurückgreifen darf und in welchen Fällen hierzu gar eine Pflicht besteht. Doch selbst wenn sich die Geschäftsleitung ordnungsgemäß beraten lässt, kann ein solcher Rat auch dann eine Haftung vermeiden, wenn sich der Rat als fehlerhaft herausstellt?

A) Die Haftung der Geschäftsleitung

Der kapitalgesellschaftsrechtlichen Organhaftung liegt das Prinzip der *Haftungskonzentration* zugrunde.[137] Demnach ist eine Haftung der Organmitglieder gegenüber Dritten regelmäßig ausgeschlossen. Für Gesellschaftsschulden haftet vielmehr die Gesellschaft als juristische Person. Nur ausnahmsweise kann ein Durchgriff auf Geschäftsleitungsmitglieder erreicht werden (sog. Außenhaftung).[138] Entsteht einem Dritten aufgrund einer Handlung oder eines Unterlassens eines Organmitglieds ein Schaden, ist die Gesellschaft hierfür regelmäßig verantwortlich. Denn den Gläubigern steht in diesem Fall grundsätzlich ein Anspruch auf Schadensersatz gegen die Gesellschaft zu, da die Gesellschaft für das Fehlverhalten ihrer Organe Dritten gegenüber in analoger Anwendung des § 31 BGB einzustehen hat.[139] Haftet sie dem Dritten gegenüber, kann sie im Folgenden jedoch ggf. das

137 Im Rahmen der AG: *Fleischer*, Handbuch Vorstandsrecht, § 11 Rn. 1; Hölters, in: Hölters, AktG, § 93 Rn. 360; *Hopt/Roth*, in: Großkomm. AktG, § 93 Rn. 624, 649; *Wellhöfer*, in: Wellhöfer/Peltzer/Müller, Vorstandshaftung, § 1 Rn. 9. Bzgl. des Geschäftsführers einer GmbH: OLG Stuttgart, GmbHR 2006, 760 (761); *Haas/Ziemons*, in: Michalski, GmbHG, § 43 Rn. 283; *dies.*, in: BeckOK, GmbHG, § 43 Rn. 247; *Zöllner/Noack*, in: Baumbauch/Hueck, GmbHG, § 43 Rn. 1.

138 Hierzu siehe Kapitel 2 A) III. Vgl. zum Unterschied Innen- und Außenhaftung: *Liebscher*, in: BeckHandb. AG, § 6 Rn. 128 ff.; *Wellhöfer*, in: Wellhöfer/Peltzer/Müller, Vorstandshaftung, § 1 Rn. 34 ff.

139 Strittig: Die h. M. geht von der analogen Anwendung des § 31 BGB aus: *Caspers*, in: Staudinger, BGB, § 278 Rn. 124; *Grundmann*, in: MüKo, BGB, § 278 Rn. 10;

pflichtwidrig handelnde Geschäftsleitungsmitglied in Regress nehmen. Typischerweise stellt sich die Haftung für Pflichtverletzungen der Geschäftsleitungsmitglieder daher als Innenhaftung dar, die durch gesetzliche Regelungen konkretisiert ist. Die im AktG bzw. GmbHG geregelten Schadensersatzansprüche betreffen, mit der Ausnahme der §§ 117 II i. V. m. I 2 und 317 I 2, III AktG, stets diese Innenhaftung der Geschäftsleitung.[140]

I. Die Innenhaftung der Geschäftsleitung

Ein Geschäftsleitungsmitglied einer Kapitalgesellschaft hat der Gesellschaft gemäß § 93 II 1 AktG bzw. § 43 II GmbHG den Schaden zu ersetzen, der ihr aufgrund einer schuldhaften Pflichtverletzung dieses Geschäftsleiters entstanden ist. Betroffen von dieser Haftung ist jedes Vorstandsmitglied bzw. jeder Geschäftsführer, unabhängig von der Wirksamkeit der Bestellung. Vielmehr ist die tatsächliche Übernahme des Amtes entscheidend.[141] Die Geschäftsleiterhaftung stellt jedoch keine allgemeine Erfolgshaftung dar, sondern ist eine Haftung für sorgfaltspflichtwidrige Handlungen.[142] Eine generelle Erfolgshaftung würde demgegenüber eine abschreckende Wirkung entfalten, sodass Geschäftsleitungsmitglieder vielfach von risikobehafteten aber ggf. notwendigen Entscheidungen Abstand nehmen würden.[143]

Grüneberg, in: Palandt, BGB, § 278 Rn. 6; *Mansel*, in: Jauernig, BGB, § 31 Rn. 3; *Merkt*, in: MüKo, GmbHG, § 13 Rn. 18; *Paefgen*, in: Ulmer, GmbHG, § 35 Rn. 214; *K. Schmidt*, GesR, § 10 IV 3; *Stadler*, in: Jauernig, BGB, § 278 Rn. 17; *Zöllner/Noack*, in: Baumbach/Hueck, GmbHG, § 35 Rn. 155. Für die Anwendung des § 278 BGB: *Löwisch*, in: Staudinger, BGB, Voraufl. 2004, § 278 Rn. 111. Offen nun: *Medicus/Lorenz*, Schuldrecht I, Rn. 374; *Westermann*, in: Erman, BGB, § 278 Rn. 9.

140 *Frodermann/Schäfer*, in: Henn/Frodermann/Jannott, AktG, Kap. 7 Rn. 197; *Ritter*, in: Schüppen/Schaub, Münchener Anwaltshandbuch, AktR, § 24 Rn. 6.

141 *Fleischer*, in: MüKo, GmbHG, § 43 Rn. 216; *Frodermann/Schäfer*, in: Henn/Frodermann/Jannott, AktG, Kap. 7 Rn. 200.

142 *Bachmann*, Gutachten 70. DJT, E 22 f.; *ders.*, WM 2015, 105 (107); *Balthasar/Hamelmann*, WM 2010, 589; *Dauner-Lieb*, in: Henssler/Strohn, GesR, § 93 AktG Rn. 18; *von Falkenhausen*, NZG 2012, 644 (649); *Fleischer*, in: Spindler/Stilz, AktG, § 93 Rn. 60; *Hasselbach/Ebbinghaus*, AG 2014, 873 (878); *Spindler*, in: MüKo, AktG, § 93 Rn. 5; *Terwedow/Klavina*, Der Konzern 2012, 535 (537). Zur GmbH: *Zöllner/Noack*, in: Baumbach/Hueck, GmbHG, § 43 Rn. 17.

143 Volkswirtschaftlich wird es gerade als zweckmäßig erachtet, dass die Geschäftsleitung auch zu risikohaften Geschäften bereit ist, da auf diese Weise die Erfolge der Gesellschaft gesteigert werden können, *von Falkenhausen*, NZG 2012, 644 (646). Ähnlich: *Twele*, Die Haftung des Vorstands für Kartellrechtsverstöße, S. 149 f.; *Freitag/Korch*, ZIP 2012, 2281 (2284): „Was zunächst als vernünftig erscheinen mag

Zur Begründung der Haftung ist zudem ein individuelles Verschulden des jeweiligen Geschäftsleitungsmitglieds erforderlich. Den §§ 93 II AktG bzw. 43 II GmbHG ist nicht unmittelbar zu entnehmen, dass der Schadensersatzanspruch an ein Verschulden des Organmitglieds gebunden ist. Dies ergibt sich jedoch aus dem Vergleich mit § 93 I 1 AktG und § 43 I GmbHG, wonach das Organmitglied die Sorgfalt eines ordentlichen und gewissenhaften Geschäftsleiters bzw. eines ordentlichen Geschäftsmannes einzuhalten hat. Kommt das Vorstandsmitglied oder der Geschäftsführer dem nach und kann dies substantiiert vortragen, ist ein subjektives Verschulden abzulehnen. Ist ihm dies jedoch nicht möglich, genügt zur Begründung der Haftung bereits eine auf einfacher Fahrlässigkeit beruhende Pflichtverletzung.[144]

Als Pflichtverletzung kommt grundsätzlich jegliches normwidrige Verhalten des Geschäftsleitungsmitglieds, das gegen eine Organpflicht verstößt, in Betracht.[145] Da die Pflichten der Geschäftsleitung nicht abschließend geregelt sind, gilt der allgemeine Maßstab, wonach jedes Organmitglied den Vorteil der Gesellschaft wahren und einen drohenden Schaden von ihr abwenden muss.[146] Eine Pflichtverletzung liegt somit regelmäßig bei der Verletzung der an die Geschäftsleitung gerichteten Sorgfaltspflicht aus §§ 93 I 1 AktG, 43 I GmbHG, der gesellschaftsrechtlichen Treuepflicht oder aber bei einem Verstoß gegen sonstige

---

[die Vermeidung von Risiken], erweist sich bei Lichte betrachtet als Widerspruch zu den Interessen der Aktionäre. Die angemessene Verzinsung des Eigenkapitals ist untrennbar mit der Eingehung unternehmerischer Risiken verbunden. Überzogene Vorsicht und Zurückhaltung der Vorstände führt deshalb langfristig zu einer Schwächung der Ertragskraft des Unternehmens und damit mittelbar zu einer schwächeren Position im Wettbewerb." Weiter: *A. Arnold*, Vorstandshandeln, S. 171; *Bachmann*, Gutachten 70. DJT, E 22; *Holle*, Legalitätskontrolle, S. 74 f.; *Thole*, ZHR 173 (2009), 504 (530). *Spindler*, in: MüKo, AktG, § 93 Rn. 5, der insoweit von einer etwaigen „Risikoaversion" der Geschäftsleitung spricht.

144 *Bachmann*, Gutachten 70. DJT, E 29; *Frodermann/Schäfer*, in: Henn/Frodermann/Jannott, § 93 Rn. 199; *Hopt/Roth*, in: Großkomm. AktG, § 93 Rn. 391 f.; *Lutter*, in: Krieger/Schneider, Managerhaftung, § 1 Rn. 1; *Vetter*, AnwBl. 2014, 582 (583). Für den GmbH-Geschäftsführer ergibt sich dies aus § 43 I GmbHG, vgl.: *Haas/Ziemons*, in: Michalski, GmbHG, § 43 Rn. 188 f.

145 *Frodermann/Schäfer*, in: Henn/Frodermann/Jannott, AktG, Kap. 7 Rn. 200.

146 BGHZ 21, 354 (357); *Bürgers/Israel*, in: Bürgers/Körber, AktG, § 93 Rn. 2.

gesetzliche Regelungen vor.[147] Hierbei ist eine ex-ante Sicht maßgeblich, sodass erst nachträglich erkennbare Umstände unberücksichtigt bleiben müssen.[148]

Die Haftung der Geschäftsleitung stellt sich regelmäßig als sehr streng dar, da nur so die mit ihr verfolgten Regelungsfunktionen erreicht werden können. Die Geschäftsleiterhaftung soll vor allem dem Schadensausgleich (Kompensationsgedanke) und der Steuerung des künftigen Handelns (Schadensprävention), aber auch zumindest indirekt dem Schutz der Gläubiger dienen.[149] Dies ist als Korrelat zur besonderen Leitungskompetenz des Vorstandsmitglieds nach § 76 I AktG vonnöten.[150] Diese erfasst neben der allgemeinen Geschäftsführung auch die grundsätzliche Bestimmung der Unternehmenspolitik und sämtliche unternehmerischen Führungsaufgaben.[151] Von entscheidender Bedeutung ist hierbei die vom allgemeinen Zivilprozessrecht abweichende *partielle Beweislastumkehr*. Grundsätzlich hat der Anspruchsinhaber die anspruchsbegründenden Tatsachen zu beweisen.[152] Im Rahmen der Organhaftung hat die Gesellschaft allerdings lediglich darzulegen, dass eine Handlung oder ein Unterlassen des betroffenen Geschäftsleitungsmitglieds möglicherweise als Pflichtverletzung

---

147 *Krieger*, in: Krieger/Schneider, Managerhaftung, § 3 Rn. 4 ff. Auch kommen Pflichtverletzungen aus dem Anstellungsvertrag in Betracht: BGH NJW 1997, 741 (742); *Fleischer*, in: Spindler/Stilz, AktG, § 93 Rn. 201.

148 *Bachmann*, in: FS Stilz, S. 25 (28); *ders.*, ZHR 177 (2013), 1 (4); *Hopt*, ZIP 2013, 1793 (1798).

149 *Bachmann*, Gutachten 70. DJT, E 21; *Bosch/Lange*, JZ 2009, 225; *Haas/Ziemons*, in: Michalski, GmbHG, § 43 Rn. 4; *Hopt*, ZIP 2013, 1793 (1795); *Koch*, in: Hüffer, AktG, § 93 Rn. 1; *Lutter*, in: Krieger/Schneider, Managerhaftung, § 1 Rn. 1; *Mertens/Cahn*, in: KK-AktG, § 93 Rn. 6; *Paefgen*, in: Ulmer, GmbHG, § 43 Rn. 4; *Vetter*, AnwBl. 2014, 582. Ausführlich, mit der Auflistung weiterer Schutzzwecke, beispielsweise auch dem Gläubigerschutz: *Hopt/Roth*, in: Großkomm. AktG, § 93 Rn. 28 ff. Vgl. auch *Zöllner/Noack*, in: Baumbach/Hueck, GmbHG, § 43 Rn. 1.

150 *Spindler*, in: MüKo, AktG, § 93 Rn. 6. Vgl. zur GmbHG: Die Haftung beruht gerade auf der Organstellung des Geschäftsleiters, *Oetker*, in: Henssler/Strohn, GesR, § 43 GmbHG Rn. 1 ff.

151 Siehe zur Leitungskompetenz des Vorstands nach § 76 AktG: *Spindler*, in: MüKo, AktG, § 76 Rn. 14 ff.; *Weber*, in: Hölters, AktG, § 76 Rn. 8 ff.

152 *Ek*, Haftungsrisiken, S. 128; *Krieger*, in: Krieger/Schneider, Managerhaftung, § 3 Rn. 41; *Wellhöfer*, in: Wellhöfer/Peltzer/Müller, Vorstandshaftung, § 1 Rn. 7. Siehe auch: *Hopt/Roth*, in: Großkomm. AktG, § 93 Rn. 426 ff.; *Windbichler*, GesR, § 27 Rn. 35. Der 70. Deutsche Juristentag 2014 spricht sich für eine Aufhebung dieser Beweislastumkehr aus. Beschluss Abteilung Wirtschaftsrecht, I. 6. a). Beschluss abrufbar unter: http://www.djt.de/fileadmin/downloads/70/140919_djt_70_beschluesse_web_rz.pdf [Zuletzt abgerufen am 31.03.2016].

anzusehen ist und aufgrund dessen der Gesellschaft ein kausaler Schaden entstanden ist.[153] Kann die Gesellschaft dies beweisen, so obliegt es der Geschäftsleitung darzulegen, dass ihr Verhalten keine Pflichtverletzung darstellt, oder sollte dies nicht gelingen, ihr zumindest kein Verschulden zur Last fällt.[154] Denn sowohl die Pflichtverletzung als auch das Verschulden der Geschäftsleitung werden nach § 93 II 2 AktG vermutet. Für die GmbH gilt dies in analoger Anwendung dieser Norm.[155]

Weiterhin setzt der Schadensersatzanspruch einen Schaden der Gesellschaft voraus. Grundsätzlich gilt zur Bestimmung des aufgrund der Pflichtverletzung zu ersetzenden Schadens die im allgemeinen Haftungsrecht geltende Differenzhypothese. Die Vermögenslage der Gesellschaft ist also mit und ohne schädigendem Verhalten des Organmitglieds zu betrachten.[156] Diesbezüglich gilt zugunsten der Gesellschaft § 287 ZPO, sodass der eingetretene Schaden durch eine Schätzung ermittelt werden kann, soweit ausreichende Tatsachen für eine solche Schätzung vorgetragen wurden.[157]

Eine Sonderregelung enthält § 93 III AktG. Liegt einer der dort aufgeführten Tatbestände vor, stellt dies eine besonders erhebliche Pflichtverletzung des Geschäftsleitungsmitglieds dar.[158] Zu berücksichtigen ist die in dieser Regelung enthaltene Abkehr vom Grundsatz der Gesamtvermögensbetrachtung. Grds. ist ein Schaden nur dann anzunehmen, wenn der Vermögensabfluss nicht durch eine Gegenleistung ausgeglichen wird.[159] § 93 III AktG weicht hiervon in der

---

153 BGHZ 152, 280 (284); *Binder/Kraayvanger*, BB 2015, 1219 (1224); *Eufinger*, WM 2015, 1265 (1269 f.); *Koch*, in: Hüffer, AktG, § 93 Rn. 53; *Krieger/Sailer-Coceani*, in: Schmidt/Lutter, AktG, § 93 Rn. 41; *Zöllner/Noack*, in: Baumbach/Hueck, GmbHG, § 43 Rn. 38. Eine ausführliche Auseinandersetzung mit der Darlegungs- und Beweisverteilung im Rahmen der Geschäftsleiterhaftung findet sich bei: *Goette*, ZGR 1995, 648; *Kurzwelly*, in: Krieger/Schneider, Managerhaftung, § 12 Rn. 2 ff.

154 *Bachmann*, Gutachten 70. DJT, E 32 f.; *Hopt*, ZIP 2013, 1793 (1799); *Krieger/Sailer-Coceani*, in: Schmidt/Lutter, AktG, § 93 Rn. 41.

155 BGHZ 152, 280 (284); BGH NZG 2001, 616 (618); *Fleischer*, in: MüKo, GmbHG, § 43 Rn. 270; *Oetker*, in: Henssler/Strohn, GesR, § 43 GmbHG Rn. 57; *Paefgen*, in: Ulmer, GmbHG, § 43 Rn. 205.

156 *Hölters*, in: Hölters, AktG, § 93 Rn. 252.

157 BGHZ 152, 280 (287); *Wellhöfer*, in: Wellhöfer/Peltzer/Müller, Vorstandshaftung, § 1 Rn. 10. Allgemein zu § 287 ZPO siehe: *Foerste*, in: Musielak/Voigt, ZPO, § 287 Rn. 1 ff.

158 *Fleischer*, in: Spindler/Stilz, AktG, § 93 Rn. 256; *Spindler*, in: MüKo, AktG, § 93 Rn. 222.

159 *Hölters*, in: Hölters, AktG, § 93 Rn. 274; *Hopt/Roth*, in: Großkomm. AktG, § 93 Rn. 339.

Weise ab, dass zugunsten der Gesellschaft vermutet wird, dass die abgeflossenen Mittel einen Schaden der Gesellschaft darstellen.[160] Ist somit eine Variante des § 93 III AktG zu bejahen, obliegt es dem Geschäftsleitungsmitglied darzulegen, dass die pflichtwidrig abgeflossenen Mittel wieder endgültig dem Gesellschaftsvermögen hinzugefügt wurden.[161] Gelingt ihm dies nicht, besteht der Ersatzanspruch in Höhe der abgeflossenen Mittel. Im Falle des § 93 III Nr. 6 AktG kann sich der Geschäftsleiter auf anderweitige Rückführungs*möglichkeiten* nicht berufen, da allein auf die tatsächlich abgeflossenen Mittel abzustellen ist.[162]

Ferner bleibt zu beachten, dass nach der gesetzlichen Konzeption grds. eine Haftung des Vorstands oder der Geschäftsführung in seiner bzw. ihrer Gesamtheit ausscheidet. Mithin müssen die Haftungsvoraussetzungen für jedes Organmitglied einzeln geprüft werden. Nur wenn diese in der jeweiligen Person des Mitglieds vorliegen, ist eine Haftung des einzelnen Mitglieds zu bejahen.[163] Dies ist insbesondere bei der Aufteilung der Geschäftsleitung auf unterschiedliche Ressorts zu beachten. Verletzt ein Geschäftsleitungsmitglied eine Pflicht innerhalb seines Ressorts, kann diese Pflichtverletzung den anderen Mitgliedern nicht zugerechnet werden.[164] Möglich bleibt jedoch eine Haftung der übrigen Mitglieder aufgrund einer Überwachungspflichtverletzung.[165] Konnten für mehrere Mitglieder die Haftungsvoraussetzungen bejaht werden, haften sie im Folgenden der Gesellschaft gemäß § 93 II AktG oder § 43 II GmbHG als Gesamtschuldner.

---

160 *Hopt/Roth*, in: Großkomm. AktG, § 93 Rn. 343.

161 *Bürgers/Israel*, in: Bürgers/Körber, AktG, § 93 Rn. 41 f.; *Dauner-Lieb*, in: Henssler/Strohn, GesR, § 93 AktG Rn. 40; *Fleischer*, in: Spindler/Stilz, AktG, § 93 Rn. 258; *Mertens/Cahn*, in: KK-AktG, § 93 Rn. 134; *U. Schmidt*, in: Heidel, AktG, § 93 Rn. 123; *Spindler*, in: MüKo, AktG, § 93 Rn. 222.

162 *Hölters*, in: Hölters, AktG, § 93 Rn. 285; *Hopt/Roth*, in: Großkomm. AktG, § 93 Rn. 343; *Koch*, in: Hüffer, AktG, § 93 Rn. 71. In Bezug auf § 64 II GmbHG: BGHZ 146, 264 (278 f.). Vgl. *H.-F. Müller*, in: MüKo, GmbHG, § 64 Rn. 137, wonach ein Verstoß gegen die Norm grundsätzlich die Erstattungspflicht auslöst; *ders.*, ZInsO 2013, 2181 (2187). Nach BGH NZG 2015, 149 entfällt der Schaden lediglich dann, wenn die Massekürzung durch eine im unmittelbaren Zusammenhang stehende Zahlung ausgeglichen wird. Siehe: *Theiselmann*, DB 2015, 671.

163 *Hölters*, in: Hölters, AktG, § 93 Rn. 235; *Spindler*, in: MüKo, AktG, § 93 Rn. 144.

164 *Bauer*, in: Gesellschaftsrecht in der Diskussion 2014, S. 195 (214 f.); *Haas/Ziemons*, in: Michalski, GmbHG, § 43 Rn. 174 ff.; *Hölters*, in: Hölters, AktG, § 93 Rn. 237 f.; *Zöllner/Noack*, in: Baumbach/Hueck, GmbHG, § 43 Rn. 28.

165 Siehe zur Aufteilung der Geschäftsführung auf unterschiedliche Ressorts Kapitel 2 C) II.

Neben diesen allgemeinen Haftungstatbeständen kommt eine Haftung der Organmitglieder vor allem in einer Krise der Gesellschaft in Betracht. So ist etwa der Anspruch der GmbH gegen den Geschäftsführer aus § 64 S. 1 GmbHG zu nennen. Demnach haftet ein Geschäftsführer für Zahlungen, die nach Eintritt der Zahlungsunfähigkeit der Gesellschaft oder nach Feststellung ihrer Überschuldung erfolgt sind, soweit diese nicht der Sorgfalt eines ordentlichen Geschäftsmannes entsprechen. Ähnliches gilt für den Vorstand einer Aktiengesellschaft gemäß § 93 II, III Nr. 6 i. V. m. § 92 II AktG.[166] Häufig werden diese Ansprüche gegen die Geschäftsleitung in der Krise durch den Insolvenzverwalter geltend gemacht.

II. Unternehmerische Entscheidungen i. S. d. § 93 I 2 AktG

Um trotz der strengen Haftung die Geschäftsleitung nicht von unternehmerischen Entscheidungen abzuhalten, führte der Gesetzgeber durch das UMAG[167] die Business Judgment Rule ein. Mit dieser Regelung wird der Geschäftsleitung ein unternehmerischer Entscheidungsspielraum gewährt, ohne den unternehmerisches Handeln, das vielfach von Unsicherheiten und auf Prognosen beruhenden Entscheidungen bestimmt ist, schlicht nicht denkbar ist.[168] Diesen Ermessensspielraum der Geschäftsleitung erkannte der BGH bereits vor der nach US-amerikanischem Vorbild[169] in § 93 I 2 AktG kodifizierten Business Judgment Rule in seiner ARAG-Garmenbeck-Entscheidung an.[170]

---

166 Siehe zu § 64 I GmbHG: *Nerlich*, in: Michalski, GmbHG, § 64 Rn. 40 ff. Zu § 93 III Nr. 6 AktG: *Fleischer*, in: Spindler/Stilz, AktG, § 92 Rn. 18 ff. Aktuell: BGH NZG 2015, 149.

167 Gesetz zur Unternehmensintegrität und Modernisierung des Anfechtungsrechts vom 22.09.2005, BGBl. I S. 2802.

168 BGHZ 135, 244 (253); *Bosch/Lange*, JZ 2009, 225 (229); *Hölters*, in: Hölters, AktG, § 93 Rn. 30; *Zöllner/Noack*, in: Baumbach/Hueck, GmbHG, § 43 Rn. 22. Vgl. *Twele*, Die Haftung des Vorstands für Kartellrechtsverstöße, S. 150.

169 Zur Bedeutung der Business Judgment Rule im US-amerikanischem Recht: *Hopt/Roth*, in: Großkomm. AktG, § 93 Rn. 21 f.; *Kebekus/Zenker*, in: FS Maier-Reimer, S. 319 (320 ff.).

170 BGHZ 135, 244 (253). Diese Ausführungen sind im Folgenden auf große Zustimmung gestoßen. So sprach sich im Anschluss an das Urteil sowohl der 63. Deutsche Juristentag als auch die Regierungskommission Deutscher Corporate Governance Kodex für eine Kodifizierung dieses Handlungsspielraums aus. Siehe hierzu und zur generellen Entstehungsgeschichte der Norm: *Fleischer*, in: Spindler/Stilz, AktG, § 93 Rn. 61 ff. In wie weit die Business Judgment Rule auch im Rahmen der Außenhaftung

Nach § 93 I 2 AktG liegt eine Pflichtverletzung eines Vorstandsmitglieds nicht vor, wenn es bei einer unternehmerischen Entscheidung vernünftigerweise annehmen durfte, auf der Grundlage angemessener Information zum Wohle der Gesellschaft zu handeln. Nach ganz herrschender Meinung gilt dies ebenso für einen GmbH-Geschäftsführer.[171] Diese Regelung schließt folglich die Pflichtverletzung der Geschäftsleitung selbst dann aus, wenn nach allgemeinen Grundsätzen das Verhalten als pflichtwidrig anzusehen wäre.[172] Um diesen „safe harbour"[173] zu erreichen, müssen die folgenden Voraussetzungen des § 93 I 2 AktG eingehalten werden: Es muss (1) eine unternehmerische Entscheidung vorliegen, wobei die Geschäftsleitung vernünftigerweise davon ausgehen muss, (2) auf Grundlage angemessener Information, (3) zum Wohle der Gesellschaft, (4) ohne Sonderinteressen und sachfremde Erwägungen (5) im guten Glauben zu handeln. Zwar sind die letzten beiden Voraussetzungen der Regelung nicht unmittelbar zu entnehmen, dennoch ergibt sich aus Sinn und Zweck der Norm, dass das Geschäftsleitungsmitglied nur dann davon ausgehen darf, zum Wohle der Gesellschaft zu

---

Anwendung findet, ist noch nicht abschließend geklärt. Vgl. *Fleischer*, Hb. Vorst, § 7 Rn. 62.

171 BGHZ 152, 280 (284); 197, 304 (312 f.); BGH NZG 2008, 751 (752); KG NZG 2011, 429 (431); OLG Oldenburg, NZG 2007, 434 (435); *Fleischer*, NZG 2011, 521; *ders.*, in: MüKo, GmbHG, § 43 Rn. 71; *Leinekugel*, in: Oppenländer/Trölitzsch, GmbH, § 18 Rn. 5; *H.-F. Müller*, DB 2014, 1301 (1306 Fn. 94); *Paefgen*, in: Ulmer, GmbHG, § 43 Rn. 111; *Uwe H. Schneider*, in: FS Hüffer, S. 905 (907); *ders.*, in: Scholz, GmbHG, § 43 Rn. 54; *Zöllner/Noack*, in: Baumbach/Hueck, GmbHG, § 43 Rn. 22. Bei der Anwendung der Business Judgment Rule auf die GmbH sind jedoch die Besonderheiten der GmbH zu berücksichtigen, da der Geschäftsführer in starkem Maß vom Vertrauen der Gesellschafter abhängig ist: *Fleischer*, NZG 2011, 521; *ders.*, in: MüKo, GmbHG, § 43 Rn. 72 ff.; *Paefgen*, in: Ulmer, GmbHG, § 43 Rn. 146; *K. Schmidt*, GesR, § 36 II 4 a. Die Anwendung der Business Judgment Rule auf die GmbH ablehnend: *Jungmann*, in: FS K. Schmidt, S. 831 (850 f., 854), da die Business Judgment Rule nicht auf die in der Regel personalistisch und eben gerade nicht kapitalistisch strukturierte GmbH passen würde.

172 *Fleischer*, in: Spindler/Stilz, AktG, § 93 Rn. 65.

173 *Bachmann*, WM 2015, 105; *Hasselbach/Ebbinghaus*, AG 2014, 873; *Paefgen*, NZG 2009, 891 (892); *Terwedow/Klavina*, Der Konzern 2012, 535 (537). Vgl. auch: *Hopt/Roth*, in: Großkomm. AktG, § 93 Rn. 61; *Paefgen*, AG 2014, 554 (556); *Twele*, Die Haftung des Vorstands für Kartellrechtsverstöße, S. 150. Die Formulierung „*safe harbour*" bezüglich der Business Judgment Rule ist dem amerikanischen Recht entnommen: Siehe nur: *Hamilton*, 24 WFLR 5 (22).

handeln, wenn es die Entscheidung nicht auf sachfremde Erwägungen stützt und gutgläubig handelt.[174]

Eine unternehmerische Entscheidung ist, im Gegensatz zu gebundenen Entscheidungen, jedes Handeln für die Gesellschaft, das nicht auf einer gesetzlichen oder satzungsgemäßen Pflicht beruht und das durch die Prognose zukünftiger Entwicklungen und die Einschätzung von Chancen und Risiken geprägt ist.[175] Handelt es sich hingegen um eine gebundene Entscheidung, also um eine solche, die durch Gesetz oder Satzung bestimmt ist, findet das Haftungsprivileg der Business Judgment Rule keine Anwendung.[176]

Bei der Bewertung, ob die Entscheidung auf einer angemessenen Informationsgrundlage zum Wohle der Gesellschaft getroffen wurde, ist ebenfalls eine ex-ante Sicht maßgeblich.[177] Nachträglich einen ex-post Maßstab anzuwenden und jede mögliche in Betracht kommende Informationsquelle mit einzubeziehen, verbietet sich demnach. Denn viele Erkenntnisquellen sind aus der ex-ante Perspektive kaum erkennbar und lassen sich nur aus späterer Sicht erschließen. Diese müssen indes unberücksichtigt bleiben, da die Geschäftsleitung nicht den Erfolg, sondern eine ordnungsgemäß getroffene Entscheidung schuldet.[178] Auf diese Weise soll gerade die Gefahr der „hindsight bias", also sogenannter Rückschaufehler, durch eine nachträgliche verzerrende gerichtliche Bewertung vermieden werden.[179]

---

174 Begr. RegE UMAG, BR-Drucks. 3/05, S. 20.

175 Begr. RegE UMAG, BR-Drucks. 3/05, S. 19; *Dauner-Lieb*, in: Henssler/Strohn, GesR, § 93 AktG Rn. 20 f.; *Spindler*, in: MüKo, AktG § 93 Rn. 41. Vgl. zur Abgrenzung von unternehmerischen und gebundenen Entscheidungen: *Fleischer*, in: Spindler/Stilz, AktG, § 93 Rn. 67 ff.

176 Begr. RegE UMAG, BR-Drucks. 3/05, S. 18: „Für illegales Verhalten gibt es keinen ‚sicheren Hafen' im Sinne einer haftungstatbestandlichen Freistellung, es kann hier im Einzelfall aber am Verschulden fehlen." Siehe auch: *Bauer*, in: Gesellschaftsrecht in der Diskussion 2014, S. 195 (224); *Mertens/Cahn*, in: KK-AktG, § 116 Rn. 68; *Scholl*, Vorstandshaftung und Vorstandsermessen, S. 198 f.; *Twele*, Die Haftung des Vorstands für Kartellrechtsverstöße, S. 154 f.

177 *Habbe/Klöster*, BB 2011, 265 (266); *Hopt/Roth*, in: Großkomm. AktG, § 93 Rn. 61; *Hölters*, in: Hölters, AktG, § 93 Rn. 35; *Kocher*, CCZ 2009, 215 (216); *Spindler*, in: MüKo, AktG, § 93 Rn. 48. Kritisch: *Paefgen*, in: Ulmer, GmbHG, § 43 Rn. 121.

178 *Buck-Heeb*, BB 2013, 2247 (2252); *von Falkenhausen*, NZG 2012, 644 (649).

179 Hierzu: *M. Hellwig*, Gutachten 68. DJT, E 35: „Im Nachhinein ist man klüger. Daraus folgt nicht unbedingt, dass man im Vorhinein die falschen Entscheidungen getroffen hat. Der Umstand, dass ein Risiko schlecht ausgeht, ist noch kein Beleg dafür, dass dieses Risiko nicht hätte eingegangen werden dürfen. Es liegt in der Natur der

Allerdings ist hier nicht der subjektive Maßstab des betroffenen Geschäftsleitungsmitglieds entscheidend, sondern vielmehr ist die Bewertung der Angemessenheit der zugrunde liegenden Informationen nach *objektiven Gesichtspunkten* aus der ex-ante Sicht des betroffenen Geschäftsleitungsmitglieds zu bestimmen.[180] Dies ergibt sich zunächst aus der Formulierung „vernünftigerweise annehmen durfte" sowie aus einem Vergleich zum allgemeinen Haftungsrecht, wonach im Rahmen des § 276 I 1 BGB ebenfalls ein objektiver Maßstab anzulegen ist.[181] Die Gesetzesbegründung lässt ebenfalls diesen Schluss zu, da demnach die Geschäftsleitung die Angemessenheit der Informationen „ohne groben Pflichtenverstoß" bewerten müsse.[182]

Letztlich verbleibt dem Geschäftsleitungsmitglied im Rahmen unternehmerischer Entscheidungen jedoch ein beachtlicher Entscheidungsspielraum zur Abwägung der Chancen und Risiken bis hin zur Grenze des nicht mehr vertretbaren

---

Sache, dass Risiken manchmal gut ausgehen und manchmal schlecht. Wollte man, dass alles immer nur gut ausgeht, so müsste man alle Risiken vermeiden. Wirtschaft und Gesellschaft würden alsbald ihre Innovationskraft verlieren. Es käme zum sicheren Niedergang - sicher in Relation zu dynamischeren Gesellschaften, vielleicht sogar absolut, denn ein Teil unseres heutigen Lebensstandards beruht darauf, dass hiesige Unternehmen aufgrund innovativer - und daher riskanter - Tätigkeiten in der Lage sind, mit ihren Produkten hohe Preise zu erzielen. Solche Marktpositionen werden durch den Wettbewerb Dritter erodiert, wenn sie nicht immer wieder neu durch weitere Innovationen gefestigt werden." Siehe auch: *Buck-Heeb*, BB 2013, 2247 (2252); *von Falkenhausen*, NZG 2012, 644 (649); *Fleischer*, in: MüKo, GmbHG, § 43 Rn. 67; *ders.*, NZG 2011, 521 (522); *ders.*, in: Spindler/Stilz, AktG, § 93 Rn. 60; *ders.*, Handbuch Vorstandsrecht, § 7 Rn. 46; *Hopt/Roth*, in: Großkomm. AktG, § 93 Rn. 61, 63; *Hopt*, ZIP 2013, 1793 (1798); *Kaulich*, Haftung von Vorstandsmitgliedern, S. 202; *Langenbucher*, ZBB 2013, 16 (19); *Spindler*, in: MüKo, AktG, § 93 Rn. 41. Zur grundsätzlichen Gefahr der „hindisght bias": *Freitag/Korch*, ZIP 2012, 2281 (2284). Aus amerikanischer Sicht: *Guthrie/Rachlinski/Wistrich*, 86 CNLR (2001) 777 (799 ff.).

180 *Bürgers/Israel*, in: Bürgers/Körber, AktG, § 93 Rn. 13; *Koch*, in: Hüffer, AktG, § 93 Rn. 21; *Mertens/Cahn*, in: KK-AktG, § 93 Rn. 23; *Paefgen*, in: Ulmer, GmbHG, § 43 Rn. 131. Ähnlich: *Schaub/Schaub*, ZIP 2013, 656 (657 f.).

181 *Peters*, AG 2010, 811 (813). Vgl. hierzu Fn. 26.

182 Begr. RegE. UMAG, BR-Drucks. 3/05, S. 21. Für eine objektive Bewertung: *Dauner-Lieb*, in: Henssler/Strohn, GesR, § 93 AktG Rn. 22; *Peters*, AG 2010, 811 (813). So spricht der Verweis, dass die Bewertung der Angemessenheit der Information ohne grobe Pflichtverletzung zu erfolgen hat gerade dafür, dass ein objektiver Maßstab anzulegen ist. Denn ob eine Pflichtverletzung vorliegt, ist regelmäßig nach objektiven Gesichtspunkten zu ermitteln.

Handelns.[183] Auch hier liegt die Beweislast beim Organmitglied.[184] Es selbst muss die Einhaltung der Voraussetzungen der Business Judgment Rule beweisen, um eine Haftungsprivilegierung zu erreichen.

III. Die Außenhaftung der Geschäftsleitung

Im Gegensatz zur Innenhaftung ist eine mögliche Haftung einzelner Geschäftsleitungsmitglieder Dritten gegenüber, wozu etwa Gläubiger der Gesellschaft, Aktionäre oder Lieferanten gehören, nicht abschließend gesetzlich kodifiziert und stellt die absolute Ausnahme dar. Neben den bereits erwähnten Haftungstatbeständen nach §§ 117 II i. V. m. I 2, 317 I 2, III AktG kommt eine Außenhaftung insbesondere im Rahmen des Deliktsrechts nach den §§ 823 ff. BGB in Betracht. Beispielhaft soll hier eine unmittelbare Verletzung des Mitgliedschaftsrechts, das als absolutes Recht vom Schutz des § 823 I BGB erfasst ist, genannt werden. Daneben kann ein Verstoß gegen eine strafrechtliche Norm durch ein Organmitglied ebenfalls zu einem Schadensersatzanspruch nach § 823 II BGB führen. Doch zugleich kommt eine Haftung aus culpa in contrahendo ausnahmsweise dann in Betracht, wenn das Organmitglied in besonderem Maße Vertrauen in Anspruch nimmt, §§ 280 I, 311 II, III, 241 II BGB.[185]

IV. Verschärfung der Haftung und deren Geltendmachung

Trotz dieser im Grundsatz strengen Haftung hatten sich die Gerichte bis vor einigen Jahren eher selten mit Haftungsprozessen gegen Geschäftsleiter von Kapitalgesellschaften, insbesondere gegen Vorstandsmitglieder von Aktiengesellschaften, zu befassen, sodass die Geschäftsleiterhaftung eine nur geringe praktische Rolle spielte.[186] Um den in den letzten Jahren eintretenden Bedeutungswandel und das daran anschließende steigende Bedürfnis wirksamer Enthaftungsmethoden

---

183 *Paefgen*, NZG 2009, 891 (892 ff.). Siehe auch: *Kocher*, CCZ 2009, 215 (216).

184 *Fleischer*, in: Spindler/Stilz, AktG, § 93 Rn. 77; *Mertens/Cahn*, in: KK-AktG, § 93 Rn. 23.

185 Siehe zur Außenhaftung: *Ek*, Haftungsrisiken, S. 37; *Lutter*, in: Krieger/Schneider, Managerhaftung, § 1 Rn. 29. Ausführlich: *Piepenbrock*, Defense of Reliance, S. 109 ff.; *Spindler*, in: MüKo, AktG, § 93 Rn. 298 ff.

186 *Heermann*, AG 1998, 201 (201 f.); *Kaulich*, Haftung von Vorstandsmitgliedern, S. 21; *Kremer*, in: Gesellschaftsrecht in der Diskussion 2012, S. 171 (172); *Spindler*, in: FS Canaris, S. 402; *Wellhöfer*, in: Wellhöfer/Peltzer/Müller, Vorstandshaftung, § 1 Rn. 1. Von einem „juristischen Papiertiger" spricht insoweit *Mertens*, in: Feddersen/Hommelhoff/Schneider, Corporate Governance, S. 155 (157). Vgl. zur allgemeinen Entwicklung der Inanspruchnahme der Geschäftsleitung: *Bachmann*, Gutachten

nachzuvollziehen, erscheint ein genauer Blick auf die verschiedenen Möglichkeiten der Geltendmachung etwaiger Ansprüche und die tatsächliche Entwicklung der Geschäftsleiterhaftung angebracht.

1) Allgemeine Regelung

Die Ansprüche der Aktiengesellschaft gegen ihre Vorstandsmitglieder werden nach der gesetzgeberischen Intention grundsätzlich vom Aufsichtsrat geltend gemacht. Jenes folgt sowohl aus der Überwachungspflicht des Aufsichtsrats nach § 111 I AktG als auch daraus, dass der Aufsichtsrat die Gesellschaft gegenüber dem Vorstand gerichtlich und außergerichtlich vertritt, § 112 S. 1 AktG.[187] Dies soll eine frei von sachfremden Erwägungen getragene Entscheidung gewährleisten und stellt somit eine Ausnahme von der organschaftlichen Vertretung, die grundsätzlich dem Vorstand gemäß § 76 I AktG obliegt, dar. Vonnöten ist eine derartige Ausnahmebestimmung, da eine objektive Bewertung durch den Vorstand in einer solchen Situation gerade nicht sichergestellt werden kann. Schließlich müsste er selbst über die Geltendmachung der Schadensersatzansprüche der Gesellschaft gegen einzelne Vorstandsmitglieder entscheiden.[188] Um dennoch eine unbefangene, nicht von sachfremden Erwägungen getragene Vertretung der Gesellschaft sicherzustellen und infolgedessen eine unabhängige Entscheidungsfindung bzgl. der Geltendmachung der Schadensersatzansprüche zu ermöglichen, steht die organschaftliche Vertretungsmacht in dieser Situation dem Aufsichtsrat zu.[189]

Dennoch konnte allein diese Regelung das Ziel nicht erreichen, dass der Aufsichtsrat in Betracht kommende Schadensersatzansprüche gegen die Geschäftsleitung regelmäßig geltend machte. Das sich vielfach aus einer langjährigen Zusammenarbeit zwischen Vorstand und Aufsichtsrat ergebene Vertrauensverhältnis führte häufig zu einem Interessenkonflikt, aufgrund dessen der Aufsichtsrat von der Geltendmachung absah.[190] Der Aufsichtsrat wollte durch einen öffentlichen Haftungsprozess weder das Image der Gesellschaft schädigen noch

---

70. DJT, E 12 ff.; *Sieg*, in: Terbille/Höra, Münchener Anwaltshandbuch,VersR, § 17 Rn. 19 ff. Siehe auch: Fn. 2.

187 BGHZ 135, 244 (252).

188 BGHZ 103, 213 (216).

189 *Habersack*, in: MüKo, AktG, § 112 Rn. 1; *Henssler*, in: Henssler/Strohn, GesR, § 112 AktG Rn. 1.

190 *Brommer*, AG 2013, 121. *Heermann* spricht diesbezüglich von der Nicht-Geltendmachung von Schadensersatzansprüchen aufgrund „kollegiale[r] Nachsicht“, *Heermann*, AG 1998, 201.

interne Konflikte schüren. Zudem kann die voreilige Geltendmachung von Schadensersatzansprüchen gegen die Geschäftsleitung zur Folge haben, dass sich die Geschäftsleitung bzgl. unternehmerischen Entscheidungen in Zukunft zurückhaltend verhält, was sowohl der Weiterentwicklung als auch der Wettbewerbsfähigkeit der Gesellschaft entgegenstehen kann.[191] Überdies ist es häufig nur schwer möglich, eine unternehmerische Entscheidung des Vorstands eindeutig als Pflichtverletzung einzustufen, sodass ein vorschnelles Einschreiten gegen den Vorstand dessen Effektivität einschränken würde.[192]

Weiterhin besteht bei einem Haftungsprozess gegen den Vorstand stets die Gefahr, dass ein solcher gegen den Aufsichtsrat gemäß §§ 93 II, 116 AktG folgt, da der Aufsichtsrat ggf. seinen eigenen Kontroll- und Überwachungspflichten nicht in ausreichendem Maße nachgekommen ist. Außerdem gehören Aufsichtsratsmitglieder nicht selten ehemals der Geschäftsleitung an, sodass sie gar ihr eigenes Handeln bewerten müssten.[193] Der Aufsichtsrat befindet sich somit in einer misslichen Lage. Einerseits muss er ggf. seine eigenen Handlungen bewerten, andererseits hat er sich ausschließlich am Unternehmenswohl zu orientieren und sachfremde Erwägungen unberücksichtigt zu lassen. Daher können hier die Interessen der Gesellschaft und die des Aufsichtsrats konträr zueinander verlaufen.

Im Rahmen der GmbH ist hingegen für die Ansprüche der Gesellschaft gegen die Geschäftsführer die Gesellschafterversammlung gemäß § 46 Nr. 8 GmbHG zuständig. Diese entscheidet durch einfachen Mehrheitsbeschluss über die Geltendmachung der Haftungsansprüche.[194] Lehnt eine Mehrheit die Geltendmachung ab, so wird darüber hinaus eine *actio pro socio* nach h. M. als zulässig erachtet, sodass es einer Minderheit möglich ist, Schadensersatzansprüche der Gesellschaft im eigenen Namen geltend zu machen, soweit die Verbandsorganisation versagt und vor der Geltendmachung eine Kassation des ablehnenden Gesellschafterbeschlusses erreicht wurde.[195] Darüber hinaus ist die GmbH insolvenzanfälliger als die Aktiengesellschaft, sodass Ansprüche weit häufiger vom Insolvenzverwalter geltend gemacht werden. Insgesamt findet sich somit eine Vielfalt an gerichtlichen Entscheidungen zur GmbH-Organhaftung.[196]

191 Vgl. Fn. 143.

192 Zum Ganzen: *Heermann*, AG 1998, 201 (202).

193 *Heermann*, AG 1998, 201 (201 f.).

194 *Haas/Ziemons*, in: Michalski, GmbHG, § 43 Rn. 222.

195 Ausführlich hierzu: *Fastrich*, in: Baumbach/Hueck, GmbHG, § 13 Rn. 36 ff. Siehe auch: *Bayer*, in: Lutter/Hommelhoff, § 46 Rn. 41; *K. Schmidt*, in: Scholz, GmbHG, § 46 Rn. 161; *Windbichler*, GesR, § 22 Rn. 37.

196 Für weitere Nachweise: *Zöllner/Noack*, in: Baumbach/Hueck, GmbHG, § 43 Rn. 24.

2) *Verschärfung durch die Rechtsprechung*

Um diesen Missständen mit der Folge entgegenzuwirken, dass Haftungsansprüche gegen die Geschäftsleitung häufiger geltend gemacht werden, sah sich die Rechtsprechung im Jahre 1997 zum Handeln veranlasst. In der ARAG/Garmenbeck-Entscheidung legte der BGH erstmals fest, unter welchen Voraussetzungen der Aufsichtsrat zur Geltendmachung einer Schadensersatzklage gegen den Vorstand verpflichtet ist.[197] Der Aufsichtsrat habe im Rahmen einer in Betracht kommenden Schadensersatzforderung die anspruchsbegründenden Tatsachen sorgfältig zu prüfen und das mit der Geltendmachung des Anspruchs einhergehende Prozessrisiko gewissenhaft zu bewerten.[198] Hier müsse jedoch berücksichtigt werden, dass dem Vorstand in Bezug auf unternehmerische Entscheidungen ein weiter Handlungsspielraum zuzubilligen sei. Kommt der Aufsichtsrat nach dieser Prüfung zu dem Schluss, dass eine Schadensersatzklage gegen den Vorstand oder gegen ein einzelnes Vorstandsmitglied mit Wahrscheinlichkeit Erfolg haben werde, sei er grundsätzlich zur Geltendmachung des Anspruchs verpflichtet. Allenfalls, sollten im Einzelfall gewichtige Gründe des Gesellschaftswohls dem Interesse am Ersatz des Schadens entgegenstehen, könne der Aufsichtsrat ausnahmsweise von der Klage gegen den Vorstand absehen.[199] Der Aufsichtsrat habe sich diesbezüglich ausschließlich am Unternehmensinteresse zu orientieren. Hierbei unterliege die Entscheidung des Aufsichtsrats jedoch vollumfänglich der gerichtlichen Kontrolle, da ihm bzgl. der Geltendmachung der Schadensersatzansprüche ein Ermessensspielraum gerade nicht zuzubilligen sei.[200]

---

197 BGHZ 135, 244. Ausführlich zur Verfolgungspflicht des Aufsichtsrates: *Goette*, ZHR 176 (2012), 588.

198 BGHZ 135, 244 (254 f.).

199 Vgl. hierzu BGHZ 135, 244 (255). Die Beeinträchtigung des Ansehens des Unternehmens in der Öffentlichkeit oder eine folgeschwere Schädigung des Betriebsklimas können in dieser Entscheidung Berücksichtigung finden. Dennoch geht der BGH davon aus, dass die Geltendmachung des Schadensersatzanspruches „die Regel", das Absehen davon die Ausnahme darstellen müsse, die einer besonderen Rechtfertigung bedürfe, BGHZ 135, 244 (256). Dem hat sich im Folgenden auch der Gesetzgeber in der UMAG-Begründung angeschlossen: Begr. RegE UMAG, BR-Drucks. 3/05, S. 22. Kritisch hierzu: *Reichert*, in: FS Hommelhoff, S. 907.

200 BGHZ 135, 244 (254); *Ek*, Haftungsrisiken, S. 135. Siehe auch: BGH NZG 2014, 1058 (1060): „Der Aufsichtsrat hat insoweit aber kein Ermessen, eine Pflichtwidrigkeit zu verneinen und sich so die alleinige Kompetenz zur Übernahme der Strafsanktion zu bewilligen. Bei der Beurteilung, ob das Verhalten des Vorstands pflichtwidrig ist, geht es nicht um ein unternehmerisches Handlungsermessen, sondern um Fragen des Erkenntnisbereichs, für die von vorneherein allenfalls die Zubilligung eines

Somit legte der BGH erstmals fest, dass der Aufsichtsrat bei positiver Prozessprognose grundsätzlich zur Geltendmachung von Schadensersatzansprüchen gegen den Vorstand verpflichtet ist, da die Gesellschaft ein eigenes Interesse an der „Integrität ihres Vermögens“ hat.[201] Kommt der Aufsichtsrat dieser Verpflichtung nicht nach, macht er sich selbst gemäß §§ 93 II, 116 AktG schadensersatzpflichtig. Die ARAG/Garmenbeck-Entscheidung war somit ein wichtiger Schritt in die richtige Richtung, da die Durchsetzung etwaiger Haftungsansprüche befördert wurde. Dennoch mussten Aufsichtsratsmitglieder nicht ernsthaft eine Inanspruchnahme bei pflichtwidrigem Unterlassen der Geltendmachung von Schadensersatzansprüchen gegen den Vorstand befürchten, da über diese Schadensersatzansprüche der Vorstand wiederum selbst entscheidet, § 78 AktG.[202] Durch ein beidseitiges „Stillhalteabkommen“ konnten somit die Mitglieder beider Organe einer Haftung entgehen. Nur im Falle der Insolvenz, in der der Insolvenzverwalter die Ansprüche der Gesellschaft geltend macht, hatten Organmitglieder mit einer Inanspruchnahme zu rechnen.

3) Verschärfung durch den Gesetzgeber

a) Geltendmachung der Ansprüche durch eine Aktionärsminderheit

Im Gegensatz zur Rechtslage in den USA oder in der Schweiz ist es einem einzelnen Aktionär im deutschen Recht nicht möglich, einen Schadensersatzanspruch der Gesellschaft gegenüber pflichtwidrig handelnden Vorstandsmitgliedern geltend zu machen.[203] Eine Möglichkeit der Aktionäre, die Geltendmachung eines Schadensersatzanspruchs gegen den Vorstand zu erzwingen, besteht im

---

begrenzten Beurteilungsspielraums in Betracht kommen kann.“ Schadensersatzansprüche verfolgen nach allgemeiner Meinung zumindest zwei unterschiedliche Zwecke. Der Anspruch soll sowohl den entstandenen Schaden ersetzen (Kompensationsgedanke) als auch zukünftige Pflichtverletzungen mit der Drohung einer anschließenden Sanktionierung verhindern. Auf diese Weise soll der Vorstand zu einem pflichtbewussten Handeln bewegt werden. Würde dem Aufsichtsrat bei der Entscheidung bzgl. der Geltendmachung von Schadensersatzansprüchen gegen die Geschäftsleitung ein weiter Beurteilungsspielraum zustehen, könnte insbesondere die durch die Schadensersatzdrohung bezweckte Steuerung der Geschäftsleitung nicht effektiv erreicht werden. Siehe hierzu: *Jaeger/Trölitzsch*, ZIP 1995, 1157 (1158).

201 *Kremer*, in: Gesellschaftsrecht in der Diskussion 2012, S. 171 (172).

202 *Götz*, NJW 1997, 3275 (3278).

203 *Lutter*, in: Krieger/Schneider, Managerhaftung, § 1 Rn. 24. Eine *actio pro socio*, die im Rahmen der GmbH mehrheitlich als zulässig erachtet wird, ist im Aktienrecht grundsätzlich nicht zulässig.

Rahmen des § 147 AktG. Dieses Verfahren gewährt der Hauptversammlung die Möglichkeit, durch Beschluss mit einfacher Stimmenmehrheit, die Gesellschaft zur Geltendmachung des Schadensersatzanspruchs zu verpflichten. Somit ist im Grundsatz dafür Sorge getragen, dass eine Geltendmachung der Ansprüche durch die Hauptversammlung erzwungen werden kann. Liegt ein solcher Mehrheitsbeschluss vor, tritt die Gesellschaft, vertreten durch den Aufsichtsrat nach § 111 I AktG, gegen das pflichtwidrig handelnde Geschäftsleitungsmitglied im Prozess auf.[204]

Dennoch steht dieser Möglichkeit eine erhebliche Hürde entgegen. Ein solcher Hauptversammlungsbeschluss ist vor allem in Publikumsgesellschaften gegen den Hauptaktionär kaum durchzusetzen, da dieser regelmäßig seine eigenen Vertreter in den Aufsichtsrat entsendet und auf diese Weise Einfluss auf die Geschäftsleitung hat.[205] Bis zur gesetzlichen Reform durch das KonTraG[206] und das UMAG[207] hatte eine Minderheit der Aktionäre nach § 147 I AktG in der Fassung vom 28.08.1969 somit nur dann eine Chance, wenn sie mindestens über 10 % des Grundkapitals verfügte.

Da auch ein solcher Beschluss nur schwerlich zu erreichen ist, sah sich der Gesetzgeber zum weiteren Handeln veranlasst. Durch die Einführung des Klagezulassungsverfahrens nach § 148 AktG durch das UMAG wurde versucht, die Durchsetzung eines Schadensersatzanspruchs durch eine Aktionärsminderheit zu erleichtern. Dieses gegenüber § 147 AktG subsidiäre Verfahren ermöglicht es den Aktionären im Sinne einer Prozessstandschaft, die Ansprüche der Gesellschaft gegen die Geschäftsleitung im eigenen Namen geltend zu machen, sodass dieses Verfahren einer *actio pro socio* ähnelt, aber an das Einhalten eines Quorums gekoppelt ist.[208] Es bedarf hierzu eines Antrags einer Aktionärsminderheit, die über mindestens 1 % des Grundkapitals verfügt oder in einer Höhe von mindestens 100.000 Euro an der Gesellschaft beteiligt ist, wobei eine Kumulation der Anteile verschiedener Aktionäre zulässig ist. Dieses neue Verfahren kann

---

204 *Spindler*, in: Schmidt/Lutter, AktG, § 147 Rn. 5.

205 *Schröer*, in: MüKo, AktG, § 147 Rn. 7.

206 Gesetz zur Kontrolle und Transparenz im Unternehmensbereich vom 27.04.1998, BGBl. I S. 786. Dieses sah im Rahmen des § 147 III AktG a.F. die Möglichkeit vor, dass 5 % der Aktionäre einen besonderen Vertreter einsetzen konnten, der seinerseits die Erfolgsaussichten der Klage beurteilen und im Folgenden ggf. die Ansprüche geltend machen musste.

207 Gesetz zur Unternehmensintegrität und Modernisierung des Anfechtungsrechts vom 22.09.2005, BGBl. I S. 2802.

208 *Koch*, in: Hüffer, AktG, § 148 Rn. 15.

als notwendiges „Gegengewicht" zur ebenfalls mit dem UMAG eingeführten Business Judgment Rule nach § 93 I 2 AktG angesehen werden.[209] Hierdurch soll vor allem der Druck auf den Aufsichtsrat erhöht werden, etwaige Schadensersatzansprüche gegen den Vorstand geltend zu machen. Tut er dies nicht, muss er selbst mit einer Inanspruchnahme auf Schadensersatz durch eine Aktionärsminderheit rechnen.[210] Die in der ARAG/Garmenbeck-Entscheidung aufgestellte Regelverfolgungspflicht für den Aufsichtsrat soll auf diese Weise weiter gefördert werden. Die Vereinfachung der Geltendmachung der Schadensersatzansprüche nach § 148 AktG wird jedoch von den Aktionären kaum angenommen. Verfahren nach § 148 AktG sind äußerst selten. Deshalb ist erneut eine Reform des § 148 AktG in der Diskussion, um den Aktionären weiter eine Geltendmachung der Ansprüche der Gesellschaft zu erleichtern. So sind insbesondere auf dem 69. Deutschen Juristentag 2012 die unterschiedlichsten Reformvorschläge erörtert worden. Gegen einen gänzlichen Wegfall des Quorums sprechen jedoch insbesondere Bedenken, auf diese Weise räuberischen Aktionären eine weitere Klagemöglichkeit zu eröffnen.[211]

Neben diesen Möglichkeiten nach §§ 147, 148 AktG können gar Gläubiger den Schadensersatzanspruch der Gesellschaft gegen die Geschäftsleitung gemäß § 93 V AktG geltend machen, soweit diese anderweitig keine Befriedigung erlangen können.

b) Weitere gesetzliche Maßnahmen

Neben diesen Erleichterungen zur Geltendmachung etwaiger Schadensersatzansprüche wurde die Haftung der Geschäftsleitung z. B. durch das RestrukturierungsG[212], das die Verjährungsfristen für Schadensersatzansprüche gegen die Geschäftsleitung in börsennotierten Gesellschaften von fünf Jahren auf zehn Jahre verlängerte, verschärft, § 93 VI AktG.

In den 90er Jahren etablierten sich in Deutschland Director and Officer (D&O-) Versicherungen, durch die sich Organmitglieder gegen eine mögliche

---

209 *von Falkenhausen*, NZG 2012, 644 (645). Vgl. auch: *Wellhöfer*, in: Wellhöfer/Peltzer/Müller, Vorstandshaftung, § 1 Rn. 5.

210 *Schröer*, in: MüKo, AktG, § 148 Rn. 2.

211 Siehe zum Ganzen: *Bachmann*, Gutachten 70. DJT, E 17; *Brommer*, AG 2013, 121; *Scholl*, Vorstandshaftung und Vorstandsermessen, S. 78 f.

212 Siehe Art. 6 Nr. 1 Gesetz zur Restrukturierung und geordneten Abwicklung von Kreditinstituten, zur Errichtung eines Restrukturierungsfonds für Kreditinstitute und zur Verlängerung der Verjährungsfrist der aktienrechtlichen Organhaftung vom 09.12.2010, BGBl. I S. 1900.

Haftung absichern können. Da aber die mögliche Haftungsdrohung gerade eine Steuerungsfunktion erfüllen soll, indem sie die Geschäftsleitung zur sorgfältigen Führung der Geschäfte anhält, konnte dieses Ziel mit der Verbreitung der D&O-Versicherungen nicht mehr vollständig erreicht werden.[213] Daher verlangte zunächst der DCGK[214] in Ziff. 3.8 S. 1 die Vereinbarung eines obligatorischen Selbstbehalts. § 93 II 3 AktG schreibt nun ebenfalls einen Selbstbehalt i. H. v. 10 % für von der Gesellschaft abgeschlossene D&O-Versicherungen vor. Sowohl dieser Selbstbehalt als auch Haftungsobergrenzen innerhalb der D&O Versicherung können somit zumindest teilweise dazu führen, dass das Risiko einer Haftung nicht gänzlich abgesichert werden kann, was zugleich auf die teils extreme Höhe der Forderungen, die gegen die Geschäftsleitung geltend gemacht werden, zurückzuführen ist.[215]

4) Steigendes öffentliches Interesse

Nicht zuletzt sind die gesetzlichen Verschärfungen der Geschäftsleiterhaftung auf ein in den vergangenen Jahren gestiegenes öffentliches Interesse an der Inanspruchnahme pflichtwidrig handelnder Organmitglieder zurückzuführen. So hatten weitreichende Verfehlungen am neuen Markt und die daran anknüpfenden Gerichtsverfahren gegen die Führungsebenen eine breite öffentliche Diskussion zur Folge.[216] Die öffentliche Debatte ist in den Folgejahren speziell durch

---

213 Vgl. *Hopt/Roth*, in: GroßKomm. AktG, § 93 Rn. 456; *Lutter*, in: Krieger/Schneider, Managerhaftung, § 1 Rn. 18.

214 Deutscher Corporate Governance Kodex vom 24.06.2014. Diese Bestimmung ist auch in den früheren Fassungen enthalten.

215 *Kremer*, in: Gesellschaftsrecht in der Diskussion 2012, S. 171 (173). Das LG München verurteilte einen ehemaligen Finanzvorstand der Siemens AG zu einem Schadensersatz i. H. v. 15 Millionen Euro, LG München NZG 2014, 345. Siehe hierzu auch: *Jahn*, Manager haften selten – aber streng, in: FAZ vom 15.09.2014, S. 17. Vom ehemaligen MAN-Vorstand wurde etwa ein Betrag i. H. v. 257 Mio. Euro gefordert, hierzu: *Lamparter*, Dicke Rechnung, in: Die ZEIT vom 20.01.2011, S. 29. Zudem Fn. 6. Vgl. auch aus dem australischen Recht: *Lowry*, 75 MLR 249 (259), der davon ausgeht, dass bei einer zu strengen Haftung sich nur noch schwer Direktoren finden werden, woran auch eine D&O Versicherung aufgrund der teilweise enorm hohen Forderungen nichts ändern könne. Problematisch ist jedoch, dass die Vorstandsmitglieder diesen Selbstbehalt wiederum selbst versichern können, sodass die verhaltenssteuernde Funktion der Schadensersatzhaftung durch diesen Selbstbehalt nur schwer zu erreichen ist, *Hopt/Roth*, in: GroßKomm. AktG, § 93 Rn. 456.

216 Beispielhaft sind hier die folgenden Fälle zu nennen: BGHZ 160, 134 (Infomatec I), BGHZ 160, 149 (Infomatec II). Aus strafrechtlicher Sicht: BGHSt 49, 381

den Ausbruch der weltweiten Finanzkrise in Bezug auf den Bank- und Finanzsektor im Jahre 2007 und der daran anschließenden Weltwirtschaftskrise von neuem entbrannt, sodass sich Gesellschaften und deren Geschäftsleiter einem steigenden öffentlichen Druck ausgesetzt sehen.[217]

Weiterhin darf nicht unberücksichtigt bleiben, dass die führenden Wirtschafts- und Finanzgesellschaften Deutschlands in der sog. Deutschland-AG eng miteinander vernetzt waren. Diese enge Verbindung verhinderte in der Vergangenheit, dass Schadensersatzansprüche innerhalb einer Gesellschaft gegen die Geschäftsleitung geltend gemacht wurden, da die beteiligten Gesellschaften mit einem solchen Anspruch regelmäßig die eigenen in die Geschäftsleitung entsandten Personen belastet hätten. Durch die mit der Globalisierung einhergehende „Aufweichung" der Deutschland-AG sind jedoch immer mehr institutionelle Anleger an den einzelnen Gesellschaften beteiligt, die ihr finanzielles Interesse mit der Durchsetzung von Schadensersatzansprüchen absichern wollen und somit dem „Stillhalteabkommen" der Deutschland-AG entgegentreten.[218]

5) *Der Mittelweg einer angemessenen Haftung*

All dies führt dazu, dass die Geschäftsleitung einer immer größer werdenden Haftung ausgesetzt ist.[219] Zwar sind die neuen gesetzlichen Regelungen im Grundsatz zu begrüßen, dennoch ist darauf zu achten, dass weiterhin eine geschäftsführende Tätigkeit möglich bleiben muss, ohne dass jede auch noch so geringe unternehmerische Handlung von einer möglichen Haftung bedroht wird. Hier besteht letztlich ein Spannungsfeld zwischen einer zu strengen und einer zu geringen Haftung.

Würde man die Linie einer angemessenen Haftungssanktionierung überschreiten, würde dies die Geschäftsleitung von jeglichen risikobehafteten, aber ggf. notwendigen Handlungen abhalten. Doch ist unternehmerisches Handeln ohne einen Handlungsspielraum, der das Eingehen von Risiken umfasst, die etwa auf zügig getroffene Entscheidungen im Rahmen von Marktturbulenzen

(EM.TV); BGHSt 50, 331 (Mannesmann). Darauf folgten vielfache Berichte in der Presse: *Buchhorn/Werle*, Auf eigene Gefahr, in: Manager Magazin vom 23.06.2006, S. 124.

217 *Sieg*, in: Terbille/Höra, Münchener Anwaltshandbuch,VersR, § 17 Rn. 21.

218 Siehe hierzu: *Bachmann*, Gutachten 70. DJT, E 18 f.; *Kaulich*, Haftung von Vorstandsmitgliedern, S. 22; *Ek*, Haftungsrisiken, S. 1. *Bayer*, in: MüKo, AktG, § 19 Rn. 7 spricht davon, dass sich die Deutschland-AG „weitgehend aufgelöst" hat.

219 Ausführlich zur weitergehenden Reformdiskussion der kapitalgesellschaftsrechtlichen Binnenhaftung: *Bachmann*, Gutachten 70. DJT, E 9 ff.

zurückzuführen sind, nicht denkbar. Nur wenn zugleich bewusst Risiken in einem vertretbaren Maße eingegangen werden können, kann der Vorstand auftretende Geschäftschancen nutzen und den Gewinn der Gesellschaft steigern.[220] Diesbezüglich sind in der Literatur vermehrt Stimmen zu vernehmen, die sich kritisch betreffend der immer weiter ausufernden Haftung der Geschäftsleitung äußern, die sich neben der Steigerung der Geltendmachung der Ansprüche auch in immer weitergehenden gesetzlichen, beispielsweise umweltschutzrechtlichen, wettbewerbsrechtlichen, steuerrechtlichen oder gewerberechtlichen Pflichten zeigt.[221] Die Haftung der Geschäftsleitung darf insbesondere nicht so weit gehen, dass das Unternehmensrisiko, das grundsätzlich von der Gesellschaft zu tragen ist, generell auf die Organe übertragen wird.[222] In einem solchen Falle würde schließlich der Grundsatz der Haftungskonzentration ausgehöhlt.

Andererseits konnten betriebswirtschaftliche Studien darlegen, dass eine zu geringe Haftung die Eingehung höchstriskanter und dadurch nicht mehr im Interesse der Gesellschaft liegender Maßnahmen geradezu beflügelt, sodass eine angemessene Haftung zur ordnungsgemäßen Unternehmensleitung anhalten soll, die sich in das System einer modernen Corporate Governance einfügt.[223] Folglich muss ein Mittelweg einer angemessenen, aber nicht ausufernden Haftung gefunden werden.[224] Gelingt dies, liegt eine regelmäßige Geltendmachung von Schadensersatzansprüchen im betriebs- und volkswirtschaftlichen Interesse.[225]

Aus dem soeben Dargelegten ergibt sich, warum das Bedürfnis der Absicherung der Geschäftsleitung in den vergangenen Jahren gestiegen ist. Diese ist auf

220 Siehe insgesamt: *Bosch/Lange*, JZ 2009, 225 (229). *Freitag/Korch*, ZIP 2012, 2281 (2284): „Die Geschäftsleiterhaftung kann bei zu strenger Anwendung dazu führen, dass sich die Vorstände bei ihren unternehmerischen Entscheidungen nicht mehr an einer ausgeglichenen Risiko-Chancen-Relation orientieren, sondern sämtliches Risiko zu meiden versuchen." Zum notwendigen Eingehen von Risiken: BGHZ 135, 244 (253). Vgl. zudem Fn. 143.

221 *Lutter*, in: Krieger/Schneider, Managerhaftung, § 1 Rn. 11 f.; *Uwe H. Schneider*, in: Scholz, GmbHG, § 43 Rn. 12 f.

222 *Uwe H. Schneider*, in: Scholz, GmbHG, § 43 Rn. 12 f.

223 So: *Lutter*, in: Krieger/Schneider, Managerhaftung, § 1 Rn. 1. Vgl. auch: *Bernhard/Witt*, ZfB 1999, 825 (834). Unter diesem Gesichtspunkt ist auch der bereits angesprochene notwendige Selbstbehalt im Rahmen einer D&O-Versicherung nach § 93 II 3 AktG zu verstehen. Könnte die Haftung gänzlich durch eine Versicherung abgedeckt werden, so würde die Anreizfunktion zum ordnungsgemäßen Handeln, die die Schadensersatzpflicht erfüllen soll, leer laufen.

224 *Brommer*, AG 2013, 121 (123); *Reichert*, in: FS Hommelhoff, S. 907 (909).

225 *Reichert*, in: FS Hommelhoff, S. 907 (909).

wirksame Enthaftungsmethoden angewiesen, um weiterhin ihre unternehmensleitenden Tätigkeiten ausüben zu können. Auf welche Weise ein solch angemessener Ausgleich zwischen Haftungssanktionierung und Haftungsprivilegierung durch die Einholung von Expertenrat gefunden werden kann, wird im Folgenden erörtert. Festzuhalten bleibt letztlich, dass durch die beschriebenen Entwicklungen eine Tendenz zur persönlichen Inanspruchnahme von Organmitgliedern festzustellen ist.[226] Hierdurch wurde zumindest eine Sensibilisierung gegenüber den einzuhaltenden Verhaltensstandards und Pflichten erreicht.[227]

B) Allgemeiner Sorgfaltsmaßstab

Zur Entwicklung einer wirksamen Enthaftungsmethode muss zunächst beachtet werden, welche Verhaltenspflichten diese beachten muss und welcher Sorgfaltsmaßstab an sie gerichtet ist. Aus den §§ 93 I 1 AktG, 43 I GmbHG ergibt sich ein allgemeiner Verhaltensstandard.[228] Einigkeit besteht darüber, dass sich hieraus der anzuwendende Sorgfaltsmaßstab ableiten lässt, nach dem das Verschulden für eine Haftung nach §§ 93 II AktG bzw. 43 II GmbHG zu beurteilen ist.[229]

---

226 *Spindler*, in: MüKo, AktG, § 93 Rn. 3.

227 Innerhalb einer AG wird das Vertrauensverhältnis zwischen Aufsichtsrat und Vorstand *allein* den Aufsichtsrat wohl nur noch in Ausnahmesituationen von der Geltendmachung von Schadensersatzansprüchen abhalten, *Reichert*, in: FS Hommelhoff, S. 907 (909). Dennoch bleiben Gerichtsentscheidungen insbesondere gegenüber dem Vorstand einer AG selten, *Kaulich*, Haftung von Vorstandsmitgliedern, S. 23.

228 So zur Aktiengesellschaft: *Dauner-Lieb*, in: Henssler/Strohn, GesR, § 93 AktG Rn. 5. Gleiches gilt aber auch für die GmbH im Rahmen des § 43 I GmbHG, *Buck-Heeb*, in: Gehrlein/Ekkenga/Simon, GmbHG, § 43 Rn. 13 f.

229 *Frodermann/Schäfer*, in: Henn/Frodermann/Jannott, AktG, Kap. 7 Rn. 206; *Dauner-Lieb*, in: Henssler/Strohn, GesR, § 93 AktG Rn. 6. Nach umstrittener Ansicht kommt diesen Normen eine Doppelfunktion zu. Nach einer Ansicht stellen die §§ 93 I 1 AktG, 43 I GmbHG neben der Bestimmung des Sorgfaltsmaßstabes Generalklauseln bzgl. der Sorgfaltspflichten der Geschäftsleitung dar. Da die einzelnen Pflichten in den Gesetzen nicht abschließend geregelt sind, könnten sie durch Konkretisierung dieser Normen ermittelt werden. So: *Mertens/Cahn*, in: KK-AktG, § 93 Rn. 11; *Dauner-Lieb*, in: Henssler/Strohn, GesR, § 93 AktG Rn. 6; *Kleindiek*, in: Lutter/Hommelhoff, GmbHG, § 43 Rn. 11; *Koch*, in: Hüffer, AktG, § 93 Rn. 5. Nach anderer Ansicht sollen die §§ 93 I 1, 43 I AktG nur den einzuhaltenden Sorgfaltsmaßstab festlegen. Die Pflichten der Geschäftsleitung ergäben sich hingegen aus § 76 I AktG bzw. § 35 GmbHG, so: *Hüffer*, in: Hüffer, 10. Aufl., AktG, § 93 Rn. 3a; *Zöllner/Noack*, in: Baumbach/Hueck, GmbHG, § 43 Rn. 8. Die jeweiligen Pflichten lassen sich in Sorgfalts- und Treuepflichten aufteilen. Zu den einzuhaltenden Sorgfaltspflichten gehört

Gemäß §§ 93 I 1 AktG, 43 I GmbHG muss der Vorstand bzw. die Geschäftsführung die Sorgfalt eines ordentlichen und gewissenhaften Geschäftsleiters bzw. eines ordentlichen Geschäftsmannes einhalten. Somit muss jedes Geschäftsleitungsmitglied diejenige Sorgfalt berücksichtigen, die an einen erfahrenen und pflichtbewussten Unternehmer zu stellen ist, der nicht eigene, sondern fremde Vermögensinteressen vertritt und auf diese Weise wie ein Treuhänder tätig wird.[230] Da er fremdes Vermögen verwaltet, muss er somit einen erhöhten Sorgfaltsmaßstab einhalten.

Dieser strenge Sorgfaltsmaßstab ist objektiv zu bestimmen; es ist folglich nicht die übliche, sondern vielmehr die erforderliche Sorgfalt einzuhalten, sog. *typisierter Sorgfaltsmaßstab*.[231] Das bedeutet auch, dass ein individuelles, unterhalb des Erforderlichen liegendes Nicht-Wissen den Vorstand bzw. den Geschäftsführer gerade nicht entlasten kann.[232] Dennoch ist der einzuhaltende

---

insbesondere sowohl die Pflicht zum rechtmäßigen Verhalten als auch die Pflicht zur gesetzes- und satzungsgemäßen Organisation des Unternehmens, *Dauner-Lieb*, in: Henssler/Strohn, GesR, § 93 AktG Rn. 7. Die Geschäftsleitung darf durch ihr aktives Tun der Gesellschaft keinen Schaden zufügen und muss darüber hinaus schädigendes Verhalten Dritter abwehren, *Hopt/Roth*, in: Großkomm. AktG, § 93 Rn. 52. Außerdem sind Treuepflichten gegenüber der Gesellschaft heute allgemein anerkannt. Sowohl die Verschwiegenheitspflicht des § 93 I 3 AktG als auch das Wettbewerbsverbot nach § 88 AktG stellen konkretisierte Treuepflichten des Vorstands dar.

230 BGHZ 129, 30 (34) in Bezug auf § 43 I GmbHG i. V. m. § 16 II 1 TreuhandG. Siehe allgemein: RGZ 163, 200 (208 f.); *A. Arnold*, in: Marsch-Barner/Schäfer, Börsennotierte AG, § 19 Rn. 24; *Decker*, GmbHR 2014, 72; *Fleischer*, in: MüKo, GmbHG, § 43 Rn. 10; *Freund*, GmbHR 2011, 238 (239); *Koch*, in: Hüffer, AktG, § 93 Rn. 6; *Krieger*, in: Krieger/Schneider, Managerhaftung, § 3 Rn. 4; *Mertens/Cahn*, in: KK-AktG, § 93 Rn. 10; *Schaub/Schaub*, ZIP 2013, 656; *Terwedow/Klavina*, Der Konzern 2012, 535 (536). Beide Sorgfaltsmaßstäbe sind trotz der unterschiedlichen Formulierung nach allgemeiner Meinung vergleichbar: *Haas/Ziemons*, in: Michalski, GmbHG, § 43 Rn. 189; *Zöllner/Noack*, in: Baumbach/Hueck, GmbHG, § 43 Rn. 7 m. w. N.

231 *Fleischer*, NJW 2010, 1504 (1506). Vgl. auch: *Dauner-Lieb*, in: Henssler/Strohn, GesR, § 93 AktG Rn. 7; *Hopt/Roth*, in: Großkomm. AktG, § 93 Rn. 58 f.; *Paefgen*, in: Ulmer, GmbHG, § 43 Rn. 36. Anders ist dies nach umstrittener Ansicht in Bezug auf den strafrechtlichen Verbotsirrtum nach § 17 StGB: Auf einen subjektiven Maßstab abstellend: *Kirch-Heim/Samson*, wistra 2008, 81 (85). Für weitere Nachweise siehe Fn. 1162.

232 BGH NJW 1981, 440 (442); 1983, 725 (726); 1995, 1290 (1291); NZG 2015, 792 (794). Früh bereits: RGZ 163, 200 (208 f.). Siehe auch: *Buck-Heeb*, in: Gehrlein/Ekkenga/Simon, GmbHG, § 43 Rn. 59; *Hopt/Roth*, in: Großkomm. AktG, § 93 Rn. 59; *Krieger/Sailer-Coceani*, in: Schmidt/Lutter, AktG, § 93 Rn. 34. Hierin unterscheidet sich

Sorgfaltsmaßstab relativ, da er keine allgemein determinierte Größe darstellt, sondern von verschiedensten Umständen abhängig ist. So sind etwa die Lage und die Größe des Unternehmens, der entsprechende Geschäftszweig oder die aktuelle Konjunkturlage zu berücksichtigen.[233] Ein Organmitglied muss sich also so verhalten, wie es von einem pflichtbewussten Geschäftsleiter eines in Art und Umfang vergleichbaren Unternehmens erwartet wird.[234] An die Geschäftsleitung eines großen Unternehmens, das international tätig ist und eine Vielzahl von Mitarbeitern beschäftigt, sind somit höhere Anforderungen zu stellen als an die Geschäftsleitung eines kleinen Regionalbetriebs.

Die Berufung auf ein individuell fehlendes Fachwissen führt also nicht zu einer Entlastung der Geschäftsleitung. Vice versa kann hieraus aber nicht geschlossen werden, dass eine im Einzelfall vorhandene besondere Fachkunde, die über das erforderliche Maß hinausgeht, nicht eingesetzt werden müsste. Vielmehr hat die Geschäftsleitung sämtliche ihr zur Verfügung stehenden Kenntnisse und Fähigkeiten zu Gunsten der Gesellschaft einzusetzen; dieses erhöhte Fachwissen ist schließlich vielmals ein entscheidender Grund für die Berufung des Organmitglieds.[235] Mithin kann etwa von einem Juristen, der im Vorstand

---

gerade der im Kapitalgesellschaftsrecht geltende Sorgfaltsmaßstab von dem an einen GbR-Gesellschafter gerichteten, wonach dieser gemäß § 708 BGB nur die Sorgfalt anzuwenden hat, die er in eigenen Angelegenheiten anzuwenden pflegt, sog. *diligentia quam in suis*.

233 *Diekmann/Marsch-Barner*, in: MünchHdb, GmbHG, § 43 Rn. 13; *Frodermann/Schäfer*, in: Henn/Frodermann/Jannott, Kap. 7 Rn. 207; *U. Schmidt*, in: Heidel, AktG, § 93 Rn. 74; *Spindler*, in: MüKo, AktG, § 93 Rn. 25; *Terwedow/Klavina*, Der Konzern 2012, 535 (537). Vgl. hierzu Section 8.42 des Model Business Corporation Act: „An officer, when performing in such capacity, has the duty to act […] (2) with the care that a person in a like position would reasonably exercise under similar circumstances […]."

234 *Hölters*, in: Hölters, AktG, § 93 Rn. 26; *Koch*, in: Hüffer, AktG, § 93 Rn. 6; *Spindler*, in: MüKo, AktG, § 93 Rn. 25.

235 Dies für ein Aufsichtsratsmitglied feststellend: RGZ 144, 348 (355 f.); BGH NZG 2011, 1271 (1274) m. w. N. Hinsichtlich eines Geschäftsleitungsmitglieds: *Frodermann/Schäfer*, in: Henn/Frodermann/Jannott, Kap. 7 Rn. 208; *Haas/Ziemons, in:* Michalski, GmbHG, § 43 Rn. 191; *Hopt*, ZIP 2013, 1793 (1798); *H.-F. Müller*, DB 2014, 1301 (1305); *Sander/Schneider*, ZGR 2013, 725 (754); *Uwe H. Schneider*, in: Scholz, GmbHG, § 43 Rn. 232; *Spindler*, in: MüKo, AktG, § 93 Rn. 25; *Zöllner/Noak*, in: Baumbach/Hueck, GmbHG, § 43 Rn. 11. Dies bedeutet zugleich, dass ein individuelles Fachwissen den Sorgfaltsmaßstab des betroffenen Geschäftsleitungsmitglieds erhöht, *Krieger*, in: Krieger/Schneider, Managerhaftung, § 3 Rn. 38; *H.-F. Müller*, DB 2014, 1301 (1305). So auch im amerikanischen Recht: *Rokas*, 2 Am. U. Bus. L. Rev.

das Rechtsressort innehat, in Rechtsfragen eine höhere Sorgfalt erwartet werden als von einem Nicht-Juristen.

Besitzt ein Vorstand oder ein Geschäftsführer bei Amtsübernahme nicht die erforderlichen Qualifikationen, kommt eine Haftung aufgrund eines Übernahmeverschuldens in Betracht, sofern er sich nicht unmittelbar mit Amtsübernahme die erforderlichen Kenntnisse aneignet, da er angesichts der unzureichenden Eignung das Amt nicht hätte übernehmen dürfen.[236] Allein das Fehlen dieser Kenntnisse kann also eine Haftung nach §§ 93 II AktG, 43 II GmbHG begründen, wenn der Gesellschaft aufgrund dessen ein Schaden entsteht.

C) Erforderliche Qualifikationen der Geschäftsleitung

I. Allgemeine Kenntnisse

Anhand dieses Sorgfaltsmaßstabes müssen die notwendigen Qualifikationen und Kenntnisse der Geschäftsleitung beurteilt werden. Ebenso dient dieser Sorgfaltsmaßstab als Auslegungshilfe, in wie weit ein Organmitglied von einem Dritten Kenntnisse hinzuerwerben darf oder muss. Da der Sorgfaltsmaßstab streng bemessen ist, sind zugleich die Anforderungen an den Kenntnisstand der Geschäftsleitung hoch anzusetzen. Der Rechtsverkehr erwartet von den Geschäftsleitungsmitgliedern eine „überragende Kompetenz".[237]

Weder das AktG noch das GmbHG enthalten jedoch diesbezüglich detaillierte Regelungen. Insbesondere finden sich keine Qualifikationserfordernisse in den Bestimmungen der §§ 76 III AktG, 6 II GmbHG, die die Bestellung der Organmitglieder regeln.[238] Diese gesetzgeberische Zurückhaltung darf nicht durch eine

---

323 (331 Fn. 32): „Corporations hire skilled directors to take advantage of their expertise." In einem australischen Urteil wurde vergleichbar festgehalten, dass der Direktor aufgrund seiner besonderen Erfahrung im Bergbaubetrieb in das Board gewählt wurde, *Southern Resources Ltd. V. Residues Treatment & Trading Co. Ltd.* (1990) 56 SASR 455 (465, 474).

236 RGZ 163, 200 (208 f.). Siehe: BGH NJW-RR 2003, 1454 (1455) bzgl. des Übernahmeverschuldens eines Architekten, der nicht über die erforderlichen Kenntnisse verfügte. Vgl. auch: *Drescher*, Haftung GmbH-Geschäftsführer, Rn. 306; *Sander/Schneider*, ZGR 2013, 725 (732); *Selter*, AG 2012, 11 (13); *Strohn*, ZHR 176 (2012), 137 (137 f.). Hinsichtlich der Qualifikationen eines Aufsichtsratsmitglieds: RGZ 144, 348 (355); *Habersack*, in: MüKo, AktG, § 116 Rn. 22, 70.

237 *Strohn* ZHR 176 (2012), 137.

238 Die §§ 100 V AktG und 33 I 1 Nr. 4, II KWG regeln vereinzelt die notwendigen Qualifikationen, betreffen aber nur besondere Einzelfälle. Dies lässt auf eine bewusste Zurückhaltung des Gesetzgebers schließen: *Sander/Schneider*, ZGR 2013, 725 (731).

extensive Ausdehnung der erforderlichen Qualifikationen umgangen werden. Allgemein anerkannt ist allerdings, dass sich sowohl Vorstandsmitglieder als auch Geschäftsführer spätestens mit Amtsübernahme über die wesentlichen Bestimmungen des Gesellschaftsrechts, somit also des Aktien- bzw. GmbH-Rechts informieren müssen, sodass sie über die notwendigen Mindestkenntnisse verfügen.[239] Daneben müssen die Grundkenntnisse die für die reguläre Geschäftsleiterarbeit notwendigen Rechtsgebiete abdecken. Folglich sind neben allgemeinen zivilrechtlichen Kenntnissen vor allem steuer- und handelsrechtliche[240], aber auch etwa kapitalmarkt- und kartellrechtliche[241] Kenntnisse erforderlich. Allerdings bedarf es grundsätzlich weder eines Detailwissens der gesetzlichen Bestimmungen noch der Fähigkeit zur sorgfältigen juristischen Subsumtion.[242] Den Sorgfaltsanforderungen genügt das Geschäftsleitungsmitglied, wenn es den wesentlichen Inhalt der gesetzlichen Bestimmungen im Rahmen seines Verantwortungsbereiches erfasst.[243] Eine ausführliche Befassung mit den rechtlichen Geboten ist gerade nicht Aufgabe jedes Geschäftsleiters, sondern vielmehr Aufgabe des für das Rechtsressort zuständigen Organmitglieds und der Rechtsabteilung. Ein rechtliches Detailwissen ist nicht erforderlich, weil Geschäftsleiter im Rahmen der Entscheidungsfindung neben den rechtlichen Voraussetzungen auch etwa kaufmännische und betriebswirtschaftliche Aspekte beachten müssen. Da eine solch weitreichende Berücksichtigung unterschiedlicher Kriterien erforderlich ist, kann nicht verlangt werden, dass jedes Geschäftsleitungsmitglied über eine umfassende, etwa mit einem Rechtsanwalt vergleichbare rechtliche Sachkunde verfügt. Dennoch sind die Anforderungen an die rechtlichen Grundkenntnisse der Organmitglieder durch eine immer weitreichendere Verrechtlichung der unternehmensleitenden Tätigkeit gestiegen.[244]

---

239 So bereits RGZ 53, 204 (211); RG JW 1939, 355 (356); *Fleischer*, NZG 2010, 121 (122); *ders.*, in: FS Hüffer, S. 187 (189).

240 OLG Schleswig, NZI 2010, 492 (494).

241 *Fleischer*, in: FS Hüffer, S. 187 (189).

242 *Fleischer*, NZG 2010, 121 (122), der davon spricht, dass sich die Geschäftsleitung „spätestens mit Amtsübernahme über ihr aktienrechtliches ‚Grundpflichtenheft' unterrichten" müsse. Vgl. ebenfalls: *Kaulich*, Haftung von Vorstandsmitgliedern, S. 220 ff.; *Selter*, AG 2012, 11 (13).

243 *Kaulich*, Haftung von Vorstandsmitgliedern, S. 222.

244 Passend hierzu: *Ek*, Haftungsrisiken, S. 2: „Vorstände und Aufsichtsräte müssen sich nunmehr umfassender als bisher über ihre Rechte und Pflichten informieren, um Haftungsrisiken von vornherein zu vermeiden bzw. minimieren zu können. Nur das rechtlich gut informierte Organmitglied wird in der Lage sein, die immanenten Risiken seiner Tätigkeit professionell und aktien- und ggf.

Zudem muss sich jedes Geschäftsleitungsmitglied „stets ein genaues Bild von der Lage des Unternehmens, insbesondere seiner Rentabilität und Liquidität, dem Gang der Geschäfte, der Umsatzentwicklung, der Marktstellung und der Konkurrenzfähigkeit seines Angebots“ machen.[245] Um diesen Anforderungen nachzukommen, sind neben einer sorgfältigen Unternehmensorganisation wirtschaftliche Kenntnisse unerlässlich. Nur durch solche wirtschaftlichen Mindestkenntnisse ist es dem Organmitglied möglich, die geschäftlichen Zusammenhänge der Gesellschaft zu überblicken und dementsprechend zu handeln. Dem Geschäftsleitungsmitglied eines Wirtschaftsunternehmens kann somit in wirtschaftlichen Angelegenheiten ebenfalls ein besonderer Sachverstand abverlangt werden.[246]

Da die erforderlichen Kenntnisse anhand des einzuhaltenden Sorgfaltsmaßstabs zu ermitteln sind, ist eine allgemeine Bestimmung nicht möglich. Vielmehr ist der jeweilige Einzelfall maßgebend. So sind diesbezüglich sowohl die Größe und Lage des Unternehmens, der betroffene Geschäftszweig als auch die Zugehörigkeit des Geschäftsleitungsmitglieds zu einem bestimmten Ressort zu berücksichtigen.[247] Zwar kann kein allumfassendes und

---

kapitalmarktrechtlich ordnungsgemäß zu handhaben. Angesichts der sich fortentwickelnden Rechtsprechung und in Zukunft zu erwartender Gesetzesänderungen müssen die rechtlichen Kenntnisse zudem in regelmäßigen Abständen aktualisiert werden.“ Bereits früh: *Menger*, Das Bürgerliche Recht, S. 20 f.: „Heute, wo die Gesetze jedes Kulturstaates ganze Bibliotheken füllen und wo kaum jemand gefunden wird, der das ganze Rechtssystem eines Landes auch nur oberflächlich kennt, ist die Voraussetzung, daß jeder Staatsbürger alle Gesetze kennt, die lächerlichste aller Fiktionen […].“

245 So: *Mertens/Cahn*, in: KK-AktG, § 93 Rn. 83. Vgl. hierzu auch: *Raiser/Veil*, KGesR, § 14 Rn. 88: „Die getroffenen Entscheidungen sind von den damit beauftragten Vorstandsmitgliedern folgerichtig auszuführen, vor allem auch im Hinblick auf ihre ökonomischen, finanziellen und sonstigen Auswirkungen zu kontrollieren.“ Auch wird die Sorgfaltspflicht der Geschäftsleitung von den betriebswirtschaftlichen Grundsätzen ordnungsgemäßer Unternehmensleitung beeinflusst, wobei diese jedoch nicht als strikte Pflicht angesehen werden: *Fleischer*, in: MüKo, AktG, § 93 Rn. 30; *ders.*, in: MüKo, GmbHG, § 43 Rn. 55; *Haas/Ziemons*, in: BeckOK, GmbHG, § 43 Rn. 95 ff.; *Uwe H. Schneider*, in: Scholz, GmbHG, § 43 Rn. 84 ff.; *Wiesner*, in: MünchHdb, AG, § 25 Rn. 6.

246 Hölters, in: Hölters, AktG, § 93 Rn. 250. Vgl. auch: *Fleischer*, KSzW 01.2013, 3 (7); *Raiser/Veil*, KGesR, § 14 Rn. 88.

247 Siehe hierzu: Section 174 Companies Act 2006 (Großbritannien): (1) A director of a company must exercise reasonable care, skill and diligence. (2) This means the care, skill and diligence that would be exercised by a reasonably diligent person with –

vertieftes Rechts- oder Fachwissen verlangt werden, dennoch ist zumindest eine Sensibilität der Geschäftsleitung im Hinblick auf auftretende Unklarheiten bzgl. geplanter Maßnahmen zu verlangen.[248] Besitzt die Geschäftsleitung die erforderlichen Mindestkenntnisse, trifft sie darüber hinaus eine Pflicht, sich stets über aktuelle Entwicklungen zu informieren und auf diese Weise die eigenen Kenntnisse in rechtlichen, wirtschaftlichen und in sonstigen das Unternehmen betreffenden Fragen zu erweitern.[249] Das führt dazu, dass das Geschäftsleitungsmitglied in Fachgebieten Grundkenntnisse erwerben muss, die zwar allgemein sicherlich nicht zum notwendigen Kenntnisstand gehören, die jedoch für die konkrete Tätigkeit des Unternehmens im entsprechenden Geschäftszweig von entscheidender Bedeutung sind.[250]

II. Ressortabhängige Kenntnisse

Ob das Geschäftsleitungsmitglied über die Mindestkenntnisse hinaus vertiefte Fachkenntnisse besitzen muss, richtet sich zudem danach, ob die Geschäftsleitung in verschiedene Ressorts aufgeteilt wurde. Häufig ist in größeren Unternehmen eine Arbeitsteilung auf der Führungsebene unerlässlich und somit meist an der Tagesordnung, da nicht sämtliche, teils arbeitsintensive und nur mit Spezialkenntnissen zu absolvierende Aufgaben durch den Vorstand als Ganzes

---

(a) the general knowledge, skill and experience that may reasonably be expected of a person carrying out the functions carried out by the director in relation to the company, and (b) the general knowledge, skill and experience that the director has.

248 Ausführlich: *Kaulich*, Haftung von Vorstandsmitgliedern, S. 220 ff. Siehe hierzu: *Binder*, AG 2012, 885 (890); *Piepenbrock*, Defense of Reliance, S. 35; *Strohn*, CCZ 2013, 177 (180).

249 *Ek*, Haftungsrisiken, S. 2; *Raiser/Veil*, KGesR, § 14 Rn. 88. Eine gute Zusammenfassung, die auf das deutsche Recht übertragbar ist, findet sich in einem australischen Urteil: „[A] director should acquire at least a rudimentary understanding of the business of the corporation and become familiar with the fundamentals of the business in which the corporation is engaged; a director should keep informed about the activities of the corporation; whilst not required to have a detailed awareness of day-to-day activities, a director should monitor the corporate affairs and policies; a director should maintain familiarity with the financial status of the corporation by a regular review and understanding of financial statements; a director, whilst not an auditor, should still have a questioning mind.“, *Australian Securities and Investments Commission v Healey and Others*, (2011) FCA 717 (17).

250 Vgl. zu rechtlichen Spezialvorschriften: OLG Stuttgart, NZG 2011, 634 (635); *Piepenbrock*, Defense of Reliance, S. 38.

bewältigt werden können.[251] Auf diese Weise kann durch eine Spezialisierung der Organmitglieder die Tätigkeit des Einzelnen effizienter ausgestaltet werden. Daher gestattet § 77 I 2 AktG die Möglichkeit, im Rahmen der Satzung oder der Geschäftsordnung vom Grundsatz der Gesamtgeschäftsführung abzuweichen. Vergleichbares ist im Rahmen der GmbH allgemein anerkannt.[252]

Werden die einzelnen Geschäftsbereiche in unterschiedliche Ressorts aufgeteilt, verändern sich die Sorgfaltspflichten der Geschäftsleitungsmitglieder. Das einzelne Mitglied ist für sein eigenes Ressort vollumfänglich verantwortlich, sog. *Ressortverantwortung*.[253] In diesem Bereich kann also von ihm eine höhere Kompetenz und ein detailreiches Fachwissen verlangt werden. Dabei ist beispielsweise zu beachten, dass von dem Juristen, der für das Rechtsressort verantwortlich ist, vertiefte juristische Kenntnisse erwartet werden. Dem Ingenieur, der ebenfalls Vorstandsmitglied ist, werden hingegen nur allgemeine juristische Kenntnisse abverlangt. Dieser muss jedoch im Rahmen seines Fachgebiets über eine höhere Kompetenz verfügen als der Jurist. Eine solche ressortspezifische Qualifikation fördert in entscheidendem Maße die mit der Ressortaufteilung bezweckte Spezialisierung der Geschäftsleitungsmitglieder und führt dadurch zu einer sachgerechten, qualifizierten und effektiven Entscheidungsfindung.

Die Aufteilung auf unterschiedliche Ressorts bewirkt aber gerade nicht, dass die Verantwortung des nicht zuständigen Geschäftsleitungsmitglieds für die restliche, außerhalb des eigenen Ressorts liegende Geschäftsführung entfallen würde. Denn die grundsätzliche Gesamtverantwortung der Geschäftsleitung wird durch die Aufteilung auf unterschiedliche Ressorts nicht berührt.[254] Gegenüber anderen Ressorts wandelt sich die Pflicht zur gemeinschaftlichen Geschäftsführung

---

251 *Bauer*, in: Gesellschaftsrecht in der Diskussion 2014, S. 195 (214); *Bürgers/Israel*, in: Bürgers/Körber, AktG, § 77 Rn. 14; *Weber*, in: Hölters, AktG, § 77 Rn. 27.

252 *Fleischer*, in: MüKo, GmbHG, § 43 Rn. 112 f.; *Kleindiek*, in: Lutter/Hommelhoff, GmbHG, § 37 Rn. 28 f., unter Verweis auf die analoge Anwendung des § 35 II GmbHG; *Zöllner/Noack*, in: Baumbach/Hueck, GmbHG, § 43 Rn. 17.

253 *Fleischer*, in: Spindler/Stilz, AktG, § 77 Rn. 48; *ders.*, in: MüKo, GmbHG, § 43 Rn. 118; *Spindler*, in: MüKo, AktG, § 93 Rn. 148; *Weber*, in: Hölters, AktG, § 77 Rn. 31. Vgl. auch: OLG Köln, NZG 2001, 135 (136); *Haas/Ziemons*, in: BeckOK, GmbHG, § 43 Rn. 220; *Hölters*, in: Hölters, AktG, § 93 Rn. 235 ff.; *Uwe H. Schneider*, in: Scholz, GmbHG, § 43 Rn. 38; *Sander/Schneider*, ZGR 2013, 725 (728); *Spinder*, in: MüKo, AktG, § 93 Rn. 148 ff.

254 RGZ 91, 72 (77); *Fleischer*, in: Spindler/Stilz, AktG, § 77 Rn. 46; *Seibt*, in: Schmidt/Lutter, AktG, § 77 Rn. 18; *Twele*, Die Haftung des Vorstands für Kartellrechtsverstöße, S. 137; *Weber*, in: Hölters, AktG, § 77 Rn. 31.

allerdings in eine Überwachungspflicht.[255] Um diese zu erfüllen, muss sich das nicht zuständige Geschäftsleitungsmitglied die entsprechenden Informationen beschaffen. Diesbezüglich steht ihm ein Informationsanspruch gegenüber den übrigen Geschäftsleitungsmitgliedern zu.[256] Da allerdings jedes Mitglied grds. das übernommene Ressort unter eigener Verantwortung führt und ihm dementsprechend ein Handlungsspielraum zuzugestehen ist, sind an die Überwachungspflichten der anderen Geschäftsleitungsmitglieder keine zu hohen Anforderungen zu stellen.[257] Die Kenntnisse des Mitglieds für fremde Ressorts müssen folglich weniger ausgeprägt sein als die für das eigene. Auch wenn die Aufteilung in unterschiedliche Geschäftsbereiche nur durch gegenseitiges Vertrauen möglich ist,[258] können sich die Überwachungspflichten durch bekanntgewordene Pflichtverletzungen eines Mitglieds oder aufgrund einer Krise des Unternehmens mit der Folge erhöhen, dass das beaufsichtigende Organmitglied weiterreichende Informationen einholen muss.[259]

Festzuhalten bleibt somit, dass die Kenntnisse, die jedes Geschäftsleitungsmitglied besitzen muss, vom Einzelfall abhängig sind, wobei sowohl die Größe, die Lage und der Geschäftszweig der Gesellschaft als auch das betroffene Ressort zu berücksichtigen sind.

---

255 RGZ 98, 98 (100); BGH NJW 1994, 2149 (2150 f.); 1995, 2850 (2851); OLG Koblenz, NZG 2008, 397 (398); *Kleindiek*, in: Lutter/Hommelhoff, GmbHG, § 43 Rn. 29; *Koppensteiner/Gruber*, in: Rowedder, GmbHG, § 43 Rn. 11; *Uwe H. Schneider*, in: Scholz, GmbHG, § 43 Rn. 39; *Spindler*, in: MüKo, AktG, § 93 Rn. 149; *Twele*, Die Haftung des Vorstands für Kartellrechtsverstöße, S. 137; *Weber*, in: Hölters, AktG, § 77 Rn. 34 ff.

256 OLG Koblenz, GmbHR 2008, 37; *Buck-Heeb*, in: Gehrlein/Ekkenga/Simon, GmbHG, § 37 Rn. 31; *Fleischer*, in: Spindler/Stilz, AktG, § 77 Rn. 49; *Kleindiek*, in: Lutter/Hommelhoff, GmbHG, § 43 Rn. 29; *Uwe H. Schneider*, in: Scholz, GmbHG, § 43 Rn. 39.

257 Vgl. *Fleischer*, NZG 2003, 449 (455); *Weber*, in: Hölters, AktG, § 77 Rn. 36. Werden dem nicht zuständigen Geschäftsleitungsmitglied jedoch Fehlentwicklung oder gar Pflichtverstöße in einem anderen Ressort bekannt, führt die Überwachungspflicht zu einer Eingriffspflicht, *Twele*, Die Haftung des Vorstands für Kartellrechtsverstöße, S. 138.

258 RGZ 91, 72 (77), wonach ein grundsätzliches Vertrauen im Rahmen einer horizontalen Delegation anerkannt ist, sofern man von der Vertrauenswürdigkeit des Mitgeschäftsführers ausgeht.

259 *Spindler*, in: MüKo, AktG, § 77 Rn. 152 ff. Vgl. auch: *Koppensteiner/Gruber*, in: Rowedder, GmbHG, § 43 Rn. 11.

III. Hinzuerwerb der im Einzelfall notwendigen Kenntnisse durch einen Berater

1) Zulässigkeit der Beratung im Einzelfall

Genügen im Einzelfall die grundlegenden Kenntnisse, über die jeder Geschäftsleiter verfügen muss, hinsichtlich eines konkreten Problems oder einer geplanten Geschäftsführungsmaßnahme nicht, kann das betroffene Geschäftsleitungsmitglied die darüber hinaus erforderlichen Kenntnisse durch die Hinzuziehung eines fachkundigen Beraters hinzuerwerben. Dies gilt für Leitungs- und Geschäftsführungsaufgaben. Zur Verdeutlichung soll hier ein Vergleich mit einer möglichen Delegation auf Mitarbeiter oder externe Dritte dienen. Anerkannt ist, dass Geschäftsführungsaufgaben sowohl horizontal, das heißt innerhalb der Geschäftsleitung, vertikal auf nachgeordnete Mitarbeiter als auch extern auf Dritte delegiert werden können.[260] Ohne eine solche Delegation wäre eine Geschäftsleitungstätigkeit kaum möglich, da der Grundsatz der Allzuständigkeit, der die Verantwortung für jegliches Handeln der Geschäftsleitung zuschreibt, nicht dadurch umzusetzen ist, dass sich die Geschäftsleitung mit jeder Aufgabe im Detail selbst befasst.[261] Ist also eine Delegation von Geschäftsführungsaufgaben zulässig, muss dies erst recht für die *Vorbereitung* derselben gelten, deren tatsächlicher Beschluss bzw. deren Ausführung weiterhin dem Organmitglied obliegt.

Doch bezüglich Leitungsaufgaben ist eine Beratung im Einzelfall ebenfalls zulässig. Leitungsaufgaben, die den Vorstand als Ganzes treffen, sind zwar im Grundsatz nicht delegierbar, können also nicht vollständig übertragen werden, dennoch ist allgemein anerkannt, dass die *Vorbereitung* einer Leitungsaufgabe

260 *Dauner-Lieb*, in: Henssler/Strohn, GesR, § 76 AktG Rn. 5; *Fleischer*, in: Spindler/Stilz, § 76 Rn. 61 ff.; *Rieger*, Die aktienrechtliche Legalitätspflicht, S. 111 ff.; *Schmidt-Husson*, in: Hauschka, Corporate Compliance, § 7 Rn. 4 ff.; *Uwe H. Schneider*, in: Scholz, GmbHG, § 43 Rn. 41; *Spindler*, in: MüKo, AktG, § 76 Rn. 18 ff.

261 *Rieger*, Die aktienrechtliche Legalitätspflicht, S. 111. Die vielfältigen Aufgaben im modernen Wirtschaftsleben und die mit diesen einhergehende notwendige Spezialisierung führen dazu, dass nicht jedes Organmitglied jegliche Aufgabe selbst ausführen kann. Die Delegation ist daher ein „Gebot der praktischen Vernunft“. So: *Schmidt-Husson*, in: Hauschka, Corporate Compliance, § 7 Rn. 4. Siehe auch: *Hauger/Palzer*, ZGR 2015, 33 (52 f.); *Hölters*, in: Hölters, AktG, § 93 Rn. 44; *Mertens/Cahn*, in: KK-AktG, § 93 Rn. 84. Aus dem amerikanischen Recht, *Balotti/Shaner*, 74-WTR LCPR 161 (168): „This delegation further down the management hierarchy is often necessary for a large public corporation to be able to run effectively and efficiently.“

ebenfalls von einem Dritten ausgeübt werden kann.[262] Schließlich verbleibt die Endverantwortung weiterhin bei der Geschäftsleitung selbst.[263]

Eine solche Möglichkeit der Beratung im Einzelfall ist zulässig, da von einem ordentlichen und gewissenhaften Geschäftsleiter nicht zu verlangen ist, dass dieser über allumfassende Kenntnisse verfügt.[264] Weder muss er fachübergreifend über eine vollumfängliche Sachkompetenz verfügen, noch wird von ihm verlangt, dass er alle im Unternehmen entstehenden Berichte selbst durcharbeitet, um somit an alle nur denkbaren Informationen zu gelangen. Würde man dies erwarten, würden Geschäftsleitungsmitglieder in „Papier versinken".[265] Hieraus ergibt sich zudem, dass ein im Einzelfall eingeholter Rat nicht zwangsläufig gegen eine

---

262 Solange die endgültige Entscheidung beim Vorstand liegt, steht § 76 I AktG der Einholung von Rechts- bzw. sonstigem fachkundigen Rat nicht entgegen. Eine solche Unterstützung bei der Vorbereitung einzelner Entscheidungen durch einen Berater wird daher allgemein als zulässig erachtet. Dies ist auch den bereits dazu ergangenen Urteilen zu entnehmen: BGH NZG 2007, 545; 2011, 1271; 2012, 672; 2015, 792; 2015, 792 (794); OLG Stuttgart, WM 2010, 120 (123). Siehe auch: *Bauer*, in: Gesellschaftsrecht in der Diskussion 2014, S. 195 (216); *Binder*, AG 2012, 885 (890); *ders.*, ZGR 2012, 757 (769 f.); *Krieger*, in: Krieger/Schneider, Managerhaftung, § 3 Rn. 19; *Spindler*, in: MüKo, AktG, § 76 Rn. 18; *Weber*, in: Hölters, AktG, § 76 Rn. 8. *Seibt*, in: Schmidt/Lutter, AktG, § 76 Rn. 8 geht sogar so weit, dass auch Leitungsaufgaben im Einzelfall nach einer gründlichen Abwägung delegiert werden können. Siehe auch: *Rieger*, Die aktienrechtliche Legalitätspflicht, S. 131, wonach die Einschaltung Dritter nur bzgl. Geschäftsführungsaufgaben und im Rahmen der Vorbereitung von Leitungsaufgaben zulässig sei.

263 Siehe: *Bauer*, in: Gesellschaftsrecht in der Diskussion 2014, S. 195 (216): „Demnach kann der Vorstand die Entscheidungsvorbereitung, ausführende Handlungen, und Detailfragen durchaus delegieren, solange er sich nur mit den wesentlichen transaktionsrelevanten Fragen befasst und am Ende in eigener Verantwortung entscheidet."

264 *Binder*, AG 2012, 885 (890); *Krieger*, ZGR 2012, 496 (498). Nach *Hillmer*, BC 2012, 282 (282 f.) profitieren insbesondere viele mittelständische Unternehmer von einer Beratungsmöglichkeit, da sie vielfach nicht über kaufmännische Kenntnisse verfügen. Siehe zu Section 141 (e) Delaware General Corporation Law: *Uebler*, 65 BUSLAW 1023: „Directors, however, cannot be expected to possess the qualifications or experience necessary to address every issue that arises in today's increasingly complex business world." Zudem: *Hamilton*, 24 WFLR 5 (19): Directors „cannot be expected to obtain information solely from their own personal investigation of the immense and complex economic entity over which they nominally preside."

265 Aus dem amerikanischen Recht: *Hamilton* 24 WFLR5 (9): „Directors would be showed under with paper."

ausreichende Qualifikation des Organmitglieds spricht.[266] Für den Aufsichtsrat ist die Zulässigkeit der Einzelfallberatung in den §§ 109 I 2, 111 II 2 Alt. 2 AktG geregelt. Warum für die Geschäftsleitung, die stets für die Handlungsfähigkeit der Gesellschaft einzustehen hat, eine solche Beratung nicht zulässig sein sollte, ist nicht ersichtlich.[267]

Kein Geschäftsleiter muss daher befürchten, dass ein im Einzelfall eingeholter fachkundiger Rat auf eine allgemein fehlende Eignung hinweist. Denn vielfach ist es der Geschäftsleitung angesichts der Größe des Unternehmens und der damit einhergehenden arbeitsteiligen Organisation der Führungsebene bereits gesellschaftsintern nicht möglich, stets selbst über alle zur Beurteilung der entscheidungserheblichen Frage notwendigen Informationen zu verfügen.

2) Keine Überinvestition in Berater

Durch die immer höheren Anforderungen, die an die Geschäftsleitung gestellt werden und die damit einhergehende strengere Haftung ihrer Mitglieder, neigen diese häufig dazu, eine Beratung einzuholen, um so das Risiko einer Fehlentscheidung zu minimieren und zugleich eine Haftung zu vermeiden.[268] Die notwendigen Qualifikationen eines Organmitglieds und die jeweiligen Grundkenntnisse können aber nicht durch einen ständigen Berater ersetzt werden, respektive kann sich ein Vorstand oder ein Geschäftsführer nicht durch eine allumfassende Beratung oder das routinemäßige Einholen von Expertenrat zu jeder aufkommenden Entscheidung entlasten.[269]

So hat der BGH gegenüber Aufsichtsratsmitgliedern in seiner *Hertie*-Entscheidung festgehalten, dass diese ihre eigenen fehlenden Kenntnisse nicht dadurch ersetzen könnten, dass sie jedwede Aufgabe durch eine fortwährende und allumfassende Beratung abzusichern versuchen.[270] Dies verstoße gegen das Gebot der

---

266 Insbesondere geschieht es nicht selten, dass dem Geschäftsleiter im Einzelfall die notwendigen Kenntnisse zur Beratung fehlen, was vor allem auf die teils hochkomplexen Strukturen der Gesellschaft und die vielfältigen Geschäftsleiterpflichten zurückzuführen ist. Ein Übernahmeverschulden kommt daher nur dann in Betracht, wenn sich der Geschäftsleiter gänzlich als ungeeignet erweist, sodass tatsächlich eine „evidente[] Unfähigkeit" gegeben ist. Daher besteht auch in einem Fall, in dem dem Organmitglied die notwendigen Kenntnisse fehlen, weder eine gesetzliche noch eine sonstige Pflicht zur Amtsniederlegung. So *Sander/Schneider*, ZGR 2013, 725 (733 f.).

267 So *Sander/Schneider*, ZGR 2013, 725 (735).

268 *Fleischer*, KSzW 01.2013, 3 (6); *Sander/Schneider*, ZGR 2013, 725 (747 f.).

269 *Fleischer*, KSzW 01.2013, 3 (7).

270 BGHZ 85, 293 (295 f.).

persönlichen und eigenverantwortlichen Amtsausübung nach § 111 V AktG.[271] Ähnliches gilt sowohl für den Vorstand einer AG als auch für den Geschäftsführer einer GmbH. Diese müssen den Kernbereich ihrer Geschäftsführungsaufgaben selbst ausüben und dürfen somit ihre Aufgaben nicht vollumfänglich auf Dritte übertragen.[272] An den Vorstand bzw. den Geschäftsführer werden gar höhere Anforderungen zu stellen sein als an ein Aufsichtsratsmitglied.[273] Somit darf die Geschäftsleitung die Kenntnisse, die sie zur allgemeinen Leitung der Gesellschaft benötigt, nicht dadurch ersetzen, dass sie einen ständigen Berater beauftragt.

In Bereichen, in denen von der Geschäftsleitung selbst die entsprechenden Kenntnisse verlangt werden, würde das *routinemäßige Einholen* von rechts- bzw. sachkundigem Rat nicht dem Interesse der Gesellschaft entsprechen. Denn diese Gutachten würden der Gesellschaft unnötig finanzielle Mittel entziehen und somit dem Interesse der Gesellschaft und der Anteilseigner zuwiderlaufen.[274] Gleiches gilt in Bereichen, in denen das entsprechende Vorstands- bzw. Geschäftsführungsmitglied selbst, etwa aufgrund seiner Berufsausbildung, entsprechende fachliche Spezialkenntnisse besitzt.[275] Mithin führen standardmäßig angeforderte Gutachten regelmäßig zu einer Verschwendung von Gesellschaftsvermögen und sind daher gar als Pflichtverletzung i. S. d. §§ 93 II AktG, 43 II GmbHG anzusehen.[276] Auch die Rechtsprechung sah bereits einen von der Geschäftsleitung abgeschlossenen Beratungsvertrag, der der Gesellschaft keinerlei nachweisbaren Nutzen brachte, als Pflichtverletzung an, da es nicht der Sorgfalt eines ordentlichen und gewissenhaften Geschäftsmannes entspreche,

---

271 BGHZ 85, 293 (295 f.).

272 Im Rahmen des AktG ergibt sich dies bereits aus § 76 AktG: *Mertens/Cahn*, in: KK-AktG, § 77 Rn. 42, 45 ff.; *Spindler*, in: MüKo, AktG, § 76 Rn. 61 ff.; *Weber*, in: Hölters, AktG, § 76 Rn. 12. Dies ist jedoch auch im Rahmen der GmbH allgemein anerkannt: *Haas/Ziemons*, in: BeckOK, GmbHG, § 43 Rn. 213.

273 *Fleischer*, KSzW 01.2013, 3 (7). Vgl. auch Fn. 237.

274 Ähnlich aus dem amerikanischen Recht: *Elson*, 53 OHSLJ 951 (1000): „The opinion, drafted to suit the needs of the directors, offered little in terms of substantive value for the stockholders.“ *Binder* spricht davon, dass in einem solchen Fall für die Einholung eines Gutachtens keine Notwendigkeit bestehe, *Binder*, AG 2012, 875 (891). Vgl. zudem: *Sander/Schneider*, ZGR 2013, 725 (747 f.).

275 Ausführlich hierzu: Kapitel 3 B).

276 *Fleischer*, in: Spindler/Stilz, AktG, § 93 Rn. 90; *ders.*, in: KSzW 01.2013, 3 (7); *Uwe H. Schneider*, in: Scholz, GmbHG, § 43 Rn. 58; *Scholl*, Vorstandshaftung und Vorstandsermessen, S. 250 f. Allgemein: *Bachmann*, NZG 2013, 1121 (1127).

überflüssige Gutachten anzufordern.[277] Einer vollumfassenden und blinden „Absicherungsmentalität“, die jedes noch so geringfügige Risiko ausschließen möchte, muss daher entgegengetreten werden.[278]

a) Gebundene Entscheidungen

Das Organmitglied schuldet eine sorgfältig getroffene Entscheidung und nicht einen eintretenden Erfolg, der vielfach zum Zeitpunkt der Entscheidung nicht abschließend einschätzbar ist.[279] Denn im Rahmen von gebundenen Entscheidungen, also auch außerhalb des Anwendungsbereichs der Business Judgment Rule, kann von einem Vorstandsmitglied bzw. Geschäftsführer nur verlangt werden, dass er die jeweils zum Zeitpunkt der Entscheidung erkennbaren Risiken bewertet und sich diesbezüglich die notwendigen Informationen beschafft. Somit ist also eine *ausreichende*, aber keine allumfassende Informationsbeschaffung erforderlich.[280] Eine solche ordnungsgemäße Vorbereitung einer Entscheidung erfordert letztlich, dass die tatsächlich benötigten Informationen ermittelt werden.

Demnach müssen die Entscheidungen der Geschäftsleitung den Umständen und ihrer Bedeutung nach *sorgfältig vorbereitet* werden.[281] Eine unbedingte Ausschöpfung aller nur denkbaren Informationsquellen, sodass stets eine Beratung eingeholt werden müsste, ist somit weder erforderlich noch zulässig. Darüber hinaus sähen sich vor allem kleinere Unternehmen von einer allgemeinen Beratungspflicht überfordert. Die mit der Einholung von Expertengutachten anfallenden, teils sehr hohen Kosten, würden letztlich dazu führen, dass nur die Geschäftsleitung eines großen Unternehmens, die sich solchen Rat regelmäßig leisten kann, ihren Pflichten nachkommen kann.[282]

In anderen Rechtsordnungen wird ebenfalls versucht, einer ständigen Beratung der Geschäftsleitung entgegenzuwirken. So ist im britischen Recht etwa eine Beratung nur dann zulässig, wenn sich diese als angemessen („*reasonable*“)

---

277 BGH NJW 1997, 741 (742).

278 *Fleischer*, in: KSzW 01.2013, 3 (7.).

279 Siehe Nachweise in Fn. 142.

280 *Eckert*, in: Wachter, AktG, § 93 Rn. 16. Vgl. *von Falkenhausen*, NZG 2012, 644 (649).

281 *Haas/Ziemons*, in: BeckOK, GmbHG, § 43 Rn. 96. Siehe auch: *Eckert*, in: Wachter, AktG, § 93 Rn. 16.

282 *Hahn/Naumann*, CCZ 2013, 156 (159). Siehe auch: *Bachmann*, Gutachten 70. DJT, E 22, der davon spricht, dass die Kosten zur Haftungsprävention nicht einen etwaigen haftungsrechtlichen Schaden übersteigen sollen. Vgl. auch: *Vetter*, AnwBl. 2014, 582 (583).

darstellt und das Gesellschaftsvermögen nicht unnötig belastet.[283] Eine vollständige Übertragung auf einen Berater, mit der Folge, dass das Geschäftsleitungsmitglied für die entsprechende Fragestellung keinerlei Verantwortung mehr übernimmt, ist also auch dort nicht möglich. Es muss vielmehr sichergestellt werden, dass der Grat zwischen gerechtfertigtem Rückgriff auf einen Berater und unzulässiger vollständiger Abweisung der Verantwortung nicht überschritten wird.[284]

b) Unternehmerische Entscheidungen

Ferner wollte der Gesetzgeber durch die Einführung der Business Judgment Rule gerade nicht erreichen, dass die Geschäftsleitung stets zur Einholung von Gutachten verpflichtet wird.[285] Der BGH entschied zwar, dass die Geschäftsleitung im Rahmen unternehmerischer Entscheidungen nur durch die Ausschöpfung „alle[r] verfügbaren Informationsquellen tatsächlicher und rechtlicher Art" eine angemessene Informationsgrundlage schaffe.[286] Da diese Formulierung auf eine vollumfassende Informationsbeschaffungspflicht hinweist, würde dies entgegen dem soeben Gesagten für eine generelle Pflicht zur Einholung von Expertenrat

283 *Hannigan*, Company Law, Rn. 10 - 43.

284 Vgl. *Re Bradcrown Ltd, Official Receiver v Ireland* [2001] 1 BCLC 547 (53). Bei der Beurteilung, ob auf einen Rat eines Experten zurückgegriffen werden kann, ist vor allem auch die Größe des Unternehmens entscheidend. Insbesondere Geschäftsleiter kleiner Gesellschaften können sich im Einzelfall eher auf einen Berater verlassen als hochqualifizierte Vorstände von international tätigen Unternehmen. Vice versa ist es aber gerade den Geschäftsleitern eines großen Unternehmens insbesondere dann gestattet, auf einen fachkundigen Rat zurückzugreifen, wenn sich aufgrund der Größe des Unternehmens hoch komplexe Sachverhalts- oder Rechtsfragen ergeben, die das Organmitglied nicht selbst beantworten kann. Siehe hierzu: *Hannigan*, Company Law, Rn. 10 - 43.

285 Begr. RegE UMAG, BR-Drucks. 3/05, S. 21: „Keinesfalls zielt der Entwurf darauf, dass durch routinemäßiges Einholen von Sachverständigengutachten, Beratervoten oder externe Marktanalysen eine rein formale Absicherung stattfindet. Die Frage, ob und in welchem Umfang externe Gutachten eingeholt werden, ist nach betriebswirtschaftlichen Notwendigkeiten sowie den eigenen Möglichkeiten der Gesellschaft zu beantworten und nicht nach formalen Absicherungsstrategien zu entscheiden. Das individuell angemessene Informationsniveau beurteilt sich bei jedem einzelnen Vorstandsmitglied zudem ressortabhängig." Vgl. auch: *Uwe H. Schneider*, DB 2011, 99 (101); *Spindler*, in: MüKo, AktG, § 93 Rn. 50.

286 BGH NJW 2008, 3361 (3362 f.). Aufgrund dieser Entscheidung des BGH urteilten im Folgenden auch Instanzgerichte mit einer ähnlichen Formulierung: Vgl. nur: OLG Düsseldorf, AG 2010, 126 (130).

sprechen. Der Beschluss des BGH bezieht sich jedoch auf einen Sachverhalt, der vor der Kodifizierung der Business Judgment Rule stattfand, sodass die alte Rechtslage zu beachten war.[287] Einer solchen extremen Überspannung der Geschäftsleiterpflichten kann jedoch nunmehr nicht gefolgt werden. Eine vollumfängliche Ausschöpfung aller denkbaren Informationsquellen erscheint kaum jemals möglich, sodass das Geschäftsleitungsmitglied stets pflichtwidrig handeln und in der Folge haften würde.[288] Zudem ist eine vollumfängliche Informationspflicht durch die gesetzliche Kodifizierung contra legem, da eben eine *angemessene* und nicht *vollumfängliche* Information in § 93 I 2 AktG verlangt wird.[289] In seinen Folgeentscheidungen schwächte der BGH seine Formulierung ab. So verlangt er nun eine *sorgfältige* Ermittlung der entscheidungsrelevanten Informationen.[290] Da bzgl. der notwendigen Informationen eine ex-ante Sicht maßgeblich ist, müssen schließlich erst später erkennbar werdende Erkenntnisquellen außer Betracht bleiben.[291] Es genügt somit, dass die entscheidungsrelevanten Informationen ordnungsgemäß ermittelt werden, ohne dass alle theoretisch in Betracht kommenden Informationsmethoden stets ausgeschöpft werden müssen.

Welche Informationen genau eingeholt werden müssen und ob tatsächlich eine Beratung erforderlich ist, entscheidet sich dann vielmehr sowohl nach der Art bzw. Bedeutung der geplanten Maßnahme als auch nach betriebswirtschaftlichen Aspekten, wie etwa der Finanzierung, der Rentabilität, der Dringlichkeit oder der Risikobewertung, wobei dies jedoch anhand eines objektiven Maßstabs der Vernunft zu beurteilen ist.[292] Der Geschäftsleitung selbst steht ein weites Ermessen zu, auf welche der unterschiedlichen Erkenntnismethoden sie zurückgreift.[293]

---

287 *Bachmann*, ZHR 177 (2013), 1 (3).

288 *Balthasar/Hamelmann*, WM 2010, 588 (591).

289 *Mertens/Cahn*, in: KK-AktG, § 93 Rn. 33. Siehe auch: *Fleischer*, NJW 2009, 2237 (2339).

290 BGH NZG 2008, 751 (752). Vgl. auch: BGH NZG 2009, 117.

291 Siehe Kapitel 2 A) I. und II.

292 Begr. RegE UMAG, BR-Drucks. 3/05, S. 21; *Fleischer*, in: Spindler/Stilz, AktG, § 93 Rn. 70 f.; *Hahn/Naumann*, CCZ 2013, 156 (158); *Hopth/Roth*, in: Großkomm. AktG, § 93 Rn. 102 ff.; *Kocher*, CCZ 2009, 215 (220 f.); *Spindler*, in: MüKo, AktG, § 93 Rn. 48.

293 *Krieger/Sailer-Coceani*, in: Schmidt/Lutter, AktG, § 93 Rn. 17; *Peters*, AG 2010, 811 (813).

3) Weitere Möglichkeiten der Informationsbeschaffung

Alsdann dürfen die weiteren Möglichkeiten zur Informationsbeschaffung nicht unberücksichtigt bleiben. Bei fehlender eigener Sachkompetenz muss nicht stets ein externer Berater hinzugezogen werden, da der Geschäftsleitung ebenfalls anderweitige Informationsmöglichkeiten zur Verfügung stehen. Sie ist schon bereits aufgrund des von ihr einzuhaltenden Sorgfaltsmaßstabs dazu angehalten, die unternehmensinterne Organisation so zu gestalten, dass ein effektiver Informationsfluss innerhalb der Gesellschaft in Richtung der Geschäftsleitung gewährleistet ist, sodass beispielsweise Informationen von der Rechtsabteilung, vom Compliance-Beauftragten, der internen Revision oder aber von sonstigen Mitarbeitern hinzu gewonnen werden können.[294] Daneben steht jedem Geschäftsleitungsmitglied ein Informationsanspruch gegen die übrigen Geschäftsleitungsmitglieder zu, durch den die eigenen Kenntnisse erweitert werden können und somit die Möglichkeit besteht, stets Informationen über aktuelle Entwicklungen zu erlangen.[295]

IV. Zusammenfassung

Festzuhalten bleibt somit, dass von einem Geschäftsleiter, trotz des von ihm zu beachtenden hohen Sorgfaltsmaßstabes, keine allumfassenden Kenntnisse verlangt werden. Insbesondere, wenn dem Geschäftsleiter im Einzelfall die notwendigen Kenntnisse fehlen, darf er einen fachkundigen Berater beauftragen. Doch auch ein fachkundiges Organmitglied kann auf einen Berater zurückgreifen, wenn ihm die zeitlichen oder personellen Kapazitäten zur sorgfältigen Entscheidungsvorbereitung fehlen.[296] Es besteht jedoch kein allgemeines Bedürfnis, stets einen externen Berater einzuschalten. Im Gegenteil, nur durch diese im Grundsatz zurückhaltende Zulässigkeit von Beratungsaufträgen kann eine „Überinvestition“[297] in Expertengutachten verhindert werden, die das Gesellschaftsvermögen unnötig belastet und dem Unternehmenswohl daher entgegensteht.

---

294 *Binder*, AG 2008, 274 (280); *Fleischer*, Handbuch Vorstandsrecht, § 7 Rn. 44; *Haas/Ziemons*, in: BeckOK, GmbHG, § 43 Rn. 99.

295 Vgl. Fn. 256.

296 Ausführlich: Kapitel 3 B) III.

297 *Fleischer*, KSzW 01.2013, 3 (6 f.).

D) Pflicht zur Einholung eines fachkundigen Rates

Der Geschäftsleitung ist es somit verwehrt, sich bei jeder aufkommenden Entscheidung durch einen Experten beraten zu lassen. Dennoch gibt es Situationen, in denen eine Pflicht zur Einholung fachkundigen Rates besteht. Ein allgemein gesetzlich kodifiziertes Gebot, das dies bestimmen würde, besteht jedoch nicht. Vielmehr ist das Gebot, im Einzelfall fehlende eigene Sachkunde durch die Einholung von Expertenrat auszugleichen, die Folge aus der allgemeinen und haftungssanktionierten Verpflichtung aus §§ 93 I 1 AktG, 43 I GmbHG, gesellschaftsrechtliche und sonstige Pflichten einzuhalten bzw. zu befolgen.[298] Ob die Geschäftsleitung im Einzelfall zur Beauftragung eines Beraters verpflichtet ist, ist daher anhand des einzuhaltenden Sorgfaltsmaßstabs und der tatsächlichen Rahmenbedingungen zu beurteilen.[299]

Es bestehen nicht nur Anreize für eine übermäßige Absicherung, sondern es gibt zugleich Motive, die die Geschäftsleitung von der Einholung eines Expertenrats abhalten. Ist sich der Geschäftsleiter etwa über eine Frage im Unklaren, die er grundsätzlich mit dem allgemeinen von ihm geforderten Geschäftsleiterwissen hätte beantworten müssen, zeigt er durch die Beauftragung des Beraters, dass er selbst über keine ausreichenden Qualifikationen verfügt. In einem solchen Fall hätte er das Amt nicht übernehmen dürfen. Er ebnet somit selbst den Weg für eine Haftung aufgrund eines Übernahmeverschuldens. Neben einer solchen Pflicht zur Schadensersatzleistung droht ihm eine Abberufung aus wichtigem Grund gemäß § 84 III 2 Var. 2 AktG bzw. § 38 I, II 2 Var. 2 GmbHG.[300] Handelt es sich um Detailkenntnisse, die zwar über das allgemeine Geschäftsleiterwissen hinausgehen, die das Organmitglied jedoch aufgrund der mit der Zuteilung eines bestimmten Ressorts einhergehenden Spezialisierungspflicht hätte besitzen bzw. sich aneignen müssen, befindet sich das Geschäftsleitungsmitglied in einem ähnlichen Gewissenskonflikt.

Andererseits, im Rahmen von beispielsweise komplizierten rechtlichen Detailfragen, die nur mit vertieftem juristischen Sachverstand zu beantworten sind, besteht i. d. R. kein Grund für ein Zögern hinsichtlich der Beauftragung eines Beraters.[301] Auch bzgl. sonstiger Fachkenntnisse kann eine allumfassende

298 *Binder*, AG 2008, 274 (275); *Sander/Schneider*, ZGR 2013, 725 (735 f.).

299 *Binder*, AG 2008, 274; *Krieger*, ZGR 2012, 496 (499); *Sander/Schneider*, ZGR 2013, 725 (735 f.).

300 Siehe zum Ganzen: *Selter*, AG 2012, 11 (13 f.).

301 Vgl. Fn. 242. Zudem: *Binder*, AG 2012, 885 (890 f.). Für eine „Unterinvestition" in Expertenrat besteht daher kein Grund Vgl. hierzu: *Fleischer*, KSzW 01.2013, 3 (6).

Sachkunde nicht erwartet werden, sodass ein im Einzelfall hinzugezogener Berater gerade nicht gegen eine ausreichende Qualifikation des Geschäftsleitungsmitglieds spricht. Eine Haftung aufgrund eines Übernahmeverschuldens kommt somit letztlich nur in Betracht, wenn dem Organmitglied notwendige Kenntnisse, losgelöst von einem spezifischen Einzelfall, generell fehlen. Hingegen kann bei einer nur im Einzelfall nicht vorhandenen Expertise davon grds. nicht ausgegangen werden.[302]

Wann eine solche Pflicht zur Einholung fachkundigen Rats besteht, lässt sich nur schwer verallgemeinern. Der Gesetzgeber hat sich zumeist bei der Regelung interner gesellschaftsrechtlicher Entscheidungsprozesse und des dafür erforderlichen Informationsrahmens zurückgehalten. Über die jeweilige Ausgestaltung der Entscheidungsfindung bestimmt der Vorstand oder die Geschäftsführung vielmehr selbst (sog. Selbstorganisation der Geschäftsleitung).[303] Auch hier ist eine etwaige Ressortaufteilung zu beachten. Ist die zu treffende Entscheidung von der gesamten Geschäftsleitung als Organ zu treffen, obliegt es jedem Geschäftsleiter, die hierfür notwendigen Informationen zu ermitteln. Da jedes Organmitglied selbst dafür verantwortlich ist, auf eine rechtmäßige und sorgfältige Entscheidung des Gesamtorgans hinzuwirken,[304] muss sich jeder Geschäftsleiter, der über unzureichende Informationen verfügt, diese beschaffen und sich somit ggf. beraten lassen. Anders ist dies, wenn nur ein Geschäftsleiter aufgrund einer wirksamen Ressortaufteilung für die Entscheidung verantwortlich ist. Sodann trifft die Informationsbeschaffungspflicht lediglich das zuständige Organmitglied. Eine Beratungspflicht eines anderen Geschäftsleiters käme in diesem Falle nur ausnahmsweise in Betracht, wenn er seine eigene Überwachungsverantwortung ohne die Beauftragung eines Beraters nicht ordnungsgemäß erfüllen könnte.[305]

Zu beachten bleibt stets, dass sich eine im Einzelfall anzunehmende Beratungsverpflichtung – vergleichbar mit der Rechtslage innerhalb vertraglicher Schuldverhältnisse – als Verhaltenspflicht und eben nicht als Erfolgspflicht darstellt. Dies führt dazu, dass das reine Unterlassen einer notwendigen Beratung nicht als Pflichtverletzung anzusehen ist. Vielmehr bedarf es darüber hinaus noch eines sonstigen sorgfaltspflichtwidrigen Verhaltens des Organmitglieds.[306]

---

302 Siehe: *Sander/Schneider*, ZGR 2013, 725 (732).

303 *Binder*, AG 2012, 885 (886).

304 *Fleischer*, in: MüKo, GmbHG, § 43 Rn. 249; *Hölters*, in: Hölters, AktG, § 93 Rn. 42 ff.; *Koch*, in: Hüffer, AktG, § 77 Rn. 19 f.

305 Vgl. zum Ganzen: *Sander/Schneider*, ZGR 2013, 725 (748 f.).

306 Vgl. hierzu auch: Kapitel 1 A).

I. Gebundene Entscheidungen

1) Rechtsrat

Geschäftsleiter sind aufgrund der Legalitätspflicht bei ihren Entscheidungen dazu verpflichtet, die gesetzlichen Rahmenbedingungen einzuhalten. Dies bedeutet zunächst, dass sie durch ihr Handeln innerhalb der Gesellschaft, d. h. im Rahmen der internen Organisation, nicht gegen Recht und Gesetz verstoßen dürfen (sog. *interne Legalitätspflicht*). Sie müssen etwa die durch das AktG bzw. GmbHG bestimmten Verhaltenspflichten einhalten und die festgelegte Zuständigkeitsordnung berücksichtigen. Handelt die Gesellschaft gegenüber außenstehenden Dritten, muss die Geschäftsleitung ebenfalls sicherstellen, dass alle rechtlichen Vorschriften beachtet werden, die die Gesellschaft als Rechtssubjekt treffen (sog. *externe Legalitätspflicht*).[307] Liegt im Außenverhältnis ein Verstoß gegen die Legalitätspflicht vor, stellt dies nach h. M. eine Pflichtverletzung des Geschäftsleitungsmitglieds i. S. d. §§ 93 I, II AktG, 43 I, II GmbHG dar.[308] Die Legalitätspflicht trifft hierbei jedes Vorstandsmitglied und jeden Geschäftsführer. Es fällt somit unter ihre Verantwortung, dass die gesetzlichen Rahmenbedingungen bei jeglichem Handeln eingehalten werden. In Fortführung dessen bezeichnete es das OLG Stuttgart als „originäre Pflicht" der Geschäftsleitung, fehlende eigene Sachkunde durch eine Beratung zu nivellieren, um im Folgenden die Einhaltung gesetzlicher Vorgaben sicherzustellen.[309]

Teilweise wird angenommen, dass die Entscheidung über die Einschaltung eines Beraters eine unternehmerische Entscheidung im Sinne des § 93 I 2 AktG

---

307 Allgemein zur Legalitätspflicht: *Bicker*, AG 2014, 8; *Fleischer*, in: Spindler/Stilz, AktG, § 93 Rn. 14 ff.; *ders.*, BB 2008, 1070 (1071 f.); *Habersack*, in: FS Schneider, S. 429; *Kreuz*, Enthaftung des Geschäftsleiters, S. 12; *Raiser/Veil*, KGesR, § 14 Rn. 81; *Kleindiek*, in: Lutter/Hommelhoff, GmbH, § 43 Rn. 12; *Rieger*, Die aktienrechtliche Legalitätspflicht, S. 1 ff.; *Spindler*, in: MüKo, AktG, § 93 Rn. 73 ff.; *Thole*, ZHR 173 (2009), 504.

308 *Bauer*, in: Gesellschaftsrecht in der Diskussion 2014, S. 195 (226); *Bayer*, in: FS K. Schmidt, S. 85 (89 f.); *Binder/Kraayvanger*, BB 2015, 1219 (1221); *Fleischer*, in: Spindler/Stilz, AktG, § 93 Rn. 24; *Hopt/Roth*, in: Großkomm. AktG, § 93 Rn. 133; *Haas/Ziemons*, in: Michalski, GmbHG, § 43 Rn. 45; *Kleindiek*, in: Lutter/Hommelhoff, GmbHG § 43 Rn. 12; *Lutter*, in: Krieger/Schneider, Managerhaftung, § 1 Rn. 11; *Mertens/Cahn*, in: KK-AktG, § 93 Rn. 71, 77; Thole, ZHR 173 (2009), 504 (509); *Wilsing*, in: Krieger/Schneider, Managerhaftung, § 27 Rn. 22; *Zöllner/Noack*, in: Baumbach/Hueck, GmbHG, § 43 Rn. 17, 23. Kritisch hierzu: *Bicker*, AG 2014, 8 (9 ff.); *Kaulich*, Haftung von Vorstandsmitgliedern, S. 156 ff.

309 OLG Stuttgart, NZG 2010, 141 (144). Vgl. auch: *Peters*, AG 2010, 811 (812).

sei, die der eigentlichen Entscheidung vorgelagert wäre.[310] Vor allem im Rahmen gebundener Entscheidungen kann dies allerdings nicht überzeugen. Der Geschäftsleiter hat selbst für eine ordnungsgemäße Entscheidungsfindung Sorge zu tragen und muss hierbei sicherstellen, dass er nicht gegen gesetzliche Gebote verstößt. Zwar ist ihm im Rahmen dieser Vorbereitung der Entscheidung ebenfalls ein gewisser Entscheidungsspielraum zuzubilligen, sodass er den konkreten Informationsbedarf selbst beurteilen kann, dennoch trifft ihn bei Zweifelsfragen eine „Rechtsvergewisserungspflicht",[311] die der Einstufung als unternehmerische Entscheidung entgegensteht. Dies wird im Folgenden verdeutlicht.

a) Offensichtliche rechtliche Zweifel

Eine Rechtsvergewisserungspflicht ist stets dann anzunehmen, wenn sich bei einer konkreten Maßnahme offensichtlich rechtliche Fragestellungen oder Auslegungsprobleme ergeben. Dies gilt auch dann, wenn durch die Vorarbeit eines Mitarbeiters oder eines sonstigen Dritten auf eine ungewisse Rechtslage bzw. eine mögliche Rechtsverletzung hingewiesen wird. Ist dies der Fall, muss die Geschäftsleitung diesem nachgehen, selbst wenn es sich um eine vermeintlich einfach gelagerte Maßnahme handelt. Im Rahmen gebundener Entscheidungen – ist also unmittelbar die Legalitätspflicht betroffen – können bei der Entscheidung, *ob* ein fachkundiger Berater beauftragt werden muss, keine betriebswirtschaftlichen Aspekte berücksichtigt werden.[312] Die Geschäftsleiter haben für eine rechtmäßige Entscheidung Sorge zu tragen. Fehlen den Organmitgliedern dafür die erforderlichen Kenntnisse, ist es ihre Pflicht, fachkundigen Rechtsrat einzuholen.[313] Dies gilt selbst dann, wenn sich die Maßnahme als vergleichsweise

310 Allgemein: *Piepenbrock*, Defense of Reliance, S. 28 ff.; *Rieger*, Die aktienrechtliche Legalitätspflicht, S. 173 f. Wohl auch: *Bachmann*, NZG 2013, 1121 (1127). Speziell in Bezug auf unternehmerische Entscheidungen: *Böttcher*, NZG 2009, 1047 (1049); *Kocher*, CCZ 2009, 215 (220 f.); *Mertens/Cahn*, in: KK-AktG, § 116 Rn. 71; *Freitag/Korch*, ZIP 2012, 2281 (2284 f.).

311 *Fleischer*, in: Spindler/Stilz, AktG, § 93 Rn. 29. Vgl. auch: OLG Stuttgart, NZG 2010, 141 (144); *Fleischer*, NZG 2010, 121 (122); *Spindler*, in: MüKo, AktG, § 93 Rn. 77.

312 *Kaulich*, Haftung von Vorstandsmitgliedern, S. 227 ff. Ähnlich wohl: *Sander/Schneider*, ZGR 2013, 725 (737). A. A.: *Hahn/Naumann*, CCZ 2013, 156 (159).

313 BGHZ 126, 181 (199); BGH NZG 2007, 545 (547); 2012, 672 (673); *Buck-Heeb*, BB 2013, 2247 (2249); *Fleischer*, in: FS Hüffer, S. 187 (189); *Krieger*, ZGR 2012, 496 (498 f.); *Sander/Schneider*, ZGR 2013, 725 (737); *Spindler*, in: FS Canaris, S. 403 (421). Eine solche Pflicht besteht, da rechtliche Zweifelsfragen beseitigt werden müssen, wozu grundsätzlich eine arbeitsteilige Organisation, dementsprechend auch die Informationsbeschaffung durch einen Berater, zulässig ist, so: *Binder*, AG 2012, 885

unbedeutend für die Gesellschaft darstellt; andernfalls würde man die Legalitätspflicht und den damit verbundenen unbedingten Geltungsanspruch des Rechts „aufweichen".[314] Daher kann die Bestimmung des notwendigen Informationsbedarfs nicht als unternehmerische Entscheidung eingestuft werden.

Sowohl betriebswirtschaftliche Gesichtspunkte als auch die konkrete Bedeutung der Maßnahme können sich im Rahmen gebundener Entscheidungen lediglich auf das *Wie* einer erforderlichen Beratung auswirken. Nicht zwingend muss ein externer Berater ausgewählt werden, sofern eigene Angestellte des Unternehmens die entscheidungserhebliche Frage kompetent und unabhängig beantworten können. Ebenfalls muss nicht stets eine international tätige und hochspezialisierte Großkanzlei mit einer rechtlichen Bewertung beauftragt werden, wenn eine mittelständische Anwaltskanzlei die Maßnahme in vergleichbarem Maße sachgemäß und innerhalb des erforderlichen Zeitrahmens bearbeiten kann. Denn es bedarf nicht der Ausschöpfung jeder nur denkbaren Erkenntnismöglichkeit, sondern der ratsuchende Geschäftsleiter muss die Informationsgrundlagen sorgfältig, unter Beachtung des Sorgfaltsmaßstabs nach §§ 93 I 1 AktG, 43 I GmbHG, ermitteln.[315]

In der ISION-Entscheidung nahm der BGH eine intensive Überprüfungspflicht der Geschäftsleitung an, da sie auf Zweifel an der Rechtmäßigkeit der geplanten Maßnahme durch ihren Steuerberater und den stellvertretenden Aufsichtsratsvorsitzenden aufmerksam gemacht wurde. Angesichts der nicht ausreichenden Kenntnisse folgerte der BGH hieraus, dass eine Verpflichtung der Geschäftsleitung zur Einholung von Expertenrat bestehe.[316] Das OLG Frankfurt hat darüber hinaus entschieden, dass eine Pflicht zur Einholung eines rechtlichen Rats anzunehmen sei, wenn in der konkreten Situation gar einem juristischen

(891). Im Rahmen des allgemeinen Schuldrechts: *Huber*, Leistungsstörungen, S. 695, der davon ausgeht, dass bei auftretenden Fragestellungen eine Pflicht des Schuldners besteht, diesen nachzugehen, um auf diese Weise seinen vertraglichen Pflichten nachzukommen. Dies kann auch auf die vorliegende Situation im Rahmen des Kapitalgesellschafsrechts übertragen werden. Hier gilt schließlich ein gesteigerter Sorgfaltsmaßstab.

314 *Kaulich*, Haftung von Vorstandsmitgliedern, S. 227 ff. A. A. *Uwe H. Schneider*, DB 2011, 99 (102), der für eine Beratungspflicht nur bei Maßnahmen von entscheidender Bedeutung eintritt. Zurückhaltend wohl auch: *Raiser/Veil*, KGesR, § 14 Rn. 81.

315 Hierbei kann dem Geschäftsleiter somit auch ein begrenztes Ermessen zustehen: *Hopt/Roth*, in: Großkomm. AktG, § 93 Rn. 132. Noch weiter gehend, die Anforderungen mit der Business Judgment Rule vergleichend: *Spindler*, in: MüKo, AktG, § 93 Rn. 75.

316 BGH NZG 2011, 1271 (1273 f.).

Laien aufgefallen wäre, dass die geplante Maßnahme rechtlich unzulässig ist. Das Gericht sah es in diesem Fall gar als *leichtfertig* an, dass die Geschäftsleiter von einer fachkundigen Beratung abgesehen haben.[317]

Hieraus folgt: Ist sich die Geschäftsleitung bewusst, dass sie zur sachgemäßen Beurteilung einer Maßnahme noch weitere Informationen benötigt bzw. dass ihr der notwendige Sachverstand fehlt, sodass die Entscheidung ohne die Hinzuziehung eines juristischen Experten nicht ordnungsgemäß beantwortet werden kann, handelt sie pflichtwidrig, wenn sie dennoch ohne eine Beratung entscheidet.[318] So werden komplizierte Sachverhalte, die nur durch gesellschaftsrechtliche Detailkenntnisse zu lösen sind, wozu etwa die Übernahme einer international tätigen Unternehmensgruppe gehört, vielfach nur durch eine juristische Beratung pflichtgemäß auszuführen sein.[319] Folglich ist in diesem Fall von einer Pflicht zur Einholung von Expertenrat auszugehen. Eine solche Pflicht bezieht sich bezüglich gebundenen Entscheidungen indes sowohl auf die Überprüfung der Rechtmäßigkeit als auch auf die der Zweckmäßigkeit.[320]

Der strenge Sorgfaltsmaßstab und die Legalitätspflicht setzen schlicht voraus, dass jedes Mitglied der Geschäftsleitung stets ausreichend informiert ist, um auf diese Weise zur Rechtmäßigkeit des Unternehmenshandelns beizutragen.[321] Auf keinen Fall kann sich die Geschäftsleitung letztlich mit dem Argument entlasten, sie habe das rechtliche Problem nicht gekannt.[322] Nur ausnahmsweise kann das Erfordernis einer Beratung entfallen, wenn sich die geplante Maßnahme als

---

317 OLG Frankfurt, AG 2010, 296 (297).

318 BGHZ 126, 181 (199), wonach ein Geschäftsleitungsmitglied sich notfalls beraten lassen muss. Vgl. auch: BGH NZG 2007, 545 (547); *Fleischer*, KSzW 01.2013, 3 (6); *ders.*, FS Hüffer, S. 187 (189); *Kreuz*, Enthaftung des Geschäftsleiters, S. 55; *Krieger*, ZGR 2012, 496 (498 f.); *Uwe H. Schneider*, DB 2011, 99 (102); *Wagner*, BB 2012, 651 (653).

319 OLG Stuttgart, NZG 2010, 141 (143 f.); *Raiser/Veil*, KGesR, § 14 Rn. 81. Vgl. auch: *Buck-Heeb*, BB 2013, 2247 (2255); *Krieger*, ZGR 2012, 496 (498).

320 *Hahn/Naumann*, CCZ 2013, 156 (159); *Uwe H. Schneider*, DB 2011, 99 (102).

321 *Uwe H. Schneider*, DB 2011, 99 (102); *Spindler*, in: MüKo, AktG, § 93 Rn. 48. Siehe auch zur generellen Notwendigkeit, dass eine Entscheidung auf einer sorgfältigen Informationsgrundlage getroffen werden muss: *Smith v. Van Gorkum*, 448 A.2d 858 (872) (Del. 1985): Demnach beruht eine Entscheidung dann auf ausreichenden Informationen „whether the directors have informed themselves prior to making a business decsision, of all material information reasonably available to them."

322 *Harnos*, Geschäftsleiterhaftung, S. 255; *Krieger*, ZGR 2012, 496 (499); *Loritz/Wagner*, DStR 2012, 2189 (2192).

besonders eilbedürftig herausstellt, sodass der Geschäftsleitung schlicht nicht die erforderliche Zeit für die Beauftragung eines Beraters verbleibt.[323]

Durch eine solche Pflicht wird sichergestellt, dass die Organmitglieder sich in Zweifelsfragen rechtlich beraten lassen, wodurch die Einhaltung gesellschaftlicher Pflichten und zugleich das öffentliche Interesse an der Einhaltung von Rechtsnormen gesichert wird.[324] Letztlich wäre ein weites Ermessen der Geschäftsleitung, ob bei fehlendem eigenen Rechtswissen auf eine Beratung zurückgegriffen werden solle, nicht mit dem treuhänderischen Charakter der Geschäftsleitereigenschaft und der unbedingt einzuhaltenden Legalitätspflicht vereinbar.[325]

b) Keine Zweifel an der Rechtmäßigkeit

Treten Zweifel an der geplanten Maßnahme nicht offensichtlich zu Tage, ist darauf zu achten, ob das Geschäftsleitungsmitglied erkennen konnte, dass ihm die notwendigen Kenntnisse zur sorgfältigen Entscheidungsvorbereitung fehlen. Der Geschäftsleiter muss über eine gewisse „Sensibilität" verfügen, sodass er zwar nicht das konkrete Problem erkennen muss, jedoch muss er bei der Entscheidungsfindung berücksichtigen, dass er selbst nur über ein begrenztes Wissen im entsprechenden Fachgebiet verfügt.[326] Andererseits ist jedoch zu bedenken, dass im Rahmen der Informationspflicht ein subjektiv/objektiver Maßstab anzulegen ist,[327] sodass eine Pflicht zur Einholung von Expertenrat dann nicht besteht, wenn das Organmitglied aus seiner ex-ante Betrachtung den Informationsbedarf tatsächlich nicht erkennen konnte.[328] Aufgrund der hohen Anforderungen wird dies jedoch nur unter sehr engen Ausnahmen anzuerkennen sein.[329]

---

323 *Hopt/Roth*, in: Großkomm. AktG, § 93 Rn. 110. Vgl. *Mertens/Cahn*, in: KK-AktG, § 93 Rn. 34; *Spindler*, in: MüKo, AktG, § 93 Rn. 77, 82. Vgl. auch Kapitel 2 E) I. 3) und Fn. 48.

324 *Fleischer*, KSzW 01.2013, 3 (6). Ob die Geschäftsleitung insoweit qualifiziert sein muss, dass sie jede mögliche rechtliche Schwierigkeit erkennen kann, auch wenn im Einzelfall keine Anhaltspunkte für eine zweifelhafte Rechtslage gegeben sind, wird zu einem späteren Zeitpunkt erläutert, Kapitel 3 B).

325 *Kaulich*, Haftung von Vorstandsmitgliedern, S. 227 ff.; *Sander/Schneider*, ZGR 2013, 725 (737).

326 *Binder*, AG 2008, 274 (283); *Gottschalk/Weng*, GWR 2013, 243 (243 f.). Vgl. *Kaulich*, Haftung von Vorstandsmitgliedern, S. 227; *Strohn*, CCZ 2013, 177 (180).

327 *Eckert*, in: Wachter, AktG, § 93 Rn. 16; *Sander/Schneider*, ZGR 2013, 725 (755).

328 Ausführlich zum Ganzen: Kapitel 2 E) I. 3).

329 Vgl. auch: Fn. 48.

2) Sonstiger fachkundiger Rat

Eine Pflicht zur Einholung fachkundigen Rats kann aber nicht nur bei rechtlicher Unkenntnis oder Unsicherheit, sondern auch in Folge tatsächlicher Fragestellungen bestehen. Kennt die Geschäftsleitung etwa die gesetzlichen Pflichten, kann diese aber aufgrund der eigenen Unkenntnis bzgl. der tatsächlichen Voraussetzungen nicht beurteilen, obliegt es ihr, sich in technischen, wirtschaftlichen oder sonstigen Fragen beraten zu lassen, um auf diese Weise den zugrunde liegenden Sachverhalt aufzuklären und eine ordnungsgemäße Entscheidung treffen zu können.[330] Eine wirtschaftliche Beratung ist beispielsweise vielfach im Rahmen der Insolvenzantragspflicht vonnöten. Die Geschäftsleitung ist verpflichtet, stets die wirtschaftliche und finanzielle Lage der Gesellschaft zu überblicken, sodass bei einer etwaig eintretenden materiellen Insolvenz rechtzeitig Insolvenzantrag nach § 15a InsO gestellt werden kann.[331]

Ergeben sich nur geringe Anzeichen einer Krise, etwa aufgrund einer unzureichenden Liquidität, muss die Geschäftsleitung dem nachgehen und ggf. eine Liquiditätsbilanz zur Überprüfung der Zahlungsunfähigkeit erstellen.[332] Zur Überprüfung einer möglichen Überschuldung kann es zudem erforderlich sein, eine Überschuldungsbilanz und/oder eine Fortführungsprognose aufzustellen.[333] Ist die Geschäftsleitung hierzu mangels ausreichender wirtschaftlicher oder bilanzieller Kenntnisse nicht in der Lage, muss sie dieses Defizit durch die Einholung eines Wirtschaftsgutachtens, das die finanzielle Situation der Gesellschaft beurteilt, ausgleichen.[334] Unterlässt sie die Einholung eines Rats, sodass ihr

---

330 *Buck-Heeb*, BB 2013, 2247 (2255).

331 BGHZ 126, 181 (199); BGH NJW-RR 1995, 669; NJW 2007, 2118 (2120); NZG 2012, 672 (673). Vgl. auch: *Haas*, in: Baumbach/Hueck, GmbHG, § 64 Rn. 61; *H.-F. Müller*, DB 2014, 1301 (1305); *ders.*, NZG 2012, 981; *Schwarz*, CCZ 2013, 34 (37). Die Informationsanforderungen der Geschäftsleitung zur Überprüfung der Insolvenzreife sind streng, *Gottschalk/Weng*, GWR 2013, 243 (243 f.).

332 *Eilenberger*, in: MüKo, InsO, § 17 Rn. 32 ff.; *Haas*, in: Baumbach/Hueck, GmbHG, § 64 Rn. 42; *Mätzig*, in: BeckOK, GmbHG, § 64 Rn. 25; *H.-F. Müller*, in: MüKo, GmbHG, § 64 Rn. 15. Vgl. auch: *Gottschalk/Weng*, GWR 2013, 243 (243 f.).

333 BGH NZG 2009, 550; 2009, 750; *H.-F. Müller*, NZG 2012, 981 (982). Vgl. auch: *Gottschalk/Weng*, GWR 2013, 243 (243 f.). Siehe zur Beurteilung der Überschuldung: *H.-F. Müller*, in: MüKo, GmbHG, § 64 Rn. 22 ff. Ausführlich: *Drukarczyk/Schüler*, in: MüKo, InsO, § 19 Rn. 21 ff.; *Mätzig*, in: BeckOK, GmbHG, § 64 Rn. 29 ff.

334 BGHZ 126, 181 (199); BGH NZG 2007, 545 (547); 2012, 672 (673); *Drescher*, Haftung GmbH-Geschäftsführer, Rn. 213; *Gottschalk/Weng*, GWR 2013, 243 (243 f.). In Bezug auf die Erstellung einer Fortführungsprognose: *Drescher*, Haftung GmbH-Geschäftsführer, Rn. 591.

die notwendigen Informationen zur Beurteilung der Insolvenzreife der Gesellschaft nicht vorliegen, handelt sie zumindest fahrlässig.[335]

Eine solche Pflicht zur Einholung von nicht-rechtlichem Rat bei fehlenden eigenen Kenntnissen ist aber nicht auf die Prüfung der Insolvenzreife beschränkt, sondern kann darüber hinaus auf alle weiteren Gebiete übertragen werden. Dies ergibt sich ebenfalls aus der Legalitätspflicht, da eine umfassende Sachverhaltsaufklärung zur ordnungsgemäßen Erfüllung der gesetzlichen Pflichten unerlässlich ist. In der Entscheidung des OLG Stuttgart hatte die Geschäftsleitung einen Anwalt beauftragt, die Zulässigkeit des Rückkaufs eigener Aktien zu beurteilen. Der Anwalt informierte daraufhin die Geschäftsleitung jedoch nur über die generellen Voraussetzungen eines solchen Rückkaufs, ohne dies auf das betreffende Unternehmen zu beziehen. Die Geschäftsleitung hätte nur dann von einer Zulässigkeit ausgehen können, so das Gericht, wenn sie über den Rechtsrat hinaus einen Wirtschaftsprüfer mit der entscheidungserheblichen Frage der notwendigen Rücklagenbildung nach § 71 II 2 AktG beauftragt hätte. Hier hätte die Geschäftsleitung zur vollumfassenden Entscheidungsvorbereitung somit einen weiteren Berater beauftragen müssen.[336]

Ob im Einzelfall tatsächlich eine fachkundige Beratung erforderlich ist, beurteilt sich nach den oben dargelegten Maßstäben bzgl. rechtlicher Unkenntnis.[337] Schließlich gilt der Sorgfaltsmaßstab nach §§ 93 I 1 AktG, 43 I GmbHG sowohl für die Beurteilung rechtlicher als auch für die Ermittlung der diesen zugrunde liegenden wirtschaftlichen, technischen oder sonstigen rein tatsächlichen Informationen.[338]

II. Unternehmerische Entscheidungen

Um die Vorbereitung unternehmerischer Entscheidungen ordnungsgemäß durchzuführen, ist die Business Judgment Rule des § 93 I 2 AktG zu beachten. Unternehmerische Entscheidungen sind auf einer angemessenen Informationsgrundlage

---

335 BGH NZG 2012, 672 (673); *Gottschalk/Weng*, GWR 2013, 243 (243 f.); *H.-F. Müller*, NZG 2012, 981.

336 OLG Stuttgart, NZG 2010, 141 (143 f.). Hierbei ist die Entscheidung, „ob" ein Rückkauf eigener Aktien stattfindet, grundsätzlich als unternehmerische Entscheidung einzustufen. Wird jedoch gegen die gesetzlichen Voraussetzungen des § 71 AktG verstoßen, kann die Haftungsprivilegierung der Business Judgment Rule keine Anwendung finden. Ähnlich: *Kort*, NZG 2008, 823 (825). Siehe hierzu auch: *Bachmann*, NZG 2013, 1121 (1127); *Kleindiek*, in: Lutter/Hommelhoff, GmbHG, § 43 Rn. 27.

337 Kapitel 2 D) I.

338 *Selter*, AG 2012, 11 (13).

zu treffen, wobei eine grundsätzliche Pflicht zur Ausschöpfung aller denkbaren Erkenntnismöglichkeiten, was zu einem standardmäßigen Einholen von fachkundigem Rat führen würde, jedoch nicht verlangt wird.[339] Unternehmerische Entscheidungen zeichnen sich gerade dadurch aus, dass ihre Folgen vielfach nicht abschließend einzuschätzen sind. Mithin ergehen diese, was sich bereits aus ihrer Definition ergibt, durch die Abwägung von Chancen und Risiken, erfordern somit letztlich „originär[en] unternehmerischen Sachverstand“[340]. Hierzu ist somit die Erfahrung, der Instinkt, teilweise gar die Phantasie der Geschäftsleitung gefragt.[341] Daher kann nicht jedwede Ungewissheit im Entscheidungsprozess zu einer Beratungspflicht führen. Der Vorstand muss die Informationen einholen, die von einem sorgfältigen Geschäftsleiter in der konkreten Lage und im entsprechenden Entscheidungszeitpunkt erwartet werden, wobei ihm bei Abwägung des Informationsbedarfs und der Auswahl der Informationsquelle ein weites Ermessen zukommt.[342] Welche Informationen genau eingeholt werden müssen und ob dies letztlich zu einer Beratungspflicht führt, entscheidet sich dann, wie bereits oben angesprochen, auch nach der Art bzw. Bedeutung der geplanten Maßnahme und unter Zugrundlegung betriebswirtschaftlicher Aspekte.[343]

Allerdings wird das subjektive Element der Business Judgment Rule durch eine objektive Betrachtungsweise eingeschränkt, da die Geschäftsleitung nur dann die Privilegierung erreicht, wenn sie *vernünftigerweise annehmen durfte*, auf der Grundlage angemessener Information zum Wohle der Gesellschaft zu handeln. Das Ermessen wird dann überschritten, wenn ohne die Hinzuziehung eines Experten die *Entscheidungsvoraussetzungen* nicht pflichtgemäß beurteilt werden können und eine ordnungsgemäße Entscheidungsvorbereitung und sachgerechte Risikoabschätzung nicht stattgefunden hat bzw. nicht stattfinden

339 Siehe Kapitel 2 C) III. 2) b).

340 *Binder*, AG 2008, 274 (284).

341 *Hahn/Naumann*, CCZ 2013, 156 (158). Aus betriebswirtschaftlicher Sicht: *Graumann/Grundei*, DBW 2011, 379 (382).

342 *Krieger/Sailer-Coceani*, in: Schmidt/Lutter, AktG, § 93 Rn. 17. Vgl. auch: Begr. RegE UMAG, BR-Drucks. 3/05, S. 20 f.; *Koch*, in: Hüffer, AktG, § 93 Rn. 21; *Peters*, AG 2010, 811 (812 f.). Nach *Meyer*, CCZ 2011, 41 (42 f.) kommt dem Geschäftsleitungsmitglied eine „Einschätzungsprärogative“ zu, *ob* er im Einzelfall auf einen externen Berater zurückgreift. A. A. *Freund*, GmbHR 2011, 238 (239), wonach „angemessen“ immer „notwendig“ bedeute, sodass der Beurteilungsspielraum der Business Judgment Rule nicht bereits im Rahmen der Informationsbeschaffung, sondern lediglich bei der eigentlichen Entscheidung der Geschäftsleitung zugute komme.

343 Ausführlich hierzu: Kapitel 2 C) III. 2) b) und die Nachweise in Rn. 292.

konnte, das Geschäftsleitungsmitglied somit gerade nicht vernünftigerweise davon ausgehen konnte, aufgrund angemessener Informationen zu handeln.[344]

Folglich bedarf es bei fehlendem eigenen Sachwissen der Einholung von Expertenrat, soweit andernfalls die unternehmerische Entscheidung nicht auf einer ausreichenden Tatsachengrundlage beruhen würde.[345] Daher kann die Entscheidung, welche Informationen herangezogen werden müssen, nicht als vorgelagerte unternehmerische Entscheidung angesehen werden. Die Business Judgment Rule soll hier nicht zwei Mal angewendet werden, sondern der Geschäftsleiter hat im Rahmen seines Ermessens eine angemessene Informationsgrundlage sicherzustellen, welche einer gerichtlichen Überprüfung zugänglich ist, zumindest insoweit, als dass der ratsuchende Geschäftsleiter aus einer ex-ante Perspektive vernünftigerweise von einer angemessenen Informationsgrundlage im Entscheidungszeitpunkt ausgehen konnte.[346] Eine zwangsläufig doppelte Anwendung der Business Judgment Rule kann insbesondere der Gesetzesbegründung nicht

---

344 *Hahn/Naumann*, CCZ 2013, 156 (158); *Koch*, in: Hüffer, AktG, § 93 Rn. 20 ff.; *Mertens/Cahn*, in: KK-AktG, § 93 Rn. 34. Eine angemessene Informationsgrundlage liegt letztlich dann nicht mehr vor, wenn die Entscheidung allein auf der Intuition der Geschäftsleitung beruht, ohne dass die konkreten Voraussetzungen überprüft wurden. Aus betriebswirtschaftlicher Sicht: *Graumann/Grundei*, DBW 2011, 379 (382).

345 *Buck-Heeb*, BB 2013, 2247 (2255); *Spindler*, in: FS Canaris, S. 403 (420).

346 So ausdrücklich: *Wagner*, CCZ 2009, 8 (15 f.), der eine zweite unternehmerische Entscheidung ablehnt und eine solche als „Matrjoschka" bezeichnet. Vgl. *Freund*, GmbHR 2011, 238 (239). Auch die ARAG-Garmenbeck-Entscheidung des BGH, die vor der Kodifizierung der Business Judgment Rule ergangen ist, geht von einer solchen Betrachtungsweise aus: „Die Haltbarkeit und Richtigkeit seiner Beurteilung der Erfolgsaussichten einer gerichtlichen Anspruchsverfolgung sind im Streitfall vor Gericht grundsätzlich voll nachprüfbar, da es bis hierher nicht um Fragen des Handlungs-, sondern allein des Erkenntnisbereichs geht, für die allenfalls die Zubilligung eines begrenzten Beurteilungsspielraums in Betracht kommen kann. Die Frage eines Handlungsermessens kann sich nur dort stellen, wo eine Entscheidung zwischen verschiedenen Handlungsmöglichkeiten zu treffen ist.", BGHZ 135, 244 (254). Nicht eindeutig als unternehmerische Entscheidung einstufend, jedoch einen Entscheidungsspielraum anerkennend: *Habbe/Klöster*, BB 2011, 265 (266); *Peters*, AG 2010, 811 (812); *Redeke*, NZG 2009, 496 (497 f.). Nach *Lutter*, ZIP 2007, 841 (844) ist der Beurteilungsspielraum erforderlich, um eine ex-post Bewertung der Gerichte zu vermeiden. Ausdrücklich die Informationsbeschaffung als unternehmerische Entscheidung ansehend: *Böttcher*, NZG 2009, 1047 (1049); *Kocher*, CCZ 2009, 215 (221); *Piepenbrock*, Defense of Reliance, S. 28 ff.; *Freitag/Korch*, ZIP 2012, 2281 (2284). *Spindler*, in: MüKo, AktG, § 93 Rn. 48 spricht von einer „der unternehmerischen

entnommen werden. Zudem widerspricht die eher strenge Linie des BGH in Bezug auf die Informationsverantwortung der Geschäftsleitung im Rahmen der Business Judgment Rule der Einstufung als vorgelagerte unternehmerische Entscheidung.[347]

Beispielsweise ist die Geschäftsleitung im Rahmen einer geplanten Unternehmensübernahme dazu verpflichtet, die wirtschaftlichen Bedingungen des Erwerbs zu überprüfen.[348] Zumindest wenn sich das geplante Geschäft als bedeutend für die Gesellschaft erweist, etwa aufgrund der hohen finanziellen Beteiligung, kann eine Pflicht der Geschäftsleitung zur Durchführung einer Due Diligence des zu erwerbenden Unternehmens bestehen.[349] Dies gilt umso mehr, wenn ein Unternehmen aus der Insolvenz erworben wird.[350] Die hier zu treffende unternehmerische Entscheidung des Unternehmenserwerbs kann nur dann ordnungsgemäß vorbereitet werden, wenn der allgemeine und insbesondere der finanzielle Zustand der zu erwerbenden Gesellschaft bekannt sind.[351] Eine angemessene Informationsbeschaffung wird vielfach aufgrund der fehlenden eigenen Kenntnisse oder zumindest Kapazitäten von externem Fachpersonal, in Kooperation mit der eigenen Geschäftsleitung durchgeführt,[352] sodass eine Beauftragung eines Beraters zur Durchführung der Due Diligence in einem solchen Fall i. d. R. vonnöten ist.

Entscheidung vergleichbare Beurteilung von Kosten und Nutzen weiterer Informationsbeschaffung".

347 Siehe hierzu nochmals: Kapitel 2 C) III. 2) b).

348 Siehe nur: OLG Oldenburg, NZG 2007, 434 (436 f.); *Paefgen*, in: Ulmer, GmbHG, § 43 Rn. 144.

349 *Haas/Ziemons*, in: Michalski, GmbHG, § 43 Rn. 70b; *Hopt/Roth*, in: Großkomm. AktG, § 93 Rn. 212; *Kleindiek*, in: Lutter/Hommelhoff, GmbHG, § 43 Rn. 26; *Klöpper*, in: Hauschka, Corporate Compliance, § 28 Rn. 15 f.; *Koch*, in: Hüffer, AktG, § 93 Rn. 11; *Paefgen*, in: Ulmer, GmbHG, § 43 Rn. 144 m. w. N. Vgl. *Bauer*, in: Gesellschaftsrecht in der Diskussion 2014, S. 195 (202 f.). Ausnahmen werden teilweise für den Erwerb börsennotierter Unternehmen angenommen: *Böttcher*, NZG 2007, 481 (483); *Haas/Ziemons*, in: Michalski, GmbHG, § 43 Rn. 70b (Fn. 9). Insgesamt eher zurückhaltend in Bezug auf eine Pflicht zur Durchführung einer Due Diligence: *Hölters*, in: Hölters, AktG, § 93 Rn. 179 ff. m. w. N.

350 OLG Oldenburg, NZG 2007, 434 (436 f.); *Hölters*, in: Hölters, AktG. § 93 Rn. 180; *Uwe H. Schneider*, in: Scholz, GmbHG, § 43 Rn. 58.

351 OLG Oldenburg, NZG 2007, 434 (436 f.).

352 Vgl. hierzu: *Bauer*, in: Gesellschaftsrecht in der Diskussion 2014, S. 195 (202 ff.); *Körber*, NZG 2002, 263.

Eine Pflicht zur Einholung fachkundigen Rats darf jedoch nicht anhand der eingetretenen Konsequenzen beurteilt werden, da eine ex-ante Sichtweise entscheidend ist.[353] Zu beachten bleibt noch, dass je bedeutender die geplante Maßnahme, je risikobehafteter die zu treffende unternehmerische Entscheidung ist und je grundlegender die Maßnahme in das Gesellschaftsgefüge eingreift, desto größer ist das Informationserfordernis, das der Maßnahme zugrunde liegen muss; es ist somit erforderlich, eine Kosten-Nutzen-Analyse in Bezug auf die erforderlichen Informationen durchzuführen, die im Einzelfall eine Beratungspflicht begründen kann.[354] Handelt es sich somit um eine für die Gesellschaft bedeutende Maßnahme, etwa aufgrund des hohen Investitionsvolumens oder einer mit ihr einhergehenden strukturellen Veränderung, ist eine Absicherung der Maßnahme vor allem dann erforderlich, wenn die Kenntnisse der Geschäftsleitung im entsprechenden Fachgebiet über Grundlagen nicht hinaus gehen.

III. Zusammenfassung

Zur Beurteilung einer Beratungspflicht muss insgesamt zwischen gebundenen und unternehmerischen Entscheidungen dogmatisch unterschieden werden. Faktisch werden jedoch sowohl an die Beratungspflicht bezüglich gebundener als auch in Bezug auf unternehmerische Entscheidungen recht ähnliche Anforderungen an die Geschäftsleitung zu stellen sein.[355] So ist etwa bei erkannten Zweifeln, die nicht durch die Geschäftsleitung selbst geklärt werden können oder dann, wenn sich eine Informationsquelle geradezu aufdrängt, regelmäßig eine Pflicht zur Einholung fachkundigen Rats anzunehmen. In einem solchen Fall

---

353 Die Konsequenzen sind im Rahmen unternehmerischer Entscheidungen im Entscheidungszeitpunkt meist nicht abschließend überprüfbar, sodass stets eine gewisse Unsicherheit besteht. Deshalb genügt das Organmitglied bereits dann seinen Anforderungen, wenn es die Entscheidungsvoraussetzungen unter den gerade dargelegten Gesichtspunkten beurteilt. Für einen dennoch eintretenden Misserfolg ist es, sofern es die sonstigen Voraussetzungen des § 93 I 2 AktG eingehalten hat, insoweit nicht verantwortlich. Siehe hierzu: Kapitel 2 A) II. Vgl. *Binder*, AG 2008, 274 (284); *Hahn/Naumann*, CCZ 2013, 156 (158).

354 Vgl. *Bachmann*, in: FS Stilz, S. 25 (42); *Hahn/Naumann*, CCZ 2013, 156 (158); *Hölters*, in: Hölters, AktG, § 93 Rn. 34; *Hopt/Roth*, in: GroßKomm. AktG, 93 Rn. 107 ff.; *Kleindiek*, in: Lutter/Hommelhoff, GmbHG, § 43 Rn. 26; *Koch*, in: Hüffer, AktG, § 93 Rn. 16; *Peters*, AG 2010, 811 (813); *Rieger*, Die aktienrechtliche Legalitätspflicht, S. 175; *Spindler*, in: MüKo, AktG, § 93 Rn. 48; *Terwedow/Klavina*, Der Konzern 2012, 535 (538).

355 *Binder*, AG 2008, 274 (283); *ders.*, AG 2012, 855 (886 f., 891); *von Falkenhausen*, NZG 2012, 644 (649).

kann die Geschäftsleitung nicht mehr davon ausgehen, auf Basis einer ordnungsgemäßen Entscheidungsgrundlage zu handeln, sodass ein Handeln aufgrund sorgfältiger oder angemessener Informationen abzulehnen ist.[356]

E) Möglichkeit einer Haftungsentlastung

Da die Haftung der Geschäftsleitung allgemein als streng anzusehen ist, sind Organmitglieder auf wirksame Enthaftungsmethoden angewiesen, um auf diese Weise die vermutete Pflichtverletzung oder zumindest das vermutete Verschulden zu widerlegen. Ist der eingeholte Rat inhaltlich korrekt, kann das Geschäftsleitungsmitglied im Folgenden ordnungsgemäß handeln und erfüllt somit seine Sorgfaltspflichten, sodass eine Pflichtverletzung nicht gegeben ist.

Ist das Ergebnis der Beratung jedoch fehlerhaft, handelt das darauf vertrauende Geschäftsleitungsmitglied aufgrund der falschen Informationen zumeist pflichtwidrig. In dieser Situation ist es hingegen fraglich, ob eine Haftungsprivilegierung mit der Argumentation zu erreichen ist, das Organmitglied habe im Vertrauen auf den fachkundigen Rat gehandelt. Diesbezüglich ergeben sich gleich mehrere Fragestellungen: Kann ein solcher Rat überhaupt entlastend wirken, das heißt, besteht ein gesellschaftsrechtlicher Vertrauensgrundsatz, sodass sich Geschäftsleiter von Kapitalgesellschaften auf einen fachkundigen Berater verlassen dürfen? Falls ja, schließt dies bereits die Pflichtverletzung der Geschäftsleitung aus oder ist lediglich das Verschulden zu verneinen? Doch selbst wenn durch die Einholung von Expertenrat das eigene Verschulden bzw. die Pflichtverletzung der Geschäftsleitung entfallen sollte, muss sich diese dann, vergleichbar mit den Grundsätzen im Rahmen von vertraglichen Schuldverhältnissen, das Verschulden des Beraters gemäß § 278 S. 1 BGB zurechnen lassen, mit der Folge, dass ein Ausschluss der Haftung aufgrund eines Expertenrats zumindest im Ergebnis ausscheidet?

I. Bestehen einer Enthaftungsmöglichkeit

1) Strenges Einstehen für Expertenrat

Obwohl eine im Einzelfall bestehende Pflicht zur Einholung von Expertenrat allgemein anerkannt ist, wird eine Haftungsprivilegierung der Geschäftsleitung durch die Beauftragung eines Beraters vereinzelt gänzlich abgelehnt. So gehöre es zur Verantwortung der Geschäftsleitung, stets über die Belange der Gesellschaft hinreichend informiert und darüber hinaus in der Lage zu sein,

---

356 *Binder*, AG 2008, 274 (282); *Hahn/Naumann*, CCZ 2013, 156 (158).

die aufkommenden Pflichten zu bewältigen. Bedarf es mangels ausreichender eigener Kenntnisse hierzu eines Beraters, sei es dem Geschäftsleitungsmitglied uneingeschränkt zuzumuten, für einen fehlerhaften Rat vollumfänglich einzustehen. Da es in der Verantwortung der Geschäftsleitung liegt, gegenüber Dritten rechtmäßig zu handeln, könne der Schutz der Gläubiger nicht von dem rechtlichen Verhältnis zwischen Berater und Geschäftsleitungsmitglied abhängen, welches den Gläubigern vielfach nicht bekannt sei. Somit treffe die Geschäftsleitung eine unbedingte Einstandspflicht für fehlerhafte Gutachten, sodass diese uneingeschränkt der Gesellschaft gegenüber hafte.[357]

Neben dieser gänzlichen Ablehnung einer Enthaftungsmöglichkeit wird teilweise eine Enthaftung durch *wirtschaftlichen* Rat nur in extremen Ausnahmesituationen als möglich erachtet, da von Geschäftsleitungsmitgliedern eine wirtschaftliche Expertise erwartet werde. Diese könnten sich daher im Grundsatz nicht auf einen solchen Rat berufen, da gerade sie über die notwendigen wirtschaftlichen Informationen und Kenntnisse selbst verfügen müssten.[358]

2) Notwendigkeit einer Haftungsprivilegierung im Einzelfall

Eine allgemeine Ablehnung einer Haftungsprivilegierung durch die Beauftragung eines fachkundigen Beraters vermag jedoch nicht zu überzeugen. So stimmt es zwar, dass es aufgrund der die Geschäftsleitung treffenden Legalitätspflicht grds. in ihrer Verantwortung liegt, sowohl für ein eigenes rechtmäßiges Handeln, eine rechtmäßige interne Organisation, als auch dafür Sorge zu tragen, dass die Rechtspflichten, die die Gesellschaft gegenüber Dritten treffen, eingehalten werden.[359] Zudem muss jedes Vorstandsmitglied bzw. jeder Geschäftsführer aufgrund des einzuhaltenden Sorgfaltsmaßstabs nach § 93 I 1 AktG bzw. § 43 I

357 Mit dieser Argumentation die grundsätzliche Möglichkeit einer Enthaftung durch Einholung fachkundigen Rats ablehnend: *Wackerbarth*, EWiR 2012, 457 (458). Aus strafrechtlicher Sicht, entgegen der h. M. die Haftungsprivilegierung eines juristischen Gutachtens ablehnend: *Kunz*, GA 1983, 457 (461 ff.), wonach sich der Ratsuchende niemals vollständig auf die Richtigkeit des Gutachtens verlassen dürfe. Da der Täter die Unverbindlichkeit rechtlicher Auskünfte kenne und somit zumindest ein bedingtes Unrechtsbewusstsein besitze, liege somit kein Verbotsirrtum vor. Diese Ansicht ausführlich und überzeugend widerlegend, da nicht jeder Zweifel an einer Rechtsauskunft ein bedingtes Unrechtsbewusstsein zur Folge habe und somit nicht zwangsläufig ein Verbotsirrtum ausgeschlossen sei: *Kirch-Heim/Samson*, wistra 2008, 81 (81 f.).

358 So: *Hölters*, in: Hölters, AktG, § 93 Rn. 250.

359 Siehe hierzu bereits Rn. 307.

GmbHG zumindest über die jeweiligen gesellschaftsrechtlichen Grundpflichten informiert sein. Allerdings verlangt selbst dieser strenge Sorgfaltsmaßstab gerade nicht, dass Geschäftsleiter über so weitgehende und allumfassende Kenntnisse verfügen müssen, sodass sie alle aufkommenden Fragestellungen und Entscheidungen ohne Hinzuziehung Dritter, in concreto eines Beraters, beantworten können.[360] Von ihnen wird vielmehr verlangt, dass sie ihre Entscheidungen auf eine sorgfältige Informationsgrundlage stützen. Aufgrund der Vielfalt der unterschiedlichsten Informationen, die zur Erfüllung der Aufgaben der Geschäftsleitung in der modernen Wirtschaftspraxis vonnöten sind, kann kein Organmitglied ohne die Einschaltung von Hilfspersonen seinen Pflichten vollumfänglich und ordnungsgemäß nachkommen.[361] Daher sind gerade verschiedene Delegationsmethoden anerkannt. Neben diesen Methoden kann jedoch auch auf Expertenrat zurückgegriffen werden. Gleiches gilt für wirtschaftliche Fragestellungen. Es ist zwar bereits oben angeklungen, dass die Geschäftsleitung über weitgehende wirtschaftliche Kompetenzen verfügen muss,[362] hieraus kann jedoch gerade nicht gefolgert werden, dass eine wirtschaftliche Beratung keine Haftungsprivilegierung zur Folge haben kann.

Eine unbedingte Einstandspflicht würde daher die gesellschaftliche Entscheidungsfindung stark beeinträchtigen und zugleich abschreckend wirken. Geschäftsleiter sähen sich selbst nach einer sorgfältigen Entscheidungsvorbereitung und dem Einholen von Expertenrat gar dazu gezwungen, diesen nochmals von einem weiteren Gutachter absichern zu lassen, um auf diese Weise auch noch den geringsten Zweifel auszuräumen. Dies würde jedoch wiederum finanzielle Mittel der Gesellschaft unnötig verbrauchen und zudem eine geraume Zeitdauer in Anspruch nehmen, die der Geschäftsleitung in der Regel gerade nicht zur Verfügung steht.

---

360 Kapitel 2 C) I. und II.

361 *Fleischer*, KSzW 01.2013, 3 (6). Ausführlich Kapitel 2 C) III. Zudem aus dem amerikanischen Recht: *American Law Institute*, Corporate Governance, Comment to § 4.01 (b), S. 170: „The complexity and scale of many modern corporations dictate that directors in particular be afforded this right to rely. Both efficiency considerations and the time constraints on outside directors necessitate delegation and reliance." Ähnlich auch die Aussage eines Board Vorsitzenden im Falle *Kelly v. Bell*, 254 A.2d 62 (72) (bestätigt durch 266 A.2d 878): „It simply wouldn't be practical for the board to review intimately every time an attempt is made to reduce taxes. In short I am persuaded that the magnitude of Steel's operations requires substantial delegation. And that is as permissible in law as it is necessary in fact."

362 Siehe Fn. 246.

Richtig ist, dass die Gläubiger, die Gesellschaft und die Anteilseigner weiterhin Schutz bedürfen und dieser nicht durch die Hinzuziehung eines Dritten entfallen darf. Den Gläubigern steht jedoch bei einer schuldhaften Pflichtverletzung eines Organmitglieds grundsätzlich ein Anspruch auf Schadensersatz gegen die Gesellschaft zu.[363] Selbst wenn den Organmitglieder eine Haftungsprivilegierung zugutekommt, muss sich *die Gesellschaft* das Verschulden des Beraters nach § 278 S. 1 BGB zurechnen lassen.[364] Im Falle der Insolvenz bietet zwar auch ein solcher Anspruch keinen hinreichenden Schutz. Um aber für diesen Fall eine gewisse Sicherheit zu gewähren, indem es dem Insolvenzverwalter möglich ist, Ansprüche der Gesellschaft gegen die Geschäftsleitung geltend zu machen und auf diese Weise die etwaigen Schadensersatzzahlungen der Geschäftsleiter in die Insolvenzmasse einfließen zu lassen, sind die Anforderungen, die eine Haftungsprivilegierung bedingen, hoch anzusetzen.

Nur durch strenge Anforderungen ist das Interesse der Gesellschaft und der Anteilseigner an einer ordnungsgemäßen Entscheidungsfindung geschützt, die gerade Pflichtverletzungen der Geschäftsleitung, die zu einer Schadensersatzhaftung der Gesellschaft führen können, vermeiden wollen. Daher muss verhindert werden, dass sich Geschäftsleiter hinter „Gefälligkeitsgutachten" verstecken, die lediglich eine „Feigenblattfunktion" erfüllen.[365] Welche Anforderungen genau einzuhalten sind, wird im nächsten Kapitel erläutert. Halten die Geschäftsleiter allerdings diese strengen Anforderungen ein, haben sie all das getan, was von ihnen verlangt werden kann. Sie haben sich trotz ihrer fehlenden Kenntnisse um die Aufklärung des Sachverhaltes oder der rechtlichen Lage bemüht und auf diese Weise sowohl das Interesse der Gesellschaft, der Anteilseigner als auch das der Gläubiger zu schützen versucht.

Weiterhin würde es eine nicht zu rechtfertigende Inkonsequenz darstellen, dem Geschäftsleiter bei fehlender eigener Kenntnis eine Beratungspflicht aufzuerlegen, es diesem indes als schuldhafte Pflichtverletzung anzurechnen, wenn

---

363 Nach § 31 BGB analog hat die Gesellschaft für das Fehlverhalten ihrer Organe einzustehen. Vgl. Fn. 139.

364 Siehe zur Erfüllungsgehilfeneigenschaft des Beraters gegenüber der Gesellschaft, nicht jedoch gegenüber der Geschäftsleitung: Kapitel 2 F).

365 *Strohn*, ZHR 176 (2012), 137 (141). Vgl. auch: BGH NJW 1979, 1882 (1883 f.); *Buck-Heeb*, BKR 2011, 441 (446); *Fleischer*, ZIP 2009, 1397 (1404). In einem neuen Artikel spricht *Strohn* auch von einem möglichen „Flächenbrand", der nur durch strenge Anforderungen verhindert werden könne, *Strohn*, CCZ 2019, 177 (180).

er im Anschluss dem Rat folgt.[366] Auf diese Weise entstünde ein Wertungswiderspruch, da eine ordnungsgemäße Entscheidungsvorbereitung des Organmitglieds dennoch zu einer Haftung führen würde. Hingegen stellt eine wirksame Enthaftungsmethode gar einen Anreiz für Vorstand und Geschäftsführer dar, sich bei aufkommenden Zweifeln beraten zu lassen, wirkt hierdurch einer Unterinvestition in Expertenrat entgegen und sichert zugleich eine sorgfältige Entscheidungsfindung.[367] Hierbei verlangt die Interessenlage der Parteien – abweichend zur Rechtslage innerhalb vertraglicher Schuldverhältnisse – gerade nicht, dass der Geschäftsleiter zwingend haftet, da den Gläubigern zumeist ein Anspruch gegen die Gesellschaft zusteht. Durch eine Haftungsprivilegierung aufgrund eines sorgfältig eingeholten Rates kann das Risiko einer Fehlentscheidung gerecht zwischen Gesellschaft und Geschäftsleitung verteilt werden,[368] ohne dass Dritte hierdurch Nachteile erleiden. Mithin bestehen gewichtige Gründe, eine Haftungsprivilegierung der Geschäftsleitung durch das Einholen einer fachkundigen Beratung, wenn dies auch aufgrund des strengen Sorgfaltsmaßstabs nur unter engen Voraussetzungen tunlich ist, zu ermöglichen.[369]

---

366 So bereits BGH NZG 2007, 545 (547). Ähnlich auch die Gerneralanwältin *Kokott* in Bezug auf das europäische Kartellrecht: GAin *Kokott*, Schlussanträge v. 28.02.2013 – Rs. C.681/11, Rn. 58.

367 *Balotti/Shaner*, 74-WTR LCPR 161 (170): „Further, providing officers with a safe harbor in reasonably relying on other individuals encourages officers to take advantage of all of the resources available to them in order to be fully informed and to fulfill properly their fiduciary obligations."

368 Siehe Kapitel 2 F) III.

369 Eine Haftungsprivilegierung durch einen sorgfältig eingeholten Rat anerkennend: BGH NZG 2007, 545; DStR 2007, 1641; NZG 2011, 1271; 2012, 671; 2013, 1028 (in Bezug auf einen Gesellschafter); 2015, 792 (794); OLG Stuttgart, NZG 1998, 232; 2010, 141; OLG Schleswig, NZI 2010, 492. Darüber hinaus die ganz h. L.: *Bauer*, in: Gesellschaftsrecht in der Diskussion 2014, S. 195 (214 ff.); *Baumann*, BOARD 2012, 79; *Bicker*, AG 2014, 8 (10 f.); *Binder*, AG 2008, 274; *ders.*, ZGR 2012, 757; *ders.*, AG 2012, 885; *Blöse*, GmbHR 2012, 746; *Buck-Heeb*, BKR 2011, 441 (446 ff.); *Bürgers/Israel*, in: Bürgers/Körber, AktG, § 93 Rn. 13; *Decker*, GmbHR 2014, 72; *Drescher*, Haftung GmbH-Geschäftsführer, Rn. 310; *Eckert*, in: Wachter, AktG, § 93 Rn. 20; *Fleischer*, in: FS Hüffer, S. 187; *ders.*, ZIP 2009, 1397; *ders.*, NZG 2010, 121; *ders.*, KSzW 01.2013, 3; *Goette*, in: FS Hoffmann-Becking, S. 377 (380); *Gottschalk/Weng*, GWR 2013, 243; *Grigoleit/Tomasic*, in: Grigoleit, AktG, § 93 Rn. 40; *Hahn/Naumann*, CCZ 2013, 156; *Hillmer*, BC 2012, 282; *Hölters*, in: Hölters, AktG, § 93 Rn. 249; *Hopt/Roth*, in: Großkomm. AktG, § 93 Rn. 139; *Junker/Biederbick*, AG 2012, 898; *Kiefner/Krämer*, AG 2012, 498; *Kleindiek*, in: Lutter/Hommelhoff, GmbHG, § 43 Rn. 13; *Klöhn*, DB 2013, 1535; *Koch*, in: Hüffer, AktG, § 93 Rn. 44 ff.; *König*, in: jurisPR-HaGesR 12/2011,

Auch andere Rechtsordnungen messen einem Expertenrat unter bestimmten Voraussetzungen enthaftende Wirkung zu. So finden sich vor allem im US-amerikanischen Rechtsraum mehrere Gesetze, die es der Geschäftsleitung ermöglichen, durch die Einholung fachkundiger Beratung einer Haftung zu entgehen. Vielfach in der Diskussion ist Section 141 (e) Delaware General Corporation Law. Dort heißt es:

> „*A member of the board of directors, or a member of any committee designated by the board of directors, shall, in the performance of such member's duties, be fully protected in relying in good faith upon the records of the corporation and upon such information, opinions, reports or statements presented to the corporation by any of the corporation's officers or employees, or committees of the board of directors, or by any other person as to matters the member reasonably believes are within such other person's professional or expert competence and who has been selected with reasonable care by or on behalf of the corporation.*"

Ähnliche Regelungen finden sich sowohl im Model Business Corporation Act Section 8.30 (f), im New York Business Corporations Law Section 717 (a) (1), in Section 309 (b) California Corporations Code, im Revised Code of Washington 23B.08.300 (2) als auch in Section 541a (2) Michigan Business Corporation Act. Darüber hinaus finden sich vergleichbare Bestimmungen in weiteren Rechtsordnungen außerhalb der USA.[370] Daher erkennen entsprechende Gerichtsentscheidungen eine solche Möglichkeit der Enthaftung an. So ist etwa aus

Anm. 3; *Kremer*, in: Gesellschaftsrecht in der Diskussion 2012, S. 171; *Krieger*, ZGR 2012, 496; *Lang/Balzer*, WM 2012,1167 (1169 f.); *Loritz/Wagner*, DStR 2012, 2189 (2191); *Merkt/Mylich*, NZG 2012, 525; *H.-F. Müller*, DB 2014, 1301; *ders.*, NZG 2012, 981; *Paefgen*, in: Ulmer, GmbHG, § 43 Rn. 68 f.; *Peters*, AG 2010, 811; *Rieger*, Die aktienrechtliche Legalitätspflicht, S. 170 ff.; *Ritter*, in: Schüppen/Schaub, Münchener Anwaltshandbuch, AktR, § 24 Rn. 12 ff.; *Schäfer*, WM 2012, 1022 (1024 ff.); *U. Schmidt*, in: Heidel, AktG, § 93 Rn. 106; *Selter*, AG 2012, 11; *Schneider*, in: Scholz, GmbHG, § 43 Rn. 233a ff.; *Spindler*, in: MüKo, AktG, § 93 Rn. 76 ff.; *Strohn*, CCZ 2013, 177; *ders.*, ZHR 176 (2012), 137; *Wagner*, BB 2012, 651. Siehe auch: *Sander/Schneider*, ZGR 2013, 836 (727 f.): Andernfalls würden die Vorteile einer Arbeitsteilung wieder entfallen. So auch die h. M. im Strafrecht, wonach ein ordnungsgemäß eingeholter Rat einen unvermeidbaren Verbotsirrtum nach § 17 S. 1 StGB begründen kann: BGHSt 20, 342 (372); 21, 18 (21 f.); 40, 257 (264); 48, 278 (289); *Duttge*, in: Dölling/Duttge/Rössner, Strafrecht, § 17 Rn. 19 f.; *Joecks*, in: MüKo, StGB, § 17 Rn. 58 ff.; *Kirch-Heim/Samson*, wistra 2008, 81; *Löw*, Erkundigungspflicht beim Verbotsirrtum, S. 100 ff.; *Neumann*, in: NK-StGB, § 17 Rn. 74 ff.; *Roxin*, Strafrecht AT, § 21 Rn. 62 ff.; *Otto*, Jura 1990, 645 (650); *Rudolphi*, in: SK-StGB, § 17 Rn. 40; *Vogel*, LeipzKomm., StGB, § 17 Rn. 76 ff.

370 Section 76 (4) (b) Companies Act 2008 (South Africa); Section 189 Corporations Act 2001 (Australia); Section 157 C Companies Act 1967, 2007 Singapore; Section

Großbritannien in *RE Bradcrown Ltd., Official Receiver v Ireland* zu lesen: „it is accepted that [...] reasonable reliance in the involvement of professionals may be an extenuating factor [...]."[371] Hierauf wird zurückzukommen sein.

Die jüngste Rechtsprechung des EuGH in Bezug auf Verstöße eines Unternehmens gegen das Kartellrecht steht ebenfalls einer Haftungsprivilegierung der Geschäftsleitung nicht entgegen, da sich die Ausführungen des Gerichts insgesamt auf die Haftung des Unternehmens selbst und eben nicht auf eine etwaige Innenhaftung der Geschäftsleitung beziehen.[372]

3) Nichterkennbarkeit der Problemlage

In seltenen Ausnahmesituationen, in denen der Geschäftsleiter eine Entscheidungssituation bzw. das mit ihr einhergehende Problem trotz der notwendigen Sensibilität tatsächlich nicht erkennen konnte, kommt auch ohne die Einholung fachkundigen Rats eine Enthaftung in Betracht. Ein unvermeidbarer Tatsachen- oder Rechtsirrtum ist zugleich dann gegeben, wenn das aufkommende Problem für die Geschäftsleitung nicht erkennbar war und diese daher eine objektiv

---

132 (1C) (1 D) Companies Act 1965, 2007 (Malaysia); Section 138 Companies Act 1993 (New Zealand); Section 123 (4) Canada Business Corporations Act 1985.

371 *RE Bradcrown Ltd., Official Receiver v Ireland*, [2001] BCLC 547 (53).

372 EuGH NJW 2013, 3083. Das beklagte Unternehmen hatte einen im Kartellrecht fachkundigen Rechtsanwalt mit einer kartellrechtlichen Einschätzung beauftragt. Den von der Generalanwältin *Kokott* noch als möglich erachteten, im Ergebnis jedoch abgelehnten Rechtsirrtum ließ der EuGH nicht zu. Siehe: GAin *Kokott*, Schlussanträge v. 28.02.2013 - Rs. C.681/11, Rn. 44 ff. Nach dem EuGH sei ein Verschulden bereits dann anzunehmen, wenn das Unternehmen „über die Wettbewerbswidrigkeit seines Verhaltens nicht im Unklaren sein" könne. Hier lässt der EuGH jedoch eine tiefergehende Begründung missen, insbesondere da Unternehmen keine Möglichkeit mehr haben, im Vorfeld ihre Maßnahme auf die kartellrechtliche Zulässigkeit überprüfen zu lassen, sodass es doch gerade als zweifelhaft erscheint, dass das Unternehmen über die Kartellrechtswidrigkeit der Maßnahme nicht im Unklaren gewesen sein kann. Siehe hierzu: *Boll*, GWR 2013, 319; *Fleischer*, EuZW 326 (327). Weiter führt das Gericht aus: „Der Rechtsrat eines Anwalts kann bei einem Unternehmen mithin auf keinen Fall ein berechtigtes Vertrauen darauf begründen, dass sein Verhalten nicht gegen Art. 101 AEUV verstößt oder nicht zur Verhängung einer Geldbuße führt." Bereits eine nationale Wettbewerbsbehörde sei nicht zur Feststellung der kartellrechtlichen Zulässigkeit einer Maßnahme eines Unternehmens befugt, sodass ein schuldausschließender Rechtsirrtum nicht, und erst recht nicht in Bezug auf einen anwaltlichen Rat, vorliegen könne. EuGH NJW 2013, 3083 (3085). Siehe hierzu auch: *Boll*, GWR 2013, 319; *Weitbrecht*, NJW 2013, 3085 (3086).

notwendige Beratung nicht veranlasste.[373] Dies kommt insbesondere im Fall einer besonders eilbedürftigen Entscheidung in Betracht.[374] Gerade in rechtlichen Fragestellungen, in denen die Legalitätspflicht eine hohe Sensibilität den Organmitgliedern abverlangt, wird dies jedoch nur selten der Fall sein. Hier genügt schließlich ein geringer Verdacht, der auch durch die Zuarbeit von Mitarbeitern entstehen kann. Daher ist der Irrtum nur dann unvermeidbar, wenn der ratsuchende Geschäftsleiter nicht schuldhaft vorbeugende Maßnahmen zur Einhaltung der gesetzlichen Regelungen unterlassen hat.[375]

Dennoch muss eine solche Möglichkeit der Enthaftung bestehen. Organmitglieder müssen sich etwa auf von nachgeordneten Mitarbeitern ausgearbeitete Verträge im Grundsatz verlassen können, sodass sie nicht nochmals jede Einzelheit selbst überprüfen und somit nicht jedweden rechtlichen Zweifel erkennen müssen.[376] Bedeutend wird dies vor allem auch bei auftretenden Rechtsprechungsänderungen. Hat etwa ein Geschäftsleitungsmitglied eine Maßnahme nach eingeholtem Rechtsrat ordnungsgemäß durchgeführt und plant eine vergleichbare Maßnahme in *naheliegender Zukunft*, unwissend, dass die höchstrichterliche Rechtsprechung ihre eigene Ansicht zwischenzeitlich geändert hat, liegt zwar aufgrund des nun fehlenden Fachwissens objektiv ein Beratungsbedarf vor. Dieser war aber aufgrund der Rechtsprechungsänderung und dem zeitlichen Zusammenhang beider Maßnahmen für das Geschäftsleitungsmitglied in der Regel nicht erkennbar. Daher handelt der Geschäftsleiter trotz des objektiv vorliegenden Beratungsbedarfs und einer nicht eingeholten Beratung in einem unvermeidbaren Rechtsirrtum.[377] Darüber hinaus, tritt die Rechtsprechungsänderung erst nach einer wiederholten Vornahme einer ursprünglich zulässigen Maßnahme, aber mit Wirkung für die Vergangenheit in Kraft, lag objektiv gesehen bereits kein Beratungsbedarf vor. Die Geschäftsleitung verfügte im Zeitpunkt der Vornahme über alle erforderlichen Kenntnisse. Aufgrund der dennoch

---

373 So müssen für den Schuldner Anzeichen erkennbar sein, dass er zum Handeln verpflichtet ist, *Huber*, Leistungsstörungen, S. 695. Vgl. auch: *Bachmann*, WM 2015, 105 (109); *Sander/Schneider*, ZGR 2013, 725 (757 f.). Ähnlich: *Kremer*, in: Gesellschaftsrecht in der Diskussion 2012, S. 171 (184). Siehe hierzu auch: Kapitel 2 E) I. 3).

374 *Buck-Heeb*, in: Gehrlein/Ekkenga/Simon, GmbHG, § 43 Rn. 61; *Haas/Ziemons*, in: Michalski, GmbHG, § 43 Rn. 193; *Mertens/Cahn*, in: KK-AktG, § 93 Rn. 137.

375 *Buck-Heeb*, in: Gehrlein/Ekkenga/Simon, GmbHG, § 43 Rn. 61; *Haas/Ziemons*, in: Michalski, GmbHG, § 43 Rn. 193; *Mertens/Cahn*, in: KK-AktG, § 93 Rn. 137.

376 *Krieger*, ZGR 2012, 496 (498).

377 BGH NJW 1972, 1045 (1046); 1974, 1903 (1905). Siehe hierzu: *Strohn*, CCZ 2013, 177 (180).

eintretenden Rechtsprechungsänderung unterliegt das Organmitglied vielmehr in diesem Falle einem unvermeidbaren Rechtsirrtum.[378]

Vergleichbar mag es technische Problemstellungen geben, die für die Geschäftsleitung schlicht nicht erkennbar waren, obwohl sie die hohen Anforderungen einer ordnungsgemäßen Entscheidungsfindung eingehalten hat. In einem solchen Ausnahmefall liegt ein unvermeidbarer Tatsachenirrtum vor, mit der Folge, dass das Verschulden der Geschäftsleitung entfällt, selbst wenn sie ohne Beratung handelt.

Im Rahmen unternehmerischer Entscheidungen hat das Organmitglied bei einer ordnungsgemäßen Entscheidungsvorbereitung und einer nicht erkennbaren Problemlage auch die Voraussetzungen einer angemessenen Informationsgrundlage grundsätzlich eingehalten, sodass bereits die Haftungsprivilegierung des § 93 I 2 AktG greift.

II. Gebundene Entscheidungen

1) Allgemein

Befolgt die Geschäftsleitung einen Expertenrat, der sich im Folgenden als fehlerhaft herausstellt, unterliegt sie einem Irrtum in rechtlicher oder tatsächlicher Hinsicht. Dabei gilt zunächst der im Rahmen von vertraglichen Schuldverhältnissen bekannte Grundsatz, dass jeder Schuldner für seinen Irrtum einzustehen hat, es sei denn dieser Irrtum ist unvermeidbar respektive unverschuldet.[379] Dies kann ebenso auf die Geschäftsleitung übertragen werden, sodass das Risiko, die Rechtslage zu verkennen, grds. die Geschäftsleitung selbst trifft.[380]

Vergleichbar ist ebenfalls zwischen Rechts- und Tatsachenirrtümern zu unterscheiden, wobei die Abgrenzung regelmäßig Schwierigkeiten bereitet. Gibt beispielsweise ein Vorstand ein Gutachten über die Prüfung der Insolvenzreife der Gesellschaft in Auftrag, das zum Ergebnis gelangt, aufgrund der ausgewogenen finanziellen Lage bestehe keine Pflicht zur Stellung eines Insolvenzantrages, unterliegt der Vorstand einem Tatsachenirrtum. Da nach dem Gutachten weder eine Überschuldung noch eine Zahlungsunfähigkeit der Gesellschaft vorliegt, liegt der Irrtum also nicht erst auf der Rechtsebene, sondern bereits

378 Vgl. BGH NJW 2008, 840; *Strohn*, CCZ 2013, 177 (180). Etwas anderes gilt nur dann, sofern eine Rechtsprechungsänderung in vorherigen Urteilen bereits angekündigt wurde, BGH NJW 1994, 2754 (2755).

379 *Strohn*, CCZ 2013, 177 (179 f.). Vgl. hierzu bereits die Ausführungen zum allgemeinen Haftungsrecht, die auch auf die vorliegende Konstellation, zumindest im Rahmen gebundener Entscheidungen, übertragbar sind: Kapitel 1 C).

380 BGH NZG 2015, 792 (794).

im fehlerhaft ermittelten Sachverhalt.[381] Die Rechtsprechung hat im Rahmen der Geschäftsleiterhaftung aufgrund eines fehlerhaft erteilten Rats nicht zwischen diesen Irrtümern unterschieden. Auch wird im Schrifttum in diesem Kontext die Unterscheidung nur selten getroffen. Da beide Irrtümer im Falle ihrer Unvermeidbarkeit die Haftung entfallen lassen, ist eine Unterscheidung zwar für die Praxis selten bedeutend,[382] jedoch dogmatisch sinnvoll.

Die an einen unvermeidbaren Irrtum zu stellenden hohen Anforderungen sollen die Berufung auf Gefälligkeitsgutachten erschweren und zudem vermeiden, dass sich die Geschäftsleitung mit dem Einwand ihrer eigenen Unkenntnis entlasten kann, ohne dass sie die erforderlichen Maßnahmen getroffen hat.[383] Das Organmitglied muss die Rechtslage sorgfältig prüfen, die höchstrichterliche Rechtsprechung beachten und bei unzulänglichen eigenen Fähigkeiten einen fachkundigen Berater mit der Beurteilung der Rechtslage beauftragen.[384] Der zugrunde liegende Sachverhalt muss ebenfalls ordnungsgemäß ermittelt und bei etwaigen Ungewissheiten ein fachkundiger Berater hinzugezogen werden. Die hieran zu stellenden Anforderungen müssen so gestaltet sein, dass deren Erfüllung einen unvermeidbaren Rechts- oder Tatsachenirrtum begründet. Vice versa unterliegt einem vermeidbaren Irrtum, wer die noch zu entwickelnden Anforderungen nicht einhält und folglich die Tatsachen- oder Rechtslage nicht ordnungsgemäß überprüft.

2) Ausschluss des Verschuldens aufgrund eines unvermeidbaren Irrtums

a) Rechtsprechung des BGH

Liegen die im nächsten Kapitel zu entwickelnden Anforderungen vor, handelt die Geschäftsleitung also in einem unvermeidbaren Rechts- bzw. Tatsachenirrtum. Der BGH ging bereits in seiner ersten diesbezüglichen Entscheidung davon aus, dass in einem solchen Falle – in Fortführung der allgemeinen Zivilrechtsdogmatik – das Verschulden des Organmitglieds entfalle.[385] Die offene Formulierung im Leitsatz der Entscheidung könnte zwar nach einer in der Literatur

---

381 Vgl. *Binder*, AG 2008, 274 (275). Siehe auch die Ausführungen zur Abgrenzung von Rechts- und Tatsachenirrtümern: S. *Lorenz*, in: BeckOK, BGB, § 286 Rn. 56 ff.

382 Ähnlich auch: *Harnos*, Geschäftsleiterhaftung, S. 237.

383 BGH NJW 1979, 1882 (1883 f.). Aus strafrechtlicher Sicht: BGH NStZ 2000, 307 (309); 2013, 93 (97).

384 BGH NZG 2011, 1271 (1272 f.); *Buck-Heeb*, BKR 2011, 441 (443). Vgl. zum allgemeinen Haftungsrecht bereits Fn. 37.

385 BGH NZG 2007, 545.

vertretenen Ansicht dafür sprechen, dass der BGH dies offen lassen wollte,[386] betrachtet man die Urteilsgründe aber genauer, ist von einer eindeutigen Festlegung des BGH auszugehen. Der Vorstand einer Aktiengesellschaft beauftragte einen Wirtschaftsprüfer mit der Aufgabe, festzustellen, ob die Gesellschaft zahlungsunfähig oder überschuldet sei. Der Wirtschaftsprüfer stellte im Folgenden fehlerhaft fest, dass die Gesellschaft zwar bilanziell, allerdings nicht rechtlich überschuldet sei. Zudem verneinte der Gutachter die Zahlungsunfähigkeit. Darauf vertrauend leistete das Vorstandsmitglied Zahlungen entgegen § 92 II AktG, die der Insolvenzverwalter mit der Klage vom Geschäftsleitungsmitglied zurück verlangte. Nach Ansicht des BGH scheide eine Haftung des Beklagten jedoch dann aus, wenn dieser seine Pflicht, Zahlungen nach Insolvenzreife zu unterlassen, nicht schuldhaft verletzte. Durch die Einschaltung des Beraters habe der Beklagte den Nachweis eines fehlenden Verschuldens erbracht.[387] Es fehlte folglich laut BGH nicht bereits an der Pflichtverletzung, sondern am Verschulden des Organmitglieds. Die Pflichtverletzung lag aufgrund der entgegen § 92 II AktG erfolgten Zahlungen vor.

b) Vergleichbarkeit mit der Business Judgment Rule

Diese Festlegung des BGH ist im Anschluss an die Entscheidung teilweise auf Kritik gestoßen. Ein Teil der Literatur will bereits die Pflichtverletzung des Geschäftsleiters ablehnen, wenn dieser die an ihn gerichteten Anforderungen zur sorgfältigen Beauftragung eines Beraters eingehalten hat.[388]

Die Frage der Haftungsprivilegierung aufgrund einer fachkundigen Beratung stellt darauf ab, ob das Geschäftsleitungsmitglied eine ordnungsgemäße Informationsgrundlage zur Entscheidungsvorbereitung geschaffen hat. Daher wird im Zusammenhang mit Expertenrat in der Literatur teilweise auf die Business Judgment Rule verwiesen. Im Rahmen des § 93 I 2 AktG wird, wie bereits

---

386 So *Fleischer*, in: FS Hüffer, S. 187 (201).

387 Ausdrücklich: BGH NZG 2007, 545 (547).

388 *Bicker*, AG 2014, 8 (11); *Dreher*, in: FS Konzen, S. 85 (93); *Fleischer*, in: FS Hüffer, S. 187 (201); *ders.*, ZIP 2009, 1397 (1405); *ders.*, in: MüKo, GmbHG, § 43 Rn. 259; *Hennrichs*, NZG 2013, 681 (686); *Hopt*, in: Großkomm. AktG, 4. Aufl., § 93 Rn. 255 (Fn. 873); *Krieger*, in: Krieger/Schneider, Managerhaftung, § 3 Rn. 8; *Sander/Schneider*, ZGR 2013, 725 (730 ff.); *Uwe H. Schneider*, DB 2011, 99 (100); *Selter*, AG 2012, 11 (12); *Spindler*, in: FS Canaris, S. 403 (421); *Thole*, ZHR 173 (2009), 504 (524); *A. Ulmer*, BLJ 2013, 59 (64). Ausführlich: *Kaulich*, Haftung von Vorstandsmitgliedern, S. 156 ff., 165. Wohl auch: *Bayer*, in: FS K. Schmidt, 85 (92 Fn. 47); *Poertzgen*, DTWIR 2007, 429 (429 f.).

dargestellt, die Pflichtverletzung abgelehnt, wenn die Geschäftsleitung ihre unternehmerische Entscheidung auf eine angemessene Informationsgrundlage gestützt und zum Wohle der Gesellschaft gehandelt hat.[389] Kernstück der Business Judgment Rule ist somit eine *angemessene Informationsbeschaffung.* Zudem wird vor allem bei einer ungewissen Rechtslage darauf verwiesen, dass die Ermittlung der rechtlichen Voraussetzungen vielfach von Ungewissheiten geprägt ist und somit mit einer unternehmerischen Unterscheidung vergleichbar sei.[390] Die Business Judgment Rule weist also vergleichbare Strukturen wie die vorliegende Situation auf.

Auch dass der „sichere Hafen“[391], den die Business Judgment Rule bietet, nur dann zu erreichen ist, wenn die Entscheidung unabhängig von Eigeninteressen oder sachfremden Erwägungen getroffen wurde, zeigt die Ähnlichkeit zur Frage der Berufung auf fachkundigen Rat. Denn so ist eine Enthaftung durch die Einholung fachkundiger Beratung nur dann möglich, wenn der Berater als unabhängig angesehen werden kann.[392] Außerdem kann der Geschäftsleiter auf den Rat nur vertrauen, wenn er selbst von der Richtigkeit der Beratung ausgehen durfte. Ist er bösgläubig, etwa weil es sich lediglich um ein Gefälligkeitsgutachten handelt, wird ihm eine Enthaftung verwehrt.

c) Keine unmittelbare oder analoge Anwendung der Business Judgment Rule

Diese Vergleichbarkeit zur Business Judgment Rule ändert jedoch nichts daran, dass diese aufgrund des eindeutigen Wortlauts des § 93 I 2 AktG und dem Willen des Gesetzgebers[393] nur auf unternehmerische Entscheidungen Anwendung findet. Sie soll damit vermeiden, dass sich die Geschäftsleitung im Falle unternehmerischer Entscheidungen einer ständigen Haftung ausgesetzt sieht. Ob eine unternehmerische oder gebundene Entscheidung vorliegt, wird aber letztendlich objektiv beurteilt.[394] Eine direkte Anwendung auf gebundene Entscheidungen ist folglich aufgrund des eindeutigen Wortlauts contra legem.[395]

---

389 Vgl. genauer Kapitel 2 A). II.

390 *Bachmann*, ZHR 177 (2013), 1 (8); *Mertens/Cahn*, in: KK-AktG, § 93 Rn. 18 f.; *Spindler*, in: FS Canaris, S. 403 (414). Siehe auch Kapitel 4 B).

391 Begr. RegE. UMAG, BR-Drucks. 3/05, S. 18. Vgl. Fn. 173.

392 Vgl. Kapitel 3 C) II.

393 Begr. RegE UMAG, BR-Drucks. 3/05, S. 18.

394 *Uwe H. Schneider*, DB 2011, 99 (100).

395 Vgl. *Habersack*, in: FS Schneider, S. 429 (437); *Harnos*, Geschäftsleiterhaftung, S. 125 ff., 141; *Spindler*, in: MüKo, AktG, § 93 Rn. 75; *Twele*, Die Haftung des Vorstands

Auch eine Analogie des § 93 I 2 AktG ist abzulehnen. Nur wenn die Besonderheiten einer unternehmerischen Entscheidung vorliegen, soll eine Pflichtverletzung entfallen, sofern die Geschäftsleitung den Anforderungen der Business Judgment Rule nachkommt. Denn die Regelung beabsichtigt gerade unternehmerisches Handeln zu fördern und somit zu verhindern, dass die Gerichte nach Eintritt eines zum Zeitpunkt der Entscheidung nicht erkennbaren negativen Ergebnisses die damalige Risikobewertung fehlerhaft aus einer ex-post Sicht bewerten (sog. *hindsight bias*).[396] Zudem verfügen Geschäftsleiter in wirtschaftlichen Sachverhalten oft über eine höhere Expertise als Richter, sodass die Beurteilung der Chancen und Risiken den Organmitgliedern obliegen soll.[397] Dies ist auf gebundene Entscheidungen nicht übertragbar. Ein Recht auf Rechtsbruch soll daher von dieser Regelung nicht erfasst sein.[398] Hieran kann auch eine rechtliche Ungewissheit nichts ändern. Zwar mag für den Geschäftsleiter die rechtliche Lage nicht eindeutig erkennbar sein, das ändert jedoch nichts daran, dass objektiv gesehen nur eine bestimmte rechtliche Bewertung zulässig ist.[399] Würde man hingegen die Business Judgment Rule analog im Rahmen gebundener Entscheidungen anwenden, würde man den gesetzgeberischen Willen gänzlich konterkarieren. Letztlich stünde eine Analogie im Widerspruch sowohl zu Wortlaut, Sinn und Zweck als auch zur Systematik des § 93 I 2 AktG.[400]

In der Literatur wird jedoch regelmäßig nicht von der (direkten oder analogen) Anwendung der Business Judgment Rule bei ordnungsgemäßer Einholung fachkundigen Rats gesprochen, sondern es soll lediglich aufgrund der dogmatischen Vergleichbarkeit beider Situationen die Pflichtverletzung der Geschäftsleitung in Anlehnung an § 93 I 2 AktG entfallen.[401] Aber hiergegen sprechen ebenfalls die gerade genannten Erwägungen, dass der Gesetzgeber der Geschäftsleitung nur für unternehmerische Entscheidungen das Erreichen eines sicheren Hafens ermöglichen wollte. Die Ähnlichkeit beider Situationen ändert nichts daran, dass es sich in der konkreten Situation um eine gebundene

---

für Kartellrechtsverstöße, S. 154 f. Ausführlich hierzu: *Holle*, Legalitätskontrolle, S. 62 ff.

396 Vgl. Fn. 179.

397 *Hopt/Roth*, in: Großkomm. AktG, § 93 Rn. 63.

398 Siehe *Buck-Heeb*, BB 2013, 2247 (2253).

399 *Uwe H. Schneider*, DB 2011, 99 (100). Vgl. auch: *Kreuz*, Enthaftung des Geschäftsleiters, S. 20 ff. A. A. *Kocher*, CCZ 2009, 215 (217). Siehe hierzu zudem Kapitel 4 B).

400 Vgl. *Buck-Heeb*, BB 2013, 2247 (2253).

401 *Fleischer*, in: FS Hüffer, S. 187 (199 ff.); *Spindler*, in: MüKo, AktG, § 93 Rn. 75 ff.

Entscheidung handelt, auf die das Haftungsprivileg der Business Judgment Rule schlicht nicht anwendbar ist.[402]

d) Keine Vergleichbarkeit zur Delegation einzelner Maßnahmen

Dennoch ist zu beachten, dass die h. M. in anderen Bereichen die Pflichtverletzung eines Organmitglieds außerhalb der Business Judgment Rule ablehnt, obwohl eine pflichtwidrige Handlung erfolgte. Kommt ein Geschäftsleitungsmitglied seinen Überwachungspflichten, die sich aus der Aufteilung der Geschäftsleitung auf verschiedene Ressorts oder durch die Delegation auf nachgeordnete Mitarbeiter ergeben, ordnungsgemäß nach, scheidet eine Haftung nach § 93 II AktG bzw. § 43 II GmbHG aufgrund einer fehlenden eigenen Pflichtverletzung aus.[403] Die Haftung entfällt in diesem Falle also nicht etwa nur am fehlenden Verschulden, sondern bereits aufgrund einer fehlenden Pflichtverletzung.

Dem ist zuzustimmen, soweit das nicht zuständige Geschäftsleitungsmitglied aufgrund einer wirksamen Ressortaufteilung tatsächlich nur eine Überwachungsverantwortung trifft und dieser ordnungsgemäß nachgekommen ist, da das fehlerhafte Verhalten von einem Dritten verübt wurde. Durch die ordnungsgemäße Aufteilung der Geschäftsleitung auf unterschiedliche Ressorts ändert sich schließlich die Geschäftsleitungsverantwortung der Organmitglieder. Diese sind in ihrem eigenen Ressort für sämtliche Handlungen verantwortlich, in den übrigen Ressorts trifft sie jedoch nur eine Überwachungsverantwortung.[404] Ist der Geschäftsleiter also seiner eigenen Überwachungspflicht nachgekommen, hat er die ihn treffende Pflicht vollständig erfüllt. Der dennoch eintretende Pflichtverstoß wurde nicht von ihm selbst, sondern von einem anderen Geschäftsleitungsmitglied begangen. Somit ist bereits eine Pflichtverletzung des überwachenden Geschäftsleitungsmitglieds zu verneinen.

---

402 *Boll*, Rechtsrat, S. 84 f. Auch die Anwendung der Rechtsgedanken der Business Judgment Rule würde zu keinem anderen Ergebnis führen, *Hauger/Palzer*, ZGR 2015, 33 (47). Siehe auch Fn. 174.

403 OLG Zweibrücken, NZG 1999, 506 (508); *Fleischer*, NZG 2003, 449 (455); *ders.*, in: FS Hüffer, S. 187 (201); *U. Schmidt*, in: Heidel, AktG, § 93 Rn. 27.

404 Siehe bereits oben, Kapitel 2 C) II. Vgl. auch: *Australian Securities and Investments Commission v Healey and Others*, (2011) FCA 717 (18): „[…] [A] director, whatever his or her background, has a duty greater than that of simply representing a particular field of experience or expertise. A director is not relieved of the duty to pay attention to the company's affairs which might reasonably be expected to attract inquiry, even outside the area of the director's expertise."

Diese Argumentation wird von einem Teil der Literatur zur Begründung der fehlenden Pflichtverletzung eines Organmitglieds bei Handeln aufgrund eines ordnungsgemäß eingeholten Rats übertragen.[405] Im Rahmen dieser Argumentation bleibt jedoch ein bedeutender Unterschied beider Situationen außer Betracht: Folgt das Geschäftsleitungsmitglied einem fehlerhaften Rat, handelt es im Anschluss selbst und begeht eine sorgfaltspflichtwidrige Handlung. Meist wird der Rat das eigene Ressort oder eine sonstige Maßnahme betreffen, für die es selbst verantwortlich ist, um auf diese Weise seiner Handlungsverantwortung nachzukommen und die Legalitätspflicht durch ordnungsgemäß ermittelte Informationen zu erfüllen. Ebenda liegt der entscheidende Unterschied zur soeben erläuterten Konstellation der Delegation. Durch die Aufteilung der Geschäftsleitung auf unterschiedliche Ressorts handelt das nicht zuständige Ressortmitglied nicht selbst. Die Handlung wird vielmehr von einem Dritten ausgeführt, sodass bei ordnungsgemäßer Überwachung eine Pflichtverletzung des Überwachenden abgelehnt werden kann. Im Falle der Beratung wird das Organmitglied hingegen selbst tätig. Der Berater führt keine Tätigkeiten der Gesellschaft oder Dritten gegenüber aus. Er gibt lediglich einen Rat ab, aufgrund dessen das Geschäftsleitungsmitglied *selbst* handelt, um seinen *eigenen* Pflichten nachzukommen. Allein die tatsächliche Verwirklichung der fehlerhaften Handlung, die objektiv eine Verletzung einer Norm oder eines Gebots darstellt, führt indes zu einer Pflichtverletzung, an der auch eine ordnungsgemäße Entscheidungsfindung nichts ändern kann.[406] Vielmehr kann sich dies allein auf die individuelle Verantwortung, das heißt auf das Verschulden des betreffenden Geschäftsleitungsmitglieds auswirken.[407]

e) Gesetzesverstöße begründen Pflichtverletzungen des Organmitglieds

Dass ein generelles Ablehnen der Pflichtverletzung bei einem ordnungsgemäß eingeholten Rat im Rahmen gebundener Entscheidungen nicht richtig sein kann, zeigt, als Beispiel für einen Normverstoß, ein Vergleich mit den §§ 64 S. 1 GmbHG, 92 II AktG. Gemäß § 64 S. 1 GmbHG sind Zahlungen der Geschäftsführer einer GmbH nach Eintritt der Zahlungsunfähigkeit oder nach

405 Insbesondere: *Fleischer*, in: FS Hüffer, S. 187 (201); *ders.*, ZIP 2009, 1397 (1405); *Sander/Schneider*, ZGR 2013, 725 (738).

406 *Binder*, AG 2012, 885 (888). Insbesondere wirkt sich das fehlende Fachwissen der Geschäftsleitung gerade nicht auf ihre Verhaltenspflichten aus; so aber *Sander/Schneider*, ZGR 2013, 725 (735 ff.). Die gesetzlichen Pflichten bleiben vielmehr weiterhin bestehen.

407 *Binder*, AG 2012, 885 (888).

Feststellung der Überschuldung verboten. Erfolgen dennoch Zahlungen, muss der Geschäftsführer der Gesellschaft Ersatz leisten. Ähnliches gilt für Vorstandsmitglieder einer Aktiengesellschaft. Auch hier greift ein Zahlungsverbot nach § 92 II AktG. Der Erstattungsanspruch ergibt sich sodann aus § 93 II, III Nr. 6, § 92 II AktG.

Besitzt das Organmitglied selbst nicht die erforderlichen Fähigkeiten, um die Überschuldung oder die Zahlungsunfähigkeit der Gesellschaft zu beurteilen, wird es regelmäßig einen Wirtschaftsprüfer oder einen sonstigen fachkundigen Berater einschalten. Dies erfolgt auch deshalb, um der aus § 15a InsO bestehenden Insolvenzantragspflicht nachzukommen, die unabhängig von einer etwaigen Ressortaufteilung jedes Geschäftsleitungsmitglied trifft.[408] Erstellt ein Berater ein Gutachten, in dem er die Überschuldung oder Zahlungsunfähigkeit der Gesellschaft zu Unrecht verneint, liegt dennoch eine Pflichtverletzung des Geschäftsleiters vor, wenn er im Vertrauen auf das fehlerhafte Gutachten Zahlungen leistet. Denn die Geschäftsleitung leistet eine Zahlung entgegen des gesetzlichen Zahlungsverbots. Objektiv liegt folglich aufgrund des Verstoßes gegen die Legalitätspflicht eine Pflichtverletzung vor. Ob die Entscheidungsfindung dennoch ordnungsgemäß verlaufen ist, indem das Geschäftsleitungsmitglied die erforderlichen Informationen von einem sorgfältig ausgewählten und überwachten Berater eingefordert hat, stellt eine Frage der individuellen Vorwerfbarkeit, also des Verschuldens dar. Da die Geschäftsleitung aufgrund der sie treffenden Legalitätspflicht alle gesetzlichen Vorgaben, mithin auch die der §§ 64 S. 1 GmbHG, 92 II AktG einhalten muss, ändert dies an der objektiven Pflichtwidrigkeit der Maßnahme nichts.

Die Ablehnung der Pflichtverletzung, wie sie in der Literatur teilweise vertreten wird, wäre nur durch eine Abwandlung der Pflicht des Geschäftsleitungsmitglieds begründbar. Würde man annehmen, bei fehlenden eigenen Kenntnissen oder Fähigkeiten beschränke sich die Legalitätspflicht darauf, dass der Geschäftsleiter alle notwendigen Informationen ggf. von einem Dritten einholt, könnte man die Pflichtverletzung des Organmitglieds verneinen.[409] Dies würde

---

408 BGH GmbHR 1994, 460 (461); *A. Arnold*, in: Henssler/Strohn, GesR, § 15a InsO Rn. 5; *Casper*, in: Ulmer, GmbHG, § 64 Rn. 36; *Haas*, in: Baumbach/Hueck, GmbHG, § 64 Rn. 113 f.; *Hirte*, in: Uhlenbruck, InsO, § 15a Rn. 7; *Klöhn*, in: MüKo, InsO, § 15a Rn. 70; *Leithaus*, in: Andres/Leithaus/Dahl, InsO, § 15a Rn. 3; *H.-F. Müller*, DB 2014, 1301 (1305).

409 Mit einer solchen Argumentation: *Sander/Schneider*, ZGR 2013, 725 (736 f.), die von *situationsadäquaten Verhaltenspflichten* der Geschäftsleitung in Fällen fehlender Fachkunde sprechen.

jedoch dem Willen des Gesetzgebers zuwiderlaufen. Wird gegen ein Gesetz verstoßen, handelt die Geschäftsführung nicht mit der Sorgfalt eines ordentlichen und gewissenhaften Geschäftsmannes. Beispielsweise sollen im Rahmen der §§ 64 S. 1 GmbHG, 92 II AktG nach umstrittener Ansicht vor allem die Alt-Gläubiger der Gesellschaft, also die Gläubiger, die bereits vor materieller Insolvenz mit der Gesellschaft in Geschäftsbeziehungen standen, durch den Zusammenhalt des Vermögens geschützt und eine ungleichmäßige Befriedigung der Gläubiger außerhalb des Insolvenzverfahrens vermieden werden.[410] Um diesen Schutz zu erreichen, gilt jedoch das Zahlungsverbot uneingeschränkt für jedes Geschäftsleitungsmitglied und ist nicht etwa von den jeweils vorhandenen Kenntnissen der Organmitglieder abhängig.

Die allgemeine Legalitätspflicht gilt jedoch selbstverständlich über die §§ 64 GmbHG, 92 AktG hinaus für sämtliche Rechtsnormen. Ein Verstoß gegen ein gesetzliches Verbot stellt eine Pflichtverletzung im Innenverhältnis dar,[411] unabhängig davon, ob der Gesetzesverstoß aufgrund des Vertrauens auf einen fachkundigen Rat begangen wurde. Hierbei kann es keinen Unterschied machen, ob die Fehlvorstellung aufgrund eines Rechtsrats auf Rechtsebene oder aufgrund eines sonstigen fachkundigen Rats bereits auf Tatsachenebene zustande gekommen ist. Liegt somit eine Pflichtverletzung eines Geschäftsleitungsmitglieds bezüglich einer gebundenen Entscheidung vor, kann diese durch einen fachkundigen Rat nicht beseitigt werden; schließlich können die gesetzlichen Verpflichtungen nicht aufgrund individueller Fähigkeiten und Qualifikationen der Organmitglieder variieren.[412]

Zuletzt spricht der Vergleich mit dem Haftungsrecht innerhalb vertraglicher Schuldverhältnisse für eine solche Betrachtungsweise. Hier begründet, wie bereits erörtert, das berechtigte Vertrauen auf einen fehlerhaften Rat einen unvermeidbaren Rechts- bzw. Tatsachenirrtum, der ebenfalls nur das Verschulden des Schuldners entfallen lässt.[413] Warum an Organmitglieder einer Kapitalgesellschaft

---

410 Eine Übersicht zu den unterschiedlichen Ansichten findet sich bei: *A. Arnold*, in: Henssler/Strohn, GesR, § 64 GmbHG Rn. 2.

411 Vgl. die Nachweise in Fn. 308.

412 *Strohn*, CCZ 2013, 177 (178). Aus der strafrechtlichen Rechtsprechung: BGH NJW 2001, 969 (971): Geht der Täter irrtümlich davon aus, dass er nicht selbst zum Handeln verpflichtet sei, sodass er eine Abführung von Beiträgen unterlässt, liegt lediglich ein Verbotsirrtum und eben kein Tatbestandsirrtum vor. Ob jedoch die Legalitätspflicht eingeschränkt werden muss, sofern der Rat eine offene Rechtslage zu Tage führt, wird in Kapitel 4 B) erörtert.

413 Kapitel 1 C).

niedrigere Maßstäbe anzulegen sein sollen, ist nicht ersichtlich. Die einzige Ausnahmevorschrift des § 93 I 2 AktG ist gerade auf gebundene Entscheidungen ausdrücklich nicht anwendbar.

In einer neuen Gerichtsentscheidung aus Delaware wird Section 141 (e) DGCL offensichtlich ebenfalls in einem ähnlichen Sinne interpretiert. Auch wenn diese Regelung davon spricht, dass ein Mitglied des Boards gänzlich geschützt („fully protected“) wird, sofern es die Kriterien erfüllt, nimmt das Delaware Court of Chancery an, dass zwar ein Bruch der Treuepflicht vorliegen könne, Section 141 (e) DGCL dennoch eine Haftung des Ratsuchenden ausschließen könne.[414] Dies zeigt somit, dass auch in Delaware eine Verletzung der gesellschaftsrechtlichen Treuepflicht unabhängig von der endgültigen schadensrechtlichen Verantwortlichkeit des Organmitglieds beurteilt wird.

3) *Zusammenfassung*

Festzuhalten bleibt somit, dass ein Verstoß gegen eine Gesetzesnorm oder ein sonstiges pflichtwidriges Handeln eine Pflichtverletzung der Geschäftsleitung begründet, die zumindest innerhalb von gebundenen Entscheidungen nicht durch einen ordnungsgemäß eingeholten fachkundigen Rat entfallen kann.

---

414 *In Re Rural Metro Corporation Stockholders Litigation*, C.A. No. 6350-VCL (Del. Ch. 2014) Fn. 13: „Along similar lines, if the directors followed a process or reached a result falling outside the range of reasonableness, but did so in reliance on the advice of experts, they could be found to have breached their fiduciary duties under the applicable standard of review and yet be 'fully protected' against liability under Section 141(e) of the DGCL.“ In *Valeant Pharmaceuticals. Int. v. Jerney*, 921 A.2d 732 (750 f.) (Del. Ch. 2007) hielt das Gericht fest, dass ein Berufen auf fachkundigen Rat nicht zwangsläufig eine Treuepflichtverletzung ausschließe. Vielmehr seien die Gesamtumstände des Falles entscheidend: „Jerney argues that his good faith reliance on the advice of experts provides a defense, citing 8 Del. C. § 141(e). Although 'reasonable reliance on expert counsel is a pertinent factor in evaluating whether corporate directors have met a standard of fairness in their dealings with respect to corporate powers,' its existence is not outcome determinative of entire fairness. To hold otherwise would replace this court's role in determining entire fairness under 8 Del. C. § 144 with that of various experts hired to give advice to the directors in connection with the challenged transaction, creating a conflict between sections 141(e) and 144 of the Delaware General Corporation Law. To illustrate the point, Jerney can point to no case where any court has held that section 141(e) provides a defense in an entire fairness action. This is particularly true where the person claiming the defense, like Jerney, is interested in the challenged transaction.“ Siehe zum Ganzen: *Atkins*, Reliance by Directors.

Vielmehr hat eine Enthaftung des Organmitglieds durch einen Rückgriff auf einen unvermeidbaren Rechts- bzw. Tatsachenirrtum zu erfolgen, der nach allgemeiner Zivilrechtsdogmatik das Verschulden, nicht aber die Pflichtverletzung entfallen lässt.[415]

III. Unternehmerische Entscheidungen

Wird jedoch auf einen fachkundigen Berater bezüglich einer unternehmerischen Entscheidung zurückgegriffen, sind gerade die Besonderheiten der Business Judgment Rule des § 93 I 2 AktG zu berücksichtigen.[416] Der BGH hat in seinen bisher ergangenen Entscheidungen die Frage der Enthaftung der Geschäftsleitung aufgrund eines fachkundigen Rats stets im Zusammenhang mit dem Verschulden des Organmitglieds thematisiert. Dies ist jedoch darauf zurückzuführen, dass die entsprechenden Urteile die Legalitätspflicht betrafen. Ob der BGH bezüglich unternehmerischer Entscheidungen das Verschulden oder die Pflichtverletzung verneinen würde, ist somit noch nicht entschieden.

Es würde die Besonderheiten unternehmerischer Entscheidungen indes unberücksichtigt lassen, hier ebenfalls die Frage der Enthaftung ausschließlich am fehlenden Verschulden zu entscheiden. Nach § 93 I 2 AktG entfällt bei unternehmerischen Entscheidungen bereits die Pflichtverletzung, wenn das Geschäftsleitungsmitglied vernünftigerweise annehmen durfte, auf der Grundlage *angemessener Informationen* zum Wohle der Gesellschaft zu handeln. Die der Entscheidung zugrunde liegenden Informationen müssen dabei mit der Sorgfalt eines ordentlichen und gewissenhaften Geschäftsmannes ermittelt werden.[417] Die noch zu entwickelnden Grundsätze sollen daher so beschaffen sein, dass deren Einhalten zumindest eine angemessene Informationsgrundlage darstellt.

---

415 *Decker*, GmbHR 2014, 72 (73); *Goette*, ZHR 176 (2012), 588 (602); *Gottschalk/Weng*, GWR 2013, 243; *Harnos*, Geschäftsleiterhaftung, S. 115; *Haas/Ziemons*, in: Michalski, GmbHG, § 43 Rn. 193; *Henkel*, EWiR 2007, 495 (496); *Holle*, Legalitätskontrolle, S. 82 f.; *Koch*, in: Hüffer, AktG, § 93 Rn. 22, 44; *Kreuz*, Enthaftung des Geschäftsleiters, S. 38 ff.; *Loritz/Wagner*, DStR 2012, 2189 (2191); *Paefgen*, in: Ulmer, GmbHG, § 43 Rn. 171; *Scholl*, Vorstandshaftung und Vorstandsermessen, S. 64 f.; *Strohn*, CCZ 2013, 177 (179); *ders.*, ZHR 176 (2012), 137 (138); *Zöllner/Noack*, in: Baumbach/Hueck, GmbHG, § 43 Rn. 13. Unklar: *Spindler*, in: MüKo, AktG, § 93 Rn. 76 ff., 177.

416 Insoweit zumindest nicht auf unternehmerische Entscheidungen eingehend, sodass allein auf ein fehlendes Verschulden abgestellt wird: *Strohn,* ZHR 176 (2012), 137 (137 f.); *Krieger*, ZGR 2012, 496 (497); *Loritz/Wagner*, DStR 2012, 2189 (2191).

417 Siehe zu den Voraussetzungen der Business Judgment Rule: Kapitel 2 A) II. Vgl. auch: *Hölters*, in: Hölters, AktG, § 93 Rn. 34.

Hält das Geschäftsleitungsmitglied diese Voraussetzungen ein und vertraut auf den Rat, der ohne sachfremde Erwägungen zustande gekommen ist und zudem keine Zweifel an der Richtigkeit bestehen, was durch eine zu fordernde Plausibilitätskontrolle sichergestellt werden kann, handelt der Geschäftsleiter auch zum Wohle der Gesellschaft. Er konnte nämlich davon ausgehen, die notwendigen Informationen ordnungsgemäß ermittelt zu haben.

Letztendlich liegt zwar ebenfalls ein Rechts- oder Tatsachenirrtum vor, auf dem die fehlerhafte Handlung beruht, dennoch bedarf es im Zuge der Vorbereitung einer unternehmerischen Entscheidung keines Rückgriffs auf diese Rechtsfigur. Die Business Judgment Rule gewährt dem Geschäftsleitungsmitglied bereits ein „Recht auf Irrtum".[418] Werden somit die Anforderungen an einen einzuholenden fachkundigen Rat eingehalten, liegen bei einer unternehmerischen Entscheidung zugleich die Voraussetzungen des § 93 I 2 AktG vor, sodass der weitergehende Schutz der Business Judgment Rule greift, der die Pflichtverletzung entfallen lässt.[419]

IV. Zusammenfassung

Festzuhalten bleibt somit, dass zwischen gebundenen und unternehmerischen Entscheidungen zu differenzieren ist. Betrifft der Rat eine gebundene Entscheidung und wurden die Anforderungen an eine sorgfältige Entscheidungsvorbereitung eingehalten, entfällt infolge eines unvermeidbaren Rechts- bzw. Tatsachenirrtums das Verschulden. Ist der Rat jedoch bezüglich einer unternehmerischen Entscheidung ergangen, entfällt bereits aufgrund des Haftungsprivilegs der Business Judgment Rule nach § 93 I 2 AktG die Pflichtverletzung.[420] Da angesichts der eindeutigen gesetzgeberischen Entscheidung nur unternehmerische Entscheidungen privilegiert werden sollen, ist dogmatisch eine solch differenzierte Lösung zwingend.[421]

Unterschiedliche Auswirkungen könnte dies theoretisch für die Abberufung eines Organmitglieds haben,[422] da eine schwere Pflichtverletzung für eine Abberufung nach § 84 III 2 Var. 1 AktG, § 38 II 2 Alt. 1 GmbHG genügt, ohne dass es

418 *Fleischer*, NZG 2008, 371 (372 f.). Vgl. *Hopt/Roth*, in: Großkomm. AktG, § 93 Rn. 61 ff.; *Paefgen*, in: Ulmer, GmbHG, § 43 Rn. 111; *Spindler*, in: MüKo, AktG, § 93 Rn. 42.

419 Im Ergebnis: *Binder*, AG 2012, 885 (888); *Decker*, GmbHR 2014, 72 (73).

420 Für eine solche Differenzierung nach gebundenen und unternehmerischen Entscheidungen: *Binder*, AG 2012, 885 (888); *Decker*, GmbHR 2014, 72 (73).

421 A. A. *Sander/Schneider*, ZGR 2013, 725 (739).

422 So *Sander/Schneider*, ZGR 2013, 725 (744).

auf ein individuelles Verschulden ankommt.[423] Hier liegt es aber am Gesetzgeber, dieses Missverhältnis zu beseitigen. Aufgrund der eindeutigen gesetzlichen Lage ist ein anderes Ergebnis dogmatisch korrekt nicht zu erreichen.[424]

Die Anforderungen an die Geschäftsleitung sind des Weiteren unabhängig von der zu treffenden Entscheidung, sowohl bezüglich unternehmerischer als auch hinsichtlich gebundener Entscheidungen vergleichbar.[425] Dies ist vor allem darauf zurückzuführen, dass die notwendigen Informationen mit der Sorgfalt eines ordentlichen und gewissenhaften Geschäftsleiters i. S. d. §§ 93 I 1 AktG, 43 I GmbHG ermittelt werden müssen. Dies gilt sowohl für die *angemessene Information* bzgl. unternehmerischer Entscheidungen im Rahmen der Business Judgment Rule als auch für eine gebundene Entscheidungsvorbereitung. Es muss dabei nicht jegliche nur denkbare Informationsquelle ausgeschöpft werden. Dennoch ist ein hohes Maß an Sorgfalt angebracht. Warum diese Sorgfalt im Rahmen einer unternehmerischen Entscheidung niedriger angesetzt werden sollte, ist nicht ersichtlich. Eine gleichwertige und ebenso weitreichende Informationsgrundlage ist insbesondere deshalb erforderlich, weil nur durch eine solche

---

423 BGH NJW-RR 1992, 993 (994); OLG Karlsruhe, NZG 2000, 264 (265); *Fleischer*, in: Spindler/Stilz, AktG, § 84 Rn. 100; *Mertens/Cahn*, in: KK-AktG, § 84 Rn. 121; *Spindler*, in: MüKo, AktG, § 84 Rn. 129. Die andauernde Bestellung als Organmitglied muss für die Gesellschaft jedoch unzumutbar sein.

424 Siehe hierzu: *Buck-Heeb*, BB 2013, 2241 (2254). Vgl. auch: *Bürkle*, VersR 2013, 792. Dies erscheint jedoch nur ein rein theoretischer Unterschied zu sein. Kann das Geschäftsleitungsmitglied letztlich nachweisen, dass es alles Erforderliche getan hat, um die notwendigen Informationen zu ermitteln, wird es doch in der Regel nicht zu einer Abberufung kommen. Insbesondere erscheint eine fortwährende Zusammenarbeit der Gesellschaft mit dem Organmitglied in einem solchen Falle gerade nicht unzumutbar. So nun auch: *Holle*, Legalitätskontrolle, S. 82 f.

425 *Binder*, AG 2008, 174 (280 ff.); *ders.*, 2012, 885 (890); *Junker/Biederbick*, AG 2012, 898 (904); *Piepenbrock*, Defense of Reliance, S. 105 ff. Zu diesem Ergebnis gelangt ebenfalls *Fleischer*, da er zumindest die Grundsätze der Business Judgment Rule auf die Einholung fachkundigen Rats anwenden will, *Fleischer*, in: FS Hüffer, S. 187 (199 ff.); *ders.*, ZIP 2009, 1397 (1399 ff.). *Peters* wendet die vom BGH aufgestellten Voraussetzungen auf unternehmerische Entscheidungen an: *Peters*, AG 2010, 811 (814 ff.). Zudem in den Voraussetzungen nicht zwischen beiden Entscheidungen differenzierend: *Hahn/Naumann*, CCZ 2013, 156 (159 ff.); *Kindler*, in: FS Goette, S. 231 (236); *Kremer*, in: Gesellschaftsrecht in der Diskussion 2012, S. 171 (177 ff.); *Krieger*, ZGR 2012, 496 (497 ff.); *Loritz/Wagner*, DStR 2012, 2189 (2191); *Selter*, AG 2012, 11 (13 ff.); *Strohn*, ZHR 176 (2012), 137 (137 f.). A. A. hingegen *Wagner*, BB 2012, 651 (653), allerdings sowohl ohne weitergehende Begründung als auch ohne Differenzierungskriterien.

die Chancen und Risiken einer unternehmerischen Entscheidung pflichtgemäß beurteilt werden können. Indes können unternehmerische Entscheidungen gar weiterreichende Auswirkungen auf das Gesellschaftsgefüge haben. Mithin ist die erforderliche Informationsgrundlage vergleichbar. Die im nächsten Kapitel aufzustellenden Anforderungen gelten also für gebundene und unternehmerische Entscheidungen in vergleichbarem Maße.

Da zumindest das Verschulden des ratsuchenden Geschäftsleiters entfällt, ist bei einer ordnungsgemäß durchgeführten Beratung neben der Innenhaftung auch eine verschuldensabhängige Außenhaftung des ratsuchenden Geschäftsleiters ausgeschlossen. Warum hier etwas anderes gelten sollte, obwohl der Geschäftsleiter alles ihm Mögliche getan hat, ist nicht ersichtlich.

F) Keine Zurechnung des Beraterverschuldens nach § 278 S. 1 BGB

Im vorherigen Abschnitt wurde dargelegt, dass die Geschäftsleitung einer Kapitalgesellschaft durch die ordnungsgemäße Beauftragung eines Beraters die eigene Pflichtverletzung bzw. das eigene Verschulden widerlegen kann. Hier ist aber eine vergleichende Betrachtung mit den Anforderungen innerhalb vertraglicher Schuldverhältnisse vonnöten. Ausführlich wurde dargelegt, dass ein Berater als Erfüllungsgehilfe des Schuldners anzusehen ist, mit der Folge, dass dem Schuldner das Verschulden des Beraters nach § 278 S. 1 BGB zuzurechnen ist. Somit ist es dem Schuldner letztlich nicht möglich, sich durch die Berufung auf einen ordnungsgemäß eingeholten Rat zu enthaften.[426] Würde man diese Grundsätze auf das Kapitalgesellschaftsrecht übertragen, wäre eine Enthaftung der Geschäftsleitung durch die Einholung fachkundiger Beratung ebenfalls nicht möglich. Diese Sichtweise stünde jedoch im Widerspruch zum bereits erörterten Bedürfnis, Geschäftsleiter bei fehlenden eigenen Kenntnissen die Möglichkeit einer Haftungsprivilegierung, wenn auch unter engen Voraussetzungen, zu ermöglichen.

Daher ist aus mehreren Gründen die Anwendung des § 278 S. 1 BGB auf Geschäftsleitungsmitglieder i. d. R. abzulehnen, sodass ihnen das Verschulden eines ordnungsgemäß beauftragten Beraters nicht zugerechnet wird.

I. Beratungsvertrag im Namen der Gesellschaft

Nach Ansicht des BGH wird der Beratervertrag grundsätzlich im Namen der Gesellschaft und nicht etwa im Namen der Geschäftsleitung oder eines einzelnen

426 Vgl. nochmals Kapitel 1 C) V.

Geschäftsleitungsmitglieds geschlossen. Somit sei der Berater Erfüllungsgehilfe der Gesellschaft, da er ihr gegenüber zur Erbringung der Beratungsleistung verpflichtet sei; gegenüber der Geschäftsleitung bestehe eine solche Verpflichtung jedoch gerade nicht.[427]

Jenes Argument *allein* genügt zur Ablehnung der Erfüllungsgehilfeneigenschaft des Beraters gegenüber der Geschäftsleitung allerdings nicht. Selbst wenn der Vertrag im Namen der Gesellschaft abgeschlossen wurde – was in der Tat regelmäßig der Fall sein wird – wird nicht doch eine eigene Pflicht der Geschäftsleitung vom Berater erfüllt? Und müsste man an diese Argumentation anknüpfend eine Haftungsprivilegierung des Geschäftsleiters dann ablehnen, wenn er den Beratungsvertrag ausnahmsweise doch im eigenen Namen geschlossen hat, wohingegen ein im Namen der Gesellschaft geschlossener Vertrag eine Enthaftung bewirken könnte? Hierdurch entstünden willkürliche Ergebnisse, für deren unterschiedliche Bewertung keine Grundlage ersichtlich ist. Kommt die Geschäftsleitung den strengen Anforderungen an die Einholung fachkundigen Rats nach, sollte ihre Enthaftung nicht davon abhängen, in welchem Namen der Beratungsvertrag geschlossen wurde. Eine solche Argumentation vermag zwar als erstes Indiz zur Ablehnung der Erfüllungsgehilfeneigenschaft gegenüber der Geschäftsleitung dienen, dennoch bedarf es einer weitergehenden Begründung.

II. Die Hilfstätigkeit im Interesse der Gesellschaft

Im Rahmen einer Delegation ist allgemein anerkannt, dass ein Geschäftsleitungsmitglied grundsätzlich nur für ein eigenes Verschulden einzustehen hat, sodass ihm das Verschulden eines Angestellten oder einer sonstigen Hilfsperson gerade nicht nach § 278 S. 1 BGB zugerechnet wird.[428] Diese Meinung wird

---

427 BGH NZG 2011, 1271 (1273). Außerdem: *Strohn*, ZHR 176 (2012), 137 (142 f.). Das OLG Düsseldorf sah hingegen einen von einem AG-Vorstandsmitglied mit einem Rechtsanwalt abgeschlossenen Beratungsvertrag, der auf die Veräußerung von Geschäftsanteilen gerichtet war, als im Namen des betroffenen Vorstandsmitglieds und nicht im Namen der Gesellschaft geschlossen an, OLG Düsseldorf, NZG 2003, 549.

428 BGHZ 127, 336 (347); OLG Schleswig, NZI 2010, 493 (494); *A. Arnold*, in: Marsch-Barner/Schäfer, Börsennotierte AG, § 22 Rn. 44; *Buck-Heeb*, in: Gehrlein/Ekkenga/Simon, GmbHG, § 43 Rn. 53; *Dauner-Lieb*, in: Henssler/Strohn, GesR, § 93 AktG Rn. 33; *Decker*, GmbHR 2014, 72 (77 f.); *Eckert*, in: Wachter, AktG, § 93 Rn. 38; *Fleischer*, in: Spindler/Stilz, AktG, § 93 Rn. 207; *Harnos*, Geschäftsleiterhaftung, S. 305 ff.; *Hauger/Palzer*, ZGR 2015, 33 (48 f.); *Kaulich*, Haftung von Vorstandsmitgliedern, S. 90, 239; *Koch*, in: Hüffer, AktG, § 93 Rn. 46; *Koppensteiner/Gruber*, in Rowedder, GmbHG, § 43 Rn. 9; *Mertens/Cahn*, in: KK-AktG, § 93 Rn. 48; *Oetker*, in: Henssler/

nicht auf eine teleologische Reduktion des § 278 S. 1 BGB im Rahmen des Kapitalgesellschaftsrechts gestützt, vielmehr wird die Erfüllungsgehilfeneigenschaft der Angestellten oder Dritter gegenüber der Geschäftsleitung abgelehnt. Die Hilfsperson wird für die Gesellschaft tätig und hat gleichzeitig in deren Interesse zu handeln.[429] Denn die Dienstpflicht des beauftragten Angestellten oder die vertragliche Verpflichtung der externen Hilfsperson verpflichtet sie gegenüber der Gesellschaft.[430] Die Gesellschaft ist mithin Geschäftsherr und nicht etwa das beauftragende Organmitglied.[431] Die Geschäftsleitung haftet somit insbesondere im Rahmen der §§ 93 II AktG, 43 II GmbHG grundsätzlich nur für eigenes Verschulden. § 278 S. 1 BGB ist folglich bei der Delegation von Geschäftsführungsaufgaben auf einen Dritten i. d. R. nicht auf die Geschäftsleitung anwendbar. Schließlich übt sie nur das Direktionsrecht der Gesellschaft aus.[432]

Vergleichbar damit ist die Interessenlage der Gesellschaft sowohl gegenüber einem internen als auch gegenüber einem externen Berater. Hierbei handelt es sich zwar nicht um den Fall der Delegation von Geschäftsführungsaufgaben, denn der Berater wird nur unterstützend tätig. Dennoch treffen die soeben erläuterten Argumente auf die Entscheidungsvorbereitung ebenfalls zu.[433] Der BGH lehnte in der ISION-Entscheidung die Anwendung des § 278 S. 1 BGB auch deshalb zutreffend ab, weil die externen Berater im Pflichtenkreis der Gesellschaft tätig waren.[434] Der Rat wurde zur ordnungsgemäßen Erfüllung der Pflichten der Gesellschaft abgegeben, um somit eine sorgfältige Entscheidungsfindung zu ermöglichen und eine Haftung der Gesellschaft zu vermeiden.

Strohn, GesR, § 43 GmbHG Rn. 20; *U. Schmidt*, in: Heidel, AktG, § 93 Rn. 108; *Spindler*, in: MüKo, AktG, § 93 Rn. 179. Vgl. auch ausführlich zur vertikalen Delegation der Vorstandspflichten auf nachgeordnete Mitarbeiter: *Rieger*, Die aktienrechtliche Legalitätspflicht, S. 130 ff.

429 *Kremer/Voet van Vormizeele*, AG 2011, 245 (247). Siehe auch: *Kreuz*, Enthaftung des Geschäftsleiters, S. 51 f.; *Scholl*, Vorstandshaftung und Vorstandsermessen, S. 241.

430 *Decker*, GmbHR 2014, 72 (77 f.); *Mertens/Cahn*, in: KK-AktG, § 93 Rn. 48.

431 *Koch*, in: Hüffer, AktG, § 93 Rn. 46; *Mertens/Cahn*, in: KK-AktG, § 93 Rn. 48.

432 *Hopt/Roth*, in: Großkomm. AktG, § 93 Rn. 384; *Mertens/Cahn*, in: KK-AktG, § 93 Rn. 48.

433 Ausdrücklich: *Koch*, in: Hüffer, AktG, § 93 Rn. 46: „Zurechnung von Fremdverschulden über § 278 BGB oder § 831 BGB ist in sämtlichen Auskunftsfällen, aber auch in anderen Konstellationen nicht zu Lasten des Vorstandsmitglieds möglich, da Angestellte und sonstige Beauftragte nicht für Vorstandsmitglied, sondern für AG als Geschäftsherr handeln […].“

434 BGH NZG 2011, 1271 (1273).

Dies vermag einerseits zu überraschen, da auf den ersten Blick alle Voraussetzungen der Erfüllungsgehilfeneigenschaft, insbesondere durch den Vergleich zur Haftung innerhalb vertraglicher Schuldverhältnisse, erfüllt scheinen. So wurde bereits dargelegt, dass es der Anwendung des § 278 S. 1 BGB nicht entgegensteht, dass der Berater nicht unmittelbar gegenüber Dritten tätig wird, sondern der Gehilfenbeitrag sich ausschließlich auf eine geistige und beratende Tätigkeit im Vorfeld der Geschäftsleitungshandlung beschränkt.[435] Außerdem könnte man annehmen, dass ein Berater seine Tätigkeit gerade *für die Geschäftsleitung* erbringt und diese somit bei der Erfüllung ihrer organschaftlichen Pflichten unterstützt. Um das bereits angesprochene Beispiel nochmals aufzugreifen: Beauftragt die Geschäftsleitung einen Wirtschaftsprüfer mit der Überprüfung der Insolvenzreife der Gesellschaft, scheint doch zunächst der Berater gerade dafür eingesetzt zu werden, um der *eigenen*, sich aus § 15a InsO ergebenden Insolvenzantragspflicht ordnungsgemäß nachkommen zu können. Insofern ist es keinesfalls undenkbar, in einem solchen Falle § 278 S. 1 BGB anzuwenden.[436]

Doch auch wenn die Beratung zur ordnungsgemäßen Erfüllung der Geschäftsleiterpflichten eingeholt wird, erfolgt der Rat doch regelmäßig im Interesse der Gesellschaft. Handelt es sich in der betreffenden Situation um Pflichten, die die Geschäftsleitung nach außen zu erfüllen hat, wie sie sich beispielsweise aus § 27 WpÜG ergeben, hat die Gesellschaft ein Interesse daran, dass ihre Geschäftsleiter rechtmäßig und ordnungsgemäß nach außen handeln.[437] Andernfalls würde der Gesellschaft selbst eine Haftung drohen. Betrifft der Rat hingegen eine interne Geschäftsleiterpflicht, ist das Interesse der Gesellschaft an der ordnungsgemäßen Erfüllung ebenfalls nicht zu leugnen. Sowohl die Pflichten der Geschäftsleitung als Ganzes als auch die Pflichten der einzelnen Organmitglieder sind Teil der korporativen Ebene, sodass es gerade im Interesse der Gesellschaft liegt, dass die internen Geschäftsleitungsaufgaben ordnungsgemäß und rechtmäßig erfüllt werden.[438]

Zur Verdeutlichung soll hier die Pflicht des Vorstands nach § 92 I AktG dienen. Der Vorstand ist zur unverzüglichen Einberufung der Hauptversammlung verpflichtet, wenn sich bei Aufstellung der Jahresbilanz oder einer Zwischenbilanz ein Verlust in Höhe der Hälfte des Grundkapitals ergibt oder dies bei pflichtmäßigem Ermessen anzunehmen ist. Benötigt der Vorstand zur Beurteilung der tatsächlich eingetretenen Verluste der Gesellschaft die Hilfe eines fachkundigen

435 Vgl. Kapitel 1 V. 2).

436 Ähnlich: *Binder*, ZGR 2012, 757 (769).

437 *Wagner*, BB 2012, 651 (655).

438 *Fleischer*, in: Spindler/Stilz, AktG, § 93 Rn. 14; *Wagner*, BB 2012, 651 (655).

Dritten, wird der Berater bei Erfüllung jener Pflicht tätig. § 92 I AktG richtet sich hierbei an den Vorstand als Organ der Gesellschaft und trifft die einzelnen Vorstandsmitglieder nicht etwa in ihrer Eigenschaft als natürliche Personen. Die Norm legt mithin fest, welches Organ der Gesellschaft für diese Tätigkeit zuständig ist, um die Pflicht der Gesellschaft zu erfüllen.[439] Der Berater unterstützt somit die Erfüllung einer Pflicht der Gesellschaft selbst und wird in ihrem Interesse tätig. Durch die ordnungsgemäße Beratung profitieren gleichzeitig die Organmitglieder, da sie hierdurch die ihnen zugeteilten Aufgaben erfüllen und eine Haftung vermeiden können.[440] Folglich ist ein Berater, der im Interesse der Gesellschaft tätig wird, als Erfüllungsgehilfe der Gesellschaft und nicht etwa der Geschäftsleitung anzusehen. Dies gilt unabhängig davon, ob der Rat zugleich eine der Geschäftsleitung zugewiesene Aufgabe betrifft.[441]

In Bezug auf unternehmerische Entscheidungen ist außerdem Folgendes zu beachten: Durfte der Geschäftsleiter vernünftigerweise annehmen, aufgrund angemessener Informationen, die also durch einen ordnungsgemäß ausgewählten und überwachten Berater ermittelt wurden, zum Wohle der Gesellschaft zu handeln, ist eine Haftung grundsätzlich abzulehnen, § 93 I 2 AktG. Eine allgemeine Zurechnung des Beraterverschuldens würde somit speziell im Bereich von unternehmerischen Entscheidungen dem Konzept der Business Judgment Rule widersprechen, da hier auf die Sicht des Geschäftsleitungsmitglieds abzustellen ist. Der „sichere Hafen“, den die Regelung der Geschäftsleitung gewähren möchte, wäre durch eine Zurechnung des Beraterverschuldens nicht erreichbar.[442]

III. Gerechte Risikoverteilung

Von entscheidender Bedeutung ist zugleich ein Blick auf die Risikoverteilung zwischen der Gesellschaft, der Geschäftsleitung, dem Berater und ggf. Dritten. Im Rahmen vertraglicher Schuldverhältnisse bedarf es gerade der Anwendung des § 278 S. 1 BGB, um eine gerechte Risikoverteilung zu erreichen.[443] Im Kapitalgesellschaftsrecht hingegen ist die Anwendung des § 278 S. 1 BGB zumindest im Verhältnis von Berater und Geschäftsleitung nicht erforderlich. Die

---

439 So im Rahmen des § 27 WpÜG: *Hirte*, in: KK-WpÜG, § 27 Rn. 18. Dies kann aber auf andere Regelungen übertragen werden: *Wagner*, BB 2012, 651 (655).

440 *Wagner*, BB 2012, 651 (655).

441 *Hopt/Roth*, in: Großkomm. AktG, § 93 Rn. 384.

442 *Binder*, AG 2008, 274 (282); *Fleischer*, in: FS Hüffer, S. 187 (202); *ders.*, ZIP 2009, 1397 (1405).

443 Siehe Kapitel 1 C) V.

Einstufung des Beraters als *Erfüllungsgehilfe der Gesellschaft* hat zur Folge, dass die Gesellschaft Dritten gegenüber haftet, wenn die aus der fehlerhaften Beratung folgenden Handlungen zu einem Schaden des Dritten führen. Hierdurch wird sichergestellt, dass der Dritte nicht schutzlos gestellt ist. Alsdann kann sich die Gesellschaft gleichwohl beim Berater etwa gemäß § 280 I i. V. m. § 611 I ggf. auch i. V. m. § 675 I BGB regressieren. Dieser hat schließlich aufgrund des fehlerhaft erstellten Rates gegen seine schuldrechtlichen Pflichten aus dem Beratervertrag verstoßen. Wurde auf einen unternehmensinternen Berater zurückgegriffen, ist eine Haftung aus § 280 I BGB wegen Verstoßes gegen den Anstellungsvertrag, wobei die Besonderheiten des innerbetrieblichen Schadensausgleiches, auf die hier nicht weiter eingegangen werden kann, zu berücksichtigen sind.[444]

Eine Haftung der Geschäftsleitung gegenüber der Gesellschaft kommt nach §§ 93 II AktG bzw. 43 II GmbHG nur dann in Betracht, wenn sie die engen Voraussetzungen zur Auswahl und Überwachung des Beraters nicht eingehalten hat. Da in einem solchen Falle das Geschäftsleitungsmitglied neben dem Berater der Gesellschaft haftet, verbleibt dem Organmitglied ein Ausgleich nach § 426 BGB.[445] Zudem kann nach einer neueren Rechtsprechung des BGH der ratsuchende Geschäftsleiter in den Schutzbereich des Beratungsvertrages zwischen Gesellschaft und Berater mit einbezogen sein, sog. Vertrag mit Schutzwirkung zugunsten Dritter. Hierdurch kann sich das Organmitglied ebenfalls beim Berater regressieren.[446]

Ist die Geschäftsleitung hingegen ihren Informationseinholungspflichten ordnungsgemäß nachgekommen, scheidet eine Haftung gegenüber der Gesellschaft aus. Da sie alles getan hat, was von ihr vernünftigerweise verlangt werden konnte, ist es nur gerecht, dass die Gesellschaft lediglich beim Berater Regress nehmen kann und nicht bei der eigenen Geschäftsleitung. Das Risiko der Verkennung der Rechtslage kann somit sachlich zwischen Gesellschaft und Geschäftsleitung aufgeteilt werden. Eine effektive und gerechte Risikoverteilung wird also ohne die Klassifizierung des Beraters als Erfüllungsgehilfe der Geschäftsleitung erreicht.[447]

Überzeugender ist es also, nicht auf eine generelle Zurechnung des Beraterverschuldens nach § 278 S. 1 BGB abzustellen, sondern die Haftung der Geschäftsleitung anhand ihrer Eigenverantwortung zu beurteilen.[448] Aufgrund des an sie

---

444 Siehe zum innerbetrieblichen Schadensausgleich: *Wellhöfer*, in: Wellhöfer/Peltzer/Müller, Vorstandshaftung, § 2 Rn. 35.

445 *Hahn/Naumann*, CCZ 2013, 156 (163).

446 Hierzu Kapitel 4 D).

447 Vgl. *Sander/Schneider*, ZGR 2013, 725 (740).

448 *Binder*, ZGR 2012, 757 (768 f.).

gerichteten hohen Sorgfaltsmaßstabs kann von ihr verlangt werden, dass sie bei der Vorbereitung ihrer Entscheidungen eine weitgehende Sensibilität aufweist, sodass sie grundsätzlich zur eigenständigen Erörterung und Beurteilung rechtlicher oder tatsächlicher Unklarheiten verpflichtet ist.[449] Hieran schließt sich die originäre Pflicht an, fehlendes eigenes Fachwissen durch die ordnungsgemäße Einholung fachkundigen Rats zu erweitern, um somit die Entscheidung mit allen dazu erforderlichen Informationen treffen zu können. Daraus ergeben sich bereits die ersten grundlegenden Anforderungen an die Einholung fachkundiger Beratung. Aufgrund der Eigenverantwortlichkeit der Geschäftsleitung muss sich diese zumindest über die fachliche Qualifikation und persönliche Zuverlässigkeit des eingeschalteten Beraters vergewissern. Sie trifft somit ein Auswahlverschulden.[450] Weiterhin darf sie nicht jeden erteilten Rat des sorgfältig informierten Beraters ohne weitere Überprüfung annehmen und ihn blind befolgen. Vielmehr bedarf es regelmäßig einer kritischen Hinterfragung der Beratung, sodass die Geschäftsleitung auch eine Überwachungsverantwortung trifft.[451] Ein solches Abstellen auf ein Auswahl- und Überwachungsverschulden vermag den Besonderheiten des Kapitalgesellschaftsrechts somit weit eher Rechnung zu tragen als eine allgemeine Verschuldenszurechnung nach § 278 S. 1 BGB.[452]

---

449 OLG Stuttgart, NZG 2010, 141 (144); *Binder*, AG 2008, 274 (283); *ders.*, ZGR 2012, 757 (768 f.); *Fleischer*, ZIP 2009, 1397 (1400); *Selter*, AG 2012, 11 (13 f.).

450 *Blöse*, GmbHR 2012, 746 (749); *Fleischer*, ZIP 2009, 1397 (1402); *Selter*, AG 2012, 11 (14).

451 OLG Schleswig, NZI 2010, 492 (494); *Buck-Heeb*, BKR 2011, 441 (448). Ausführlich: Kapitel 3 E).

452 Nur ausnahmsweise kann man die Erfüllungsgehilfeneigenschaft des Beraters gegenüber der Geschäftsleitung bejahen. Dies ist dann der Fall, wenn ein Geschäftsleitungsmitglied bezüglich einer Maßnahme einen Rat einholt, die dem Interesse der Gesellschaft zuwiderläuft und nur noch von eigenen Interessen getragen ist. Siehe: *Wagner*, BB 2012, 651 (655). Außerdem ist der Berater als Erfüllungsgehilfe der Geschäftsleitung anzusehen, wenn der Geschäftsleiter diesen zur Erfüllung *eigener* Verbindlichkeiten heranzieht, die nicht die Gesellschaft als solche treffen und auch nicht von seinen Geschäftsleiterpflichten erfasst sind. Vgl. hierzu: Vgl. BGH NZG 2011, 1271 (1273); *Kaulich,* Haftung von Vorstandsmitgliedern, S. 90 f. Siehe besonders: *Hopt/Roth*, in: Großkomm. AktG, § 93 Rn. 385, die etwa auf die Pflicht der Vorstandsmitglieder aus §§ 309 II, 317 III AktG hinweisen. Ebenfalls: *Mertens/Cahn*, in: KK-AktG, § 93 Rn. 48. Wohl ähnlich: *Spindler*, in: MüKo, AktG, § 93 Rn. 179. In Bezug auf die eigenen Pflichten eines Gesellschafters: BGH NZG 2013, 1028 (1030).

IV. Zusammenfassung

Festzuhalten bleibt schließlich, dass eine Haftungsprivilegierung der Geschäftsleitung durch die sorgfältige Beauftragung eines fachkundigen Beraters erreicht werden kann. Hierdurch kann sie im Rahmen unternehmerischer Entscheidung bereits ihre Pflichtverletzung widerlegen, in Bezug auf gebundene Entscheidungen zumindest ihr Verschulden. Zudem ist das Verschulden des Beraters aufgrund der fehlenden Erfüllungsgehilfeneigenschaft gegenüber der Geschäftsleitung dieser nicht zuzurechnen. Hier liegt einer der bedeutendsten Unterschiede gegenüber der Haftung innerhalb vertraglicher Schuldverhältnisse. Die Geschäftsleiterhaftung ist in diesem Bereich letztlich eher mit der Haftung im Rahmen von außervertraglichen Schuldverhältnissen, etwa der deliktsrechtlichen Haftung zu vergleichen.[453] Die vorgenannten Ausführungen rechtfertigen somit diese, im Vergleich zu Kapitel 1, unterschiedlichen Konsequenzen, insbesondere in Bezug auf die Anwendbarkeit des § 278 S. 1 BGB. Ein Wertungswiderspruch ist sowohl aufgrund der divergierenden Interessenlage der Parteien als auch der abweichenden dogmatischen Konstruktionen nicht gegeben.[454]

---

453 *Binder*, ZGR 2012, 757 (768 f.).

454 *Fleischer*, ZIP 2009, 1398 (1405); *ders.*, in: FS Hüffer, S. 187 (201 f.).

Kapitel 3: Die Voraussetzungen des Vertrauensgrundsatzes

A) Grundsätze einer ordnungsgemäßen Entscheidung

Geschäftsleiter sichern durch die Einholung einer fachkundigen Beratung nicht nur das Interesse der Gesellschaft an einer sorgfältigen Entscheidungsvorbereitung, sondern können hierdurch zugleich einer eigenen Haftung für fehlgeschlagene Maßnahmen entgehen. Der an sie gerichtete hohe Sorgfaltsmaßstab nach §§ 93 I 1 AktG, 43 I GmbHG erfordert jedoch, dass die Anforderungen an den einzuholenden fachkundigen Rat streng sind. Ein berechtigtes Vertrauen, mit der Folge der Enthaftung, ist somit nur dann möglich, wenn durch die Inanspruchnahme einer Beratung nicht die eigene Verantwortung vollständig auf den Berater übertragen wird. Die Verantwortlichkeit hinsichtlich der zu treffenden Entscheidung muss somit bei der Geschäftsleitung selbst verbleiben, um auf diese Weise ein „opinion shopping"[455] zu vermeiden und die Regelungsziele der Vorstandshaftung, präventive Steuerung des Vorstandshandelns, Schadensausgleich und Gläubigerschutz,[456] nicht zu unterlaufen.

Welche Grundregeln die Geschäftsleitung im Rahmen der Delegation einer Aufgabe an einen Dritten zu beachten hat, hat der BGH bereits zu einem früheren Zeitpunkt entschieden. Obwohl es sich bei der Beauftragung eines Beraters nicht um eine vollständige Entscheidungs- und Aufgabendelegation handelt, sondern dieser vielmehr zur Entscheidungsvorbereitung unterstützend tätig wird, kann dennoch auf die dortigen Anforderungen als ein erster Ansatzpunkt zurückgegriffen werden. Demnach muss die Geschäftsleitung eine „ordnungsgemäße Auswahl, Einweisung, Information und Überwachung" des Dritten

455 *Kindler*, in: FS Goette, S. 231 (236). Aus dem amerikanischen Recht: *Hawes/Sherrard*, 62 Va. L. Rev. 1 (8): „shopping for favorable advice". Siehe auch *Rokas*, 2 Am. U. Bus. L. Rev. 323 (329), der darauf hinweist, dass eine Enthaftungsmöglichkeit durch fachkundigen Rat gerade missbräuchliches Verhalten begünstigen kann: „[...], critics could allege that reliance provisions encourage wrongful conduct, motivating directors to shield themselves behind the advice given without actually familiarizing themselves with the decision to be made or, even worse, knowing its negative aspects. Reliance provisions may even incentivize directors to shop for favorable advice."

456 Siehe: Fn. 149.

sicherstellen.[457] Diese Anforderungen sind zwingend, da die Organmitglieder für die delegierten Maßnahmen durch eine Auswahl-, Informations- und Überwachungspflicht selbst verantwortlich bleiben.[458]

An diese Anforderungen anknüpfend, entschied der BGH im Jahr 2007 erstmals ausführlicher über eine mögliche Enthaftung der Geschäftsleitung aufgrund des Vertrauens auf fachkundigen Rat. Ein Geschäftsleiter verletze seine Insolvenzantragspflicht nicht schuldhaft, wenn er „den Rat eines unabhängigen, fachlich qualifizierten Berufsträgers einholt, diesen über sämtliche für die Beurteilung erheblichen Umstände ordnungsgemäß informiert und nach eigener Plausibilitätskontrolle der ihm daraufhin erteilten Antwort dem Rat folgt [...]".[459]

Die folgenden Urteile des BGH knüpften an diese Formulierung an, betrafen aber sehr spezifische Einzelfälle.[460] Ziel der nun folgenden Ausführungen ist es, in Konkretisierung der vom BGH aufgestellten Voraussetzungen, rechtsformübergreifende Anforderungen zu entwickeln, deren Beachtung zu einer Haftungsprivilegierung der Geschäftsleitung führt, insbesondere dann, wenn sich der eingeholte Rat anschließend als fehlerhaft erweist. Diese sollen sowohl für einen Geschäftsleiter einer GmbH als auch für ein Vorstandsmitglied einer Aktiengesellschaft gelten. Die Anforderungen an die Entscheidungsfindungen innerhalb einer Kapitalgesellschaft sind schließlich im Grundsatz vergleichbar.[461] Es muss hierbei allerdings stets die jeweilige Realstruktur der Gesellschaft beachtet werden, sodass die Anforderungen an die Lage und Größe der Gesellschaft anzupassen sind. Der BGH geht ebenfalls von der Möglichkeit einer solchen rechtsformübergreifenden Handlungsanweisung aus, da in dem soeben angesprochenen Urteil bereits im Leitsatz zu lesen ist, dass „ein organschaftlicher Vertreter einer Gesellschaft" durch die Einholung fachkundigen Rats einer Haftung entgehen kann, obwohl in casu ausschließlich über den Vorstand einer Aktiengesellschaft entschieden wurde. Zudem geht der BGH davon aus, dass die

---

457 BGHZ 127, 336 (347). Vgl. auch *Fleischer*, Handbuch Vorstandsrecht, § 8 Rn. 29 ff.; *Krieger*, in: Krieger/Schneider, Managerhaftung, § 3 Rn. 21; *Twele*, Die Haftung des Vorstands für Kartellrechtsverstöße, S. 139.

458 *Schmidt-Husson*, in: Hauschka, Corporate Compliance, § 7 Rn. 10.

459 BGH NZG 2007, 545.

460 BGH DStR 2007, 1641; NZG 2011, 1271; 2012, 672; 2015, 792 (794). Vgl. auch BGH NZG 2013, 1028 in Bezug auf die Haftung eines Gesellschafters.

461 *Binder*, AG 2012, 885 (891).

Voraussetzungen hinsichtlich rechtlichem mit sonstigem fachkundigen Rat vergleichbar sind.[462]

Die nun folgenden Voraussetzungen sind daher als allgemeine Grundsätze einer sorgfältigen Entscheidungsfindung im Kapitalgesellschaftsrecht anzusehen, sodass sie sowohl für rechtlichen als auch sonst fachkundigen Rat, für gebundene sowie für unternehmerische Entscheidungen gelten.[463] Der Geschäftsleiter muss jedoch aufgrund der bereits beschriebenen Beweislastumkehr stets das Einhalten der Voraussetzungen beweisen.[464]

Hierbei müssen die Interessen der Gesellschaft und die der Geschäftsleitung berücksichtigt werden. Die Gesellschaft hat ein Interesse daran, fehlende Kenntnisse der Geschäftsleitung auszugleichen, sodass die Entscheidung auf eine sorgfältige Informationsgrundlage gestützt werden kann. Andererseits muss jedoch die übermäßige Einholung von Expertenrat aufgrund der damit verbundenen Kosten vermieden werden. Die Geschäftsleitung hat hingegen ein Interesse, klare Regelungen vorzufinden, durch deren Einhaltung sie eine eigene Haftung vermeiden kann. Nicht unberücksichtigt bleiben darf zudem das öffentliche Interesse an der Einhaltung von (Rechts-) Normen. Erarbeitet werden soll letztlich ein „*bereichsübergreifende[r] Vertrauensgrundsatz im Kapitalgesellschaftsrecht*“[465].

B) Beratungsbedarf

Zunächst ist zu klären, unter welchen Voraussetzungen der Geschäftsleiter auf einen fachkundigen Berater zurückgreifen darf. Eine Beratung ist insbesondere dann zulässig, wenn im Einzelfall ein konkreter Beratungsbedarf des jeweiligen Organmitglieds besteht. Ein ständiger Berater darf durch die Geschäftsleitung nicht eingesetzt werden, da unnötig eingeholte Gutachten dem Gesellschaftsinteresse zuwiderlaufen. Dieses Erfordernis dient letztlich der Vermeidung einer Überinvestition in Expertenrat.[466] Das Erfordernis des Beratungsbedarfs bleibt

462 BGH NZG 2013, 1028 (1030): „Nach der Rechtsprechung des *Senats* zur Haftung des Organs entlastet eine der Gesellschaft gegebene unzutreffende Auskunft zur Insolvenzreife – *ebenso wie zu einer Rechtsfrage* – ein Organ nur, [...] [Hervorh. d. Verf.].“– in Bezug auf die Haftung eines Gesellschafters.

463 Vgl. *König*, in: jurisPR-HaGesR 12/2011, Anm. 3. Vgl. auch: *Decker*, GmbHR 2014, 72 (73); *Fleischer*, KSzW 01.2013, 3 (5 insb. Fn. 25); *Vetter*, EWiR 2011, 793 (794). Siehe zudem: *Fleischer*, ZGR 2012, 160 (191).

464 Kapitel 2 A) I.

465 Formulierung von *Fleischer*, in : Spindler/Stilz, AktG, § 93 Rn. 209; *ders.*, NJW 2009, 2337 (2339).

466 Kapitel 2 C) III. 2).

in der juristischen Debatte häufig unerwähnt, da es teils als selbstverständlich vorausgesetzt wird. Doch wie im Folgenden zu sehen ist, stellt sich dies nicht zwangsläufig als unproblematisch dar. Zwar tritt *Spindler* allgemein dafür ein, dass ein lediglich zur Absicherung eingeholter Rat zulässig sei.[467] Dem ist aber nur insoweit zuzustimmen, als die Absicherung aus Sicht des Geschäftsleitungsmitglieds erforderlich war, da entweder offene Fragen bestanden, etwaige Zweifel – insbesondere aufgrund der fehlenden eigenen Sachkunde – an der Rechts- oder Sachlage vorhanden waren, dem Geschäftsleiter die notwendigen Kapazitäten zur sorgfältigen Entscheidungsvorbereitung fehlten, oder er sich aus einem sonstigen Grund außerstande sah, die notwendigen Informationen selbst zu ermitteln.[468]

Ob ein Beratungsbedarf besteht, ist auch anhand einer etwaigen Ressortaufteilung zu bewerten. Liegt aufgrund einer wirksamen Ressortaufteilung die geplante Maßnahme im ausschließlichen Zuständigkeitsbereich eines Geschäftsleiters, wird bei der Bewertung des Beratungsbedarfs lediglich auf diesen abgestellt. Auf andere Organmitglieder kommt es hingegen nicht an, da diese ausschließlich eine Überwachungsverantwortung trifft.[469] Betrifft die Entscheidung hingegen die Geschäftsleitung in ihrer Gesamtheit als Organ, muss jedes einzelne nicht hinreichend sachkundige Geschäftsleitungsmitglied die Beauftragung eines Beraters sicherstellen. Es darf sich nicht mit der Argumentation begnügen, die anderen Mitglieder besäßen das erforderliche Fachwissen, da jedes Mitglied selbst für eine ordnungsgemäße Entscheidungsfindung einzustehen hat.[470]

Bei den nun folgenden Ausführungen ist zu beachten, dass dem Vorliegen des Beratungsbedarfs ein subjektiv/objektiver Maßstab zugrunde liegt, sodass es entscheidend auf die Sichtweise des ratsuchenden Organmitglieds ankommt.[471] Dies hat letztlich zur Folge, dass der Geschäftsleiter seine fehlende Sachkenntnis nicht ex-post objektiv darlegen muss, sondern vielmehr auf seine persönliche Einschätzung im Zeitpunkt der Entscheidungsfindung abgestellt wird, wobei ihm ein Ermessensspielraum zuzubilligen ist.

---

467 *Spindler*, in: MüKo, AktG, § 93 Rn. 78.

468 Vgl. *Decker*, GmbHR 2014, 72 (74).

469 *Sander/Schneider*, ZGR 2013, 725 (748 f.). Vgl. hierzu auch: *Uwe H. Schneider*, in: Scholz, GmbHG, § 43 Rn. 58. Zur Ressortaufteilung und einer daran anschließenden Überwachungsverantwortung: Kapitel 2 A) I.

470 Zum Ganzen: *Sander/Schneider*, ZGR 2013, 725 (748 f.).

471 Siehe zum subjektiv/objektiven Maßstab: Kapitel 3 B) III. und B) IV. Vgl. *Eckert*, in: Wachter, AktG, § 93 Rn. 16; *Sander/Schneider*, ZGR 2013, 725 (755 f.).

I. Fehlende Sachkunde des ratsuchenden Geschäftsleitungsmitglieds

1) Erkannte fehlende eigene Sachkunde

Bereits oben wurde angesprochen, dass eine Beratung insbesondere bei unzureichendem Fachwissen zulässig ist. Daher findet sich in den Entscheidungen des BGH teilweise die Formulierung, dass eine Enthaftung der Geschäftsleitung mangels Verschulden in Betracht komme, wenn das Organmitglied fachkundigen Rat aufgrund seiner *fehlenden eigenen Sachkunde* einhole.[472] Wohl an dieser Formulierung orientierend sind in der Literatur vereinzelt Stimmen zu vernehmen, die eine höhere Sachkunde des Beraters im Vergleich zum Geschäftsleitungsmitglied als zwingende Voraussetzung für eine Enthaftung fordern. Denn nur in einem solchen Falle bestünde eine ausreichende Vertrauensgrundlage. Andernfalls hätte der Geschäftsleiter die Frage selbst beurteilen müssen.[473] Dass dies nicht zwangsläufig der Fall sein muss, deutet der BGH in zwei neueren Entscheidungen an, indem er auf eine solche Formulierung gänzlich verzichtet und schlicht eine Enthaftung eines Gesellschafters durch einen sorgfältig ausgewählten und überwachten Berater für möglich erachtet.[474] Sicherlich richtig ist dennoch, dass die fehlende eigene Sachkunde des Organmitglieds grundsätzlich

472 Vgl. BGH NZG 2007, 545; 2011, 1271; 2012, 672.

473 *Hölters*, in: Hölters, AktG, § 93 Rn. 249; *Kaulich*, Haftung von Vorstandsmitgliedern, S. 231; *Schröder*, GmbHR 2007, 759 (762). Bereits früh: RGZ 144, 348 (355 f.): Das Reichsgericht lehnte eine Enthaftung eines ratsuchenden Aufsichtsratsmitglieds ab, da dieses selbst fachkundig gewesen sei. Zum strafrechtlichen Verbotsirrtum: *Rudolphi,* Unrechtsbewusstsein, S. 243. Dieser hält eine Beratung nur dann für zulässig, wenn der Berater über eine höhere Sachkunde als der Ratsuchende verfügt. Denn nur dann biete die Auskunft eine höhere Richtigkeitsgewähr.

474 BGH NZG 2015, 792; 2013, 1028 (1030): „Nach der Rechtsprechung des *Senats* zur Haftung des Organs entlastet eine der Gesellschaft gegebene unzutreffende Auskunft zur Insolvenzreife – ebenso wie zu einer Rechtsfrage – ein Organ nur, wenn es sich unter umfassender Darstellung der Verhältnisse der Gesellschaft und Offenlegung der erforderlichen Unterlagen von einer unabhängigen, für die zu klärenden Fragestellungen fachlich qualifizierten Person hat beraten lassen, danach keine Insolvenzreife festzustellen war und das Prüfergebnis einer Plausibilitätskontrolle unterzogen wurde [...].“ Zwar betreffen die Ausführungen einen GmbH-Gesellschafter. Nach Ansicht des BGH gilt jedoch für diesen derselbe Haftungsmaßstab wie für ein Organ der Gesellschaft. Vgl. hierzu auch: BGHZ 127, 336 (347), wonach sich der Haftungsmaßstab eines Gesellschafters „an den rechtlichen Maßstäben der §§ 276, 347 HGB, § 43 GmbHG“ orientiere.

einen zulässigen, wenn auch nicht den einzig zulässigen Beweggrund zur Beauftragung eines Beraters darstellt.

Die Geschäftsleitung muss grundsätzlich eine hohe „Sensibilität" für die mit einer Entscheidung einhergehenden rechtlichen, aber auch rein tatsächlichen Probleme besitzen.[475] Von ihr wird erwartet, dass sie eine Problemlage eigenständig erkennen kann.[476] Erkennt sie bzgl. einer geplanten Maßnahme, dass sich rechtliche oder sonstige, etwa wirtschaftliche oder technische Fragen auftun, die sie nicht selbst beantworten kann, ist die Einholung fachkundigen Rats zulässig, ggf. gar notwendig. Mithin führt das Erkennen einer Problemlage, zu deren Beantwortung der Geschäftsleitung die notwendigen Kenntnisse fehlen dazu, dass ein Beratungsbedarf des jeweils verantwortlichen Organmitglieds besteht und die Einholung fachkundiger Beratung zulässig ist.

Dennoch darf dies nicht zu einem ausufernden Einholen von Gutachten führen. Kann das Problem ohne spezielle und vertiefte Fachkunde vom Organmitglied selbst gelöst werden, ist es hierzu grundsätzlich ohne die Einholung fachkundigen Rats verpflichtet. Treten etwa finanzielle Probleme der Gesellschaft auf, kann die Feststellung der Zahlungsunfähigkeit von einem Geschäftsleiter regelmäßig selbst beurteilt werden, da hierfür keine vertieften bilanziellen Kenntnisse erforderlich sind.[477] Nicht jede Ermittlung des Sachverhalts oder der rechtlichen Rahmenbedingungen kann somit auf einen Berater übertragen werden. Handelt es sich jedoch um Fragen, die nur mit vertieftem Sachverstand zu lösen sind und erkennt das Organmitglied sein fehlendes Fachwissen, ist eine Beratung zulässig.

2) Fähigkeiten zur Erkennung der fehlenden Sachkunde

Nicht stets tritt eine rechtliche oder rein tatsächliche Problematik offensichtlich zutage. Aufgrund dessen stellt sich die Frage, ob die Geschäftsleitung die Fähigkeit besitzen muss, jede denkbare rechtliche oder tatsächliche Problematik zu erkennen.

a) Beratungsbedarf im Rahmen konkret geplanter Maßnahmen

Der an der ISION-Entscheidung beteiligte Richter und stellvertretende Vorsitzende des für das Gesellschaftsrecht zuständigen zweiten Zivilsenats *Strohn* geht

475 *Binder*, AG 2008, 274 (283); *ders.*, AG 2012, 885 (890). Vgl. auch: *Strohn*, CCZ 2013, 177 (180).

476 Vgl. Kapitel 2 C) I.

477 Vgl. *H.-F. Müller*, NZG 2012, 981 (982).

in einem Beitrag davon aus, dass der Geschäftsleiter aufgrund des an ihn gerichteten strengen Sorgfaltsmaßstabes grundsätzlich dazu in der Lage sein müsse, jede aufkommende rechtliche Ungewissheit zu erkennen. Von ihm könne eine solche Sensibilität schlicht erwartet werden. Besitze er die hierfür erforderlichen Kenntnisse nicht, so hafte er bereits aufgrund eines Übernahmeverschuldens, da er das Amt nicht hätte übernehmen dürfen.[478] In einem neueren Beitrag räumt *Strohn* jedoch ein, dass es in Ausnahmesituationen doch möglich sei, dass das Geschäftsleitungsmitglied eine konkrete Problematik nicht erkennen könne.[479]

Eine solch allgemeine Festlegung, dass die Geschäftsleitung stets jegliche Ungewissheit erkennen müsse, übersieht indes die in der Realität auftretenden Probleme, die gerade in der heutigen Wirtschaftswelt daraus folgen, dass Geschäftsleiter sich mit immer weiterreichenden Pflichten konfrontiert sehen. Ein allumfassendes Fachwissen ist daher kaum möglich, sodass eine fachspezifische Qualifikation unumgänglich ist. Die Feststellung *Strohns* ist insoweit richtig, dass sich kein Geschäftsleiter einer Kapitalgesellschaft mit der Argumentation entlasten kann, er habe das entscheidungserhebliche rechtliche oder rein tatsächliche Problem nicht gekannt.[480] Für eine Haftungsprivilegierung genügt dies sicherlich nicht, da der Geschäftsführer allgemein für eine ordnungsgemäße Geschäftsleitung und hierbei im Besonderen für die Rechtmäßigkeit und Sorgfältigkeit der Unternehmensaktivitäten einzustehen hat.[481]

Organmitglieder sind zur rechtmäßigen Geschäftsführung verpflichtet, aufgrund dessen sie auch über die notwendigen Grundkenntnisse, vor allem im Kapitalgesellschaftsrecht verfügen müssen.[482] Hieraus kann gefolgert werden, dass grundlegende rechtliche Fragestellungen, die zum allgemeinen Kenntnisstand der Geschäftsleitung gehören, erkannt und gar selbst bewertet werden müssen. Dies bedeutet jedoch nicht, dass sie über so tiefgehende und allumfassende Kenntnisse verfügen müssten, um selbst jedes im Detail liegende rechtliche Problem zu erkennen. Dies würde ihre Sorgfaltsanforderungen überspannen.[483] Erst recht gilt dies für rein tatsächliche, beispielsweise wirtschaftliche oder technische Schwierigkeiten. Die Annahme, ein Geschäftsleiter könnte über ein solch umfassendes Wissen verfügen, dass er jede Schwierigkeit bzw. Fragestellung, gleich

---

478 Zum Ganzen: *Strohn*, ZHR 176 (2012), 137 (139).

479 *Strohn*, CCZ 2013, 177 (180). Siehe auch Kapitel 2 E) I. 3).

480 OLG Schleswig, NZI 2010, 492 (494 f.). So auch: *Hopt/Roth*, in: Großkomm. AktG, § 93 Rn. 403; *Krieger*, ZGR 2012, 496 (499); *Paefgen*, in: Ulmer, GmbHG, § 43 Rn. 171.

481 Vgl. *Krieger*, in: Krieger/Schneider, Managerhaftung, § 3 Rn. 5 f.

482 Ausführlich Kapitel 2 C).

483 *Krieger*, ZGR 2012, 496 (499).

ob rechtlicher oder rein tatsächlicher Art, erkennen könnte, geht schlicht an der Realität vorbei. So kann nicht erwartet werden, dass die Geschäftsleitung beim Entwurf eines neuen Bürogebäudes jedes Detail – etwa die Statik des Gebäudes oder die Eignung der verwendeten Baumaterialien – selbst bewerten kann. Insbesondere ist in einem solchen Falle, in dem es sich nicht um eine Entscheidung handelt, die auf Geschäftsleitungsebene getroffen werden muss, eine gänzliche Delegation auf nachfolgende Mitarbeiter möglich, die die Geschäftsleitung ordnungsgemäß auswählen und überwachen muss. Ist dies geschehen, muss sie nicht die Statik selbst überprüfen, somit auch nicht etwaige auftretende Probleme erkennen.[484]

Die an die Geschäftsleitung zu stellenden Anforderungen dürfen letztlich nicht in der Art überzogen werden, dass ein rechtmäßiges und ordnungsgemäßes Handeln nicht mehr möglich ist. Zwar wird von der Geschäftsleitung eine hohe Kompetenz, nicht jedoch eine allumfassende Fachkunde verlangt. Folglich kann von ihr nicht erwartet werden, jedes nur denkbare Problem zu erkennen. Als selbstverständlich kann hingegen angesehen werden, dass eine aufgrund der Vorarbeit eines Mitarbeiters auftretende Problematik der beabsichtigten Maßnahme zu einer weiterführenden Untersuchung durch die Geschäftsleitung führen muss. Besteht somit ein konkreter Anlass zur Überprüfung und fehlen die hierfür erforderlichen Kenntnisse, besteht in diesem Fall ebenso ein Beratungsbedarf.

Zudem hat sich jedes Organmitglied bei einer aufkommenden Entscheidung vor Augen zu führen, dass diese sowohl tatsächliche Fragestellungen aufwerfen kann als auch die rechtlichen Rahmenbedingungen eingehalten werden müssen. Die den Entscheidungen zugrunde liegenden Anforderungen werden insbesondere unter Zeitdruck häufig unterschätzt. Die Geschäftsleitung muss jedoch in jeder Entscheidungssituation die eigenen Kenntnisse kritisch hinterfragen. Von ihr kann verlangt werden, dass sie ihre eigenen Fähigkeiten daraufhin überprüft, ob sie für eine sorgfältige Entscheidung genügen. Insoweit muss sie selbst erkennen, dass ihre Qualifikationen nicht ausreichen, um eine sachgerechte und rechtsfehlerfreie Entscheidung allein zu treffen.[485]

Die Pflicht zur rechtmäßigen und ordnungsgemäßen Geschäftsführung macht es erforderlich, dass Organmitglieder bzgl. jeder zu treffenden Entscheidung die notwendigen Informationen ermitteln. Nur wenn alle erforderlichen Informationen zur Verfügung stehen, kann eine geplante Maßnahme ordnungsgemäß

---

484 Beispiel nach: *Strohn*, CCZ 2013, 177 (180).

485 Vgl. zum Ganzen: *Binder*, AG 2012, 885 (890 f.); *Strohn*, CCZ 2013, 177 (180).

durchgeführt werden. So kann es beispielsweise neben der Ermittlung der rechtlichen Voraussetzungen vor einer geplanten Unternehmensübernahme oftmals zur erforderlichen Sorgfalt der Geschäftsleitung gehören, das zu erwerbende Unternehmen im Rahmen einer Due Diligence zu bewerten, um auf diese Weise mögliche Risiken zu erkennen.[486] Gleiches gilt etwa bei der Entscheidung über eine Kreditvergabe an ein anderes Unternehmen. Vor einer solchen Vergabe muss sich die Geschäftsleitung über die Kreditwürdigkeit der Gesellschaft vergewissern oder aber zumindest ausreichende Sicherheiten verlangen.[487] Übereilte und nicht sorgfältig geprüfte Entscheidungen sind auch aufgrund der vom Vorstand einzuhaltenden Vorsichtsregeln nicht pflichtgemäß.[488] Die Einhaltung der Vorsichtsregeln und die hieran anknüpfende Verpflichtung, Schäden von der Gesellschaft abzuwenden und den Erfolg der Gesellschaft zu fördern, kann nur bei einer sorgfältigen Entscheidungsvorbereitung und mit einer damit einhergehenden angemessenen Informationsbeschaffung eingehalten werden.

In solchen Situationen wird also von der Geschäftsleitung verlangt, dass sie die zur Durchführung der Maßnahme notwendigen Informationen selbst ermittelt oder hierbei zumindest erkennt, dass die eigenen Qualifikationen nicht genügen, sodass eine Beratung erforderlich und zulässig ist. Dass sich bezüglich der geplanten Maßnahme eine Problemstellung in rechtlicher oder tatsächlicher Weise ergibt, muss sie hingegen nicht stets erkennen.[489] Hier kann sie sich darauf verlassen, dass der Berater alle auftretenden Problemfelder in seinem Fachgebiet sorgfältig bewertet.

Darüber hinaus muss die Geschäftsleitung die Fähigkeit besitzen, neben der eigenen Position etwaige Gegenargumente oder abweichende (Rechts-) Ansichten zu erkennen und diese mit in ihre Bewertung einzubeziehen.[490] Blind dem eigenen vermeintlich richtigen Weg zu folgen genügt hingegen nicht. Hier kann es angebracht sein, durch eine Beratung die eigenen Kenntnisse zu erweitern und weitergehende oder gar der eigenen Ansicht widersprechende Betrachtungsweisen zu berücksichtigen.

---

486 Siehe Fn. 349.

487 Zur Überprüfung der Kreditwürdigkeit: BGH WM 1981, 440 (441); *Zöllner/Noack*, in: Baumbach/Hueck, GmbHG, § 43 Rn. 18. Zur Einräumung von Sicherheiten: BGH NJW 1980, 1629; OLG München, ZIP 1998, 23 (25).

488 *Mertens/Cahn*, in: KK-AktG, § 93 Rn. 66, 91. Vgl. *Kreuz*, Enthaftung des Geschäftsleiters, S. 54 f.

489 *Binder*, AG 2012, 885 (891). A. A. wohl *Strohn*, siehe Fn. 478.

490 *Binder*, AG 2008, 274 (283).

b) Beratungsbedarf außerhalb konkret geplanter Maßnahmen

Auch außerhalb konkret geplanter Maßnahmen kann es sein, dass der Vorstand erkennen muss, dass er einer Beratung bedarf. Dies gilt insbesondere in Bezug auf gesetzliche Handlungspflichten der Geschäftsleitung. Als Beispiel kann hier die Insolvenzantragspflicht nach § 15a InsO genannt werden. Die Geschäftsleitung ist dazu verpflichtet, sich stets über die finanzielle und wirtschaftliche Situation der Gesellschaft zu informieren, um bei auftretenden Zeichen für eine Krise die Prüfung der Insolvenzreife durchzuführen, ggf. frühzeitig entgegenzuwirken oder rechtzeitig Insolvenzantrag stellen zu können.[491] Treten erste Anzeichen einer finanziellen Krise auf, muss die finanzielle Situation ausgiebig geprüft werden.[492] Ist die Geschäftsleitung dazu nicht in der Lage, so besteht auch hier Beratungsbedarf, sodass sie die erforderliche Bewertung durch einen Dritten vornehmen lassen muss.

Die Geschäftsleitung muss also, um ihre vielfältigen Pflichten zu erfüllen, über die finanzielle Lage der Gesellschaft hinaus stets über die aktuellen Entwicklungen der Gesellschaft informiert sein.[493] Ergeben sich Anzeichen dafür, dass sie zum Handeln (gesetzlich) verpflichtet ist, muss sie dem unmittelbar nachgehen und ggf. rechtlichen oder sonstigen fachkundigen Rat einholen. So kann auf diese Weise erreicht werden, dass sie durch die Zuarbeit von Mitarbeitern auf eine rechtliche oder tatsächliche Problemlage aufmerksam gemacht wird. Eine generelle Sensibilität für rechtliche und tatsächliche Fragestellungen ist von ihr somit auch außerhalb von konkret geplanten Maßnahmen zu erwarten. Die Geschäftsleitung muss mithin in der Lage sein, einen etwaigen Handlungsbedarf jederzeit zu erkennen.[494]

II. Offene Rechtslage

Weiterhin kann ein Beratungsbedarf bestehen, wenn sich die Rechtslage als zweifelhaft oder gar offen darstellt. Eine solch offene Rechtslage kann auf verschiedene Gründe zurückzuführen sein. Zu einigen juristischen Problemen besteht etwa keine höchstrichterliche Rechtsprechung, sodass sich instanzgerichtliche Urteile

---

491 BGHZ 126, 181 (199); BGH NZG 2012, 672 (673); *Hölters*, in: Hölters, AktG, § 93 Rn. 52; *H.-F. Müller*, DB 2014, 1301 (1305).

492 BGHZ 163, 134 (140 f.); BGH NZG 2012, 672 (673).

493 *Wiesner*, in: MünchHdb, AG, § 25 Rn. 8.

494 *Haas/Ziemons*, in: BeckOK, GmbHG, § 43 Rn. 98. Ist eine Problemlage tatsächlich nicht erkennbar, kommt dennoch ein unvermeidbarer Rechts- oder Tatsachenirrtum in Betracht: Siehe hierzu: Kapitel 2 E) I. 3).

widersprechen. Divergierende Meinungen in der Literatur sind ebenso keine Seltenheit. Gesetzesänderungen, unbestimmte Rechtsbegriffe, gesetzlich gewährte Ermessensspielräume oder gänzlich undiskutierte Probleme können außerdem zu einer ungewissen Rechtslage führen.

Verfügt die Geschäftsleitung über nicht ausreichende juristische Kenntnisse, gilt das oben Gesagte. Eine offene Rechtslage ändert an dem Beratungsbedarf nichts. Dieser besteht vielmehr erst recht. Da die Geschäftsleitung eine ordnungsgemäße Entscheidungsfindung schuldet, obliegt es ihr, die offene Rechtslage durch ein Rechtsgutachten darstellen und bewerten zu lassen, sodass sie die unterschiedlichen Auffassungen bzw. Auslegungsmöglichkeiten erkennen kann, um im Folgenden selbst eine abwägende Entscheidung zu treffen.[495]

Fraglich erscheint jedoch, ob gar im Falle einer juristischen Qualifikation der Geschäftsleitung und der erkannten offenen Rechtslage ebenfalls ein Beratungsbedarf besteht. Hier sollte ein nicht zu strenger Maßstab angelegt werden. Besitzt der Geschäftsleiter ausreichende juristische Kenntnisse, etwa aufgrund seiner beruflichen Ausbildung, sodass er selbst die offene Rechtslage umfassend analysieren kann, vermag allein der Umstand eines nicht eindeutigen Ergebnisses zwar keine Beratungspflicht auszulösen,[496] dennoch ist eine im Einzelfall eingeholte Beratung zulässig. Durch ein Vier-Augen-Prinzip können neue Betrachtungsweisen dem Geschäftsleiter näher gebracht werden, die er selbst nicht berücksichtigt hätte. Ein hinzugezogener Berater kann somit bei einem fachkundigen Geschäftsleiter im Einzelfall in ähnlichem Maße einen Zugewinn an Informationen zur Folge haben.[497]

III. Mangelnde Kapazität

Entgegen der oben bereits beschriebenen vereinzelten Bedenken[498] kann eine fachkundige Beratung zulässigerweise auch dann eingeholt werden, wenn das Organmitglied selbst über ausreichende Kenntnisse zur Beurteilung der Problematik verfügt. Andernfalls wäre eine juristische Beratung, die von einem in der Geschäftsleitung tätigen Juristen eingeholt würde, stets unzulässig. Der Jurist

---

495 Vgl. *Bicker*, AG 2014, 8 (10); *Dreher*, in: FS Konzen, S. 85 (92 f.); *Fleischer*, in: Spindler/Stilz, AktG, § 93 Rn. 29; *Hölters*, in: Hölters, AktG, § 93 Rn. 76. Welche Handlungsmaxime sich aus einer offenen Rechtslage für die Geschäftsleitung ergibt, wird in Kapitel 4 B) erörtert.

496 Vgl. *Buck-Heeb*, BB 2013, 2247 (2249), die davon spricht, dass die Einholung von Rechtsrat bei unsicherer Rechtslage bei juristischer Unkenntnis vonnöten ist.

497 Siehe hierzu speziell: *Freund*, GmbHR 2011, 238 (240).

498 Vgl. Fn. 473.

verfügt zumindest theoretisch über eine ausreichende juristische Kenntnis, um gesellschaftsrechtliche Fragen zu beurteilen. Vor allem würde ein im Unternehmensrecht spezialisierter Jurist als Geschäftsleiter einer juristischen Beratung stets entgegenstehen. Gleiches würde für einen Wirtschaftsprüfer als Finanzvorstand gelten. Diesem wäre es verwehrt, wirtschaftliche Gutachten zur finanziellen Situation einzuholen oder eine Überschuldungsbilanz von einem Dritten einzufordern, da er selbst über entsprechende Kenntnisse verfügt.

Eine solch eingeschränkte Zulässigkeit der Beratung würde die Geschäftsleitung vielfach überfordern. Diese ist daher auch dann zur Einholung fachkundigen Rats berechtigt, wenn sie zwar grundsätzlich über das notwendige Fachwissen verfügt, es sich jedoch beispielsweise um eine umfangreiche und komplexe Fragestellung handelt, zu deren Beantwortung die notwendigen Kapazitäten fehlen. Die Geschäftsleitung würde einen Großteil ihrer sonstigen Leitungs- und Geschäftsführungsaufgaben vernachlässigen, würde sie alle notwendigen Informationen zu jeder geplanten Maßnahme selbst ermitteln und hierbei jedes aufkommende Problem eigenständig untersuchen.[499] Daher muss eine fachkundige Beratung bei unzureichenden personellen oder zeitlichen Kapazitäten trotz vorhandenem Fachwissen zulässig sein.[500]

Da es in der Verantwortung der Geschäftsleitung liegt, die notwendigen Informationen zur Entscheidungsvorbereitung zu ermitteln, steht ihr ein Ermessen zu, ob sie einen Berater beauftragt.[501] Daher ist sowohl im Rahmen gebundener Entscheidungen als auch erst recht für unternehmerische Entscheidungen ein subjektiver/objektiver Maßstab in Bezug auf die Zulässigkeit der Beratung

---

499 Vgl. *H.-F. Müller*, DB 2014, 1301 (1305), der eine Beratung in diesem Falle als zulässig erachtet, da dem Management ausreichend Zeit für dessen „Kernaufgaben" verbleiben müsse. *V. Werder* geht gar davon aus, dass teilweise ein „Delegationsgebot" bestehe, sofern die Geschäftsleitung durch die vielfältigen Aufgaben des Tagesgeschäfts ihre Führungsfunktionen vernachlässigen würde, *v. Werder*, Corporate Governance, S. 275 f. Dies kann ohne Weiteres auch auf die Einholung fachkundiger Beratung übertragen werden, da auch die zeitaufwendige Vorbereitung der unterschiedlichsten Aufgaben des Tagesgeschäfts eine Hilfstätigkeit durch einen Berater erforderlich machen kann.

500 *Decker*, GmbHG 2014, 72 (74); *Fleischer*, KSzW 01.2013, 3 (9); *Kremer*, in: Gesellschaftsrecht in der Diskussion 2012, S. 171 (177); *H.-F. Müller*, DB 2014, 1301 (1305). Für eine wohl sehr weite Zulässigkeit: *Spindler*, in: MüKo, AktG, § 93 Rn. 78, wonach sich das Geschäftsleitungsmitglied auch bei ausreichender Sachkunde zum Zwecke der Absicherung eines Beraters bedienen könne. A. A. siehe die Nachweise in Fn. 473.

501 Vgl. *Decker*, GmbHR 2014, 72 (73); *Krieger/Sailer-Coceani*, in: Schmidt/Lutter, AktG, § 93 Rn. 17; *Peters*, AG 2010, 811 (813).

anzulegen.[502] Sieht sich das Organmitglied somit außerstande, die notwendigen Informationen selbst zu ermitteln, obwohl es über ein ausreichendes Fachwissen verfügt, kann es also vernünftigerweise davon ausgehen, dass es zur ordnungsgemäßen Entscheidungsvorbereitung eines Beraters bedürfe, ist die Einholung einer fachkundigen Beratung zulässig.

Gleichwohl darf dies nicht zu einer allumfassenden Beratung führen. Das Argument der fehlenden Kapazitäten darf nicht dazu genutzt werden, dass sich die Geschäftsleitung ihrer Verantwortung bezüglich der sorgfältigen Entscheidungsvorbereitung gänzlich entzieht und später mit der Argumentation, ein Dritter habe die Verantwortung zu tragen, einer Haftung entgeht. Ein generelles Einholen von Expertenrat ist, wie bereits dargelegt, nicht zulässig. Zudem ist zu beachten, dass ein Verschwenden von Gesellschaftsmitteln nur durch eine zurückhaltende Zulässigkeit von Expertenrat zu verhindern ist. Hier soll nochmals das bereits oben angesprochene Beispiel aus dem Insolvenzrecht zur Verdeutlichung herangezogen werden: Die Beurteilung der Zahlungsunfähigkeit nach § 17 InsO durch einen in der Geschäftsleitung tätigen Wirtschaftsprüfer ist relativ zügig zu ermitteln bzw. liegt teils offensichtlich vor. In einem solchen Fall würde eine Beauftragung eines Experten lediglich zu einer zeitlichen Verzögerung[503] und zu überflüssigen finanziellen Ausgaben führen. Soll jedoch die Überschuldung der Gesellschaft nach § 19 InsO bewertet werden, ist dies ein hochkomplexer Vorgang, zu dessen vollständiger Ausarbeitung dem Vorstand oder dem Geschäftsführer vielfach die notwendige Zeit fehlt. In einem solchen Fall ist eine fachkundige Beratung, sei es intern oder extern, angebracht, um die übrigen Aufgaben nicht zu vernachlässigen. Ähnlich ist es zulässig, als Jurist und Geschäftsleitungsmitglied besonders dann Rechtsrat einzuholen, wenn dieser Geschäftsleiter bereits seit mehreren Jahren nicht mehr im juristischen Kerngebiet tätig war.[504]

Im angloamerikanischen Recht wird ebenfalls nicht zwangsläufig ein fehlendes Fachwissen des Geschäftsleiters gefordert. In *In re Citigroup Inc. Shareholder Derivative Litigation* stellte das Gericht fest, dass ein fachkundiger Geschäftsleiter von der Privilegierung der Section 141 (e) DGCL erfasst ist, sofern er in

502 *Decker*, GmbHR 2014, 72 (73); *Sander/Schneider*, ZGR 2013, 725 (775 f.). Siehe zudem: *Eckert*, in: Wachter, AktG, § 93 Rn. 16; *Spindler*, in: MüKo, AktG, § 93 Rn. 76 f. Im Ergebnis unter (analoger) Anwendung des § 93 I 2 AktG: *Fleischer*, ZIP 2009, 1397 (1404); *Peters*, AG 2010, 811 (813). Vgl. ausführlich zum subjektiv/objektiven Maßstab in Bezug auf die Auswahl des Beraters: Kapitel 3 C) IV.

503 So *H.-F. Müller*, NZG 2012, 981 (982).

504 *Hölters*, in: Hölters, AktG, § 93 Rn. 249.

„good faith" handelt.[505] Darüber hinaus sind den gesetzlich kodifizierten Bestimmungen[506] keine Anhaltspunkte zu entnehmen, dass der Berater über ein im Vergleich zum Geschäftsleitungsmitglied höheres Fachwissen verfügen müsste.

Um der gerade beschriebenen Gefahr der ungerechtfertigten Abwälzung der Verantwortung entgegenzuwirken, erhöht sich allerdings der Sorgfaltsmaßstab der Geschäftsleitung im Falle der Einholung fachkundigen Rats trotz eigener Fachkunde.[507] Das Organmitglied wurde vielfach aufgrund seiner besonderen Kompetenzen in das Amt berufen.[508] Überträgt es die grundsätzlich von ihm zu beantwortende Frage auf einen Dritten, wird von ihm eine höhere Sorgfalt verlangt, da es selbst die erforderlichen Qualifikationen besitzt. So kann es im Allgemeinen die Fachkunde des Beraters besser bewerten, hat einen genauen Überblick über die notwendigen zur Verfügung zu stellenden Informationen und ist zudem zur detaillierteren Überprüfung des Rates im Stande. Mithin ist in einem solchen Falle eine Plausibilitätskontrolle erforderlich, deren Inhalt über eine Überprüfung auf offensichtliche Mängel hinausgeht und sich vereinzelt mit Detailproblemen auseinander setzen muss.[509] Auch eine solche Verschärfung der Überprüfungsverantwortung findet Zustimmung im angloamerikanischen Rechtsraum.[510]

---

505 *In re Citigroup Inc. Shareholder Derivative Litigation*, 964 A.2d 106 (135) (Del. Ch. 2009): „[...] even board members who are experts are fully protected under § 141(e) in relying in good faith on the opinions and statements of the corporation's officers and employees who were responsible for preparing the company's financial statements." Siehe hierzu auch: *Uebler*, 65 BUSLAW 1023 (1043 Fn. 95).

506 In den US-amerikanischen Bestimmungen findet sich keine solche Beschränkung: Vgl. Section 141 (e) Delaware General Corporation Law; Section 8.30 (f) Model Business Corporation Act; Section 717 (a) (1) New York Business Corporations Law; Section 309 (b) California Corporations Code; Section 541a (2) Michigan Business Corporation Act. Auch in sonstigen ausländischen Bestimmungen ist die Einholung einer fachkundigen Beratung an ein solches Erfordernis nicht geknüpft: Siehe hierzu Fn. 370.

507 Vgl. *Baumann*, BOARD 2012, 79 (80); *Kremer*, in: Gesellschaftsrecht in der Diskussion 2012, S. 171 (177); *H.-F. Müller*, DB 2014, 1301 (1305); *Spindler*, in: MüKo, AktG, § 93 Rn. 78.

508 Vgl. Fn. 235.

509 Weitere Ausführungen zur Plausibilitätskontrolle bei vorhandenem Fachwissen: Kapitel 3 E) VI.

510 *Uebler*, 65 BUSLAW 1023 (1043 Fn. 95); „That protection, however, may be more limited than that afforded directors without expertise. For example, under the reasonableness inquiry, the Court of Chancery could hold the expert director to a 'reasonable expert' standard and conclude that the director should have known on

IV. Zusammenfassung

Die Beauftragung eines fachkundigen Beraters ist insbesondere, aber nicht nur dann zulässig, wenn das ratsuchende Organmitglied nicht über eine ausreichende Fachkunde zur sorgfältigen und vollumfassenden Entscheidungsvorbereitung verfügt. Da jedem Geschäftsleiter jedoch im Rahmen des Entscheidungsfindungsprozesses ein Ermessen zuzugestehen ist, ist darüber hinaus eine Beratung dann zulässig, sofern die notwendigen personellen oder zeitlichen Kapazitäten fehlen oder das Organmitglied durch ein Vier-Augen-Prinzip neue Aspekte zur Entscheidungsfindung hinzugewinnen möchte. Zwingend zu beachten ist jedoch, dass den ratsuchenden *fachkundigen* Geschäftsleiter eine erhöhte Sorgfaltspflicht trifft, da er selbst in einem weitergehenden Maße die in Frage stehende Problematik beurteilen kann.

C) Sorgfältige Auswahl des Beraters

Genügen die Fähigkeiten der Geschäftsleitung zur Beurteilung der Rechts- oder Tatsachenlage nicht oder fehlen ihr die erforderlichen personellen bzw. zeitlichen Kapazitäten, muss die Qualifikation bzw. die Kompetenz der Geschäftsleitung zumindest die sachgerechte Auswahl der Auskunftsperson umfassen.[511] Im Rahmen einer vollständigen Delegation von Geschäftsführungsaufgaben ist allgemein anerkannt, dass die fehlerhafte Auswahl der Hilfsperson zu einer Haftung des Vorstandsmitglieds oder des Geschäftsführers führen kann.[512] Eine solche Haftung stellt also auf das eigene Verschulden des Organmitglieds aufgrund nicht sachgemäßer Auswahl der Hilfsperson ab. Da die Sorgfaltspflichten in Bezug auf die Einholung fachkundiger Beratung vergleichbar sind, bedarf es hier ebenfalls der ordnungsgemäßen Auswahl des Beraters (sog. *cura in eligendo*[513]). Auch wenn es zunächst als Selbstverständlichkeit anzusehen ist, dass ein zur

the face of the expert's report that the substance of the advice was flawed. Or, under the good-faith inquiry, the court could conclude that, because the expert-director has specialized knowledge in the subject, the director could not have relied in good faith on the flawed expert advice."

511 *Blöse*, GmbHR 2012, 746 (749).

512 *Decker*, GmbHR 2014, 72 (75); *Fleischer*, NZG 2010, 121 (123); *Schmidt-Husson*, in: Hauschka, Corporate Compliance, § 7 Rn. 22. Strafrechtlich: *Sternberg-Lieben/ Schuster*, in: Schönke/Schröder, StGB, § 17 Rn. 18, wonach die fehlerhafte Auswahl ein Verschulden des Ratsuchenden begründen könne.

513 *Altmeppen*, NJW 2007, 2121.

Erfüllung bzw. zur Unterstützung einer Tätigkeit herangezogener Dritter sorgfältig ausgewählt werden muss, ergeben sich jedoch im Detail vielfältige Probleme.

Ein Berater sollte die Gewähr für eine „objektive, sorgfältige, pflichtgemäße und verantwortungsbewusste Auskunftserteilung bieten".[514] Wenn der Berater diese Voraussetzungen erfüllt, ist das Geschäftsleitungsmitglied den hohen Sorgfaltsanforderungen nach §§ 93 I 1 AktG, 43 I GmbHG in Bezug auf die Auswahl des Beraters nachgekommen. Um dies zu gewährleisten, muss die Geschäftsleitung somit sicherstellen, dass der Berater zwei Kriterien erfüllt:

Zunächst muss er über die notwendige Fachkompetenz zur sachgemäßen Beurteilung der jeweiligen Fragestellung verfügen. Darüber hinaus muss er aber sowohl allgemein als auch im konkreten Fall persönlich zuverlässig sein. Nach den bereits ergangenen höchstrichterlichen Entscheidungen muss der ratsuchende Geschäftsleiter also auf einen unabhängigen und für die zu klärende Fragestellung fachlich qualifizierten Berater zurückgreifen.[515] Somit ist letztlich zwischen der fachlichen Sachkunde des Beraters und dessen persönlicher Zuverlässigkeit, insbesondere seiner Objektivität, zu unterscheiden. Von der Geschäftsleitung kann verlangt werden, dass sie bei der Auswahl des Beraters mit besonderer Sorgfalt vorgeht. Die sorgfältige Entscheidungsfindung liegt nicht nur im Interesse der Gesellschaft, sondern in ihrem eigenen Interesse, da sie durch den

514 *Fleischer*, in: FS Hüffer, S. 187 (189 f.). Vgl. hierzu: *Schaub/Schaub*, ZIP 2013, 656 (659). Aus strafrechtlicher Sicht: BGHSt 40, 257 (264). Vgl. auch: BGH NStZ 2000, 307 (309); NJW 2013, 93 (97); *Joecks*, in: MüKo, StGB, § 17 Rn. 58 ff.; *Roxin*, Strafrecht AT, § 21 Rn. 62; *Sternberg-Lieben/Schuster*, in: Schönke/Schröder, StGB, § 17 Rn. 18. Eine treffende Formulierung findet sich auch bei: *Duttge*, in: Dölling/Duttge/Rössner, Strafrecht, § 17 Rn. 19: „Dazu ist erforderlich, dass der Betroffene bei einer Gesamtschau aller Umstände, ohne vorschnell auf die Richtigkeit eines ihm günstigen Standpunktes zu vertrauen und die Augen vor gegenteiligen Ansichten zu verschließen […], den Eindruck von der Sachkundigkeit und Objektivität einer die Sach- und Rechtslage gewissenhaft prüfenden Person oder Institution gewinnen durfte […]."

515 BGH NZG 2007, 545; 2011, 1271; 2012, 672; 2013, 1028; 2015, 792 (794); DStR 2007, 1641. Vgl. auch: OLG Stuttgart, NZG 2010, 141. Im Rahmen des Strafrechts: BGHSt 40, 257 (264); BGH NStZ 2000, 307 (309); NJW 2013, 93 (97); *Löw*, Erkundigungspflicht beim Verbotsirrtum, S. 101 m. w. N.; *Rudolphi*, Unrechtsbewusstsein, S. 244. Bezüglich des Kartellrechts: *Potten*, Irrtum in der kartellrechtlichen Entscheidungspraxis, S. 46. Auch in anderen Rechtsordnungen findet eine solche Trennung zwischen der *competence* (Kompetenz) und der *reliability* (Zuverlässigkeit) der Auskunftsperson insbesondere in amerikanischen Gesetzen statt. Vgl. etwa § 8.30 (e) (f) des Model Business Corporation Act. Zudem Section 141 (e) DGCL. Siehe auch: *Balotti/Shaner*, 74-WTR LCPR 161 (166); *Rokas*, 2 Am. U. Bus. L. Rev. 323 (332 ff.).

eigeholten Rat zugleich einer eigenen Haftung entgehen möchte.[516] Daher ist beispielsweise im amerikanischen Recht zu lesen: „[…] reliance defense be permitted only where the client has exercised a modicum of due care; otherwise, shopping for favorable advice might be encouraged.“[517]

I. Fachliche Sachkunde des Beraters

Wird ein Berater mit der Überprüfung eines Sachverhalts oder einer rechtlichen Beurteilung beauftragt, muss dieser über eine ausreichende Qualifikation verfügen, da die fachliche Kompetenz ein entscheidendes Kriterium für die Qualität des Rats darstellt.[518] Welche Anforderungen an die fachliche Qualifikation des Beraters genau zu stellen sind, ist jedoch nicht abschließend geklärt. So finden sich etwa zum Verbotsirrtum des § 17 StGB im Rahmen des Strafrechts verschiedene Formulierungen, die Auskunftsperson solle kompetent[519], gesetzeskundig[520], sachkundig[521], sorgfältig[522] oder etwa verantwortungsbewusst[523] sein.[524] Nach der aktuellen zivilrechtlichen Diskussion müsse der Ratgeber sachverständig[525], fachlich sachkundig[526] oder aber ein Fachmann[527] sein, über die einschlägige Fachkunde[528] oder eine nachgewiesene bzw. fachliche Expertise[529] verfügen.

Da solche Formulierungen der Geschäftsleitung keinen konkreten Handlungsmaßstab aufzeigen, soll im Folgenden geklärt werden, auf welche Weise die Qualifikation des Beraters bewertet werden kann und welche Mindestanforderungen einzuhalten sind. Entscheidend ist dabei zu berücksichtigen, dass

---

516 Vgl. *Piepenbrock*, Defense of Reliance, S. 223. Zudem: *Walton*, 14 Am. L. & Econ. Rev. 271 (273): „Boards frequently use experts as a shield against liability.“

517 *Hawes/Sherrard*, 62 Va. L. Rev. 1 (24).

518 In Bezug auf einen gerichtlichen Sachverständigen: *Pastor*, in: Werner/Pastor, BauP, Rn. 3108. Vgl. zudem: BGH NJW-RR 2008, 1380 (1381); *Scheuch*, in: BeckOK, ZPO, § 404 Rn. 2. Aus dem Strafrecht: *Kunz*, GA 1983, 457 (458).

519 BayOblG, NJW 1980, 1057 (1058).

520 BayObIG, GA 1956, 124 (127).

521 BGHSt 40, 257 (264); BayObIG, NJW 1989, 1744 (1745). Vgl. auch: BayObIG, NJW 1980, 1057 (1058).

522 BGHSt 40, 257 (264); BayObIG, NJW 1989, 1744 (1745).

523 BGHSt 40, 257 (264); BayObIG, NJW 1989, 1744 (1745).

524 Siehe auch: *Löw*, Erkundigungspflicht beim Verbotsirrtum, S. 101 m. w. N.

525 *Blöse*, GmbHR 2012, 746 (749).

526 *Fleischer*, ZIP 2009, 1397 (1403).

527 *Loritz/Wagner*, DStR 2012, 2189 (2191).

528 *Binder*, AG 2008, 274 (284).

529 *Binder*, ZGR 2012, 757 (770); *Decker*, GmbHR 2014, 72 (75).

es keine Auskunftsperson gibt, die generell und stets für jegliche aufkommende Fragestellung in den unterschiedlichsten Fachgebieten als sachkundig angesehen werden kann. Vielmehr ist die fachliche Qualifikation eines Beraters für jeden Einzelfall konkret zu überprüfen. Daher wird aufgezeigt, welche Kriterien die Geschäftsleitung bei der Auswahl des Beraters berücksichtigen muss. Entscheidend ist somit nicht zwangsläufig, dass der Berater eine höhere Kompetenz als das ratsuchende Geschäftsleitungsmitglied besitzt, sondern dass der Berater aus Sicht des Geschäftsleitungsmitglieds über eine zur ordnungsgemäßen Beantwortung der Problemlage entsprechende Fachkunde verfügt.

1) Allgemeine Kompetenz

a) Berufsträgereigenschaft

In Anlehnung an die höchstrichterlichen Entscheidungen aus den Jahren 2007, 2011 und 2015 vermag zunächst der Eindruck entstehen, dass als hinreichend qualifizierte Berater lediglich Berufsträger in Betracht kämen, da der BGH in diesen Entscheidungen scheinbar auf diese abstellte.[530] Zwar ist der Begriff des Berufsträgers nicht gesetzlich kodifiziert, dennoch sind hiermit regelmäßig drei Merkmale verbunden: Die Ausbildung eines Berufsträgers zeichnet sich grundsätzlich durch eine staatlich anerkannte Abschlussprüfung aus. Zudem besteht eine Pflicht zum Abschluss einer gesetzlichen Haftpflichtversicherung, die in einem Schadensfall zumindest einen Mindestschaden abdeckt, der aufgrund einer Pflichtverletzung des Berufsträgers entstanden ist. Weiterhin sind Berufsträger einer Kammer zugehörig, die das berufliche Handeln überwacht und bei Fehlentwicklungen oder Pflichtverletzungen einschreiten kann bzw. muss. Berufsträger sind mithin etwa Rechtsanwälte, Steuerberater, vereidigte Buchprüfer und Wirtschaftsprüfer.[531]

Die Formulierung des BGH ist jedoch unter dem Aspekt zu betrachten, dass in den ergangenen Entscheidungen stets Berufsträger als Berater agierten. Somit hatte der BGH bis zu seiner Entscheidung im Jahre 2012 nicht über die Qualifikation eines Nicht-Berufsträgers als Berater zu entscheiden. In einem obiter

530 BGH NZG 2007, 545: „[...] Rat eines unabhängigen, fachlich qualifizierten Berufsträgers [...]". Ebenso BGH DStR 2007, 1641 (1642). BGH NZG 2011, 1271: „[...] unabhängigen, für die zu klärende Frage fachlich qualifizierten Berufsträger [...]". Ebenso: BGH NZG 2015, 792.

531 Vgl. zum Begriff des Berufsträgers besonders: *Selter*, AG 2012, 11 (16). Siehe auch: *Fleischer*, KSzW 01.2013, 3 (7); *H.-F. Müller*, DB 2014, 1301 (1302); *ders.*, NZG 2012, 981 (982).

dictum einer Entscheidung aus dem Jahre 2012 sah der BGH schließlich eine Unternehmensberaterin mit abgeschlossenem betriebswirtschaftlichen Studium und einer achtjährigen Berufserfahrung auf dem Gebiet der Bonitätsprüfung und der Erstellung von Fortführungsprognosen als hinreichend qualifiziert zur Beurteilung der Insolvenzreife in dem in casu kleinen Unternehmen an.[532] Daher wird in diesem Urteil erstmals von einer „fachlich qualifizierten Person" gesprochen.[533]

Dabei empfiehlt sich eine genaue Interpretation des Wortlauts der Entscheidung: Nach den Urteilsgründen ist es nicht ausgeschlossen, „dass nach den konkreten Umständen des jeweiligen Einzelfalles, bei denen [...] auch die Größe des zu beurteilenden Unternehmens zu berücksichtigen sein kann, die Beratung durch geeignete Angehörige anderer Berufsgruppen [d. h. Nicht-Berufsträger] gleichfalls zur Entlastung des Geschäftsführers genügen kann." Diese zurückhaltende Formulierung wird vereinzelt dahingehend interpretiert, dass der BGH davon ausgehe, dass zumindest in größeren Unternehmen regelmäßig Berufsträger mit einer Beratung beauftragt werden sollten und nur ausnahmsweise, wenn es sich um ein relativ kleines Unternehmen handelt, im Einzelfall sonstige Berater in Betracht kämen.[534] Dem ist insoweit zuzustimmen, als die Anforderungen an die Geschäftsleitung mit steigender Größe des Unternehmens zunehmen.[535] Je größer das Unternehmen und je komplexer die geplante Maßnahme ist, desto höher sind die Auswahl- und Begründungsanforderungen der Geschäftsleitung. Der Nachweis einer ausreichenden Qualifikation des Beraters wird folglich mit der Beauftragung eines Berufsträgers regelmäßig einfacher zu erbringen sein, da die soeben dargestellten Eigenschaften für eine besondere Qualifikation sprechen.

Beispielsweise ist ein Wirtschaftsprüfer zur Überprüfung der Insolvenzreife in der Regel ausreichend qualifiziert.[536] Dies ist auch darauf zurückzuführen, dass der Gesetzgeber in § 319 I 1 HGB von einer ausreichenden Qualifikation eines Wirtschaftsprüfers ausgeht, um als Abschlussprüfer einer Gesellschaft tätig zu werden. Im Rahmen eines solchen Prüfungsberichts hat der Wirtschaftsprüfer regelmäßig die Überschuldung oder Zahlungsunfähigkeit, mithin also die

---

532 BGH NZG 2012, 672 (673).

533 BGH NZG 2012, 672. Diese Formulierung übernehmend auch: BGH NZG 2013, 1028 (1030), in Bezug auf die Haftung eines Gesellschafters.

534 *H.-F. Müller*, NZG 2012, 981 (982); *Schwarz*, CCZ 2013, 34 (38). Vgl. auch *Blöse*, GmbHR 2012, 746 (749).

535 Siehe hierzu bereits Fn. 233.

536 So BGH NZG 2012, 672 (673).

Prüfung der materiellen Insolvenz, vorzunehmen.[537] Somit erstrecken sich die grundlegenden Qualifikationen des Wirtschaftsprüfers regelmäßig auf die Prüfung der Insolvenzreife eines Unternehmens.

Dies bedeutet vice versa jedoch nicht, dass ausschließlich Berufsträger über die notwendigen Qualifikationen verfügen. Auch Angehörige anderer Berufsgruppen kommen als Berater in Betracht, da die notwendigen Qualifikationen im Einzelfall ebenso anders nachgewiesen werden können.[538] Bei ihnen ist es allerdings umso mehr erforderlich, ihre Qualifikation genau zu überprüfen und darzulegen, warum gerade auf diesen speziellen Berater zurückgegriffen wurde. Der Nachweis der ausreichenden Qualifikation des für einen international agierenden Großkonzern tätigen Beraters wird daher in Bezug auf Nicht-Berufsträger nur schwer zu erbringen sein. Die Berufsträgereigenschaft kann letztlich stets nur als erstes Indiz für eine ausreichende Qualifikation angesehen werden. Im Folgenden wird jedoch gezeigt, dass allein die Berufsträgereigenschaft beispielsweise eines Rechtsanwalts nicht zwangsläufig genügt, um eine sorgfältige Auswahlentscheidung zu begründen.

b) Formalqualifikationen

Um die erforderliche Qualifikation nachzuweisen, ist fraglich, ob sich Geschäftsleiter auf sonstige Formalqualifikationen verlassen dürfen bzw. müssen. Ein Blick auf die Rechtsentwicklung in den Vereinigten Staaten spricht dafür, Formalqualifikationen nicht stets als zwingende Voraussetzung anzusehen. So verlangte beispielsweise Section 141 (e) des Delaware General Corporation Law in der ursprünglichen Fassung aus dem Jahre 1943 „public accountants and appraisers" als fachkundige Berater. Seit 1987 gilt jedoch, dass „any other person as to

537 *Wißmann*, in: MüKo, GmbHG, § 84 Rn. 88.

538 Ähnlich: *Fleischer*, KSzW 01.2013, 3 (7 f.); *Hillmer*, BC 2012, 282 (283); *H.-F. Müller*, DB 2014, 1301 (1302); *ders.*, NZG 2012, 981 (982). Dies ist auch der Entscheidung BGH NZG 2012, 672 zu entnehmen. Somit kann der in der Literatur aufgestellten Behauptung, es mache einen „erheblichen Unterschied", wenn das Vorstandsmitglied einen Berufsträger beauftrage, nicht gänzlich zugestimmt werden. So aber: *Selter*, AG 2012,11 (16). *Nowak* geht etwa davon aus, dass Nicht-Berufsträger nur ausnahmsweise herangezogen werden dürften, *Nowak*, GmbHR 2012, 1294 (1299). Siehe aus amerikanischer Sicht: Kommentar 6 zu Section 8.30 Model Business Corporation Act: „Possible advisers include not only those in the professional disciplines customarily supervised by state authorities, such as lawyers, accountants, and engineers, but also those in other fields involving special experience and skills, such as investment bankers, geologists, management consultants, actuaries, and real estate appraisers."

matters the member reasonably believes are within such other person's professional or expert competence and who has been selected with reasonable care [...]" als fachkundig angesehen werden kann. Diese Änderung wurde bewusst vorgenommen, um die Gruppe der befragten Auskunftspersonen zu erweitern und somit einer generellen Begrenzung der Auskunftspersonen entgegenzuwirken.[539]

Vergleichbar werden in Section 8.30 (e) (f) des Model Business Corporation Act jegliche Personen, von denen der Geschäftsleiter ausgehen durfte, dass sie fachlich qualifiziert sind, als ausreichend erachtet.[540] Ähnliche Formulierungen finden sich auch in weiteren internationalen Gesetzen.[541] Diese Gesetze gehen davon aus, dass weder eine Berufsträgereigenschaft noch eine Formalqualifikation als entscheidendes Kriterium für die Auswahl des Beraters anzusehen ist. Deren Fehlen führt somit nicht generell zum Ausschluss der Enthaftung.

---

539 Nach der offiziellen Gesetzesbegründung: 134th Gen. Assembly 14, 66 Del. Laws, c. 136, §§ 2–3 (1987), S. 93: „Subsection (e) has been amended to clarify that directors may rely in good faith upon all corporate records, reports of employees and committees of the board and the written or oral advice or opinions of any professionals and experts who are selected with reasonable care and are reasonably believed to be acting within the scope of their expertise." Hierzu auch: *Drexler et al.*, Delaware corporation law and practice, § 15.06 [2] 15–51: „[...] it was deemed advisable to broaden the language to encompass specifically all categories of outside experts and to bring reports by non-officer employees within its ambit." Siehe auch: *Balotti/Shaner*, 74-WTR LCPR 161 (167 Fn. 28).

540 Section 8.30 des Model Business Corporation Act: „A director is entitled to rely [...] on: (2) legal counsel, public accountants, or other persons retained by the corporation as to matters involving skills or expertise the director reasonably believes are matters (i) within the particular person's professional or expert competence or (ii) as to which the particular person merits confidence." Hier sollen insbesondere auch sonstige Berater erfasst sein, die eine spezielle Fachkunde besitzen. Die offizielle Begründung nennt etwa Investmentbanker, Geologen, Unternehmensberater, Versicherungsfachmänner oder Immobiliensachverständige, Official Comment 8.30 Model Business Corporation Act, 6. § 8.30 (f), Subsection (f) (2) in Fn. 538.

541 Section 717 (a) 2 New York Business Corporations Law; Section 309 (b) California Corporations Code; Section 541a (2) Michigan Business Corporation Act; Revised Code of Washington 23B.08.300 (2); Section 132 (1C) (1D) Companies Act 1965, 2007 (Malaysia). Strenger: Section 189 Corporations Act 2001 (Australia): „professional advisor or expert in relation to matters". Ebenso: Section 138 Companies Act 1993 (New Zealand); Section 157 C (1) (b) Companies Act 1967, 2007, Singapore. Section 76 (4) (b) (5) Companies Act 2008 (South Africa): „professional persons". Section 123 (4) Canada Business Corporations Act 1985: „a person whose profession lends credibility to a statement made by the professional person".

aa) Rechtlicher Rat

Ist eine rechtliche Fragestellung betroffen, ist fraglich, ob sich das ratsuchende Geschäftsleitungsmitglied auf die Zulassung als Rechtsanwalt verlassen kann bzw. ob diese genügt? Oder bedarf es darüber hinaus einer weiteren Formalqualifikation, etwa eines Fachanwaltstitels?

(1) Zulassung zum Rechtsanwalt

Die Rechtsanwaltszulassung kommt als erster Orientierungspunkt für den Ratsuchenden in Betracht. Zur Rechtsanwaltschaft zugelassen werden kann nach § 4 S. 1 BRAO nur, mit Ausnahme der Besonderheiten des EuRAG, wer die Befähigung zum Richteramt nach dem Deutschen Richtergesetz erlangt hat. Nach § 5 I DRiG setzt dies voraus, dass der zur Rechtsanwaltschaft Zuzulassende über ein abgeschlossenes Studium der Rechtswissenschaft mit bestandenem ersten Staatsexamen verfügt und anschließend den juristischen Vorbereitungsdienst mit bestandenem zweiten Staatsexamen abgeleistet hat. Insofern verfügt er über Qualifikationen, die ihn nach § 5 I DRiG zum Richteramt befähigen und die es ihm im Grundsatz ermöglichen, sich in jedes juristische Themengebiet einzuarbeiten und somit rechtsberatend tätig zu werden.[542] Zudem wird die für einen Berufsträger typische Berufsaufsicht von der Rechtsanwaltskammer ausgeübt, sodass die Tätigkeit des Rechtsanwalts einer ständigen Kontrolle unterliegt. Darüber hinaus ist der zugelassene Rechtsanwalt an die Berufsordnung gebunden, die in § 3 I BRAO bestimmt, dass der Rechtsanwalt der berufene unabhängige Berater und Vertreter in allen Rechtsangelegenheiten ist. Als solcher muss er seinen Beruf gewissenhaft ausüben, § 43 S. 1 BRAO. Zudem bestimmt § 43a BRAO, dass der Rechtsanwalt zur Verschwiegenheit verpflichtet ist, sich im Rahmen seiner Berufsausübung nicht unsachlich verhalten darf und, dies ist bezüglich der Qualifikation von entscheidender Bedeutung, sich nach § 43a VI BRAO fortzubilden hat. Nicht zuletzt ergibt sich die für einen Berufsträger typische Pflicht zum Abschluss einer Berufshaftpflichtversicherung aus § 51 I BRAO. Die

542 *Hahn/Naumann*, CCZ 2013, 156 (160). Vgl. auch: *Kiefner/Krämer*, AG 2012, 498 (501), die daher nicht spezialisierten Anwälten nicht generell die Fähigkeit absprechen, sich in eine komplizierte und komplexe Materie einzuarbeiten, die nicht zu ihrem besonderen Tätigkeitsbereich gehört. Bei der Beauftragung eines nicht auf das Fachgebiet spezialisierten Anwalts seien dann jedoch an die Plausibilitätskontrolle erhöhte Anforderungen zu stellen.

Zulassung als Rechtsanwalt weist somit auf eine hohe Qualifikation zur rechtlichen Beratung hin.[543]

Mit dieser im Ansatz richtigen Begründung findet sich im Schrifttum daher die Ansicht, dass die Anforderungen an den Auswahl- und Selektionsprozess der Geschäftsleitung nicht überspannt werden dürften und hierbei insbesondere auf kleinere Unternehmen Rücksicht genommen werden müsse.[544] Da die Geschäftsleitung oftmals die genaue Qualifikation des Beraters nicht erkennen könnte, müssten sich Geschäftsleiter somit auf Formalqualifikationen verlassen dürfen. Im Rahmen eines juristischen Rates würde letztlich eine allgemeine Anwaltszulassung genügen, da sich der beauftragte Anwalt in die entsprechende Materie einarbeiten könne und zudem das Berufsrecht nach § 3 I BRAO bestimme, dass der Rechtsanwalt der berufene unabhängige Berater und Vertreter *in allen Rechtsangelegenheiten* ist.[545]

Mag dies für einen juristischen Laien im Rahmen allgemeiner vertraglicher Schuldverhältnisse zutreffen,[546] sind die Anforderungen an einen Geschäftsleiter einer Kapitalgesellschaft jedoch höher anzusetzen. Andernfalls bliebe der im Vergleich zum allgemeinen Haftungsrecht strengere Sorgfaltsmaßstab nach §§ 93 I 1 AktG, 43 I GmbHG außer Betracht. Selbstverständlich müssen die Unternehmensgegebenheiten, somit also vor allem die Größe des Unternehmens und die Komplexität der an den Berater herangetragenen Frage berücksichtigt werden. Dennoch kann von einem Vorstand einer Aktiengesellschaft, aber auch von einem Geschäftsführer einer kleinen mittelständischen GmbH verlangt werden, dass er sich genau über die Qualifikation seines Beraters informiert. Allein davon auszugehen, jeder Rechtsanwalt könne sich ohne Weiteres und womöglich gar in einem engen Zeitrahmen die notwendigen Kenntnisse zur Beantwortung jeglicher rechtlicher Fragen aneignen, lässt die durch die Globalisierung vorangetriebene Verflechtung internationaler und nationaler Normen und die

543 Vgl. hierzu: *Piepenbrock*, Defense of Reliance, S. 217 f.

544 *Hahn/Naumann*, CCZ 2013, 156 (160); *Peters*, AG 2010, 811 (815).

545 *Fleischer*, NZG 2010, 121 (124); *ders.*, in: FS Hüffer, S. 187 (190 f.). Tendenziell die Anwaltszulassung als ausreichend ansehend: *Hahn/Naumann*, CCZ 2013, 156 (160); *Loritz/Wagner*, DStR 2012, 2189 (2191 f.). Zudem müsse der Rechtsanwalt das Mandat ablehnen, sofern er nicht die zur sorgfältigen Bearbeitung notwendige Fachkunde besitze, *Scholz*, AG 2009, 313 (320 f.).

546 Siehe bereits oben: Kapitel 1 C) III. 1) a).

damit einhergehende notwendige Spezialisierung im rechtlichen Bereich außer Betracht.[547]

So kann es nicht sein, dass ein Rechtsanwalt, der im Schwerpunkt verkehrsrechtliche Schadensangelegenheiten behandelt, als ausreichend qualifiziert zur Beurteilung von detaillierten und teils sehr komplexen gesellschaftsrechtlichen oder kapitalmarktrechtlichen Rechtsfragen angesehen wird.[548] Eine ausreichende Qualifikation des Verkehrsrechtsanwalts könnte nur nach einer zeitintensiven Einarbeitung in die für ihn neue rechtliche Materie angenommen werden. Da gerade im Unternehmensrecht vielfach zeitnahe Entscheidungen vonnöten sind, scheidet eine solche Option jedoch regelmäßig aus.[549] Als weiteres Beispiel kann von einem Anwalt, der zumeist im Familienrecht tätig ist, nicht erwartet werden, dass dieser im Insolvenzrecht einen fundierten Rat abgibt. Denn die Einarbeitung in die unbekannte und teils sehr komplexe Materie des Insolvenzrechts erfordert einen erheblichen Zeitrahmen, an dessen Ende dem Berater dennoch zumindest weitergehende praktische Erfahrungen fehlen.[550] Zudem liegt es doch

---

547 Vgl. KG, WuW 1980, OLG 2205 (2207): „Angesichts der Fülle zu bearbeitender Rechtsgebiete und der sich hieraus ergebenden fortschreitenden Spezialisierung dieses Berufsstandes liegt es aber auf der Hand, dass die Annahme, jeder Rechtsanwalt könne ohne weiteres auf jedem Rechtsgebiet zutreffende und fundierte Auskünfte erteilen, wirklichkeitsfremd ist." Vgl. auch: *Eckert*, in: Wachter, AktG, § 93 Rn. 18; *Gottschalk/Weng*, GWR 2013, 243 (244); *Harnos*, Geschäftsleiterhaftung, S. 301; *Selter*, AG 2012, 11 (16); *Strohn*, CCZ 2013, 177 (181). *Junker/Biederbick* sprechen davon, dass ein „Allrounder" einer kleinen Rechtsabteilung nicht allgemein als geeignete Auskunftsperson angesehen werden könne, *Junker/Biederbick*, AG 2012, 898 (901). Allgemein auch: *Koch*, in: Hüffer, AktG, § 93 Rn. 44. In der strafrechtlichen Rechtsprechung ließ der BGH einen im entsprechenden Rechtsgebiet spezialisierten Rechtsanwalt genügen, BGH NJW 2007, 3078 (3079) bezüglich des Rechts der Sportwetten. Die strafrechtliche Literatur verlangt bei schwierigen Rechtsfragen teilweise einen hinreichend spezialisierten Rechtsanwalt, so *Sternberg-Lieben/Schuster*, in: Schönke/Schröder, § 17 Rn. 18. Vgl. auch: *Vogel*, in: LeipzKomm., § 17 Rn. 82. Kritisch zu einem so weitgehenden Erfordernis: *Neumann*, in: NK-StGB, § 17 Rn. 76.

548 Ähnlich: *Krieger*, ZGR 2012, 496 (499). Vgl. hierzu auch: *Hawes/Sherrard*, 62 Va. L. Rev. 1 (23 f. Fn. 88): „As where an attorney who obviously possesses little working knowledge of tax law is asked for an opinion on a complicated corporate tax matter, the court may be justified in holding reliance to have been unreasonable or in bad faith."

549 *Kremer*, in: Gesellschaftsrecht in der Diskussion 2012, S. 171 (181).

550 Vgl. *Nowak*, GmbHR 2012, 1294 (1298). Siehe auch *H.-F. Müller*, DB 2014, 1301 (1302), der aufgrund der zunehmenden Internationalisierung verlangt, dass der Berater bereits bei Beauftragung über die ausreichende Sachkunde verfügt. Ähnlich in

gerade in der Verantwortung des Geschäftsleiters, einen qualifizierten Berater auszuwählen. Hier ist von ihm in seiner treuhänderischen Funktion mehr zu verlangen als die bloße Beauftragung irgendeines Rechtsanwalts.[551]

Speziell bezüglich der Beratung der Unternehmensleitung darf weiter nicht unberücksichtigt bleiben, dass vielfach Rechtsgebiete und -fragen betroffen sind, die nicht zum allgemeinen Ausbildungsniveau des Juristen gehören. Erfolgt zwar teilweise im Rahmen des Studiums ein erster Einblick in das Handels- und Gesellschaftsrecht oder etwa in das Bank- und Kapitalmarktrecht im Zusammenhang mit den universitären Schwerpunktbereichen, sind diese Kenntnisse jedoch für die Begutachtung eines komplexen aktienrechtlichen Falles nicht ausreichend. Insofern ist der Jurist darauf angewiesen, sich während seiner beruflichen Tätigkeit die entsprechenden Kenntnisse anzueignen.[552] Aus diesem Grund scheidet für eine komplexe gesellschaftsrechtliche Fragestellung die Beauftragung eines fachfremden Berufsträgers zumeist aus. Ebenso ist bei der Beauftragung eines Berufsanfängers Vorsicht geboten.[553] Hier muss darauf geachtet werden, dass der Berufsanfänger bereits ausreichende Erfahrungen im entsprechenden Fachgebiet gesammelt hat.

Selbst ein Geschäftsleiter eines kleinen Unternehmens muss letztlich eine hohe Sensibilität im Hinblick auf die Auswahl der juristischen Auskunftsperson besitzen, was vor allem auf die von ihm erwarteten juristischen Mindestkenntnisse und auf seine regelmäßige Konfrontation mit Rechtsnormen zurückzuführen ist. Insoweit ergibt sich also ein entscheidender Unterschied zu dem im ersten Kapitel behandelten auskunftssuchenden Laien. Verfügt letzterer regelmäßig nicht über juristische Mindestkenntnisse, so wird von ihm auch nicht mehr verlangt werden können als die Beauftragung eines Rechtsanwalts.[554] An das ratsuchende Geschäftsleitungsmitglied, das regelmäßig mit rechtlichen Fragen konfrontiert wird, sind jedoch höhere Anforderungen zu stellen.[555]

Bezug auf das Kartellrecht: *Potten*, Irrtum in der kartellrechtlichen Entscheidungspraxis, S. 60.

551 *Potten*, Irrtum in der kartellrechtlichen Entscheidungspraxis, S. 59 verlangt die Auskunft eines speziell qualifizierten Juristen, da der Betroffene, möchte er sich auf einen unvermeidbaren Rechtsirrtum berufen, alles Mögliche getan haben müsse, um eine sorgfältige Auskunft zu erlangen.

552 Vgl. zum Ganzen: *Piepenbrock*, Defense of Reliance, S. 218 ff.

553 *Eckert*, in: Wachter, AktG, § 93 Rn. 18.

554 Vgl bereits Kapitel 1 A) III. 1) a).

555 Im Ergebnis: *Selter*, AG 2012, 11 (16).

Die Rechtsanwaltszulassung als Formalqualifikation kann somit als erster Ansatzpunkt für eine mögliche Qualifikation der Auskunftsperson angesehen werden. Sind lediglich einfache juristische Fragen etwa aus dem allgemeinen Zivilrecht betroffen, die ohne konkretes Spezialwissen zu beantworten sind, wird in diesem Falle die Beauftragung eines Rechtsanwalts – ohne weitere Qualifikationsnachweise – ausnahmsweise genügen.[556] Soweit spezialgesetzliche Fragestellungen betroffen sind, genügt dies allein jedoch nicht. Die Prüfung der ausreichenden juristischen Kompetenz des Beraters darf somit grundsätzlich nicht bei der Anwaltszulassung enden. Von einem Geschäftsleiter kann daher verlangt werden, dass er sich darüber hinaus ein genaues Bild von der Spezialqualifikation des Beraters verschafft.[557]

Vice versa stellt sich die Frage, ob die Anwaltszulassung als Mindestqualifikation des rechtlichen Beraters angesehen werden muss. In diesem Zusammenhang sind die Regelungen des im Jahre 2008 in Kraft getretenen RDG[558] zu beachten, welches das bis dahin geltende Rechtsberatungsgesetz ablöste. *Binder* geht davon aus, dass das RDG nicht für die Beurteilung der Qualifikation eines Beraters im Verhältnis Ratsuchender und Dritter (hier: der Gesellschaft) herangezogen werden könne, da es nur den Ratsuchenden vor einer unqualifizierten Rechtsauskunft schützen solle.[559] Damit übersieht er jedoch die weiteren Schutzzwecke des RDG. Neben dem Schutz des Ratsuchenden soll sowohl der Rechtsverkehr als auch die Rechtsordnung als solche geschützt werden.[560] Doch über diese Schutzzwecke hinaus ist für die Enthaftung der Geschäftsleitung folgender Gedanke von entscheidender Bedeutung: Ein Rechtsrat kann nur dann seine enthaftende Wirkung entfalten, wenn er von einem Berater erbracht wurde, dem die Erteilung eines solchen Rates gesetzlich gestattet ist. Dies trifft neben zugelassenen Rechtsanwälten grundsätzlich dann zu, wenn eine Rechtsdienstleistung aufgrund des RDG zulässig ist.[561] Andernfalls kommt mit der Beauftragung eines

---

556 Vgl. *Peters*, AG 2010, 811 (815).

557 Siehe Kapitel 3 C) I. 1) d) aa).

558 Gesetz über außergerichtliche Rechtsdienstleistungen (Rechtsdienstleistungsgesetz) vom 12.12.2007, BGBl. I S. 2840.

559 *Binder*, AG 2008, 274 (285).

560 *Römermann*, in: Grunewald/Römermann, RDG, § 1 Rn. 3 ff.

561 Auch wenn Rechtsdienstleistungen nicht mehr im Beruf des Rechtsanwaltes monopolisiert sind, spricht insbesondere der Verbraucherschutz dafür, dass Rechtsdienstleistungen nicht etwa generell von Absolventen vergleichbarer juristischer Hochschul- oder Fachhochschulstudiengänge erbracht werden. Ausführlich hierzu

Beraters, dem die Erbringung der Rechtsdienstleistung gesetzlich verboten ist, das Geschäftsleitungsmitglied seinen Sorgfaltsanforderungen gerade nicht nach.

§ 3 RDG bestimmt, dass die selbstständige Erbringung außergerichtlicher Rechtsdienstleistungen nur in dem Umfang zulässig ist, in dem sie durch dieses Gesetz oder durch oder aufgrund anderer Gesetze erlaubt ist. Dabei ist nach § 2 I RDG eine Rechtsdienstleistung jede Tätigkeit in konkreten fremden Angelegenheiten, sobald sie eine rechtliche Prüfung des Einzelfalls erfordert. Führt somit ein Berater, der nicht als Rechtsanwalt zugelassen ist,[562] eine *sachverhaltsbezogene* rechtliche Prüfung durch, ist die Zulässigkeit dieser Tätigkeit nach dem RDG zu beurteilen. Unternehmensangehörige sind jedoch von diesen Beschränkungen ausgenommen. Aus der gesetzlichen Definition der Rechtsdienstleistung ergibt sich nämlich, dass Unternehmensangehörige, seien es Juristen der eigenen Rechtsabteilung oder etwa Syndikus-Steuerberater, auch dann einen rechtlichen Rat ihrem Unternehmen erteilen dürfen, wenn sie nicht als Rechtsanwalt zugelassen sind. Denn eine Rechtsdienstleistung ist jede Tätigkeit in konkreten *fremden* Angelegenheiten (…).[563] Folglich ist die Zulassung zum Rechtsanwalt eines Unternehmensjuristen nach dem RDG keine zwingende Voraussetzung, sodass das Fehlen einer solchen Zulassung nicht generell gegen die Qualifikation des Beraters spricht.[564]

Externe Berater erbringen hingegen grds. eine fremde Rechtsdienstleistung, sodass die Voraussetzungen des RDG zu beachten sind, wobei § 1 II RDG klarstellt, dass spezialgesetzliche Regelungen denen des RDG vorgehen. In Bezug etwa auf die rechtliche Beratung durch Steuerberater oder Wirtschaftsprüfer sind somit die Regelungen des StBerG und der WPO zu berücksichtigen.[565] Rechtsdienstleistungen des Steuerberaters in Steuersachen sind grundsätzlich nicht vom RDG erfasst, sodass weiterhin beispielsweise eine Steuerdurchsetzungs-,

---

der Gesetzentwurf der Bundesregierung zum Rechtsdienstleistungsgesetz: BT-Drucks. 16/3655, S. 31 f.

562 Bezüglich Rechtsanwälten stellt § 3 BRAO klar, dass diesen die juristische Beratung gestattet ist.

563 Bereits im Gesetzentwurf zum RDG wurde klargestellt, dass „eigene Angelegenheiten sowie die Rechtsberatung durch gesetzliche Vertreter, Organe oder Angestellte eines Unternehmens" nicht dem Anwendungsbereich des RDG unterfallen, da sie nicht als fremde Angelegenheit einzustufen seien: RegE, BT-Drucks. 623/06, S. 98. Vgl. hierzu auch: *Römermann, NJW 2008, 1249 (1250).*

564 BSG DStR 2014, 2185 (2187). Vgl. auch: *Klöhn*, DB 2013, 1535 (1539 f.). Zudem: *Junker/Biederbick*, AG 2012, 898 (903).

565 Vgl. *Deckenbrock/Henssler*, in: Deckenbrock/Henssler, RDG, § 5 Rn. 91.

Steuerabwehr-, Steuerdeklarations- oder auch eine Steuergestaltungsberatung durch den Steuerberater gestattet ist.[566]

Sofern jedoch keine spezialgesetzlichen Regelungen greifen, der Berater eine Rechtsdienstleistung i. S. d. § 2 RDG erbringt und kein konkreter Erlaubnisvorbehalt der §§ 6 ff. RDG[567] vorliegt, ist sodann die Regelung des § 5 I 1 RDG entscheidend. Nach § 5 I 1 RDG sind Rechtsdienstleistungen im Zusammenhang mit einer anderen Tätigkeit erlaubt, sofern sie als Nebenleistung zum Berufs- oder Tätigkeitsbild gehören. Dies erfordert somit eine Hauptleistung, die im sachlichen Zusammenhang mit der als Nebenleistung erbrachten Rechtsdienstleistung stehen muss.[568] Entscheidend ist, dass die rechtliche Beratung also als Nebenleistung, neben der eigentlich bestehenden Hauptleistung, die ihrerseits gerade keine Rechtsdienstleistung darstellt, einzustufen ist.[569] Dies führt letztlich dazu, dass ein Berater, der nicht als Rechtsanwalt zugelassen ist, grundsätzlich nach dem RDG nur für eine Tätigkeit oder Auskunft beauftragt werden darf, die sich nicht als Rechtsdienstleistung erweist. Ergeben sich sodann rechtliche Zweifelsfragen, die im konkreten Zusammenhang mit der nicht-rechtlichen Haupttätigkeit stehen, so darf der Berater nach § 5 RDG die rechtliche Bewertung vornehmen, sofern er aufgrund seiner zur Erbringung der Hauptpflicht erforderlichen beruflichen Qualifikation Rechtskenntnisse erworben hat, die als ausreichend für die Beurteilung der im Zusammenhang stehenden Rechtsfrage anzusehen sind.[570] Eine Nebenleistung liegt jedoch nicht vor, wenn der Mandant seinen Steuerberater zu speziellen, außerhalb des Steuerrechts liegenden, rechtlichen Zweifelsfragen befragt und die eigentliche steuerliche Beratung dabei in den Hintergrund rückt.[571] In einem solchen Falle tritt die rechtliche Beratung

566 *Reibel*, SteuerConsultant, 04.2008, 18 (19).

567 Nach den §§ 6 ff. RDG sind sowohl etwa unentgeltliche Rechtsdienstleistungen wie auch Rechtsdienstleitungen von Berufs- und Interessenvereinigungen, Genossenschaften und öffentlichen oder öffentlich anerkannten Stellen im Rahmen ihres Aufgabenbereichs zulässig.

568 *Hirtz*, in: Grunewald/Römermann, RDG, § 5 Rn. 23 f.; *Kleine-Cosack*, RDG, § 5 Rn. 60.

569 *Hirtz*, in: Grunewald/Römermann, RDG, § 5 Rn. 23.

570 Vgl. hierzu: *Deckenbrock/Henssler*, in: Deckenbrock/Henssler, RDG, § 5 Rn. 41; *Hirtz*, in: Grunewald/Römermann, RDG, § 5 Rn. 20 ff., 51 f.; *Kleine-Cosack*, RDG, § 5 Rn. 79 ff.

571 Beispiel nach: *Hirtz*, in: Grunewald/Römermann, RDG, § 5 Rn. 163. Zur Nebenleistung i. S. d. § 5 I RDG siehe BGH NJW 2012, 1589 (1591): „Maßgeblich ist vielmehr, ob die Rechtsdienstleistung nach der Verkehrsanschauung ein solches Gewicht innerhalb der Gesamtleistung hat, dass nicht mehr von einer bloßen Nebenleistung

und somit die Rechtsdienstleistung derart in den Vordergrund, dass sie als Hauptleistung anzusehen und somit als unzulässig einzustufen ist.

Für die Enthaftung des Geschäftsleiters heißt das, da § 5 RDG Rechtsdienstleistungen als Nebenleistungen zur Hauptleistung erlaubt, kann die Zulassung als Rechtsanwalt nicht stets als zwingende Voraussetzung zur Beratertätigkeit angesehen werden.[572] Sie ist gleichwohl in den meisten Fällen, insbesondere bei externen Beratern, anzuraten. Vergleichbar mit der Berufsträgereigenschaft bedarf es regelmäßig eines erhöhten Begründungsaufwands, um darzulegen, dass der zu Rate gezogene Berater, der über keine Anwaltszulassung verfügt, die notwendigen juristischen Qualifikationen besitzt.[573] Es müssen somit eindeutige Gründe bestehen, warum im konkreten Fall auf einen nicht-anwaltlichen Berater vertraut wurde. Dabei können etwa gerade Unternehmensjuristen, die nicht von der Beschränkung des RDG erfasst sind, über eine vertiefte juristische Kenntnis verfügen, auch wenn sie nicht als Anwalt zugelassen sind. Durch die Tätigkeit für ihr Unternehmen können sie in der Regel auf große Erfahrungswerte im Handels- und Gesellschaftsrecht oder im Bank- und Kapitalmarktrecht zurückgreifen und verfügen zudem über genaue Kenntnisse der Unternehmensstrukturen.

Die strafrechtliche Rechtsprechung hat bereits einen Assessor[574] als qualifizierten Berater angesehen und darüber hinaus sogar in einem konkreten Fall einen Arzt[575] als kompetente Auskunftsquelle für einen juristischen Rat erachtet, der sich auf eine medizinische Angelegenheit bezog.

Bezüglich der Formalqualifikation „Anwaltszulassung" kann somit festgehalten werden, dass diese – vergleichbar zur allgemeinen Berufsträgereigenschaft – als erstes Indiz für eine ausreichende fachliche Qualifikation des Beraters angesehen

---

ausgegangen werden kann. § 5 RDG soll damit nur Anwendung finden, wenn die fragliche Rechtsdienstleistung nicht selbst wesentlicher Teil der Hauptleistung ist. Der Schwerpunkt der Tätigkeit muss – soweit es sich nicht um Dienstleistungen von Angehörigen steuerberatender Berufe oder nach § 10 RDG registrierter Personen handelt – stets auf nicht rechtlichem Gebiet liegen (vgl. BT-Dr 15/3655, S. 52). Dabei ist im Hinblick auf die grundrechtlich geschützte Berufsausübungsfreiheit (Artikel 12 GG) grundsätzlich keine enge Auslegung des § 5 I RDG geboten […]."

572 Vgl. *Fleischer*, KSzW 01.2013, 3 (8), der im Einzelfall sogar „nicht einschlägig spezialisierte Rechtsberater" als zulässige Auskunftsquelle erachtet. Wie eine solche Qualifikation anders nachgewiesen werden kann, dazu Kapitel 3 C) I. d) aa).

573 *Gottschalk/Weng*, GWR 2013, 243 (244).

574 AG Frankfurt, NJW 1989, 1745 (1746).

575 BGHSt 40, 257 (264). Nähere Ausführungen hierzu in Fn. 664. Vgl. auch: *Vogel*, LeipzKomm., StGB, § 17 Rn. 81 f., wonach auch Nicht-Juristen im Einzelfall hinreichend qualifiziert sein können.

werden kann. Weder genügt diese als solche, noch ist es ausgeschlossen, dass ein Berater ohne diese Formalqualifikation als geeignete Auskunftsperson in Betracht kommt.

(2) Zulassung zum Fachanwalt

Über die Anwaltszulassung hinaus stellt sich die Frage, ob als weitere Formalqualifikation der Fachanwaltstitel im Grundsatz genügt bzw. verlangt werden muss. Das Gesetz ermöglicht eine solche Fortbildung eines zugelassenen Rechtsanwalts nach §§ 43c, 59b II Nr. 2 BRAO i. V. m. §§ 1–26 FAO. Die Verleihung einer Fachanwaltsbezeichnung setzt nach § 2 I, II FAO voraus, dass der Anwalt besondere theoretische Kenntnisse und praktische Erfahrungen nachweisen kann, die auf dem jeweiligen Fachgebiet erheblich das Maß dessen übersteigen, was üblicherweise durch die berufliche Ausbildung und praktische Erfahrung im Beruf vermittelt wird. In concreto sind dies sowohl eine mindestens dreijährige anwaltliche Tätigkeit im entsprechenden Fachgebiet als auch eine Mindestzahl an persönlich und weisungsfrei bearbeiteten Fällen (§ 5 I FAO). Darüber hinaus muss sich der Anwalt im Rahmen von Fortbildungsveranstaltungen die entsprechenden theoretischen Kenntnisse erarbeiten, die durch schriftliche Leistungskontrollen abgeprüft werden (§ 4 und § 4a FAO). Zudem führt die nach § 15 FAO bestehende Fortbildungspflicht dazu, dass der Anwalt über aktuelle rechtliche Entwicklungen informiert bleiben muss und somit seine Kenntnisse im entsprechenden Fachgebiet stets erneuert werden.

Der Titel lässt somit durch diese dualistische Ausbildung auf vertiefte Kenntnisse und Fähigkeiten im betreffenden Spezialgebiet schließen. Wendet sich ein Geschäftsleiter mit einer juristischen Frage an einen Anwalt, der über einen Fachanwaltstitel im entsprechenden Fachgebiet verfügt, kann er davon ausgehen, dass sein Berater eine hohe Qualifikation und weitreichende Kenntnisse zur Beurteilung der entscheidungserheblichen Frage besitzt.[576] Durch die Beauftragung eines Fachanwalts genügt das Geschäftsleitungsmitglied somit regelmäßig seinen Sorgfaltspflichten. Der Nachweis einer darüber hinausgehenden Qualifikation ist daher zumeist nicht erforderlich. Auf den Fachanwaltstitel kann sich ein Geschäftsführer oder ein Vorstandsmitglied grundsätzlich verlassen.[577] Dabei wird die Geschäftsleitung einer Gesellschaft regelmäßig auf Fachanwälte

---

576 *Hahn/Naumann*, CCZ 2013, 156 (160); *H.-F. Müller*, DB 2014, 1301 (1302); *Piepenbrock*, Defense of Reliance, S. 221. Vgl. *Stobbe*, in: Henssler/Prütting, BRAO, § 2 FAO Rn. 8; *Vossebürger*, in: Feuerich/Weyland, BRAO, § 3 FAO Rn. 2.

577 *Scholl*, Vorstandshaftung und Vorstandsermessen, S. 246.

für Handels- und Gesellschaftsrecht oder für Bank- und Kapitalmarktrecht zurückgreifen. Selbstverständlich kommen ebenso in speziellen rechtlichen Fragen Fachanwälte im Steuer- oder Arbeitsrecht in Betracht. Etwas anderes wird man nur bei äußerst umfangreichen oder höchst detaillierten und komplizierten Maßnahmen annehmen können, wie etwa dem Übernahmeversuch von Volkswagen gegenüber Porsche. Hierbei sind aufgrund der erheblichen Größe beider Unternehmen und der besonderen Bedeutung der Maßnahme höhere Maßstäbe anzusetzen, die etwa aufgrund der notwendigen Kapazität die Beauftragung einer anwaltlichen Großsozietät erfordern können.[578]

Der Gegenschluss, nur Fachanwälte seien zur Beurteilung juristischer Fragen ausreichend qualifiziert, vermag aber wiederum nicht zu überzeugen. Der Fachanwaltstitel stellt zwar unstreitig einen Beleg für eine hohe Qualifikation des Juristen im betreffenden Rechtsgebiet dar, erhebt jedoch keinen Exklusivitätsanspruch.[579] Zunächst ist hierbei zu berücksichtigen, dass nicht alle Rechtsbereiche von einer Fachanwaltsausbildung erfasst sind und somit in bestimmten Rechtsgebieten die Beauftragung eines Fachanwalts nicht möglich ist.[580] Nicht ausgeschlossen ist darüber hinaus aber auch, dass eine vergleichbar hohe Qualifikation anderweitig erworben wird. Insbesondere in führenden wirtschaftsrechtlich spezialisierten und meist international agierenden Kanzleien werden Anwälte durch interne Fortbildungsprogramme geschult, sodass sie eine zumindest vergleichbare Qualifikation nachweisen können, die im Detail gar weit über die des Fachanwalts hinausgehen kann.[581] Auch die tatsächlichen Zahlen sprechen dafür, dass gut ausgebildete Wirtschaftsjuristen häufig ihre Qualifikationen außerhalb des Fachanwaltslehrgangs erwerben. Am 01.01.2015 trugen bundesweit 1.483 Rechtsanwälte den Titel Fachanwalt im Handels- und Gesellschaftsrecht und 900 Anwälte den Titel Fachanwalt im Bank- und Kapitalmarktrecht.

---

578 Insgesamt zu diesem Beispiel: *Strohn*, CCZ 2013, 177 (181).

579 *Boll*, Rechtsrat, S. 146 f.; *Fleischer*, in: FS Hüffer, S. 187 (191); *Kreuz*, Enthaftung des Geschäftsleiters, S. 62 f.

580 Eine solche Beschränkung auf Fachanwälte würde zudem auf verfassungsrechtliche Bedenken stoßen, insbesondere in Bezug auf die von Art. 12 I GG erfasste Berufsausübungsfreiheit. Vgl. *Löw*, Erkundigungspflicht beim Verbotsirrtum, S. 117.

581 *Kremer*, in: Gesellschaftsrecht in der Diskussion 2012, S. 171 (181). Im Ergebnis: *Binder*, AG 2012, 885 (892); *ders.*, AG 2008, 274 (286); *Fleischer*, KSzW 01.2013, 3 (8); *ders.*, in: FS Hüffer, S. 187 (191); *ders*, NZG 2010, 121 (123); *Kiefner/Krämer*, AG 2012, 498 (500 f.); *H.-F. Müller*, DB 2014, 1301 (1302 Fn. 31); *Peters*, AG 2010, 811 (815); *Strohn*, CCZ 2013, 177 (181); *ders.*, ZHR 176 (2012), 137 (141). Zu den Vorteilen einer kanzleiinternen Weiterbildung siehe: *Piepenbrock*, Defense of Reliance, S. 222. Allgemein die Zulassung als Fachanwalt als nicht zwingend ansehend: *Hopt/Roth*, in: Großkomm. AktG, § 93 Rn. 139.

Im Vergleich hierzu sind 10.010 als Fachanwälte im Arbeitsrecht, 9.367 als Fachanwalt für Familienrecht und 3.284 als Fachanwälte für Miet- und Wohnrecht zugelassen.[582]

So führte das BVerfG bereits aus, dass Fachanwälte nicht notwendigerweise Spezialisten seien, da dies aufgrund der Größe des Tätigkeitsfelds nicht stets möglich sei und zudem der Fachanwalt zumeist noch in anderen Bereichen tätig würde. Ein Spezialist befasse sich hingegen nur mit einer speziellen, eng umgrenzten Materie.[583] Somit ist eine tatsächliche und detaillierte Spezialisierung eines Rechtsanwalts auf einen bestimmten rechtlichen Bereich in international tätigen Wirtschaftskanzleien häufiger anzutreffen.

Wie bereits erwähnt, können die im Rahmen eines Fachanwaltslehrgangs erworbenen Kenntnisse und die notwendigen praktischen Erfahrungen ebenso anderweitig erworben werden. Der BGH befand, dass ein in einem Unternehmen tätiger Syndikusanwalt sowohl theoretische als auch praktische Qualifikationen und Erfahrungen erlangen kann, die vergleichbar mit denen eines selbstständigen Fachanwalts seien, sodass diese als Syndikusanwalt erworbenen Erfahrungen im Rahmen der Verleihung des Fachanwaltstitels Berücksichtigung finden können.[584] Allerdings grenzt der BGH diese Möglichkeit erheblich ein.[585] Mit dem am 01.01.2016 in Kraft getretenen Gesetz zur Neuordnung des Rechts der Syndikusanwälte und zur Änderung der Finanzgerichtsordnung[586] sollen jegliche Zweifel hieran beseitigt werden. Da der Syndikusanwalt nach dem neuen § 46 II BRAO für seinen Arbeitgeber anwaltlich tätig ist und nach § 46 II 2 i. V. m. § 46a BRAO einer eigenen Zulassung bedarf, sind die anwaltlichen Tätigkeiten

582 *Bundesrechtsanwaltskammer*, Entwicklung der Fachanwaltschaften.

583 BVerfG NJW 2004, 2656 (2658).

584 BGH BB 2001, 2083 (2084).

585 BGH NJW 2010, 377: „Bei einem Syndikusanwalt können Fallbearbeitungen berücksichtigt werden, die er als Syndikus erbracht hat, wenn sie im Übrigen den Vorgaben der Norm entsprechen, in erheblichem Umfang der selbständigen anwaltlichen Tätigkeit entstammen und insgesamt bei wertender Betrachtung die praktische Erfahrung vermitteln, die die Führung der Fachanwaltsbezeichnung bei dem anwaltliche Beratung und Vertretung suchenden Publikum erwarten lässt.“ Siehe auch: BGH NJW 2007, 599. Vgl. hierzu auch: *Offermann-Burckart*, NJW 2014, 2683 (2683 f.); *Günther*, in: BeckOK, BORA, § 46 BRAO Rn. 28 ff.

586 Gesetz zur Neuordnung des Rechts der Syndikusanwälte und zur Änderung der Finanzgerichtsordnung vom 21.12.2015, BGBl. I S. 2517.

für den Arbeitgeber zweifelsfrei als praktische Erfahrungen i. S. d. § 5 I FAO zu berücksichtigen.[587]

Ein Fachanwalt kann somit in der Regel als sicherer Hafen angesehen werden, auf den sich der Geschäftsleiter verlassen darf. Andererseits kann aber ein nicht als Fachanwalt zugelassener Rechtsanwalt ebenso eine vergleichbare oder gar höhere Qualifikation besitzen. Der Geschäftsleiter muss bei seiner Auswahlentscheidung stets berücksichtigen, dass er die Beweislast für eine ausreichende Qualifikation trägt.

bb) Sonstiger fachkundiger Rat

Im nicht-rechtlichen Bereich können vor allem öffentlich-rechtlich vereidigte Sachverständige als ausreichend qualifiziert zur Beurteilung einer tatsächlichen Problemlage angesehen werden.[588] Eine derartige Bestellung weist auf eine hohe Qualifikation des Beraters hin, auf die sich die Geschäftsleitung verlassen kann. So werden etwa Sachverständige auf dem Gebiet der Wirtschaft nach § 36 I GewO nur bestellt, wenn sie eine besondere Sachkunde nachweisen, die den kompletten Sachbereich abdeckt. Eine besondere Sachkunde ist dann anzunehmen, wenn die Fähigkeiten erheblich über den durchschnittlichen Kenntnissen, über die Angehörige dieses Berufes grundsätzlich verfügen, liegen.[589] Bedarf es somit der Einholung fachkundigen Rats, kann sich die Geschäftsleitung auf die Qualifikation eines öffentlich-rechtlich bestellten Sachverständigen regelmäßig verlassen. Dies ist somit ein ausreichendes, jedoch nicht notwendiges Kriterium, um die Qualifikation des Beraters nachzuweisen. Denn eine fachliche

587 *Günther*, in: BeckOK, BORA, § 46 BRAO Rn. 32. Das Gesetz beruht auf dem Gesetzentwurf der Fraktionen der CDU/CSU und SPD vom 16.06.2015, BT-Drucks. 18/5201, S. 22: „Auf Grund der gesetzlichen Regelung, dass Syndikusrechtsanwälte anwaltlich tätig sind, können praktische Erfahrungen aus der Syndikusrechtsanwaltstätigkeit bei der Verleihung einer Fachanwaltsbezeichnung […] nunmehr berücksichtigt werden." Siehe dort auch S. 30. Ausführlicher zum Recht der Syndikusanwälte und zum aktuellen Gesetzentwurf: Kapitel 3 C) II 3).

588 OLG Karlsruhe, NJW 2005, 515 (516); AG Kehl, Urt. vom 28.09.2009 - 3 C 452/09, BeckRS 2011, 19985; *Binder*, AG 2008, 274 (285); *Peters*, AG 2010, 811 (815). Siehe hierzu auch: OLG Hamm, Urt. vom 13.04.1999, 27 U 278/98, BeckRS 1999, 04402: „Ein derartiges Auswahlverschulden des Klägers liegt nicht vor. Da der von ihm beauftragte Gutachter S1 Diplom-Ingenieur ist, der sich als geprüfter und eidesstattlich verpflichteter Bausachverständiger und dem Bund Deutscher Baumeister zugehörig bezeichnet, konnte der Kläger als Laie dessen fachliche Ungeeignetheit, so sie denn überhaupt bestand, nicht erkennen."

589 *Ennuschat*, in: Tettinger/Wank/Ennuschat, GewO, § 36 Rn. 25.

Qualifikation kann auch anderweitig nachgewiesen werden, sofern sie auf eine ausreichende Sachkunde schließen lässt.[590]

c) *Auskunft einer Behörde*

Auf Auskünfte einer Behörde, die deren jeweiligen Zuständigkeitsbereich betreffen, darf sich die Geschäftsleitung grundsätzlich verlassen, da diese allgemein von einer besonderen Sachkunde getragen sind und außerdem von einer rein objektiven Betrachtung ausgegangen werden kann.[591] Zudem sind Behörden nach § 8 RDG im Rahmen ihres Aufgaben- und Zuständigkeitsbereichs Rechtsdienstleistungen gestattet.

d) *Sonstige Qualifikationsnachweise*

Um einen Qualifikationsnachweis zu erbringen, ist entscheidend, dass die Geschäftsleitung im konkreten Fall davon ausgehen konnte, dass der Berater rein tatsächlich über die notwendige einschlägige Fachkunde verfügt.[592] Das bereits beschriebene Handeln sowohl im Interesse der Gesellschaft als auch im eigenen Enthaftungsinteresse verlangt vor allem bei der Beurteilung der Qualifikation der Auskunftsperson dem Geschäftsleitungsmitglied eine hohe Sorgfalt ab.[593] Dennoch ist andererseits darauf zu achten, dass die Anforderungen nicht überspannt werden. Insbesondere ist auf die Besonderheiten des Einzelfalles einzugehen, somit ist etwa die Größe des Unternehmens und die Bedeutung der geplanten Maßnahme zu beachten.[594]

---

590 Ausführlich hierzu: Kapitel 3 C) I. 1) d) bb). Vgl. auch:.LG Paderborn, ZfS 2003, 75; AG Aachen, r+s 1190, 341; *Binder*, AG 2008, 274 (285). Auch im zivilen Bauprozess ist anerkannt, dass eine öffentliche Bestellung des Sachverständigen nicht zwangsläufig vonnöten ist, *Pastor*, in: Werner/Pastor, BauP, Rn. 3108.

591 BGH NJW 1966, 1216 (Straßenverkehrsamt); BGH MDR 1982, 461 (Bundeswirtschaftsministerium und BKartA); OLG Düsseldorf, ZMR 2001, 24 (25) (Steuerbehörde). Siehe auch: *Kaulich*, Haftung von Vorstandsmitgliedern, S. 234; *Hopt/Roth*, in: Großkomm. AktG, § 93 Rn. 139. Ausführlich *Piepenbrock*, Defense of Reliance, S. 238 ff.

592 Vgl. auch: KG WuW 1980, OLG 2205 (2207); *Binder*, AG 2008, 274 (285 f.); *Piepenbrock*, Defense of Reliance, S. 223. Das OLG Karlsruhe spricht in diesem Zusammenhang von einem „einschlägig Sachkundigen", NJW 2005, 515 (516). Ob die Qualifikation tatsächlich vorliegen muss oder ob es genügt, dass die Geschäftsleitung davon vernünftigerweise ausgehen durfte, wird in Kapitel 3 C) IV erörtert.

593 Vgl. hierzu nochmals Fn. 516.

594 OLG Stuttgart, NZG 2010, 142 (143 f.).

Vereinzelt wird vertreten, dass zur Überprüfung der Qualifikation auf subjektive Bewertungsmethoden, wie etwa eine *ausreichende Erfahrung*, abzustellen sei.[595] Eine solche Beschränkung auf subjektive Kriterien, die kaum einer Kontrolle zugänglich ist, gibt jedoch dem Geschäftsleitungsmitglied kein brauchbares Abgrenzungskriterium an die Hand, führt letztlich zu Rechtsunsicherheit und ist aufgrund dessen zur allgemeinen Überprüfung der Fachkompetenz ungeeignet.[596] Vergleichbar ist in einem amerikanischen Aufsatz zu lesen: „With no such standard available to the client to evaluate 'experience', the courts emphasis on 'experience' is consequently unreasonably vague and imposes an unfair burden on the client/defendant."[597]

Binder verlangt hingegen neben Formalqualifikationen eine anderweitig *„nachgewiesene Expertise"*.[598] Teilweise wird eine Fachfrau bzw. ein Fachmann verlangt.[599] Diese Kriterien sind zunächst nicht weiter aussagekräftig. Dem ist jedoch insoweit zu folgen, als neben Formalqualifikationen speziell auf objektiv nachprüfbare Eigenschaften zurückgegriffen werden soll. Die Geschäftsleitung muss somit die Qualifikation soweit überprüfen, dass sie auf einer ausreichenden Informationsgrundlage[600] die Auswahlentscheidung treffen kann. Zudem ist dem Geschäftsleiter in der Regel eine Enthaftung mit der Argumentation zu verwehren, er habe die Qualifikation des Beraters aufgrund seiner eigenen Unkenntnis nicht sorgfältig beurteilen können. Eine solche Argumentation mag zwar im Einzelfall zutreffen, dennoch ist kein ratsuchendes Geschäftsleitungsmitglied dazu gezwungen, auf einen Berater zurückzugreifen, dessen Qualifikation er nicht überprüfen kann. Im Gegenteil: Fehlen dem Organmitglied die notwendigen Kenntnisse, muss es den sichersten Weg wählen und somit etwa auf Fachanwälte oder öffentlich-rechtlich bestellte Sachverständige zurückgreifen, deren Qualifikation in diesem speziellen Falle außer Frage steht.[601] Zwar mag

595 BGHSt 15, 332 (340 f.). Demnach verdient nur ein erfahrener Anwalt, der seit vielen Jahren seinen Beruf ausübt, uneingeschränktes Vertrauen. Siehe auch: *Twele*, Die Haftung des Vorstands für Kartellrechtsverstöße, S. 61.

596 *Kaulich*, Haftung von Vorstandsmitgliedern, S. 233; *Selter*, AG 2012, 11 (16).

597 *Hawes/Sherrard*, 62 Va. L. Rev. 1 (23).

598 *Binder*, AG 2012, 885 (892); *ders.*, ZGR 2012, 757 (770).

599 *Twele*, Die Haftung des Vorstands für Kartellrechtsverstöße, S. 157.

600 *Strohn*, CCZ 2013, 177 (181).

601 Siehe zum Ganzen: *Strohn*, CCZ 2013, 177 (181), der in der Auswahlentscheidung Parallelen zur Business Judgment Rule bezüglich der notwendigen Informationen sieht. Vgl. auch: *Schwarz*, CCZ 2013, 34 (38), der generell bei Nicht-Berufsträgern zur Zurückhaltung rät.

dies im Einzelnen mit erhöhten Kosten für die Gesellschaft verbunden sein, dennoch liegen diese Investitionen letztlich im Interesse der Gesellschaft, da nur so sichergestellt werden kann, dass der Berater tatsächlich ausreichend qualifiziert ist und die notwendigen Informationen fachkundig ermittelt werden.

Als Mindestanforderung kann zunächst eine abgeschlossene Berufsausbildung im betroffenen Fachgebiet angesehen werden, die den Beratungsgegenstand umfasst.[602] Das BayOblG hat festgehalten, dass die notwendige Sachkunde eines gerichtlichen Sachverständigen anhand seiner (beruflichen) Qualifikation zu beurteilen sei.[603] Selbst angeeignete Kenntnisse genügen regelmäßig nicht. Ähnlich ist dies auch verschiedenen ausländischen Gesetzen zu entnehmen.[604] Darüber hinaus sind in der Ausbildung befindliche Personen im Rahmen einer Lehre oder eines Studiums noch nicht als ausreichend qualifiziert anzusehen. Beispielsweise entschied das OLG Celle richtigerweise, dass ein Jura-Student keine zuverlässige Auskunftsquelle für einen juristischen Rat darstelle.[605] Vielmehr ist von der Geschäftsleitung zu verlangen, dass sie sich darüber vergewissert, dass die Auskunftsperson über eine abgeschlossene Berufsausbildung verfügt und somit aufgrund dieser beruflich erworbenen Fachkunde zur Beurteilung der entscheidungserheblichen Frage qualifiziert ist.

Bei detailreichen oder spezifischen Problemen, die die grundsätzlichen Kenntnisse eines Angehörigen eines gewissen Berufes übersteigen, muss darüber

---

602 *Fleischer*, in: FS Hüffer, S. 187 (190). Hiervon auch ausgehend: *H.-F. Müller*, NZG 2012, 981 (982); *Strohn*, CCZ 2013, 177 (180); *A. Ulmer*, BLJ 2013, 59 (63). Der BGH hielt in einer Entscheidung zudem fest, dass sich ein Geschäftsleiter nicht auf unternehmensbewertende Stellungnahmen eines Rechtsreferendars verlassen könne, da diese Kenntnisse regelmäßig das Fachwissen eines Rechtsreferendars übersteigten, BGH NJW 1997, 741 (742). Aus strafrechtlicher Sicht bezüglich einer juristischen Ausbildung: *Löw*, Erkundigungspflicht beim Verbotsirrtum, S. 102.

603 BayOblG NJW 2003, 216 (219). Vgl. auch: *Pastor*, in: Werner/Pastor, BauP, Rn. 3106.

604 Section 141 (e) DGCL: „professional or expert competence". Ebenso: Section 717 (a) (2) New York Business Corporations Law; Section 309 (b) (2) California Corporations Code; Section 541a (2) (b) Michigan Business Corporation Act; Revised Code of Washington 23B.08.300 (2) (b); Section 132 (1b) Companies Act 1965, 2007 (Malaysia). Strenger: Section 189 Corporations Act 2001 (Australia): „professional advisor or expert in relation to matters". Ebenso: Section 138 Companies Act 1993 (New Zealand). Section 76 (4) (b) (5) Companies Act 2008 (South Africa): „professional persons". Section 123 (4) Canada Business Corporations Act 1985: „a person whose profession lends credibility to a statement made by the professional person".

605 OLG Celle, NJW 1967, 1921. Siehe auch: *Löw*, Erkundigungspflicht beim Verbotsirrtum, S. 110.

hinaus eine weitergehende Spezialisierung nachgewiesen werden.[606] Die Anforderungen an die Auswahl des Beraters steigen zudem mit der Größe des eigenen Unternehmens. Letzteres ist bereits dadurch gerechtfertigt, dass die Qualifikation des Beraters in größeren Unternehmen aufgrund des eigenen Fachpersonals vielfach einfacher zu beurteilen ist.[607] Größere Unternehmen sollten also bei der Auswahl des Beraters eine besondere Sorgfalt walten lassen und daher auf besonders qualifizierte Auskunftspersonen wie Wirtschaftsprüfer, Fachanwälte oder speziell geschulte Rechtsanwälte einer Wirtschaftskanzlei zurückgreifen.[608]

Um die Anforderungen an kleine Unternehmen nicht zu überspannen, ist es für diese ausreichend, wenn die Geschäftsleitung auf einen Berater zurückgreift, der formal zur Beurteilung der Frage geeignet ist und darüber hinaus in der Vergangenheit schon mehrmals erfolgreich für die Gesellschaft tätig war, somit sich bereits als eine kompetente und vertrauensvolle Auskunftsperson *im entsprechenden Fachgebiet* erwiesen hat.[609] Von einem Geschäftsleiter einer kleinen Gesellschaft kann daher im Grundsatz nicht verlangt werden, dass er bezüglich jeder neu auftretenden Frage einen neuen Berater auswählt, sofern das gleiche Fachgebiet betroffen ist. Hat sich jedoch der Rat eines Beraters in der Vergangenheit wiederholt als fehlerhaft herausgestellt, spricht dies eindeutig gegen eine ausreichende Qualifikation.[610]

Darüber hinaus muss darauf geachtet werden, dass die Auskunftsperson über ausreichende Kapazitäten verfügt.[611] So kann eine Ein-Mann-Kanzlei wohl kaum

---

606 *Peters*, AG 811 (815). Vgl. auch: *Binder*, AG 2008, 274 (285 f.). Andererseits ist im Rahmen von eher einfachen Problemen, die keine besonderen Detailkenntnisse erfordern, keine Spezialisierung bzw. der Nachweis einer besonderen, über die normale berufliche Ausbildung hinausgehenden Qualifikation erforderlich. Siehe auch: *Kiefner/Krämer*, AG 2012, 498 (501).

607 *Hillmer*, BC 2012, 282 (283). A. A. wohl *Fleischer*, in: FS Hüffer, S. 187 (191). Zur strengeren Auswahlsorgfalt für größere Unternehmen: *H.-F. Müller*, NZG 2012, 981 (982).

608 Vgl. hierzu: *H.-F. Müller*, NZG 2012, 981 (982).

609 *Kiefner/Krämer*, AG 2012, 498 (501). Vgl. auch: *H.-F. Müller*, NZG 2012, 981 (982) der die Anforderungen an kleinere Unternehmen nicht überspannen möchte. Aus strafrechtlicher Sicht: OLG Bremen, NStZ 1981, 265 (266). So aus dem amerikanischen Recht: *In re Walt Disney Co. Derivative Littig.*, 907 A.2d 693 (770): „Furthermore, Crystal [der Berater] appears to have been selected with reasonable care, especially in light of his previous engagements with the Company in connection with past executive compensation contracts that were structurally, at least, similar to the OEA."

610 *Kirch-Heim/Samson*, wistra 2008, 81 (84); *H.-F. Müller*, DB 2014, 1301 (1302).

611 *Gottschalk/Weng*, GWR 2013, 243 (244).

einen juristischen Rat im Hinblick auf eine Fusion zweier international agierender Konzerne erteilen, selbst wenn der Jurist über eine weitreichende Sachkunde verfügt. Nicht zuletzt sind besonders strenge Maßstäbe anzulegen, sofern das ratsuchende Geschäftsleitungsmitglied über eine eigene Fachkunde zur Beurteilung der Frage verfügt.[612] In einem solchen Falle verfügt es regelmäßig über das notwendige Wissen, um die Qualifikation des Experten besser einzuschätzen.

aa) Rechtlicher Rat

In Bezug auf rechtlichen Rat kommen neben Fachanwälten also auch sonstige Rechtsanwälte in Betracht. Verlangt werden muss von dem juristischen Berater neben einem zumindest abgeschlossenen Studium, dass er im betreffenden Rechtsgebiet tatsächlich tätig ist,[613] d. h. grundsätzlich seinen Tätigkeitsschwerpunkt[614] in diesem Bereich hat und auf diese Weise der Nachweis einer tatsächlichen Expertise[615] und besonderer Fachkenntnisse gegeben ist. Selbstredend darf dies kein Anwalt mit Schwerpunkt Familien- und Erbrecht sein, der ausschließlich in diesem Gebiet tätig ist.

Einem im entsprechenden Fachgebiet tätigen Anwalt kann auch nicht zwangsläufig eine geringere Qualifikation im Vergleich zu einem Fachanwalt nachgesagt werden.[616] Ein Vergleich mit den Berufspflichten des Anwalts zeigt ebenfalls, dass sich das Organmitglied auf den Tätigkeitsschwerpunkt des Anwalts verlassen darf. Denn aus der Pflicht zur gewissenhaften Berufsausübung nach §§ 3 I, 43 BRAO ergibt sich die Pflicht des Anwalts, sich hinreichende Kenntnisse der gesetzlichen Bestimmungen und der höchstrichterlichen Rechtsprechung in Bezug auf das übernommene Rechtsgebiet zu verschaffen.[617] Da eine solche Pflicht besteht, kann sich der ratsuchende Geschäftsleiter grundsätzlich darauf verlassen, dass ein im entsprechenden Rechtsgebiet tätiger Rechtsanwalt ausreichend qualifiziert ist. Das Court of Chancery of Delaware stellte in *Selectia inc.*

---

612 Vgl. Fn. 507.

613 *Kiefner/Krämer*, AG 2012, 498 (500); *Strohn*, ZHR 176 (2012), 137 (141).

614 *Kaulich*, Haftung von Vorstandsmitgliedern, S. 233; *H.-F. Müller*, DB 2014, 1301 (1302). *Strohn* verlangt, dass der Berater im entsprechenden Gebiet tatsächlich tätig ist, *Strohn*, CCZ 2013, 177 (181); *ders.*, ZHR 176 (2012), 137 (141). Vgl. auch *Twele*, Die Haftung des Vorstands für Kartellrechtsverstöße, S. 157: „Interessengebiet des Beraters".

615 *Binder*, ZGR 2012, 757 (770).

616 Insbesondere Großkanzleien bilden ihre Anwälte außerhalb des Fachanwaltsprogramms in internen Weiterbildungen fort: Siehe Fn. 581.

617 Vgl. *Brüggemann*, in: Feuerich/Weyland, BRAO, § 3 BRAO Rn. 9.

V. Versata Enterprises, Inc. auf die speziellen Erfahrungen des Beraters im entsprechenden rechtlichen Fachgebiet ab, die er durch seine Tätigkeit als Anwalt im Bereich des Steuerrechts erworben hatte.[618]

Nicht-anwaltliche Berater können in der Regel nur in ihrem speziellen Fachgebiet als qualifizierte Auskunftspersonen angesehen werden. Ein allumfassender und zugleich mehrere Rechtsgebiete betreffender Rechtsrat ist hingegen von ihnen kaum möglich.[619] In diesem Falle ist erforderlich, dass der Berater eine mit einem Rechtsanwalt vergleichbare Qualifikation im entsprechenden Fachgebiet nachweisen kann.[620] Dies ist etwa bei Assessoren der Fall, die vielfach in der Rechtsabteilung des Unternehmens tätig sein werden, sodass das RDG der Beratung nicht entgegensteht.[621] Diese verfügen über zwei bestandene Staatsexamina, somit über die gleiche Berufsausbildung, unterliegen jedoch nicht den standesrechtlichen Regeln der BRAO. Dennoch sind sie etwa aufgrund ihres Anstellungsvertrages zu einer sorgfältigen und objektiven Rechtsauskunft verpflichtet. Den Anwalt trifft nach der BRAO eine Fortbildungspflicht. Eine Fortbildungsmöglichkeit wird jedoch auch vielfach der nicht-anwaltlich zugelassene Jurist wahrnehmen, um selbst für zukünftige Auskünfte ausreichend qualifiziert zu sein. Darüber hinaus kann ein Assessor als zuverlässige Auskunftsquelle angesehen werden, sofern er im Einzelfall auf dem entsprechenden Rechtsgebiet tätig ist und auf diese Weise ausreichend qualifiziert ist.[622] Andererseits verfügen

---

618 *Selectia inc. V. Versata Enterprises, Inc.* 2010 WL 703062 (18): „In order to reasonably rely on Brogan, the Board needed only to find that Brogan was an expert in the matters to which he was providing advice and that he had been selected with due care. Brogan's work history as a tax attorney, CPA, and partner at several accounting firms specializing in tax accounting in the context of mergers and acquisitions, not to mention the dozens of Section 382 studies he had performed, gave the Board ample cause to consider him an expert qualified to speak on Selectica's NOLs and on the threat of their impairment."

619 Im Rahmen des allgemeinen Haftungsrechts geht *Grundmann* davon aus, dass neben Rechtsanwälten auch andere juristische Berater nach einem abgestuften Schwierigkeitsgrad zulässige Auskunftspersonen seien, *Grundmann*, in: MüKo, BGB, § 276 Rn. 73.

620 *Binder*, AG 2008, 274 (285); *Piepenbrock*, Defense of Reliance, S. 229. Ähnlich aus strafrechtlicher Sicht: *Rudolphi,* Unrechtsbewusstsein, S. 244 f.

621 Vgl. bereits oben Fn. 563. Sind sie extern tätig, ist vor allem § 5 RDG zu beachten.

622 Zum Ganzen: *Piepenbrock*, Defense of Reliance, S. 229. Speziell zur Qualifikation eines Assessors: AG Frankfurt, NJW 1989, 1745 (1746).

Wirtschaftsjuristen (FH) regelmäßig nicht über eine vergleichbare Ausbildung, sodass von ihrer Beauftragung grundsätzlich abgesehen werden sollte.[623]

Neben Volljuristen ist jedoch noch an Steuerberater zu denken, die im steuerrechtlichen Bereich aufgrund der diesbezüglichen besonderen Fachkunde, als qualifiziert angesehen werden können.[624] Die Rechtsprechung erkennt in ihren Entscheidungen neben den bereits angesprochenen Behörden auch Fachverbände[625] oder etwa Notare[626] als qualifizierte Auskunftspersonen in ihrem jeweiligen Fachgebiet an. Dem kann gefolgt werden, sofern sie im betreffenden Gebiet tatsächlich tätig sind und somit über eine nachgewiesene Expertise verfügen. Selbstverständlich sind auch Hochschulprofessoren als qualifizierte Auskunftsquelle anzusehen.[627]

bb) Sonstiger fachkundiger Rat

Auch im Rahmen sonstiger fachkundiger Beratung ist auf den Einzelfall abzustellen und somit auf die tatsächliche Qualifikation des Beraters zu achten. Dieser muss, wie bereits erläutert, über die einschlägige Fachkunde für das konkrete Problem verfügen.[628] Hier ist ebenso fraglich, welche Qualifikationen der Berater erfüllen muss. Ein öffentlich-rechtlich bestellter Sachverständiger kann grundsätzlich als qualifiziert angesehen werden.[629] Die Geschäftsleitung kann sich für eine Empfehlung eines öffentlich-rechtlich bestellten Sachverständigen an die Industrie- und Handelskammer wenden.[630] Weiter besteht die Möglichkeit der Nachfrage bei den Handwerkskammern, Architektenkammern, Ingenieurkammern oder im Einzelfall gar den Landwirtschaftskammern. Die dort geführten

---

623 *Piepenbrock*, Defense of Reliance, S. 231. Siehe zudem den Gesetzentwurf der Bundesregierung zum Rechtsdienstleistungsgesetz, RegE, BT-Drucks. 16/3655, S. 31 f., der der Qualifikation eines Wirtschaftsjuristen skeptisch gegenüber steht.

624 *Piepenbrock*, Defense of Reliance, S. 243; *Römermann*, in: Grunewald/Römermann, RDG, § 2 Rn. 91; *Hirtz*, in: Grunewald/Römermann, RDG, § 5 Rn. 160 ff.

625 KG, JR 1964, 68 (70 f.) (privater Fachverband); OLG Stuttgart, WM 2011, 976 (Sparkassenverband). Hierzu gestattet § 7 RDG begrenzte Rechtsdienstleistungen.

626 BGH VersR 1968, 148 (150); 1993, 112. Siehe ausführlich zu weiteren Fallgruppen: *Piepenbrock*, Defense of Reliance, S. 227 ff.

627 *H.-F. Müller*, DB 2014, 1301 (1302); *Piepenbrock*, Defense of Reliance, S. 232 f.

628 Siehe hierzu oben Rn. 598. Vgl. auch: OLG Karlsruhe, NJW 2005, 515 (516). Im Rahmen einer an einen Nachunternehmer delegierten Pflicht: BGH NJW 2008, 145 (146). Der BGH verlangte einen sorgfältig ausgesuchten fachkundigen Nachunternehmer.

629 Dazu bereits Fn. 588.

630 Diese Möglichkeit hat etwa auch der Richter im Rahmen des Bauprozesses: *Pastor*, in: Werner/Pastor, BauP, Rn. 3108.

Listen über öffentlich-rechtlich bestellte Sachverständige dienen gerade dem Zweck, sowohl Behörden und Gerichten als auch der Wirtschaft und der Allgemeinheit qualifizierte und unabhängige Gutachter zu benennen, auf die bei Bedarf zurückgegriffen werden kann. Eine solche Empfehlung müsste der Geschäftsleiter nochmals knapp auf ihre Schlüssigkeit hin überprüfen. Sofern hier keine offensichtlichen Unzulänglichkeiten des vorgeschlagenen Sachverständigen zutage treten, kann das Geschäftsleitungsmitglied von einer ausreichenden Qualifikation und Unabhängigkeit ausgehen. Ein öffentlich-rechtlich bestellter Sachverständiger kann daher als „sicherer Hafen" angesehen werden.

Nicht öffentlich-rechtlich bestellte Sachverständige können ebenfalls eine ausreichende Qualifikation besitzen. Hier sind wiederum die Belange kleiner Unternehmen zu berücksichtigen. In der Rechtsprechung wurden beispielsweise bereits Ingenieure[631], Kfz-Meister[632] oder Bilanzbuchhalter[633] als ausreichend qualifiziert angesehen, wobei diese Aufzählung keinesfalls abschließend ist. Das OLG Hamm lehnte ein Auswahlverschulden eines geschädigten Unfallteilnehmers ab, da er ein „anerkanntes Sachverständigenbüro" mit der Begutachtung des Schadens beauftragte.[634]

Eine genauere Bestimmung der notwendigen Fachkunde ist vor allem im nicht-rechtlichen Bereich aufgrund der mannigfaltigen Themenbereiche kaum möglich. Wichtig ist jedoch, dass die beruflich erworbene Fachkunde die in Betracht kommende Maßnahme tatsächlich umfasst. Beispielsweise können nur gering qualifizierte Angestellte einer Firma für technische Auskünfte regelmäßig nicht als ausreichend qualifiziert angesehen werden.[635] Des Weiteren muss der Ratsuchende sicherstellen, dass, vergleichbar mit einem juristischen Rat, die Auskunftsperson die notwendige gesetzliche Zulassung für eine solche Tätigkeit besitzt. Ist sich die Geschäftsleitung in Bezug auf die Qualifikation des Beraters

---

631 LG Kaiserslautern, Urt. v. 15.10.2013 – 2 O 783/12 (Diplom-Ingenieur); OLG Hamm, Urt. v. 13.04.1999 – 27 U 278/68 (Diplom-Ingenieur und eidesstattlich verpflichteter Bausachverständiger, der zugleich dem Bund Deutscher Baumeister angehörte). Vgl. auch: *Fleischer*, ZIP 2009, 1397 (1403).

632 *Diehl*, ZfS 2003, 75.

633 *Hillmer*, BC 2012, 282 (283).

634 OLG Hamm, NZV 1995, 442 (443).

635 Vgl. hierzu OLG Oldenburg, Urt. vom 24.02.2011, 1 U 33/10, BeckRS 2011, 09683, das zwei gering qualifizierte Arbeitnehmer als nicht ausreichend qualifizierte Hilfspersonen ansah, da sich die durch ihre Ausbildung erworbenen Kenntnisse nur peripher auf die übertragene Aufgabe erstreckten.

nicht sicher, sollte sie auf einen öffentlich-rechtlich bestellten Sachverständigen zurückgreifen.

2) Gesellschaftsinterner oder -externer Rat

Des Weiteren wird die Frage diskutiert, ob, zumindest in bestimmten Situationen, zwingend externer Rat eingeholt werden muss oder ob auf internen Rat, also auf eigene Unternehmensmitarbeiter, zurückgegriffen werden kann. Die Frage der Unabhängigkeit eines internen Beraters und die erforderliche Informationspflicht werden dabei zu einem späteren Zeitpunkt erörtert.[636] Hier soll allein die fachliche Qualifikation des internen Beraters im Vergleich zum externen Berater diskutiert werden.

Vereinzelt wird in der Literatur die Meinung vertreten, dass externer juristischer Rat einen höheren Entlastungswert habe und somit insbesondere im Rahmen detailreicher und komplexer Fragestellungen auf einen solchen zurückgegriffen werden sollte.[637] Ob die Vertreter dieser Meinung den Ausschluss aufgrund einer etwaig fehlenden Unabhängigkeit oder einer nicht ausreichenden Qualifikation begründen, ist dabei nicht stets klar. Speziell bezüglich der Qualifikation des Beraters ist indes gerade nicht ersichtlich, warum interne Berater generell ausgeschlossen sein sollten oder warum ihnen auch nur ein geringerer Entlastungswert zukommen sollte. Die Qualifikation des Beraters ist vielmehr anhand der soeben erläuterten Kriterien zu überprüfen, ohne dass allein die Unternehmenszugehörigkeit ein Merkmal zur Beurteilung der Qualifikation des Beraters darstellt.

Daher muss dieser vereinzelten Behauptung in der Literatur entgegengetreten werden. Denn eine interne Beratung kann für die Gesellschaft gar erhebliche Vorteile mit sich bringen. Unternehmensangehörige, seien es Juristen der Rechtsabteilung oder sonstige fachkundige Angestellte wie etwa Betriebswirte, Volkswirte, Ingenieure etc., haben vielfach genaue Einblicke in die unternehmensspezifischen Abläufe. Sie kennen das Unternehmen aufgrund ihrer Zugehörigkeit meist besser, als es einem externen Berater möglich wäre, was sowohl

---

636 Zur Unabhängigkeit: Kapitel 3 C) II 3). Zur Informationspflicht: Kapitel 3 D) III. 2).

637 *Hölters*, in: Hölters, AktG, § 93 Rn. 249; *Primaczenko*, GWR 2011, 518; *Vetter*, EWiR 2011, 793 (794); *Wagner*, BB 2012, 651 (656); *Schöne*, Managerhaftung, in: Börsen-Zeitung vom 25.02.2012, S. 13 f.

niedrigere Informationskosten zur Folge hat, als auch dazu führen kann, dass aufkommende Risiken frühzeitig erkannt werden.[638]

Außerdem ist die Ausbildung eines internen Beraters nicht grds. schlechter. Dieser kann in concreto gar besser qualifiziert sein als ein externer Berater.[639] Im Rahmen von juristischem Rat ist an die Rechtsabteilung eines großen, international tätigen Konzerns zu denken. Syndikusanwälte haben vielfach überdurchschnittliche Examensnoten und sind häufiger promoviert als nicht in Unternehmen angestellte Rechtsanwälte.[640] Die dort tätigen Juristen sind vielfach besonders in den für das Unternehmen entscheidenden Bereichen, etwa dem Bank- und Kapitalmarktrecht oder dem Handels- und Gesellschaftsrecht, hoch spezialisiert. Zudem sind ihre internen Weiterbildungen nicht selten auf die Besonderheiten des betroffenen Unternehmens ausgerichtet, sodass eine solche Qualifikation, vor allem in juristischen Randgebieten, extern nur schwer zu finden ist.[641] Solche Inhouse-Juristen können somit nicht nur eine vergleichbare Fachkunde wie etwa Fachanwälte erwerben, sondern sie können sich gar weit darüber hinaus gehende Kenntnisse aneignen.

Dementsprechend finden sich mehrere Entscheidungen, die die Qualifikation eines internen Beraters aufgrund der besonderen Kenntnisse im betreffenden Bereich als ausreichend erachten. Beispielsweise stellte das OLG Hamburg fest, dass bei einem Juristen eines Verlages damit gerechnet werden kann, dass er im Rahmen des Presserechts „besonders beschlagen sein wird".[642] Daher würde in einem solchen Falle die Einholung zusätzlichen externen Rats nur zu einer

---

638 *Junker/Biederbick*, AG 2012, 898 (901); *Klöhn*, BB 2013, 1535 (1538 f.); *Moosmayer*, NJW 2010, 3548 (3550); *Piepenbrock*, Defense of Reliance, S. 252. Siehe auch: *Kim*, 21 GEOJLE 411 (460).

639 *Kleine-Cosack*, AnwBl. 2014, 891 (896). Siehe auch: *Junker/Biederbick*, AG 2012, 898 (900 f.); *Kremer*, in: Gesellschaftsrecht in der Diskussion 2012, S. 171 (181); *Merkt/Mylich*, NZG 2012, 525 (528); *Wagner*, BB 2012, 651 (656), der dennoch externen Rat bei komplexen Problemen empfiehlt. Nach *Fleischer*, in: FS Hüffer, S. 187 (192) verfügen Inhouse-Juristen meist über eine „besondere Sachkunde". Aus strafrechtlicher Sicht: OLG Hamburg, NJW 1967, 213 (214 f.); *Roxin*, Strafrecht AT, § 21 Rn. 62. Siehe auch: *Vogel*, in: LeipzKomm., StGB, § 17 Rn. 82.

640 *Hamacher*, in: Anwälte und ihre Geschichte, S. 913 (917).

641 *Klöhn*, DB 2013, 1535 (1538 f.), der diese, an das Unternehmen angepasste Weiterbildung, als „spezifische Investitionen" bezeichnet, was für die zu fordernde Unabhängigkeit des betroffenen Unternehmensmitarbeiters nicht unproblematisch sei. Vgl. *Bauer*, in: Gesellschaftsrecht in der Diskussion 2014, S. 195 (219).

642 OLG Hamburg, NJW 1967, 213 (215). Vgl. aus der strafrechtlichen Rechtsprechung: OLG Bremen, NStZ 1981, 265 (265 f.).

unnötigen Verschwendung von Gesellschaftsvermögen führen, dem jedoch kein entsprechender Zugewinn an weitreichenderen oder qualifizierteren Informationen gegenüberstünde.

Außerdem kann § 46c II BRAO nicht als Ausschlusskriterium herangezogen werden. Nach § 46c II BRAO dürfen Syndikusanwälte ihren Arbeitgeber nicht vertreten, vor den Landgerichten, Oberlandesgerichten und dem Bundesgerichtshof in zivilrechtlichen Verfahren und Verfahren der freiwilligen Gerichtsbarkeit, sofern die Parteien oder die Beteiligten sich durch einen Rechtsanwalt vertreten lassen müssen oder vorgesehen ist, dass ein Schriftsatz von einem Rechtsanwalt unterzeichnet werden muss. Dieser Regelung liegt jedoch gerade nicht der Gedanke zugrunde, ein Syndikusanwalt sei geringer qualifiziert als ein externer Jurist. Ob § 46c BRAO im Rahmen der Unabhängigkeit eines Beraters als Auslegungshilfe herangezogen werden kann, wird zu einem späteren Zeitpunkt erörtert.[643] Festzuhalten bleibt jedoch, dass die Norm gerade nicht an die fachliche Qualifikation des Beraters anknüpft.

Auch für sonstige fachkundige interne Berater kann nichts anderes gelten. Ein Wirtschaftsprüfer, der zugleich Angestellter der Gesellschaft ist, verfügt vielfach über besondere Kenntnisse im Hinblick auf das betreffende Unternehmen. Vergleichsweise kann ein im eigenen Unternehmen angestellter Techniker ebenfalls für technische Fragen herangezogen werden, sodass es aufgrund der hinreichenden Fachkunde nicht stets einer mit hohen Kosten verbunden Beauftragung eines externen Technikers bedarf.

Die Qualifikation des Beraters ist somit nicht schlicht an der Zugehörigkeit zum Unternehmen zu messen. Verfügen die internen Berater über umfangreiche Kenntnisse im betroffenen Fachgebiet, können sie als ausreichend qualifiziert angesehen werden. Dies gilt sowohl für allgemeine Fragen als auch für spezifische Fachkenntnisse. Daher kann der Meinung, dass zumindest bei Maßnahmen von besonderer Bedeutung externer Rat eingeholt werden sollte,[644] in dieser Allgemeinheit nicht zugestimmt werden. An die Qualifikation eines internen Beraters

---

643 Vgl. hierzu Kapitel 3 C) II. 3) d) bb). § 46 BRAO a. F. sollte sicherstellen, dass die Unabhängigkeit der Rechtspflege gewahrt bleibt, was nach der umstrittenen Gesetzesbegründung des § 46 BRAO a. F. im Falle der anwaltlichen Vertretung des Arbeitgebers durch dessen Syndikusanwalt nicht gewährleistet werden könne. Kritisch hierzu: *Kleine-Cosack*, BRAO, § 46 Rn. 4 ff., der die Norm gar als verfassungs- und europarechtswidrig einstuft. Siehe ausführlich zur Unabhängigkeit des Syndikusjuristen und zur aktuellen Reform des § 46 BRAO: Kapitel 3 C) II. 3).

644 So aber: *Kreuz*, Enthaftung des Geschäftsleiters, S. 80; *Wagner*, BB 2012, 651 (656). Dieser tritt auch dafür ein, dass an die Qualifikation interner Berater strengere

sind somit die gleichen Anforderungen zu stellen wie an die eines externen Beraters. Sind die für die Bewertung der entscheidungserheblichen Frage notwendigen Kenntnisse im eigenen Unternehmen vorhanden, kann der Geschäftsleiter hierauf zurückgreifen. In verschiedenen Gesetzen des angloamerikanischen Rechts wird der Unternehmensmitarbeiter („*employee*") neben sonstigen Beratern regulär als möglicher Ratgeber ausdrücklich aufgeführt.[645]

Andererseits kann in der Tat die Beauftragung eines externen Beraters im Einzelfall für die Gesellschaft von Vorteil sein. So etwa, wenn der Auftrag einen derartigen Umfang aufweist, der durch die begrenzte personelle Kapazität der eigenen Mitarbeiter nicht oder nicht rechtzeitig erfüllt werden kann.[646] Dies kann jedoch nicht generell als Ausschlusskriterium herangezogen werden, sondern vielmehr ist in jedem Falle zu prüfen, ob neben der Fachkunde auch eine ausreichende personelle und zeitliche Kapazität gegeben ist.

3) Gemischte rechtliche und tatsächliche Fragestellungen

Nach Ansicht des BGH ist es entscheidend, dass das ratsuchende Geschäftsleitungsmitglied eine *„für die zu klärende Fragestellung* [Hervorh. d. Verf.] fachlich qualifizierte Person" auswählt.[647] Eine für alle denkbaren Fragen qualifizierte Person kann schließlich nicht existieren, sodass der Berater für jedes aufkommende Problem anhand seiner konkreten Qualifikation ausgewählt werden muss.[648] Daher ist fraglich, welche Qualifikation der Berater aufweisen muss, wenn sowohl rechtliche als auch sonstige fachliche Problemfelder auftauchen

---

Anforderungen zu stellen seien als an externe Berater, da die Qualifikationen der eigenen Angestellten der Geschäftsleitung bekannt seien.

645 Section 141 (e) DGCL; Section 8.30 (f) (1) Model Business Corporation Act; Section 717 (a) (1) New York Business Corporations Law; Section 309 (b) (1) California Corporations Code; Revised Code of Washington 23B.08.300 (2); Section 541a (2) (a) Michigan Business Corporation Act; Section 189 (a) (i) Australia Corporations Act 2001; Section 76 (4) (b), (5) (a) Companies Act 2008 (South Africa); Section 138 Companies Act 1993 (New Zealand); Section 157 C (1) (a) Companies Act 1967, 2007, Singapore. Zudem vgl. *American Law Institute*, Corporate Governance, § 4.02. Siehe allgemein zur Zulässigkeit gesellschaftsinterner Beratung auch: *Hawes/Sherrard*, 62 Va. L. Rev. 1 (26).

646 *Piepenbrock*, Defense of Reliance, S. 248.

647 BGH NZG 2013, 1028 (1030), in Bezug auf die Haftung eines Gesellschafters.

648 *Fleischer*, KSzW 01.2013, 3 (8).

oder diese miteinander verknüpft sind.[649] Bedarf es in einem solchen Fall stets mehrerer Berater?

a) *Juristischer Ratgeber*

Ein juristischer Rat ist grundsätzlich dann einzuholen, soweit rechtliche Fragestellungen auftreten, der zugrunde liegende Sachverhalt jedoch geklärt ist. Nun ist es aber keine Seltenheit, dass die Ermittlung des zur Gesetzessubsumtion erforderlichen Sachverhalts nicht ohne Weiteres von einem Juristen durchgeführt werden kann, da hierfür seine eigenen Kenntnisse nicht genügen. In der bereits angesprochenen Entscheidung des OLG Stuttgart beauftragte der Vorstand einer Aktiengesellschaft einen Rechtsanwalt mit der Frage, ob ein Rückkauf von Aktien in der konkreten Unternehmenssituation nach §§ 71 II 2 AktG i. V. m. 272 IV HGB zulässig sei. Ein solcher Erwerb ist nach § 71 II 2 AktG nur zulässig, wenn die Gesellschaft im Zeitpunkt des Erwerbs der Aktien eine (fiktive) Rücklage in Höhe der für den Erwerb erforderlichen Aufwendungen bilden könnte, ohne das Grundkapital oder eine nach Gesetz oder Satzung zu bildende Rücklage zu mindern, die nicht zur Zahlung an die Aktionäre verwendet werden darf. Diese Feststellung hatte auch der juristische Berater getroffen. Eine konkrete Subsumtion unterblieb jedoch. Die Prüfung, ob eine solche Rücklage gebildet werden könnte, übersteigt regelmäßig die Kompetenz eines Rechtsberaters. Um somit abschließend über die Zulässigkeit des Erwerbs zu entscheiden, hätte der Vorstand zudem beispielsweise einen Wirtschaftsprüfer beauftragen müssen, der die hierfür notwendigen Qualifikationen besitzt und letztlich eine ordnungsgemäße Rücklagenprüfung hätte durchführen können.[650] Sind also sowohl Tatsachenfragen als auch juristische Probleme zu klären, die von der Geschäftsleitung nicht selbst beantwortet werden können, genügt die Beauftragung eines einzelnen Beraters grundsätzlich nicht. Zumeist müssen in einem solchen Falle gleich mehrere Berater beauftragt werden, die jeweils über die entsprechende Fachkunde verfügen und somit lediglich gemeinsam einen umfassenden Rat abgeben können bzw. nur beide Beratungsergebnisse gemeinsam eine ausreichende

---

649 Vgl. hierzu: *Piepenbrock*, Defense of Reliance, S. 211. Aus dem amerikanischen Recht unterscheidet *Longstreth* etwa: „Questions of Facts", „Questions of Fact and Law" und „Questions of Law", *Longstreth*, 37 BUSLAW 1185 (1194 ff.).

650 OLG Stuttgart, NZG 2010, 141 (143 f.). Dies hätte jedoch nicht zwingend ein Wirtschaftsprüfer sein müssen. Insoweit gelten die oben genannten Anforderungen entsprechend, sodass es auf die tatsächliche Qualifikation des Beraters, nicht aber auf seine Berufsträgereigenschaft ankommt.

Informationsgrundlage darstellen.[651] Nur hierdurch ist gewährleistet, dass die Entscheidungsfindung vollumfänglich und sorgfältig durchgeführt wurde und sowohl die rechtliche Bewertung als auch die dafür erforderliche Ermittlung des zugrunde liegenden Sachverhalts erfolgten. Wird hingegen fälschlicherweise nur ein Berater beauftragt, trifft den Berater jedoch grundsätzlich die Pflicht, den Ratsuchenden darauf hinzuweisen, dass die Fragestellung zumindest teilweise seine eigene Kompetenz überschreitet und somit die Beauftragung eines weiteren Beraters vonnöten ist.[652] Kommt der Berater seiner Hinweispflicht nicht nach, ist darauf abzustellen, ob die fehlende fachübergreifende Qualifikation des Beraters für den Geschäftsleiter erkennbar war. War dies nicht der Fall, kann ihm dies nicht zur Last gelegt werden.

Die Notwendigkeit der Beauftragung mehrerer Berater im Rahmen von fachübergreifenden Fragen ist mehreren US-amerikanischen Urteilen zu entnehmen. In *Boyer v. Wilmington Materials Inc.* wurde eine Rechtsanwaltskanzlei, neben der juristischen Beratung im Rahmen einer Unternehmenstransaktion, mit der Analyse des Ertragswertes des Unternehmens beauftragt. Dem Urteil ist zu entnehmen, dass für diese zweite Fragestellung der Kanzlei die notwendige Kompetenz fehle, da eine solche Analyse nicht vom juristischen Fachwissen umfasst sei.[653] Vergleichbar wurde in einer anderen Entscheidung den Juristen einer Rechtsanwaltskanzlei die Kompetenz für die Erstellung einer *fairness opinion* abgesprochen.[654]

Etwas anderes kann sich jedoch dann ergeben, wenn Tatsachenfragen und juristische Fragen zwingend miteinander verbunden sind und die Sachkunde des Rechtsberaters, etwa aufgrund seiner Erfahrung oder seiner sonstigen Expertise, auch die Klärung der technischen, bilanziellen oder sonstigen Fachfragen

---

651 *Decker*, GmbHR 2014, 72 (75); *H.-F. Müller*, DB 2014, 1301 (1302); *Piepenbrock*, Defense of Reliance, S. 210 ff. Siehe im Rahmen des Kartellrechts auch: *Harnos*, Geschäftsleiterhaftung, S. 302, der davon spricht, dass der Geschäftsleiter zur Beurteilung einer kartellrechtlichen Frage zumeist nicht nur auf einen Juristen vertrauen dürfe, da diesem ggf. die wirtschaftswissenschaftliche Sachkunde fehle. Häufig sei daher zusätzlich die Beauftragung eines wirtschaftlichen Beraters vonnöten. Aus amerikanischer Sicht: *Rokas*, 2 Am. U. Bus. L. Rev. 323 (332).

652 OLG Stuttgart, NZG 2010, 141 (143 f.); *H.-F. Müller*, DB 2014, 1301 (1302).

653 *Boyer v. Wilmington Materials Inc.*, 754 A.2d 881 (892) (Del. Ch. 1999).

654 *Valeant Pharmaceuticals. Int. v. Jerney*, 921 A.2d 732 (751) (Del. Ch. 2007): „Beyond giving such advise, it was not within the expertise of Fried Frank or any other independent counsel to opine as to the actual substantive fairness of the proposal."

mit umfasst.[655] Dies ist insbesondere dann der Fall, wenn sich ein Rechtsberater schon häufig mit einem entsprechenden Themenfeld befasst hat und auf diese Weise zugleich die dazugehörigen Fachkenntnisse erwarb. Der BGH entschied beispielsweise im Rahmen des Patentrechts, dass die von dem beklagten Großhersteller beauftragten erfahrenen Rechts- und Patentanwälte zur Beurteilung der zugrunde liegenden technischen Voraussetzungen als ausreichend qualifiziert angesehen werden könnten. Aufgrund ihrer Erfahrung verfügten die Anwälte über die notwendigen Kenntnisse, um auf diesem Gebiet, das „überschaubar" war, einen sorgfältigen Rat abzugeben.[656] Entsprechend kann etwa davon ausgegangen werden, dass ein Fachanwalt im Insolvenzrecht über die notwendigen Kenntnisse verfügt, um die Insolvenzantragspflicht nach § 15a InsO, letztlich somit eine mögliche Zahlungsunfähigkeit oder Überschuldung des Unternehmens zu prüfen.[657]

Gerade in mit rechtlichen Bewertungen untrennbar verbundenen Fachgebieten kann somit die Fachkunde des Juristen ebenfalls genügen.[658] Beispielhaft soll hier noch die Beauftragung des Rechtsberaters genannt werden, der feststellen soll, ob ein Schadensersatzanspruch gegen ein Geschäftsleitungsmitglied geltend gemacht werden soll oder ob hiervon aufgrund entgegenstehender Gesellschaftsinteressen ausnahmsweise abgesehen werden kann.[659] Die zu berücksichtigenden Gesellschaftsinteressen betreffen zwar nicht die eigentliche juristische Fachkompetenz des Beraters, sind aber untrennbar mit der juristischen Bewertung verknüpft, sodass auch ein juristischer Berater diese Frage beurteilen

655 So *Fleischer*, NZG 2010, 121 (124); *ders.*, in: FS Hüffer, S. 187 (198). Ähnlich: *H.-F. Müller*, DB 2014, 1301 (1302). Ähnlich auch der Official Comment 8.30 Model Business Corporation Act, 6. § 8.30 (f), Subsection (f) (2): „And it would be entirely appropriate for a director to rely on advice concerning highly technical aspects of environmental compliance from a corporate lawyer of the corporation's outside law firm, without due inquiry concerning that particular lawyer's technical competence, where the director reasonably believes the lawyer giving the advice is appropriately informed by reason of resources known to be available from that adviser's legal organization or through other means and therefore merits confidence." A. A. *Kreuz*, Enthaftung des Geschäftsleiters, S. 91.

656 BGHZ 62, 29 (39).

657 Im Ergebnis: *Gottschalk/Weng*, AG 2013, 243 (244).

658 BGHZ 62, 29 (39).

659 Beispiel von: *Fleischer*, in: FS Hüffer, S. 187 (198). Als weiteres Beispiel nennt *Fleischer* die Beurteilung der Ad-hoc-Publizitätspflichten nach § 15 WpHG. Hier muss der Berater bewerten, ob die Informationen zur Beeinflussung des Börsen- und Marktpreises geeignet sind.

kann. Entscheidend ist somit eine Einzelfallprüfung, die sicherstellt, dass der juristische Berater durch seine berufliche Spezialisierung und Erfahrung über eine ausreichende Qualifikation im überschneidenden Fachbereich verfügt. In einem amerikanischen Aufsatz heißt es dazu: „(...) a lawyer would be suitable to opine on technical issues of environmental compliance if he specializes in environmental law or if he is member of a legal organization with access to relevant information and it is not the first time he deals with compliance“[660].

b) Fachgutachter

Ein Fachgutachter kann grundsätzlich zur Beurteilung juristischer Fragen nicht als ausreichend qualifiziert angesehen werden, sondern nur zur Beurteilung tatsächlicher Unklarheiten.[661] Sind tatsächliche, etwa technische, bilanzielle oder wirtschaftliche Probleme zu klären und anschließend diese rechtlich einzuordnen, bedarf es daher i. d. R. einer zusätzlichen juristischen Beratung. So hat der BGH bereits entschieden, dass ein von einer Taxi-Genossenschaft beauftragter Kfz-Sachverständiger in seinem technischen Gebiet als ausreichend qualifiziert angesehen werden könne. Seien daneben jedoch rechtliche Fragen zu beantworten, genüge die Beauftragung eines solchen Kfz-Sachverständigen nicht, da er zur Beurteilung rechtlicher Fragen als nicht ausreichend qualifiziert eingeschätzt werden müsse.[662] Dies überzeugt. Fachgutachter vermögen zwar über eine hohe Ausbildung verfügen, sind jedoch in rechtlichen Angelegenheiten zumeist nicht ausreichend geschult. Sind juristische und tatsächliche Fragen vorhanden, genügt die Beauftragung eines Fachgutachters allein zumeist nur dann, wenn die Geschäftsleitung selbst die juristische Bewertung vornehmen kann. Die Geschäftsleitung erfüllt somit durch die Beauftragung eines Fachgutachters nur dann ihre Sorgfaltsanforderungen, wenn die rechtliche Bewertung zweifelsfrei feststeht oder bestehende juristische Probleme zumindest von ihr selbst beantwortet werden können.[663] Entsprechendes gilt selbstredend, wenn zwei gänzlich unterschiedliche Fachbereiche betroffen sind.

Dennoch ist hier eine vergleichbare Ausnahme anzuerkennen. Umfasst die Sachkunde des Fachberaters ausnahmsweise auch die juristische Bewertung eines tatsächlichen Problems, wird man die ausschließliche Beauftragung des Fachgutachters als ausreichend erachten können, sofern die juristische Bewertung nur

---

660 *Rokas*, 2 Am. U. Bus. L. Rev. 323 (332).

661 *Binder* AG 2008, 274 (284).

662 BGH GRUR 1987, 564 (565).

663 Vgl. hierzu: *Binder*, AG 2008, 274 (284 f.).

einen untergeordneten Teil einnimmt.[664] Geben Nicht-Juristen einen Rechtsrat ab, sind stets die Besonderheiten des RDG zu beachten. Eine Rechtsdienstleistung durch einen nicht als Rechtsanwalt zugelassenen Berater kommt daher nur dann in Betracht, wenn die rechtliche Bewertung als Nebenleistung einzustufen ist (vgl. § 5 RDG)[665] und nicht in den Vordergrund tritt.

Als Beispiel soll hier die Beauftragung eines Wirtschaftsprüfers oder Steuerberaters genannt werden, der die Überprüfung der Insolvenzantragspflicht nach § 15a InsO vornehmen soll. Im Rahmen dieser Prüfung nimmt die rechtliche Bewertung regelmäßig einen nur geringen Teil ein. Sofern für diese Tätigkeit überhaupt eine Rechtsdienstleistung erforderlich ist, ist sie sowohl Wirtschaftsprüfern als auch Steuerberatern zumindest nach § 5 I RDG gestattet, da sie als Nebenleistung zu ihrer eigentlichen Berufstätigkeit einzustufen ist.[666] Die Hauptaufgabe des Beraters besteht darin, die Zahlungsunfähigkeit der Gesellschaft oder deren Überschuldung zu überprüfen. Daher können Wirtschaftsprüfer oder Steuerberater zur Beurteilung der Insolvenzantragspflicht als ausreichend qualifiziert angesehen werden.[667]

4) Zusammenfassung

Der ausgewählte Berater muss somit nicht zwingend ein Berufsträger oder etwa ein Fachanwalt sein. Gelingt der Nachweis der Qualifikation auf andere Weise,

---

664 Der BGH sah in einem strafrechtlichen Urteil einen Arzt als ausreichend qualifiziert an, um eine juristische Auskunft in Bezug auf eine medizinische Vorgehensweise zu erteilen. Nach Ansicht des BGH könne von einem Arzt erwartet werden, dass er durch fortwährende Schulungen auch juristische Kenntnisse im Rahmen seines Fachgebiets erwerbe, auf die der Ratsuchende vertrauen könne, BGHSt 40, 257 (264). Im vorliegenden Fall hatte sich der Angeklagte auf die Auskunft des Arztes verlassen, der die Einstellung der Ernährung der Mutter des Angeklagten, die sich in einem unheilbaren komatösen Zustand befand, als rechtlich zulässig bezeichnete. „Nach diesen Kriterien konnte der Angeklagte Sch. den behandelnden Arzt Dr. T. als verläßlich ansehen. Die erhebliche Frage betraf einen Bereich, für welchen ein Allgemeinarzt durchaus als erfahren angesehen werden kann. Sein Beruf bringt es mit sich, daß er sich – u.a. im Rahmen ärztlicher Fortbildung – auch mit einschlägigen juristischen Fragestellungen zu beschäftigen hat, so daß ein Laie ihm in diesem juristisch-medizinischen Grenzgebiet vertrauen darf."

665 Vgl hierzu genauer Kapitel 3) C) I. 1) b) aa) (1).

666 BGH NJW-RR 2013, 983 (985); *Deckenbrock/Henssler*, in: Deckenbrock/Henssler, RDG, § 5 Rn. 100.

667 Vgl. BGH NZG 2007, 545 (547); *Deckenbrock/Henssler*, in: Deckenbrock/Henssler, RDG, § 5 Rn. 100; *Gottschalk/Weng*, GWR 2013, 243 (244).

steht die fehlende Formalqualifikation der ordnungsgemäßen Entscheidungseinholung nicht entgegen. Dennoch: Kann der Geschäftsleiter die Fachkunde des Beraters etwa aufgrund seiner eigenen fehlenden Kenntnisse oder zeitlichen Kapazitäten nicht beurteilen, so sollte er als *safe harbour* einen im entsprechenden Gebiet tätigen Berufsträger, im rechtlichen Bereich speziell gar einen Fachanwalt auswählen.[668] Die Auswahl der Auskunftsperson liegt schließlich im eigenen Interesse der Geschäftsleitung, sodass von ihr eine solch hohe Sorgfalt erwartet werden kann.

II. Persönliche Zuverlässigkeit des Beraters

Die Geschäftsleitung schuldet eine auf sorgfältigen Informationen getroffene Entscheidung. Ein Berater kann daher nach der Rechtsprechung des BGH nur dann als zuverlässige Auskunftsperson angesehen werden, wenn er neben der fachlichen Kompetenz zudem persönlich zuverlässig, das heißt unabhängig ist und frei von sachfremden Interessen die Situation bewerten kann. Hier wird also auf die persönliche Eigenschaft des Beraters abgestellt. In der Literatur haben sich diesbezüglich große Meinungsverschiedenheiten aufgetan. Soweit im Grundsatz über die eigentliche Bedeutung dieses Merkmals Einigkeit besteht, divergieren die Meinungen doch in den verschiedensten Detailfragen. Der BGH hat sich in seinen bisherigen Urteilen beispielsweise nicht eindeutig zu dem Thema geäußert, ob ein Syndikusanwalt bzw. ein sonstiger Unternehmensjurist als unabhängiger Berater für seinen Arbeitgeber angesehen werden kann.

1) Die grundsätzliche Bedeutung des Merkmals „Unabhängigkeit"

Um die juristische Bedeutung des Merkmals „Unabhängigkeit" genau zu bestimmen, empfiehlt sich zunächst ein Blick auf die allgemeine Bedeutung des Wortes. Unabhängigkeit ist demnach „allgemein die Freiheit von anderen Weisungen als denen des persönlichen eigenen Gewissens, auch die Freiheit von Bindungen persönlicher, politischer oder wirtschaftlicher Art."[669] Somit ist derjenige unabhängig, der ein selbstständiges und von äußeren Einflüssen freies Handeln tätigt.

Hieraus kann geschlossen werden, dass ein fachkundiger Rat nur dann seine haftungsprivilegierende Wirkung entfalten kann, wenn er ausschließlich aufgrund der Beurteilung fachlicher Kriterien zustande gekommen ist. Sachfremde Erwägungen dürfen also keinen Einfluss auf die Beurteilung haben, weder durch

---

668 Für diese safe harbour Vorgehensweise: *Strohn*, CCZ 2013, 177 (181). Ähnlich: *Hahn/ Naumann*, CCZ 2013, 156 (160).

669 Bertelsmann Lexikon, S. 341.

die Beeinflussung von dritter Seite noch aufgrund eigener sachfremder Interessen des Beraters. Die Geschäftsleitung muss sich also darüber vergewissern, dass die Begutachtung ausschließlich anhand von objektiven fachlichen Kriterien zustande kommt. Bereits unseriöse Äußerungen des Beraters können dessen Unabhängigkeit in Frage stellen. Gibt die Auskunftsperson etwa zu verstehen, dass sie vor allem im Interesse des Ratsuchenden die Situation bewerten und dessen Interessen vorrangig vor fachlichen Gesichtspunkten in die Beurteilung einfließen lassen will, sind dies Zeichen, die an der Unvoreingenommenheit des Beraters erheblich zweifeln lassen und darauf hinweisen, dass es sich um ein „Gefälligkeitsgutachten" handelt, das nicht bzw. zumindest nicht ausschließlich auf objektiv fachlichen Kriterien basiert.[670]

Die strafrechtliche Judikatur hatte sich bereits häufiger mit diesem Thema in Bezug auf einen unvermeidbaren Verbotsirrtum nach § 17 S. 1 StGB zu befassen. Demnach ist der Verbotsirrtum dann unvermeidbar, wenn der Berater hinreichend qualifiziert ist und zudem *keine eigenen Interessen verfolgt*.[671] Sofern keine Zweifel an der Neutralität des Beraters bestehen und er weder käuflich oder von eigenen wirtschaftlichen Interessen beeinflusst noch parteiisch ist, kann auf dessen Rat vertraut werden.[672] Letztlich muss die Geschäftsleitung sicherstellen, dass sie selbst von einer unsachlichen Einwirkung auf den Berater absieht und dieser die entsprechende Frage ausschließlich anhand fachlicher Kriterien beurteilt.[673]

Öffentlich rechtlich bestellte Sachverständige können regelmäßig als unabhängig angesehen werden, da von ihnen erwartet wird, dass sie frei von sachfremden Erwägungen agieren.[674]

---

670 *Fleischer* nennt hierzu Aussagen wie etwa: „Das bringen wir in Ordnung!", „Dafür bin ich Spezialist!" oder „Bei mir liegen Sie richtig!", *Fleischer*, in: FS Hüffer, S. 187 (192). Vgl. auch: *Piepenbrock*, Defense of Reliance, S. 245, die von „reißerischen und nicht fundierten Anpreisungen des eigenen beraterischen Leistungsvermögens" spricht. Aus strafrechtlicher Sicht: *Duttge*, in: Dölling/Duttge/Rössner, Strafrecht, § 17 Rn. 19.

671 BGHSt 40, 257 (264); BGH NStZ 2000, 307 (309); BGH NJW 2013, 93 (97); *Joecks*, in: MüKo, StGB, § 17 Rn. 58 ff.; *Roxin*, Strafrecht AT, § 21 Rn. 62; *Sternberg-Lieben/Schuster*, in: Schönke/Schröder, StGB, § 17 Rn. 18.

672 *Joecks*, in: MüKo, StGB, § 17 Rn. 62; *Vogel*, in: LeipzKomm., StGB, § 17 Rn. 80.

673 *Krieger*, ZGR 2012, 496 (500).

674 Vgl. hierzu: BVerwGE 45, 235 (248): „uneingeschränkte Vertrauenswürdigkeit der Person". Siehe auch: OVG Münster, NJW 1987, 512 (513).

a) Keine Beeinflussung durch den Auftraggeber oder von Dritten

Beauftragt die Geschäftsleitung einen Berater mit der fachlichen Begutachtung einer geplanten Maßnahme oder eines sonstigen Problems, darf sie selbstredend nicht das Ergebnis vorwegnehmen bzw. dem Gutachter vorschreiben, zu welcher Schlussfolgerung er zu gelangen hat. Ein solches Gutachten kann zweifelsohne lediglich eine „Feigenblattfunktion"[675] einnehmen, auf das sich die Geschäftsleitung nicht mit enthaftender Wirkung berufen kann. Denn in einem solchen Fall geht es letztlich nicht um die objektive Klärung einer bestimmten Problematik. Hier soll vielmehr der von Beginn an festgelegte Weg der Geschäftsleitung durch eine vermeintliche Begutachtung abgesichert werden, um das Handeln der Geschäftsleitung unter dem Schutzmantel eines Gutachtens zu billigen und somit diese vor einer Inanspruchnahme auf Schadensersatz zu schützen.

Berater können sich aus verschiedenen Gründen dazu veranlasst sehen, ein solches im Ergebnis bereits determiniertes Gutachten zu erstellen. So kann etwa vom Ratsuchenden in der Weise Druck ausgeübt werden, dass er andernfalls die Zusammenarbeit beenden wolle und der Berater in Zukunft einen wirtschaftlich wichtigen Kunden bzw. Mandanten verliert. Ein solcher Beweggrund kann insbesondere durch eine langjährige Zusammenarbeit verstärkt werden. Nicht verschwiegen werden darf zudem die Gefahr, dass eine Zusammenarbeit zu persönlicher Verbundenheit und folglich zu einem Vertrauensverhältnis zwischen Auskunftssuchendem und Berater führen kann. Hierdurch mag der Berater im Einzelfall dazu geneigt sein, dem Wunsch der Geschäftsleitung nachzukommen, um auf diese Weise die Geschäftsbeziehung nicht zu gefährden. Dennoch: Allein eine wiederholte, ggf. gar langjährige Zusammenarbeit führt nicht unmittelbar zu einer Abhängigkeitsvermutung. Zum einen steht nicht fest, dass dies zu einem Vertrauensverhältnis führt, da auch eine langjährige Geschäftsbeziehung ausschließlich auf geschäftlicher Ebene fortgeführt werden kann, ohne dass hieraus ein spezielles persönliches oder zumindest geschäftliches Näheverhältnis entsteht. Daneben führt ein im Einzelfall dennoch entstandenes Vertrauensverhältnis keinesfalls zwangsläufig dazu, dass der Berater blind ein subjektives

675 *Fleischer*, in: MüKo, GmbHG, § 43 Rn. 259; *Kindler*, in: FS Goette, S. 231 (236). Siehe: BGH NZG 2015, 792, Fn. 757. *Uebler*, 65 BUSLAW 1023 (1044): „Bad faith [mit der Folge, dass sich der Geschäftsleiter nicht auf das Gutachten berufen kann] may also be evident if a controlling director or group of directors decides to pursue a certain course of action and then later retains an expert merely for the purpose of justifying the intended actions after the fact."

Gutachten für die Geschäftsleitung erstellt und somit die objektiven fachlichen Kriterien vernachlässigt.[676]

Hier bedarf es vielmehr einer Einzelfallbetrachtung: Entscheidend ist eine „*ergebnisoffene Prüfung*“[677]. Um einer möglichen Beeinflussung im Vorfeld entgegenzuwirken, kann sich somit die Geschäftsleitung nicht mit enthaftender Wirkung auf ein Gutachten berufen, soweit sie als Auftraggeber das Ergebnis gänzlich vorwegnimmt. Hingegen muss die reine *Möglichkeit* einer Beeinflussung, sei es aufgrund eines Vertrauensverhältnisses oder aufgrund einer durch eine Unternehmenszugehörigkeit entstandene (wirtschaftliche) Abhängigkeit, außer Acht bleiben.[678] Entscheidend ist, ob tatsächlich auf den Berater mit einer stringenten Zielsetzung eingewirkt wurde.

Diese Zurückhaltung der Geschäftsleitung im Rahmen der Auftragserteilung ist grundsätzlich einzuhalten, darf jedoch andererseits nicht überstrapaziert werden. Will die Geschäftsleitung eine Maßnahme durchführen, überlässt die tatsächliche Planung jedoch dem Berater mit dem Hinweis, er solle die ordnungsgemäße Durchführung der Maßnahme sicherstellen, ist dieses Kriterium zweifelsfrei eingehalten. In diesem Falle ist die Erstellung des Konzepts offen und obliegt somit der fachlichen Ausarbeitung des Beraters. Gleiches gilt für eine Überprüfung eines bereits in Teilen geplanten Vorhabens. Wendet sich die Geschäftsleitung mit der schlichten Bitte an den Berater, er solle das Vorhaben fachkundig überprüfen, obliegt es dem Experten, eine ergebnisoffene und ausschließlich an fachlichen Kriterien bemessene Beratung durchzuführen.

Problematischer ist hingegen die Überprüfung einer von der Geschäftsleitung ausdrücklich gewünschten Maßnahme. Beispielsweise hat sich die Geschäftsleitung auf eine bestimmte Kapitalerhöhung festgelegt und der Berater soll diese auf ihre Zulässigkeit überprüfen. Ein konkreter Wunsch der Geschäftsleitung bzw. ein von ihr favorisierter Weg allein kann allerdings die Unabhängigkeit des Beraters ebenfalls nicht ausschließen. Denn so kann der Berater zunächst prüfen, ob die geplante Maßnahme rechtlich und rein tatsächlich ordnungsgemäß durchführbar ist. Kommt er demnach zu dem Schluss, dass die geplante Maßnahme auf diese Weise gerade nicht zulässig ist, ist er aufgrund seines Anstellungsvertrages,

---

676 Vgl. zum etwaigen Entstehen eines Vertrauensverhältnisses: *Piepenbrock*, Defense of Reliance, S. 253.

677 *Kremer*, in: Gesellschaftsrecht in der Diskussion 2012, S. 171 (179). Vgl. auch: *Bicker*, AG 2014, 8 (11); *Eckert*, in: Wachter, AktG, § 93 Rn. 20; *Hopt*, ZIP 2013, 1793 (1798); *Sander/Schneider*, ZGR 2013, 725 (750); *Uwe H. Schneider*, in: Scholz, GmbHG, § 43 Rn. 233c; *Scholl*, Vorstandshaftung und Vorstandsermessen, S. 245.

678 *Wagner*, BB 2012, 651 (656). Ähnlich nun: BGH NZG 2015, 792 (795).

sofern er dem Unternehmen selbst angehört, andernfalls aufgrund seines Beratungsvertrages dazu verpflichtet, auf alternative Durchführungsmöglichkeiten hinzuweisen, die zwar nicht der ursprünglich geplanten Maßnahme vollumfänglich entsprechen, dennoch gleichwertig und letztlich rechtlich, wirtschaftlich und sonst fachlich zulässig und ggf. gar von Vorteil sind.[679]

An einer solchen Aufzeigung von zulässigen Alternativen hat schließlich sowohl die Gesellschaft als auch die beauftragende Geschäftsleitung ein Interesse. Allein die Äußerung, der Berater solle überprüfen, ob die Maßnahme wie geplant durchführbar sei, kann somit noch nicht zur Abhängigkeit der Auskunftsperson führen. Ein Berater hat aufgrund seiner Verpflichtung das „Rückgrat" zu haben, die Unzulässigkeit der geplanten Maßnahme aufzuzeigen.[680] Diese Argumentation ist nicht, wie teilweise angenommen, ein Spezifikum unternehmensinterner Beratung. Die Äußerung einer gewünschten Vorgehensweise und die dafür erforderliche rechtliche oder sonstige fachkundige Beratung erfolgen letztlich sowohl gegenüber externen als auch gegenüber unternehmensinternen Beratern.

Hier gilt es vielmehr speziell, die genaue Erwartungshaltung der Geschäftsleitung und daran anschließend die *persönliche Integrität* des Beraters zu berücksichtigen. Lässt sich dieser nicht von der vorgegebenen Erwartungshaltung der Geschäftsleitung beeinflussen und bildet sein Gutachten allein anhand fachlicher Kriterien, kann die Unabhängigkeit des Beraters somit nicht allein aufgrund dieser Erwartungshaltung abgelehnt werden. Daher ist es der Geschäftsleitung sehr wohl erlaubt, einen bestimmten Wunsch bzw. eine bestimmte Vorgehensweise zu äußern.[681] Hierbei muss sie jedoch sicherstellen, dass der Berater sich nicht gezwungen sieht, ausschließlich danach zu handeln. Vielmehr muss sie trotz der geplanten Vorgehensweise weiterhin offen für Alternativen sein, sofern dies aufgrund der fachlichen Bewertung vonnöten ist.

Anders ist dies, sofern die Geschäftsleitung lediglich den von ihr bereits festgelegten Weg absichern lassen möchte, sodass sie das Ergebnis des Gutachtens gänzlich vorwegnimmt und für Alternativen nicht offen ist. Kommt das Gutachten sodann nur aufgrund dieser Vorgaben, nicht jedoch anhand einer objektiven fachlichen Bewertung zustande, kann die Auskunftsperson nicht als unabhängig angesehen werden.[682] Doch darüber hinaus kann sich die Geschäftsleitung dann

---

679 *Kiefner/Krämer*, AG 2012, 498 (501).

680 *Kiefner/Krämer*, AG 2012, 498 (501).

681 *Hamacher*, in: Anwälte und ihre Geschichte, S. 913 (933); *Junker/Biederbick*, AG 2012, 898 (902); *Kiefner/Krämer*, AG 2012, 498 (501).

682 *Binder*, AG 2012, 885 (893); *Junker/Biederbick*, AG 2012, 898 (902); *Strohn*, ZHR 176 (2012), 137 (141). Eine solche Einzelfallbetrachtung trägt der Geschäftsleiterhaftung

nicht auf den Rat berufen, wenn sie selbst in einem solch extremen Maße auf den Berater eingewirkt hat, dieser sich aber trotz des ihm entgegengebrachten Drucks nicht hat beeinflussen lassen.[683] Denn eine massive Einwirkung lässt erkennen, dass lediglich die Verwirklichung von Eigeninteressen des Ratsuchenden im Vordergrund steht. In einem solchen Fall verstößt das ratsuchende Geschäftsleitungsmitglied gegen seine Sorgfaltspflichten und „verwirkt" die enthaftende Wirkung des Gutachtens.

Letztendlich ist die Äußerung eines angestrebten Ergebnisses solange zulässig, soweit ein tatsächliches Interesse an einer objektiven Begutachtung besteht und es dem Berater weiter möglich bleibt, eine mögliche Unzulässigkeit des gewünschten Weges der Geschäftsleitung darzulegen und Alternativen aufzuzeigen. Die Grenze wird dann überschritten, wenn der Rat nur als Deckmantel für die bereits festgelegte Maßnahme dienen soll und an einer objektiven Begutachtung keinerlei Interesse besteht.

b) Keine sachfremden Erwägungen und Eigeninteressen des Beraters

Des Weiteren darf die Auskunftsperson nicht von eigenen sachfremden Erwägungen gesteuert werden. Diese Gefahr besteht unabhängig von einer Einwirkung durch die Geschäftsleitung insbesondere dann, wenn der Berater mit der einhergehenden Maßnahme Eigeninteressen verfolgt.[684] In einem solchen

auch besser Rechnung als eine starre Einordnung nach einer offenen, halboffenen oder geschlossenen Fragestellung, wie dies von *Strohn* vorgeschlagen wird: *Strohn*, ZHR 176 (2012), 137 (141).

683 *Kaulich*, Haftung von Vorstandsmitgliedern, S. 234; *H.-F. Müller*, DB 2014, 1301 (1304); *Wagner*, BB 2012, 651 (656). Wohl auch bezüglich unternehmensinternem Rat: *Strohn*, CCZ 2013, 177 (182 f.), der eine Fragestellung verlangt, die auf eine objektive Bewertung ausgerichtet ist.

684 *Eckert*, in: Wachter, AktG, § 93 Rn. 19; *Fleischer*, NZG 2010, 121 (123); *ders.*, in: FS Hüffer, S. 187 (191); *Kaulich*, Haftung von Vorstandsmitgliedern, S. 234; *Kreuz*, Enthaftung des Geschäftsleiters, S. 65 f.; *Merkt/Mylich*, NZG 2012, 525 (528); *Piepenbrock*, Defense of Reliance, S. 251. Nach *Junker/Biederbick*, AG 2012, 898 (903) handele ein Eigeninteressen verfolgender Berater „nicht aus freien Stücken". Dies schließe die Unabhängigkeit aus, da Freiheit doch gerade ein Teil der Unabhängigkeit darstelle. In einem Fall zum allgemeinen Haftungsrecht entschied beispielsweise das LG Freiburg: „Zusätzlich den Geschäftsführer der W-GmbH noch als (befangenen) Sachverständigen zu beauftragen, war dagegen nicht zweckdienlich. […] Ein solches Auswahlverschulden ist anzunehmen, wenn ein Arbeitnehmer des an der Reparatur interessierten Betriebs oder gar, wie vorliegend, dessen Geschäftsführer als Sachverständiger mit einem Gutachten beauftragt wird. Die Identität war zudem

Falle kann für den Berater ein Interessenkonflikt zwischen der objektiven, ausschließlich an fachlichen Kriterien ausgerichteten Bewertung und einem etwaig entgegenstehenden Eigeninteresse bestehen. Eine solche Befangenheit der Auskunftsperson kann zu einem unfreien Handeln führen, das einer Unabhängigkeit entgegensteht.[685]

Dennoch muss berücksichtigt werden, dass nicht jedes noch so geringe Erfolgsinteresse des Beraters am Zustandekommen der geplanten Maßnahme dessen Unabhängigkeit generell ausschließt.[686] Dies wird man etwa auf ein mit der Beauftragung vereinbartes Erfolgshonorar übertragen können, das dem Berater bei einer erfolgreichen Transaktion oder sonstigen Maßnahme zustehen soll. Zwar besteht in einem solchen Falle die Gefahr, dass sich der Berater aufgrund der in Aussicht gestellten Erfolgsvergütung nicht objektiv verhält, dennoch steht dieser Gefahr zugleich eine etwaige Schadensersatzhaftung und ein damit einhergehender Ansehensverlust entgegen.[687] In *In Re General Motors (Hughes) S'holders Litig.* sah das Gericht die Unabhängigkeit des Finanzberaters nicht allein aufgrund des vereinbarten Erfolgshonorars als widerlegt an und stützte seine Argumentation auch darauf, dass die vereinbarte Erfolgsvergütung im Vergleich zum Gesamtwert der Transaktion unbeachtlich („*unremarkable*") gewesen sei.[688] Es bedarf daher einer über das Erfolgshonorar hinausgehenden

problemlos erkennbar für die Kl." LG Freiburg, NJOZ 2013, 1807 (1808). Ausführlich aus strafrechtlicher Sicht: BGH NJW 2013, 93 (97). Zudem: *Kirch-Heim/Samson*, wistra 2008, 81 (84). Aus US-amerikanischer Sicht: *Hawes/Sherrard*, 62 Va. L. Rev. 1 (24 ff.); *Rokas*, 2 Am. U. Bus. L. Rev. 323 (332 ff.). Siehe aus der amerikanischen Rechtsprechung: *Fitzpatrick v. Federal Deposit Insurance Corporation*, 765 F.2d 569 (577) (6th Cir. 1985).

685 *Junker/Biederbick*, AG 2012, 898 (903). Vgl. auch *Potten*, Irrtum in der kartellrechtlichen Entscheidungspraxis, S. 84 f.

686 *Krieger*, ZGR 2012, 496 (500); *H.-F. Müller*, DB 2014, 1301 (1302 f.). Aus dem Amerikanischen: *Rokas*, 2 Am. U. Bus. L. Rev. 323 (335).

687 So *H.-F. Müller*, DB 2014, 1301 (1302 f.). Vgl. auch *Krieger*, ZGR 2012, 496 (500); *Rokas*, 2 Am. U. Bus. L. Rev. 323 (335).

688 *In Re General Motors (Hughes) S'holders Litig.*, 2005 WL 1089021 (Fn. 143) (Del. Ch. 2005). Vergleiche hierzu auch *Piccard v. Sperry Corporation et al.* Dort wurde dem Anwalt der Gesellschaft nicht deshalb die Unabhängigkeit abgesprochen, weil er für seine Dienste im Rahmen der Verhandlung und Vereinbarung eine Entschädigung verlangen konnte, 48 F. Supp. 465 (469) (S.D.N.Y. 1943). Anders jedoch *In re Del Monte Foods Co. Shareholders Litigation*, 25 A.3d 813 (Del. Ch. 2011). Hier sah das Gericht die Unabhängigkeit der beratenden Bank als nicht mehr gegeben an, da sich die Bank aus dem Geschäft einen weitergehenden Gewinn versprach.

Begründung der fehlenden Unabhängigkeit des Beraters, die sich auf konkrete Anhaltspunkte stützen muss.

Zudem steht eine geringfügige Beteiligung des Beraters an der Gesellschaft einer objektiven Beratung nicht im Wege.[689] Dementsprechend heißt es in einem amerikanischen Aufsatz: „Where counsel simply owns shares in the company or serves as a director or as an officer in it, his opportunity to gain personally from his advice beyond the benefits accruing to the corporation is so slight, if it exists at all, that no presumption of incompetence should arise."[690] Dem ist zuzustimmen, da weiterhin von einer pflichtgemäßen und objektiven Beratung ausgegangen werden kann, soweit im Einzelfall keine darüber hinaus gehenden Anzeichen ersichtlich sind, die gegen eine objektive Bewertung sprechen. Nur wenn der Berater seine eigenen Kapitalanlageinteressen derart in den Vordergrund stellt, dass eine objektive Beratung nicht mehr stattfindet, ist die Unabhängigkeit des Beraters ausgeschlossen.[691] Je stärker die eigenen Anlegerinteressen des Beraters betroffen sind, je größer also seine eigene Beteiligung an der Gesellschaft ist, desto genauer ist die Unabhängigkeit des Beraters zu prüfen und sicherzustellen, dass sachfremde Argumente keinen Einfluss auf die Bewertung finden. Zudem muss an der Objektivität des Beraters erheblich gezweifelt werden, wenn dieser im Rahmen einer Unternehmensübernahme von dem erwerbenden Unternehmen beauftragt wurde. Die Geschäftsleitung des veräußernden Unternehmens kann sich sodann nicht zweifelsfrei auf die Bewertungen dieses Gutachters verlassen.[692]

Der Geschäftsleiter sollte somit den speziellen Einzelfall genau betrachten und nicht auf allgemeine Pauschalisierungen vertrauen. Erkennt die Geschäftsleitung oder musste sie erkennen, dass das Eigeninteresse der Auskunftsperson so groß ist, dass ihr Handeln hiervon bestimmt wird, ist die Unabhängigkeit abzulehnen. Hingegen kann ein entferntes Betroffensein von der Maßnahme allein die Unabhängigkeit nicht per se ausschließen. Von dem Berater kann vielmehr eine solche Professionalität erwartet werden, dass er sich von einem geringfügigen Eigeninteresse nicht beeinflussen lässt.

Die Grenze ist sicherlich dann überschritten, wenn die Maßnahme eine etwaige Haftung des Beraters selbst oder zumindest dessen ursprüngliche Handlungen betrifft. Das OLG Oldenburg lehnte in einer Entscheidung die Objektivität

---

689 Vgl. *Fleischer*, in: FS Hüffer, S. 187 (192); *Piepenbrock*, Defense of Reliance, S. 254 f.

690 *Hawes/Sherrard*, 62 Va. L. Rev. 1 (25).

691 Vgl. *Piepenbrock*, Defense of Reliance, S. 254.

692 *In re Healthco International Inc*, 208 BR 288 (307) (Bankr. D Mass. 1997). Siehe hierzu auch: *H.-F. Müller*, DB 2014, 1301 (1302).

der Wirtschaftlichkeitsberechnung eines Klinikprojekts, die durch den früheren Verwaltungsleiter erstellt wurde, ab.[693] Da gerade dieser ehemalige Verwaltungsleiter die unternehmerische Verantwortung für die erlittenen Verluste des Klinikums mittrug, konnte eine objektive Bewertung von diesem nicht erwartet werden. Ein „Richten in eigener Sache" muss also vermieden werden.[694]

Als Auslegungshilfe für einen Ausschluss der Auskunftsperson wird vereinzelt auf den für einen Abschlussprüfer geltenden Katalog der absoluten Ausschlussgründe in § 319 II, III HGB zurückgegriffen.[695] § 319 HGB stellt strenge Regelungen auf, sodass sowohl zum Schutz der gegenwärtigen und zukünftigen Anleger als auch zum Funktionieren der internationalen und nationalen Finanz- und Kapitalmärkte sichergestellt wird, dass der Abschlussprüfer unabhängig ist.[696] § 319 III 1 Nr. 2 Var. 3 HGB schließt jedoch allgemein Angehörige des eigenen Unternehmens aus. Da dies für eine Beratungstätigkeit jedoch – wie zu zeigen sein wird – nicht gewollt ist, sind die Regelungen des § 319 HGB als Ausschlusskriterien für einen Berater teilweise zu weitgehend. Somit sollte hierauf generell nicht zurückgegriffen werden.[697]

Das OLG Hamburg als Vorinstanz zur ISION-Entscheidung des BGH hatte angenommen, dass die Beauftragung eines bestimmten Beraters bereits dann ausscheide, sobald es *denkbar erscheine*, dass sich Zweifel an dem Rat ergeben könnten; sodann wäre vielmehr ein zweiter Rat von einer unabhängigen Person einzuholen.[698] Dem kann in dieser Allgemeinheit nicht gefolgt werden. Legte man einen derart strengen Maßstab an, so würden sowohl langjährig tätige und bewährte Berater – ob unternehmenszugehörig oder nicht – wie auch Berater, die ein Erfolgshonorar vereinbart haben, aber auch geringfügig beteiligte Personen und Aufsichtsratsmitglieder grundsätzlich ausscheiden. Bei ihnen kann zugegebenermaßen ein geringer Zweifel an deren Unabhängigkeit aufkommen, sodass eine genaue Überprüfung angebracht sein mag. Jedoch kann die schlichte und nur denkbare Möglichkeit, dass dem Berater die notwendige Unabhängigkeit fehlt, auf keinen Fall zum generellen Ausschluss führen. Sofern sich keine konkreten Anhaltspunkte für eine fehlende Unabhängigkeit ergeben, darf sich

693 OLG Oldenburg, NZG 2007, 434 (436 f.).
694 BGH NJW 1986, 2051 (2053). Vgl. auch: *Drescher*, in: MüKo, GmbHG, § 47 Rn. 130 f.; *Piepenbrock*, Defense of Reliance, S. 255.
695 *Kindler*, in: FS Goette, S. 231 (237).
696 *Ebke*, in: MüKo, HGB, § 319 Rn. 2.
697 *Sander/Schneider*, ZGR 2013, 725 (750).
698 OLG Hamburg, AG 2010, 502 (507).

die Geschäftsleitung auf den Rat verlassen.[699] Im Einzelfall kann es indes angebracht sein, den Berater ausdrücklich darauf hinzuweisen, dass eine ausschließlich an objektiv fachlichen Kriterien ausgerichtete Beratung gewünscht ist, um auf diese Weise den letzten Zweifel zu beseitigen.

2) Vorbefassung des Beraters

Eine Äußerung *Strohns*[700] in einem Beitrag im Anschluss an die ISION-Entscheidung hat zudem für eine intensive Diskussion gesorgt. Nach der Ansicht *Strohns* müsse stets zwischen der Erstellung des Konzepts bzw. des Vertrages und der anschließenden rechtlichen Bewertung unterschieden werden. Ein mit der Erstellung eines Konzepts bzw. Vertrages beauftragter Berater käme nachfolgend zu dessen fachlicher Überprüfung aufgrund seiner alsdann fehlenden Unabhängigkeit nicht mehr als Auskunftsperson in Betracht. Zwar könne davon ausgegangen werden, dass die mit der Erstellung des Vertrages beauftragten Rechtsberater diesen auf die rechtliche Zulässigkeit überprüft haben, dies allein genüge für einen schuldausschließenden Rechtsirrtum jedoch nicht, sodass weitere Anforderungen an die Geschäftsleitung zu stellen seien.[701] Vielmehr könne von der Geschäftsleitung verlangt werden, dass sie nach Abschluss des Erstellungsprozesses das komplette Konzept auf ihre rechtliche Zulässigkeit überprüft. Sei sie hierzu selbst nicht in der Lage, müsse sie erneut einen rechtlichen Rat einholen. Eine solche Überprüfung nach Abschluss des Konzepts sei selbst dann geboten, wenn keine Zweifel an der Rechtmäßigkeit oder Korrektheit bestünden, sofern nicht in einem gestuften Entstehungsprozess die Vor- und Nachteile ebenso wie die rechtliche Zulässigkeit erläutert wurden.[702] Für diese anschließende rechtliche Bewertung könne sodann der Ersteller nicht mehr als zuverlässige Auskunftsperson angesehen werden. Ihm fehle letztlich die zu fordernde Unabhängigkeit, da er versuchen werde nachzuweisen, dass das von ihm erstellte Konzept rechtlich nicht zu beanstanden sei. Dieses Interesse des Beraters, eigene

---

699 Für eine im Vergleich zum OLG Hamburg weniger strenge Beurteilung der Unabhängigkeit: *Strohn*, CCZ 2013, 177 (181). Zum tatsächlichen Vorliegen der fachlichen und persönlichen Zuverlässigkeit: Kapitel 3 C) IV.

700 *Strohn,* ZHR 176 (2012), 137 (140). Daran anknüpfend und fortführend: *ders.*, CCZ 2013, 177 (181 f.).

701 *Strohn*, CCZ 2013, 177 (181 f.).

702 So nun ausdrücklich: *Strohn,* CCZ, 2013, 177 (182). Nicht eindeutig noch: *ders.*, ZHR 176 (2012), 137 (140). Wohl ähnlich streng: *Drescher*, Haftung GmbH-Geschäftsführer, Rn. 314.

Fehler nicht zu offenbaren und somit Zweifel an seiner Kompetenz zu vermeiden, stände einer anschließenden Bewertung entgegen.[703]

Diese Gedanken fortführend ergeben folgende Situation: Die Geschäftsleitung möchte beispielsweise eine Kapitalerhöhung beschließen. Da ihre eigene Fachkompetenz jedoch nicht zur ordnungsgemäßen Entscheidungsvorbereitung genügt, beauftragt sie eine sorgfältig ausgesuchte, sowohl fachlich qualifizierte als auch unabhängige Kanzlei mit der Erstellung des hierfür erforderlichen Konzepts. Sofern kein „laufender Gedankenaustausch"[704] im Rahmen des Entstehungsprozesses stattgefunden hat, müsste die Geschäftsleitung alsdann das Konzept vollumfänglich auf die rechtliche Zulässigkeit hin überprüfen. Auch wenn man eine solche vollumfängliche Überprüfungsverpflichtung stets für notwendig erachten würde, dürfte – der Argumentation *Strohns* folgend – nicht die ursprünglich beauftragte Kanzlei diese rechtliche Bewertung übernehmen, sondern die Geschäftsleitung müsste eine weitere Kanzlei oder zumindest die eigene Rechtsabteilung mit der rechtlichen Bewertung beauftragen, da die ursprüngliche Kanzlei grundsätzlich als nicht mehr unabhängig anzusehen sei. Letztlich müsste die Geschäftsleitung somit bezüglich beiden Beratern die Einhaltung der in diesem Kapitel erläuterten Voraussetzungen sicherstellen und folglich eine „Überprüfung der Überprüfung" veranlassen.

a) Erfordernis einer nochmaligen Überprüfung?

Selbstverständlich ist eine Überprüfung erforderlich, sofern rechtliche oder sonstige fachlich notwendige Bewertungen unterblieben sind oder sich nicht widerlegbare Zweifel bzw. Bedenken ergeben. Daher muss beispielsweise ein ausschließlich von einem technischen, wirtschaftlichen oder sonstigen fachkundigen Berater erarbeitetes Konzept im Anschluss speziell von einem juristischen Berater auf die rechtliche Zulässigkeit überprüft werden. Gleiches gilt im umgekehrten Fall der juristischen Beratung, sofern die tatsächlichen Gegebenheiten nicht abschließend geklärt sind. In diesen Fällen ist es zwingend vonnöten, einen zusätzlichen Berater einzuschalten, sodass die geplante Maßnahme unter allen fachlichen Gesichtspunkten begutachtet werden kann.[705]

703 *Strohn*, CCZ, 2013, 177 (182); *ders.*, ZHR 176 (2012), 137 (140). Sich dieser Meinung anschließend: *Hahn/Naumann*, CCZ 2013, 155 (161), die in einem solchen Falle eine Überprüfung durch die eigene Rechtsabteilung, soweit ein Externer das Konzept erstellt hat, für ausreichend erachten.

704 *Strohn*, CCZ 2013, 177 (182).

705 Siehe zur Rateinholung in Bezug auf unterschiedliche Fachgebiete: Kapitel 3 C) I. 3).

Strohn hält jedoch weitergehend immer einen zweiten Berater erforderlich, sofern bereits die Erstellung des Konzeptes nicht von der Geschäftsleitung selbst erfolgte und die rechtliche Zulässigkeit der geplanten Maßnahme im Rahmen eines gestuften Entstehungsprozesses der Geschäftsleitung nicht mitgeteilt wurde.[706] Demnach bedürfe es etwa eines Juristen, der das Konzept erstellt und eines weiteren, der es überprüft, selbst wenn die Kompetenz des ersten Beraters das erarbeitete Konzept gänzlich umfasst. *Strohn* beruft sich hierbei auf die Aussage des BGH im Rahmen der ISION Entscheidung: „Soweit sie [die Geschäftsleitungsmitglieder] keinen Anlass für eine rechtliche Überprüfung sahen, weil das Abwicklungskonzept durch eine Rechtsanwaltskanzlei erstellt wurde, kann sie das schon deshalb nicht entlasten, weil ein Rechtsirrtum nicht entschuldigt ist, wenn eine Überprüfung der Rechtslage unterlassen worden ist. Die bloße Annahme der Beklagten […], dass bei der Erstellung des Abwicklungskonzepts die rechtlichen Voraussetzungen der Sacheinlage überprüft wurden, ersetzt eine Beratung und gegebenenfalls eine Nachfrage nicht."[707]

Die Besonderheit im vorliegenden Fall lag darin, dass die Geschäftsleitung durch ihren Steuerberater und den stellvertretenen Aufsichtsratsvorsitzenden auf eine mögliche Unzulässigkeit der geplanten Maßnahme aufmerksam gemacht wurde. Nach Ansicht des BGH hätten die Geschäftsleitungsmitglieder durch diese Hinweise eine besondere Sorgfalt in Bezug auf den Rückerwerb eigener Aktien im Rahmen der geplanten Sacheinlage aufbringen müssen, da ihnen die begrenzte Zulässigkeit eines solchen Erwerbes „vor Augen geführt" wurde.[708] Dass auftretende Zweifel eine Erhöhung des Sorgfaltsmaßstabs der Geschäftsleitung bedingen, die zu einer detaillierteren Prüfungspflicht führen, ist nicht zu bestreiten. Im ISION-Fall haben sich die Beteiligten letztlich über diese Bedenken hinweggesetzt und haben das von der Kanzlei des stellvertretenden Aufsichtsratsvorsitzenden erstellte Konzept ohne weitergehende Prüfung übernommen. Da sie sich in keiner Weise mit den Bedenken auseinandergesetzt haben, durften sie nicht auf den erteilten Rat vertrauen. Insbesondere durften sie sich nicht darauf verlassen, dass eine ordnungsgemäße rechtliche Überprüfung des neuen Konzepts durchgeführt wurde. Diese rechtliche Bewertung hätte von der Kanzlei ausführlich dargelegt werden müssen. Da dies nicht geschehen ist, wäre in einem solchen Falle ein zweiter Berater zu beauftragen gewesen, der sich ausführlich und ohne Beschränkungen mit der Problematik des Rückerwerbs

706 *Strohn*, CCZ 2013, 177 (182).
707 BGH NZG 2011, 1271 (1273).
708 Ausdrücklich: BGH NZG 2011, 1271 (1273).

eigener Aktien auseinandergesetzt hätte. Eine zweite vollständige Überprüfungsverpflichtung ist somit speziell bei auftretenden Bedenken notwendig.

Wird der Berater mit der Erstellung eines ganzen Konzeptes oder Vertrages beauftragt, unterscheidet sich die Situation indes von einer ausschließlichen fachlichen Bewertung eines bereits geplanten Vorhabens. Wird beispielsweise die Prüfung der Insolvenzreife in Auftrag gegeben, ist der Prüfungsumfang ausdrücklich geregelt. Andererseits, soll der Berater einen Vertrag entwerfen, steht an dessen Ende ein ausformulierter Vertrag, der als solcher noch keine Hinweise auf dessen rechtliche Zulässigkeit enthält. Zwar kann von einem juristischen Berater erwartet werden, dass er das Konzept auf seine rechtliche Zulässigkeit überprüft,[709] davon muss sich aber auch das ratsuchende Organmitglied überzeugen können. Hier muss die Geschäftsleitung daher verlangen, dass sich der Berater speziell zur rechtlichen Zulässigkeit dieser Vertragsvariante äußert. Somit sollte das Geschäftsleitungsmitglied die rechtliche Überprüfung des zu erstellenden Konzepts ausdrücklich bei der Beauftragung des Beraters festhalten, sodass eindeutig festgelegt ist, dass das entwickelte Konzept oder der Vertrag im Einklang mit den Gesetzen steht. Diese rechtliche Bewertung des Konzepts muss dem Ratsuchenden mitgeteilt werden. Kann die Geschäftsleitung sodann vernünftigerweise von der Sorgfalt und Rechtmäßigkeit des erstellten Konzeptes ausgehen, darf sie sich hierauf verlassen. Generell muss es daher genügen, dass das Konzept somit unter allen fachlichen Gesichtspunkten bewertet wurde und die Geschäftsleitung hierbei die Anforderungen an die Einholung fachkundiger Beratung eingehalten hat.

Folglich kann es im Einzelfall notwendig sein, die rechtliche oder sonstige fachliche Zulässigkeit nochmals gesondert zusammenfassend darzulegen, um der Geschäftsleitung die notwendige Plausibilitätskontrolle zu ermöglichen.[710] Treten hierbei keine Vorbehalte auf bzw. nur solche, die durch eine Nachfrage beim Berater beseitigt werden können, muss kein zweiter Berater beauftragt werden. Andernfalls würden doch gerade die Anforderungen des BGH an die Einholung fachkundiger Beratung in ein kaum noch einhaltbares Maß ausgedehnt und letztlich die Plausibilitätskontrolle zwangsläufig in eine Überprüfungspflicht durch einen zweiten Berater umgewandelt. Einer nochmaligen vollständigen Überprüfung des Konzepts durch einen weiteren Berater bedarf es folglich

---

709 Denn er ist dazu verpflichtet, das Konzept bzw. den Vertrag rechtmäßig auszugestalten, *Strohn*, ZHR 176 (2012), 137 (140). Vgl. auch: *Träger*, in: Feuerich/Weyland, BRAO, § 43 BRAO Rn. 3.

710 BGH NZG 2011, 1271 (1273): „Die Vertragsgestaltung allein bietet auch keine Grundlage für eine Überprüfung der Plausibilität der Auskunft."

nur, wenn die Auftragsstellung nicht die komplette fachliche Materie umfasst, die Kompetenz des Beraters die zu prüfende Materie nicht vollumfänglich abdeckt oder Bedenken an der Kompetenz oder Unabhängigkeit des Beraters bestehen, die durch eine Rückfrage nicht beseitigt werden können.[711]

b) Vermutung der Unabhängigkeit des Erstellers

Auch ein genereller Ausschluss des Erstellers von einer im Einzelfall bestehenden nachträglichen Überprüfungsverpflichtung vermag nicht zu überzeugen. Vielmehr kann dessen Unabhängigkeit vermutet werden, sofern keine konkreten gegenteiligen Verdachtsmomente bestehen.[712] Richtig an *Strohns* Ansicht ist, dass eine latente Gefahr besteht, dass der Ersteller sein eigenes Werk im Anschluss besser bewertet und belastende Informationen unberücksichtigt lässt. Diese Verhaltensweise ist in der Kognitionspsychologie als *confirmation bias* („Bestätigungsfehler") bekannt.[713] Demnach ist eine solche Bestätigungstendenz

> *„die menschliche Neigung, einmal getroffene Entscheidungen jeder Art bewusst oder unbewusst im Nachhinein als richtig anzusehen und diese gegen konträre Informationen zu verteidigen. Dabei kommt es zu realitätsverzerrenden Prozessen während der Informationsauswahl, -aufnahme und -bewertung, die dazu führen, dass die bestehende Einstellung bestätigt wird."*[714]

---

711 Vgl. hierzu: *Kleindiek,* in: Lutter/Hommelhoff, GmbHG, § 43 Rn. 14; *Krieger,* ZGR 2012, 496 (500 f.).

712 *Binder,* AG 2012, 885 (892 f.); *Drescher,* Haftung GmbH-Geschäftsführer, Rn. 313; *Eckert,* in: Wachter, AktG, § 93 Rn. 19; *Fleischer,* KSzW 01.2013, 3 (8); *Gottschalk/Weng,* GWR 2013, 243 (245); *Hopt/Roth,* in: Großkomm. AktG, § 93 Rn. 139; *Junker/Biederbick,* AG 2012, 898 (903); *Kiefner/Krämer,* AG 2012, 498 (500); *Kleindiek,* in: Lutter/Hommelhoff, GmbHG, § 43 Rn. 14; *Kremer,* in: Gesellschaftsrecht in der Diskussion 2012, S. 171 (179 f.); *Krieger,* ZGR 2012, 496 (500 f.); *H.-F. Müller,* DB 2014, 1301 (1303). Wohl auch: *Koch,* in: MüKo, AktG, § 93 Rn. 45.

713 Vgl. *Fleischer,* KSzW 01.2013, 3 (8).

714 *Kossendey,* Confirmation Bias, S. 1 f. *Kossendey* zitiert hierbei auch den englischen Philosophen *Francis Bacon,* der im Jahre 1620 bereits Folgendes festhielt: „Hat der menschliche Verstand einmal eine Meinung angenommen, [...], so zieht er alles heran, um diese zu bestätigen und mit ihr zusammenzustimmen. Und selbst wenn sich für das Gegenteil mehr und weit bessere Beweise anbieten, so wird er diese mit großer und schädlicher Voreingenommenheit ignorieren, verdammen oder sie durch Spitzfindigkeiten als irrelevant betrachten, auf dass die Autorität seiner ersten Annahme ungeschmälert erhalten bleibe." Untersucht wurde dieses psychologische Phänomen der *confirmation bias* von *Peter Wason* im Jahre 1968. Siehe hierzu genauer: *Wason,* Reasoning about a rule, S. 273 ff.

In der Tat kann es dazu führen, dass die Auskunftsperson im Rahmen der anschließenden Überprüfung nachweisen will, dass sie einen rechtmäßigen bzw. sonst ordnungsgemäßen Rat abgegeben hat. Schließlich war sie hierzu aus dem Vertragsverhältnis zwischen ihm und dem Auskunftssuchenden oder aufgrund ihrer standesrechtlichen Pflichten verpflichtet.[715] Die Aufdeckung von Fehlern könnte somit im Folgenden zu einem Haftungsprozess gegen die Auskunftsperson führen, was sich negativ auf die Reputation als kompetenter Berater sowie auf die wirtschaftliche Lage des Beraters aufgrund hoher Schadensersatzforderungen auswirken kann.

Eine allgemeine Vorverurteilung ist dennoch überzogen. Dieser Gefahr der *confirmation bias* stehen Gesichtspunkte entgegen, die trotz der Vorbefassung für eine Unabhängigkeit des Beraters sprechen. Zunächst kann von einem beruflichen Berater erwartet werden, dass er im Rahmen einer nochmaligen Überprüfung eine solche Professionalität besitzt, sein Konzept ausschließlich anhand fachlicher Gesichtspunkte, unter spezieller Beachtung der ihm gegenüber vorgebrachten Aspekte zu bewerten. Insbesondere ist ein Bestätigungsfehler keinesfalls zwingend, sondern fließt lediglich als eine mögliche Komponente in die Beurteilung der Unabhängigkeit der Auskunftsperson ein. Eine nur denkbare Gefährdung der Unabhängigkeit genügt, wie bereits erwähnt, zum Ausschluss nicht. Vielmehr bedarf es konkreter Anhaltspunkte.

Zudem ist in der Praxis eine strikte Trennung in *Erstellung des Konzepts* und *nachträglicher oder abschließender (rechtlicher)* Überprüfung vielfach kaum möglich. Wird beispielsweise ein juristischer Berater mit dem Entwurf eines Vertrages beauftragt, umfasst die Erstellung dieses Vertrages gleichzeitig die rechtliche Überprüfung.[716] Darüber hinaus wird es im Wirtschaftsleben meist einen regen Austausch zwischen dem Ersteller und der Geschäftsleitung während des Entstehungsprozesses geben. Der Ersteller wird auftretende Probleme, seien es juristische, seien es sonstige tatsächliche, meist unmittelbar mit der Geschäftsleitung diskutieren, sodass zulässige Alternativen gefunden werden können.[717]

Doch selbst wenn im Einzelfall eine Trennung zwischen Erstellung und Überprüfung möglich ist, kann nicht von einer grundsätzlichen Abhängigkeit des Erstellers ausgegangen werden. Speziell Rechtsanwälte als Organe der Rechtspflege sind dazu verpflichtet, die gesetzlichen Vorgaben einzuhalten.[718] Daher

---

715 *Strohn*, ZHR 176 (2012), 137 (140).

716 *Kremer*, in: Gesellschaftsrecht in der Diskussion 2012, S. 171 (179); *Strohn*, ZHR 176 (2012), 137 (140).

717 *Kiefner/Krämer*, AG 2012, 498 (500). Vgl. auch: *Decker*, GmbHR 2014, 72 (76).

718 Siehe *Träger*, in: Feuerich/Weyland, BRAO, § 43 BRAO Rn. 3.

können sie ihre eigene Arbeit grds. nochmals objektiv überprüfen und dem Geschäftsleiter die rechtliche Zulässigkeit erläutern.[719] Einen Rechtsanwalt unter Generalverdacht zu stellen, er würde seine standesrechtlichen Pflichten stets verletzen, sobald Bedenken an seiner eigenen Arbeit aufkommen, entbehrt jeglicher Grundlage.[720] Daher kann von ihm erwartet werden, dass er später auftretende Zweifel sorgfältig und ausschließlich anhand fachlicher Kriterien bewertet. Somit ist auf den konkreten Einzelfall zu achten. Setzt sich der Berater ausführlich mit den ihm entgegengebrachten Vorbehalten auseinander und kann er diese aufgrund einer schlüssigen und fachkundigen Begründung widerlegen, kann man ihm die Unabhängigkeit nicht absprechen. Die Geschäftsleitung darf sich somit auf diesen verlassen, sofern der Berater die Gefahr der *confirmation bias* durch eine überzeugende fachliche Beurteilung widerlegt.

Dies gilt umso mehr, als Einwände bereits vor Abschluss des Konzepts auftreten und die Geschäftsleitung sich mit diesen an den Berater wendet, da dieser grundsätzlich seinen Fehler beheben bzw. aufkommende Fragen schlüssig beantworten kann, ohne eine Haftung oder einen Gesichtsverlust befürchten zu müssen. Doch selbst dann, wenn das Konzept zwar schon abschließend eingereicht wurde, jedoch noch nicht tatsächlich von der Geschäftsleitung umgesetzt wurde, kann der Berater grundsätzlich als unabhängig angesehen werden.[721] In einem solchen Fall kann der Berater, erkennt er aufgrund einer nachträglichen Überprüfung einen Fehler oder wird er von der Geschäftsleitung oder einem Dritten darauf aufmerksam gemacht, alternative Handlungswege aufzeigen, die auftretenden Zweifel aus dem Weg räumen und etwaige Fehler beseitigen, sodass die Planung des Konzepts insgesamt als ordnungsgemäß angesehen werden kann. Da die tatsächliche Umsetzung noch nicht durchgeführt wurde, ist in einem solchen Falle aufgrund eines fehlenden Schadens keine Haftung des Beraters oder ein ernsthafter Reputationsschaden zu befürchten. Vielmehr zeigt der Berater mit einer nachträglichen Korrektur, dass er seinen Verpflichtungen umfassend nachkommt und nicht ausschließlich von eigennützigen Interessen gesteuert wird. Im Gegenteil wirkt der Berater seiner eigenen zukünftigen Haftung entgegen, indem er sein Konzept rechtzeitig korrigiert.

Nicht zuletzt sind die Konsequenzen eines generellen Ausschlusses des Erstellers von einer nachträglichen Überprüfung zu berücksichtigen. Ergeben sich

719 Dies ergibt sich bereits aus ihren standesrechtlichen und aus den übernommenen vertraglichen Pflichten.

720 So aber: *Kreuz*, Enthaftung des Geschäftsleiters, S. 70. Zur besonderen Überprüfung ratend: *Hölters*, in: Hölters, AktG, § 93 Rn. 249.

721 *Gottschalk/Weng*, GWR 2013, 243 (245).

Zweifel oder Ungewissheiten am erstellten Konzept, so müsste die Geschäftsleitung stets einen Dritten mit der nachträglichen Beurteilung beauftragen. Zwar lässt auch *Strohn* Rückfragen beim Ersteller zu. Diese würden aber für die Geschäftsleitung keinerlei Nutzen bringen, da er es nicht als ausreichend erachtet, wenn der Berater diese Bedenken beseitigen kann.[722] Dies würde die Gesellschaften – vor allem kleinere mittelständische Gesellschaften – vor erhebliche finanzielle Probleme stellen. Denn diese müssten betriebswirtschaftlich nicht notwendige Ausgaben tätigen, was letztlich auf eine Verschwendung von Ressourcen hinausläuft, die zumeist zu keinen weitergehenden Kenntnissen führen werden und somit der Gesellschaft wenig Nutzen bringen.[723] Vielmehr genügt der Geschäftsleiter seinen Anforderungen, wenn er auftretende Zweifel mit dem Ersteller des Rates bespricht und hierdurch jegliche Bedenken beseitigt werden können. Verbleiben somit nach einer Rücksprache und einer fachlichen Bewertung keine Einwände, ist von der Unabhängigkeit des Beraters auszugehen und die Beauftragung eines Dritten gerade nicht erforderlich.[724]

Für eine solche Betrachtungsweise spricht ferner ein Vergleich mit der gesetzlichen Bewertung eines gerichtlichen Sachverständigengutachtens. Das Gericht kann den Gerichtsgutachter nach § 411 III ZPO zur mündlichen Verhandlung laden, um auf diese Weise Zweifel, die sich aus dem Gutachten ergeben, mit dem Gutachter zu besprechen und auszuräumen.[725] Dies zeigt, dass der Gesetzgeber den Gerichtsgutachter nicht unter den Generalverdacht der Abhängigkeit bei auftretenden Zweifeln stellt. Der Richter muss somit nicht einen neuen Gutachter beauftragen, sofern durch die Vorladung alle Ungereimtheiten beseitigt werden können. Warum an die Geschäftsleitung strengere Anforderungen gestellt werden sollten, ist nicht ersichtlich.

Andernfalls, verliert sich der Berater jedoch lediglich in floskelhaften Phrasen, wie etwa „Das geht schon in Ordnung so“ oder „Machen Sie sich keine Gedanken“, sollte an seiner Unabhängigkeit ernsthaft gezweifelt werden.[726] Verbleiben

---

722 *Strohn*, CCZ 2013, 177 (182). Vgl. auch: *Hopt/Roth*, in: Großkomm. AktG, § 93 Rn. 139.

723 *H.-F. Müller*, DB 2014, 1301 (1303). *Krieger*, ZGR 2012, 496 (500) bezeichnet dies als bloße „Arbeitsbeschaffungsmaßnahme“. Siehe hierzu Fußnote 276.

724 *Decker*, GmbHR 2014, 72 (76); *Kleindiek*, in: Lutter/Hommelhoff, GmbHG, § 43 Rn. 14; *Krieger*, ZGR 2012, 496 (500 f.); *Krieger/Sailer-Coceani*, in: Schmidt/Lutter, AktG, § 93 Rn. 34.

725 BGH NJW 1994, 2419; 2001, 1786 (1787); *Pastor*, in: Werner/Pastor, BauP, Rn. 3127 f.; *Scheuch*, in: BeckOK, ZPO, § 402 Rn. 13; *Zimmermann*, MüKo, ZPO, § 411 Rn. 10.

726 Ähnlich: *Fleischer*, in: FS Hüffer, S. 187 (192).

also selbst nach Rückfragen Zweifel an der Auskunft bzw. an der Unabhängigkeit des Beraters, ist das Einholen einer zweiten Meinung in der Tat erforderlich.[727] Es sind somit wiederum die Gesamtumstände des Einzelfalles zu berücksichtigen. Dies ist interessengerechter als eine generelle Vorverurteilung des Erstellers. Hieran schließt sich *Drescher*, ebenfalls Mitglied des zweiten Zivilsenats des BGH, an.[728] Entscheidend ist somit stets, dass der Berater *entscheidungsoffen* die Frage beurteilt und nicht auf ein bestimmtes Ergebnis festgelegt ist.

3 Die Unabhängigkeit der eigenen Rechtsabteilung

Die Unabhängigkeit eines externen Beraters wird grundsätzlich nur dann bestritten, wenn im Einzelfall Gründe hierfür ersichtlich sind. Eine themen- und rechtsgebietsübergreifende Diskussion ist jedoch am Unabhängigkeitskriterium gegenüber Syndikusanwälten bzw. sonstigen Unternehmensjuristen entbrannt. Wird die Diskussion über die grundsätzliche Unabhängigkeit von Syndikusanwälten schon lange geführt, ist sie im Rahmen der Geschäftsleiterhaftung für einen fehlerhaften Rat in vergleichbarer Weise von Bedeutung. Der BGH musste über eine etwaige Abhängigkeit einer Inhouse-Rechtsabteilung und den daraus folgenden möglichen Ausschluss einer enthaftenden Beratung noch nicht ausdrücklich entscheiden. In einer Entscheidung aus dem Jahre 2007 hielt er allerdings fest, dass sich die Geschäftsleitung „gegebenenfalls extern beraten lassen" müsse.[729] Aufgrund dieser offenen Formulierung lässt sich dem jedoch keine bestimmte Festlegung entnehmen. Bieten also die in der internen Rechtsabteilung beschäftigten Syndikusanwälte die Gewähr für eine objektive und von sachfremden Erwägungen unbeeinflusste Beratung, sodass die Geschäftsleitung auf diese vertrauen darf?

a) Der Syndikusanwalt

Das Berufsbild des Syndikusanwalts kam erstmals Anfang des 20. Jahrhunderts auf. Nach seiner griechischen Bedeutung ist ein Syndikus ein „Helfer" oder „Beistand" und speziell ein „gerichtlicher Beistand".[730] Allgemein wird darunter ein zugelassener Rechtsanwalt verstanden, der in einem ständigen

---

727 *Decker*, GmbHR 2014, 72 (76); *Eckert*, in: Wachter, AktG, § 93 Rn. 19.

728 *Drescher*, Haftung GmbH-Geschäftsführer, Rn. 313.

729 BGH NZG 2007, 545 (547). Siehe aber nun: BGH NZG 2015, 792 (795).

730 *Prütting*, AnwBl. 2009, 402. Der Begriff ist vom griechischen „syndicos" abgeleitet, *Henssler*, in: Henssler/Prütting, BRAO, § 46 BRAO Rn. 1. Zur Entwicklung des Begriffs „Syndikusanwalt": *Bissel*, Syndikusanwalt, S. 12 ff.

Beschäftigungsverhältnis bei einem nicht-anwaltlichen Arbeitgeber steht. Kennzeichnend für einen Syndikusanwalt ist somit seine Doppelstellung. Einerseits hat er das wirtschaftliche Interesse der Gesellschaft zu wahren und zu fördern, andererseits muss er stets das anwaltliche Standesrecht beachten. Durch die Zulassung als Rechtsanwalt werden letztlich die ökonomischen Interessen, die er als Angestellter des Unternehmens zu verfolgen hat, durch das Berufsrecht begrenzt.[731] In Deutschland sind schätzungsweise etwa 40.000 Syndikusrechtsanwälte beschäftigt.[732]

Bis heute ist das Rollenverständnis des Syndikusanwalts ungeklärt bzw. umstritten. Insbesondere dessen rechtliche Unabhängigkeit von seinem Arbeitgeber beschäftigt die Rechtsprechung und viele wissenschaftliche Beiträge. Die Tätigkeit ist nach der umstrittenen vom BGH vertretenen *Doppelberufstheorie* in zwei Tätigkeitsbereiche aufgeteilt.[733] Demnach sei die Tätigkeit für das Unternehmen, also die arbeitsvertraglich gebundene Verpflichtung, von der Tätigkeit als selbstständiger Rechtsanwalt zu trennen. Dabei sei der erstgenannte Bereich als nicht anwaltliche Tätigkeit einzustufen, da es dem Syndikus an der notwendigen Unabhängigkeit fehle.[734]

Auch das Bundessozialgericht ist der Doppelberufstheorie in drei neueren Entscheidungen vom 03.04.2014 uneingeschränkt und ohne weiterführende Begründung gefolgt.[735] So lehnte es einen Befreiungsanspruch der Syndikusanwälte von der gesetzlichen Rentenversicherungspflicht ab, da sie in ihrer abhängigen

731 Zum Ganzen: *Kremer/Voet van Vormizeele*, AG 2011, 245 (246).

732 Gesetzentwurf der Fraktionen der CDU/CSU und SPD vom 16.06.2015, BT-Drucks. 18/5201, S. 1.

733 BGHZ 33, 276 (278 ff.); 40, 282. Auch § 46 BRAO a. F. lag ein solches Doppelverständnis der Tätigkeit eines Syndikusanwalts zugrunde. Vgl. Gesetzentwurf der Fraktionen der CDU/CSU und SPD vom 16.06.2015, BT-Drucks. 18/5201, S. 13.

734 Zwar hat sich die Rechtsprechung in den vergangenen Jahren der Gleichstellung des Syndikusanwalts mit einem externen Rechtsanwalt angenähert, hat aber mit einem Urteil des BGH aus dem Jahre 2011 (BGH NJW 2011, 1517) wieder einen Rückschritt erfahren. Eine ausführliche Darlegung der Entwicklung des Berufsbildes des Syndikusanwalts und der umstrittenen Eigenschaft der Unabhängigkeit, sowie der entsprechenden höchstrichterlichen Rechtsprechung findet sich bei: *Prütting*, AnwBl. 2013, 78. Siehe auch allgemein zum Syndikusanwalt: *Bissel*, Syndikusanwalt, S. 12 ff.; *Hamacher*, in: Anwälte und ihre Geschichte, S. 913 ff.

735 BSG NJW 2014, 2743; DStR 2014, 2185; BeckRS 2014, 71682. *Hellwig*, AnwBl. 2015, 2 (9) spricht davon, dass am 03.04.2014 „in Kassel beim Bundessozialgericht die Bombe explodiert" sei. Gegen eines der Urteile wurde Verfassungsbeschwerde erhoben. Siehe hierzu: *Prütting*, AnwBl. 2015, 199.

Tätigkeit von ihrem Arbeitgeber nicht als Rechtsanwälte tätig seien. Auf zahlreiche Kritikpunkte an der Doppelberufstheorie geht das Gericht hierbei nicht ein. Vielmehr lehnt es die Unabhängigkeit eines Syndikusanwalts allein anhand der Betriebszugehörigkeit ab und hält fest, „dass ungeachtet im Einzelfall arbeitsrechtlich eröffneter Möglichkeiten, auch gegenüber dem Arbeitgeber sachlich selbstständig und eigenverantwortlich zu handeln, allein die Eingliederung in die von diesem vorgegebene Arbeitsorganisation mit dem Berufsbild des Rechtsanwalts unvereinbar" sei.[736] Eine solche Simplifizierung der anwaltlichen (Un-) Abhängigkeit entbehrt jedoch, wie zu zeigen sein wird, jeglicher Grundlage. Vor allem sollte eine so vereinfachte Darstellung nicht zu derart unterschiedlichen Konsequenzen führen, die die enthaftende Wirkung eines internen Rates entfallen ließe.

Die juristische Diskussion über die Unabhängigkeit des Syndikusanwalts ist zumeist von Vorurteilen und Verallgemeinerungen beeinflusst, wenn nicht gar geprägt: Auf der einen Seite steht der externe Anwalt, der angeblich aufgrund seiner guten wirtschaftlichen Lage und der vielen Mandate frei von sachfremden Erwägungen agieren und sich die Mandate aussuchen kann. Auf der anderen Seite findet sich der vom Arbeitgeber „eingeschüchterte" Syndikusanwalt, der aufgrund seiner vertraglichen Gebundenheit stets zu dessen Gunsten agiert und an einer objektiven Bewertung der Rechtslage angesichts des Gewinnstrebens des Unternehmens nicht interessiert ist.[737] Eine solche plakative und verallgemeinernde Sicht entspricht jedoch kaum der Wirklichkeit. Vielfach geben Syndikusanwälte gerade besonders kritischen Rechtsrat ab und sind somit vielmehr als „Bremser", denn als „Durchwinker" bekannt.[738] Andererseits ist manch externer Anwalt aufgrund des hohen Konkurrenzdrucks, der mit der enorm gestiegenen Anzahl an zugelassenen Rechtsanwälten einhergeht, auf jeden Mandanten angewiesen und versucht vielleicht gerade besonders, diesen Mandanten durch einen positiven Rat zufrieden zu stellen. Aufgrund dieser ungewissen Stellung des Syndikusanwalts wurde er bereits als „uneheliches Kind der deutschen Anwaltschaft" bezeichnet.[739]

---

736 BSG NJW 2014, 2743 (2748). Es liegt nahe, dass sich das BSG hierbei auch an der Rechtsprechung des EuGH zur Unabhängigkeit von Syndikusanwälten orientiert hat und somit einen weitergehenden Begründungsaufwand nicht für erforderlich erachtete. Vgl. zur Ansicht des EuGH: Kapitel 3 C) II. 3) b).

737 Vgl. *Schulze Althoff*, ZRP 2013, 254.

738 *Hamacher*, in: Anwälte und ihre Geschichte, S. 913 (936).

739 *Kleine-Cosack*, EWiR 2000, 859.

Syndikusrechtsanwälte fordern schon länger eine Gleichberechtigung zu ihren externen Kollegen.[740] Insbesondere die gerade angesprochenen Urteile des BSG haben großes Aufsehen erregt und das Bundesministerium der Justiz und für Verbraucherschutz letztlich zum Handeln veranlasst.[741] Nach einem Eckpunktepapier[742] veröffentliche das Ministerium am 26.03.2015 einen Referentenentwurf – Entwurf eines Gesetzes zur Neuordnung des Rechts der Syndikusanwälte. Hieran schloss sich der Gesetzentwurf der Fraktionen der CDU/CSU und SPD vom 16.06.2015 an.[743] Am 21.12.2015 wurde sodann das Gesetz zur Neuordnung des Rechts der Syndikusanwälte und zur Änderung der Finanzgerichtsordnung verabschiedet und trat am 01.01.2016 in Kraft. Hierdurch soll die rechtliche Stellung des Syndikusanwalts endgültig geklärt werden. Die Doppelberufstheorie wird ausdrücklich aufgegeben.[744] Die Tätigkeit eines Syndikus wird als einheitliches Berufsbild anerkannt, sodass der Syndikusrechtsanwalt auch ausschließlich für seinen Arbeitgeber tätig sein kann.[745] Aufgrund der Bedeutung der Neuregelung für die zukünftige Unabhängigkeitsdiskussion wird hier § 46 BRAO n. F. wörtlich wiedergegeben:

§ 46 *BRAO*

Angestellte Rechtsanwälte; Syndikusrechtsanwälte

(1) *Rechtsanwälte dürfen ihren Beruf als Angestellte solcher Arbeitgeber ausüben, die als Rechtsanwälte, Patentanwälte oder rechts- oder patentanwaltliche Berufsausübungsgesellschaften tätig sind.*

(2) *[1]Angestellte anderer als der in Absatz 1 genannten Personen oder Gesellschaften üben ihren Beruf als Rechtsanwalt aus, sofern sie im Rahmen ihres Arbeitsverhältnisses für ihren*

---

740 Siehe *Budras*, Syndikusanwälte pochen auf Gleichberechtigung, in: FAZ vom 06.02.2013, S. 19.

741 Siehe auch: Prütting, AnwBl. 2015, 199, der davon spricht, dass die Urteile des BSG „eine gesetzgeberische Entwicklung in Gang gesetzt [haben], die sich vor einem Jahr noch nicht einmal die kühnsten Optimisten hätten träumen lassen."

742 Das Eckpunktepapier, das am 13.01.2015 veröffentlicht wurde, ist abrufbar unter: http://www.buj.net/resources/Server/Dateien/Pressemitteilungen/BMJV_Eckpunkte_Syndikusanwaelte.pdf [Zuletzt abgerufen am 31.03.2016].

743 Gesetzentwurf der Fraktionen der CDU/CSU und SPD vom 16.06.2015, BT-Drucks. 18/5201.

744 Ausdrücklich im Gesetzentwurf der Fraktionen der CDU/CSU und SPD vom 16.06.2015, BT-Drucks. 18/5201, S. 19. Die Doppelberufstheorie ebenfalls ablehnend, siehe: *Busse*, in: Henssler/Prütting, BRAO, § 2 BRAO Rn. 37 f. m. w. N.

745 Gesetzentwurf der Fraktionen der CDU/CSU und SPD vom 16.06.2015, BT-Drucks. 18/5201, S. 18 f.

Arbeitgeber anwaltlich tätig sind (Syndikusrechtsanwälte). [2]Der Syndikusrechtsanwalt bedarf zur Ausübung seiner Tätigkeit nach Satz 1 der Zulassung zur Rechtsanwaltschaft nach § 46a.

(3) *Eine anwaltliche Tätigkeit im Sinne des Absatzes 2 Satz 1 liegt vor, wenn das Arbeitsverhältnis durch folgende fachlich unabhängig und eigenverantwortlich auszuübende Tätigkeiten sowie durch folgende Merkmale geprägt ist:*

1. *die Prüfung von Rechtsfragen, einschließlich der Aufklärung des Sachverhalts, sowie das Erarbeiten und Bewerten von Lösungsmöglichkeiten,*
2. *die Erteilung von Rechtsrat,*
3. *die Ausrichtung der Tätigkeit auf die Gestaltung von Rechtsverhältnissen, insbesondere durch das selbständige Führen von Verhandlungen, oder auf die Verwirklichung von Rechten und*
4. *die Befugnis, nach außen verantwortlich aufzutreten.*

(4) *[1]Eine fachlich unabhängige Tätigkeit im Sinne des Absatzes 3 übt nicht aus, wer sich an Weisungen zu halten hat, die eine eigenständige Analyse der Rechtslage und eine einzelfallorientierte Rechtsberatung ausschließen. [2]Die fachliche Unabhängigkeit der Berufsausübung des Syndikusrechtsanwalts ist vertraglich und tatsächlich zu gewährleisten.*

(5) *[…].*

Der Begriff des Syndikusrechtsanwalts wird also erstmals in § 46 II BRAO legal definiert. Zudem steht die Unabhängigkeit im Mittelpunkt dieser Regelung. Dass diese Neuregelung Zustimmung verdient, wird in den folgenden Ausführungen bestätigt werden. Insbesondere wird dargelegt, dass keine hinreichenden Gründe dafür bestehen, dem Syndikusanwalt grundsätzlich seine Unabhängigkeit abzusprechen.

b) EuGH-Rechtsprechung

Auch der EuGH musste sich bereits mit dem Kriterium der Unabhängigkeit eines Syndikusanwalts beschäftigen. Im Rahmen dieser Rechtsprechung legte er sich ebenfalls auf eine schlichte Definition der Unabhängigkeit fest. Demnach setze die Unabhängigkeit eines Rechtsanwalts jegliches Fehlen eines Beschäftigungsverhältnisses zwischen Mandaten und Rechtsanwalt voraus, da ein Syndikusanwalt Spannungen mit seinem Arbeitgeber nicht einfach aus dem Weg gehen könne, wie etwa ein externer Anwalt und daher die Geschäftsziele des Arbeitgebers berücksichtigen müsse.[746] Aufgrund dieser wirtschaftlichen Abhängigkeit

---

746 EuGH, NJW 2010, 3557 (3560 Rn. 44 f.). Dies vor allem deshalb, da die Unabhängigkeit eines Anwalts „nicht nur positiv, d. h. durch eine Bezugnahme auf die standesrechtlichen Bindungen, sondern auch negativ, d. h. durch das Fehlen eines Dienst- bzw. Beschäftigungsverhältnisses, bestimmt" sei. Dabei beruft sich der EuGH auf seine ältere AM&S-Entscheidung. Siehe hierzu: EuGH, GRUR Int 1983, 38 (41).

und der engen Bindung an seinen Arbeitgeber sei ein Syndikusanwalt nicht unabhängig.[747] Diese Feststellung führte dazu, dass sich Syndikusanwälte nicht auf das Anwaltsgeheimnis (*legal professional privilege* – LPP) berufen können, da ein solches nur unabhängigen Rechtsanwälten zusteht. Auch die Generalanwältin *Kokott* hatte sich in ihrem Schlussantrag für eine solche Betrachtungsweise ausgesprochen.[748] Ein angestellter Syndikusanwalt sei nicht frei von Druck und Einflussnahme durch seinen Arbeitgeber, da er in einem höheren Maße wirtschaftlich abhängig sei und sich dadurch mit dem eigenen Unternehmen in einem stärkeren Maße identifiziere, als dies ein externer Anwalt mit einem Mandanten tue.[749] Dies gelte selbst dann, wenn vertraglich vereinbart wurde, dass der Syndikus nicht an Weisungen des Arbeitgebers gebunden ist, da hierdurch nicht in ausreichendem Maße sichergestellt werden könne, dass sich der Anwalt nicht tatsächlichem Druck ausgesetzt sieht.[750]

Eine solch vereinfachte Betrachtungsweise ist wohl vor allem auf praktische Erwägungen zurückzuführen. Der EuGH versucht im Sinne eines effektiven Kartellrechtsschutzes zu verhindern, dass die gesellschaftsinternen Rechtsabteilungen als Ablageort für kartellrechtlich relevante Unterlagen genutzt werden, die durch eine Anerkennung des Anwaltsgeheimnisses vor staatlichem Zugriff geschützt wären.[751] Letztlich führt aber eine solch strikte und undifferenzierte, schließlich auch ohne genaue Begründung festgelegte Verneinung der anwaltlichen Unabhängigkeit nicht zu einem effektiveren Kartellrechtsschutz. Sie führt vielmehr eine Auslagerung von Rechtsrat auf externe Experten herbei, denen die Berufung auf das Anwaltsgeheimnis weiterhin grundsätzlich gestattet wird. Hierdurch werden vor allem kleinere Unternehmen benachteiligt, die sich die teils extrem hohen Kosten externer Rechtsberater nicht leisten können und

Der frühere Präsident des Europäischen Gerichts Erster Instanz *Vesterdorf* hatte im Jahre 2003 die Rechtsprechung im AM&S-Urteil in Zweifel gezogen, EuG, Beschluss vom 30.10.2003, T 125/03 R, BeckEuRS 2003, 278140 (Rn. 123 ff.). Auf diese Zweifel geht der EuGH in seiner Entscheidung jedoch nicht ein, sondern hält an seiner Rechtsprechung ohne vertieftere Begründung fest.

747 EuGH, NJW 2010, 3557 (3560 Rn. 49 f.).

748 GAin *Kokott*, Schlussanträge v. 29.04.2010 – Rs. C.550/07 P – Akzo/Akcros, Rn. 60 ff.

749 GAin *Kokott*, Schlussanträge v. 29.04.2010 – Rs. C.550/07 P – Akzo/Akcros, Rn. 60 ff.

750 GAin *Kokott*, Schlussanträge v. 29.04.2010 – Rs. C.550/07 P – Akzo/Akcros, Rn. 64. Diese Feststellung liegt doch sehr nahe an den soeben dargelegten Ausführungen des BSG, vgl. Fn. 736.

751 Vgl. *Junker/Biederbick*, AG 2012, 898 (901); *Mann*, DB 2011, 978 (983); *Kremer/Voet van Vormizeele*, AG 2011, 245 (250).

somit auf ihre interne Rechtsabteilung beschränkt sind.[752] Dass die schlichte Ablehnung der Unabhängigkeit aufgrund der Unternehmenszugehörigkeit nicht richtig sein kann, zeigen die folgenden Ausführungen.

c) Strafrechtliche Bewertung

Die Unabhängigkeit des Unternehmensjuristen wird zudem im Strafrecht diskutiert. Ist ein Syndikusanwalt eine verlässliche Auskunftsquelle, auf dessen Rat der Täter vertrauen kann und im Folgenden einem unvermeidbaren Verbotsirrtum i. S. d. § 17 StGB unterliegt? Hierzu finden sich in der strafrechtlichen Rechtsprechung vermehrt Entscheidungen, die einem Syndikusanwalt nicht per se die Unabhängigkeit absprechen.[753] Dem hat sich die strafrechtliche Literatur zumeist angeschlossen.[754] *Roxin* spricht prägnant davon, dass sich Unternehmen die Anstellung von Juristen sparen könnten, sofern sie sich nicht auf deren Rat verlassen dürfen.[755] Insbesondere im strafrechtlichen Bereich steht ein weiteres, nicht von der Hand zu weisendes Argument einem generellen Ausschluss von Unternehmensjuristen entgegen: Begeht die Geschäftsleitung eine strafbare Handlung aufgrund einer Empfehlung ihrer Rechtsabteilung, macht sich der den Rat erteilende Berater ggf. aufgrund seiner fehlerhaft erstellten Auskunft der Beteiligung an dieser Straftat schuldig.[756] Bezüglich eines Gefälligkeitsgutachtens kann in einem solchen Falle sogar regelmäßig zumindest dolus eventualis nachgewiesen werden, da der Berater fachliche Kriterien bewusst unberücksichtigt ließ, um den gewünschten Weg zu ermöglichen und somit einen daraus folgenden Rechtsbruch zumindest billigend in Kauf nahm. Der Gefahr der Abhängigkeit des Syndikusanwalts steht somit das Interesse an einer eigenen strafrechtlichen Haftungsprävention des Beraters gegenüber.

---

752 *Klöhn*, DB 2013, 1535 (1536).

753 OLG Hamburg, NJW 1967, 213 (214 f.); OLG Bremen, NStZ 1981, 265 (265 f.); OLG Frankfurt, NJW 1989, 1745 (1746); OLG Braunschweig, NStZ-RR 1998, 251. A. A. KG Berlin, JR 1978, 166 (168); OLG Stuttgart, NJW 1977, 1408 (1409).

754 *Vogel*, in: LeipzKomm., StGB, § 17 Rn. 82, 87; *Rudolphi*, in: SK-StGB, § 17 Rn. 40; *Roxin*, Strafrecht AT, § 21 Rn. 62 m. w. N.

755 *Roxin*, Strafrecht AT, Rn. 62.

756 *Kunz*, GA 1983, 457 (458 f.); *Löw*, Erkundigungspflicht beim Verbotsirrtum, S. 119; *Vogel*, in: LeipzKomm., StGB, § 17 Rn. 82. Vgl. auch: *Roxin*, Strafrecht AT, Rn. 62, wonach sich Unternehmensjuristen selbst am meisten schaden würden. In Bezug auf das europäische Wettbewerbsrecht: *Fleischer*, EuZW 2013, 326 (329).

d) *Kapitalgesellschaftsrechtliche Bewertung*

Im Folgenden soll auf die Besonderheiten des Kapitalgesellschaftsrechts eingegangen werden und hierbei die tatsächliche (Un-) Abhängigkeit eines Unternehmensjuristen detailliert und umfassend betrachtet werden. Hierbei wird sich nicht auf die schlichte Feststellung beschränkt, ein ständiges Beschäftigungsverhältnis des Rechtsanwaltes bei einem nicht-anwaltlichen Arbeitgeber sei mit dessen Unabhängigkeit unvereinbar. Die Unabhängigkeit des Juristen ist nicht ein formales, sondern vielmehr ein *inhaltliches Kriterium*[757] und bedarf der genaueren Betrachtung.

aa) Die Stellung des Syndikusanwalts im Unternehmen

Um die Beurteilung der Unabhängigkeit des Syndikusanwalts zu ermöglichen, erscheint zunächst die Verdeutlichung der Aufgaben des Anwalts und dessen Stellung im Unternehmen angebracht. Die Aufgaben des Syndikusanwalts haben sich in den vergangenen Jahren erheblich geändert. War er früher vor allem zur Koordination externer Rechtsexpertisen zuständig, ist seine Bedeutung für das Unternehmen und damit zugleich das Ansehen innerhalb desselben erheblich gestiegen.[758]

Der Rechtsabteilung kommen heute vielfältige Aufgaben zu, die sich aufgrund der modernen Wirtschaftsentwicklung und den damit einhergehenden steigenden rechtlichen Anforderungen ergeben. Als „rechtliches Gewissen des Unternehmens" wird sie bereits früh in den Entscheidungsfindungsprozess eingebunden und steht daher häufig im direkten Kontakt zur Geschäftsleitung.[759] Sie ist somit für eine präventive Kontrolle und die Beratung des Unternehmens, insbesondere der Geschäftsleitung verantwortlich. Vielfach arbeiten die Unternehmensjuristen daher gemeinsam mit der Unternehmensführung an einer rechtlich zulässigen Ausarbeitung eines geplanten Projekts. Auf diese Weise können sie das Handeln des Unternehmens beeinflussen und somit

---

757 *Hamacher*, in: Anwälte und ihre Geschichte, S. 913 (935). Hierzu nun auch BGH NZG 2015, 792 (795): „Damit ist nicht die persönliche Unabhängigkeit gemeint, sondern dass der Berater seine Rechtsauskunft sachlich unabhängig, dh unbeeinflusst von unmittelbaren oder mittelbaren Vorgaben hinsichtlich des Ergebnisses erteilt hat."

758 *Klöhn*, DB 2013, 1535. Vgl. auch: *Schulze Althoff*, ZRP 2013, 254.

759 *Kremer/Voet van Vormizeele*, AG 2011, 245 (246). Vgl. auch: *Hamacher*, in: Anwälte und ihre Geschichte, S. 913 (919); *Schulze Althoff*, ZRP 2013, 254. *Eckert*, in: Wachter, AktG, § 93 Rn. 20 geht davon aus, dass gerade ein frühes Einbinden in die Entscheidungsprozesse für eine persönliche Unabhängigkeit spricht.

rechtskonformes Handeln sicherstellen. Doch auch wenn die Geschäftsleitung bereits einen bestimmten Weg selbstständig erarbeitet hat, wird die Rechtsabteilung diesen zumeist auf die rechtliche Zulässigkeit überprüfen. Gelangt sie zu dem Schluss, dieser Weg sei rechtlich gerade nicht gangbar, muss sie darauf hinweisen und infolgedessen ihre Zustimmung verweigern. Dies fordern sowohl das allgemeine und übergeordnete Unternehmensinteresse, um auf diese Weise künftige Schadensersatzforderungen gegen die Gesellschaft zu verhindern, als auch die standesrechtlichen Regeln des Syndikusanwalts. Die Rechtsabteilung trifft somit die Verantwortung, rechtliche Risiken frühzeitig zu erkennen und rechtlich zulässige und teilweise vorteilhafte Alternativen aufzuzeigen.[760]

Neben einer solchen präventiven Beratung wird die Rechtsabteilung häufig im Rahmen eines effektiven Risikomanagements tätig, das die Geschäftsleitung bspw. aufgrund des § 91 II AktG einrichten muss.[761] Hierzu muss die Rechtsabteilung sicherstellen, dass sie über aktuelle Entwicklungen des Unternehmens stets informiert ist, um auf diese Weise existenzbedrohende Risiken erkennen zu können und diesen frühzeitig entgegenzuwirken.

Entscheidend für die Rolle des Syndikusanwalts ist zudem die gestiegene Bedeutung der *Compliance*.[762] Die Geschäftsleitung hat dafür Sorge zu tragen, dass sie das Unternehmen so organisiert, dass Rechtsverstöße, Satzungsverstöße oder sonstige Verstöße gegen Unternehmensrichtlinien unterbunden werden und somit ein rechtskonformes Handeln gesichert wird.[763] Zwar trifft die Verantwortung für ein effektives Compliance-System die Geschäftsleitung; die mit der

760 Vgl. zum Ganzen: *Hamacher*, in: Anwälte und ihre Geschichte, S. 913 (918 ff.); *Kremer/Voet van Vormizeele*, AG 2011, 245 (246 f.). Siehe auch die Aussage von *Hubertus Kolster*, Managing Partner bei CMS Hasche Sigle, in: *Proll-Gerwe*, in: Unternehmensjurist, 1/2013, S. 18 (19): „Doch wenn wir uns auf die rechtliche Beratung konzentrieren, ist der General Counsel in der freien Wirtschaft heutzutage wie der Partner einer Sozietät vielmehr der unternehmerisch denkende Berater von Vorstand und Geschäftsführung. Als solcher agiert er mit fachübergreifendem Weitblick und vertritt zunehmend eine unabhängige Meinung. Hier hat sich das Berufsbild in den letzten Jahren deutlich gewandelt."

761 *Hauschka/Spiekermann*, in: Hauschka, Corporate Compliance, § 15 Rn. 1. Siehe allgemein zur Notwendigkeit eines effektiven Risikomanagements: *Krieger*, in: Krieger/Schneider, Managerhaftung, § 3 Rn. 9 ff.

762 Die allgemein anerkannte Compliance-Pflicht des Vorstands ist nach umstrittener Ansicht nicht in § 91 II AktG geregelt, sondern kann aus den §§ 76 I, 93 I AktG hergeleitet werden. Siehe hierzu: *Fleischer*, in: Spindler/Stilz, AktG, § 91 Rn. 47 ff.

763 *Fleischer*, in: Spindler/Stilz, § 91 Rn. 47. Nach h. M. besteht eine Pflicht zum Aufbau einer Compliance-Organisation dann, wenn eine solche zumutbar und erforderlich

rechtlichen Beurteilung vertraute Rechtsabteilung ist jedoch vielfach zur Umsetzung und Überprüfung der Regeln geeignet, was nicht zuletzt darauf zurückzuführen ist, dass die Syndikusanwälte mit den Abläufen und den Strukturen des Unternehmens vertraut sind und auf diese Weise eine effektive Unterstützung sichergestellt werden kann.[764]

Diese unterschiedlichen Aufgaben des Syndikusanwalts führten zu einer Bedeutungsaufwertung. Unternehmen greifen vor allem aus institutionsökonomischer Sicht auf internen Rat zurück.[765] Denn die Auswahl des Beraters wird vielfach von den auftretenden Beratungskosten beeinflusst. Für die Auswahl eines internen Beraters sprechen etwa dessen bereits vorhandenen Kenntnisse über das Unternehmen, die niedrigere Informationsanforderungen und -kosten zur Folge haben. Außerdem verfügt der Syndikusanwalt ggf. über unternehmensspezifische Kenntnisse in Rechtsbereichen, die von externen Anwälten nur selten abgedeckt werden. Nicht zuletzt ist die unkomplizierte und ständige Erreichbarkeit des Unternehmensjuristen von entscheidendem Vorteil. Auf der anderen Seite liegt der Kostennachteil einer eigenen Rechtsabteilung gerade in der stetigen Gehaltszahlungspflicht der Gesellschaft, wohingegen externe Berater ein Honorar für einen spezifischen Auftrag erhalten. Doch nicht nur die Kosten entscheiden über die Auswahl von externem oder internem Berater. So wirkt gerade auch das Recht und die hier diskutierte Frage der Haftungsprivilegierung durch das Vertrauen auf einen Berater auf die Auswahlentscheidung ein.[766] Würde etwa dem Syndikusanwalt die Unabhängigkeit grundsätzlich abgesprochen, sähen sich Unternehmen dazu genötigt, regelmäßig auf externe Berater zurückzugreifen, was für die Rechtsabteilungen einen erheblichen Bedeutungsverlust zur Folge hätte.

Aufgrund der soeben dargelegten unterschiedlichen Aufgaben der Unternehmensjuristen ist es gerade erforderlich, dass diese unabhängig und frei von fachlichen Weisungen agieren. Andernfalls könnten sie ihre Aufgabe nicht ordnungsgemäß erfüllen. Dass sich Unternehmensjuristen als unabhängige Rechtsberater ansehen, erkennt auch die ehemalige Bundesministerin der Justiz Sabine Leutheusser-Schnarrenberger an: „Ich nehme aus dem Gespräch mit dem BUJ

ist: *Fleischer*, in: Spindler/Stilz, § 91 Rn. 50; *Mertens/Cahn*, in: KK-AktG, § 91 Rn. 36; *Zöllner/Noack*, in: Baumbach/Hueck, GmbHG, § 35 Rn. 68a.

764 *Kremer/Voet van Vormizeele*, AG 2011, 245 (248). Vgl. auch: *Mertens/Cahn*, in: KK-AktG, § 91 Rn. 36.

765 *Klöhn*, DB 2013, 1535 (1536).

766 Siehe zum Ganzen: *Klöhn*, DB 2013, 1535 (1536).

[Bundesverband der Unternehmensjuristen] mit, dass das Selbstbild des Unternehmensjuristen das eines unabhängigen Rechtsberaters ist."[767]

bb) Rechtliche Grundlagen des Syndikusanwalts

Speziell den Syndikusanwalt betreffende gesetzliche Regelungen finden sich, wie soeben erwähnt, in den §§ 46 ff. BRAO.

§ 46 BRAO a. F. erwähnte den Begriff „Syndikusanwalt" nicht. Nach dieser Regelung durfte ein Syndikusanwalt für seinen Arbeitgeber nicht vor Gericht anwaltlich tätig werden.[768] Diese Regelung beruhte auf dem Gedanken der angeblichen Abhängigkeit des Syndikusanwalts, da die Weisungsbefugnis des Arbeitgebers auf die gerichtliche Vertretung Einfluss nehmen könne.[769] Durch diesen Ausschluss sollte dem Schutz einer ordnungsgemäßen Rechtspflege Rechnung getragen werden.[770] Unmittelbar konnte diese Norm daher nicht zur Begründung der Unabhängigkeit eines Syndikusanwalts für den vorliegenden Fall der internen Unternehmensberatung herangezogen werden.

---

767 *Proll-Gerwe*, in: Unternehmensjurist, 1/2013, S. 18. (23).

768 Dies galt für Verfahren mit Anwaltszwang. Hingegen durfte er beispielsweise bei einem zivilrechtlichen Prozess, in dem kein Anwaltszwang herrscht, für seinen Arbeitgeber als bloßer Bevollmächtigter auftreten. Vgl. *Henssler*, in: Henssler/Prütting, BRAO, § 46 BRAO Rn. 32.

769 Beschlussempfehlung und Bericht des Rechtsausschusses zu dem Gesetzentwurf der Bundesregierung – Drucksache 12/4993 -, BT-Drucks. 12/7656, S. 49. Vgl. auch: *Träger*, in: Feuerich/Weyland, BRAO, § 46 BRAO Rn. 11 f. Kritisch hierzu: *Kleine-Cosack*, BRAO, § 46 Rn. 5 ff.

770 *Schautes*, Anwaltliche Unabhängigkeit, S. 266 f. Vgl. zum Normzweck des § 46 BRAO a. F., dass der gerichtliche Bereich von der Einflussnahme des Arbeitgebers geschützt werden soll: *Träger*, in: Feuerich/Weyland, BRAO, § 46 BRAO Rn. 13. *Kleine-Cosack*, AnwBl. 2014, 891 (893) stuft die Norm, wohl nicht vollkommen zu Unrecht, gar als verfassungswidrig ein, da sie allein dem Konkurrenzschutz diene. Zudem: *Kleine-Cosack*, BRAO, § 46 Rn. 4 ff.
Siehe ausführlich zum geschichtlichen Hintergrund dieser Norm: *Hellwig*, AnwBl. 2015, 2: Die Norm geht auf die von den Nationalsozialisten im Jahre 1934 erlassene Norm des § 31 II RAO zurück. Durch die Einführung der Norm sollten insbesondere jüdische Syndizi getroffen werden. Dennoch war selbst zu diesem Zeitpunkt anerkannt, dass die Tätigkeit des Syndikus für seinen Arbeitgeber eine anwaltliche Tätigkeit darstellt. Durch die vertiefte geschichtliche Analyse kommt *Hellwig* gar zu dem Schluss, dass der Gesetzgeber mit Einführung des § 46 BRAO im Jahre 1958 die Stellung des Syndikusanwalts eher verschlechtern wollte, *Hellwig*, AnwBl. 2015, 2 (6).

Im Gegenteil sprechen die sonstigen gesetzlichen Regelungen, die *auch* den Syndikusanwalt als zugelassenen Rechtsanwalt betreffen, eher für dessen Unabhängigkeit in Bezug auf unternehmensinternen Rat. Der Syndikusanwalt ist an die sich aus §§ 1, 3, 7, 43a BRAO ergebenden Pflichten gebunden, wonach er unabhängig zu agieren hat und keine Bindungen eingehen darf, die dies gefährden. Diese Verpflichtung vermag die tatsächliche Unabhängigkeit zwar nicht stets garantieren, steht jedoch einem generellen Ausschluss bereits entgegen.[771]

Im Übrigen wurden die §§ 46 ff. BRAO umfassend reformiert. Das Vertretungsverbot für den eigenen Arbeitgeber in zivil- und arbeitsrechtlichen Verfahren ist zwar einerseits nicht geändert worden, § 46c II BRAO n. F. Andererseits wird das Vertretungsverbot allerdings nicht mehr auf eine fehlende Unabhängigkeit des Syndikusanwalts gestützt, sondern soll ein Ungleichgewicht zwischen beiden Parteien vermeiden. Diese Beschränkung dient also, so der Gesetzesentwurf, auf dem die Neuregelung beruht, zur Gleichstellung beider Prozessparteien. Ein Ungleichgewicht entstünde, wenn eine Partei auf ihre eigenen Anwälte zurückgreifen könnte. Auf diese Weise hätte sie nicht das Kostenrisiko, das die Beauftragung eines externen Rechtsanwaltes mit sich bringt, zu tragen. Wäre die gegnerische Partei eine Einzelperson oder ein Kleinunternehmen, das nicht über eine eigene Rechtsabteilung verfügt, würde das Risiko der Anwaltskosten ausschließlich diese Partei treffen. Genau dies soll vermieden werden.[772] Zudem ist eine Zulassung als Syndikusanwalt nach § 46a I 1 Nr. 3 BRAO i. V. m. § 46 IV BRAO eben nur dann möglich, wenn die Unabhängigkeit des Unternehmensjuristen vertraglich und tatsächlich gesichert wird.[773]

cc) Gefahr der Abhängigkeit des Syndikusanwalts

In der zivilrechtlichen Rechtsprechung und Literatur finden sich vereinzelt Stimmen, die die Unabhängigkeit des Syndikusanwalts für den vorliegenden Fall der internen Beratung zumindest in Zweifel ziehen. Teilweise wird die Beratung durch die eigene Rechtsabteilung stets als nicht ausreichend erachtet,[774]

---

771 Zum Ganzen: *Binder*, AG 2012, 885 (892). Vgl. auch: *Merkt/Mylich*, NZG 2012, 525 (528).

772 Gesetzentwurf der Fraktionen der CDU/CSU und SPD vom 16.06.2015, BT-Drucks. 18/5201, S. 21 f. Hingegen soll das Vertreten des Arbeitgebers in finanz-, verwaltungs- und sozialgerichtlichen Verfahren zulässig werden, da in diesen Fällen eine Gefahr des Ungleichgewichts nicht bestehe.

773 Siehe hierzu: *Dehmel*, DB 2015, 1516 (1517).

774 BAGE 24, 318 (329 f.); *Schultz-Süchting*, GRUR 1974, 432 (436); *Schwarz*, CCZ 2013, 34 (37). Wohl auch: *Potten*, Irrtum in der kartellrechtlichen Entscheidungspraxis, S. 52 ff., 57 f. Nachweise zur strafrechtlichen Rechtsprechung in Fn. 753.

teilweise wird darauf verwiesen, dass zumindest bei komplexen Rechtsfragen, die für die Gesellschaft von gewisser Bedeutung sind und somit mit einem nicht zu vernachlässigenden Risiko einhergehen, die Geschäftsleitung nicht allein auf die eigene Rechtsabteilung vertrauen dürfe und zumindest *auch* einen externen Berater hinzuziehen müsse[775]. Andere schreiben dem externen Berater einen höheren Entlastungswert zu,[776] wohingegen wieder andere die Einholung externen Rats zumindest als Teil einer guten unternehmerischen Corporate Governance ansehen[777]. Dabei beruht diese Skepsis gegenüber den Unternehmensjuristen, die teilweise auch in anderen Rechtsordnungen anzutreffen ist, zumeist auf der Exklusivität der Geschäftsbeziehung mit dem Arbeitgeber als einziger Mandant.[778] All diese Stimmen haben eines gemeinsam: Eine schlüssige Erläuterung ihrer Thesen ist keiner zu entnehmen. Die angebliche Abhängigkeit des Syndikusjuristen wird schlicht aufgrund der arbeitsvertraglichen Bindung verneint und ohne Wiedergabe konkreter Argumente vorausgesetzt.

Zweifel an der Unabhängigkeit des Syndikusanwalts mögen insoweit auftreten, als dass dieser „spezifische Investitionen" getätigt hat, d. h. er hat Aufwendungen erbracht, die ihn besonders an das jeweilige Unternehmen binden.[779]

---

775 *Harnos*, Geschäftsleiterhaftung, S. 300; *Koch*, in: MüKo, AktG, § 93 Rn. 44; *Primaczenko*, GWR 2011, 518; *Schöne*, Managerhaftung, in: Börsen-Zeitung vom 25.02.2012, S. 13 f.; *Spindler*, in: FS Canaris, S. 403 (421); *Vetter*, EWiR 2011, 793 (794). Ähnlich auch: *Kaulich*, Haftung von Vorstandsmitgliedern, S. 234. Vgl. auch: *Zöllner/Noack*, in: Baumbach/Hueck, GmbHG, § 43 Rn. 23c.

776 *Hölters*, in: Hölters, AktG, § 93 Rn. 249. Vgl. auch: *Gottschalk/Weng*, GWR 2013, 243 (245).

777 *Selter*, AG 2012, 11 (15).

778 *DeMott*, 74 Fordham L. Rev. 955 (967): „Conventional skepticism about the capacity of in-house corporate lawyers to exercise independent professional judgment focuses on the exclusivity of their relationship with a single client (their employer) […]." Hier findet sich auch eine Zusammenfassung von Gründen, warum die Unabhängigkeit des Syndikusanwalts nicht stets unproblematisch ist. Kritisch auch: *Kim*, 21 GEOJLE 411 (413): „Although it remains to be seen whether the general counsel under suspicion are scapegoats or masterminds, the catalogue of scandals in the past year has certainly soiled the public's perception of inside counsel. These scandals have lent support to the general consensus that inside lawyers are too 'captured' to exercise the independent judgment that is the hallmark of professionalism."

779 Ausführlich hierzu und den Begriff der spezifischen Investitionen verwendend: *Klöhn*, DB 2013, 1535 (1539). *Strohn* spricht etwa davon, dass der Syndikusanwalt zumindest in seinem beruflichen Fortkommen von seinem Arbeitgeber in höherem Maße abhängig sei als etwa ein externer Anwalt von einem einzelnen Mandanten, *Strohn*, CCZ 2013, 177 (182 f.).

Beispielhaft mag er sich in einem juristischen Bereich spezialisiert haben, der für das eigene Unternehmen von entscheidender Bedeutung ist, jedoch außerhalb des Tätigkeitsfeldes des Unternehmens kaum von praktischer Relevanz ist. Insofern ist er letztlich enger an „sein" Unternehmen gebunden, als dies etwa bei einem externen Rechtsanwalt der Fall ist.

Weiterhin kann eine engere (persönliche) Verbundenheit mit dem eigenen Unternehmen eine Abhängigkeit des Syndikusanwalts begründen. Eine langjährige Betriebszugehörigkeit kann vereinzelt zu einer *Betriebsblindheit* führen.[780] Im angloamerikanischen Rechtsraum vertritt *Langevoort* etwa die These, dass mit steigender Betriebszugehörigkeit die Risikobereitschaft des Syndikusanwalts zunehme, da er seinen eigenen Aufstieg fördernd, gerade risikobehafteten Geschäften weniger skeptisch gegenüberstehe.[781] Letztlich ist dies zwar ein nicht zu vernachlässigender Aspekt, der in die Bewertung der konkreten Unabhängigkeit im Einzelfall einzufließen hat. Dennoch fehlen für einen generellen Ausschluss hierfür jedoch die notwendigen empirischen Beweise, wie *Langevoort* selbst eingesteht. Insbesondere kann sich ein langjährig für die Gesellschaft tätiger externer Berater in einem vergleichbaren Maße mit dem Unternehmen verbunden fühlen. Daher wird ggf. ein externer Berater, der bereits über Jahre für die Gesellschaft tätig ist, eine stärkere persönliche Identifizierung mit dem Unternehmen verspüren als ein neu eingestellter Rechtsberater der eigenen Rechtsabteilung.[782] Mithin kann die Nähe des Syndikusanwalts zum Unternehmen allein die generelle und vom externen Anwalt abweichende Abhängigkeit nicht begründen.

Doch selbst wenn im Einzelfall ein besonderes Vertrauensverhältnis des Unternehmensjuristen zu seinem Unternehmen besteht und er sich stark an dieses gebunden fühlt, ist eine solche rechtlich nicht zu beanstandende *persönliche Abhängigkeit* des Juristen doch gerade von einer möglichen und sodann unzulässigen *fachlichen Abhängigkeit* zu unterscheiden.[783] Denn mitnichten führt eine Identifizierung mit dem eigenen Unternehmen zwangsläufig zu einer Betriebsblindheit. Wer für die allgemeine Vermutung der Abhängigkeit eines Syndikusanwalts eintritt, bedarf einer weitgehenderen Begründung als die

---

780 Der ratsuchende Geschäftsleiter muss sich stets vergewissern, dass eine tatsächliche Betriebsblindheit des Beraters nicht gegeben ist. Vgl. *Bauer*, in: Gesellschaftsrecht in der Diskussion 2014, S. 195 (219); *Harnos*, Geschäftsleiterhaftung, S. 300; *Spindler*, in: MüKo, AktG, § 93 Rn. 78; *ders.*, in: FS Canaris, S. 403 (421).

781 *Langevoort*, 2012 WILR 495 (503 ff.).

782 *Seiz*, EuZW 2010, 524 (526), die die persönliche Identifizierung zutreffend als nicht messbar bewertet.

783 *Busse*, in: Henssler/Prütting, BRAO, § 1 BRAO Rn. 51 f.

schlichte Aufzeigung von möglichen Gefährdungssituationen. Solche können, wie im Folgenden dargelegt wird, in vergleichbarem Maße auch einen externen Rechtsanwalt betreffen. Entscheidend ist somit, ob der Syndikusanwalt Situationen ausgesetzt ist oder ggf. speziellen Bindungen unterliegt, die ihn *im Vergleich zu einem externen Rechtsanwalt* als besonders gefährdet für eine voreingenommene Rechtsauskunft erscheinen lassen.[784] Denn nur dann ist ein genereller Ausschluss der Unabhängigkeit des Syndikusanwalts zu rechtfertigen, der im Widerspruch zu seinen Berufspflichten steht und ihn von den externen Beratern auf negative Weise ausgrenzt, mit der Folge, dass ihm letztlich seine „Daseinsberechtigung" abgesprochen würde.[785]

dd) Weisungsabhängigkeit des Syndikusanwalts

Eine fehlende fachliche Unabhängigkeit wird teilweise darauf gestützt, der Syndikusanwalt sei von seinem Arbeitgeber weisungsabhängig, wodurch ein objektiver Rat gerade nicht gewährleistet werden könne, da es dem Arbeitgeber möglich wäre, dem Anwalt fachliche Weisungen zu erteilen.[786] In der Tat ist es dem Arbeitgeber aufgrund des arbeitsrechtlichen Vertragsverhältnisses möglich, dem Syndikusanwalt Weisungen zu erteilen, sog. *arbeitsrechtliches Direktionsrecht*. Der Arbeitgeber könnte somit theoretisch dem Syndikus die Weisung erteilen, einen rechtlich fragwürdigen Weg einzuschlagen und somit entgegen dessen Überzeugung rechtswidrig zu handeln. Jedoch kann es auf eine solche *Möglichkeit der Weisungserteilung* nicht ankommen. In der Regel wird der Syndikusanwalt in seiner rechtlichen Bewertung frei entscheiden können.[787] Entscheidend ist daher, ob die Geschäftsleitung im konkreten Falle ihre Weisungsmacht ausgeübt hat und somit etwa dem Syndikusanwalt ein Ergebnis vorgegeben hat oder ob sie den Anwalt frei von Weisungen mit der Beurteilung der Frage beauftragte.[788] Es bleibt der Geschäftsleitung schließlich selbst überlassen, ob sie auf die rechtliche Bewertung einwirkt.

---

784 Ähnlich: *Prütting*, AnwBl. 2013, 78 (82); *ders.* AnwBl. 2009, 402 (403).

785 Hierzu nochmals das prägende Zitat von Roxin, wonach sich Unternehmen die Anstellung von Juristen auch sparen könnten, sofern sie sich nicht auf deren Rat verlassen dürfen, vgl. Fn. 755.

786 Vgl. *Hölters*, in: Hölters, AktG, § 93 Rn. 249, der dem externen Berater aufgrund der fehlenden Weisungsabhängigkeit zumindest einen „höheren Entlastungswert" zuschreibt.

787 *Kremer*, in: Gesellschaftsrecht in der Diskussion 2012, S. 171 (180).

788 *Decker*, GmbHR 2014, 72 (75); *Schäfer*, WM 2012, 1022 (2025); *Wagner*, BB 2012, 651 (656). Siehe auch: *A. Ulmer*, BLJ 2013, 59 (60).

Vor unzulässigen Weisungen ist der Syndikusanwalt durch das Berufsrecht geschützt. Denn er ist, vergleichbar mit einem selbstständigen Rechtsanwalt, im Rahmen seiner beruflichen Tätigkeit sowohl an innere als auch an äußere Berufspflichten gebunden.[789] Die inneren Pflichten betreffen das jeweilige Vertragsverhältnis. Hierauf kann sowohl der Mandant als auch der Arbeitgeber im Einzelfall verzichten. Daher können diese inneren Berufspflichten nicht Anknüpfungspunkt einer Unabhängigkeitsgefährdung werden.[790]

Anders ist dies jedoch bezüglich der äußeren Berufspflichten. Diese sind zumeist in der BRAO statuiert oder können aus der Generalklausel des § 43 BRAO hergeleitet werden, beruhen somit nicht auf der vertraglichen Beziehung, sondern vielmehr auf der Stellung des Beraters als zugelassener Rechtsanwalt. Auf diese Pflichten kann gerade nicht verzichtet werden, sodass deren Missachtung zugleich öffentlich-rechtlich sanktioniert werden kann.[791] Könnte der Arbeitgeber sich durch seine Weisungen über diese äußeren Berufspflichten hinwegsetzen, wäre die anwaltliche Unabhängigkeit in der Tat gefährdet.[792] Eben dies ist jedoch gerade nicht der Fall. So sind Weisungen des Arbeitgebers, die gegen die äußeren berufsrechtlichen Pflichten des Syndikus als Rechtsanwalt verstoßen, nach § 134 BGB[793], ggf. auch nach § 138 BGB[794] nichtig und dürfen daher vom Syndikusanwalt nicht befolgt werden.[795] Dementsprechend geht das Berufsrecht des Rechtsanwalts den allgemeinen dienstvertraglichen Pflichten vor, sofern beide im Einzelfall miteinander kollidieren.[796]

---

789 Zu den Berufspflichten: *Bissel*, Syndikusanwalt, S. 92 ff., 122 ff. Allgemein auch: *Bicker*, AG 2014, 8 (11).

790 Zu den inneren Berufspflichten zählen etwa die Pflicht zur Aufklärung des Sachverhaltes, die Pflicht zur Rechtsprüfung oder auch die Verschwiegenheitspflicht des Rechtsanwaltes, *Bissel*, Syndikusanwalt, S. 98 ff. Siehe auch zusammenfassend: *Hommerich/Prütting*, Syndikusanwalt, S. 45.

791 Zu den äußeren Berufspflichten zählen etwa das Verbot des unsachlichen Verhaltens, das Verbot der Vertretung widerstreitender Interessen oder etwa das Werbeverbot, *Bissel*, Syndikusanwalt, S. 103 ff.; *Hommerich/Prütting*, Syndikusanwalt, S. 45 f.

792 *Hommerich/Prütting*, Syndikusanwalt, S. 45.

793 Ausführlich hierzu: *Bissel*, Syndikusanwalt, S. 122 ff.

794 Ausführlich hierzu: *Bissel*, Syndikusanwalt, S. 143 ff.

795 Siehe auch: *Hommerich/Prütting*, Syndikusanwalt, S. 45 f.; *Prütting*, AnwBl. 2013, 78 (83); *ders*, AnwBl. 2009, 402 (403); *Schautes*, Anwaltliche Unabhängigkeit, S. 267 f.; *Schulze Althoff*, ZRP 2013, 254.

796 *Schautes*, Anwaltliche Unabhängigkeit, S. 267 f. So nun auch der Gesetzentwurf der Fraktionen der CDU/CSU und SPD vom 16.06.2015, BT-Drucks. 18/5201, S. 27 f.

Nicht vergessen werden darf hierbei, dass ein externer Anwalt im Grundsatz ebenfalls Weisungen seines Mandanten aus dem Mandantenverhältnis unterliegt.[797] Eine Möglichkeit der Einflussnahme hat somit sowohl der Mandant gegenüber einem externen Berater als auch der Arbeitgeber gegenüber den Juristen der eigenen Rechtsabteilung. Insofern sind die beiden Rechtsverhältnisse durchaus miteinander vergleichbar.[798] Daher wurde bereits in einer monographischen Untersuchung festgestellt, dass allein die unterschiedliche Rechtsnatur von Arbeitsvertrag eines Syndikusanwalts und dem Geschäftsbesorgungsvertrag eines externen Anwalts noch keine unterschiedliche Bewertung der anwaltlichen Unabhängigkeit rechtfertige.[799]

Verweigert ein externer Anwalt die Befolgung einer Weisung, kann der Mandant seinem Anwalt ohne Angabe von Gründen mit sofortiger Wirkung das Mandat nach § 627 I BGB entziehen. Gleiches gilt vice versa für den Anwalt, wenn er das Mandat niederlegen möchte. Der Syndikus muss bei einem Zerwürfnis mit dem Arbeitgeber grds. die Kündigungsfrist des § 622 I BGB einhalten. Demgegenüber steht jedoch der arbeitsrechtliche Schutz des Syndikusanwalts. Dieser verleiht gar eine höhere Unabhängigkeit, da er nicht mit einem sofortigen Verlust seiner Anstellung zu rechnen hat. Will der Arbeitgeber diesem kündigen, muss er die Voraussetzungen des § 622 II BGB und darüber hinaus weitergehende arbeitsschutzrechtliche Bestimmungen berücksichtigen.[800]

Um zusätzliche Zweifel an einer weisungsbedingten Abhängigkeit des Syndikusanwalts auszuräumen, ist es anzuraten, die *fachliche* Weisungsfreiheit bereits in den Unternehmensrichtlinien oder aber im Anstellungsvertrag des

---

797 *Hommerich/Prütting*, Syndikusanwalt, S. 44; *Prütting*, AnwBl. 2013, 78 (83); *Schulze Althoff*, ZRP 2013, 254. Nach *Löw*, Erkundigungspflicht beim Verbotsirrtum, S. 119 bestehe die Gefahr einer Beeinflussung bei einem externen Anwalt in vergleichbarer Weise.

798 *Prütting*, AnwBl. 2013, 78 (82).

799 Siehe hierzu ausführlich: *Bissel*, Syndikusanwalt, S. 68 ff. Ähnlich: SG Köln, Urt. vom 15.12.2011, S. 31 R 865/10, BeckRS 2012, 66002: „Es darf in diesem Zusammenhang nicht außer Acht gelassen werden, dass die Unabhängigkeit in § 1 BRAO historisch gesehen in erster Linie eine Unabhängigkeit vom Staat darstellt, die Weisungsbefugnis eines privaten Arbeitgebers also der Unabhängigkeit im vorgenannten Sinne nicht per se entgegenstehen kann, zumal auch der freie Rechtsanwalt von seinem Mandanten Weisungen erhält."

800 *H.-F. Müller* geht davon aus, dass die Situation eines externen Anwalts vielfach gar „prekärer" sei als die eines Inhouse-Juristen, dem der arbeitsrechtliche Schutz zu Gute komme, *H.-F. Müller*, DB 2014, 1301 (1303).

Syndikusanwalts festzuhalten.[801] Auch der neue § 46 IV 2 BRAO fordert eine solche vertragliche Festlegung der fachlichen Unabhängigkeit. Auf diese Weise kann noch weitergehend sichergestellt werden, dass der Syndikusanwalt seine Tätigkeit allein anhand fachlicher Kriterien ausführt, ohne an etwaige fachliche Weisungen gebunden zu sein. Somit sind die vertraglichen Voraussetzungen des Syndikusanwalts mit denen des externen Anwalts vergleichbar, sodass hieraus allein keine generelle Abhängigkeit des Syndikusanwalts abgeleitet werden kann. Eine Abhängigkeit kann nur dann angenommen werden, wenn der Berater tatsächlich unzulässigen fachlichen Weisungen seines Arbeitgebers folgt, ohne eine vollumfängliche und objektive rechtliche Überprüfung durchzuführen, um auf diese Weise das Arbeitsprodukt im Sinne seines Arbeitgebers zu „schönigen". Dies ist jedoch kein Spezifikum unternehmensinternen Rechtsrats, sondern gilt für externe Berater in vergleichbarer Weise.

ee) Wirtschaftliche Abhängigkeit des Syndikusanwalts

Durch den Dienstvertrag ist der Syndikusanwalt wirtschaftlich eng an seinen Arbeitgeber gebunden, insbesondere ist er auf regelmäßige Lohnzahlung angewiesen. Dies mag zunächst auf eine besondere wirtschaftliche Bindung an den Arbeitgeber hinweisen. Dennoch kann ein externer Berater in vergleichbarem Maße wirtschaftlich von seinem Mandanten abhängig sein. Eine solche vergleichbare wirtschaftliche Abhängigkeit besteht etwa dann, wenn das Geschäftsmodell einer Kanzlei hauptsächlich auf die Beratung weniger Mandanten ausgerichtet ist. In diesem Fall kann der selbstständige Anwalt gar in einem größeren wirtschaftlichen Abhängigkeitsverhältnis stehen als der Syndikus. Dabei sind vor allem die Besonderheiten externer, auf das Unternehmensrecht spezialisierter Anwälte zu beachten. Haben beispielsweise Rechtsanwälte mit einem Familien- und Erbrechtsschwerpunkt zumeist einen weit gefächerten Mandantenstamm, ist dies jedoch in einer mittelständischen Wirtschaftskanzlei häufig gerade nicht der Fall. Die umfassenden wirtschaftsrechtlichen Mandate erfordern vielfach eine sehr zeitintensive Bearbeitung, die oftmals von mehreren Anwälten gemeinsam durchgeführt werden muss. Daher ist die Betreuung im Vergleich zu Anwälten in anderen Rechtsgebieten zumeist auf eine relativ niedrige Mandantenzahl begrenzt. Dies verstärkt somit gerade die wirtschaftliche Abhängigkeit einer

801 *Hamacher*, in: Anwälte und ihre Geschichte, S. 913 (936); *Hommerich/Prütting*, Syndikusanwalt, S. 46; *Wagner*, BB 2012, 651 (656).

Wirtschaftskanzlei.[802] Wollte man dennoch an diesem Argument festhalten, würde dies letztlich zu der tatsächlich kaum mehr durchführbaren Differenzierung führen, zwischen gerade noch unabhängigen Rechtsberatern mit ausreichend vielen Mandanten und abhängigen Beratern, die nur für wenige Mandanten tätig sind, zu unterscheiden. Doch auch hiermit setzen sich die Vertreter der Abhängigkeitsvermutung nicht auseinander. Sie schließen schlicht die Unabhängigkeit des Syndikusanwalts aus, ohne einen tatsächlichen Vergleich zur externen Beraterschaft zu ziehen.

Nicht vergessen werden darf, dass auch externe Rechtsanwälte etwa einen prestigeträchtigen Mandanten oder einen Mandanten, zu dem eine langjährige und enge Geschäftsbeziehung besteht, nicht verlieren wollen und dadurch ein hoher Anreiz für einen Gefälligkeitsrat bestehen kann, um so den Mandanten zufrieden zu stellen und sich hierdurch zukünftige Mandate zu sichern.[803] Gerade externe Anwälte können sich einer solchen Versuchung ausgesetzt sehen, denn durch den stark gestiegenen Wettbewerbsdruck innerhalb der Anwaltschaft sind sie besonders auf ihre Mandanten angewiesen.[804] Andererseits kann sich der Syndikusanwalt auf die regelmäßigen Gehaltszahlungen seines Arbeitgebers verlassen und verfügt somit gar eher über eine wirtschaftliche Unabhängigkeit.[805]

---

802 Siehe zum Ganzen: *Piepenbrock*, Defense of Reliance, S. 246 f. Vgl. auch: *Junker/Biederbick*, die davon sprechen, dass externe Kanzleien sich teilweise so stark auf einen einzelnen Mandanten konzentrieren, dass sie gar als „ausgelagerte Rechtsabteilungen" angesehen werden können, *Junker/Bierbick*, AG 2012, 898 (902). Vgl. auch: *Hommerich/Prütting*, Syndikusanwalt, S. 43 f. Diese führen auch das Argument an, dass etwa ein selbstständiger Rechtsanwalt, der gerade erst ins Berufsleben gestartet ist, in besonderem Maße von nur wenigen Mandanten abhängig sei. Er könne sogar in weit höherem Maße als finanziell abhängig von seinen Mandanten angesehen werden als ein Syndikusanwalt gegenüber seinem Arbeitgeber. Dennoch vermutet bei einem selbstständigen Berufsanfänger niemand dessen Abhängigkeit.

803 *Kremer*, in: Gesellschaftsrecht in der Diskussion 2012, S. 171 (180); *Twele*, Die Haftung des Vorstands für Kartellrechtsverstöße, S. 157.

804 *Junker/Biederbick*, AG 2012, 898 (901 ff.), die auch darauf verweisen, dass die Auswahlverfahren aufgrund des gestiegenen Wettbewerbsdrucks immer anspruchsvoller werden, sodass eine externe Kanzlei sehr daran interessiert ist, ihren langjährigen Mandanten zu behalten. Siehe auch: *Bauer*, in: Gesellschaftsrecht in der Diskussion 2014, S. 195 (218 f.); *Eckert*, in: Wachter, AktG, § 93 Rn. 20; *Hölters*, in: Hölters, AktG, § 93 Rn. 249; *H.-F. Müller*, DB 2014, 1301 (1303); *Scholl*, Vorstandshaftung und Vorstandsermessen, S. 245.

805 *Kleine-Cosack*, AnwBl. 2014, 891 (896).

Das Argument der wirtschaftlichen bzw. finanziellen Abhängigkeit des Syndikusanwalts geht letztlich insgesamt fehl. Jeder Rechtsanwalt, sei es ein Syndikus, sei es ein extern tätiger, ja jeder sonstige berufliche Berater, ist auf die Entgeltzahlung für seine beratende Tätigkeit angewiesen, ohne dass allein deshalb an seiner Unabhängigkeit gezweifelt werden kann. Andernfalls könnte die Unabhängigkeit kaum jemals vermutet werden.[806]

Ein entscheidender Unterschied zwischen externem und internem Anwalt, der es rechtfertigen würde, die Unabhängigkeit des Syndikusanwalts per se auszuschließen, ist daher in diesem Bereich ebenso nicht gegeben.

ff) Diverse zu berücksichtigende Unternehmensinteressen

Zudem hat der Syndikusanwalt vor allem im übergeordneten Unternehmensinteresse bzw. -wohl zu handeln. Daher ist er aufgrund seines Dienstvertrages dazu verpflichtet, die Gesellschaft vor der Inanspruchnahme auf Schadensersatz zu schützen.[807] Eine solche Pflicht besteht darüber hinaus aus den standesrechtlichen Anwaltspflichten, die sowohl für den externen Rechtsanwalt als auch für den internen Syndikusanwalt gelten.[808] Dieser Pflicht kann der Syndikusanwalt nur nachkommen, wenn er einen sorgfältigen, allein auf fachlichen Bewertungen begründeten juristischen Rat abgibt und sich dabei nicht von sachfremden Erwägungen beeinflussen lässt. Nicht übersehen werden darf auch, dass die Gehaltszahlung an den Syndikusanwalt nur dann gesichert ist, wenn sein Unternehmen solvent ist. Haftungsansprüche gegen das Unternehmen, die durch eine

---

806 Vgl. hierzu: *Hommerich/Prütting*, Syndikusanwalt, S. 43 f.

807 OLG Hamburg, NJW 1967, 213 (214 f.); *Bauer*, in: Gesellschaftsrecht in der Diskussion 2014, S. 195 (219); *Decker*, GmbHR 2014, 72 (75); *Fleischer*, NZG 2010, 121 (123); *ders.*, in: FS Hüffer, S. 187 (193); *Hahn/Naumann*, CCZ 2013, 156 (161); *Junker/Biederbick*, AG 2012, 898 (902); *Klöhn*, DB 2013, 1535 (1539); *H.-F. Müller*, DB 2014, 1301 (1303); *Peters*, AG 2010, 811 (816); *Piepenbrock*, Defense of Reliance, S. 250; *Rieger*, Die aktienrechtliche Legalitätspflicht, S. 177 f.; *Spindler*, in: MüKo, AktG, § 93 Rn. 80; *Strohn*, CCZ 2013, 177 (182). Aus der strafrechtlichen Rechtsprechung: OLG Braunschweig, NStZ-RR 1998, 251, mit der Feststellung, dass ein nicht objektiver Rat letztlich dem Arbeitgeber selbst schadet und daher die Unabhängigkeit eines Unternehmensjuristen nicht grundsätzlich ausgeschlossen sein könne. Siehe auch: *Löw*, Erkundigungspflicht beim Verbotsirrtum, S. 119.

808 *Kremer/Voet van Vormizeele*, AG 2011, 245 (246); *Merkt/Mylich*, NZG 2012, 525 (528); *Strohn*, CCZ 2013, 156 (161). *Hahn/Naumann*, CCZ 2013, 156 (161) sprechen davon, dass dies etwa der anwaltsvertraglichen Schadensverhütungspflicht des externen Rechtsanwalts entspreche.

fehlerhafte Beratung entstehen, entsprechen somit in keiner Weise dem Interesse des Syndikusanwalts.

Das wirtschaftliche Unternehmensinteresse kann im Einzelfall mit den Vorgaben der Rechtsordnung kollidieren.[809] In einem solchen Fall ist es aber Aufgabe des Syndikusanwaltes, einen rechtlich zulässigen Weg zu finden, um auf diese Weise das Unternehmensinteresse und das Recht in ein harmonisches Verhältnis zu bringen. Somit nehmen Syndikusanwälte Einfluss auf die konkrete Ausgestaltung der geplanten Maßnahme und „sichern dem Recht im Unternehmen den ihm gebührenden Rang".[810] Dennoch: Gibt es für die geplante Maßnahme keine rechtlich zulässige Ausgestaltung, trifft den Syndikusanwalt die Verpflichtung, die Maßnahme abzulehnen. Eine solche Interessenkollision kommt auch bei Angehörigen anderer Berufsgruppen in Betracht. Beispielsweise können etwa die berufsrechtlichen Bestimmungen eines in einem Krankenhaus angestellten Arztes mit dem betriebswirtschaftlichen Interesse des Krankenhauses im Einzelfall kollidieren. Dennoch spricht dem Arzt ohne eine genaue Einzelfallbetrachtung niemand die generelle Vernachlässigung seiner standesrechtlichen Pflichten ab.[811] Vielmehr wird davon ausgegangen, dass er diese Divergenz professionell lösen kann, ohne hierdurch seine berufsrechtlichen Pflichten zu verletzen. Denn die ärztliche Tätigkeit ist sehr stark von berufsständischen Werten und Normen geprägt.[812] Es kann somit nicht davon ausgegangen werden, dass generell ein entgegenstehendes betriebswirtschaftliches Interesse des Krankenhauses den Arzt dazu bewegt, seine standesrechtlichen Pflichten zu vernachlässigen. Das gleiche Vertrauen sollte einem Syndikusanwalt entgegengebracht werden, dessen Tätigkeit in vergleichbarer Weise von seinen standesrechtlichen Werten und Normen geprägt ist. Auch liegt es im eigenen Interesse des Syndikusanwalts, einen fachgerechten und objektiven Rat abzuliefern. Tut er dies nicht, macht er sich ggf. selbst schadensersatzpflichtig.[813]

Des Weiteren hat die Geschäftsleitung selbst ein Interesse daran, dass der Syndikus einen objektiven, allein anhand fachlicher Kriterien zustande gekommenen Rat abgibt.[814] Die Haftung der Geschäftsleitung nimmt, wie bereits erörtert,

---

809 Siehe bereits Fn. 731.

810 *Hamacher*, in: Anwälte und ihre Geschichte, S. 913 (933).

811 *Vera*, ZögU 2007, 300 (300 ff.). Vgl. auch: *Kremer/Voet van Vormizeele*, AG 2011, 245 (246).

812 *Vera*, ZögU 2007, 300.

813 *Hahn/Naumann*, CCZ 2013, 156 (161); *H.-F. Müller*, DB 2014, 1301 (1303). Siehe Kapitel 4 D).

814 *Piepenbrock*, Defense of Reliance, S. 247; *Schulze Althoff*, ZRP 2013, 254.

stetig zu. Um somit eigene Pflichtverletzungen zu vermeiden bzw. zumindest ein eigenes Verschulden auszuschließen, arbeitet die Geschäftsleitung vielfach eng mit der Rechtsabteilung zusammen, um einen rechtlich zulässigen Weg herauszuarbeiten. Effektiv kann sie letztlich nur eine eigene Haftung vermeiden, wenn sie vom Syndikus einen objektiven, allein auf fachlichen Kriterien beruhenden Rat verlangt. Hingegen können „Gefälligkeitsgutachten" gerade nicht die unternehmerischen Haftungsrisiken mindern.

gg) Outsourcing

Würde man die Unabhängigkeit des Beraters allein an dessen Unternehmenszugehörigkeit beurteilen, könnte dieses Ausschlusskriterium einfach umgangen werden. Hierbei ist vor allem an eine in eine Tochtergesellschaft ausgelagerte Rechtsabteilung zu denken. Um also zu verhindern, dass die eigene Rechtsabteilung der Gesellschaft als abhängige Auskunftsquelle angesehen wird, könnten Unternehmen diese in eine Tochtergesellschaft auslagern. Hierfür bedarf es noch nicht einmal einer räumlichen Veränderung oder Trennung der Rechtsabteilung vom Unternehmen.[815] Auf diese Weise sind die Anwälte nicht mehr unmittelbar bei der Muttergesellschaft beschäftigt, respektive besteht kein Arbeitsvertrag zwischen ihnen und der Muttergesellschaft, sodass sie nicht als deren Syndikusanwälte anzusehen sind. Dies hätte somit zur Folge, dass sie schlicht aufgrund der geänderten Organisation des Unternehmens als unabhängige Rechtsberater angesehen werden könnten, mit der Folge, dass ihr Rat aufgrund der strukturellen Änderung enthaftende Wirkung entfalten würde. Andererseits würde ein Insourcing der Rechtsabteilung wiederum das Gegenteil bewirken. Die Unabhängigkeit eines juristischen Beraters allein anhand eines formalen Kriteriums der Unternehmenszugehörigkeit zu bewerten, das auch noch einfach umgangen werden kann, ohne auf die konkreten Umstände des Einzelfalles und die tatsächliche persönliche Integrität des Beraters abzustellen, ist in keiner Weise berechtigt.

hh) Zusammenfassung

Die vorherigen Darlegungen zeigen, dass kein Grund besteht, generell an der Unabhängigkeit eines Syndikusanwalts zu zweifeln.[816] Letztlich ist die These

---

815 Zum Ganzen: *Hommerich/Prütting*, Syndikusanwalt, S. 46 ff.; *Prütting*, AnwBl. 2009, 402 (403); 2013, 78 (83 f.).

816 Andeutend nun wohl auch: BGH NZG 2015, 792 (795). Siehe Fn. 757. Ausdrücklich: OLG Hamburg, NJW 1967, 213 (214 f.); KG Berlin, CCZ 2011, 235 (237): „[...] reicht

der fehlenden Unabhängigkeit eines Syndikusanwalts nie zweifelsfrei begründet worden.[817] Die Unabhängigkeit des Beraters ist nicht schlicht anhand einer arbeitsvertraglichen Bindung generell abzulehnen, sondern ist vielmehr ein

---

nämlich die eigene Fachkunde des Geschäftsführers nicht aus, ist er zur sorgfältigen Vorbereitung seiner Entscheidung verpflichtet, speziellen (Rechts-) Rat eines fachlich qualifizierten Berufsträgers *außerhalb oder innerhalb des Unternehmens* [Hervorh. d. Verf.] einzuholen." Aus der zivilrechtlichen Literatur: *Bachmann*, WM 2015, 105 (109); *Bauer*, in: Gesellschaftsrecht in der Diskussion 2014, S. 195 (218 f.); *Bicker*, AG 2014, 8 (10); *Binder*, AG 2012, 885 (892); *ders.*, ZGR 2012, 757 (770 f.); *Boll*, Rechtsrat, S. 163 f.; *Buck-Heeb*, BKR 2011, 441 (447); *Bürgers/Israel*, in: Bürgers/Körber, AktG, § 93 Rn. 13; *Decker*, GmbHR 2014, 72 (75); *Eckert*, in: Wachter, AktG, § 93 Rn. 20; *Fleischer*, KSzW 01.2013, 3 (8); *ders.*, ZIP 2009, 1397 (1403); *ders.*, in: FS Hüffer, S. 187 (192 f.); *ders.*, in: MüKo, GmbHG, § 43 Rn. 42c; *Goette*, in: FS Hoffmann-Becking, S. 377 (380); *ders.*, ZHR 176 (2012), 588 (601); *Grigoleit/Tomasic*, in: Grigoleit, AktG, § 93 Rn. 40; *Hahn/Naumann*, CCZ 2013, 156 (160); *Hasselbach/Ebbinghaus*, AG 2014, 873 (883); *Hölters*, in: Hölters, AktG, § 93 Rn. 76; *Hopt/Roth*, in: Großkomm. AktG, § 93 Rn. 139; *Junker/Biederbick*, AG 2012, 898 (898 ff.); *Kiefner/Krämer*, AG 2012, 498 (501); *Klöhn*, DB 2013, 1535 (1537 ff.); *Kremer*, in: Gesellschaftsrecht in der Diskussion 2012, S. 171 (180 f.); *Kleindiek*, in: Lutter/Hommelhoff, GmbHG, § 43 Rn. 14; *Krieger*, ZGR 2012, 496 (500); *Koch*, in: Hüffer, AktG, § 93 Rn. 45; *Lang/Balzer*, WM 2012,1167 (1170); *Merkt/Mylich*, NZG 2012, 525 (528); *H.-F. Müller*, DB 2014, 1301 (1303); *Paefgen*, in: Ulmer, GmbHG, § 43 Rn. 68; *Peters*, AG 2010, 811 (815 f.); *Rieger*, Die aktienrechtliche Legalitätspflicht, S. 177 f.; *Ritter*, in: Schüppen/Schaub, Münchener Anwaltshandbuch, AktR, § 24 Rn. 14; *Sander/Schneider*, ZGR 2013, 725 (750 f.); *Schäfer*, WM 2012, 1022 (1025); *U. Schmidt*, in: Heidel, AktG, § 93 Rn. 106; *Schneider*, in: Scholz, GmbHG, § 43 Rn. 233c; *Spindler*, in: MüKo, AktG, § 93 Rn. 80; *Strohn*, CCZ 2013, 177 (182 f.); *ders.*, ZHR 176 (2012), 137 (140 f.); *Twele*, Die Haftung des Vorstands für Kartellrechtsverstöße, S. 156 f.; *A. Ulmer*, BLJ 2013, 59 (63); *Wagner*, BB 2012, 651 (655 f.). *Drescher* geht bzgl. einer allgemeinen Beratung davon aus, dass ein interner Berater genügt, *Drescher*, Haftung GmbH-Geschäftsführer, Rn. 312. Soll jedoch die Insolvenzreife überprüft werden, verlangt er eine externe Beratung, *Drescher*, Haftung GmbH-Geschäftsführer, Rn. 669. Speziell zum Rentenbefreiungsanspruch: *Kleine-Cosack*, AnwBl. 2014, 891. Insgesamt zurückhaltend: *Kaulich*, Haftung von Vorstandsmitgliedern, S. 234 f. Zudem aus der strafrechtlichen Rechtsprechung und Literatur gesellschaftsinternen Rat zulassend: OLG Bremen, NStZ 1981, 265 (265 f.); OLG Braunschweig, NStZ-RR 1998, 251; *Joecks*, in: MüKo, StGB, § 17 Rn. 62; *Kirch-Heim/Samson*, wistra 2008, 81 (85); *Kunz*, GA 1983, 457 (458 f.); *Löw*, Erkundigungspflicht beim Verbotsirrtum, S. 119 f.; *Roxin*, Strafrecht AT, § 21 Rn. 62; *Rudolphi*, in: SK-StGB, § 17 Rn. 40; *Vogel*, LeipzKomm., StGB, § 17 Rn. 82. Zurückhaltend: *Duttge*, in: Dölling/Duttge/Rössner, Strafrecht, § 17 Rn. 19.

817 *Hellwig*, AnwBl. 2015, 2 (6); *Prütting*, AnwBl. 2013, 78 (82); *ders.*, AnwBl. 2009, 402.

Kriterium der *persönlichen Integrität*.[818] Dem Syndikusanwalt ist somit grundsätzlich zuzutrauen, dass er seinem Arbeitgeber gegenüber einen kritischen Standpunkt einnimmt und notfalls auf die gänzliche Unzulässigkeit des geplanten Projekts hinweist. Aufgrund des arbeitsrechtlichen Schutzes kann es ihm gar einfacher fallen, einen ablehnenden Rechtsrat abzugeben. Daher ist auf die *innere* Unabhängigkeit des Syndikusanwalts zu achten. Dessen persönliche Integrität und Eigenverantwortlichkeit im konkreten Fall sind bei der Beurteilung der Unabhängigkeit zu berücksichtigen.[819]

Somit steht es im Ermessen der Geschäftsleitung, ob sie auf einen internen oder aber auf einen externen Berater zurückgreift.[820] Entscheidend ist, dass der Berater fachkundig und frei von sachfremden Interessen im konkreten Fall agiert. Bestehen diesbezüglich ernsthafte Zweifel, so darf nicht auf diesen Berater zurückgegriffen werden, ungeachtet davon, ob er im eigenen Unternehmen beschäftigt ist oder nicht. Auch für einen Syndikusanwalt bestehen Anreize, dass er sich von sachfremden Erwägungen leiten lässt, etwa dem Wunsch der Unternehmensleitung nachkommen möchte, obwohl dies rechtlich nicht zulässig ist. Daher ist eine uneingeschränkte Feststellung der Unabhängigkeit des Syndikusanwalts in gleicher Weise verfehlt, wie deren uneingeschränkte Negierung.

Rechtswidrige Handlungen oder zumindest fehlerhafte bzw. „geschönte" Auskünfte kommen in allen Fachgebieten und Berufen vor. Gänzlich vermeiden lassen sie sich nicht. Würde man aber Syndikusanwälte generell, neben dem Verwehren der forensischen Tätigkeit nach § 46c II BRAO für das eigene Unternehmen, auch noch von der sonstigen nicht-forensischen beratenden Tätigkeit ausschließen, würde diesen jegliche Daseinsberechtigung entzogen werden. Ein solch erheblicher Eingriff in den Entscheidungsfindungsprozess der Gesellschaften kann nicht monokausal auf die dienstvertragliche Beziehung zwischen Anwalt und Gesellschaft gestützt werden. Vielmehr wäre dies nur durch gewichtige Gründe zu rechtfertigen.[821] Derart gravierende Unterschiede zwischen externen und internen Juristen bestehen jedoch eben nicht.

---

818 *Junker/Biederbick*, AG 2012, 898 (902). „Fehlende innere Unabhängigkeit und finanzielle Korrumpierbarkeit sind weder vom Alter noch vom Einkommen noch von vertraglichen Bindungen abhängig. Dies ist vielmehr eine Frage des Charakters.", *Hommerich/Prütting*, Syndikusanwalt, S. 44. Vgl. auch: *Eckert*, in: Wachter, AktG, § 93 Rn. 20; *Prütting*, AnwBl. 2009, 402 (403); *Wagner*, BB 2012, 651 (656).

819 *Hamacher*, in: Anwälte und ihre Geschichte, S. 913 (936).

820 *Fleischer*, in: FS Hüffer, S. 187 (193); *Kremer*, in: Gesellschaftsrecht in der Diskussion 2012, S. 171 (180); *H.-F. Müller*, DB 2014, 1301 (1304).

821 *Klöhn*, DB 2013, 1535 (1538).

Das neue Gesetz zur Neuordnung des Rechts der Syndikusanwälte und zur Änderung der Finanzgerichtsordnung verdient somit uneingeschränkte Zustimmung. Insbesondere durch § 46 IV BRAO wird die fachliche Unabhängigkeit des Syndikusanwaltes besonders geschützt, sodass eine im Vergleich zu einem externen Rechtsanwalt unterschiedliche Behandlung der Unabhängigkeit keinesfalls mehr zu rechtfertigen wäre. Denn der Syndikusanwalt ist durch die Aufgabe der Doppelberufstheorie bei seiner einheitlichen Tätigkeit als Rechtsanwalt an die Regeln der BRAO gebunden, die dem arbeitsvertraglichen Weisungsrecht der Gesellschaft vorgehen.[822] Andererseits ist nach der neuen Gesetzeslage derjenige nicht als Syndikusanwalt zu qualifizieren, der an allgemeine fachliche Weisungen des Arbeitgebers gebunden ist. Auf einen solchen fachlich unfreien Berater, dessen Beratung nur als „Feigenblatt" angesehen werden kann, darf sich ein Geschäftsleiter nicht verlassen. Auch der BGH scheint nun von einer solchen Unabhängigkeit auszugehen.[823]

Diese Sichtweise findet zudem breite Zustimmung in vielen ausländischen Gesetzen. Dort wird ausdrücklich festgehalten, dass ein „employee" der Gesellschaft ein zuverlässiger Berater sein kann, sodass es der Geschäftsleitung gestattet ist, auf einen solchen zurückzugreifen.[824]

4) *Sonstige Unternehmensangehörige*

Die Geschäftsleitung kann sich jedoch auch auf andere fachkundige Unternehmensangestellte verlassen. Sowohl nicht als Rechtsanwalt zugelassene Unternehmensjuristen als auch sonstige fachkundige Berater des Unternehmens können grundsätzlich als unabhängig angesehen werden, sofern keine speziellen Anhaltspunkte dagegen sprechen.[825] Zwar können bei Beratern ohne Berufsträgereigenschaft nicht die standesrechtlichen Regelungen als Argument für ihre Unabhängigkeit angeführt werden, dennoch liegt es, wie gezeigt, im Interesse des Ratsuchenden und zugleich des Unternehmens, dass der technische, wirtschaftliche oder sonstige Berater einen objektiven und somit unvoreingenommenen Rat abgibt. Eine Abwendung von Schadensersatzklagen gegen die Gesellschaft

---

822 So auch ausdrücklich der Gesetzentwurf der Fraktionen der CDU/CSU und SPD vom 16.06.2015, BT-Drucks. 18/5201, S. 26 ff.

823 BGH NZG 2015, 792 (795).

824 Siehe die Nachweise in Fn: 645.

825 Für nicht als Rechtsanwalt zugelassene Unternehmensjuristen: *Klöhn*, DB 2013, 1535 (1539 f.). Allgemein in Bezug auf unternehmensinternen Rat und speziell zu internen Steuerberatern und Wirtschaftsprüfern: *Peters*, AG 2010, 811 (816). Vgl. auch: *Lang/Balzer*, WM 2012, 1167 (1170); *Wiesner*, in: MünchHdb, AG, § 25 Rn. 16.

können die Mitarbeiter nur dadurch erreichen, dass sie einen sorgfältigen und ausschließlich an fachlichen Kriterien ausgerichteten Rat erteilen.

5) Die Unabhängigkeit eines Aufsichtsratsmitglieds

In Betracht kommt weiterhin die Beauftragung eines Aufsichtsratsmitglieds, sofern dieses als unabhängiger Berater angesehen werden kann. Zunächst ist festzuhalten, dass der Vorstand sich mit der Argumentation, der Aufsichtsrat habe ihn im Rahmen seiner allgemeinen Überwachungstätigkeit schlecht beraten und das Vorstandshandeln nicht unterbunden, nicht entlasten kann. Aus § 93 IV 2 AktG ergibt sich vielmehr, dass die Verantwortlichkeit des Aufsichtsrates neben die Pflichten des Vorstands tritt.[826] Eine Enthaftung der Geschäftsleitung kommt somit von vornherein nur dann überhaupt in Betracht, wenn ein Mitglied des Aufsichtsrates speziell mit der Begutachtung einer einzelnen Frage beauftragt wird, die über seine allgemeinen Überwachungs- und Beratungstätigkeit hinausgeht.

Im ISION-Fall wurde die Anwaltssozietät des stellvertretenden Aufsichtsratsvorsitzenden mit der Beurteilung der Rechtslage beauftragt.[827] Das OLG Hamburg als Vorinstanz zum BGH lehnte die Unabhängigkeit bereits deshalb ab, da es denkbar sei, „dass das Gutachten nicht ohne Zweifel sein könnte", was aufgrund der Doppeltätigkeit des Beklagten als Aufsichtsratsmitglied und Mitglied der beratenden Anwaltssozietät anzunehmen sei.[828] Der BGH ging auf die Unabhängigkeit der beratenden Sozietät nicht ein und ließ die Argumentation der Vorinstanz unkommentiert.

Vergleichbar mit der Diskussion zur Unabhängigkeit des Syndikusanwalts genügt die schlichte Gefahr einer auf sachfremden Erwägungen gestützten Beratung nicht, sodass der äußerst strengen Linie des OLG Hamburg nicht gefolgt werden kann. Hier müssen ebenfalls *konkrete Umstände* darauf hinweisen, dass das Aufsichtsratsmitglied die entscheidungserhebliche Frage nicht ausschließlich anhand fachlicher Kriterien bewertet, sondern persönliche Interessen einfließen lässt. Um dies genauer einzugrenzen, empfiehlt sich ein Blick auf die gesetzliche Regelung des § 114 I AktG. Demnach bedarf ein Dienst- oder Werkvertrag, der zwischen der Gesellschaft und einem Aufsichtsratsmitglied über Tätigkeiten

826 Siehe hierzu insgesamt: BGHZ 114, 127 (129 f.); BGH NZG 2011, 1271 (1273).

827 BGH NZG 2011, 1271.

828 Siehe hierzu nochmals Fn. 698. Entgegen der Meinung von *Piepenbrock*, Defense of Reliance, S. 254 f. stimmte der BGH der Ansicht des OLG nicht ausdrücklich zu. Vielmehr geht er hierauf nicht ein.

höherer Art außerhalb der allgemeinen Aufsichtsratstätigkeit geschlossen wird, der Zustimmung des gesamten Aufsichtsrats. Der Zustimmungsvorbehalt soll verhindern, dass die Unabhängigkeit des Aufsichtsratsmitglieds durch die über die eigentliche Aufsichtsratsvergütung hinausgehende Beratungsvergütung gefährdet wird. Denn durch ungerechtfertigte Sonderleistungen vermag sich der Vorstand gegebenenfalls eine Beeinflussung der Aufsichtstätigkeit erhoffen. Zudem kann eine enge Beratungstätigkeit gegenüber dem Vorstand zu einer persönlichen Verbundenheit zwischen den Mitgliedern von Vorstand und Aufsichtsrat führen, die wiederum die Unabhängigkeit des Aufsichtsratsmitglieds im Hinblick auf seine Überwachungsverantwortung gefährden kann.[829]

Diese Regelungszwecke weisen somit auf möglicherweise auftretende Interessenkonflikte hin. Nur wenn diese vermieden werden, kann sich das Geschäftsleitungsmitglied auf eine Beratung von einem Aufsichtsratsmitglied verlassen. Eine über das eigentliche Aufsichtsmandat hinausgehende Beratung in Bezug auf Haftungsfragen von Organmitgliedern – insbesondere in einer Krise – kann nicht von einem Aufsichtsratsmitglied durchgeführt werden. Denn schließlich stünde ggf. der Gesellschaft ein eigener Schadensersatzanspruch gegen Aufsichtsratsmitglieder zu, sofern diese ihre eigene Überwachungspflicht verletzt haben.[830] Solche Haftungsansprüche gegen den Aufsichtsrat sind vom Vorstand geltend zu machen, was im Ergebnis dazu führen kann, dass beide Organe auf ein kollegiales Verhältnis bedacht sind und somit gegenseitig von der Geltendmachung der Schadensersatzansprüche absehen.[831] Dies käme einem kollusiven Verhalten gegenüber der Gesellschaft gleich. Erst recht scheidet selbstverständlich eine Beratung in Bezug auf eine etwaige Haftung des Aufsichtsrates selbst aus.

Hingegen können Aufsichtsratsmitglieder für sonstige Beratungstätigkeiten grundsätzlich als unabhängig angesehen werden, sofern im Einzelfall keine entgegenstehenden Anhaltspunkte ersichtlich sind.[832] Die Sorgfaltsanforderungen

---

829 Außerdem dient die Regelung der Sicherung der nach § 113 AktG exklusiven Kompetenz der Hauptversammlung zur Bestimmung der Aufsichtsratsvergütung, was für die Unabhängigkeit des Aufsichtsratsmitglieds aber weniger relevant ist. Vgl. insgesamt zu den unterschiedlichen Regelungszwecken des § 114 AktG: BGHZ 126, 340 (347); 168, 188 (193); 170, 60 (63 f.). Ausführlich hierzu: *Hoffmann-Becking*, in: FS K. Schmidt, S. 657 (657 ff.).

830 *Merkt/Mylich*, NZG 2012, 525 (528); *Piepenbrock*, Defense of Reliance, S. 254 f.

831 Siehe zu dieser Problematik bereits oben: Kapitel 2 A) IV.

832 *Merkt/Mylich*, NZG 2012, 525 (528), die neben einer solchen zulässigen „gewöhnlichen Beratung" Aufsichtsratsmitglieder vor allem auch im Hinblick auf geplante

der Geschäftsleitung, die auch in einer intensiveren Plausibilitätskontrolle ihren Ausdruck finden, steigen letztlich mit zunehmender Nähe des Aufsichtsratsmitglieds zur betroffenen Entscheidung.

6) Exkurs: Objektivität von Ratingagenturen

Durch die Finanz- und Wirtschaftskrise, die im Jahre 2007 begann, richtete die Öffentlichkeit vermehrt ihre Aufmerksamkeit auf die internationalen Ratingagenturen, die teilweise zu schwerwiegenden Fehlbewertungen gelangten.[833] Als wohl eines der bedeutendsten Beispiele hierfür ist die Fehlbewertung durch die Ratingagentur Standard & Poor's im September 2009 anzusehen. Nur drei Tage vor dem Zusammenbruch der Investmentbank *Lehmann Brothers* erhielt die Bank ein positives Rating.[834]

Als Rating bezeichnet man grundsätzlich eine allgemeine Bonitätsprüfung eines Schuldners durch eine privatrechtlich organisierte Ratingagentur,[835] die die Risiko- und Erfolgsaussichten einer Investition für die Zukunft anhand einer Prognose bewertet[836]. Durch die Hinzuziehung eines Ratings können somit Informationen über Bonitätsrisiken des Emittenten und dessen Finanzprodukte gewonnen werden. Investoren greifen vielfach auf Ratings zurück, da die darauf spezialisierten Ratingagenturen Informationen vermitteln, die ein Investor selbst nicht hätte erlangen können.[837] Fraglich ist daher, ob sich Geschäftsleiter

---

Kapitalmaßnahmen als zuverlässige Auskunftspersonen erachten. Ähnlich: *Piepenbrock*, Defense of Reliance, S. 254 f. Siehe zudem: *Boll*, Rechtsrat, S. 161 f.; *Strohn*, CCZ 2013, 177 (181). Allgemein und ohne weitergehende Begründung die grundsätzliche Unabhängigkeit von Aufsichtsratsmitgliedern bestätigend: *Binder*, ZGR 2012, 757 (771); *Fleischer*, KSzW 01.2013, 3 (8); *ders.*, in: FS Hüffer, S. 187 (192); *ders.*, in: MüKo, GmbHG, § 43 Rn. 42c. Siehe nochmals *Hawes/Sherrard*, 62 Va. L. Rev. 1 (25): „Where counsel simply owns shares in the company or serves as a director or as an officer in it, his opportunity to gain personally from his advice beyond the benefits accruing to the corporation is so slight, if it exists at all, that no presumption of incompetence should arise." A. A. die Unabhängigkeit eines Aufsichtsratsmitglieds im Falle der Beratung grundsätzlich ausschließend: *A. Ulmer*, BLJ 2013, 59.

833 *Freund*, GmbHR 2011, 238 (240); *Lutter*, ZIP 2009, 197 (198).

834 *Amort*, EuR 2013, 272 (273).

835 *Kontogeorgou*, DStR 2014, 1397. Vgl. hierzu auch: Art. 3 I a) Verordnung (EG) Nr. 1060/2009 des Europäischen Parlaments und des Rates vom 16. September 2009 über Ratingagenturen, Verkündungsstand: 10.04.2015.

836 *Roth*, GWR 2014, 317.

837 *Lehmann*, in: MüKo, BGB, Internationales Finanzmarktrecht, Rn. 437. Siehe auch: *Terwedow/Klavina*, Der Konzern 2012, 535 (538). Zudem: *Kontogeorgou*, DStR 2014,

im Rahmen einer Investitionsentscheidung auf die Bewertung von Ratingagenturen verlassen dürfen.

Genossen Ratingagenturen vor der Finanzkrise ein hohes Ansehen, hat sich dieses Bild alsdann gewandelt, da die Agenturen häufig ihre eigenen Bewertungen nicht rechtzeitig an die geänderten Marktumstände anpassten.[838] Im Jahre 2009 verabschiedete der europäische Gesetzgeber daher die Verordnung (EG) Nr. 1060/2009 des Europäischen Parlaments und des Rates vom 16. September 2009 über Ratingagenturen (im Folgenden: Ratingagenturen-VO), da er das Prinzip der Selbstregulierung des Marktes in Bezug auf Ratingagenturen nicht mehr als ausreichend erachtete.[839] Diese Verordnung gilt nach Art. 2 I für Ratings, die von in der Europäischen Union registrierten Ratingagenturen abgegeben und der Öffentlichkeit bekannt gegeben oder an Abonnenten weitergegeben werden. Die Verordnung wurde bereits durch Verordnung (EU) Nr. 513/2011 des Europäischen Parlamentes und des Rates vom 11. Mai 2011 und zuletzt durch Verordnung (EU) Nr. 462/2013 des Europäischen Parlamentes und des Rates vom 21. Mai 2013 geändert und verschärft.

Eine bedeutende Neuerung ist sicherlich Art. 35a Ratingagenturen-VO. Durch diesen wird es Anlegern – vor allem Marktteilnehmern, die nicht unmittelbar in vertraglichen Beziehungen zur Ratingagentur stehen – ermöglicht, einen Schadensersatzanspruch gegen eine Ratingagentur für ein fehlerhaftes Rating geltend zu machen. Hiermit will der Unionsgesetzgeber verhaltenssteuernd auf die Agenturen einwirken[840] und diese zu sorgfältigeren Ratings bewegen. Nach deutscher Gesetzeslage war eine Haftung von Ratingagenturen für fehlerhafte Ratings bislang kaum zu erreichen.[841] Zudem wurde zum 01.01.2011 die Europäische Wertpapier- und Marktaufsichtsbehörde (ESMA) errichtet, die nach Art. 21 I Ratingagenturen-VO als zentrale Aufsichtsbehörde zuständig ist.

1397: „Die Zwischenschaltung der Ratingagenturen als Informationsintermediäre dient also der Informationsbeschaffung und -auswertung zu Bonitätsrisiken gegenüber eigenen Informationsbemühungen der Marktteilnehmer.“

838 *Wojcik*, in: von der Groeben/Schwarze/Hatje, Europäisches Unionsrecht, Art. 63 AEUV Rn. 115.

839 *Berger/Ryborz*, WM 2014, 2241 (2244); *Möllers/Wecker*, ZRP 2012, 106 (106 ff.).

840 *Berger/Ryborz*, WM 2014, 2241 (2247).

841 Ausführlicher: *Berger/Ryborz*, WM 2014, 2241 (2242 ff.); *Kontogeorgou*, DStR 2014, 1397: Aufgrund der Bestimmung des Art. 35a Ratingagenturen-VO können sich Ratingagenturen in Zukunft auch nicht mehr mit der Argumentation entlasten, ihre Bewertungen seien als reine Meinungsäußerungen zu qualifizieren und könnten somit keine Schadensersatzansprüche begründen. Siehe auch: *Bauer*, BB 2013, 363 (364).

Ratingagenturen mit Sitz in der EU müssen sich daher nach Art. 14 I Ratingagenturen-VO von der ESMA registrieren lassen.

Verlässt sich ein Organmitglied auf ein Rating, ist diese Situation nicht gänzlich mit der der externen Rateinholung vergleichbar. Wurde bis hierhin davon ausgegangen, dass der beauftragte Berater den Rat individuell an die speziellen Einzelfallumstände anpasst, geben Ratings hingegen ein allgemeines Bild der Bonität des Emittenten und das jeweilige Ausfall- bzw. Kreditrisiko an, sie können jedoch nicht als spezifische Handlungsempfehlung angesehen werden.[842] Denn bei einer Investitionsentscheidung sind Art und Größe sowohl des fremden als auch des eigenen Unternehmens sowie die Konjunktur und Branchenbesonderheiten zu berücksichtigen. Neben dem Rating spielen auch beispielsweise die Diversifikation und Duration (durchschnittliche Restlaufzeit der Anlagen) innerhalb des Gesamtportfolios eine wichtige Rolle.

Ein Vertrauen auf ein Rating kann nur dann dem Geschäftsleiter gestattet werden, wenn Ratingagenturen als unabhängige Auskunftsquelle angesehen werden können. Teilweise wird die Unabhängigkeit der Ratingagenturen bereits deshalb infrage gestellt, weil sie vom Emittenten selbst beauftragt und bezahlt werden (sog. „issuer paid" Modell).[843] Diese Bezahlung unterscheidet sie gerade von der sonstigen Beauftragung eines Beraters. Der beauftragte Rechtsanwalt etwa wird von der Gesellschaft des ratsuchenden Geschäftsleitungsmitglieds bezahlt, ohne dass hierdurch zwangsläufig eine Abhängigkeit des Beraters begründet wird.[844] Andererseits wird die Ratingagentur gerade nicht von der auf ihr Rating zurückgreifenden Gesellschaft bezahlt, sondern vielmehr vom jeweiligen Emittenten. Von der Rechtsbeziehung zwischen Agentur und Emittent wird also auch das ratsuchende Unternehmen betroffen, das in keiner Weise Einblick in dieses Geschäftsverhältnis hat. Es kann somit nicht gänzlich ausgeschlossen werden,

---

842 *Buck-Heeb*, BKR 2011, 441 (447); *Florstedt*, AG 2010, 315 (318); *Schaub/Schaub*, ZIP 2013, 656 (660); *Schön/Cortez*, IRZ 2009, 11 (17). Siehe auch: *Amort*, EuR 2013, 272. Ausführlicher hierzu Kapitel 3 E) VIII. 3).

843 Vgl. zum issuer-paid Rating: *Amort*, EuR 2013, 272; *Berger/Ryborz*, WM 2014, 2241 (2242); *Kontogeorgou*, DStR 2014, 1397; *Schaub/Schaub*, ZIP 2013, 656 (660); *Terwedow/Klavina*, Der Konzern 2012, 535 (538). Als Alternative könnte auch auf „unsolicited ratings" zurückgegriffen werden. Da diese jedoch nur auf öffentlich zugänglichen Informationen beruhen, wird mit solchen ein regelmäßig niedrigeres Informationsniveau verbunden als mit issuer-paid Ratings. Vgl. hierzu: *Terwedow/Klavina*, Der Konzern 2012, 535 (539).

844 Siehe hierzu nochmals die vergleichenden Ausführungen zu einem Syndikusanwalt und einem externen Rechtsanwalt: Kapitel 3 C) II. 3) d) ee).

dass die Ratingagenturen die Bewertung zugunsten des zahlenden Emittenten zumindest beschönigen, sodass eine objektive Bewertung nicht gesichert ist.[845]

Darüber hinaus ist zu beachten, dass Ratingagenturen den Emittenten häufig beraten („Rating Assessment Services").[846] Die Beratung ist zumeist auf die konkrete Ausgestaltung oder Strukturierung der Finanzprodukte gerichtet, um die Vorgaben für ein möglichst positives Rating einzuhalten. Folgt der Emittent den Ratschlägen, bewerten die Ratingagenturen letztlich ihre eigene Finanzierungsstruktur, sodass sie als „Richter in eigener Sache"[847] ein besonderes Interesse an einem positiven Rating haben.[848] Waren die Ratingagenturen an der Ausgestaltung der Finanzprodukte beteiligt, ist daher ihre Unabhängigkeit besonders fraglich.[849]

Hinzukommt, dass Ratingurteile regelmäßig nur schwer nachprüfbar sind, nicht zuletzt deshalb, weil die Bewertungsmethoden der Ratingagenturen, für die es keine detaillierten gesetzliche Vorgaben gibt, geheim gehalten werden.[850] Die tatsächlichen Bewertungsmethoden variieren von Agentur zu Agentur und beruhen vielfach auf den subjektiven Erfahrungen der Agenturen selbst.[851] Für den Investor ist also nicht ersichtlich, wie genau die Ratingnote zustande kommt. Wie sehr wirkt sich neben der mathematischen Analyse von Kennzahlen beispielsweise eine (subjektive) Brancheneinschätzung auf die Note aus? Zumindest wurden nach Art. 8 I Ratingagenturen-VO den Ratingagenturen, die unter den

845 Ausführlich: *Terwedow/Klavina*, Der Konzern 2012, 535 (538 f.).

846 *Amort*, EuR 2013, 272 (273). Vgl. auch: *Kontogeorgou*, DStR 2014, 1397. *Florstedt*, AG 2010, 315 (317) hält fest, dass die Einnahmen aus den Beratungsleistungen zumindest vor der Finanz- und Wirtschaftskrise gar die Haupteinnahmequelle der Ratingagenturen waren.

847 *Hellwig*, in: FS Maier-Reimer, S. 201 (209).

848 Vgl. zum Ganzen: *Schaub/Schaub*, ZIP 2013, 656 (660). Siehe auch: *Fleischer*, NJW 2010, 1504 (1505).

849 OLG Düsseldorf, Urt. v. 09.12.2009, 6 W 45/09, BeckRS 2010, 00532: „Zum einen liegt auf der Hand, dass Ratingagenturen als privatwirtschaftlich organisierte Unternehmen, die aufgrund eines konkreten entgeltlichen Auftrages Bewertungen u.a. für Finanzprodukte des jeweiligen Auftraggebers abgeben und bereits im Vorfeld die Auftraggeber bei der Gestaltung der Modelle beraten, nicht wirklich objektiv beurteilen." Vgl. auch: *Fleischer*, NJW 2010, 1504 (1505); *Habbe/Köster*, BB 2011, 265 (267); *Schaub/Schaub*, ZIP 2013, 656 (660). Weniger streng: *Meyer*, CCZ 2011, 41 (44 f.); *Spindler*, NZG 2010, 281 (284).

850 *Kontogeorgou*, DStR 2014, 1397 (1400 Fn. 46). Vgl. auch: *Vetter*, WM 2004, 1701 (1707).

851 *Vetter*, WM 2004, 1701 (1703).

Anwendungsbereich der Richtlinie fallen, nun Offenlegungspflichten bezüglich Methoden, Bewertungsmodellen und grundlegenden Annahmen, welche sie bei der Ratingtätigkeit verwenden, auferlegt.[852]

Weiterhin problematisch für die Unabhängigkeit ist, dass die drei größten Ratingagenturen durch ihre Oligopolstellung[853] erheblichen Druck ausüben und sich durch eine im Vergleich zum Konkurrenten bessere Einstufung des Emittenten Wettbewerbsvorteile verschaffen können, sodass der Emittent für eine künftige Beratung die Ratingagentur auswählt, die ihm das beste Rating verspricht.[854]

Auch der europäische Gesetzgeber sieht die Unabhängigkeit der Ratingagenturen kritisch und hat mit den soeben erwähnten Verordnungen eingegriffen. Um die Unabhängigkeit der Ratings zu steigern und Interessenkonflikte zu verhindern,[855] wird bei strukturierten Finanzinstrumenten nach Art. 8c I Ratingagenturen-VO nun verlangt, dass der Emittent mindesten zwei Ratingagenturen beauftragt, die voneinander unabhängig sind. Außerdem darf eine Ratingagentur nach Art. 6b Ratingagenturen-VO nicht länger als vier Jahre neue Wiederverbriefungen bewerten, die vom selben Emittenten stammen. Dies gilt aber nur für Ratingagenturen mit mindestens 50 Mitarbeitern. Auf diese Weise soll der Wettbewerb gefördert und zugleich kleinere Agenturen privilegiert werden.[856] Zudem muss eine Agentur nach Art. 6 I Ratingagenturen-VO alle erforderlichen Schritte unternehmen, um sicherzustellen, dass die Abgabe eines Ratings nicht von bestehenden oder potenziellen Interessenkonflikten beeinflusst wird.

Der deutsche Gesetzgeber hat ebenfalls gehandelt. So verabschiedete der Bundestag am 10.12.2014 das Gesetz zur Verringerung der Abhängigkeit von Ratings.[857] Beispielhaft soll hier der geänderte § 46a KWG genannt werden. Demnach kann die BaFin einem Institut, das für aufsichtliche Zwecke Ratings einer Ratingagentur verwendet, die Verwendung dieses Ratings untersagen, wenn die Ratingagentur ihren Sitz nicht innerhalb des Europäischen Wirtschaftsraums

---

852 Siehe hierzu: *Möllers/Wecker*, ZRP 2012, 106 (107 f.). Weitere Transparenz- und Offenlegungspflichten ergeben sich nach Art. 10, 11 und 12 Ratingagenturen-VO.

853 Standard & Poor's Ratings Services, Fitch Ratings und Moody's decken etwa 95–97 % des internationalen Ratingmarktes ab. Siehe: *Becker*, DB 2010, 941 (942); *Berger/Ryborz*, WM 2014, 2241; *Kontogeorgou*, DStR 2014, 1397; *Möllers/Wecker*, ZRP 2012, 106.

854 Siehe zu diesen Anreizfunktionen: *Kontogeorgou*, DStR 2014, 1397.

855 *Bauer*, BB 2013, 363; *Roth*, GWR 2014, 317 (318).

856 *Bauer*, BB 2013, 363 (364).

857 Gesetz zur Verringerung der Abhängigkeit von Ratings vom 10.12.2014, BGBl. I S. 2085.

hat und nicht nach Art. 14 Ratingagentur-VO registriert ist. Hierdurch soll erreicht werden, dass nur auf solche externen Ratings zurückgegriffen wird, die die strengen Anforderungen der Ratingagenturen-VO erfüllen.

Die Objektivität der Ratingagenturen ist somit äußerst fraglich, sodass ein vollständiges und ausschließliches Vertrauen des Geschäftsleiters im Regelfall ausgeschlossen ist. Vom ratsuchenden Organmitglied ist vielmehr zu verlangen, dass er das Rating einer Plausibilitätskontrolle unterzieht und sich darüber hinaus eine weitergehende Informationsgrundlage verschafft.[858] Abschließend bleibt noch erwähnenswert, dass die hier aufgeworfenen Bedenken erst nach Eintritt der Finanzkrise ausführlich diskutiert wurden. Vorher ging man allgemein davon aus, dass Ratingagenturen einen sorgfältigen und objektiven Rat abgeben, dem der Geschäftsleiter in der Regel folgen darf. Die bereits angesprochenen Fehlbewertungen der Ratingagenturen, die zum Ausbruch der Finanzmarktkrise beigetragen haben, lassen die Agenturen in einem neuen, skeptischeren Licht erscheinen.[859]

III. Selbstständige Auswahl des Beraters

Um eine im Einzelfall auftretende fehlende eigene Sachkunde eines Geschäftsleitungsmitglieds zu kompensieren, muss dieses ggf. sachkundigen Rat einholen. Eine solche originäre Pflicht führt nach der Ansicht des OLG Stuttgart dazu, dass sich hieran auch eine selbstständige Auswahlpflicht des Ratsuchenden anschließt. Das Geschäftsleitungsmitglied müsse sich somit bezüglich jeder Beauftragung eines Beraters über dessen Fachkompetenz eigenständig vergewissern.[860] Das Gericht lehnte im zu entscheidenden Fall eine Enthaftung des Vorstandsmitglieds ab, da dieses sich auf eine Empfehlung eines Aufsichtsratsmitglieds bezüglich eines bestimmten Beraters verlassen hatte, ohne die tatsächliche Fachkunde nochmals eigenständig zu überprüfen. Bemerkenswert ist dabei, dass die Empfehlung nicht als ausreichend erachtet wurde, obwohl der Berater in einer ähnlichen Angelegenheit bereits früher für die Gesellschaft tätig war.

Richtig ist, dass sich bei fehlendem eigenen Fachwissen die Kompetenz des Geschäftsleitungsmitglieds zumindest auf die sachgerechte Auswahl des Beraters

858 Ausführlicher hierzu Kapitel 3 E) VIII. 3).

859 *Terwedow/Klavina*, Der Konzern 2012, 535 (540).

860 OLG Stuttgart, NZG 2010, 141 (144). Dem zustimmend: *Decker*, GmbHR 2014, 72 (75). Ein blindes Vertrauen auf eine Empfehlung durch einen Dritten ist daher nicht zulässig: *Spindler*, in: MüKo, AktG, § 93 Rn. 79.

beziehen muss.[861] Diese Auswahlentscheidung liegt somit in der Verantwortung des Geschäftsleitungsmitglieds. Es muss sicherstellen, dass der Berater für die jeweilige Sachlage fachlich und persönlich geeignet ist.[862] Daher muss im Grundsatz bezüglich jeder Beauftragung eines Experten die Auswahlentscheidung erneut getroffen werden. Die schlichte Beauftragung des „Hausanwalts", was teilweise in der Literatur als ausreichend erachtet wird,[863] wird den hohen Sorgfaltsanforderungen i. d. R. nicht gerecht. Der „Hausanwalt" genügt vielmehr nur dann, wenn seine Kompetenz auch tatsächlich das betroffene Fachgebiet erfasst. Ein Rechtsanwalt, der die Gesellschaft häufig in allgemein zivilrechtlichen Fragen betreut hat, wird nicht zwangsläufig über vertiefte Kenntnisse im Insolvenzrecht verfügen. Werden diese jedoch benötigt, muss sich das ratsuchende Organmitglied für einen im Insolvenzrecht tätigen oder gar spezialisierten Anwalt entscheiden und darf sich gerade nicht auf die Beauftragung des „Hausanwalts" beschränken.[864]

Insgesamt sollten die Auswahlanforderungen an die Geschäftsleitung allerdings nicht überspannt werden.[865] Aufgrund der nicht vorhandenen Fachkenntnis ist es schließlich dem Geschäftsleitungsmitglied nicht ohne Weiteres möglich, die fachliche Kompetenz des Beraters im unbekannten Sachgebiet selbst einzuschätzen. Im Rahmen dieses selbstständigen Auswahlprozesses können Geschäftsleitungsmitglieder daher auf unterschiedliche Methoden zurückgreifen. So verfügen sie vielfach über eine gute Vernetzung zu anderen Geschäftsleitern und zudem über eine weitgehende unternehmerische Erfahrung.[866] Hierauf lässt sich eine Auswahlentscheidung aufbauen. Darüber hinaus stehen die unterschiedlichsten Informationen aus dem Internet zur Verfügung. Der Geschäftsleiter kann sich beispielsweise auf der Homepage des Beraters informieren. Dabei darf jedoch nicht übersehen werden, dass die dort befindlichen Aussagen zumindest teilweise einen Werbecharakter haben. Somit obliegt es dem Organmitglied,

861 Hierzu bereits Fn. 511.

862 Die Auswahl eines gerichtlichen Sachverständigen muss vergleichbar vom Gericht selbst erfolgen und darf nicht auf einen Dritten vollständig übertragen werden: *Scheuch*, in: BeckOK, ZPO, § 404 Rn. 3.

863 *Kiefner/Krämer*, AG 2012, 498 (501 Fn. 21).

864 Ähnlich i. R. d. Kartellrechts: *Potten*, Irrtum in der kartellrechtlichen Entscheidungspraxis, S. 48.

865 *Fleischer*, NZG 2010, 121 (122 f.); *ders.*, KSzW 01.2013, 3 (8); *Hahn/Naumann*, CCZ 2013, 156 (160).

866 *Gottschalk/Weng*, GWR 2013, 243 (244); *Selter*, AG 2012, 11 (16); *Piepenbrock*, Defense of Reliance, S. 224.

zwischen tatsächlich auf die Qualifikation hinweisenden Tatsachen anhand konkreter Referenzen und rein werbenden, nicht vollumfänglich nachprüfbarer Aussagen zu unterscheiden.[867] Auch kann bei der Auswahl eine vorherige *zeitnahe* und *erfolgreiche* Tätigkeit des Beraters bezüglich einer vergleichbaren Thematik als ausreichend angesehen werden, sofern sich aus der früheren Tätigkeit auf dessen Fachkompetenz schließen lässt. Insofern legt das OLG Stuttgart einen zu strengen Maßstab an.[868] In einem solchen Falle muss die Kompetenz nicht wieder erneut überprüft werden.

Doch darüber hinaus sind unterstützende Tätigkeiten oder Empfehlungen von Dritten, etwa durch die eigene Rechtsabteilung, durchaus zulässig,[869] sofern sich die Geschäftsleitung darüber vergewissert, dass es sich im konkreten Fall um einen fundierten Vorschlag handelt.[870] So sah der BGH in einer neueren Entscheidung wohl die Empfehlung der Hausbank der Gesellschaft als ausreichend an.[871] Je seriöser die Empfehlung und je genauer die entsprechende Begründung dazu ausfällt, desto geringer muss die Geschäftsleitung im Anschluss hieran selbst nochmals eine Überprüfung der Zuverlässigkeit durchführen. Ein blindes Vertrauen auf eine unbegründete Empfehlung genügt den Anforderungen indes nie. Liegt gerade keinerlei Empfehlung vor, bedarf es einer genaueren Überprüfung und einer entsprechenden Sorgfalt des Ratsuchenden.[872] Kommen mehrere

867 Ähnlich hierzu: *Piepenbrock*, Defense of Reliance, S. 224 f., die auch auf andere Informationsmöglichkeiten wie etwa Fachpresse, Online-Datenbanken und Rankings hinweist. Jedoch sei hierbei die entnommene Information kritisch zu hinterfragen. Beispielsweise kann der werbenden Aussage „Der Spezialist" keine genauere Information bezüglich einer Qualifikation entnommen werden. Kritisch ebenfalls: *Kreuz*, Enthaftung des Geschäftsleiters, S. 62. Siehe auch: *Harnos*, Geschäftsleiterhaftung, S. 302.

868 OLG Stuttgart, NZG 2010, 141 (144). Der hier vertretenen abweichenden Ansicht folgend: *Selter*, AG 2012, 11 (14).

869 LG Essen, NZG 2012, 1307 (1310). In diesem Fall wurde der Gutachter auf Empfehlung der eigenen Rechtsabteilung ausgewählt, ohne dass das Gericht hieran Kritik übte. Siehe auch: *Rieger*, Die aktienrechtliche Legalitätspflicht, S. 177.

870 Speziell zur unterstützenden Tätigkeit eines Dritten bei der Auswahl des Beraters: *Fleischer*, NZG 2010, 121 (122 f.); *Hahn/Naumann*, CCZ 2013, 156 (160); *Kreuz*, Enthaftung des Geschäftsleiters, S. 59 f.; *Piepenbrock*, Defense of Reliance, S. 224. *Selter*, AG 2012, 11 (16), der zur Überprüfung der Empfehlung etwa eigene Recherchen der Geschäftsleitung beispielsweise im Internet verlangt. Ähnlich: *Harnos*, Geschäftsleiterhaftung, S. 302. Hilfstätigkeiten Dritter sind, wie bereits angesprochen, sowohl bei Geschäftsführungs- als auch bei Leitungsaufgaben zulässig. Vgl. hierzu Fn. 262.

871 BGH NZG 2012, 672.

872 Vgl. *Strohn*, CCZ 2013, 177 (181).

gleich geeignete Auskunftspersonen in Betracht, kann das Geschäftsleitungsmitglied innerhalb seines Auswahlermessens zwischen den verschiedenen Beratern selbst wählen. Hierbei können auch unterschiedlich hohe Honorarforderungen Berücksichtigung finden.[873]

Noch weitergehend kann im Rahmen von rechtlichem Rat die Auswahlentscheidung von der Rechtsabteilung des Unternehmens im breiten Umfang getroffen werden.[874] Diese kann genauer einschätzen, ob sie die Frage selbst beantwortet oder ob sie dies an einen externen Berater weiterreicht, und wenn ja, an welchen. Auf diese Weise ist eine sachgerechte Auswahl gar eher sichergestellt, als wenn sich das rechtlich nicht ausreichend ausgebildete Geschäftsleitungsmitglied damit befasst. Das Geschäftsleitungsmitglied kommt somit seiner Pflicht zur sorgfältigen Auswahl auch dadurch nach, dass es diese Auswahlentscheidung ordnungsgemäß auf die Rechtsabteilung delegiert. Hierbei bleibt jedoch stets eine Überwachungsverantwortung notwendigerweise bestehen[875], sodass es die Auswahl zumindest auf offensichtliche Unzulänglichkeiten des Beraters überprüfen muss. Gleiches gilt außerhalb von juristischem Rat. Beschäftigt die Gesellschaft etwa einen eigenen Wirtschaftsprüfer, kann das Organmitglied dessen Hilfe bei der Auswahl eines wirtschaftlichen Beraters in Anspruch nehmen. Die Endverantwortung für die Auswahl des Beraters verbleibt dennoch stets beim ratsuchenden Geschäftsleitungsmitglied.[876]

IV. Subjektiv/objektiver Auswahlmaßstab

Des Weiteren stellt sich die Frage, ob die Verlässlichkeit der Auskunftsperson, also sowohl die fachliche als auch die persönliche Zuverlässigkeit, tatsächlich objektiv vorliegen muss oder ob es genügt, dass das ratsuchende Geschäftsleitungsmitglied aufgrund einer sorgfältigen Auswahlentscheidung von der Zuverlässigkeit des Beraters ausgehen durfte.

Die strengen Anforderungen, die der BGH an einen unvermeidbaren Rechts- bzw. Tatsachenirrtum stellt, könnten für eine strenge Betrachtungsweise und

---

873 *H.-F. Müller*, DB 2014, 1301 (1302).

874 *Junker/Biederbick*, AG 2012, 898 (901). Für eine zumindest zulässige Vorarbeit der Auswahlentscheidung durch die Rechtsabteilung: *Wagner*, BB 2012, 651 (657).

875 OLG Stuttgart, NZG 2010, 141 (144); *Decker*, GmbHR 2014, 72 (75); *Piepenbrock*, Defense of Reliance, S. 224.

876 Vergleichsweise verbleibt die Endverantwortung bezüglich der Auswahl des Sachverständigen im gerichtlichen Verfahren in der Verantwortung des Richters, auch wenn dieser einen Auswahlsachverständigen hinzuzieht. Siehe hierzu: *Pastor*, in: Pastor/Werner, BauP, Rn. 3109.

somit für das notwendige objektive Vorliegen der Voraussetzungen sprechen.[877] Doch ist entgegen der Annahme *Piepenbrocks*[878] eine Festlegung des BGH auf eine objektive Bewertung der Auswahlentscheidung den bereits ergangenen Entscheidungen nicht zu entnehmen. Die Formulierung, dass sich das Organmitglied von einem für die zu klärende Frage fachlich qualifizierten Berufsträger beraten lassen müsse, ist diesbezüglich keinesfalls eindeutig.

Sicherlich kann es auf die rein subjektive Vorstellung des Organmitglieds nicht ankommen. Das mit dem Unternehmensinteresse korrespondierende Interesse an einer sorgfältig getroffenen Entscheidung lässt einen reinen subjektiven Maßstab nicht genügen, da andernfalls eine sorgfältige Entscheidungsfindung anhand der kaum zu überprüfenden subjektiven Sichtweise des Geschäftsleitungsmitglieds nicht sichergestellt werden könnte. Außerdem spricht der typisierte Sorgfaltsmaßstab gegen eine rein subjektive Betrachtungsweise, da von dem ratsuchenden Geschäftsleitungsmitglied die Einhaltung der *erforderlichen* Sorgfalt erwartet wird.[879]

Um nicht unerfüllbare Anforderungen aufzustellen, muss es jedoch genügen, dass sich das Organmitglied über die Qualifikation und Unabhängigkeit des Beraters selbst vergewissert und somit seine Auswahl sorgfältig trifft. Stellt sich im Nachhinein doch heraus, dass der Berater nicht zuverlässig war, kann dies dem Geschäftsleitungsmitglied gerade nicht zur Last gelegt werden. Der Ratsuchende hat alles ihm Mögliche getan, um eine zuverlässige Auskunftsquelle ausfindig zu machen. Zudem erscheint es nicht gerecht und folglich auch nicht rechtspolitisch erforderlich, dem Organmitglied die Enthaftung zu verweigern, sofern es nach objektiven Gesichtspunkten davon ausgehen durfte, dass der Berater für die entscheidungserhebliche Frage als zuverlässige Auskunftsperson angesehen werden kann. Das Fehlen der Eigenschaft ist in einer solchen Situation aus der Organsicht zum Zeitpunkt der Entscheidung nicht erkennbar.[880] Schließlich sind die Handlungen des Geschäftsleiters aus einer ex-ante Perspektive zu betrachten.[881]

In der strafrechtlichen Rechtsprechung und Literatur wird diese Frage ebenfalls diskutiert. Hier wird nur sehr vereinzelt ein ausschließlich objektiver Maßstab verlangt,[882] wohingegen die wohl herrschende Meinung für einen subjektiv/

877 Mit dieser Argumentation: *Fleischer*, ZIP 2009,1397 (1404); *ders.*, in: FS Hüffer, S. 187 (199 f.).

878 *Piepenbrock*, Defense of Reliance, S. 215, ohne nähere Begründung.

879 Siehe nochmals Kapitel 2 B).

880 *Fleischer*, NJW 2010, 1504 (1505).

881 Siehe Fn. 148 und 177.

882 BayOLG, JZ 1989, 599 (600); *Rudolphi*, Unrechtsbewusstsein, S. 244 ff.

objektiven Maßstab eintritt,[883] was vor allem darauf zurück geführt wird, dass der Täter die Qualifikation der Auskunftsperson aufgrund seines eigenen fehlenden Fachwissens zumeist nicht in einem umfassenden Maße selbst überprüfen könne. Dieses zutreffende Argument darf nicht unberücksichtigt bleiben. Diverse Spezialisierungen sind in der heutigen Wirtschaftswelt zwingend erforderlich. Ob ein Berater über eine notwendige Fortbildung verfügt, kann der Ratsuchende nicht stets erkennen. Es obliegt ihm, sich sorgfältig über die Qualifikation zu informieren. Dabei sollte er jedoch für nicht erkennbar fehlende Spezialisierungen der Auskunftsperson nicht haftbar sein, sodass der subjektiv/objektive Maßstab Anwendung findet.[884]

Ein solch subjektiv/objektiver Maßstab findet ebenso in anderen Rechtsordnungen Zustimmung. Verschiedene gesetzliche Regelungen bestimmen, dass das Organmitglied eine Enthaftung erlangen kann, wenn es *vernünftigerweise davon ausgehen konnte*, dass die Auskunftsperson eine professionelle Kompetenz besitzt und mit Sorgfalt ausgesucht wurde.[885] Aufgrund der gesetzlichen

---

883 BGHSt 4, 347 (353): „[…] aus welchen Gründen die Angestellten der Sparkasse in der Lage waren oder *vom Angeklagten für fähig gehalten werden konnten* [Hervorh. d. Verf.], eine zutreffende Rechtsauskunft zu erteilen."; BGH NStZ 2000, 307 (309): „Maßgebend ist vielmehr, ob der Rechtsrat – *aus der Sicht des Anfragenden* [Hervorh. d. Verf.] – nach eingehender sorgfältiger Prüfung erfolgt und von der notwendigen Sachkenntnis getragen ist." Siehe auch: OLG Hamburg, NJW 1967, 213 (214); *Joecks*, in: MüKo, StGB, § 17 Rn. 61; *Neumann*, in: NK-StGB, § 17 Rn. 75; *Sternberg-Lieben/Schuster*, in: Schönke/Schröder, StGB, § 17 Rn. 18; *Vogel*, in: LeipzKomm., § 17 Rn. 79, 85; *Löw*. S. 113. Wohl auch: *Roxin*, Strafrecht AT, § 21 Rn. 62.

884 *Fleischer*, in: FS Hüffer, S. 187 (199 f.); *ders.*, ZIP 2009, 1397 (1403 ff.); *Gottschalk/Weng*, GWR 2013, 243 (244).

885 Section 141 (e) DGCL: „[…] the member *reasonably believes* are within such other person's professional or expert competence and who has been selected with reasonable care […]." Vergleichbare Formulierungen finden sich auch etwa in: Section 8.30 (f) Model Business Corporation Act; Seciton 717 (a) New York Business Corporations Law; Section 309 California Corporation Code; Section 189 (a) Corporations Act Australia. Vgl. speziell zur Rechtslage in Delaware: *Rokas*, 2 Am. U. Bus. L. Rev. 323 (332). Auch *Hawes/Sherrard* gehen von einem subjektiv/objektiven Maßstab aus: „These later decisions suggest that the defense will be allowed, regardless of the advisor's status as a licensed attorney, so long as the defendant exercised reasonable care in the selection of an attorney and entertained a good faith belief that he was licensed to practice law.", *Hawes/Sherrard*, 62 Var. L. Rev. 1 (21). Noch ausführlicher ist bei *Uebler*, 65 BUSLAW 1023 (1042) zu lesen: „If a challenged transaction is found to be unfair, a director must show why it was not unreasonable to rely on the expert based on all of the material information reasonably available at the time of reliance.

Determinierung des reliance-defence-Grundsatzes entschied das Court of Chancery of Delaware in *In re Del Monte Foods Co. Shareholders Litigation* letztlich nicht über Schadensersatzansprüche gegen das Board, obwohl es eine Pflichtverletzung annahm. Das Board beauftragte zur Durchführung einer Unternehmensveräußerung Berater einer Investmentbank. Hierbei war den Mitgliedern des Boards jedoch nicht bekannt, dass diese Bank auch die gewinnversprechende Finanzierung des Erwerbspreises durch eine Gruppe von Investoren übernommen hatte. Zudem hatte die Bank bereits mögliche Käufer geworben, sodass die Berater letztlich objektiv nicht über die erforderliche Unabhängigkeit verfügten. Dennoch nahm das Gericht an, dass sich das Board auf die reliance-Grundsätze von Section 141 (e) DGCL berufen könne, da den Mitgliedern die Finanzierung des Erwerbspreises durch die Bank nicht bekannt war und die Ratsuchenden dies auch nicht erkennen konnten.[886]

Die dennoch erforderliche objektive Kontrolle aus der ex-ante Sicht, die sich im angloamerikanischen Rechtsraum zumeist durch die Formulierung „*reasonably believes*“ ausdrückt, führt dazu, dass nur selten die Qualifikation des Beraters tatsächlich nicht ausreicht, sofern der Geschäftsleiter vernünftigerweise auf dessen Qualifikation vertrauen durfte, mithin also eine sorgfältige Auswahlentscheidung getroffen hat.[887]

An dieser Stelle sei nochmals darauf verwiesen, dass ein Geschäftsleitungsmitglied nicht den Erfolg einer Maßnahme, sondern nach dem Sorgfaltsmaßstab der §§ 93 I 1 AktG, 43 I GmbHG eine sorgfältig getroffene Entscheidung

---

In other words, directors cannot bury their heads in the sand and later claim that they were told the transaction was fair so it must have been so. Rather, they must prove that they considered all material information reasonably available about the expert and the issue presented, and in the context of considering that information, it was reasonable to retain and rely upon that expert at the time of the transaction. Reasonableness of a director's reliance could turn, for example, on the source of the expert advice, the expert's familiarity and experience with the subject of the contemplated transaction, or whether the subject of the expert advice raises novel or unsettled issues.“ Siehe auch: *Mayson/French/Ryan*, Company Law, 16.8.4; *Yale Law Journal*, 70 YLJ 978 (982 f.).

886 *In re Del Monte Foods Co. Shareholders Litigation*, 25 A.3d 813 (818) (Del. Ch. 2011). Siehe auch: *Dill v. Boston Safe Deposit and Trust Company*, 175 N.E.2d 911 (Mass. Ch. 1961).

887 So aus dem amerikanischen Recht: *Rokas*, 2 Am. U. Bus. L. Rev. 323 (332): „This will occur only in extreme cases because reasonableness must be assessed in an objective manner – that is, based on material information that was reasonably available about the expert.“

schuldet.[888] Diese Aussage – auf die Auswahl einer Auskunftsperson übertragen – bestätigt die soeben dargelegte Ansicht. Ist die Auswahlentscheidung sorgfältig getroffen, kann eine sich im Anschluss herausstellende, ursprünglich nicht erkennbare fehlende Qualifikation oder Unabhängigkeit dem Ratsuchenden nicht zur Last gelegt werden.[889] Durch eine solche Sichtweise können auch die Anforderungen des relativen Sorgfaltsmaßstabs, insbesondre in Bezug auf die Größe des Unternehmens, Einfluss finden. Ein Geschäftsleiter einer mittelständischen GmbH kann durch einen solchen subjektiv/objektiven Maßstab seiner Auswahlsorgfalt durch die Beauftragung eines Experten einfacher nachkommen, da für ihn die Qualifikation des Beraters teilweise schwerer zu beurteilen ist als für ein Vorstandsmitglied einer international tätigen Aktiengesellschaft, das vielfach bereits unternehmensintern auf unterstützende Hilfe bei der Beraterauswahl zurückgreifen kann.

V. Zusammenfassung

Der ratsuchende Geschäftsleiter muss sicherstellen, dass seine Auskunftsperson fachlich qualifiziert und persönlich zuverlässig ist. Hierbei muss er nicht stets auf Berufsträger zurückgreifen, wenngleich diese doch zumeist als ausreichend qualifiziert angesehen werden können. Für einen Rechtsrat bedarf es der Beauftragung eines Rechtsanwaltes, der im entsprechenden Fachgebiet zumindest tatsächlich tätig ist. Zwar muss die Auskunftsperson unabhängig sein, dies bedeutet jedoch nicht, dass Unternehmensangehörige generell von einer Beratung ausgeschlossen sind. Diese sind in einem vergleichbaren Maße wie externe Berater persönlich zuverlässig. Vielmehr ist die jeweilige Unabhängigkeit am konkreten

888 Vgl. hierzu nochmals Kapitel 2 A) I. und Fn. 178.

889 *Gottschalk/Weng*, GWR 2013, 243 (244), die davon sprechen, dass es genüge, wenn der Auskunftssuchende dem Gericht schlüssig vorträgt, warum er auf die Zuverlässigkeit der Auskunftsperson vertraut hat. *Piepenbrock*, Defense of Reliance, S. 215; *Potten*, Irrtum in der kartellrechtlichen Entscheidungspraxis, S. 58; *Selter*, AG 2012, 11 (16); *A. Ulmer*, BLJ 2013, 59 (63). *Sander/Schneider*, ZGR 2013, 725 (755 f.) gehen generell davon aus, dass die Auswahlentscheidung die Phase der Informations*einholung*, im Gegensatz zur Informations*bewertung* betrifft und daher einen dem Regelungsgehalt des § 93 I 2 AktG vergleichbaren Sachverhalt umfasst, was letztlich für eine Übertragbarkeit dieses subjektiv/objektiven Maßstabes spreche. Ähnlich: *Fleischer*, in: FS Hüffer, S. 187 (199 f.); *ders.*, ZIP 2009, 1397 (1404 f.); *ders.*, NJW 2010, 1504 (1505). Wohl auch: *Kaulich*, Haftung von Vorstandsmitgliedern, S. 231. Nach *Potten*, Irrtum in der kartellrechtlichen Entscheidungspraxis, S. 58 kommt es darauf an, für wie qualifiziert der Ratsuchende die Auskunftsperson halten durfte.

Einzelfall zu bewerten. Stets zu beachten bleibt dabei, dass bei der Auswahl des Beraters ein subjektiv/objektiver Maßstab anzulegen ist, sodass es darauf ankommt, dass der Geschäftsleiter von der Zuverlässigkeit der Auskunftsperson aus einer ex-ante Perspektive vernünftigerweise ausgehen durfte.

D) Sachverhaltsdarstellung

Ist die Entscheidung über die sachgerechte Auswahl der Auskunftsperson gefallen, ist es alsdann erforderlich, den Berater umfassend über die entscheidungserheblichen Tatsachen zu unterrichten. Denn ein fachkundiger Rat kann nur dann ordnungsgemäß zustande kommen, wenn dem Auskunftsgeber alle notwendigen Informationen zur Verfügung stehen. Im Falle einer Delegation ist dieser Grundsatz als *cura in instruendo*[890] bekannt und ist auch im Rahmen von Expertenrat zu beachten.

Deshalb hat der BGH entschieden, dass der eingeholte fachkundige Rat nur dann eine enthaftende Wirkung entfalten kann, wenn das Organmitglied den Berater „unter umfassender Darstellung der Verhältnisse der Gesellschaft und Offenlegung der erforderlichen Unterlagen" informiert.[891] Vergleichbar sah es das OLG Stuttgart als originäre Pflicht der Geschäftsleitung an, den beauftragten Berater ordnungsgemäß zu unterrichten. Daher genüge es nicht, wenn das Organmitglied lediglich davon ausgehe, dass dem Berater die notwendigen Informationen zur Verfügung stünden und darüber hinaus erforderliche Informationen von diesem angefordert würden.[892]

Der Umfang der notwendigen Informationen bestimmt sich dabei anhand der an den Berater gerichteten Aufgabenstellung. Je bedeutender die geplante Maßnahme für die Gesellschaft ist und je risikobehafteter sich diese darstellt, desto weitergehende Informationen müssen zur Verfügung gestellt werden. Es sind diejenigen Informationen mitzuteilen, die es dem Berater ermöglichen, einen umfassenden Überblick über die der Fragestellung zugrunde liegenden und

---

890 *Schmidt-Husson*, in: Hauschka, Corporate Compliance, § 7 Rn. 21.

891 BGH NZG 2011, 1271 (1273); 2012, 672 (673); 2015, 792 (794). Vgl. BGH NZG 2007, 545; DStR 2007, 1641. Zur Haftung eines Gesellschafters: BGH NZG 2013, 1028 (1030). Aus strafrechtlicher Sicht: BGH NJW 2013, 93 (97). So auch US-amerikanische Urteile: *United States v. Hill*, 298 F.Supp. 1221 (1235) (D. Conn.1969): „Fundamental requirements for any claim of reliance on counsel's opinion is that *all relevant information was submitted* [Hervorh. d. Verf.] and that the opinion was followed." Siehe auch: *Yale Law Journal*, 70 YLJ 978 (981).

892 OLG Stuttgart, NZG 2010, 141 (144). Vgl. bereits oben: Fn. 309.

zu deren Beurteilung erforderlichen Tatsachen zu erhalten. Der Berater muss dadurch zumindest in die Lage versetzt werden, selbst erkennen zu können, ob, und – wenn ja – welche weiteren Informationen benötigt werden.[893] Die zur Verfügung gestellten Informationen müssen letztlich als Grundlage einer sorgfältigen Auskunft angesehen werden können.

Hierbei ist allerdings wiederum zu berücksichtigen, dass der Auskunftssuchende zumeist nicht über die notwendige Sachkenntnis im betroffenen Gebiet verfügt und somit nicht selbstständig die notwendigen Informationen in ihrer vollumfänglichen Breite erkennen und an den Berater weitergeben kann.[894] Jedes Geschäftsleitungsmitglied muss zwar zumindest grundlegende juristische Kenntnisse besitzen,[895] das heißt jedoch nicht, dass es alle zur rechtlichen Bewertung notwendigen Informationen erkennen müsste. Noch weitreichender greift dieser Aspekt im Rahmen nicht-juristischen Rats. Welche Informationen der Berater etwa zur Beurteilung einer technischen Frage benötigt, ist für das Geschäftsleitungsmitglied vielfach in keiner Weise abschätzbar, sodass eine enge Zusammenarbeit mit dem Berater zwingend erforderlich ist.[896] Somit kann letztlich vom Organmitglied verlangt werden, dass dieses entweder den konkreten Informationsbedarf selbst erkennt und mitteilt, oder, sofern ihm dies nicht möglich ist, den notwendigen Informationsrahmen mit der Auskunftsperson erläutert.[897] Steht sodann fest, welche Informationen erforderlich sind, muss der

---

893 Vgl. *Krieger*, ZGR 2012, 496 (499).

894 *Binder*, AG 2008, 274 (286); *Hahn/Naumann*, CCZ 2013, 156 (161); *Piepenbrock*, Defense of Reliance, S. 260; *Selter*, AG 2012, 11 (17). Aus strafrechtlicher Sicht, *Rudolphi*, Unrechtsbewusstsein, S. 247: „Denn fehlt dem Täter die für eine rechtlich richtige Bewertung seines Verhaltens notwendige Sachkunde, so wird er in aller Regel auch nicht zu der – gerade die gleiche Sachkunde voraussetzenden – Beurteilung fähig sein, welche Umstände und Tatsachen für die rechtliche Einstufung seines Verhaltens von Bedeutung sind und welche nicht."

895 Vgl. nochmals Fn. 239.

896 *Strohn*, CCZ 2013, 177 (183), der davon ausgeht, dass das Geschäftsleitungsmitglied gegebenenfalls Informationen auf Verdacht herausgeben müsse. *Piepenbrock*, Defense of Reliance, S. 261, spricht davon, dass der Ratsuchende zumindest seine eigene Unkenntnis im Hinblick auf die Informationsmitteilung der Auskunftsperson mitteilen müsse. Vgl. auch: *Harnos*, Geschäftsleiterhaftung, S. 303 f.; *Kremer*, in: Gesellschaftsrecht in der Diskussion 2012, S. 171 (178); *Spindler*, in: MüKo, AktG, § 93 Rn. 81.

897 *Spindler*, in: MüKo, AktG, § 93 Rn. 81; *Strohn*, CCZ 2013, 177 (183). Ähnlich ist in BGHZ 62, 29 (39) zu lesen: „Erwartet werden muß allerdings, daß der Schutzrechtsinhaber den anwaltlichen Rat nicht ohne weiteres hinnimmt, sondern sich im

Geschäftsleiter dem Berater die Informationen mitteilen, sofern ihm dies nicht möglich ist, muss er dem Berater einen so weiten Zugang im entsprechenden Bereich ermöglichen, dass dieser selbst die Informationen ermitteln kann.

Diese Pflicht zur Informationsmitteilung ist nicht punktuell auf den Zeitpunkt der Beauftragung des Beraters begrenzt, sondern wirkt darüber hinaus fort. Entscheidendste Folge hiervon ist, dass das Geschäftsleitungsmitglied dem Berater nachträglich geänderte Umstände, also auch zum ursprünglichen Zeitpunkt nicht erkennbar notwendige Informationen, mitteilen muss. Für eine ordnungsgemäße Entscheidungsvorbereitung ist es erforderlich, dass der Berater stets über aktuelle Entwicklungen des Unternehmens und geänderte, für den konkreten Fall relevante Sachverhaltskonstellationen informiert bleibt und wird. Nur auf diese Weise kann er einen sorgfältigen, auf sämtlichen relevanten Informationen beruhenden Rat abgeben.[898]

Im Rahmen der Sachverhaltsmitteilung liegt ein großes Missbrauchspotential. Denn ein fehlerhafter Rat kommt bei einem kollusiven Zusammenwirken von Geschäftsleitung und Experten ebenso wie bei einseitigen Fehlinformationen zustande.[899] Hat das Organmitglied die notwendigen und korrekten Informationen dem Berater nicht erteilt, ist zwischen einer fehlerhaften und einer unvollständigen Informationsmitteilung zu differenzieren.

I. Fehlerhafte Information

Das Geschäftsleitungsmitglied muss sicherstellen, dass alle Informationen, die dem Berater tatsächlich zur Verfügung gestellt werden, objektiv zutreffend sind. Die Sorgfaltspflicht erfordert, dass das Organmitglied nicht aus Nachlässigkeit fehlerhafte Informationen weitergibt, die das Fundament des zu erstellenden

---

Rahmen seiner Möglichkeiten in die Prüfung einschaltet und unter Einsatz seines eigenen fachlichen Spezialwissens an ihr mitwirkt. Das hat die Beklagte im vorliegenden Fall getan, indem sie ihre Anwälte im eigenen Betrieb mit allen technischen Einzelheiten vertraut gemacht und mit ihnen gemeinsam alle wesentlichen Fragen erörtert hat.“

898 Siehe zum Ganzen: *Piepenbrock*, Defense of Reliance, S. 262; *Twele*, Die Haftung des Vorstands für Kartellrechtsverstöße, S. 156.

899 Aus amerikanischer Sicht: *Walton*, 14 Am. L. & Econ. Rev. 271 (275 Fn. 6): „CEOs can manipulate experts only through the information they provide to them. Of course, it is well known that experts may have incentives to collude with management, not acting independently. Although the interpretation changes, the results are identical whether one assumes that experts act without information or are corrupted.“ Vgl. auch: *Uebler*, 65 BUSLAW 1023 (1044).

Rates darstellen. Ein solch fehlerhaftes Fundament führt schließlich regelmäßig dazu, dass das Ergebnis fehlerbehaftet sein wird.

Daher sind in der Literatur Stimmen zu vernehmen, die die enthaftende Wirkung eines fachkundigen Rats im Falle einer unzutreffenden Informationsmitteilung generell ablehnen.[900] Dem wird man insoweit zustimmen können, als die Information *bewusst* fehlerhaft an den Berater weitergegeben wurde.[901] Eine solche bewusste, d. h. also vorsätzliche Fehlinformation entwertet den Rat, sodass er nicht mehr seine eigentliche Aufgabe als sorgfältige Entscheidungsgrundlage erfüllen kann und somit zwingend die haftungsprivilegierende Wirkung entfallen lässt.

Handelt es sich jedoch nicht um eine bewusste bzw. vorsätzliche Fehlinformation, wird man zwar im Ergebnis vielfach zur gleichen Konsequenz gelangen, dennoch ist dogmatisch eine differenzierte Betrachtungsweise angebracht. Beruht die Fehlinformation auf einem fahrlässigen Handeln des Organmitglieds, schließt dies die Enthaftung aus.[902] Nur wenn die Fehlinformation auf ein nicht vorwerfbares Verhalten des Geschäftsleiters zurückzuführen ist, kann der Rat weiterhin enthaftend wirken. Indes wird man bezüglich einer fehlerhaft erteilten Information auch regelmäßig eine schuldhafte Sorgfaltspflichtverletzung annehmen müssen, da die Geschäftsleitung grundsätzlich auf alle Informationen der Gesellschaft zugreifen kann. Der Geschäftsleiter hätte in der Regel erkennen müssen, dass die zur Verfügung gestellten Informationen nicht korrekt sind.[903] Es erscheinen nur wenige Situationen denkbar, in denen der Geschäftsleitung eine fehlerhafte Information nicht zur Last gelegt werden kann. Beispielsweise soll hier an einen fehlerhaften Jahresabschluss gedacht werden, der vom Abschlussprüfer bereits überprüft wurde. In einem solchen Falle ist ausnahmsweise die Fehlerhaftigkeit des dem Berater zur Verfügung gestellten Jahresabschlusses für den Geschäftsleiter nicht erkennbar. Denn von ihm zu verlangen, dass er Fehler

900 Nach *Gottschalk/Weng*, GWR 2013, 243 (246) gilt die Informationspflicht der Geschäftsleitung bezüglich der Korrektheit der Informationen uneingeschränkt. *Sander/Schneider*, ZGR 2013, 725 (751) lehnen eine Enthaftung bei einer fehlerhaften Information oder einer bewusst lückenhaften Information ab.

901 *Fleischer*, in: FS Hüffer, S. 187 (193); *Kaulich*, Haftung von Vorstandsmitgliedern, S. 236; *H.-F. Müller*, DB 2014, 1301 (1304); *Peters*, AG 2010, 811 (816); *Selter*, AG 2012, 11 (17). Aus strafrechtlicher Perspektive: *Vogel*, in: LeipzKomm., StGB, § 17 Rn. 86. Aus amerikanischer Sicht: *Rokas*, 2 Am. U. Bus. L. Rev. 323 (347).

902 *Fleischer*, in: FS Hüffer, S. 187 (193); *Paefgen*, in: Ulmer, GmbHG. § 43 Rn. 69; *Selter*, AG 2012, 11 (17).

903 *Selter*, AG 2012, 11 (17).

hätte erkennen müssen, die nicht einmal dem Abschlussprüfer aufgefallen sind, überspannt die Sorgfaltsanforderungen des Organmitglieds.

Letztlich ist eine vorwerfbare bzw. schuldhafte Fehlinformation des Beraters als eine Art *Ingerenz* anzusehen, die somit eine Haftungsprivilegierung ausschließt.[904]

II. Lückenhafte Information

Neben fehlerhaften Informationen ist über die Frage zu diskutieren, in wie weit lückenhafte Informationen eine Enthaftung des Geschäftsleitungsmitglieds ausschließen. Auch hier ist zu unterscheiden:

1) Bewusstes Auslassen

Hält das Organmitglied Informationen zurück, obwohl es sich darüber bewusst ist, dass diese für eine ordnungsgemäße Beratung erforderlich wären, schließt das ein berechtigtes Vertrauen auf den fachkundigen Rat aus. Diesbezüglich gilt das zur bewussten Fehlinformation gesagte: Ein bewusstes Abweichen von der Informationspflicht kann keine Haftungsprivilegierung zur Folge haben. Insofern kann es keinen Unterschied machen, ob dem Berater bewusst notwendige Informationen vorenthalten wurden oder dieser zumindest fahrlässig fehlerhaft informiert wurde. Dies hält der BGH in einem neueren Urteil in Bezug auf die Haftung eines alleinigen Gesellschafters einer GmbH ausdrücklich fest: „Soweit der Ratgeber nur lückenhaft über die zu beurteilenden Umstände informiert ist, kann seine Auskunft nicht entschuldigend wirken."[905] Ähnlich ist in einem amerikanischen Aufsatz zu lesen: „Anything less than full disclosure by the directors to the expert of all material facts related to the subject of the expert advice might evidence bad faith."[906]

Etwas anderes könnte man dann annehmen, wenn zwar bewusst von einer allumfassenden Information des Beraters abgesehen wurde, dies jedoch deshalb, da der Geschäftsleiter davon ausging, dem Berater stünden die entsprechenden Informationen bereits zur Verfügung oder wären für die Erstellung des Rates nicht erforderlich. Sofern es sich jedoch hierbei nicht um allgemein zugängliche und

904 *Binder*, AG 2008, 274 (286); *Harnos*, Geschäftsleiterhaftung, S. 303; *Peters*, AG 2010, 811 (816).

905 BGH NZG 2013, 1028 (1030), in Bezug auf die Haftung eines Gesellschafters. Zur Übertragbarkeit dieser Ausführungen auf einen Geschäftsleiter siehe Fn. 474. Siehe auch: *H.-F. Müller*, DB 2014, 1301 (1304).

906 *Uebler*, 65 BUSLAW 1023 (1044).

für den Berater offensichtliche Informationen handelt, ist auch in diesem Falle eine Enthaftung abzulehnen. Hätte das Organmitglied den Informationsbedarf mit dem Berater erläutert, hätte es erfahren, welche Informationen notwendig gewesen wären. Daher entschied das OLG Stuttgart, dass sich das Organmitglied nicht mit der Argumentation entlasten könne, dass es davon ausging, dem Berater stünden die notwendigen Informationen zur Verfügung und er würde weitere anfordern, sofern dies erforderlich sei.[907]

Ist sich das Organmitglied über die notwendigen Informationen unsicher, ist eine gemeinsame Erörterung des Informationsbedarfs mit dem Berater erforderlich.[908] Nach Rücksprache mit dem Berater kann der Geschäftsleiter die fehlenden Informationen grundsätzlich erkennen. Insofern genügt die schlichte Vermutung nicht, dem Berater stünden die notwendigen Informationen zur Verfügung. Um dennoch zu einer Enthaftung zu gelangen, müsste der Geschäftsleiter zwingend nachweisen, dass der Berater – etwa aufgrund einer vorherigen Tätigkeit – die in *unmittelbar zeitlichem* und speziell auch *sachlichem Zusammenhang* mit der aktuellen Beratung steht, tatsächlich über die notwendigen Kenntnisse des Unternehmens und der Begleitumstände verfügte.

Zu Gunsten des Geschäftsleitungsmitglieds wird man dann eine Ausnahme anerkennen können, wenn es zwar dem Berater Informationen nicht mitgeteilt hat, diese aber offensichtlich vorhanden sind und der Berater hierauf zugreifen kann. Hierbei ist etwa an Jahresabschlüsse oder Prüfungsberichte des Abschlussprüfers zu denken, die regelmäßig vorhanden sind und somit darauf grundsätzlich vertraut werden kann, dass der Berater diese anfordert, sofern sie benötigt werden.[909] Sodann ist jedoch eine uneingeschränkte Zugangsmöglichkeit zu diesen Informationen sicherzustellen.

2) *Unbewusstes Auslassen*

Eine andere Sichtweise im Hinblick auf die Informationspflicht kommt dann in Betracht, wenn die Informationslücken *unbewusst* erfolgten. Dem scheint der BGH jedoch in der soeben angesprochenen Entscheidung aus dem Jahre 2013 entgegengetreten zu sein, indem er eine Entlastung des Gesellschafters einer GmbH ablehnte, da er den Berater nicht vollständig informiert habe. Dass der Ratsuchende nicht habe erkennen können, welche Informationen dem Berater zur Verfügung gestellt werden müssten, sieht der BGH als unerheblich an: „Jeder

907 OLG Stuttgart, NZG 2010, 141 (144).

908 Siehe nochmals Fn. 896.

909 Zum Ganzen: *Krieger*, ZGR 2012, 496 (499).

ist grundsätzlich selbst für sein Verhalten verantwortlich und trägt das Risiko für die von ihm begangenen Rechtsverstöße, damit auch dafür, dass der Berater ausreichend informiert wird."[910] Die in dieser Allgemeinheit zumindest stark missverständliche Darlegung hätte letztlich zur Folge, dass eine unvollständige Information der Auskunftsperson die entschuldigende Wirkung des Rats stets entfallen lassen würde, unabhängig davon, ob das Geschäftsleitungsmitglied das Informationsdefizit erkennen konnte oder nicht.

Diese strenge Linie vermag jedoch nicht zu überzeugen. Dogmatisch konsequent und daher vorzugswürdig ist es, dass der Rat auch dann zu einer Haftungsprivilegierung führt, wenn das Informationsdefizit auf einem unvermeidbaren Irrtum beruht. Dazu ist jedoch erforderlich, dass das Organmitglied die Informationen nicht schuldhaft zurückgehalten hat.[911] Eine enthaftende Wirkung des Rats kommt somit dann in Betracht, wenn der Ratsuchende die zu erteilenden Informationen oder deren Bedeutung für die konkrete Beratung nicht kannte und nicht kennen musste. Die Prinzipien der Verschuldenshaftung nach §§ 93 II AktG, 43 II GmbHG sind somit auf die Informationsverantwortung der Geschäftsleitung zu übertragen. Nur wenn ein vorwerfbares Unterlassen der Informationsmitteilung vorliegt, gelangt man zu einer Haftung des Ratsuchenden. Durch eine solche Betrachtungsweise kann folglich die Verschuldenshaftung der Geschäftsleitung dogmatisch korrekt aufrechterhalten werden. Stellte man hingegen nicht auf die individuelle Vorwerfbarkeit ab, würde man letztlich die Verschuldenshaftung aufgeben, sodass jegliche fehlende Information einer Haftungsprivilegierung entgegenstünde.[912]

Wurde das Informationsbedürfnis mit dem Berater erörtert und wurden ihm nach Möglichkeit des Geschäftsleiters die für ihn erkennbar notwendigen Informationen zur Verfügung gestellt, hat also letztlich eine sorgfältige Information der Auskunftsperson stattgefunden, trifft den Berater selbst eine Nachfragepflicht, sofern er darüber hinaus noch weitere Informationen benötigt.[913] Die

910 BGH NZG 2013, 1028 (1030).

911 Vgl. hierzu: *Buck-Heeb*, BKR 2011, 441 (447); *Hopt/Roth*, in: Großkomm. AktG, § 93 Rn. 139; *Kreuz*, Enthaftung des Geschäftsleiters, S. 73.

912 Ähnlich: *Piepenbrock*, Defense of Reliance, S. 259.

913 *Binder*, AG 2008, 274 (286); *ders.*, ZGR 2012, 757 (771); *Decker*, GmbHR 2014, 72 (76); *Fleischer*, ZIP 2009, 1397 (1403); *ders.*, in: FS Hüffer, S. 187 (193 f.); *Hahn/Naumann*, CCZ 2013, 156 (161); *Merkt/Mylich*, NZG 2012, 525 (529 Fn. 56); *H.-F. Müller*, DB 2014, 1301 (1304); *Peters*, AG 2010, 811 (816); *Selter*, AG 2012, 11 (17); *Schultz-Süchting*, GRUR 1974, 432 (436). *Sander/Schneider*, ZGR 2013, 725 (756) gehen davon aus, dass sich das Organmitglied auf den Rat verlassen könne, sofern

notwendige gemeinsame Erörterung mit dem Berater kann der Geschäftsleiter insofern zu seinen Gunsten nutzen, als er sich im Grundsatz darauf verlassen kann, dass der Berater ihm das erforderliche Informationsniveau mitteilt.

Hat der Geschäftsleiter also den notwendigen Informationsbedarf mit dem Berater erörtert und ihn nach seinen Möglichkeiten soweit informiert, wie es ihm erforderlich schien, sodass der Berater fehlende Informationen selbstständig erkennen konnte, kann er sich hierauf verlassen.[914] Fehlen dem Berater dennoch Informationen, ohne dass er das noch bestehende Informationsdefizit dem Ratsuchenden mitteilt, ist dies regelmäßig dem Geschäftsleiter nicht zur Last zu legen.[915] Auch in diesem Bereich muss die fehlende Fachkunde des Organmitglieds besondere Berücksichtigung finden. Denn der Geschäftsleiter kann nicht stets selbst beurteilen, welche Informationen für eine ordnungsgemäße Entscheidungsfindung vonnöten sind. Wird der Informationsbedarf mit dem Berater erörtert, liegt es grundsätzlich in dessen Verantwortung, auf fehlende Informationen hinzuweisen. Es ist daher als dessen Pflichtverletzung anzusehen, wenn er das Organmitglied nicht über den weitergehenden Informationsbedarf unterrichtet. Insoweit bedingt die Haftung des Beraters die Enthaftung des Geschäftsleitungsmitglieds, sofern das Geschäftsleitungsmitglied die sonstigen Voraussetzungen eingehalten hat.[916] Eine solche Betrachtungsweise findet auch in der amerikanischen Literatur Zustimmung: So entfaltet im Falle von „innocent omissions", das heißt also bei unbewussten Lücken in der Informationsmitteilung,

---

es dem Berater das aus seiner Sicht erforderliche Informationsmaterial mitgeteilt hat. *Schwarz*, CCZ 2013, 34 (37), wonach ein seriöser Berater auch grundsätzlich auf die Zurverfügungstellung der Informationen hinwirkt. Hinsichtlich des Kartellrechts: *Potten*, Irrtum in der kartellrechtlichen Entscheidungspraxis, S. 72 f. Aus strafrechtlicher Sicht: OLG Zweibrücken, StV 1992, 119; BayOblG, MDR 1965, 502; OLG Frankfurt, VRS 28, 423 (426); *Löw*, Erkundigungspflicht beim Verbotsirrtum, S. 106; *Rudolphi*, Unrechtsbewusstsein, S. 247. Aus amerikanischer Sicht: *Rokas*, 2 Am. U. Bus. L. Rev. 323 (347).

914 *Binder*, AG 2012, 885 (893). Vgl. auch: *Peters*, AG 2010, 811 (816). *Strohn*, CCZ 2013, 177 (183) geht davon aus, dass sich die Geschäftsleitung nicht stets auf Nachfragen des Beraters verlassen könne. Dies ist dann richtig, wenn die Geschäftsleitung den Berater nicht so weit informiert hat, dass er selbst einen weiteren Informationsbedarf erkennen kann. Hat sie jedoch das aus ihrer Sicht Erforderliche getan, kann sie sich im Umkehrschluss auf den Berater verlassen. Vgl. hierzu: *Sander/Schneider*, ZGR 2013, 725 (756); *Löw*, Erkundigungspflicht beim Verbotsirrtum, S. 106.

915 *Schultz-Süchting*, GRUR 1974, 432 (436). Vgl. *Fleischer*, in: MüKo, GmbHG, § 43 Rn. 42d. Ähnlich aus strafrechtlicher Sicht: OLG Zweibrücken, StV 1992, 119.

916 Vgl. *Selter*, AG 2012, 11 (17).

die gerade nicht auf einem fahrlässigen Handeln des Organmitglieds beruhen, der Rat weiterhin entschuldigende Wirkung.[917]

Ein strengerer Maßstab ist nur dann anzunehmen, wenn das Geschäftsleitungsmitglied selbst über die notwendigen Qualifikationen zur Beurteilung der Sach- oder Rechtslage verfügt und den Berater daher etwa aufgrund fehlender zeitlicher Kapazitäten beauftragt. In diesem Fall wird vom Organmitglied erwartet – aufgrund der besonderen Fachkunde ist eine erhöhte Sorgfalt einzuhalten –, dass es den Berater vollumfassend informiert, sodass schuldlose Informationsdefizite bei eigenen Fachkenntnissen im betreffenden Fachgebiet kaum möglich erscheinen.

Insgesamt bleibt die enthaftende Wirkung des erteilten Rats trotz lückenhafter Information stets dann bestehen, soweit die fehlenden Informationen auf einem unvermeidbaren Irrtum des Geschäftsleitungsmitglieds begründet sind[918] und somit vor allem auf der fehlenden Fachkompetenz und gerade nicht auf einem zumindest fahrlässigen Handeln des Geschäftsleitungsmitglieds beruhen.

III. Informationserteilung

Umfangreiche Fragestellungen und komplexe Sachverhalte mit einer Vielzahl von notwendigen Informationen führen regelmäßig dazu, dass es nicht genügt, die Informationen nur mündlich dem Berater mitzuteilen. Mag dies im Rahmen eines sehr begrenzten Sachverhalts oder unter erheblichem Zeitdruck genügen, ist doch meist eine schriftliche Informationsmitteilung erforderlich. Denn auf diese Weise kann der Ratsuchende sicherstellen, dass dem Berater alle notwendigen Informationen dauerhaft zur Verfügung stehen, sodass sich dieser intensiv einarbeiten kann.[919]

---

917 *Rokas*, 2 Am. U. Bus. L. Rev. 323 (347). Siehe: *Hawes/Sherrard*, 62 Var. L. Rev. 1 (29): „[...], the defendant should not be denied use of the defense unless the failure to make full disclosure is due to his bad faith or negligence." Vgl. auch: *Longstreth*, 37 BUSLAW 1185 (1192).

918 *Eckert*, in: Wachter, AktG, § 93 Rn. 21; *Krieger*, ZGR 2012, 496 (499); *Strohn*, ZHR 176 (2012), 137 (139). Somit kommt es in Bezug auf die Informationsverantwortung entgegen *Sander/Schneider*, ZGR 2013, 725 (756) nicht allein auf die subjektive Sicht des Organmitglieds an. Dem ebenfalls kritisch gegenüberstehend: *H.-F. Müller*, DB 2014, 1301 (1304 Fn. 66).

919 BGH NZG 2013, 1028 (1030), in Bezug auf die Haftung eines Gesellschafters. *H.-F. Müller*, DB 2014, 1301 (1304). Zu Ausnahmen und zur ähnlichen Diskussion, ob zwangsläufig ein schriftliches Gutachten erforderlich ist: Kapitel 3 F) II.

1) *Informationsverantwortung des Ratsuchenden*

Das im Einzelfall ratsuchende Geschäftsleitungsmitglied ist im Grundsatz selbst dafür verantwortlich, dass dem Berater die zur Beurteilung der entscheidungserheblichen Frage notwendigen Informationen zur Verfügung gestellt werden. Daher ist eine gänzliche Abwälzung der Informationsverantwortung nicht möglich.[920] Zur Unterstützung des Geschäftsleitungsmitglieds kommt allerdings eine Beauftragung der eigenen Rechtsabteilung oder sonstiger Unternehmensangestellter in Betracht, die die Auswahl der notwendigen Informationen sowie die Unterrichtung des Beraters übernehmen.[921] Somit ist eine Delegation der Informationsverantwortung möglich, eine Überwachungsverantwortung verbleibt jedoch stets beim Organmitglied. Es muss die von der Rechtsabteilung oder sonstigen Mitarbeitern weitergegebenen Informationen in groben Zügen überprüfen und somit sicherstellen, dass jedenfalls die nach seiner Ansicht erforderlichen Informationen dem Berater zur Verfügung stehen.[922] Eine solche Überprüfung kann auch anschließend im Rahmen der Plausibilitätskontrolle erfolgen, denn diese umfasst gerade die zur Verfügung gestellten Informationen.[923] Indem die Überwachungsverantwortung des Ratsuchenden berücksichtigt wird, kann vermieden werden, dass das Organmitglied eine Enthaftung erreicht, obwohl kein Interesse an einer ordnungsgemäßen Entscheidungsfindung bestand.

2) *Gesellschaftsinterner Rat*

Sofern das Geschäftsleitungsmitglied auf gesellschaftsinternen Rat zurückgreift, wird man das allgemeine Informationserfordernis als weniger streng erachten können. Denn Unternehmensangehörige haben vielfach eine weitreichende eigene Kenntnis vom Unternehmen und von den Abläufen des alltäglichen Geschäfts.[924] Zudem ist es ihnen möglich, selbst andere Abteilungen zu befragen, um auf diese Weise an umfassende Informationen zu gelangen. Daher ist es andererseits erforderlich, Informationen mitzuteilen, auf die speziell die

920 Vgl. Fn.892.

921 *Gottschalk/Weng*, GWR 2013, 243 (245); *Kreuz*, Enthaftung des Geschäftsleiters, S. 72; *Strohn*, CCZ 2013, 177 (183); *Wagner*, BB 2012, 651 (657).

922 *Gottschalk/Weng*, GWR 2013, 243 (245); *Strohn*, CCZ 2013, 177 (183); *Wagner*, BB 2012, 651 (657).

923 Vgl. Kapitel 3 E) III. 4) b).

924 *Harnos*, Geschäftsleiterhaftung, S. 300; *Junker/Biederbick*, AG 2012, 898 (903); *Kiefner/Krämer*, AG 2012, 498 (502); *Klöhn*, DB 2013, 1535 (1540); *Schäfer*, WM 2012, 1022 (1025).

Geschäftsleitung Zugriff hat. Die notwendige Informationsdichte ist also im Vergleich zu einem externen Berater niedriger, da letzterer die Gesellschaft nicht umfassend kennt und keine selbstständigen Zugriffsmöglichkeiten auf Informationen hat.[925] Nichtsdestotrotz verbleibt es in der Verantwortung der Geschäftsleitung, zumindest im Rahmen der Plausibilitätskontrolle zu überprüfen, ob der interne Berater alle notwendigen Informationen berücksichtigt und dem erteilten Rat zugrunde gelegt hat.[926]

IV. Zusammenfassung

Ein ordnungsgemäßer Rat kann nur auf einer sorgfältigen Informationsgrundlage aufgebaut werden. Besitzt das Organmitglied nicht die notwendigen Kenntnisse, um die geplante Maßnahme fachlich zu bewerten, muss es doch sicherstellen, dass dem Berater alle notwendigen Informationen zur Verfügung stehen. Weder dürfen Informationen zurückgehalten werden, noch dürfen fehlerhafte Informationen an den Berater weitergegeben werden. Zwar kann sich der ratsuchende Geschäftsleiter bei der Informationsmitteilung von eigenen Mitarbeitern unterstützen lassen, dies führt jedoch nicht dazu, dass er sich sämtlicher Verantwortung entziehen kann. Die Endverantwortung verbleibt vielmehr bei ihm selbst, sodass ihn zumindest eine Überprüfungsverpflichtung in Bezug auf die zur Verfügung gestellten Informationen trifft. Denn strebt der Geschäftsleiter eine reine Absicherung seines Vorhabens an, ohne dass eine auf den notwendigen Informationen beruhende fachkundige Beratung tatsächlich gewollt war, ist ihm ein Berufen auf ein solches Scheingutachten verwehrt. Daher bleibt die Information der Auskunftsperson ein unerlässlicher Bestandteil einer fachkundigen Beratung.

E) Plausibilitätskontrolle

I. Allgemein

Der BGH verlangt neben einer sorgfältigen Auswahl und Information des Beraters, dass der Ratsuchende den eingeholten Rat einer Plausibilitätskontrolle

---

925 *Junker/Biederbick*, AG 2012, 898 (903); *Kiefner/Krämer*, AG 2012, 498 (502); *Klöhn*, DB 2013, 1535 (1540); *H.-F. Müller*, DB 2014, 1301 (1304); *Schäfer*, WM 2012, 1022 (1025).

926 Nach *Klöhn*, DB 2013, 1535 (1540) muss die Geschäftsleitung überprüfen, ob der interne Berater alle notwendigen Informationen berücksichtigt hat.

unterzieht.[927] Eine schlichte Anfrage bei einem für fachkundig gehaltenen Berater genügt daher nicht.[928] Eine solche Plausibilitätskontrolle ist vor allem auf zwei Gründe zurückzuführen: Zunächst sollen hierdurch Gefälligkeitsgutachten ausgeschlossen werden, die lediglich eine „Feigenblattfunktion" erfüllen.[929] Dem liegt zugrunde, dass dem Geschäftsleiter, der kein Interesse an einer sorgfältigen und objektiven Begutachtung hatte, dies ggf. nicht mehr einfach nachzuweisen ist. Durch das Erfordernis einer Plausibilitätskontrolle kann in einem Falle eines offensichtlich mangelbehafteten Gutachtens dem Ratsuchenden jedoch vorgehalten werden, er hätte diese eindeutige Fehlerhaftigkeit des Gutachtens erkennen müssen, was zu einem Ausschluss der Haftungsprivilegierung führt. Darüber hinaus ist die grundsätzliche Notwendigkeit einer Plausibilitätskontrolle auf dogmatische Gründe zurückzuführen. Dem Geschäftsleiter obliegt die ordnungsgemäße Entscheidungsvorbereitung. Er muss somit alle notwendigen Informationen ermitteln, die für die Entscheidung vonnöten sind. Ist er hierzu selbst nicht in der Lage, etwa aufgrund fehlender Kenntnisse oder mangelnder zeitlicher Kapazitäten, ist es ihm grundsätzlich gestattet, einen Berater einzuschalten. Bedient sich ein Geschäftsleiter der Hilfe Dritter, ist anerkannt, dass den Delegierenden nicht nur die bereits beschriebene Auswahl- und Informationssorgfalt, sondern auch eine Überwachungssorgfalt trifft, sog. *cura in custodiendo*[930]. Er kann sich somit nicht gänzlich hinter der Tätigkeit des beauftragten Dritten verstecken und sich der Verantwortung vollends entziehen, sondern es bedarf vielmehr eines eigenständigen Handelns des Geschäftsleiters.[931] Dieses eigenständige Handeln wird durch eine Plausibilitätskontrolle sichergestellt.

Die Plausibilitätsprüfung in Bezug auf *rechtlichen Rat* war bereits Thema verschiedener wissenschaftlicher Diskussionen, wobei sich jeweils keine einheitliche

---

927 BGH NZG 2007, 545; 2011, 1271 (1273); 2012, 672 (673); 2015, 792 (794); DStR 2007, 1641 (1642). Hieran anschließend auch etwa: OLG Stuttgart, NZG 2010, 141 (143). In Bezug auf die Haftung eines Gesellschafters: BGH NZG 2013, 1028 (1030).

928 BGH NZG 2011, 1271 (1273); KG, WuW 1980, OLG 2205 (2207 f.); *Bürgers/Israel*, in: Bürgers/Körber, AktG, § 93 Rn. 13; *Hahn/Naumann*, CCZ 2013, 156 (162); *Kleindiek*, in: Lutter/Hommelhoff, GmbHG, § 43 Rn. 13; *Krieger*, ZGR 2012, 496 (502); *Schwarz*, CCZ 2013, 34 (37); *Wagner*, BB 2012, 651 (652).

929 Aus der strafrechtlichen Rechtsprechung: BGHSt 48, 278 (289); BGH NStZ 2000, 307 (309). Vgl. *Hahn/Naumann*, CCZ 2013, 156 (162); *Kleindiek*, in: Lutter/Hommelhoff, GmbHG, § 43 Rn. 14; *Kremer*, in: Gesellschaftsrecht in der Diskussion 2012, S. 171 (182); *H.-F. Müller*, DB 2014, 1301 (1304); *ders.*, NZG 2012, 981 (982); *Peters*, AG 2010, 811 (816); *Selter*, AG 2012, 11 (18); *Strohn*, ZHR 176 (2012), 137 (141).

930 *Schmidt-Husson*, in: Hauschka, Corporate Compliance, § 7 Rn. 24.

931 Ausführlich: Kapitel 3 E) II.

Meinung herausbilden konnte. Insbesondere bleibt offen, ob eine Plausibilitätskontrolle stets erforderlich ist, wie intensiv eine solche zu erfolgen hat und ob diese stets vom Ratsuchenden selbst durchgeführt werden muss. Darüber hinaus ist von besonderer Bedeutung, ob – und wenn ja in wie weit – die Anforderungen an eine Plausibilitätskontrolle hinsichtlich nicht-rechtlichem Rat abweichen. In vielen Bereichen werden nämlich von der Geschäftsleitung keine Kenntnisse erwartet. Im Folgenden werden die notwendigen Schritte einer Plausibilitätskontrolle herausgearbeitet, die von einem Geschäftsleiter grundsätzlich abverlangt werden, wobei der Umfang der Überprüfungsverpflichtung stets an die konkrete Situation angepasst werden muss. Hierbei sind sowohl das Interesse der Gesellschaft an einer ordnungsgemäßen Entscheidungsfindung als auch das Interesse des Ratsuchenden zu berücksichtigen, der vielfach keine umfangreichen Kenntnisse im betreffenden Fachgebiet besitzt.

II. Grundsätzliche Überwachungspflicht des Ratsuchenden

Zunächst ist zu klären, ob es dem Geschäftsleiter unabhängig vom jeweiligen Fachgebiet stets obliegt, den eingeholten Rat anhand einer Plausibilitätskontrolle zu überprüfen. Nach Ansicht des BGH ist grundsätzlich eine Plausibilitätskontrolle vom Ratsuchenden durchzuführen. Das Vertrauen auf die Kompetenz des Beraters ersetze eine anschließende Überprüfung nicht.[932] Da der Geschäftsleiter zumeist keine Fachkenntnisse im betroffenen Sachgebiet besitzt, ist es nicht selbstverständlich, dass er den von einem Experten erteilten Rat nachfolgend überprüft. Die Notwendigkeit einer eigenen Plausibilitätskontrolle durch den Ratsuchenden, der von einem sorgfältig ausgewählten und informierten Berater erstellt wurde, bedarf somit genauerer Betrachtung.

In der Literatur sind vereinzelt Stimmen zu vernehmen, die einer zwangsläufigen Überprüfungspflicht entgegentreten. Beispielsweise gehen *Kiefner/Krämer* davon aus, dass eine Plausibilitätskontrolle als „punktueller Rückbau der Delegation" nur dann erforderlich sei, wenn sich konkrete Anhaltspunkte zur Kontrolle, d. h. Zweifel an der Sorgfältigkeit des Rats ergeben. Auf Zweifel an der Rechtslage

---

932 BGH NZG 2011, 1271 (1273). Vgl. auch: BGH NZG 2007, 545; 2012, 672 (673); DStR 2007, 1641 (1642). In Bezug auf die Haftung eines Gesellschafters: BGH NZG 2013, 1028 (1030). Siehe auch: OLG Schleswig, NZI 2010, 492 (494). Nach dem Gericht könne sich ein Geschäftsleiter nicht mit der Argumentation entlasten, dass er die erforderlichen Kenntnisse zur Überprüfung einer Steuererklärung oder einer Bilanz nicht besitzen würde. Wohl auch aus der strafrechtlichen Rechtsprechung: BGH NJW 2013, 93 (97).

müsse der Berater jedoch letztlich selbst hinweisen; tut er dies nicht, könne sich das ratsuchende Geschäftsleitungsmitglied grundsätzlich auf den Rat verlassen. Daher solle ein „konzeptionell klares, in sich nicht offensichtlich widersprüchliches Rechtsgutachten" zu einer Haftungsprivilegierung führen, ohne dass es der eigenständigen Überprüfung durch das ratsuchende Organmitglied bedürfe. Der Geschäftsleiter erfülle also bereits mit der sorgfältigen Beauftragung eines Rechtsanwalts seine Legalitätspflicht.[933] Diese Feststellung, dass ein *nicht offensichtlich widersprüchliches* Rechtsgutachten enthaftend wirke, lässt jedoch eine zumindest geringfügige Prüfung des Rates als erforderlich erscheinen. Denn woher soll der Ratsuchende wissen, ob das Gutachten klar und nicht offensichtlich fehlerhaft ist, wenn er es nicht selbst daraufhin überprüft? Weiter gehen noch *Merkt/Mylich*, die eine inhaltliche Kontrolle des Gutachtens generell nur auf den zugrunde gelegten Sachverhalt beschränken wollen und eine Überprüfung auf Widersprüche und Begründungslücken gänzlich ablehnen. Eine inhaltliche Überprüfung des Gutachtens würde die Anforderungen an ein sorgfältiges Geschäftsleitungsmitglied überspannen, das schließlich bereits für die sorgfältige Auswahl des Beraters Sorge getragen habe.[934]

Eine solch restriktive Linie vermag allerdings nicht zu überzeugen. Vielmehr ist es erforderlich, dass der Rat stets vom Geschäftsleiter überprüft wird. Denn ohne das Organmitglied zu überfordern, ist es interessengerecht, dass ein Vertrauendürfen zumindest dann abzulehnen ist, wenn der Rat für den Ratsuchenden *erkennbar* fehlerhaft ist.[935] Um nicht realitätsferne und kaum einhaltbare

---

933 Insgesamt: *Kiefner/Krämer*, AG 2012, 498 (500). Ähnlich nimmt auch *Kremer*, in: Gesellschaftsrecht in der Diskussion 2012, S. 171 (182) an, dass eine Plausibilitätskontrolle insbesondere etwa bei auftretenden Zweifeln erforderlich sei. Vgl. *Krieger*, ZGR 2012, 496 (502).

934 *Merkt/Mylich*, NZG 2012, 525 (529).

935 *Binder*, AG 2008, 274 (286). Vgl. auch: BGHZ 74, 281 (284 f.) hinsichtlich der Sittenwidrigkeit eines erteilten Rates; BGH, Urt. v. 31.10.1967, VI ZR 31/66, BeckRS 1967, 30374492. Eindeutiger aus strafrechtlicher Sicht auf die Erkennbarkeit der Mangelhaftigkeit des Rates abstellend: BGH NStZ 2000, 307 (309); BGH, Urt. v. 03.04.2008, 3 StR 394/07, BeckRS 2008, 06865 (Rn. 40); BGH NJW 2013, 93 (97). Siehe auch: *Blöse*, GmbHR 2012, 746 (749), der eine kritische Hinterfragung dann für erforderlich hält, wenn das Arbeitsergebnis aus Sicht eines verständigen Dritten als angreifbar erscheint. Aus amerikanischer Sicht: *Uebler*, 65 BUSLAW 1023 (1043): „On the other hand, reasonableness of a director's reliance should not depend on whether a director should have known at the time of reliance that the substance of the advice was flawed. As long as a director reasonably rely on experts to provide them with correct advice, they should not be required to determine at the time of reliance whether the advice

Voraussetzungen aufzustellen, führt dies zwar nicht zwangsläufig zu einer *detaillierten* Überprüfungsverpflichtung, dennoch ist zu verlangen, dass sich das Geschäftsleitungsmitglied mit dem Rat in jedem Falle auseinandersetzt.[936]

Es liegt in der Verantwortung des Organmitglieds, für eine ordnungsgemäße Entscheidungsvorbereitung Sorge zu tragen. Ist es selbst dazu nicht in der Lage, kann es auf die Hilfe eines Beraters zurückgreifen. Der Ratsuchende überlässt somit eine in seinem Verantwortungsbereich liegende Aufgabe – die Beantwortung einer rechtlichen, technischen oder sonstigen Frage, die zur sorgfältigen Entscheidungsfindung vonnöten ist – einem Dritten. Allerdings darf sich das ratsuchende Organmitglied durch die schlichte Beauftragung eines Beraters seiner Verantwortung nicht gänzlich entziehen. Dies hätte vielmehr zur Folge, dass der Ratsuchende blind dem Ergebnis der Beratung folgen dürfte und somit letztlich keine eigenständige Entscheidung mehr treffen müsste. Die mit der Beauftragung des Beraters einhergehende Vertrauensdisposition darf jedoch nicht zu einer gänzlichen Verschiebung der Verantwortlichkeit der Geschäftsleitung führen.[937] Folglich verbleibt die Letztentscheidungskompetenz, also die Endverantwortung hinsichtlich der zu treffenden Entscheidung, trotz der fehlenden eigenen Sachkunde und der Beauftragung des Beraters, beim zuständigen Geschäftsleitungsmitglied. Dies hat zwangsläufig zur Folge, dass neben der Beauftragung des Beraters ein weiteres *eigenständiges* Handeln des Ratsuchenden erforderlich ist. Es bedarf daher eines „independent judgment" des Geschäftsleiters.[938] Andernfalls, könnte sich der Geschäftsleiter unbedacht auf den Rat verlassen, würde die bereits oben beschriebene Schutzfunktion der Schadensersatzandrohung, die präventive Steuerung des Geschäftsleiterhandelns, nicht erreicht werden.[939] Eine gedankenlose Befolgung des Rates, was zur Folge hätte, dass sich die Entscheidung faktisch als eine des Beraters erweisen würde, genügt folglich nicht. Somit

---

is, in fact, correct." Und weiter bei *Uebler* in Fn. 94: „This principle might give way, however, where the expert advice is so flawed on its face that no rational director would believe it to be correct."

936 Welche Anforderungen der Geschäftsleiter hierbei einzuhalten hat, wird in Kapitel 3 E) III. erörtert.

937 *Piepenbrock*, Defense of Reliance, S. 265. Siehe auch: *Fleischer*, ZIP 2009, 1397 (1404); *ders.*, in: FS Hüffer, S. 187 (194); *Meyer*, CCZ 2011, 41 (42 f.). Ähnlich aus strafrechtlicher Sicht: *Kirch-Heim/Samson*, wistra 2008, 81 (83).

938 Aus australischer Sicht ein „independent judgment" verlangend: *Southern Ressources Ltd. V. Residues Treatment & Trading Co. Ltd.* (1990) 56 SASR 455 (474). Zudem: Section 173 (1) Companies Act 2006 Großbritannien.

939 Vgl. Fn. 200. *Strohn*, ZHR 176 (2012), 137 (141).

ist ein Mittelweg zwischen einem berechtigten Vertrauen auf Expertenrat und einem vollständigen Verantwortungsentzug zu finden. Dem Geschäftsleitungsmitglied ist es also gestattet, eine Beratung einzuholen, der es weder blind folgen darf noch einer allumfassenden Kontrolle unterziehen muss.[940]

In einem Fall des OLG Schleswig versuchte sich eine Geschäftsführerin einer GmbH mit der Argumentation zu entlasten, sie habe auf den von ihrem Steuerberater fehlerhaft erstellten Jahresabschluss vertraut und sich daher nur auf das Ergebnis dieses Jahresabschlusses verlassen. Die Einzelpositionen der Bilanz habe sie, auch aufgrund ihrer angeblich fehlenden Kenntnisse, nicht überprüft. Das Gericht lehnte eine Enthaftung ab. Zwar sei die Beauftragung eines Steuerberaters grundsätzlich zulässig, dies befreie die Geschäftsführerin jedoch nicht von ihren eigenen Pflichten. Vielmehr hätte sie die sorgfältige Auswahl *und* Überwachung der Hilfsperson sicherstellen müssen. Die alleinige Betrachtung des Ergebnisses entspräche daher nicht ihren Sorgfaltsanforderungen. Die erstellte Jahresbilanz wäre insgesamt einer „gewissen Plausibilitätsprüfung" zu unterziehen gewesen, wobei auch die Einzelpositionen der Bilanz zu berücksichtigen gewesen seien.[941]

Eine Abwälzung der Verantwortung durch die reine Kenntnisnahme des Endergebnisses, an die sich eine unreflektierte Durchführung anschließt, muss somit verhindert werden. Vergleichbar wird in einem Urteil aus Großbritannien ein solches Vorgehen des Finanzvorstandes, der selbst über eine Wirtschaftsprüferausbildung verfügte, als unzulässig bezeichnet. Dieser hatte sich hinsichtlich einer komplexen Transaktion vollständig auf seine Berater verlassen und daher die Angemessenheit der geplanten Transaktion nicht selbst überprüft. Dies hatte zur Folge, dass die Gesellschaft ihre Vermögenswerte in Höhe von 3,7 Millionen Pfund faktisch ohne bedeutende Gegenleistung übertrug. Die Berufung auf die fachkundige Beratung lehnte das Gericht ab: „He asked no questions and sought no advice. He simply did what he was told, and abdicated all responsibility. In these circumstances he cannot seek refuge in the fact that professional advisers

---

940 Siehe zum Ganzen: *H.-F. Müller*, DB 2014, 1301 (1304). Zutreffend erläutert *Müller*, dass die Entscheidung gerade auf den autonomen Vorstellungen des Geschäftsleitungsmitglieds beruhen muss und eben nicht ausschließlich auf den Ausführungen des Beraters. In BGHZ 62, 29 (39) verlangt der BGH ein eigenständiges Mitwirken des Ratsuchenden, soweit es ihm nach seinen Kenntnissen möglich ist. Vgl. *Twele*, Die Haftung des Vorstands für Kartellrechtsverstöße, S. 62. Siehe auch: *Hannigan*, Company Law, Rn. 10–43.

941 OLG Schleswig, NZI 2010, 492 (494).

were involved in the transactions.“[942] Section 173 (1) Companies Act 2006 aus Großbritannien verlangt ausdrücklich eine *unabhängige Entscheidung* des ratsuchenden Geschäftsleiters und steht somit einer blinden Übernahme des Rates entgegen, sodass die Entscheidung schlussendlich vom Geschäftsleitungsmitglied getroffen werden muss.[943] Als deutlichste gesetzliche Kodifikation ist im australischen Corporations Act 2001 zu lesen, dass sich ein Direktor nur nach einer eigenständigen Beurteilung der Informationen auf den Rat verlassen darf, wobei das Wissen des Geschäftsleiters von der Gesellschaft und der Komplexität der Vorgänge der Gesellschaft zu berücksichtigen sind.[944] Es ist somit eine

942 *Re Bradcrown Ltd, Official Receiver v Ireland* [2001] 1 BCLC 547 (58). Siehe auch: *Hanson Trust PLC v. ML SCM Acquisition Inc.*, 781 F.2d 264 (275) (2nd Cir. 1986): „In general, directors have some oversight obligations to become reasonably familiar with an opinion, report, or other source of advice before becoming entitled to rely on it." Zudem: *In re Healthco International Inc*, 208 BR 288 (307) (Bankr. D Mass. 1997): „In a transaction of this significance, however, directors are not permitted to avoid an 'active and direct duty of oversight'." Vgl. hierzu: *Hannigan*, Company Law, Rn. 10–42, die eine solche „total abrogation of responsibility" für unzulässig hält. Zudem: *American Law Institute*, Corporate Governance, § 4.02 Comment h, i.

943 Section 173 (1) CA: „A director of the company must exercise independent judgment." Hierzu *Lord Goldsmith*, House of Lords Grand Committee, col. GC 282, 06.02.2006: „First, can a director rely on the advice or work of others? That is at the heart of the issues that have been raised. The clause does not mean that a director has to form his judgment totally independently from anyone or anything. It does not mean that he cannot take advice or rely on the advice of others. It does not actually mean that the director has to be independent himself. He can have an interest in the matter; conflicts of interest are dealt with in other clauses to which we will come. It is the exercise of the judgment of a director that must be independent in the sense of it being his own judgment. He can even adopt the judgment of another. What matters is that the judgment becomes his own. The duty does not prevent a director from relying on the advice or work of others, but the final judgment must be his responsibility. He clearly cannot be expected to do everything himself. Indeed, in certain circumstances directors may be in breach of duty if they fail to take appropriate advice—for example, legal advice. As with all advice, slavish reliance is not acceptable, and the obtaining of outside advice does not absolve directors from exercising their judgment on the basis of such advice."

944 Section 189 (b) Corporations Act 2001 Australia: „[…] the reliance was made […] after making an independent assessment of the information or advice, having regard to the directors' knowledge of the corporation and the complexity of the structure and operations of the corporation; […]."

unvoreingenommene und kritische Überprüfung des Rates erforderlich.[945] Auch in Section 717 (a) New York Business Corporations Law ist eine solche Überprüfungspflicht angelegt.[946]

Andererseits findet sich in Section 157 C (2) (b) Companies Act 1967, 2007 Singapore eine eher zurückhaltende Regelung: Der Direktor darf auf den eingeholten Rat nur vertrauen, wenn er eine angemessene Überprüfung des Rates durchführt. Eine solche Überprüfung ist jedoch nur dann erforderlich, sofern sich ein solches Überprüfungserfordernis aus den Umständen des Einzelfalls ergibt.[947] Das heißt, es müssen Zweifel am Rat ersichtlich sein, die alsdann zu einer Überprüfungsverpflichtung führen.

Section 141 (e) des Delaware General Corporation Law ist ausdrücklich eine solche Pflicht zur eigenständigen Überprüfung des Rates nicht zu entnehmen. Hier wird eine sehr eingeschränkte und restriktive Überprüfungsverpflichtung auf das „good faith" Prinzip gestützt. Demnach darf sich der Geschäftsleiter grundsätzlich auf den Rat verlassen, sofern er in „good faith" handelt. Grundlegend entschied jedoch das Supreme Court of Delaware in *Smith v. Van Gorkom*: A director is „entitled to good faith, not blind, reliance". Daher sei unter gewissen Umständen eine angemessene Untersuchung („reasonable inquiry") durch die Geschäftsleitung erforderlich.[948] Die nachfolgenden Gerichtsentscheidungen

---

945 *McDonald et.al.*, Experts' Reliance, S. 179. Siehe hierzu auch: *Southern Ressources Ltd. V. Residues Treatment & Trading Co. Ltd.* (1990) 56 SASR 455 (474): „[...] that means no more than that they, having listened to and assessed what their colleagues have to say, must bring their own mind to bear on the issue using such skill and judgment as they may possess." *Duke Group Ltd v. Pilmer*, (1999) 73 SASR 64 (187 f.): „Informed and experienced businessmen, such as the directors of Kia Ora, can be expected to be able to make a sound estimate of the worth of Western United, as a matter of business judgment, and not simply to accept and act upon expert advice without question. In our opinion the value of Western United and of its shares, was not a matter upon which the directors of Kia Ora were entitled to disregard their own knowledge [...] or to suspend judgment, as it were, [...] and act entirely upon the advice of NWP, without regard to their own commercial judgment."

946 „In so relying he shall be acting in good faith and *with such degree of care* [Hervorh. d. Verf.][...]." Siehe hierzu *Rokas*, 2 Am. U. Bus. L. Rev. 323 (336).

947 „Subsection (1) shall apply to a director only if the director makes proper inquiry where the need for inquiry is indicated by the circumstances [...]." Sehr ähnlich: Section 138 (2) (b) Companies Act 1993 (New Zealand).

948 *Smith v. Van Gorkom*, 488 A.2d 858 (875) (Del. 1985): „At a minimum for a report to enjoy the status conferred by § 141(e), it must be pertinent to the subject matter upon which a board is called to act, and otherwise be entitled to good faith, not blind, reliance."

scheinen jedoch die Überprüfungsverantwortung des Ratsuchenden weniger streng zu sehen. Beispielsweise wurde in der Entscheidung *Caremark* festgehalten, dass eine Enthaftung nur dann abzulehnen sei, wenn *ein anhaltendes und systematisches Fehlen einer Überwachung durch das Board* gegeben sei.[949] Eine allgemeine Überprüfungspflicht wird somit im Rahmen der Gesetzgebung aus Delaware nicht verlangt sein. Wenn sich das ratsuchende Geschäftsleitungsmitglied auf den Rat verlässt, für dessen gänzliche Inkorrektheit keine eindeutigen Zeichen erkennbar sind, wird von ihm grundsätzlich keine inhaltliche Überprüfung des Rates gefordert; es soll daher vermieden werden, dass der Ratsuchende als Garantiegeber für die Korrektheit des Rates einzustehen hat, obwohl ihm doch selbst gerade die notwendigen Kenntnisse zur Beurteilung der Fragestellung fehlen.[950] Hier wird vielmehr nur in extremen Fällen, in denen sich Geschäftsleiter bewusst über ihre Pflichten hinweggesetzt haben, eine Enthaftung abgelehnt. Daher führt beispielsweise ein fahrlässiges Nichterkennen von Mängeln des Rats grundsätzlich nicht zu einem Ausschluss. Vielmehr wird nach *Brehm v. Eisner* eine Enthaftung nur dann abgelehnt, wenn die Entscheidung derart eindeutig war, dass ein abweichendes Handeln als grob fahrlässig angesehen werden kann. Dies gilt nach der Entscheidung unabhängig davon, ob auf einen Rat vertraut wurde oder nicht.[951] Ob und wie tief eine eigenständige Überprüfung erforderlich ist, scheint auch in Delaware nicht abschließend geklärt zu sein, da stets die Besonderheiten des Einzelfalles zu beachten sind. Eine beispielsweise an das australische Recht angelehnte zwingende Überprüfungsverpflichtung ist dem

---

949 *In re Caremark International, Inc. Derivative Litigation*, 698 A.2d 959 (971) (Del. Ch. 1996): „a sustained or systematic failure of the board to exercise oversight".

950 *Uebler*, 65 BUSLAW 1023 (1043). Siehe auch *Drexler et al.*, Delaware corporation law and practice, § 15.06 [2] 15–51: „Thus, by statute, directors are relieved from any necessity to verify the accuracy of corporate records or of data provided to them by corporate officers, employees, and consultants. Hence, while the case law imposes a duty upon directors to become informed, it imposes no duty to research independently the underlying data, and liability will not be imposed for an action taken in good faith reliance upon what subsequently turns out to be inaccurate information."

951 *Brehm v. Eisner*, 746 A.2d 244 (261 f.) (Del. 2000): „[...] the complaint muss allege particularized facts (not conclusions) that, if proved, would show, for example, that: [...] the subject matter (in this case the cost calculation) that was material and reasonably available was so obvious that the board's failure to consider it was grossly negligent regardless of the expert's advice or lack of advice; [...]" Zudem: „This protection, however, is not without limitation, as in a case of corporate waste." Vgl. hierzu auch: *Rokas*, 2 Am. U. Bus. L. Rev. 323 (339).

Gesetzeswortlaut jedoch in keinem Falle zu entnehmen.[952] Da das Prinzip des „good faith“ nicht auf das deutsche Recht übertragbar ist, kann die in Delaware zum Ausdruck gebrachte Zurückhaltung hier nur in Bezug auf die notwendige Intensität der Plausibilitätskontrolle Berücksichtigung finden.

Aufgrund der oben beschriebenen Eigenverantwortung der Geschäftsleitung ist daher im deutschen Recht, vergleichbar zur Rechtslage in Australien, eine Plausibilitätskontrolle des ratsuchenden Geschäftsleitungsmitglieds stets erforderlich, um gerade eine vollständige Abwälzung der Verantwortung zu vermeiden und einen zusätzlichen Filter zur Sicherstellung der ordnungsgemäßen Entscheidungsvorbereitung einzuführen.[953]

Die Überprüfung durch den Rateinholenden wirkt sich zugleich auf die Sorgfältigkeit des Rates aus, da der Berater mit einer anschließenden Kontrolle rechnen muss. Zumal im Rahmen dieser Prüfung offensichtliche Mängel zu Tage treten werden, wird er bereits zur eigenen Haftungsprävention einen sorgfältigeren Rat erstellen.[954] Die hier befürwortete stets erforderliche Plausibilitätskontrolle darf, wie zu zeigen sein wird, jedoch nicht mit einer zwangsweisen intensiven Kontrollpflicht verwechselt werden. Vielmehr soll es grundsätzlich allein um die *Plausibilisierung* der Auskunft gehen.

Eine solche Überprüfungspflicht findet auch in Bezug auf einen gerichtlichen Sachverständigen Zustimmung. Beauftragt der Richter einen Sachverständigen, darf er das Gutachten nicht blind übernehmen, sondern muss es einer kritischen Würdigung unterziehen, sodass er eine *eigene* Entscheidung treffen kann und nicht lediglich eine fremde übernimmt.[955]

---

952 *Rokas*, 2 Am. U. Bus. L. Rev. 323 (344), der die Rechtslage und Rechtsprechungsentwicklung in Delaware ausführlich darlegt.

953 Aus australischer Sicht: *Australian Securities and Investments Commission v Healey and Others*, (2011) FCA 717 (582): „The failure to notice certain omissions may well be explicable — but here the directors, in some cases on their own admission, clearly looked solely to management and external advisors. If they had acted, as Senior Counsel for ASIC suggested, as the final filter, taking care to read and understand the financial accounts, the errors may have been discovered earlier than they were.“ Vgl. auch: *Secretary of State for Trade and Industry v Griffiths & Ors*, (1998) B.C.C. 836 (842): „A proper degree of delegation and division of responsibility is of course permissible, and often necessary, but not total abrogation of responsibility.“ Siehe auch: *Radin*, Business Judgment Rule, S. 616 ff.

954 *H.-F. Müller*, DB 2014, 1301 (1305).

955 BGH NJW 1982, 2874; BayOblG NJW-RR 1991, 1098 (1100); BayOblG NJW 2003, 216 (219): „Der Richter der Tatsacheninstanz muss das Sachverständigengutachten in jedem Fall auf seinen sachlichen Gehalt, seine logische Schlüssigkeit und darauf über-

III. Intensität der Überprüfungsverpflichtung

Eine allgemeine Bestimmung der Intensität der Plausibilitätskontrolle ist nicht möglich, sondern diese ist vielmehr von den jeweiligen Modalitäten des Einzelfalles abhängig. Wurde bereits erläutert, dass sie zwingend durchzuführen ist, muss aber gerade vermieden werden, dass die Anforderungen überspannt werden. Denn eine intensive Überprüfungspflicht des Geschäftsleiters würde den gesellschaftsrechtlichen Vertrauensgrundsatz aushöhlen. Wenn der Ratsuchende gleich selbstständig durch die Einarbeitung in die Materie die Informationen hätte ermitteln können, sodass die Tätigkeit des Beraters als überflüssig erscheint, kann jedenfalls eine derart tiefgehende Überprüfungsverpflichtung nicht gewollt sein.[956] Die Plausibilitätskontrolle soll vielmehr sicherstellen, dass gänzlich falsche oder unvollständige Gutachten vom Ratsuchenden erkannt werden, um diese nicht mehr in den Entscheidungsfindungsprozess einfließen zu lassen. Eine Plausibilitätskontrolle soll also eindeutig oberflächliche, einseitige oder widersprüchliche Gutachten aufdecken.[957]

1) Begriffsbestimmung

Als erster Ansatzpunkt zur Ermittlung der notwendigen Intensität der Plausibilitätskontrolle erscheint ein Blick auf die Wortbedeutung angebracht. Als Plausibilitätskontrolle oder -prüfung bezeichnet man grundsätzlich eine überschlagsartige Prüfung eines Vorhabens, die sicherstellen soll, dass das Ergebnis glaubwürdig bzw. einleuchtend ist und keine erheblichen Abweichungen von den geplanten Vorgaben gegeben sind.[958] Entscheidend ist somit eine Überprüfung, die das Beratungsergebnis auf dessen Nachvollziehbarkeit[959] kontrolliert.

---

prüfen, ob es von dem Sachverhalt ausgeht, den er selbst für erwiesen hält [...]. Zur Prüfung des sachlichen Gehalts und der logischen Schlüssigkeit gehört insbesondere auch die Prüfung, ob die Ausführungen des Gutachtens auf einem zutreffenden Verständnis der rechtlichen Voraussetzungen – hier des Begriffs der Geschäftsunfähigkeit – gründen [...]." Siehe auch: *Huber*, in: Musielak/Voigt, ZPO, § 402 Rn. 12; *Pastor*, in: Werner/Pastor, BauP, Rn. 3123 ff.; *Scheuch*, in: BeckOK, ZPO, § 402 Rn. 13.

956 Vgl. *Rokas*, 2 Am. U. Bus. L. Rev. 323 (336): „A broad interpretation of the requirement renders the reliance doctrine useless."

957 Siehe hierzu: BGH NZG 2015, 792 (795); *Strohn*, ZHR 176 (2012), 137 (142). Vgl. auch *Hahn/Naumann*, CCZ 2013, 156 (162 f.).

958 *Dichtl/Issing*, Wirtschaftslexikon, S. 1660 f.

959 Im zivilen Bauprozess wird etwa verlangt, dass das Gutachten des Sachverständigen für das Gericht und die Parteien *nachvollziehbar* ist, *Pastor*, in: Werner/Pastor, BauP, Rn. 3116.

Dies geschieht eben nicht durch eine tiefgreifende und auf jedes noch so geringe Detail ausgerichtete Kontrolle. Der Prüfungsumfang für den Ratsuchenden liegt somit erheblich unterhalb dem des Beraters.[960] Bereits an dieser Definition abzuleiten ist daher auch, dass im Grundsatz keinesfalls ein zweiter Berater beauftragt werden muss, um die Plausibilitätskontrolle durchzuführen, sofern etwa keine unwiderlegbaren Zweifel auftreten.[961] Zur Überprüfung des Rates bedarf es somit keiner Person, die über eine zum Erstberater vergleichbare Sachkunde verfügt.[962] Ferner ist es nicht erforderlich, dass sich das Organmitglied vertieft in die ihm zumeist unbekannte Materie einarbeitet und sich somit selbst fachkundige Kenntnisse verschafft. Verlangt wird mithin keine nochmalige detaillierte fachliche Überprüfung, sondern vielmehr eine Untersuchung des Rates auf offensichtliche Mängel.[963]

2) Anforderungen des BGH

Der BGH hat zumeist keine genaueren Ausführungen zur Plausibilitätskontrolle gemacht. Dennoch soll zumindest der knappe Wortlaut der jeweiligen Entscheidungen betrachtet werden. In den Entscheidungen aus dem Jahre 2007 verlangte dieser eine *eigene* Plausibilitätskontrolle[964] des ratsuchenden Geschäftsleitungsmitglieds. In seiner vieldiskutierten ISION-Entscheidung aus dem Jahre 2011 bedurfte es sodann einer „sorgfältigen Plausibilitätskontrolle“[965]. Hierdurch sollten die Anforderungen an die Organmitglieder erhöht werden, da im konkreten Fall

---

960 *Decker*, GmbHR 2014, 72 (77); *H.-F. Müller*, NZG 2012, 981 (982); *Piepenbrock*, Defense of Reliance, S. 209, 268. Vgl. aus strafrechtlicher Sicht: *Joecks*, in: MüKo, StGB, § 17 Rn. 63, wonach es keiner vollumfänglichen und detailliert inhaltlichen Überprüfung bedürfe, die einen Laien überfordern würde. Vielmehr komme es auf den Eindruck des Ratsuchenden an, den dieser von der Sorgfältigkeit des Beratungsergebnisses erlangen kann.

961 Im Ergebnis: *C. Arnold*, DB 2015, 1650 (1651); *Fleischer*, in: FS Hüffer, S. 187 (195), der eine unvoreingenommene Prüfung durch das ratsuchende Geschäftsleitungsmitglied verlangt. Die allgemeine Beauftragung eines zweiten Beraters zur Überprüfung des ersten ausdrücklich ablehnend, sofern keine Mängel ersichtlich sind: *Buck-Heeb*, BB 2013, 2247 (2255); *Grigoleit/Tomasic*, in: Grigoleit, AktG, § 93 Rn. 40; *H.-F. Müller*, NZG 2012, 981 (982). *Spindler* spricht davon, dass andernfalls eine „Spirale von Prüfungen eingeleitet“ würde, *Spindler*, in: MüKo, AktG, § 93 Rn. 82.

962 *Blöse*, GmbHR 2012, 746 (750).

963 Vgl. *Piepenbrock*, Defense of Reliance, S. 269.

964 BGH NZG 2007, 545; DStR 2007, 1641 (1642). Hieran anschließend auch etwa: OLG Stuttgart, NZG 2010, 141 (143).

965 BGH NZG 2011, 1271 (1273).

eine *besonders kritische Durchsicht* verlangt wurde.[966] Dies führte im Folgenden dazu, dass in vielen wissenschaftlichen Aufsätzen zu lesen war, dass der BGH nun wohl stets eine *sorgfältige* Plausibilitätskontrolle verlange.[967] Was damit genau gemeint war, blieb indes offen. Insbesondere finden die Besonderheiten des ISION-Falles in der wissenschaftlichen Diskussion eine zu geringe Beachtung. In den Entscheidungen des BGH aus dem Jahre 2012 und 2013 wird schließlich nicht mehr von einer besonders kritischen Plausibilitätskontrolle gesprochen, sondern lediglich gefordert, dass das Ergebnis einer Plausibilitätskontrolle unterzogen wird.[968] Zwar findet sich im neuen Urteil aus dem Jahr 2015 wiederum das Erfordernis einer „sorgfältigen Plausibilitätskontrolle“[969], dies ist aber – wie noch darzulegen ist – nicht mit einer besonders kritischen Prüfung gleichzusetzen.

In der ISION-Entscheidung wurden die ratsuchenden Geschäftsleitungsmitglieder sowohl vom stellvertretenden Aufsichtsratsvorsitzenden als auch von ihrem Steuerberater auf die Unzulässigkeit der geplanten Maßnahme hingewiesen, die zudem für die Gesellschaft von entscheidender Bedeutung war. Hieraus folgert der BGH zutreffend, dass aufgrund dieser Umstände erhöhte Anforderungen an die Geschäftsleitung zu stellen seien. Des Weiteren lasse das Vorgehen der Geschäftsleitung darauf schließen, dass bewusst die Satzung der Gesellschaft umgangen werden sollte. „Ein solches Vorgehen verlangte nicht nur eine gründliche rechtliche Prüfung durch einen für diese Frage fachlich qualifizierten Berufsträger, sondern auch *eine besonders kritische Plausibilitätsprüfung* [Hervorh. d. Verf.].“[970] Selbstverständlich hat der Geschäftsleiter stets sorgfältig i. S. d. §§ 93 I 1 AktG, 43 I GmbHG zu handeln, also auch die Plausibilitätskontrolle danach auszurichten. Dass von der Formulierung der ISION-Entscheidung in den darauf folgenden Urteilen wieder abgewichen wurde, zeigt, dass der BGH nicht zwangsläufig eine besonders kritische Durchsicht für erforderlich hält, sondern ein solch erhöhter Maßstab vielmehr auf die Umstände der konkreten Entscheidung zurückzuführen war. Für die Ermittlung der Intensität der Plausibilitätskontrolle stellt der BGH somit speziell auf den Einzelfall ab, wobei er grundsätzlich die Anforderungen hieran wohl nicht überspannen möchte, sofern nicht etwa speziell auf die Unzulässigkeit hingewiesen wurde oder sich sonstige Zweifel am Rat ergeben.

---

966 BGH NZG 2011, 1271 (1274).
967 Siehe nur: *Decker*, GmbHR 2014, 72 (77); *Gottschalk/Weng*, GWR 2013, 243 (246).
968 BGH NZG 2012, 672 (673); 2013, 1028 (1030).
969 BGH NZG 2015, 792 (794).
970 Insgesamt hierzu: BGH NZG 2011, 1271 (1274).

Dies hält der BGH auch in der bereits erwähnten Entscheidung aus dem Jahr 2015 erstmals fest:

> *„Die Plausibilitätskontrolle besteht nicht in einer rechtlichen Überprüfung der erhaltenen Rechtsauskunft. Sie beinhaltet vielmehr eine Überprüfung, ob dem Berater nach dem Inhalt der Auskunft alle erforderlichen Informationen zur Verfügung standen, er die Informationen verarbeitet hat und alle sich in der Sache für einen Rechtsunkundigen aufdrängenden Fragen widerspruchsfrei beantwortet hat oder sich auf Grund der Auskunft weitere Fragen aufdrängen."*[971]

Dieser zutreffende Grundgedanke muss insbesondere bei der Intensität der Überprüfung berücksichtigt werden. Hierauf wird zurückzukommen sein.[972]

3) Flexibler Prüfungsmaßstab

Die notwendige Intensität der Plausibilitätskontrolle ist anhand des jeweiligen Einzelfalles zu bestimmen. Hier ist somit ein flexibler Handlungsmaßstab angebracht, der an den jeweiligen Besonderheiten auszurichten ist. Konkret ist auf das bereits oben Gesagte zurückzugreifen: Das Informationsbedürfnis steigt sowohl mit der Bedeutung der geplanten Entscheidung für die Gesellschaft als auch mit dem einhergehenden Risiko. Je bedeutender bzw. je risikoreicher die geplante Maßnahme ist, desto weitreichendere Informationen müssen eingeholt werden.[973] Alltägliche Handlungen müssen daher einer geringeren Überprüfung unterzogen werden als spezielle strukturrelevante Maßnahmen.[974] Dies kann nach einer in der Literatur vertretenen Meinung sogar so weit führen, dass bei hochkomplexen Fragestellungen, die für die Gesellschaft von enormer Bedeutung sind, ein zweiter Berater beauftragt werden muss, folglich eine *second opinion* einzuholen ist. Ob allein die Komplexität einer geplanten Maßnahme eine zweite Meinung zwingend erfordert, ist jedoch zweifelhaft.[975]

Vielfach ist zu lesen, ein Geschäftsleiter müsse sich insoweit mit dem Rat beschäftigen, wie es einem Laien möglich sei und ein dementsprechendes Verständnis für den Rat entwickeln.[976] Sofern unter einem Laien eine Person

---

971 BGH NZG 2015, 792 (795).

972 Kapitel 3 E) III. 4) d) aa) und bb).

973 Vgl. Fn. 354. Siehe hierzu auch: *Sander/Schneider*, ZGR 2013, 725 (753 f.).

974 *H.-F. Müller*, DB 2014, 1301 (1305). Vgl. auch: *Peters*, AG 2010, 811 (813).

975 Siehe Kapitel 3 F) V.

976 *Fleischer*, ZIP 2009, 1397 (1404); *ders.*, in: FS Hüffer, S. 187 (194); *Peters*, AG 2010, 811 (816); *Selter*, AG 2012, 11 (18); *Strohn*, ZHR 176 (2012), 137 (142). *Spindler*, in: MüKo, AktG, § 93 Rn. 177 verweist auf die Parallelwertung in der Laiensphäre, die im Rahmen eines (Verbots-) Irrtums zu beachten sei.

verstanden wird, die im betroffenen Gebiet keinerlei Fachkenntnisse besitzt, lässt eine solch allgemeine Simplifizierung der Sorgfaltsanforderungen des Geschäftsleitungsmitglieds jedoch die Besonderheiten der kapitalgesellschaftlichen Organhaftung außer Acht. Denn auch hier ist der typisierte Sorgfaltsmaßstab zu berücksichtigen. Es wird hinsichtlich der Überprüfungspflicht somit auf die *erforderlichen* Kenntnisse eines Geschäftsleiters, eines in Art und Umfang vergleichbaren Unternehmens abgestellt. Hierbei kann ein individuelles, unterhalb des Erforderlichen liegendes Nichtwissen gerade nicht zu einer Abflachung der Kontrollpflichten führen.[977] Dies bedeutet zugleich, dass die vom Geschäftsleitungsmitglied erwartete Fachkunde mit dessen Überprüfungspflichten korreliert. Je näher die Fragestellung das allgemein erforderliche Geschäftsleiterwissen betrifft, desto genauer muss die Überprüfung ausfallen. Ist hingegen eine Frage betroffen, die in einem entfernten Fachgebiet angesiedelt ist, sind die Überprüfungsanforderungen entsprechend geringer. Das hat zur Folge, dass beispielsweise im Rahmen von rechtlichem oder wirtschaftlichem Rat eine im Vergleich zu einem Laien sorgfältigere Plausibilitätskontrolle erforderlich ist, da vom Organmitglied in diesen Bereichen zumindest Grundkenntnisse erwartet werden.[978] Demgegenüber bedeutet dies natürlich nicht, dass eine vollständige fachliche Überprüfung erfolgen müsste, wie es einer beruflich qualifizierten Person möglich wäre. Dennoch kann erwartet werden, dass das Geschäftsleitungsmitglied seine rechtlichen und wirtschaftlichen Grundkenntnisse bei der Überprüfung des Rates einsetzt.

Überzeugender als das allgemeine Abstellen auf ein laienhaftes Verständnis ist es daher, die jeweiligen Anforderungen anhand des typisierten Sorgfaltsmaßstabes auszurichten. Hiernach ist somit im Einzelfall zu entscheiden, ob eine

---

977 BGH NZG 2015, 792 (794). Aus dem englischen Recht: *Secretary of State for Trade and Industry v. Bairstow* (2004) EWHC 1730 (35), wonach der Geschäftsleiter sein allgemeines Wissen im Rahmen des Durcharbeitens des Gutachtens einsetzen müsse, um auf diese Weise offensichtliche Fehler ausfindig zu machen. Denn er könne sich nicht auf die erstellten Jahresabschlüsse verlassen. Diese Jahresabschlüsse „included matters which should, on a perusal of them, have been apparent to a man of Mr. Bairstow's business experience and knowledge of this particular company's affairs as being of at least doubtful accuracy or propriety." Gesetzlich kodifiziert ist ein flexibler Überprüfungsmaßstab am deutlichsten in Section 189 (b) des Corporations Act 2001 aus Australien: Die Kenntnis des Geschäftsleiters von der Gesellschaft, der Komplexität der Strukturen als auch der einzelnen Maßnahme wirkt sich auf die Überprüfungsintensität aus. Welche Auswirkungen ein im Einzelfall erhöhtes Fachwissen für die Plausibilitätskontrolle hat: Kapitel 3 E) VI.

978 Vgl. Kapitel 2 C) I.

zumindest im Vergleich zu einem Laien tiefergehende Befassung erforderlich ist. Die Beschränkung der Überprüfungspflicht auf ein nur laienhaftes Verständnis trifft somit nur hinsichtlich solcher Fachgebiete zu, bezüglich derer von der Geschäftsleitung keinerlei Kenntnisse erwartet werden und die auch nicht ausnahmsweise von der tatsächlichen Qualifikation des Ratsuchenden umfasst sind.

Weiterhin nimmt der zur Entscheidungsfindung zur Verfügung stehende Zeitrahmen Einfluss auf die Überprüfungsanforderungen. Sieht sich das Organmitglied einem besonderen Zeitdruck ausgesetzt, minimiert dies grundsätzlich die Intensität der Plausibilitätskontrolle.[979] Der Zeitdruck muss jedoch objektiv vorliegen. Besteht also eine tatsächliche und nachprüfbare Eilbedürftigkeit, beispielsweise im Rahmen von ad-hoc Mitteilungspflichten nach § 15 I WpHG, bedarf es nur einer weniger intensiven Plausibilitätskontrolle.[980] Wird der Zeitdruck hingegen lediglich fingiert, etwa durch eine selbstgesetzte, nicht gesetzlich vorgeschriebene Frist, oder wird dem Organmitglied vom Vorstandsvorsitzenden nur ein sehr begrenzter Zeitraum zur Überprüfung der Auskunft zur Verfügung gestellt, ohne dass eine rasche Entscheidungsfindung objektiv erforderlich wäre, kann dies die Anforderungen nicht verringern. In einem derartigen Fall muss sich das Organmitglied vielmehr die objektiv erforderliche Zeit nehmen, um eine angemessene Überprüfung sicherzustellen.

In der Entscheidung *Smith v. Van Gorkum* des Supreme Court of Delaware wurde ein willkürlicher Zeitdruck von einem Geschäftsübernahmespezialist erzeugt, indem er dem Board an einem Freitag lediglich drei Tage zur Entscheidungsfindung gab. In dieser Zeit sollten sich die Mitglieder über das von ihm entworfene Angebot bezüglich des Erwerbs der Unternehmensanteile einigen. Durch die Festlegung einer kurzen Zeitspanne wollte er vermutlich verhindern, dass andere Erwerber einen attraktiveren Kaufpreis mit dem Unternehmen aushandelten.[981] Da sich das Board auf diese begrenzte Zeit einließ, unterblieb eine genauere Überprüfung der Angemessenheit des Angebotspreises. Vielmehr wurde dem Angebot in einer nur zweistündigen Sitzung zugestimmt. Diese einseitige, objektiv nicht erforderliche zeitliche Begrenzung der Entscheidungsfindung führte nach der Entscheidung des Gerichts jedoch nicht zu einer Minimierung

---

979 *Buck-Heeb*, BKR 2011, 441 (448).

980 Vgl. zum Ganzen: *H.-F. Müller*, DB 2014, 1301 (1305 f.). Siehe auch: *Buck-Heeb*, BKR 2011, 441 (448); *Hahn/Naumann*, CCZ 2013, 156 (162); *Sander/Schneider*, ZGR 2013, 725 (754). Noch weitergehend, sodass wohl eine Plausibilitätskontrolle im sehr eilbedürftigen Einzelfall gänzlich entfallen könne: *Hopt/Roth*, in: Großkomm. AktG, § 93 Rn. 139.

981 Vgl. *Hamilton*, 24 WFLR 5 (24 Fn. 48).

der Überprüfungsanforderungen. Dem Urteil kann vielmehr entnommen werden, dass die fingierte zeitliche Begrenzung durch den Erwerber erst recht Anlass zur intensiveren Überprüfung gegeben hätte.[982]

Neben einer zeitlichen Begrenzung kann die formale Gestaltung des Rats Einfluss auf die Ausgestaltung der Plausibilitätskontrolle nehmen. Beispielsweise ist ein rein mündlich erteilter Rat regelmäßig weniger intensiv überprüfbar als ein schriftliches Gutachten. Dennoch darf dies nicht dazu führen, dass sich das Geschäftsleitungsmitglied keinerlei Gedanken mehr über den ihm erteilten Rat macht.[983]

Ferner wird in der Literatur die Ansicht vertreten, dass allein eine höhere Qualifikation des Beraters geringere Überprüfungsanforderungen des Ratsuchenden zur Folge habe; eine niedrigere Qualifikation führe dementsprechend zu höheren Überprüfungspflichten.[984] Diese Argumentation erscheint jedoch, zumindest in jener Allgemeinheit, als zweifelhaft. Es obliegt dem Ratsuchenden, einen qualifizierten Berater auszuwählen. Dabei darf etwa die Größe des Unternehmens berücksichtigt werden, sodass nicht zwangsläufig der bestqualifizierte Berater ausgewählt werden muss.[985] Ist der Ratsuchende diesen Anforderungen nachgekommen, richten sich die Anforderungen an die Plausibilitätskontrolle nicht an der Qualifikation des Beraters, sondern vielmehr an der Qualität des von diesem erteilten Rats aus. Der Rat ist allgemein auf dessen Plausibilität zu überprüfen, was sowohl bei einem hochspezialisierten als auch bei einem sonstigen ausreichend qualifizierten Berater zu erfolgen hat. Treten im Rahmen dieser Überprüfung Zweifel oder Mängel auf, die die Sorgfältigkeit des erteilten Rats in Frage stellen, hat die tatsächliche Spezialisierung des Beraters keine entscheidenden Auswirkungen auf die Überprüfungsintensität. Das Geschäftsleitungsmitglied

---

982 Insgesamt: *Smith v. Van Gorkum*, 448 A.2d 858 (875) (Del. 1985): „Considering all of the surrounding circumstances—hastily calling the meeting without prior notice of its subject matter, the proposed sale of the Company without any prior consideration of the issue or necessity therefor, the urgent time constraints imposed by Pritzker, and the total absence of any documentation whatsoever—the directors were duty bound to make reasonable inquiry of Van Gorkom and Romans, and if they had done so, the inadequacy of that upon which they now claim to have relied would have been apparent."

983 Siehe speziell zur mündlichen Beratung Kapitel 3 F) II.

984 *Buck-Heeb*, BKR 2011, 441 (447); *Sander/Schneider*, ZGR 2013, 725 (753); *Piepenbrock*, Defense of Reliance S. 267.

985 Vgl. *Binder*, AG 2012, 885 (891) in Bezug auf gebundene Entscheidungen. *Peters* stellt auf eine „ausreichende Sachkenntnis" und eben nicht auf die bestmögliche ab, *Peters*, AG 2010, 811 (815).

muss diesen Zweifeln uneingeschränkt nachgehen und versuchen, etwaige Mängel zu beheben. Überzeugt der erteilte Rat trotz alledem nicht, so kann sich der Ratsuchende hierauf nicht berufen, selbst dann, wenn er von einem hochspezialisierten Berater erteilt wurde. Vice versa, gibt ein nicht hochspezialisierter Berater einen schlüssigen Rat ab, der auf eine sorgfältige Arbeitsweise hinweist, sind an die Plausibilitätskontrolle keine höheren Anforderungen zu stellen. Daher ist ein solches Abwägen zwischen den unterschiedlichen Voraussetzungen grundsätzlich nicht möglich. Eine Überforderung des Ratsuchenden wird bereits dadurch verhindert, dass, wie bereits dargelegt, auf einen subjektiv/objektiven Maßstab in Bezug auf die Auswahl des Beraters abgestellt wird. Dieser Ansicht scheint die strafrechtliche Rechtsprechung zu folgen, da sie in einem Fall aus dem Jahre 2012 hinsichtlich der Prüfung eines unvermeidbaren Verbotsirrtums entschied, dass der erteilte Rat nicht bereits aufgrund der besonderen Qualifikation des Beraters als vertrauenswürdig gelte, sondern vielmehr der Ratsuchende sicherstellen müsse, dass der Rat nach einer eingehenden, von einer ausreichenden Fachkenntnis getragenen Prüfung erteilt wurde.[986]

Im Rahmen von behördlichen Auskünften wird vielmals darauf verwiesen, dass sich der Ratsuchende auf diese Auskunft verlassen könne, da Behörden regelmäßig auf ihrem Gebiet als besonders qualifiziert angesehen werden könnten. So seien Ausführungen der BaFin im Hinblick auf kapitalmarktrechtliche Zweifelsfragen derart vertrauenswürdig, dass etwa Auskünfte hinsichtlich der Verletzung von Mitteilungspflichten grundsätzlich ohne Nachprüfungspflicht einen schuldausschließenden Irrtum begründen würden.[987] Doch darf auch dies nicht zu einem blinden Vertrauen führen. Selbst Auskünfte einer Behörde müssen zumindest auf ihre allgemeine Plausibilität überprüft werden, denn sofern bei einer solchen Prüfung Zweifel an der Entscheidung auftreten oder die Auskunft auf einer fehlerhaften Begründung beruht bzw. eine solche gänzlich fehlt, darf hierauf nicht vertraut werden.[988] Sicherlich sind an die Überprüfung von Behördenauskünften jedoch aufgrund ihrer besonderen Vertrauenswürdigkeit nur geringe Anforderungen zu stellen.

---

986 BGH NJW 2013, 93 (97). Vgl. auch *Junker/Biederbick*, AG 2012, 898 (903), die an die Plausibilitätskontrolle hinsichtlich eines Rates von einem renommierten externen Berater die gleichen Anforderungen stellen wollen wie an einen internen Rat.

987 Dieses Beispiel anführend: *Sander/Schneider*, ZGR 2013, 725 (753). Vgl. hierzu auch: *Scholz*, AG 2009, 313 (321).

988 *Fleischer*, DB 2009, 1335 (1337).

4) Anforderungen im Allgemeinen

Im Folgenden sollen nun die grundsätzlichen Anforderungen an die Plausibilitätskontrolle betrachtet werden. Was muss der Geschäftsleiter tun, um seinen Pflichten nachzukommen? Inwieweit muss er den ihm erteilten Rat hinterfragen? Klar ist zunächst, dass sich das ratsuchende Organmitglied mit dem Rat auseinandersetzen muss. Nochmals zu erwähnen ist hier jedoch, dass die Anforderungen an das in der Regel nicht fachkundige Geschäftsleitungsmitglied nicht überspannt werden sollen, da aufgrund dieser fehlenden Fachkunde eine intensive Überprüfung praktisch kaum möglich ist.

a) Kenntnisnahme des Rates

Eine Haftungsprivilegierung des ratsuchenden Geschäftsleiters ist nur dann gerechtfertigt, wenn dieser durch den eingeholten Rat neue Erkenntnisse erlangt, die er im Rahmen der Entscheidungsfindung tatsächlich verwenden kann. Dies ist jedoch nur dann der Fall, wenn das Geschäftsleitungsmitglied den ihm erteilten Rat zur Kenntnis nimmt. Das bedeutet, dass er einen schriftlichen Rat zumindest lesen muss, einem mündlich erteilten Rat muss er aufmerksam zuhören. Eine Kenntnisnahme ist somit eine zwingende Voraussetzung,[989] da nur so ein Informationszuwachs garantiert werden kann, der zur sorgfältigen Entscheidungsvorbereitung vonnöten ist und somit gerade im Interesse der Gesellschaft liegt. Die schlichte Kenntnisnahme des Endergebnisses reicht hingegen nicht, da eine sorgfältige Durchsicht vom Geschäftsleiter erwartet werden kann, die sicherstellt, dass der zutreffende Sachverhalt zugrunde gelegt wurde, der Rat die geplante Maßnahme abdeckt und keine offensichtlichen Mängel vorliegen.[990] Ein

---

989 *Binder*, AG 2012, 885 (893) spricht von der Auseinandersetzung mit dem Rat. Nach *Fleischer*, KSzW 01.2013, 3 (9) müsse sich das Organmitglied mit dem erteilten Rat „hinreichend vertraut machen". Siehe auch: *Fleischer*, in: FS Hüffer, S. 187 (194); *Harnos*, Geschäftsleiterhaftung, S. 304; *Kleindiek*, in: Lutter/Hommelhoff, GmbHG, § 43 Rn. 14; *Kaulich*, Haftung von Vorstandsmitgliedern, S. 237; *Merkt/Mylich*, AG 2012, 525 (529); *H.-F. Müller*, NZG 2012, 981 (982); *Piepenbrock*, Defense of Reliance, S. 263; *Strohn*, ZHR 176 (2012), 137 (142).

990 *Hamilton*, 24 WFLR 5 (21): „A director is expected to read a written opinion or report and listen to an oral one; he or she cannot rely blindly on a report simply from the cover." *Hanson Trust PLC v. ML SCM Acquisition Inc.*, 781 F.2d 264 (275) (2nd Cir. 1986), wonach sich die Geschäftsleiter mit dem Gutachten angemessen vertraut machen müssen. Vergleichsweise wird in einem australischen Urteil das Leseerfordernis insbesondere damit begründet, dass der Geschäftsleiter auf diese Weise sicherstellen müsse, dass der Berater die richtigen Informationen dem Rat

eingeholtes Gutachten, das nicht einmal zur Kenntnis genommen wurde, ist zur Haftungsprivilegierung genauso wenig geeignet wie ein vollständiger Verzicht auf eine fachkundige Beratung. Denn ohne eine Kenntnisnahme kann nicht von einem *berechtigten Vertrauen* des Geschäftsleitungsmitglieds ausgegangen werden.[991] Nur durch eine Kenntnisnahme kann das Organmitglied seine eigenen Kenntnisse erweitern, sich infolgedessen mit den etwaig vorhandenen Risiken auseinandersetzen und somit eine ordnungsgemäße Entscheidung treffen.[992]

Um den Geschäftsleiter jedoch nicht zu überfordern, kann es angebracht sein, sich eine Zusammenfassung des Rates zusammenstellen zu lassen. Ein solches *management summary* kann aufgrund der fehlenden Kenntnisse des Geschäftsleiters, vor allem bei einem umfangreichen hundertseitigen Gutachten, erforderlich sein. Daher ist es dem Organmitglied gestattet, bei einem umfangreichen Rat eine Zusammenfassung zu verlangen und lediglich diese auf ihre Plausibilität zu überprüfen.[993] Eine andernfalls eintretende Überforderung des ratsuchenden Geschäftsleitungsmitglieds, die gerade nicht zu einem Informationszugewinn führt, sondern einer sorgfältigen Entscheidungsvorbereitung entgegenstehen würde, spricht nicht nur für eine solche Vorgehensweise, sondern macht diese im Einzelfall gar notwendig. Andernfalls würde der Ratsuchende vielfach „den Wald vor lauter Bäumen nicht mehr sehen".[994]

Weiterhin ist fraglich, in wie weit das Organmitglied den eingeholten Rat tatsächlich verstehen und nachvollziehen muss. *Krieger* vertritt die Ansicht, dass der Geschäftsleiter hierbei nicht das Gutachten vollständig verstehen müsse, da er sich im Allgemeinen auf den Berater verlassen dürfe. Dies wäre darauf zurückzuführen, dass er bereits dann seinen Pflichten nachgekommen sei, wenn

---

zugrunde gelegt habe: *Australian Securities and Investments Commission v Healey and Others*, (2011) FCA 717 (22). Vgl. auch: *American Law Institute*, Corporate Governance, § 4.02 Comment C.

991 *In re Healthco International Inc*, 208 BR 288 (307) (Bankr. D. Mass. 1997): „The defendants say they relied on the solvency opinions of Valuation Research Corporation. But they never saw those opinions before approving the transaction, so the opinions can hardly constitute 'reports' of an expert the directors were entitled to rely upon under section 141(e) of Delaware's corporation law."

992 *Merkt/Mylich*, NZG 2012, 525 (529); *Piepenbrock*, Defense of Reliance, S. 263.

993 Zum Ganzen: *Eckert*, in: Wachter, AktG, § 93 Rn. 22; *Kremer*, in: Gesellschaftsrecht in der Diskussion 2012, S. 171 (182); *Strohn*, CCZ 2013, 177 (183 f.); *ders.*, ZHR 176 (2012), 137 (142).

994 Vgl. aus amerikanischer Sicht: Fn. 265.

er von einem rechtmäßigen Handeln ausgehen konnte.[995] Hier muss aber besonders berücksichtigt werden, dass ein von einem Geschäftsleiter eingeholtes Gutachten speziell für diesen erstellt wird. Der Ratgeber kann daher in der Regel davon ausgehen, dass er seinen Rat für eine im entsprechenden Themengebiet nicht spezialisierte Person erstellt. Danach muss er sein Arbeitsprodukt ausrichten.[996] Insbesondere in Fachgebieten, in denen Grundkenntnisse vom Geschäftsleiter erwartet werden, sollte er somit den Rat verstehen können.[997] Dies trifft somit wiederum vor allem auf Gutachten im rechtlichen und wirtschaftlichen Bereich zu.

Ist es dem Geschäftsleiter zunächst nicht möglich, diesen Rat zu verstehen, führt dies nicht unmittelbar zum Ausschluss der Haftungsprivilegierung, jedoch kann von ihm erwartet werden, dass er mit dem Berater Rücksprache hält, sich etwaige Schwierigkeiten erklären lässt und somit die Verständnisprobleme beseitigt.[998]

b) Überprüfung der dem Rat zugrunde liegenden Informationen

Nimmt das Organmitglied den Rat zur Kenntnis, muss es sicherstellen, dass der Berater alle notwendigen Informationen berücksichtigt hat.[999] Denn nur wenn dies gewährleistet ist, beruht der Rat auf einer sorgfältigen Informationsgrundlage und kann in die Entscheidungsfindung mit einbezogen werden. Um eine solche Überprüfung durchzuführen, ist es förderlich, wenn das Gutachten zumindest eine Zusammenfassung des zugrunde gelegten Sachverhalts wiedergibt.[1000]

---

995 *Krieger*, ZGR 2012, 496 (502). Nach *Potten*, Irrtum in der kartellrechtlichen Entscheidungspraxis, S. 90 muss Ratsuchende nicht alle juristischen Bewertungen vollumfassend nachvollziehen. Vielmehr genüge er bereits seinen Anforderungen, wenn er sich *bemüht* habe, eine ordnungsgemäße Entscheidung zu treffen.

996 *Strohn*, CCZ 2013, 177 (183).

997 Strenger hier: *Strohn*, CCZ 2013, 177 (183), der generell erwartet, dass der Geschäftsleiter den Rat unabhängig vom entsprechenden Fachgebiet nachvollziehen müsse. Siehe zum notwendigen Verständnis einer Vermögensbilanz: *Australian Securities and Investments Commission v Healey and Others*, (2011) FCA 717 (22).

998 *Binder*, AG 2012, 885 (893); *Decker*, GmbHR 2014, 72 (77). Auf die generelle Möglichkeit zu Rückfragen verweisend: *H.-F. Müller*, DB 2014, 1301 (1306). Siehe zum notwendigen Verständnis eines Rates in entfernten Sachgebieten: Kapitel 3 E) VII.

999 BGH NZG 2015, 792 (795); *Fleischer*, NZG 2010, 121 (124); *ders.*, ZIP 2009, 1397 (1404); *Goette*, DStR 2007, 1176 (1177); *Harnos*, Geschäftsleiterhaftung, S. 304; *Kreuz*, Enthaftung des Geschäftsleiters, S. 78; *Merkt/Mylich*, NZG 2012, 525 (529); *H.-F. Müller*, DB 2014, 1301 (1304 f.); *Piepenbrock*, Defense of Reliance, S. 270 f.

1000 *Gottschalk/Weng*, GWR 2013, 243 (246); *Strohn*, ZHR 176 (2012), 137 (139).

Eine solche Überprüfungspflicht korreliert mit der ursprünglichen Informationsverpflichtung. Hat der Geschäftsleiter nach Beauftragung des Experten diesem ausführliche und vollumfängliche Informationen bereitgestellt und zudem das notwendige Informationsniveau mit ihm abgesprochen, ist wenig mehr als eine knappe Durchsicht der dem Rat zugrunde gelegten Tatsachen erforderlich. Schließlich liegt es nach einer ordnungsgemäßen Informationserteilung in der Verantwortung des Beraters, den Rat hierauf aufbauend zu erstellen. Daher ist eine tiefergehende Überprüfungspflicht hinsichtlich der berücksichtigen Tatsachen nur dann anzunehmen, wenn sich für das Geschäftsleitungsmitglied Anhaltspunkte ergeben, die auf eine Unvollständigkeit oder Fehlerhaftigkeit dieser Informationen hinweisen.[1001] Hat der Geschäftsleiter seine ursprüngliche Informationsverantwortung an einen Mitarbeiter des Unternehmens delegiert, muss er im Rahmen der Plausibilitätskontrolle die dem Berater zur Verfügung gestellten Informationen genauer überprüfen.[1002]

Da das Geschäftsleitungsmitglied auch die Pflicht trifft, den Berater über zwischenzeitlich eingetretene Änderungen des Sachverhalts zu informieren, muss er in der anschließenden Überprüfung ebenfalls sicherstellen, dass der Berater diese berücksichtigt hat.[1003] Je bedeutender die Änderungen des Sachverhalts sind, desto genauer muss das Organmitglied überprüfen, ob sie Einfluss auf den erteilten Rat hatten. Hier ist gar eine detailliertere Überprüfung angebracht, da sich die Auskunftsperson während der Zeit der Raterstellung auf die geänderte Sachlage einstellen und somit ggf. Änderungen vornehmen musste.

c) *Vollständige Abdeckung der geplanten Maßnahme*

Weiterhin muss sich der Geschäftsleiter davon überzeugen, dass der erteilte Rat die geplante Maßnahme tatsächlich abdeckt. Gänzlich abstrakte und theoretische

---

1001 *Decker*, GmbHR 2014, 72 (77) hält die Überprüfung der zugrunde liegenden Informationen nur bei Zweifeln an deren Richtigkeit für notwendig. Siehe allgemein zur Überprüfungspflicht der zugrunde liegenden Informationen: *Fleischer*, NZG 2010, 121 (124); *Goette*, DStR 2007, 1174 (1177); *Gottschalk/Weng*, GWR 2013, 243 (246); *Merkt/Mylich*, NZG 2012, 525 (529); *Sander/Schneider*, ZGR 2013, 725 (754). Nach *Hahn/Naumann*, CCZ 2013, 156 (162) müsse der Sachverhalt auf Vollständigkeit und Korrektheit überprüft werden. Aus dem Strafrecht: *Kirch-Heim/Samsung*, wistra 2008, 81 (85).

1002 Siehe Kapitel 3 D) III. 1).

1003 *Gottschalk/Weng*, GWR 2013, 243 (246); *Nowak*, GmbHR 2012, 1294 (1299). Vgl. auch zum Erfordernis der fortlaufenden Aktualisierung der zur Verfügung gestellten Informationen Fn. 898.

Auskünfte, die keinen Bezug zum konkreten Sachverhalt haben, die also ohne Subsumtion die Besonderheiten des Einzelfalles unberücksichtigt lassen, genügen somit nicht.[1004]

Das OLG Stuttgart sah ein Gutachten eines Rechtsanwalts zu den allgemeinen Rahmenbedingungen des § 71 II 2 AktG als nicht ausreichend an.[1005] Ob die erforderliche Rücklage von der Gesellschaft im konkreten Fall tatsächlich gebildet werden konnte, überprüfte der Anwalt nicht. Die Geschäftsleitung hätte daher einen zusätzlichen Berater einschalten müssen, sodass neben den allgemeinen rechtlichen Ausführungen auch die zur Beurteilung der Maßnahme notwendigen wirtschaftlichen Bewertungen fachkundig hätten erfolgen können. Der eingeholte Rat muss somit eine vollumfängliche Beurteilung der Sachlage des konkreten Falles enthalten. Daher ist im Rahmen der Plausibilitätskontrolle stets sicherzustellen, dass der eingeholte Rat die geplante Maßnahme vollumfänglich abdeckt.[1006] Überprüft werden muss schließlich auch, dass der Berater die an ihn herangetragene Frage vollständig verstanden, untersucht und letztlich bewertet hat.[1007]

Hieran anknüpfend genügt es nicht, dass sich das ratsuchende Geschäftsleitungsmitglied zu Beginn über die Zulässigkeit einer länger andauernden Maßnahme erkundigt. Im Falle des OLG Stuttgart erstreckte sich der Rückerwerb der Aktien über mehrere Jahre, sodass zu jedem geplanten Rückerwerb die Voraussetzungen erneut hätten geprüft werden müssen.[1008] In der amerikanischen Entscheidung *Smith v. Van Gorkum* wurde vergleichbar festgehalten, dass ein eingeholtes Gutachten eben nur dann zu einer Haftungsprivilegierung nach

---

1004 Vgl. *H.-F. Müller*, DB 2014, 1301 (1304 f.).

1005 Siehe zum Sachverhalt der Entscheidung: Kapitel 3 C) I. 3) a).

1006 OLG Stuttgart, NZG 2010, 141 (143 f.). Vgl. hierzu auch aus der strafrechtlichen Rechtsprechung, hinsichtlich eines Verbotsirrtums im Rahmen des Urheberrechts: BGH NJW 2013, 93 (98), wonach allgemeine rechtliche Auskünfte ohne konkreten Sachverhaltsbezug nicht genügen. Zudem: BGH NZG 2007, 1641 (1642). Der BGH führt aus, dass, wenn die in Frage stehende Prüfung der Insolvenzreife bereits nicht Prüfungsgegenstand des Gutachtens war, ein solches auch nicht enthaftend wirken könne. Siehe auch: BayObLG NJW 1965, 163 (164); *Decker*, GmbHR 2014, 72 (77); *Fleischer*, KSzW 01.2013, 3 (9); *ders.*, NZG 2010, 121 (124); *ders.*, in: FS Hüffer, S. 187 (198); *Hahn/Naumann*, CCZ 2013, 156 (162); *Kreuz*, Enthaftung des Geschäftsleiters, S. 82; *Merkt/Mylich*, NZG 2012, 525 (529); *H.-F. Müller*, DB 2014, 1301 (1304 f.); *Peters*, AG 2010, 811 (816); *Selter*, AG 2012, 11 (17 f.).

1007 Vgl. *H.-F. Müller*, DB 2014, 1301 (1304).

1008 OLG Stuttgart, NZG 2010, 141 (144). Eine „Generalabsolution" sei daher nicht zulässig.

Section 141 (e) DGCL führe, wenn der Geschäftsleiter sicherstelle, dass es die konkret geplante Maßnahme umfasst.[1009]

Weiterhin muss der Umfang des Rates der Komplexität der geplanten Maßnahme entsprechen. Daher bedarf es zumeist eines Gutachtens von einem gewissen Umfang, wenn etwa eine bedeutende oder gar strukturändernde Maßnahme geplant ist. Beispielsweise können den mit einer Unternehmensübernahme einhergehenden Risiken kaum auf einem nur wenige Seiten fassenden Dokument Rechnung getragen werden. Ähnlich lehnte das Court of Chancery of Delaware in *Union Illinois v. Korte* eine Enthaftung der Direktoren ab. Diese hatten sich auf den Finanzdirektor verlassen, der den Kaufpreis für einen Aktienverkauf auf 15 $ pro Aktie festlegte. Da die nur sehr knappe Präsentation des Finanzdirektors jedoch keine objektiven Informationen über das Zustandekommen des Preises bot, stellte dies keine für Section 141 (e) DGCL ausreichende Beratung dar.[1010]

d) *Inhaltliche Überprüfung auf offensichtliche Mängel und Begründungslücken*

An die grundlegende und eher formale Prüfung des Rats schließt sich die Frage an, inwieweit dem Geschäftsleiter eine inhaltliche Überprüfung obliegt. Gegen eine intensive Prüfungspflicht sprechen sowohl die Wortbedeutung der *Plausibilitäts*kontrolle als auch der hierdurch ausgehöhlte Nutzen der Beratung für das Geschäftsleitungsmitglied.[1011] Dies führt dazu, dass in der Regel, sofern im Einzelfall keine Zweifel am erteilten Rat auftreten, eine Überprüfung auf offensichtliche Mängel beschränkt ist. Somit muss der Geschäftsleiter sicherstellen, dass das Gutachten nicht offensichtlich einseitig, unvollständig oder fehlerhaft ist und es darüber hinaus keine widersprüchlichen Ausführungen enthält.[1012]

1009 *Smith v. Van Gorkum*, 448 A.2d 858 (875) (Del. 1985).

1010 *Union Illinois v. Korte*, 2001 WL 1526303 (11) (Del. Ch. 2001): „[...] the board was provided with no objective information about how the stock price of $15 was arrived at, other than the ESOP valuation and sale to the Missouri directors, neither of which were indicators of the actual value of the shares. Therefore, the individual directors cannot rely upon § 141(e) as a prophylaxis against liability."

1011 Siehe ausführlich: Kapitel 3 E) III 1).

1012 *Hahn/Naumann*, CCZ 2013, 156 (162). *Schäfer*, WM 2012, 1022 (1025) fordert eine Überprüfung der Auskunft, sodass sichergestellt wird, dass diese „widerspruchsfrei ist und nicht gegen Denkgesetze verstößt". Siehe auch: *A. Ulmer*, BLJ 2013, 59 (64). Aus dem Australischen: *Yale Law Journal*, 70 YLJ 978 (980): Offensichtliche Mängel, die ein durchschnittlich intelligenter Mensch erblicken würde, schlössen die Enthaftung aus. Siehe auch: *Harnos*, Geschäftsleiterhaftung, S. 304; *Joecks*, in: MüKo, StGB, § 17 Rn. 64; *Kirch-Heim/Samson*, wistra 2008, 81 (85).

Dabei müssen versteckte, im Detail liegende Mängel nicht zwangsläufig erkannt werden, da ein detailliertes Einarbeiten in die unbekannte Materie nicht gefordert wird[1013] und der Geschäftsleiter sich, von offensichtlichen Mängel abgesehen, grundsätzlich auf den ihm erteilten Rat verlassen kann[1014]. Müsste er jeden eingeholten Rat einer detaillierten inhaltlichen Kontrolle unterziehen, würden diese erheblichen Anstrengungen zumeist eine unweigerliche Vernachlässigung sonstiger Pflichten mit sich bringen.

Auch der Nutzen einer vertieften Überprüfung ist äußerst fraglich: Warum dem im entsprechenden Fachgebiet unqualifizierten Geschäftsleitungsmitglied Fehler auffallen sollten, auf die selbst der fachkundige Berater im Rahmen einer sorgfältigen Begutachtung nicht aufmerksam wurde, vermag nicht einzuleuchten.[1015] Verlangte man eine intensive Überprüfungspflicht, würde der Geschäftsleiter gleichsam die Garantie für den Rat übernehmen, obwohl ihm doch die notwendigen Fachkenntnisse fehlen.[1016] Andererseits ist die Ansicht von *Merkt/Mylich* abzulehnen, die die Plausibilitätskontrolle grundsätzlich nur auf die Überprüfung des zugrunde liegenden Sachverhalts erstrecken wollen.[1017] Keinesfalls überspannt eine inhaltliche, auf offensichtliche Mängel begrenzte Plausibilitätskontrolle die Sorgfaltsanforderungen des Geschäftsleiters, in dessen

---

1013 *Schäfer*, WM 2012, 1022 (1025), der eine Recherche in juristischer Fachliteratur zur Überprüfung eines Rechtsrats grundsätzlich nicht für erforderlich hält. *Blöse*, GmbHR 2010, 864 (869) geht zutreffend davon aus, dass sich der Geschäftsleiter zur Überprüfung des Rates keine vertieften rechtlichen, steuerlichen oder bilanziellen Kenntnisse aneignen müsse. Nach *Joecks*, in: MüKo, StGB, § 17 Rn. 64 müsse die Fehlerhaftigkeit des Gutachtens bei „mäßiger Anstrengung von Verstand und Gewissen" erkennbar sein.

1014 *Hölters*, in: Hölters, AktG, § 93 Rn. 250. Zudem ist zu beachten, dass das nicht fachkundige Geschäftsleitungsmitglied zu einer intensiven fachlichen Überprüfung des Rates wohl kaum in der Lage sein wird, *Kleindiek*, in: Lutter/Hommelhoff, GmbHG, § 43 Rn. 14.

1015 Ähnlich: *Hennrichs*, in: FS Hommelhoff, S. 383 (395). Anders ist dies natürlich, wenn es sich um ein offensichtlich fehlerhaftes Gutachten handelt. Dann kann nicht davon ausgegangen werden, dass der Berater sorgfältig gearbeitet hat, sodass diese Mängel gerade erkennbar sind. Vgl. im Rahmen der strafrechtlichen Literatur: *Löw*, Erkundigungspflicht beim Verbotsirrtum, S. 112; *Neumann*, in: NK-StGB, § 17 Rn. 79.

1016 So aus dem Amerikanischen: *Uebler*, 65 BUSLAW 1023 (1043). Vgl. *Hennrichs*, in: FS Hommelhoff, S. 383 (395).

1017 Siehe Fn. 934.

Verantwortung es liegt, für eine ordnungsgemäße Entscheidungsfindung Sorge zu tragen.[1018]

Die Rechtsprechung nahm beispielsweise bereits an, dass es keinen schuldausschließenden Rechtsirrtum begründen könne, wenn die vorgeschlagene Maßnahme eindeutig sittenwidrig sei.[1019] Das macht somit eine Überprüfung auf eine offensichtliche Sittenwidrigkeit des Rates erforderlich. Hierauf ist die Überprüfungspflicht jedoch nicht beschränkt. Vielmehr ist dieser Gedanke fortzuführen, sodass es zur ordnungsgemäßen Sorgfalt des Geschäftsleiters gehört, erhaltene Auskünfte auf allgemein offensichtliche Mängel hin zu überprüfen. Denn die Zugrundelegung von Informationen eines Dritten im Rahmen der Entscheidungsfindung, die für den Geschäftsleiter durch *einfaches Nachdenken* als fehlerhaft erkennbar waren, entspricht nicht der Sorgfalt eines ordentlichen und gewissenhaften Geschäftsleiters. Daher ist eine Überprüfung des Rates auf offensichtliche Mängel erforderlich.[1020] Vergleichbar ist in der strafrechtlichen Rechtsprechung und Literatur anerkannt, dass ein Rechtsrat nicht entschuldigend wirken kann, sofern er sich für den Täter durch geringes Nachdenken als falsch, vordergründig oder abwegig erweist.[1021]

Speziell von einem Geschäftsleiter wird bei der Überprüfung erwartet, dass er den Rat mit seinen im Geschäfts- und Wirtschaftsleben gewonnenen Erfahrungen abgleicht.[1022] Beispielsweise kann hierzu auf das Wissen, das der Geschäftsleiter bei ähnlichen Vorgängen gewonnen hat, zurückgegriffen werden, sodass ihm etwaige Fehler oder nicht sorgfältig erstellte Darstellungen leichter auffallen. Auch wird es ihn zur tiefergehenden Überprüfung anregen, wenn eine

---

1018 Siehe auch: *Hawes/Sherrard*, 62 Va. L. Rev. 1 (36): „When a person occupies a position of trust, one may also expect him to be generally familiar with the legal responsibilities that govern his fiduciary role. In these situations, when the law is neither complex nor uncertain, a rule that the advice be ostensibly correct does not appear unduly harsh."

1019 Vgl. Fn. 78.

1020 *Blöse*, GmbHR 2010, 864 (869); *Fleischer*, KSzW 01.2013, 3 (9); *ders.*, NZG 2010, 121 (124); *ders.*, in: FS Hüffer, S. 187 (195); *Gottschalk/Weng*, GWR 2013, 243 (246); *Hahn/Naumann*, CCZ 2013, 156 (162); *H.-F. Müller*, DB 2014, 1301 (1305); *ders.*, NZG 2012, 981 (982); *Peters*, AG 2010, 811 (816); *Piepenbrock*, Defense of Reliance, S. 271 ff.; *Sander/Schneider*, ZGR 2013, 725 (754 f.); *Selter*, AG 2012, 11 (18); *Strohn*, CCZ 2013, 177 (183); *ders.*, ZHR 176 (2012), 137 (141 f.).

1021 Vgl. BGHSt 2, 188 (193); BayOblG wistra 1992, 273 (274); *Joecks*, in: MüKo, StGB, § 17 Rn. 63; *Vogel*, in: LeipzKomm., § 17 Rn. 86. *Roxin*, Strafrecht AT, § 21 Rn. 62 spricht von für den Laien offensichtlich erkennbaren Mängeln der Auskunft.

1022 *Fleischer*, in: MüKo, GmbHG, § 43 Rn. 42e.

vergleichbare Situation zu einem früheren Zeitpunkt abweichend beurteilt wurde.[1023] Daher ist ein solcher Abgleich mit den Erfahrungen des Geschäftsleiters zwingend zu fordern.[1024] Hierdurch vermag er Zweifel an der Beurteilung eher erkennen, als dies einer nicht im Geschäftsleben tätigen Person möglich wäre.

aa) Offensichtliche Einseitigkeit oder Widersprüchlichkeit des Gutachtens

Ein für den Geschäftsleiter erkennbar *einseitiges* oder *vordergründiges* Gutachten ist keinesfalls zur Entscheidungsfindung geeignet.[1025] Eine Einseitigkeit des Gutachtens wird das Organmitglied ohne detaillierte Prüfung erkennen können. Enthält das Gutachten somit lediglich unilaterale Ausführungen, lässt es also Gegenargumente gänzlich außer Betracht, darf dies der Geschäftsleiter nicht ohne Weiteres hinnehmen. Verschließen sowohl Ratgeber als auch Ratsuchender ihre Augen vor entgegengesetzten Meinungen, ist eine Haftungsprivilegierung abzulehnen. Daher ist zumindest eine Rückfrage beim Berater erforderlich, die auf entgegengesetzte Meinungen verweist. Führt dies nicht zur notwendigen Auseinandersetzung mit etwaigen Gegenpositionen, scheidet der erteilte Rat als sorgfältige Entscheidungsgrundlage aus. Der Geschäftsleiter muss in einem solchen Fall vielmehr eine *second opinion* einholen und hierbei sicherstellen, dass der zweite Berater den Rat unter Berücksichtigung von Gegenargumenten erstellt.

Vergleichbar ungeeignet ist ein Gutachten, das offensichtlich widersprüchliche Angaben enthält, respektive nicht in sich schlüssig ist.[1026] Doch hier ist Vorsicht geboten, um die Sorgfaltsanforderungen nicht zu überspannen. Eindeutige Widersprüche muss der Geschäftsleiter erkennen. Andererseits ist nicht zu verlangen, dass fachlich detaillierte und hochkomplexe Ausführungen auf ihre Einzelheiten und somit auf ihre Widerspruchsfreiheit überprüft werden, da hierfür

---

1023 *H.-F. Müller*, DB 2014, 1301 (1305).

1024 Zum Ganzen: *Fleischer*, KSzW 01.2013, 3 (9); *ders.*, ZIP 2009, 1397 (1404); *ders.*, in: FS Hüffer, S. 187 (195); *Hahn/Naumann*, CCZ 2013, 156 (162); *H.-F. Müller*, DB 2014, 1301 (1305); *Piepenbrock*, Defense of Reliance, S. 274 f.; *Selter*, AG 2012, 11 (18).

1025 *Hahn/Naumann*, CCZ 2013, 156 (162); *H.-F. Müller*, DB 2014, 1301 (1305); *Peters*, AG 2010, 811 (816); *Piepenbrock*, Defense of Reliance, S. 272. Vgl. *Binder*, AG 2008, 274 (286). Dieser spricht allgemein von der erkennbaren Fehlerhaftigkeit des Rates. Siehe auch aus dem Strafrecht: BGH NStZ 2000, 307 (309); BGH, Urt. v. 03.04.2008, 3 StR 394/07, BeckRS 2008, 06865 (Rn. 40); BGH NJW 2013, 93 (97); *Kirch-Heim/Samson*, wistra 2008, 81 (85); *Sternberg-Lieben/Schuster*, in: Schönke/Schröder, StGB, § 17 Rn. 18.

1026 So nun auch ausdrücklich: BGH NZG 2015, 792 (795); *Hahn/Naumann*, CCZ 2013, 156 (162); *Piepenbrock*, Defense of Reliance, S. 272 f.; *Schäfer*, WM 2012, 1022 (1025).

eine besondere Qualifikation im entsprechenden Gebiet erforderlich wäre, die der Geschäftsleiter in der Regel gerade nicht besitzt. Wurden zudem vergleichbare Maßnahmen als unzulässig bewertet, muss der Geschäftsleiter einen besonderen Blick auf das Beratungsergebnis haben und sich vergewissern, dass eine abweichende Ansicht auf einer schlüssigen und nachvollziehbaren Begründung beruht. Noch sorgfältiger muss er den Rat überprüfen, sofern gar zur konkreten Situation abweichende Ansichten vorliegen.[1027]

bb) Überprüfung der Entscheidungsgrundlagen

Offen ist weiterhin die Frage, ob die Entscheidungsgrundlagen der Beratung in die Überprüfung mit eingeschlossen werden müssen. So geht die zustimmende Ansicht in Bezug auf rechtlichen Rat etwa davon aus, dass der Geschäftsleiter überprüfen müsse, ob der Rat die höchstrichterliche Rechtsprechung oder Fachliteratur berücksichtigt habe.[1028] Weniger streng ist etwa *Decker*, der eine solche Überprüfung nur dann für erforderlich hält, wenn die Rechtslage nicht eindeutig sei und somit am Ende des Rates ein offenes Ergebnis stehe.[1029]

Mag die Überprüfung, *ob* der Rat die höchstrichterliche Rechtsprechung berücksichtigt, einen gänzlich juristischen Laien bereits überfordern, da er sich über die Zusammenhänge zwischen Gesetzgebung und Rechtsprechung oder etwa über die Bedeutung der Rechtsprechung für die konkrete Rechtsanwendung nicht im Klaren ist, kann jedoch von einem Geschäftsleiter aufgrund seiner notwendigen rechtlichen Grundkenntnisse mehr verlangt werden. Angesichts der notwendigen Kenntnisnahme des Rates kann er bereits ohne besonderen Aufwand feststellen, ob entscheidende juristische Literatur und die höchstrichterliche Rechtsprechung berücksichtigt wurden oder ob entsprechende Verweise gänzlich fehlen. Daher muss sich der Geschäftsleiter darüber vergewissern, dass das Gutachten diese Nachweise enthält.[1030] Da von ihm jedoch keine allumfassenden und tiefgreifenden juristischen Kenntnisse erwartet werden, genügt er damit seinen Anforderungen. Eine weitergehende Überprüfung, ob die zitierten

1027 BGH NZG 2011, 1271 (1273 f.). Hier verlangte der BGH eine „besonders kritische Plausibilitätsprüfung", da das ursprünglich geplante Vorhaben vom stellvertretenden Aufsichtsratsvorsitzenden als auch vom Steuerberater der Gesellschaft als unzulässig beurteilt wurde. Siehe auch: *H.-F. Müller*, DB 2014, 1301 (1305).

1028 OLG Stuttgart, NZG 2011, 634 (635); *Gottschalk/Weng*, GWR 2013, 243 (246); *Strohn*, CCZ 2013, 177 (183); *ders.*, ZHR 176 (2012), 137 (142). Siehe auch: *Fleischer*, ZIP 2009, 1309 (1404); *ders.*, in: FS Hüffer, S. 187 (195).

1029 *Decker*, GmbHR 2014, 72 (77).

1030 *Strohn*, CCZ 2013, 177 (183). Vgl. zudem: *Piepenbrock*, Defense of Reliance, S. 276.

Entscheidungsgrundlagen inhaltlich zutreffend sind, kann von ihm nicht verlangt werden.[1031] Die Überprüfung der Ausführungen der Fachliteratur ist ebenfalls grundsätzlich nicht erforderlich und würde den Geschäftsleiter vielfach überlasten, sofern sich keine Zweifel an der Auskunft ergeben. Andernfalls würde letztlich wiederum der Vertrauensgrundsatz ausgehöhlt.[1032] Denn eine gänzliche Überprüfungspflicht hinsichtlich der zitierten Rechtsprechung und der sonstigen Materialien würde den Nutzen einer (Rechts-) Auskunft auf Null reduzieren.

In einer Entscheidung aus dem Jahr 2013 hielt der BGH eine telefonische Auskunft gegenüber einem Gesellschafter für unzureichend. Wäre der Rat schriftlich erteilt worden, hätte der Gesellschafter aufgrund der dort darzulegenden Rechtsprechung des BAG kritisch überprüfen müssen, welche Arbeitnehmer einem vom Arbeitgeber erklärten Vorbehalt widersprochen hatten.[1033] Ein solches Vorgehen ist bereits dann möglich, wenn sich das Geschäftsleitungsmitglied darüber vergewissert, dass der Rat die höchstrichterliche Rechtsprechung, in diesem Falle des BAG, enthält. Dass sich das Geschäftsleitungsmitglied über die *Korrektheit* der zitierten Rechtsprechung vergewissern hätte müssen, ist dem Urteil jedoch nicht zu entnehmen. Zudem würde eine derart tiefgreifende Überprüfungsverpflichtung nicht mehr der Bedeutung des Wortes „Plausibilitätskontrolle" entsprechen und somit letztlich der Rechtsprechung des BGH zuwiderlaufen. Andernfalls hätte der BGH beispielsweise eine „vollständige Kontrolle" durch das Geschäftsleitungsmitglied fordern müssen. Das Verlangen einer besonders kritischen Plausibilitätsprüfung und einer damit einhergehenden vertieften Überprüfungsverantwortung ist, wie bereits gezeigt, in der ISION-Entscheidung den Umständen des Einzelfalles und den dort aufgetretenen Zweifeln geschuldet,[1034] kann jedoch nicht als grundsätzliches Erfordernis angesehen werden.

1031 *Strohn*, CCZ 2013, 177 (183). Vgl. BGH NZG 2015, 792 (795); *Piepenbrock*, Defense of Reliance, S. 276. *Schäfer*, WM 2012, 1022 (1025) verlangt insbesondere keine juristischen Recherchen in der Fachliteratur, um die Auskunft zu überprüfen.

1032 Ähnlich: *Piepenbrock*, Defense of Reliance, S. 276. Eine andere Ansicht ist, entgegen *Piepenbrock*, auch nicht einem Urteil des OLG Stuttgart zu entnehmen, NZG 2011, 634 (635). Das Gericht hielt fest, dass die satzungsgemäßen Vertreter der beklagten Bank sich zumindest hätten in einem Standardkommentar über die Rechtslage informieren müssen. Dies sei jedoch gerade deshalb erforderlich, da keine tatsächliche Beratung stattgefunden habe. Vielmehr wurde allein auf Verbandsschreiben vertraut. Sicherlich ist dem Gericht darin zuzustimmen, dass sich die Geschäftsleitung, unterlässt sie die Beauftragung eines Beraters, mindestens durch Fachliteratur informieren muss, sofern ihr die eigenen Kenntnisse fehlen.

1033 BGH NZG 2013, 1028 (1030) – zur Haftung eines Gesellschafters.

1034 Kapitel 3 E) III. 2).

Dies hat der BGH nun auch ausdrücklich bestätigt. In einer Entscheidung aus dem Jahre 2015 hält er fest, dass Grundlage der Plausibilitätskontrolle gerade nicht die korrekte Rechtslage und eine an ihr ausgerichtete Prüfung sei. Vielmehr bestünde die Aufgabe des Geschäftsleiters darin, die konkrete Auskunft des Beraters zu überprüfen. Daher sei der Ratsuchende auch nicht dazu angehalten, die Richtigkeit der Auskunft anhand eines aktienrechtlichen Standardkommentars zu überprüfen.[1035]

Eine Plausibilitätsprüfung verlangt also regelmäßig keine inhaltliche rechtliche Prüfung, sondern vielmehr eine Prüfung, die auf offensichtliche Widersprüche und offene Fragen ausgerichtet ist.[1036] Eine über offensichtliche Mängel hinausgehende stets erforderliche inhaltliche Überprüfung der Entscheidungsgrundlagen findet auch in anderen Rechtsordnungen keine Zustimmung.

cc) Intensität der Überprüfungsanforderungen in anderen Rechtsordnungen

Die Regelungen in Delaware zur Überprüfung des Rates sind nicht besonders streng. Bereits oben wurde über die begrenzte Überprüfungsverpflichtung gesprochen. Da eine Pflicht zur Plausibilitätskontrolle den gesetzlichen Anforderungen aus Section 141 (e) DGCL nicht unmittelbar entnommen werden kann, sondern sich sehr begrenzt aus dem Grundsatz des „good faith" ergibt, sind die Anforderungen restriktiv auszulegen: „[...] the bottom line is that unacceptable blind reliance in Delaware should be limited to cases where directors exhibit bad faith by means of (a) consciously disregarding their duties or (b) demonstrating clearly egregious behavior, such as abdicating their responsibility to make any business decision."[1037] Ein Gutachten, das „flawed on its face"[1038] oder „fundamentally flawed"[1039] ist, scheidet als Entscheidungsgrundlage aus. Dem folgend kommt der Geschäftsleiter selbst dann noch seinen Pflichten nach, wenn er zwar einige „rote Flaggen" hinsichtlich der Unzulässigkeit der Maßnahme übersieht,

---

1035 Siehe zum Ganzen: BGH NZG 2015, 792 (795). Siehe auch: Kapitel 3 E) III. 2).

1036 BGH NZG 2015, 792 (795).

1037 *Rokas*, 2 Am. U. Bus. L. Rev. 323 (339). Ebenfalls sehr zurückhaltend: *In re Walt Disney Co. Derivative Litigation*, 906 A.2d 27 (64 f.) (Del. 2006): „[...] to afford guidance we address the issue of whether gross negligence (including a failure to inform one's self of available material facts), without more, can also constitute bad faith. The answer is clearly no."

1038 *Uebler*, BUSLAW 1023 (1043 Fn. 94).

1039 *Perlegos v. Atmel Corporation*, 2007 WL 475453 (22) (Del. Ch. 2007).

aber dennoch von der Sorgfältigkeit des Rats ausgeht.[1040] Dies führt letztlich dazu, dass Mängel, die der Geschäftsleiter fahrlässig nicht erkennt, die enthaftende Wirkung nicht zwingend entfallen lassen. Nur wenn Mängel derart offensichtlich sind, dass das Übersehen als grob fahrlässig einzustufen ist, das heißt, dass der Geschäftsleiter also gänzlich blind auf den Rat vertraut, ist eine Haftungsprivilegierung nach der Rechtslage in Delaware abzulehnen.[1041]

In einer Entscheidung des Supreme Court, Wayne Country, New York sahen die Direktoren einer Bank nach einer erfolgten Beratung von der Geltendmachung von Schadensersatzansprüchen gegenüber den ehemaligen Direktoren ab, obwohl offensichtlich war, dass diese durch ihr Fehlverhalten einen Verlust i. H. v. 161.897,62 US-Dollar erwirtschaftet hatten. Das Gericht entschied, dass das Einholen eines Rates grundsätzlich entlastende Wirkung haben könne. Seien die Tatsachen jedoch so eindeutig, dass jedem durchschnittlich begabten Menschen klar gewesen sein muss, dass sie zur Geltendmachung der Ansprüche verpflichtet waren, könne auch ein entgegenstehender Rat eine Haftung nicht ausschließen.[1042]

Die besonders in Delaware bestehende zu restriktive Regelung wird jedoch durch das deutsche Verschuldensprinzip begrenzt, sodass hier bereits ein fahrlässiges Handeln des Geschäftsleiters genügt. Ein fahrlässiges Übersehen von Mängeln, die für ein ordnungsgemäß handelndes Organmitglied in der konkreten Position des Ratsuchenden *unschwer erkennbar* sind, schließt eine Enthaftung aus. Hier ist also auf die höhere Sorgfalt eines Geschäftsleiters abzustellen.

1040 *Ash v. Mc Call*, 2000 WL 1370341 (9) (Del. Ch. 2000).

1041 *Rokas*, 2 Am. U. Bus. L. Rev. 323 (338, 345). *Crescent/Mach I Partners, L.P. v. Turner*, 846 A.2d 963 (985) (Del. Ch. 2000): „Therefore, to overcome the presumption that the director defendants acted on an informed basis plaintiffs must show gross negligence." *Brehm v. Eisner*, 746 A.2d 244 (262) (Del. 2000) wonach eine Enthaftungswirkung ausscheidet, wenn „the subject matter (in this case the cost calculation) that was material and reasonably available was so obvious that the board's failure to consider it was grossly negligent regardless of the expert's advice or lack of advice." Siehe hierzu auch: *In re Citigroup Inc. Shareholder Derivative Litigation*, 964 A.2d 106 (135) (Del. Ch. 2009); *Perlegos v. Atmel Corporation*, 2007 WL 475453 (22) (Del. Ch. 2007). Zudem oben Fn. 951.

1042 *Harris v Pearsall*, 116 Misc. 366 (384) (N.Y. Sup. 1921): „Where the course of action under particular circumstances is a doubtful one, advice received with reference to it from counsel or the banking department, may be sufficient to show reasonable care but no such advice can exonerate directors where they are confronted with such a clear course of action as existed in this case for so substantial a loss as to make necessary a one hundred per cent assessment."

Das Übersehen „roter Flaggen" entspricht folglich nicht mehr den Sorgfaltsanforderungen der §§ 93 I 1 AktG, 43 I GmbHG. Daher ist in Bezug auf die notwendige Intensität der Plausibilitätskontrolle eher die Rechtslage in Australien zu beachten. In der Entscheidung *Australian Securities and Investments Commission v Healey and Others* hält das Gericht fest, dass Direktoren verpflichtet sind, sich in eine Position zu bringen, in der sie das Management führen und überwachen können. Dabei sei es ihnen erlaubt, sich auf Dritte zu verlassen, außer wenn sie Mängel der Auskunft kannten oder aufgrund einer ordnungsgemäßen Überprüfung kennen mussten.[1043] Vergleichbar wurde in der englischen Entscheidung *Secretary of State for Trade and Industry v. Bairstow* festgehalten, dass eine Überprüfungsverpflichtung auf offensichtliche Mängel ausgerichtet ist und soweit reicht, wie sie von einem Geschäftsleiter in der konkreten Position erwartet werden kann.[1044]

Allen Rechtsordnungen ist jedoch gemein, dass für jedermann erkennbar offensichtlich fehlerhafte Gutachten nicht zu einer Haftungsprivilegierung führen.

IV. Steigende Anforderungen aufgrund auftretender Mängel oder Zweifel

Treten im Rahmen dieser allgemeinen Überprüfung Mängel oder Zweifel an dem erteilten Rat auf, darf es der Geschäftsleiter hierbei selbstverständlich nicht belassen. Vielmehr muss er diesen nachgehen und versuchen, die Mängel zu beheben.[1045] Solche Vorbehalte können auf verschiedenen Ursachen beruhen: Die Plausibilitätskontrolle kann auf Mängel hinweisen, die die Qualifikation oder die Unabhängigkeit des Beraters in Frage stellen. Zudem können dem ratsuchenden

---

1043 *Australian Securities and Investments Commission v Healey and Others*, (2011) FCA 717 (167): „While directors are required to take reasonable steps to place themselves in a position to guide and monitor the management of the company, they are entitled to rely upon others, at least except where they know, or by the exercise of ordinary care should know, facts that would deny reliance." Siehe auch die treffenden Ausführungen (allgemein und nicht die Rechtslage in Delaware wiedergebend) des United States Court of Appeals in *Stephens v. Stinson*, 292 F.2d 838 (1961): „Further, reliance must be reasonable. For example, if counsel advises a bankrupt that it would be all right to not list fifteen thousand dollars and keep it under the mattress, it would not be a reasonable reliance."

1044 *Secretary of State for Trade and Industry v. Bairstow* (2004) EWHC 1730 (35). Siehe auch: *Hanson Trust PLC v. ML SCM Acquisition Inc.*, 781 F.2d 264 (276) (2nd Cir. 1986); *Mayson/French/Ryan*, Company Law, 16.8.4.

1045 *Kremer*, in: Gesellschaftsrecht in der Diskussion 2012, S. 171 (182).

Geschäftsleitungsmitglied divergierende Auffassungen bekannt sein,[1046] etwa aus einer vorherigen und vergleichbaren Maßnahme. Doch auch wenn von einer dritten Partei auf mögliche Schwierigkeiten hingewiesen wurde, obliegt es dem Organmitglied, die Plausibilitätskontrolle auszuweiten bzw. zu intensivieren.[1047] Nicht zuletzt erfordert das schlichte Unverständnis des Geschäftsleitungsmitglieds eine intensivere Überprüfung.[1048]

1) Erfolgreiche Beseitigung der Zweifel

Zumeist wird eine vollständige fachliche Überprüfung dem Geschäftsleitungsmitglied selbst nicht möglich sein. Dennoch wäre es verfehlt, im Rahmen jedes auftretenden noch so geringfügigen Zweifels einen zweiten Berater heranzuziehen.[1049] Daher kann vom Ratsuchenden erwartet werden, dass er mit dem Berater Rücksprache hält, sodass durch dessen weitere, auch mündliche Ausführungen die Zweifel beseitigt werden können.[1050] Der Geschäftsleiter muss die schriftlichen Ergänzungen oder mündlichen Erläuterungen des Beraters genauestens verfolgen und wiederum auf ihre Schlüssigkeit überprüfen. Im Einzelfall kann es gar angebracht sein, die dem Rat zugrunde liegenden Entscheidungsgrundlagen einer inhaltlichen Überprüfung zu unterziehen. Vergleichbar kann der Richter im Zivilprozess Rücksprache mit dem Sachverständigen halten, sofern vereinzelt Zweifel am Gutachten aufkommen, ohne dass der Rat des Gerichtsgutachters generell ausscheidet, § 411 III ZPO.[1051]

1046 BGH VersR 1968, 148: „Wer in einer wichtigen Frage auf eine von zwei gegensätzlichen Rechtsauskünften vertraut, ohne den Widerspruch aufzuklären, lässt die Sorgfalt außer Acht, die ein verständiger Mensch anzuwenden pflegt, um sich in eigenen Angelegenheiten nach Möglichkeit vor Schaden zu bewahren (§ 254 BGB).“ Vgl. auch: *Fleischer*, ZIP 2009, 1309 (1404); *ders.*, in: FS Hüffer, S. 187 (195); *Piepenbrock*, Defense of Reliance, S. 277 f. Siehe auch: *Hager*, in: Erman, BGB, 286 Rn. 64. Aus dem Strafrecht: *Kunz*, GA 1983, 457 (458).

1047 So in der ISION-Entscheidung, sodass das Gericht „eine besonders kritische Plausibilitätsprüfung“ verlangte: BGH NZG 2011, 1271 (1273 f.). Vgl. hierzu auch: *H.-F. Müller*, DB 2014, 1301 (1305).

1048 *Decker*, GmbHR 2014, 72 (77).

1049 *Gottschalk/Weng*, GWR 2013, 243 (246). Nach *H.-F. Müller*, DB 2014, 1301 (1305) bedürfe es richtigerweise dann keiner Hinzuziehung eines zweiten Beraters, wenn sich das Gutachten intensiv mit den Gegenargumenten auseinandersetzt. Vgl. *Piepenbrock*, Defense of Reliance, S. 206.

1050 *Decker*, GmbHR 2014, 72 (77); *Gottschalk/Weng*, GWR 2013, 243 (246); *H.-F. Müller*, DB 2014, 1301 (1305).

1051 Vgl. Fn. 725.

Gelingt es dem Berater, die Zweifel zu beseitigen, indem er ausführlich und stichhaltig seine Sicht darlegt und somit die möglichen Gegenargumente vollständig widerlegen kann, ist es dem Organmitglied gestattet, sich auf den Rat zu verlassen. Warum in einem solchen Falle der gänzlichen Widerlegung der aufgetretenen Zweifel ein zweiter Berater erforderlich sein sollte, ist nicht ersichtlich. Dies würde sowohl eine zeitlich intensive als auch kostspielige Beauftragung zur Folge haben, für deren Notwendigkeit keine schlüssigen Gründe gegeben sind. Doch auch wenn sich die ursprünglichen Zweifel als zutreffend erweisen, der Berater daraufhin jedoch den erteilten Rat sorgfältig überprüft, diesen sodann korrigiert und somit ein neuer, nun schlüssiger Rat erteilt wird, kann dies als sorgfältige und ausreichende Informationsgrundlage angesehen werden.[1052]

2) Verbleibende Zweifel

Führt die erneute Befassung durch den Berater zu keiner Klarheit und verbleiben weiterhin Zweifel an der Sorgfältigkeit des Rates und demzufolge an der Fachkompetenz oder Unabhängigkeit des Beraters, verbleibt letztlich nur noch die Beauftragung eines weiteren Beraters, der sich mit der Maßnahme nochmals vollständig auseinandersetzt.[1053] Ein Berufen auf eine zweifelbehaftete Auskunft kann schließlich keine sorgfältige Entscheidungsgrundlage darstellen. Hinsichtlich des neuen Beraters müssen wiederum sämtliche Voraussetzungen einer ordnungsgemäßen Beratung eingehalten werden. Daher muss auch dieser von einem sorgfältig ausgewählten und informierten Berater erstellte zweite Rat auf seine Plausibilität überprüft werden. Gelangt der zweite Berater zum selben Ergebnis und treten bei dessen Plausibilitätskontrolle keinerlei Zweifel auf, darf sich das Geschäftsleitungsmitglied darauf verlassen. Schließlich konnte der zweite Rat die Zweifel widerlegen. Gelangt der zweite Rat hingegen zu einem gegensätzlichen Ergebnis, ist ein besonderes Augenmerk auf die Plausibilitätskontrolle

---

1052 Insbesondere kann der erste Berater, sofern keine gegenteiligen Anhaltspunkte ersichtlich sind, auch als unabhängig zur nochmaligen Überprüfung angesehen werden. Siehe hierzu: Kapitel 3 C) II. 2).

1053 *Blöse*, GmbHR 2012, 746 (750); *Buck-Heeb*, BB 2013, 2247 (2255); *dies.*, BKR 2011, 441 (445); *Gottschalk/Weng*, GWR 2013, 243 (246); *Grigoleit/Tomasic*, in: Grigoleit, AktG, § 93 Rn. 40; *Hölters*, in: Hölters, AktG, § 93 Rn. 250; *H.-F. Müller*, DB 2014, 1301 (1305); *ders.*, NZG 2012, 981 (982); *Piepenbrock*, Defense of Reliance, S. 206, 273; *Uwe H. Schneider*, DB 2011, 99 (103). Zum baurechtlichen Zivilprozess: *Pastor*, in: Werner/Pastor, BauP, Rn. 3131. Aus strafrechtlicher Sicht: *Rudolphi*, in: SK-StGB, § 17 Rn. 40. Siehe auch: *Potten*, Irrtum in der kartellrechtlichen Entscheidungspraxis, S. 80 f.

gerichtet. Denn kommt der Ratsuchende nach Überprüfung des zweiten Rats zu dem Schluss, dass dieser sorgfältig erstellt wurde, kann sich der Geschäftsleiter auf diesen verlassen, da ein sorgfältig erstellter Rat, der ohne erkennbare Mängel erteilt wurde, im Gegensatz zum zweifelbehafteten ersten Rat, eine vertrauenswürdige Informationsquelle darstellt.

Anders ist die Situation zu beurteilen, in der Zweifel an dem ordnungsgemäßen Handeln dadurch entstehen, dass der Rat auf eine offene Rechtslage hinweist. Die Zweifel beruhen in diesem Fall also nicht auf einem unsachgemäßen Handeln des Beraters, sondern vielmehr auf der ungeklärten Rechtslage. Der Geschäftsleiter ist sodann nicht zwingend zur Einholung einer *second opinion* verpflichtet.[1054]

V. Zu geringes Fachwissen des ratsuchenden Geschäftsleiters

Die vorherigen Ausführungen sind grundsätzlich auf den ordentlichen und gewissenhaften Geschäftsleiter bezogen, der über die allgemein erforderlichen Kenntnisse verfügt. Wie muss sich der Geschäftsleiter aber verhalten, wenn er ein geringeres Fachwissen besitzt?

Der typisierte Sorgfaltsmaßstab der §§ 93 I 1AktG, 43 I GmbHG stellt auf einen Geschäftsleiter eines in Art und Umfang vergleichbaren Unternehmens ab. Verfügt er über ein geringeres Fachwissen, kann ihn dies grundsätzlich nicht entlasten. Vielmehr hätte er das Amt nicht übernehmen dürfen, sodass ihn ein Übernahmeverschulden trifft.[1055] Doch neben einer solchen Haftung aufgrund des Übernahmeverschuldens sieht sich der Geschäftsleiter mit einer Haftung nach §§ 93 II AktG, 43 II GmbHG konfrontiert, sofern eine Maßnahme fehlerhaft durchgeführt wurde und er sich nicht durch einen eingeholten Rat entlasten kann. Zur Durchführung der Plausibilitätskontrolle ist hierbei jedoch nicht auf die individuellen Fähigkeiten des Geschäftsleiters abzustellen, sondern vielmehr ist die Intensität daran zu messen, welche Kenntnisse vom Ratsuchenden objektiv erwartet werden.[1056] Daher entschied das OLG Schleswig, dass ein individuelles, unterhalb des Erforderlichen liegendes Nichtwissen die Sorgfaltsanforderungen

---

1054 *Buck-Heeb*, BKR 2011, 441 (445). Siehe speziell zur Vorgehensweise bei offener Rechtslage unten: Kapitel 4 B). Siehe auch Kapitel 3 B) II.

1055 Vgl. Kapitel 2 B).

1056 *Buck-Heeb*, BKR 2011, 441 (448); *Kaulich*, Haftung von Vorstandsmitgliedern, S. 240; *Piepenbrock*, Defense of Reliance, S. 274 f.; *Sander/Schneider*, ZGR 2013, 725 (756). Vgl. hierzu auch: Fn. 977. A. A. generell auf einen subjektiv/objektiven Maßstab, vergleichbar zu § 93 I 2 AktG abstellend: *Fleischer*, ZIP 2009, 1397 (1404 f.); *Krieger*, ZGR 2012, 496 (502).

nicht minimiert und sich der Ratsuchende mithin nicht mit der Argumentation entlasten könne, er habe die Plausibilitätskontrolle nicht sorgfältig durchführen können.[1057] Bleiben somit offensichtliche Mängel des Rates verborgen, weil der Geschäftsleiter durch seine zu geringen Kenntnisse bzw. Qualifikationen die Überprüfung nicht in einem ausreichenden Maße sicherstellen konnte, ist eine Haftungsprivilegierung abzulehnen.

Als möglichen Ausweg kann der Ratsuchende eigene Unternehmensmitarbeiter zur Unterstützung hinzuziehen. Sofern sich ein fähiger Mitarbeiter findet, muss auch dieser überwacht werden, da die Plausibilitätskontrolle nicht gänzlich auf einen Dritten übertragen werden kann.[1058] Findet sich hingegen keine interne Hilfsperson, muss ein externer Berater beauftragt werden. Der externe Berater müsste sodann ebenfalls zuverlässig sein und umfassend informiert werden. Im Rahmen der zweiten Plausibilitätskontrolle genügt sodann das laienhafte Verständnis des Geschäftsleitungsmitglieds. Auf diese Weise könnte das ratsuchende Organmitglied zwar die Haftung nach § 93 II AktG bzw. § 43 II GmbHG ausschließen, jedoch bliebe eine Haftung aufgrund des Übernahmeverschuldens bestehen. Denn die Kosten, die für den zweiten externen Berater veranschlagt wurden, musste die Gesellschaft nur deshalb tragen, weil das Geschäftsleitungsmitglied nicht selbst über eine ausreichende Qualifikation verfügte.

VI. Erhöhtes Fachwissen des ratsuchenden Geschäftsleiters

Demgegenüber wird – etwa aus begrenzter zeitlicher oder personeller Kapazität – auch ein im entsprechenden Fachgebiet fachkundiges Geschäftsleitungsmitglied auf einen Berater zurückgreifen. Bereits oben wurde erläutert, dass der besonders fachkundige Geschäftsleiter seine Spezialkenntnisse für die Gesellschaft einsetzen muss, da sie zumeist mitentscheidend für dessen Berufung waren.[1059] Dies hat somit eine Verschärfung der Sorgfaltsanforderungen respektive eine

1057 OLG Schleswig, NZI 2010, 492 (495): „Der Geschäftsführer einer Kapitalgesellschaft kann sich indes nicht mit schuldbefreiender Wirkung darauf berufen, dass er nicht die erforderlichen Kenntnisse zur Ausführung des Geschäftsführeramts besessen und sich deshalb auf die Richtigkeit von Dritten erstellter Steuererklärungen/Bilanzen verlassen habe.“ Siehe auch: BGH WM 1981, 440 (442); BGH NJW 1983, 1856 (1856 f.); *Drescher*, Haftung GmbH-Geschäftsführer, Rn. 305.

1058 Zur unterstützenden Tätigkeit im Rahmen der Plausibilitätskontrolle: Kapitel 3 E) IX.

1059 BGHZ 62, 29 (39). Hier verlangt der BGH, dass sich der Geschäftsleiter in die Prüfung mit samt seinen Spezialkenntnissen einbringe. Siehe auch: *Spindler*, in: MüKo, AktG, § 93 Rn. 78. Vgl. auch Fn. 235.

intensivere Überprüfungsverantwortung zur Folge. Je höher die Fachkunde des Ratsuchenden hinsichtlich des infrage stehenden Fachgebiets tatsächlich ist, desto intensiver muss die Plausibilitätsprüfung durchgeführt werden.[1060] In der ISION-Entscheidung hat der BGH festgehalten, dass der ratsuchende stellvertretende Aufsichtsratsvorsitzende sich nicht auf den eingeholten Rat berufen könne, da ihn als Rechtsanwalt in Bezug auf rechtliche Auskünfte eine erhöhte Sorgfalts- und somit Überprüfungspflicht treffe. Daher hätte er die Unzulässigkeit des geplanten Rückerwerbs der Aktien erkennen müssen.[1061] Für einen ratsuchenden Geschäftsleiter, den keine geringeren Sorgfaltsanforderungen treffen, kann nichts anderes gelten.

Denn Spezialkenntnisse des Ratsuchenden ermöglichen es, Mängel der Auskunft schneller und einfacher zu erkennen, als dies einem nicht fachkundigen Geschäftsleitungsmitglied möglich wäre. Entscheidend wird also nach allgemeiner Zivilrechtsdogmatik ein erhöhter Sorgfaltsmaßstab eines qualifizierten Geschäftsleitungsmitglieds angelegt.[1062] Daher hat der rechtlich fachkundige und ratsuchende Geschäftsleiter zumindest stichprobenartig zu überprüfen, ob bei einem rechtlichen Rat die höchstrichterliche Rechtsprechung *zutreffend* wiedergegeben wurde und ob etwaige Gegenansichten beachtet wurden. Dennoch dürfen die Anforderungen trotz eigener Sachkenntnis nicht derart überzogen werden, dass der Rat vollständig überprüft werden müsste und somit dem Organmitglied die Vorteile einer arbeitsteiligen Entscheidungsvorbereitung de facto verweigert würden.[1063]

Eine bedeutende amerikanische Entscheidung hinsichtlich der Rechtslage in Delaware findet sich in *In re Emerging Communications, Inc. Shareholders*

1060 *Schultz-Süchting*, GRUR 1974, 432 (436). Siehe auch die Nachweise in Fn. 235.

1061 BGH NZG 2011, 1271 (1274). Ähnlich bereits früh: RGZ 144, 348 (355 f.).

1062 RGZ 144, 348 (355 f.); BGHZ 62, 29 (39); BGH NZG 2011, 1271 (1274); OLG Schleswig, NZI 2010, 492 (494); *Bauer*, in: Gesellschaftsrecht in der Diskussion 2014, S. 195 (219); *Baumann*, Board 2012, 79 (80); *Fleischer*, KSzW 01.2013, 3 (9); *Hahn/Naumann*, CCZ 2013, 156 (162); *Kremer*, in: Gesellschaftsrecht in der Diskussion 2012, S. 171 (177, 183); *H.-F. Müller*, DB 2014, 1301 (1305); *Piepenbrock*, Defense of Reliance, S. 268; *Sander/Schneider*, ZGR 2013, 725 (754); *Spindler*, in: MüKo, AktG, § 93 Rn. 49, 78. Aus strafrechtlicher Sicht: Nach *Vogel*, in: LeipzKomm., StGB, § 17 Rn. 85 erhöhen sich mit steigender Rechtskenntnis des Ratsuchenden auch dessen Überprüfungspflichten. Nach *Kirch-Heim/Samson*, wistra 2008, 81 (83) müsse der Täter seine eigenen Kenntnisse bei der Überprüfung der Rechtslage einsetzten. Aus dem Amerikanischen: *Gattuso/Proctor*, BLT 2010, 1 (2); *Uebler*, 65 BUSLAW 1023 (1043 Fn. 95). Siehe hierzu Fn. 510.

1063 Vgl. *H.-F. Müller*, DB 2014, 1301 (1305).

Litigation.[1064] Die Direktoren von ECM beriefen sich hinsichtlich der Angemessenheit einer Transaktion auf den Vermögensberater des Sonderausschusses, der speziell zur Bewertung der Transaktion eingesetzt wurde. Dieser teilte den Direktoren mit, dass ein Preis von 10,25 $ pro Aktie angemessen sei. Später stellte sich jedoch heraus, dass der Wert der Anteile der Gesellschaft wesentlich höher lag. Das Court of Chancery of Delaware hielt es zwar für möglich, dass sich zwei der drei Direktoren auf diese Aussage verlassen konnten, hinsichtlich des Direktors *Muoio* lehnte es jedoch eine Haftungsprivilegierung mit der Begründung ab, dass dieser sich durch seine speziellen finanziellen Kenntnisse nicht schlicht auf den Rat hätte verlassen dürfen, sondern vielmehr dafür hätte sorgen müssen, dass das Board die geplante Transaktion zu diesem Preis ablehnt. Als ehemaliger Leiter und Partner einer Anlageberatergesellschaft war er darüber hinaus in diversen Gesellschaften tätig und konnte hierdurch weitgehende Kenntnisse im Finanzsektor erwerben, sodass er ausreichende Kenntnisse besaß, um die Angemessenheit der Transaktion selbst bewerten zu können. Er selbst ging gar davon aus, dass ein Preis von bis zu 20 $ pro Aktie zu erzielen sei. Das Gericht hielt fest, dass seine Kenntnisse vergleichbar, wenn nicht sogar höher als die des Vermögensberaters waren. Im Gegensatz zu den anderen beiden Direktoren hätte *Muoio* die Unangemessenheit der Transaktion erkennen müssen. Da er jedoch ohne Nachfrage zusammen mit den anderen Mitgliedern des Boards der Transaktion zustimmte, habe er gegen seine Sorgfaltspflichten verstoßen, sodass ihm folgerichtig eine haftungsprivilegierende Berufung auf den eingeholten Rat verweigert wurde.

Die deutlichste gesetzliche Kodifikation enthält Section 189 Corporations Act 2001 aus Australien, wonach zur Überprüfung des Rates speziell die Kenntnisse der Geschäftsleiter von der Gesellschaft entscheidend sind.[1065] Doch auch

1064 *In re Emerging Communications, Inc. Shareholders Litigation*, 2004 WL 1305745 (39 f.) (Del. Ch. 2004). Siehe zu diesem Fall auch: *Drexler et al.*, Delaware corporation law and practice, 15.06 [2] 15-52.

1065 Hierzu: *Austin/Ramsay*, Ford's Principles of Corporation Law, 7.264, S. 270: „Some knowledge that the director possesses might require the director to scrutinise the information or advice more carefully than would otherwise required. For example, if the position that the director holds is that of finance director, then it is reasonable to suppose that information or advice of a financial nature provided by others would be subject to more detailed scrutiny or assessment by that director than information or advice provided on a matter that lies outside that particular director's expertise but which the director knows another director has that appropriate expertise to assess." Siehe auch: *McDonald et.al.*, Experts' Reliance, S. 178.

Section 174 (2) (b) Companies Act 2006 aus Großbritannien spricht davon, dass speziell die eigenen tatsächlichen Kenntnisse der Geschäftsleiter zu berücksichtigen sind.

Festzuhalten bleibt somit, dass, auch wenn die Rateinholung durch einen fachkundigen Geschäftsleiter im Grundsatz gestattet ist, hiermit stets eine Erhöhung der Überprüfungsanforderungen einhergeht. Dem fachkundigen Geschäftsleiter obliegt es, den Rat unter Einsatz seiner eigenen Sachkenntnis zu überprüfen, wobei jedoch keine allumfassende Kontrolle erforderlich ist.

VII. Plausibilitätskontrolle in Fachgebieten außerhalb des regulären Geschäftsleiterwissens

In der juristischen Literatur wird das Thema dieser Arbeit vielfach auf die Einholung rechtlichen Rates begrenzt. Wurde in den vorherigen Ausführungen bereits Bezug auf nicht-rechtlichen Rat genommen, müssen vor allem die Anforderungen an die Plausibilitätskontrolle in Fachgebieten angepasst werden, die vom allgemein zu fordernden Geschäftsleiterwissen nicht erfasst sind. Beispielsweise soll hier an ein technisches Gutachten hinsichtlich einer neuen Produktionsmaschine gedacht werden. Doch auch lebensmitteltechnische, physikalische oder chemische Gutachten betreffen vorwiegend Fachgebiete, von denen die Organmitglieder zumeist keinerlei Kenntnisse besitzen und keine erwartet werden.[1066] Denn im Gegensatz hierzu ist in Bezug auf rechtlichen oder wirtschaftlichen Rat natürlich zu beachten, dass sich das Geschäftsleitungsmitglied spätestens mit Amtsübernahme zumindest grundlegende Kenntnisse aneignen muss. Das bedeutet zugleich, dass es in diesen Bereichen somit über einen im Vergleich zu einem Laien höheren Kenntnisstand verfügt. Dies führt dazu, dass der Rat einer genaueren Überprüfung unterzogen werden muss, als dies in einem Fachgebiet erforderlich wäre, das dem Geschäftsleiter vollkommen unbekannt ist und in dem von ihm keinerlei (Grund-) Kenntnisse erwartet werden. Schließlich korreliert die notwendige Fachkunde des Geschäftsleitungsmitglieds mit dessen Überprüfungspflichten.[1067]

Eine Beratung in einem entfernten Sachgebiet kann nur zur Folge haben, dass die Überprüfungsverpflichtung lediglich ein laienhaftes Verständnis erfordert.

1066 Vgl. *Kiefner/Krämer*, AG 2012, 498 (500), die speziell auf „statische Gutachten, EDV-Großinstallationen oder pharmakologische Studien" hinweisen. In solchen Fällen könne auch etwa von einem juristisch gebildeten Geschäftsleiter keine vertiefte Überprüfung verlangt werden.

1067 Kapitel 3 E) III. 3).

Ein unbesehenes Übernehmen des Rates scheidet allerdings aus. Hier empfiehlt sich ein Vergleich mit den Anforderungen, die an den Tatrichter gestellt werden, sofern dieser auf einen gerichtlichen Sachverständigen zurückgreift. Der Richter besitzt, vergleichbar zum ratsuchenden Geschäftsleiter, bei Einholung eines Gutachtens keine oder nur sehr geringe Fachkenntnisse im betroffenen Sachgebiet, ist jedoch für die zu treffende Entscheidung selbst verantwortlich, sodass auch bei ihm ein blindes Vertrauen auf einen gutachterlichen Rat ausscheidet.[1068] Er muss soweit wie möglich das Gutachten daraufhin überprüfen, ob die Ausführungen überzeugend sind.[1069] Dabei hat er also nicht lediglich das Ergebnis des Gutachtens zur Kenntnis zu nehmen, sondern muss die Argumentation mit in seine Überprüfung einbeziehen.[1070] Der Sachverständige muss somit das Gutachten derart erstellen, dass es für den Tatrichter nachvollziehbar ist.[1071] Diese Ausführungen können auf den ratsuchenden Geschäftsleiter übertragen werden, der sich in einer ähnlichen Situation befindet. Für das Organmitglied als *interessierten Laien* muss der Rat somit stets verständlich und nachvollziehbar sein.[1072]

Eine wenn auch eingeschränkte Überprüfungsverpflichtung setzt bereits bei den zugrunde gelegten Informationen an. Wird das Organmitglied im Rahmen von wirtschaftlichem oder rechtlichem Rat zumindest aufgrund der Rücksprache mit dem Berater die notwendigen Informationen zur Verfügung stellen und diese im Anschluss überprüfen können, ist dies in entfernten Sachgebieten nicht ohne Weiteres möglich. Hier liegt eine besondere Verantwortung beim Berater, um auf alle erforderlichen Informationen hinzuweisen. Der Geschäftsleiter muss sodann sicherstellen, dass der Berater auf diese Informationen uneingeschränkten

---

1068 BGH NJW 1975, 1463 (1464); BayOblG NJW-RR 1991, 1098 (1100); NJW 2003, 216 (219); *Kniffa*, in: Kniffa/Koeble, BauR, 18. Teil Rn. 43; *Huber*, in: Musielak/Voigt, ZPO, § 402 Rn. 12; *Pastor*, in: Werner/Pastor, BauP, Rn. 3125; *Scheuch*, in: BeckOK ZPO, § 402 Rn. 13. Aus strafrechtlicher Sicht: BGHSt 8, 117 (117 f.); *Krause*, in: Löwe-Rosenberg, StPO, Vor § 72 Rn. 5, 17.

1069 *Huber*, in: Musielak/Voigt, ZPO, § 402 Rn. 13.

1070 Vgl. *Pastor*, in: Werner/Pastor, BauP, Rn. 3123.

1071 So hat etwa der Deutsche Industrie- und Handelstag ein „Merkblatt der Industrie- und Handelskammern für den gerichtlichen Sachverständigen" herausgeben. Dort ist beispielsweise zu lesen, dass das Gutachten für den Tatrichter in seinen Folgerungen nachvollziehbar sein müsse. Hierbei sei komplizierte Fachterminologie soweit wie möglich zu vermeiden. Sofern diese im Einzelfall vonnöten sei, müssten die Fachbegriffe erläutert werden. Ein Auszug dieses Merkblatts findet sich bei *Pastor*, in: Werner/Pastor, BauP, Rn. 3117.

1072 Vgl. *K. Müller*, Der Sachverständige, Rn. 689; *Schultz-Süchting*, GRUR 1974, 432 (436). Zum baurechtlichen Zivilprozess: *Pastor*, in: Werner/Pastor, BauP, Rn. 3117.

Zugriff erhält, sodass dieser sie ggf. selbst ermitteln kann. Im Anschluss muss das Organmitglied knapp überprüfen, ob die Informationen bei der Bewertung berücksichtigt wurden. Eine solche Überprüfung der dem Rat zugrunde liegenden Tatsachen ist in entfernten Fachgebieten also ebenfalls erforderlich.[1073]

Ist es dem Geschäftsleiter nicht möglich, einzelne Argumentationen zu verstehen, so muss er sich an den Berater wenden, mit dem Auftrag, dass dieser die einzelnen Bewertungen, Argumentationen oder Berechnungen erläutert. Sofern eigene kompetente Mitarbeiter im Unternehmen vorhanden sind, muss sich die Geschäftsleitung von ihnen unterstützen lassen, um auf diese Weise Verständnisprobleme zu beheben.[1074] Eine Gegenvorstellung eines Mitarbeiters kann auch dazu führen, dass Mängel am Gutachten ersichtlich werden, die der Geschäftsleiter alleine nicht erkannt hätte. Diese muss er gemeinsam mit Mitarbeiter und Berater beheben. Mit Hilfe des Beraters und eigener Mitarbeiter muss es somit dem Organmitglied möglich sein, den Rat in seinen Grundzügen zu verstehen. Ist dies trotz der Unterstützung nicht möglich, muss der Geschäftsleiter einen weiteren Berater beauftragen, der die problematischen Fragen verständlich erläutert.

Die soeben dargelegten Überlegungen zeigen, dass eine allgemeine Bestimmung der Überprüfungspflicht, besonders in fremden Fachgebieten, kaum möglich ist. Hier muss sehr speziell der jeweilige Einzelfall beachtet werden. Können bei einem absoluten Laien durch eine Kenntnisnahme des Rates Zweifel an der Korrektheit entstehen? Ist die Fehlerhaftigkeit derart offensichtlich, dass diese bei einer Durchsicht „ins Auge springt"? Kann ein Geschäftsleiter etwa die Entscheidungsgrundlagen eines lebensmitteltechnischen Rates überprüfen, wenn er über keine lebensmitteltechnische Ausbildung verfügt? Zweifel können insbesondere bei sehr unstrukturierten oder auffällig widersprüchlichen Gutachten entstehen. Die Grenze ist sicherlich dort zu ziehen, wo sich der Geschäftsleiter durch die Beauftragung eines Beraters seiner Verantwortung entziehen will und blind auf das Beratungsergebnis vertraut. Wurde eine solche Prüfung gänzlich unterlassen, ist eine Haftungsprivilegierung abzulehnen. Auf die notwendige Anpassung der Überprüfungsintensität ging auch das United States Court of Appeals in *Hanson*

1073 Vgl. zur Überprüfungspflicht der zugrundeliegenden Tatsachen des Richters beim Sachverständigengutachten: BVerfG NJW 1995, 40; BayOblG NJW-RR 1991, 1098 (1100); NJW 2003, 216 (219); *Baumbach/Lauterbach/Albers/Hartmann*, ZPO, Übers. § 402 Rn. 15; *Eichele*, in: Saenger, ZPO, Vorb. zu § 402 Rn. 4; *Huber*, in: Musielak/Voigt, ZPO, § 402 Rn. 13; *K. Müller*, Der Sachverständige, Rn. 688. Vgl. im Rahmen des Strafrechts: *Krause*, in: Löwe-Rosenberg, StPO, Vor § 72 Rn. 4.

1074 *Terwedow/Klavina*, Der Konzern 2012, 535 (543).

Trust PLC v. ML SCM Acquisition Inc. ein. Demnach müsse die jeweilige Überprüfungsverantwortung am entsprechenden Fachgebiet ausgerichtet werden:

> *„In general, directors have some oversight obligations to become reasonably familiar with an opinion, report, or other source of advice before becoming entitled to rely on it. In our view, the test of reasonableness should suffice with respect to the area of expertise relied upon, whether that area be legal or financial.“*[1075]

Strengere Anforderungen sind in solchen Fachgebieten anzuerkennen, in denen sich das Unternehmen spezialisiert hat und somit die tatsächliche Unternehmenstätigkeit eine gewisse Kenntnis des Unternehmensgegenstandes erfordert. Beispielsweise muss zumindest *ein* Geschäftsleitungsmitglied eines im Bergbau tätigen Unternehmens Grundkenntnisse in Bezug auf die technischen oder rechtlichen Voraussetzungen des Bergbaus besitzen. Von diesem wird somit in Bezug auf einen technischen Rat eine genauere Überprüfung erwartet als vom Finanzvorstand oder vom kaufmännischen Geschäftsführer.[1076]

VIII. Anforderungen an die Plausibilitätskontrolle in ausgewählten Fachgebieten

1) Technischer Rat

Auch bei einem technischen Gutachten, das teilweise komplexe Berechnungsmethoden enthält, ist eine Durcharbeitung des Gutachtens nicht entbehrlich, sofern es sich um eine Entscheidung handelt, die auf Führungsebene getroffen werden muss. Hierbei muss der Geschäftsleiter versuchen, die gezogenen Schlüsse, aber auch die gedanklichen Operationen nachzuvollziehen.[1077] So wird vergleichbar von einem Richter verlangt, dass er im Rahmen komplizierter bautechnischer Vorgaben durch das Gutachten derartige Kenntnisse vermittelt bekommt, um eine eigene sorgfältige Entscheidung treffen zu können.[1078] Detaillierte Berechnungsmethoden wird er zwar nicht stets in ihrem vollen Umfang selbstständig

1075 *Hanson Trust PLC v. ML SCM Acquisition Inc.*, 781 F.2d 264 (275) (2nd Cir. 1986). Nach *Hawes/Sherrard*, 62 Va. L. Rev. 1 (37) ist eine Prüfung auf offensichtliche Widersprüche insbesondere dann erforderlich, wenn das Gesetz entweder klar ist, sodass auch ein absoluter Laie dieses verstehen würde, oder aber aufgrund des besonderen Fachgebiets im Einzelfall von der Geschäftsleitung ein besonderes Fachwissen erwartet wird.

1076 Beispiel aus dem Australischen nach: *McDonald et.al.*, Experts' Reliance, S. 179.

1077 In Bezug auf ein gerichtliches Sachverständigengutachten: *K. Müller*, Der Sachverständige, Rn. 689.

1078 *Pastor*, in: Werner/Pastor, BauP, Rn. 3123 ff.

verstehen können, dennoch muss er aus dem Gutachten so weit wie möglich seine eigene Sachkenntnis erweitern, um nicht gänzlich die Entscheidung aus der Hand zu geben.[1079] Die Berechnungsmethoden muss er sich notfalls vom Berater erläutern lassen. Dem ratsuchenden Geschäftsleiter verbleibt zudem, wie bereits erwähnt, die Möglichkeit, eigene Mitarbeiter zur Unterstützung hinzuziehen.

Bei der Anwendung der fachlichen Bewertungsmethoden durch den Berater muss das Organmitglied hierbei sicherstellen, dass keine Anhaltspunkte ersichtlich sind, die darauf hinweisen, dass diese Methoden nicht bzw. nicht mehr dem aktuellen Stand von Forschung und Wissenschaft entsprechen.[1080] Selbstredend kann hier keine intensive Prüfung erfolgen, sondern der Geschäftsleiter muss dies mit seinen allgemeinen kognitiven Fähigkeiten und den Erfahrungen aus dem Wirtschaftsleben abgleichen. Allgemein überholte Bewertungsmethoden muss er hierbei rügen. Gerade bei technischen Gutachten ist auch auf die logische Schlüssigkeit der dargelegten Bewertungen zu achten.[1081]

2) Unternehmensbewertung

Wird eine Unternehmensbewertung von einem Berater durchgeführt, hat der beauftragende Geschäftsleiter diese auf ihre Plausibilität hin zu überprüfen. Zur Unternehmensbewertung bieten sich verschiedene betriebswirtschaftliche Methoden an, wobei sich in der Praxis die *Ertragswertmethode* zumeist durchgesetzt hat.[1082] Dennoch sind andere Methoden durchaus zulässig. Es obliegt dem Berater, die treffende Methode auszuwählen. Der Geschäftsleiter muss in seiner anschließenden Plausibilitätskontrolle das zugrunde gelegte Bewertungsmodell auf seine Geeignetheit in Bezug auf die jeweilige Gesellschaft überprüfen.[1083]

1079 *K. Müller*, Der Sachverständige, Rn. 689.

1080 In Bezug auf ein gerichtliches Sachverständigengutachten: *Huber*, in: Musielak/Voigt, ZPO, § 402 Rn. 13; *K. Müller*, Der Sachverständige, Rn. 693. Siehe zu ärztlichen Sachverständigengutachten: BVerfG NJW 2004, 739 (743): Das Gutachten müsse den „anerkannten wissenschaftlichen Standards" genügen. Aus dem Strafrecht: *Krause*, in: Löwe-Rosenberg, StPO, Vor § 72 Rn. 5.

1081 Vgl. hierzu: BayOblG NJW 2003, 216 (219); *Schultz-Süchting*, GRUR 1974, 432 (436).

1082 *Riegger/Gayk*, in: KK-AktG, Anh. § 11 SpruchG Rn. 4; *Stratz*, in: Schmitt/Hörtnagl/Stratz, UmwG, § 5 Rn. 11. Nähere Ausführungen zum Ertragswertverfahren in *Riegger/Gayk*, in: KK-AktG, Anh. § 11 SpruchG Rn. 8 ff. Diese Methode ist auch nach einer Entscheidung des BVerfG verfassungsrechtlich zulässig: BVerfG NJW 2012, 3020 (3022).

1083 *Bauer*, in: Gesellschaftsrecht in der Diskussion 2014, S. 195 (205). Hierzu in Fn. 39: „Kapitalmarktorientierte Bewertungsmethoden setzen voraus, dass das zu

Hierzu hat sich das Geschäftsleitungsmitglied mit den entsprechenden Grundkenntnissen einer Unternehmensbewertung auseinanderzusetzen,[1084] sodass eine effektive Überprüfung überhaupt möglich ist. Da die Bewertungsmethoden einen regen wissenschaftlichen Wandel durchlaufen,[1085] muss der Geschäftsleiter diese Entwicklungen im Blick haben und seine Kenntnisse hierzu stets erneuern, sofern eine Unternehmensbewertung in Betracht kommt.[1086]

Bei der Ertragswertmethode werden, vereinfacht dargestellt, die in Zukunft dem Unternehmen zufließenden Gewinne mit dem Basiszins einer („risikofreien") Alternativanlage zuzgl. eines Risikoaufschlags abdiskontiert.[1087] Dabei liegt die Schwierigkeit in der Regel bei der Bestimmung des Risikoaufschlags, da dieser von Faktoren wie bspw. der Ermittlung der (schwankenden) zukünftigen Überschüsse, der Finanzierungsstruktur des Unternehmens oder den Konkurrenzverhältnissen beeinflusst wird.

Da einige Faktoren bei Anwendung der Ertragswertmethode auf Prognosen oder Einschätzungen basieren, kann nicht zwangsweise das eine richtige Ergebnis ermittelt werden. Dennoch ist eine Überprüfung durch das Organmitglied notwendig. Die gewählte Bewertungsmethode muss in sich schlüssig und auf die Besonderheiten der Gesellschaft angepasst sein. Zur Plausibilitätsprüfung müssen die der Unternehmensbewertung zugrunde gelegten in der Vergangenheit liegenden Ergebnisse und Überschüsse der Gesellschaft (sog. Vergangenheitsanalyse) vom Geschäftsleiter auf ihre Plausibilität geprüft werden.[1088] Sofern eine Due Diligence durchgeführt wurde, muss die Unternehmensbewertung mit dieser verglichen werden, sodass offensichtliche Fehlbewertungen erkannt werden können.[1089] Wird die eigene Gesellschaft bewertet, kann das Organmitglied hierzu auf eigene Informationen zugreifen, die ihr eine Überprüfung ermöglichen.

Allerdings sollten auch verschiedene „soft facts" in die Kontrolle einfließen, da diese die Entwicklung des Unternehmens stark beeinflussen können bzw.

---

bewertende Unternehmen mit börsenorientierten Unternehmen aus der gleichen Branche vergleichbar ist. Bei kleinen oder regional fokussierten Unternehmen kann das problematisch sein."

1084 Speziell zu den Organen der Gesellschaft: *Stratz*, in: Schmitt/Hörtnagl/Stratz, UmwG, § 5 Rn. 12.

1085 Siehe hierzu: *Emmerich*, in: Emmerich/Habersack, Konzernrecht, § 305 AktG Rn. 52 f.

1086 Vgl. *Bauer*, in: Gesellschaftsrecht in der Diskussion 2014, S. 195 (205). So zur Bewertung durch den Tatrichter: *Stratz*, in: Schmitt/Hörtnagl/Stratz, UmwG, § 5 Rn. 20.

1087 Ausführlich: *Stratz*, in: Schmitt/Hörtnagl/Stratz, UmwG, § 5 Rn. 35 ff.

1088 *Emmerich*, in: Emmerich/Habersack, Konzernrecht, § 305 AktG Rn. 60.

1089 *Bauer*, in: Gesellschaftsrecht in der Diskussion 2014, S. 195 (206).

Auswirkung auf das Ergebnis der Ertragswertmethode haben: Wie ist das Management des bewerteten Unternehmens zu beurteilen? Ist das Unternehmen in mehreren Wirtschaftsfeldern tätig? Wie ist die Zukunft dieser Branche einzuschätzen? Bietet sich eventuell ein weiterer Markt im Internet? Wie setzt sich der Kundenkreis bzw. das Einzugsgebiet des Unternehmens zusammen? All dies kann Einfluss auf die zukünftigen Gewinne des Unternehmens und damit auf die Unternehmensbewertung haben.

In der bereits erwähnten Entscheidung *Union Illinois v. Korte*[1090] des Court of Chancery of Delaware benötigte die Gesellschaft Ende Juni 1999 dringend liquide Mittel. Daher sollten Aktien der Gesellschaft veräußert werden. Der Finanzdirektor der Gesellschaft bezifferte den Wert einer Aktie auf 15 $, ohne eine konkrete Bewertungsmethode zu benennen. Keiner der anderen Direktoren hinterfragte, wie dieser Wert zustande kam. Nach den Ausführungen des Gerichts hätten sich die Direktoren jedoch genauer darüber vergewissern müssen, ob der veranschlagte Betrag angemessen war. Da sie dies nicht taten und der Finanzdirektor seine Bewertungsmethode nicht erläuterte, durften sie nicht vernünftigerweise auf diese Bewertung vertrauen, sodass eine Privilegierung nach Section 141 (e) DGCL ausschied.[1091] Vielmehr hätten sie das Zustandekommen des Preises und die entsprechende Bewertungsmethode überprüfen müssen.[1092]

3) Rating

Seit dem Ausbruch der Weltwirtschaftskrise im Jahr 2007 wird intensiv diskutiert, ob sich Geschäftsleiter bei Investitionsentscheidungen auf die Bewertungen internationaler Ratingagenturen verlassen dürfen. Oben wurde bereits angesprochen, dass die Unabhängigkeit von Ratingagenturen nicht als unproblematisch angesehen werden kann. Zudem wurde erwähnt, dass der Rückgriff auf ein Rating nicht gänzlich mit der Situation des Vertrauens auf eine fachkundige Beratung vergleichbar ist.[1093] Ratingagenturen bewerten die jeweiligen

1090 *Union Illinois v. Korte*, 2001 WL 1526303 (Del. Ch. 2001).

1091 *Union Illinois v. Korte*, 2001 WL 1526303 (11) (Del. Ch. 2001). Siehe auch Fn. 1010.

1092 *Union Illinois v. Korte*, 2001 WL 1526303 (4 ff.) (Del. Ch. 2001). Ähnlich entschied dasselbe Gericht in *Valeant Pharmaceuticals. Int. v. Jerney*, 921 A.2d 732 (751) (Del. Ch. 2007). Hier verwehrte es dem Board eine mögliche Haftungsprivilegierung. da es sich nicht ungeprüft auf die Angemessenheit der Höhe von Bonuszahlungen verlassen dürfe: „[...] there is no credible evidence that the board was ever told by them [the advisors] that the transaction was fair or that the business judgment rule would operate."

1093 Vgl. Kapitel 3 C) II. 6).

Investitionsrisiken und die Bonität des Emittenten abstrakt. Greift ein Geschäftsleiter auf diese Bewertungen zurück, erwirbt er Informationen, die er anders ggf. nicht hätte erwerben können.[1094] Diese Informationen sind aber nicht speziell an die geplante Maßnahme des Unternehmens angepasst. Sie sind allgemeine Bewertungen, die in keiner Weise auf die Besonderheiten des ratsuchenden Unternehmens eingehen und enthalten somit keine konkrete Handlungsanweisung für den Geschäftsleiter.[1095] Mithin ist es im Grundsatz bereits ausgeschlossen, dass ein Rating *alleine* eine sorgfältige Informationsgrundlage darstellt.[1096] Andererseits darf der Vorstand natürlich Informationen von Ratingagenturen einholen, um ein besseres Bild über das Investitionsrisiko zu erlangen. Jedoch dürfen diese weder als einzige Informationsgrundlage angesehen werden noch dürfen die Informationen der Ratingagenturen ungesehen übernommen werden. Ist bereits im Rahmen eines sorgfältig eingeholten Rats, der auf die spezifischen Umstände der konkreten Maßnahme eingeht, eine Plausibilitätskontrolle stets erforderlich, so ist eine Überprüfung für ein eingeholtes Rating erst recht notwendig, vor allem da die Unabhängigkeit der Ratingagenturen nicht zwingend gesichert ist.[1097] Hierbei sind jedoch aufgrund dieser ungewissen Unabhängigkeit erhöhte Anforderungen an die Geschäftsleitung zu stellen, als dies sonst im

---

1094 *Terwedow/Klavina*, Der Konzern 2012, 535 (541), die darauf hinweisen, dass ausschließlich eigene Bewertungsanstrengungen der Geschäftsleitung weder finanziell rentabel seien noch ein vergleichbares Informationsniveau mit sich bringen würden.

1095 *Buck-Heeb*, BKR 2011, 441 (447); *Florstedt*, AG 2010, 315 (318); *Schaub/Schaub*, ZIP 2013, 656 (660); *Schön/Cortez*, IRZ 2009, 11 (17).

1096 OLG Düsseldorf, AG 2010, 126 (128) – IKB-Beschluss; *Cahn/Müchler*, in: FS Schneider, S. 197 (210 f.); *Lutter*, ZIP 2009, 197 (199); *Habersack*, Managerhaftung, S. 5 (9); *Meyer*, CCZ 2011, 41 (44 f.); Schaub/Schaub, ZIP 2013, 656 (660); *Schön/Cortez*, IRZ 2009, 11 (17); *Spindler*, in: MüKo, AktG, § 93 Rn. 51; *ders.*, in: NZG 2010, 281 (284); *Terwedow/Klavina*, Der Konzern 2012, 535 (541). Auch die Bundesbank geht davon aus, dass eine eigene Bewertung nicht aufgrund eines eingeholten Ratings unterbleiben darf: *Redaktion beck-aktuell*, Finanzausschuss: Experten beurteilen Ratingagenturen kritisch, 25.03.2010, becklink 300744. Ratings ab einer gewissen Bedeutung der Maßnahme für die Gesellschaft als nicht ausreichend ansehend: *Lang/Balzer*, WM 2012, 1167 (1170). Ähnlich: *Fleischer*, NJW 2010, 1504 (1505) verlangt eine „breiter abgesicherte Entscheidungsbasis". Zutreffend auch: *Florstedt*, AG 2010, 315 (318): „Vor allem aber kann ein Geschäftsleiter ein Bonitätsurteil nur dazu heranziehen, wozu es eine Aussage macht. Es ist nicht mehr als eine Prognose über Verluste und Ausfälle und darf nicht für eine Empfehlung gehalten werden."

1097 Vgl. Kapitel 3 C) II. 6).

Rahmen der Plausibilitätskontrolle erforderlich ist.[1098] Diese Pflicht verschärft sich mit einem steigendem Risiko der geplanten Maßnahme weiter.

Um eine Plausibilitätskontrolle eines Ratings durchzuführen, ist es zunächst erforderlich, dass sich das ratsuchende Organmitglied über die Ratingkriterien informiert und sich hiermit eingehend befasst.[1099] Nur auf diese Weise kann es die Bedeutung des Ratings vollumfänglich erfassen, sodass der Informationszuwachs der Gesellschaft einen tatsächlichen Nutzen bringt. Stets bedacht werden muss, dass ein positives Rating einer unbekannten Anlage nicht mit einem Rating in Bezug auf eine Schuldverschreibung eines DAX-Konzerns vergleichbar ist, da das Risiko ersterer für den Geschäftsleiter, z. B. aufgrund einer ihm unbekannten Anlageform oder bzgl. unterschiedlicher Währungs-, Markt- oder Liquiditätsrisiken, zumeist schwieriger einzuschätzen ist.[1100] Daneben muss auf die Aktualität des Ratings geachtet werden, denn aufgrund der sich schnell ändernden Finanzwelt kann nur ein aktuelles Rating zur Entscheidungsvorbereitung herangezogen werden.[1101] Außerdem muss der Vorstand die geplante Finanzierung bzw. Maßnahme zumindest in den Grundzügen verstanden haben.[1102] Das heißt, dass er den konkreten Inhalt bzw. die Ausgestaltung der zugrunde liegenden Maßnahme kennen muss.[1103]

Darüber hinaus ist jedoch noch mehr zu fordern: Insbesondere muss sich der Vorstand bzw. der Geschäftsführer selbst über die Risiken des Geschäfts vergewissern und somit letztlich eine eigene Risikoeinschätzung treffen.[1104] Das Rating kann hierfür nur als erster Anhaltspunkt dienen und muss auf kritische

---

1098 Siehe *Terwedow/Klavina*, Der Konzern 2012, 535 (541, insbesondere Fn. 62).

1099 *Cahn/Müchler*, in: FS Schneider, S. 197 (210 f.); *Florstedt*, AG 2010, 315 (318).

1100 So das Beispiel von: *Lutter*, ZIP 2009, 197 (199).

1101 *Terwedow/Klavina*, Der Konzern 2012, 535 (542).

1102 *Cahn/Müchler*, in: FS Schneider, S. 197 (210 f.); *Fleischer*, NJW 2010, 1504 (1505); *Schaub/Schaub*, ZIP 2013, 656 (660).

1103 *Lutter*, ZIP 2009, 197 (198).

1104 *Cahn/Müchler*, in: FS Schneider, S. 197 (210 f.); *Habersack*, Managerhaftung, S. 5 (19); *Schaub/Schaub*, ZIP 2013, 656 (660). *Terwedow/Klavina*, Der Konzern 2012, 535 (541): „[...] wobei makro- und mikroökonomische Faktoren und Entwicklungen auf dem relevanten Markt branchenspezifisch zu berücksichtigen sind." Zudem gehen *Terwedow/Klavina* davon aus, dass eine zusätzliche Risikoeinschätzung durch die Geschäftsleitung zur Kontrolle der Ratings auch einen positiven Effekt auf die Ratingagenturen haben könnte. Diese sähen sich dann unter Druck gesetzt, sorgfältigere und objektivere Ratings abzugeben, um selbst keine Reputationseinbußen durch aufgedeckte Fehlbewertungen zu erleiden, *Terwedow/Klavina*, Der Konzern 2012, 535 (543). A. A., wonach sich der Geschäftsleiter auf die marktführenden

Weise hinterfragt werden.[1105] Aufgrund der Abstraktheit des Ratings kann die tatsächliche Entscheidungsfindung und das mit ihr einhergehende Abwägen von Chancen und Risiken, bspw. durch Erstellung eines Risikoprofils, nur durch zusätzlich eingeholte Informationen vonstattengehen, die den speziellen Einzelfall und die Besonderheiten des Unternehmens berücksichtigen. Hierbei sind somit die konkreten Gefahren für die Gesellschaft, aber auch die möglicherweise gewinnbringenden Vorteile in einen sachgerechten Ausgleich zu bringen. Anhand dieser zusätzlichen Informationen ist die Plausibilität des Ratings zu überprüfen. Nur wenn dem Geschäftsleiter keine das Rating in Frage stellenden Informationen bekannt sind, seine eigene Risikobewertung also kein widersprechendes Ergebnis hervorbringt, darf er es für seine Entscheidungsfindung *kumulativ* zu den sonstigen Informationen heranziehen. Dies gilt umso mehr, wenn neuartige Finanzierungsmöglichkeiten oder Märkte beschritten werden, bei denen selbst Ratingagenturen noch nicht auf einen ausreichenden Erfahrungsschatz zurückgreifen können.[1106] Hierzu wäre denkbar, dass sich unternehmensintern eine spezialisierte Gruppe im Risikocontrolling mit diesem Risikobewertungsprozess beschäftigt und die Schlüssigkeit und Objektivität eines Ratings überprüft. Liegt die Hauptaktivität der bewerteten Gesellschaft im Handeln mit Risikopapieren, ist ein besonders detaillierter Blick erforderlich.[1107]

Mit der zweiten Änderungsverordnung Nr. 462/2013 zur Ratingagenturen-VO soll vergleichbar erreicht werden, dass wichtige Kapitalmarktteilnehmer[1108] eine eigene Kreditrisikobewertungen vornehmen und sich bei der Bewertung der Bonität eines Unternehmens oder eines Finanzinstruments nicht ausschließlich oder automatisch auf Ratings stützen, Art. 5a I Ratingagenturen-VO.[1109]

Ratingagenturen verlassen könne: *Balthasar/Hamelmann*, WM 2010, 589 (592); *Brüning/Samson*, ZIP 2009, 1089 (1092).

1105 *Spindler*, in: MüKo, AktG, § 93 Rn. 51.

1106 Vgl. *Spindler*, NZG 2010, 281 (284).

1107 *Terwedow/Klavina*, Der Konzern 2012, 535 (543).

1108 Nach Art. 4 I Ratingagenturen-VO sind dies Kreditinstitute, Wertpapierfirmen, Versicherungsunternehmen, Rückversicherungsunternehmen, Einrichtungen der betrieblichen Altersversorgung, Verwaltungs- und Investmentgesellschaften, Verwalter alternativer Investmentfonds und zentrale Gegenparteien.

1109 Siehe: *Bauer*, BB 2013, 363 (364); *Berger/Ryborz*, WM 2014, 2241 (2248). Daher hat etwa auch die BaFin in Zusammenarbeit mit dem Bundesministerium der Finanzen einen „Maßnahmenplan zur Reduzierung der Bezugnahme auf externe Ratings“ veröffentlicht: Abrufbar unter: http://www.bafin.de/SharedDocs/Downloads/DE/Bericht/dl_massnahmenplan_externe_ratings _fsb.pdf?__blob=publicationFile&v=3 [Zuletzt abgerufen am 31.03.2016]. Hierdurch soll insbesondere in Gesetzen,

Der europäische Gesetzgeber will hierdurch das blinde Vertrauen auf Ratings begrenzen und erwartet vielmehr eine eigene Bewertung der Investoren. Der bereits angesprochene Art. 8 I Ratingagenturen-VO begünstigt dabei eine Plausibilitätskontrolle, da die Agenturen nun offenlegen müssen, welche Modelle und Methoden sie zur Bewertung verwenden.

IX. Selbstständige Durchführung

Die Überprüfungsverantwortung trifft grds. das ratsuchende Geschäftsleitungsmitglied.[1110] *Hahn/Naumann* gehen daher davon aus, dass es eine höchstpersönliche Verpflichtung der Geschäftsleitung darstelle, den eingeholten Rat zu überprüfen.[1111] Der BGH forderte in seinen Urteilen aus dem Jahre 2007 ebenfalls eine *eigene* Plausibilitätskontrolle.[1112]

Hilfstätigkeiten eines Dritten sind allerdings zulässig.[1113] So kann beispielsweise das von einem externen Berater erstellte rechtliche Gutachten durch die eigene Rechtsabteilung auf dessen Plausibilität überprüft werden. Aber auch das extern eingeholte Wirtschaftsgutachten kann vom eigenen Wirtschaftsprüfer kontrolliert werden. Ein solch arbeitsteiliges Vorgehen hat zur Folge, dass die Ausarbeitung der Plausibilitätskontrolle von besonders qualifizierten Mitarbeitern erfolgt, was wiederum die Qualität der Informationen erhöht, da etwaige Mängel leichter auffindbar sind.[1114]

Um aber im Falle der Ausarbeitung der Plausibilitätskontrolle durch unternehmenseigene Mitarbeiter nicht zu einer vollständigen Verschiebung der Vorstandsverantwortung zu gelangen, bedarf es zwingend der abschließenden

---

Verordnungen und Vorschriften die Bezugnahme auf externe Ratings verringert werden. Zudem sollen hierdurch Marktteilnehmer zu einer eigenen Risikobewertung angehalten werden. Siehe auch: *Terwedow/Klavina*, Der Konzern 2012, 535 (540).

1110 Vgl. Kapitel 3 E) II.

1111 *Hahn/Naumann*, CCZ 2013, 156 (162).

1112 BGH NZG 2007, 545; DStR 2007, 1641 (1642). Siehe auch: OLG Stuttgart, NZG 2010, 141 (143).

1113 *Eckert*, in: Wachter, AktG, § 93 Rn. 22; *Fleischer*, in: MüKo, GmbHG, § 43 Rn. 42e; *Gottschalk/Weng*, GWR 2013, 243 (246); *Kremer*, in: Gesellschaftsrecht in der Diskussion 2012, S. 171 (182); *Krieger*, ZGR 2012, 496 (502); *H.-F. Müller*, DB 2014, 1301 (1304); *Schäfer*, WM 2012, 1022 (1025); *Scholl*, Vorstandshaftung und Vorstandsermessen, S. 248; *Strohn*, CCZ 2013, 177 (184).

1114 *Gottschalk*/Weng, GWR 2013, 243 (246).

Verifizierung durch das Organmitglied.[1115] Hieran sind jedoch dann nur noch geringe Anforderungen zu stellen. Das Geschäftsleitungsmitglied muss sich über die Plausibilitätskontrolle informieren und diese selbst noch einmal zumindest daraufhin überprüfen, ob das Gutachten nicht ein eindeutiges Gefälligkeitsgutachten darstellt.[1116] Ist die Maßnahme besonders bedeutend oder risikobehaftet, muss sich das Organmitglied die Plausibilität von den eigenen Mitarbeitern entweder schriftlich oder mündlich erläutern lassen. Die endgültige Entscheidung über die dem Rat zugrunde liegende Maßnahme darf somit nicht den eigenen Unternehmensmitarbeitern übertragen werden. Gerade durch diese eigenständige Überprüfungspflicht der Geschäftsleitung wird sichergestellt, dass der Informationszuwachs beim Geschäftsleitungsmitglied selbst ankommt und dieses sodann die abschließende Entscheidung mit den hinzugewonnenen Informationen trifft.

X. Zusammenfassung

Insgesamt bleibt festzuhalten, dass grundsätzlich eine Plausibilitätskontrolle durch die Geschäftsleitung erforderlich ist. Variieren die Überprüfungsanforderungen etwa anhand des Fachgebiets, der Eilbedürftigkeit, der Qualifikation des Ratsuchenden und der Klarheit des erteilten Rats, muss die Endverantwortung immer beim ratsuchenden Geschäftsleitungsmitglied verbleiben. Stets ist hierbei die Bedeutung des Wortes der „Plausibilität" im Auge zu behalten, die einer intensiven und vollumfänglichen Überprüfungsverantwortung entgegensteht. Nur wenn im Einzelfall Zweifel am erteilten Rat auftreten, kann eine ausführlichere Überprüfung angebracht sein, die ggf. bis hin zur Einholung einer *second opinion* führt. Erwähnenswert bleibt zuletzt noch, dass Gutachten, die offensichtliche Mängel enthalten, als zuverlässiges Auskunftsmedium stets ausscheiden. Hierbei spielt es keine Rolle, ob das Geschäftsleitungsmitglied diese Mängel erkannt hat oder nicht. Wird dem Gutachten alsdann gefolgt, ohne sich eingehender mit diesen Mängeln zu beschäftigen, führt dies zum Ausschluss einer Haftungsprivilegierung, denn offensichtliche Mängel hätte der Geschäftsleiter erkennen

---

1115 *Gottschalk/Weng*, GWR 2013, 243 (246); *H.-F. Müller*, DB 2014, 1301 (1304); *ders.*, NZG 2012, 981 (982); *Piepenbrock*, Defense of Reliance, S. 265; *Schäfer*, WM 2012, 1022 (1025); *Strohn*, CCZ 2013, 177 (184); *Wagner*, BB 2012, 651 (652). *Krieger*, ZGR 2012, 496 (502) verlangt, dass sich das Organmitglied von dem Ergebnis der Plausibilitätskontrolle berichten lässt.

1116 *Schäfer*, WM 2012, 1022 (1025). *Strohn*, CCZ 2013, 177 (183) geht von sehr geringen Überprüfungspflichten des Geschäftsleiters aus, die auf ein „Mindestmaß" beschränkt seien.

müssen.[1117] Ein auf einfacher Fahrlässigkeit beruhendes Übersehen von Mängeln durch das Organmitglied lässt also die enthaftende Wirkung des Rates entfallen.

F) Weitere Voraussetzungen

I. Konkrete Festlegung des Auftragsinhalts

Mit Beauftragung des Beraters ist i. d. R. sicherzustellen, dass der Auftragsinhalt abgegrenzt wird. Speziell wurde dies bereits mehrmals vom BGH im Hinblick auf die Insolvenzantragspflicht nach § 15a InsO festgestellt. Gerät die Gesellschaft in eine Krise und kann das Geschäftsleitungsmitglied nicht selbst feststellen, ob die materielle Insolvenzreife gegeben ist, muss es einen fachkundigen Berater beauftragen und hierbei sicherstellen, dass die Überprüfung der Insolvenzantragspflicht von der Beratung erfasst ist. Die schlichte Festlegung, der Berater solle die Vermögenslage überprüfen und etwaige Sanierungskonzepte erarbeiten, umfasst nach Ansicht des BGH nicht zwangsläufig die Prüfung der Insolvenzantragspflicht. Zwar sei nicht zwingend zu fordern, dass diese stets ausdrücklich im Prüfungsauftrag festgeschrieben würde, dennoch müsse der Geschäftsleiter nach den konkreten Umständen davon ausgehen können, dass die Insolvenzantragspflicht vom Prüfungsumfang umfasst sei.[1118] Diese richtige Feststellung reicht weit über die Prüfung der Insolvenzantragspflicht hinaus und erfasst alle denkbaren Prüfungsgegenstände. Der Arbeitsauftrag des Beraters muss soweit konkretisiert werden, dass er seinen genauen Prüfungsumfang überblickt und sein Arbeitsprodukt eine optimale Informationsgrundlage hinsichtlich der zu treffenden Entscheidung darstellt.[1119]

1117 Siehe *Piepenbrock*, Defense of Reliance. S. 273 f.

1118 BGH NZG 2012, 672 (674); 2013, 675 (676); 2013, 911. Siehe auch: BGH NZG 2015, 792 (795). Ähnlich auch BGH NZG 2011, 1271 (1273): „Die bloße Annahme der Bekl. zu 1 und 2, dass bei der Erstellung des Abwicklungskonzepts die rechtlichen Voraussetzungen der Sacheinlage überprüft wurden, ersetzt eine Beratung und gegebenenfalls eine Nachfrage nicht." In Bezug auf die Haftung eines Gesellschafters: BGH NZG 2013, 1028 (1030). Siehe auch: *Zugehör*, WM 2013, 1965 (1967).

1119 Allgemein: *Decker*, GmbHR 2014, 72 (76 f.); *Gottschalk/Weng*, GWR 2013, 243 (246); *Kreuz*, Enthaftung des Geschäftsleiters, S. 71 f.; *Scholl*, Vorstandshaftung und Vorstandsermessen, S. 243 f. Speziell zur Insolvenzantragspflicht: *Blöse*, GmbHR 2012, 746 (749); *Schult/Nikoleyczik*, GWR 2012, 270; *Schwarz*, CCZ 2013, 34 (37). Bei Erteilung des Prüfungsauftrages muss auch der Inhalt der jeweiligen Pflicht beachtet werden. Siehe hierzu: Kapitel 3 F) IV.

Hier dürfen jedoch keine zu strengen Anforderungen an den Geschäftsleiter gestellt werden. Grundsätzlich muss es genügen, dass die entscheidungserhebliche Frage nach Ansicht des ratsuchenden Organmitglieds vom Prüfungsauftrag umfasst ist, denn es kann von einem nicht fachkundigen Geschäftsleiter nicht verlangt werden, dass er eine konkrete (Rechts-) Frage formuliert, die genau das entscheidungserhebliche Problem umfasst.[1120]

Um Missverständnisse zu vermeiden bleibt anzuraten, den konkreten Prüfungsumfang *gemeinsam mit dem Berater* festzulegen.[1121] Auch wenn ein konkludent vereinbarter Prüfungsumfang ausreichend ist, läuft das Geschäftsleitungsmitglied Gefahr, dass der Berater die gewünschten Prüfungspunkte nicht vollends erfasst.

Daher empfiehlt sich eine schriftliche Auftragserteilung, um zweifelsfrei den Prüfungsumfang zu dokumentieren.[1122] Zwar stellt dies keine verbindliche Pflicht des Geschäftsleitungsmitglieds dar, doch ist speziell bei tiefgehenden fachlichen Fragen in Bezug auf etwaige Detailprobleme eine größtmögliche Abgrenzung des Prüfungsumfangs erforderlich. Hierbei kann sich der Geschäftsleiter von eigenen Mitarbeitern unterstützen lassen. Eine schriftliche Auftragserteilung bietet außerdem den Vorteil, dass dem Berater bereits hierdurch schriftliche Informationen zur Verfügung gestellt werden können. Der BGH erachtete in einer neueren Entscheidung eine mündliche Auftragserteilung als nicht ausreichend, zumal dem Berater durch die telefonische Beauftragung nicht die notwendigen Informationen zur Verfügung gestellt wurden.[1123] Die notwendige Informationsmitteilung ist allerdings von der Auftragserteilung abzugrenzen. Sofern anderweitig – auch ggf. schriftlich – eine ausreichende Information des Beraters sichergestellt wurde, genügt eine mündliche Auftragserteilung, wenn der Auftragsumfang hierdurch hinreichend abgegrenzt wird.

Doch selbst wenn das Organmitglied eine genaue Abgrenzung des Prüfungsumfangs unterlassen oder gar einen fehlerhaften Auftrag erteilt hat, kann es dennoch auf den Rat vertrauen, sofern der Berater gleichwohl das konkrete Problem sorgfältig begutachtet hat.[1124]

1120 So BGH NZG 2015, 792 (795).

1121 Bezüglich der Empfehlung eines ausdrücklichen Auftrags hinsichtlich der Prüfung der Insolvenzantragspflicht: *Schwarz*, CCZ 2013, 34 (37).

1122 Stenger, eine schriftliche Auftragserteilung verlangend: *Decker*, GmbHR 2014, 73 (77 f.); *Gottschalk/Weng*, GWR 2013, 243 (246).

1123 BGH NZG 2013, 1028 (1030). Siehe auch: OLG Stuttgart, NZG 2010, 141 (143 f.).

1124 So nun ausdrücklich: BGH NZG 2015, 792 (795).

Des Weiteren sollte der Prüfungsauftrag erkennen lassen, bis wann das jeweilige Prüfungsergebnis vorliegen muss,[1125] sodass beispielsweise Fristen eingehalten werden können. Hierdurch kann zudem sichergestellt werden, dass der Berater neben der notwendigen Qualifikation auch über die notwendigen Kapazitäten verfügt, um im gewünschten Zeitrahmen einen sorgfältigen Rat zu erteilen. Im australischen Fall *Austalian Securities and Investmens Commission v. Fortescue Metals Group Ltd.* lehnte das Federal Court of Australia eine Haftungsprivilegierung eines Direktors ab, da er gerade nicht beweisen konnte, dass er den Berater speziell zur entscheidungserheblichen Frage – in diesem Falle der Wirksamkeit von Lieferverträgen – befragt hatte, sodass der Auftrag nicht mit der notwendigen Sorgfalt abgegrenzt wurde.[1126]

II. Einzuhaltende Form des Rates

1) Kein vollumfängliches Schriftformerfordernis

Ob der Rat schriftlich erteilt werden muss oder ob eine mündliche Beratung genügt, ist in der Literatur umstritten. So sprechen sich einige für ein grundsätzliches Schriftformerfordernis aus, das aber bei einfach gelagerten Fällen oder einer besonderen Eilbedürftigkeit ausnahmsweise eingeschränkt werden könne.[1127] Andere sind weniger streng und wollen auch einen mündlich erteilten Rat im Grundsatz zulassen.[1128]

Das Kammergericht Berlin lehnte in einer Entscheidung eine Enthaftungswirkung eines mündlichen Rates ab. Demnach hätte der Rat in einem schriftlichen

1125 *Decker*, GmbHR 2014, 72 (76 f.); *Gottschalk/Weng*, GWR 2013, 243 (246); *Nowak*, GmbHR 2012, 1294 (1299).

1126 *Austalian Securities and Investmens Commission v. Fortescue Metals Group Ltd.* [2011] FCAFC 19 (193). Siehe auch: *Latham*, Breach of directors' duties.

1127 *Binder*, AG 2012, 885 (893); *Buck-Heeb*, BKR 2011, 441 (448); *Decker*, GmbHR 2014, 72 (76 f.); *Drescher*, Haftung GmbH-Geschäftsführer, Rn. 311; *Gottschalk/Weng*, GWR 2013, 243 (246); *H.-F. Müller*, DB 2014, 1301 (1306); *ders.*, NZG 2012, 981 (982); *Sander/Schneider*, ZGR 2013, 725 (752); *Selter*, AG 2012, 11 (17); *Spindler*, in: MüKo, AktG, § 93 Rn. 82. Strenger im Rahmen des Kartellrechts: *Potten*, Irrtum in der kartellrechtlichen Entscheidungspraxis, S. 72, der stets die Schriftform fordert.

1128 *Fleischer*, KSzW 01.2013, 3 (9); *ders.*, NZG 2010, 121 (124 f.); *ders.*, in: FS Hüffer, S. 187 (196 f.); *Kremer*, in: Gesellschaftsrecht in der Diskussion 2012, S. 171 (182 f.); *Krieger*, ZGR 2012, 496 (502 f.); *Piepenbrock*, Defense of Reliance, S. 18 f.; *Wagner*, BB 2012, 651 (652). Aus dem Strafrecht: OLG Zweibrücken, StV 1992, 119; *Kirch-Heim/Samson*, wistra 2008, 81 (85). Wohl auch: *Löw*, Erkundigungspflicht beim Verbotsirrtum, S. 106.

Gutachten erteilt werden müssen, da sich nur hierdurch der Ratsuchende von der Sorgfältigkeit des Arbeitsproduktes hätte überzeugen können.[1129] Ähnlich entschied das OLG Hamburg als Vorinstanz zur ISION-Entscheidung des BGH. Es ließ die mündliche Auskunft der Kanzlei des stellvertretenden Aufsichtsratsvorsitzenden nicht genügen. Nur durch ein schriftliches Gutachten könne das wiederholte Durcharbeiten des erteilten Rates gewährleistet werden, wodurch etwaige Zweifel eher erkennbar gewesen wären. Vor allem sei es dem nicht sachkundigen Organmitglied im Rahmen einer mündlich erteilten Auskunft gerade nicht möglich, Schwachpunkte der Beratung zu erkennen.[1130] Der BGH schloss sich den Ausführungen des OLG weitestgehend an und ergänzte, dass eine schriftliche Beratung erforderlich gewesen wäre, da der Fall weder besonders einfach gelagert noch eilbedürftig gewesen sei.[1131]

In einer neueren Entscheidung knüpft der BGH hieran an und verlangt von einem Gesellschafter, dass vor allem bei „komplexen Sachverhalten und erkennbar schwierigen Rechtsfragen regelmäßig ein detailliertes, schriftliches Gutachten erforderlich" sei.[1132] Ähnliche Formulierungen finden sich in strafrechtlichen Urteilen.[1133] Die Rechtsprechung verlangt somit im Grundsatz ein schriftliches Gutachten. Im Umkehrschluss entspricht dies der erstgenannten Literaturansicht, wonach eine mündliche Beratung im Einzelfall nur genügen kann, sofern sich die (Rechts-) Frage als besonders einfach erweist oder eine tatsächliche Eilbedürftigkeit besteht.

Ist ein Sachverhalt sehr begrenzt und wirft dessen Bewertung keine besonderen bzw. schwerwiegenden Probleme auf, genügt also ein mündlicher Vortrag.[1134] Dies ist insbesondere dann der Fall, wenn die mündliche Beratung die aufgeworfenen Fragen zweifelsfrei beantwortet, keine weiteren Ungewissheiten bestehen und der Geschäftsleiter durch den mündlichen Vortrag gänzlich überzeugt werden kann. Ähnliches gilt im Falle besonderer Eilbedürftigkeit. Beispielsweise sind

---

1129 KG WuW 1980, OLG 2205 (2208).

1130 OLG Hamburg, AG 2010, 502 (507).

1131 BGH NZG 2011, 1271 (1273).

1132 BGH NZG 2013, 1028 (1030).

1133 BGH NJW 2013, 93 (97). Vgl. auch: BGH, Urtl. v. 03.04.2008, 3 StR 394/07, BeckRS 2008, 06865 (Rn. 40). Siehe aus der strafrechtlichen Literatur: *Joecks*, in: MüKo, StGB, § 17 Rn. 58; *Sternberg-Lieben/Schuster*, in: Schönke/Schröder, StGB, § 17 Rn. 18.

1134 *Strohn*, CCZ 2013, 177 (183) fordert hier, dass die Frage kurz und knapp beantwortet werden kann. *Eckert*, in: Wachter, AktG, § 93 Rn. 22 hält bei Routinefragen einen mündlichen Rat für ausreichend.

hier die Ad-hoc-Publizitätspflichten der Geschäftsleitung nach § 15 I WpHG zu nennen.[1135] Werden dem Emittenten Insiderinformationen bekannt, die ihn betreffen, muss er diese unverzüglich veröffentlichen. Hierbei wird dem Emittent das Recht auf eine Beratung und somit zugleich ein gewisser Prüfungszeitraum zugebilligt, der auch die notwendige Zeitspanne zur Beauftragung eines Dritten umfasst.[1136] Dieser Prüfungszeitraum bleibt aber aufgrund des Unverzüglichkeitserfordernisses sehr knapp bemessen, sodass hier regelmäßig nur eine mündliche Beratung in Betracht kommt.[1137] Sicherlich liegt ein mündlich erteilter Rat eher im Interesse der Gesellschaft als eine gänzlich uninformierte Entscheidung, sodass in einem solchen Fall eine mündliche Beratung zulässig ist.[1138]

Krieger tritt insgesamt für eine weitergehende Zulässigkeit mündlicher Beratung – auch bei komplizierten Fragen – ein. Denn ein über hundert Seiten langes Gutachten, das unzählige Fachbegriffe und im Falle juristischer Beratung zusätzlich Rechtsprechungsnachweise und Literaturmeinungen enthält, nutze dem Geschäftsleiter weniger als ein ausführliches Beratungsgespräch. Daher sei es schon äußerst fraglich, dass sich ein mündlicher Vortrag schlechter nachvollziehen lasse als ein schriftliches Gutachten. Auch nach *Krieger* ist bei abstrakten Rechtsfragen eine sorgfältige Untersuchung erforderlich und sodann eine schriftliche Fixierung empfehlenswert. Ist jedoch eine besondere Entscheidungssituation betroffen, bei der das konkrete Verhalten des Organmitglieds in Frage steht, etwa beim Aufkommen von Bestechungsvorwürfen gegen die Geschäftsleitung, so sei es sinnvoller, wenn der Berater an der entsprechenden Sitzung teilnehmen würde. Auf diese Weise könne er den Mitgliedern unmittelbar Handlungsempfehlungen unterbreiten und, über eine von ihm verfasste schriftliche Vorlage hinaus, den Auskunftssuchenden mit Rat und Tat zur Seite stehen. Als weiteres Argument führt er die allgemeine Praxis in den Strafsenaten des BGH an. Dort werden die Mitglieder der Senate von den Berichterstattern lediglich mündlich über den entscheidenden Sach- und Streitstand informiert, woran selbst das Bundesverfassungsgericht keinerlei Kritik übte.[1139]

1135 Siehe nur: *H.-F. Müller*, DB 2014, 1301 (1306).

1136 *Assmann*, in: Assmann/Schneider, WpHG, § 15 Rn. 249; *Piepenbrock*, Defense of Reliance, S. 18 f. So auch die Begründung zum 2. FFG, BT-Drucks. 12/6679, S. 48.

1137 *Piepenbrock*, Defense of Reliance, S. 18. Vgl. auch: *Strohn*, CCZ 2013, 177 (183).

1138 *Piepenbrock*, Defense of Reliance, S. 18 f.

1139 BVerfG, NJW 2012, 2334 (2336, speziell Rn. 25.). Zum Ganzen: *Krieger*, ZGR 2012, 496 (502 f.).

Dass eine sorgfältige Beratung eingeholt wurde, ist durch ein schriftliches Gutachten selbstredend leichter beweisbar.[1140] Prozessuale Vorteile können sich jedoch nicht unmittelbar auf die Handlungspflichten der Organmitglieder auswirken. Ähnlich sieht dies das Court of Chancery of Delaware: „[...], although a written legal opinion is preferable from the standpoint of a court engaged in a post facto review of a board's decision, whether an opinion is oral or in writing is of no consequence to the board at the time of its decision."[1141] Das Supreme Court of Delaware lehnte in *Smith v. Van Gorkom* noch eine Berufung auf mündlich erteilte Informationen ab.[1142] Dies geschah aber vor der Änderung von Section 141 (e) DGCL im Jahre 1987. Nunmehr erfasst diese Section „information, opinions, reports or statements presented to the corporation", sodass hiervon sowohl schriftliche als auch mündliche Auskünfte erfasst werden.[1143] Diese Änderung erfolgte gerade deshalb, um klarzustellen, dass Direktoren auf mündlichen Rat ebenso vertrauen dürfen.[1144]

Zur Beurteilung, ob im Einzelfall bei komplizierten Fragen eine mündliche Beratung genügen kann, stellen sich zwei Fragen: Erstens: Kann eine mündliche Beratung mit einer gleichwertigen Sorgfalt erstellt und erteilt werden, wie es im Rahmen einer schriftlichen Fixierung möglich ist? Und zweitens: Da der Rat so gestaltet werden muss, dass eine Plausibilitätskontrolle durch das ratsuchende Organmitglied möglich ist, ist ein mündlicher Rat in vergleichbarer Weise einer Prüfung auf Plausibilität zugänglich?

1140 *Hahn/Naumann*, CCZ 2013, 156 (162); *Kremer*, in: Gesellschaftsrecht in der Diskussion 2012, S. 171 (182).

1141 *Carlton Investments v. TLC Beatrice International Holdings, Inc.*, 1997 WL 305829 (14) (Del. Ch. 1997). Vergleiche bereits früh: *Cheff v. Mathes*, 199 A.2d 548 (553) (Del. 1964). Aus der Literatur: *Rokas*, 2 Am. U. Bus. L. Rev. 323 (345 f.); *Uebler*, 65 BUSLAW 1023 (1037 f.). Eine mündliche Beratung nicht grundsätzlich ausschließend, sondern vielmehr auf die Umstände des Einzelfalles abstellend: *Hawes/Sherrard*, 62 Va. L. Rev. 1 (33).

1142 *Smith v. Van Gorkom*, 488 A.2d 858 (884) (Del. 1985): „[...] and that Van Gorkom's representations on which the Board based its actions do not constitute 'reports' under § 141(e) on which the directors could reasonably have relied."

1143 *Rokas*, 2 Am. U. Bus. L. Rev. 323 (345 f.). Ähnliche Formulierungen finden sich auch in: Section 309 (b) California Corporations Code; Section 717 (a) New York Business Corporations Law; Section 8.30 (f) (1) Model Business Corporation Act; Section 541a (2) Michigan Business Corporation Act; Revised Code of Washington 23B.08.300 (2); Section 76 (4) (b) (ii) Companies Act 2008 (South Africa); Section 138 Companies Act 1993 (New Zealand); Section 132 (1C) Companies Act 1965, 2007 (Malaysia).

1144 Siehe *Uebler*, 65 BUSLAW 1023 (1037 f.).

Bietet eine schriftliche Beratung also eine höhere Gewähr für eine sorgfältigere Untersuchung? Zwar wird vertreten, dass schriftliche Informationen eine empirisch höhere Richtigkeitsgewähr böten,[1145] eine Begründung lassen die Vertreter dieser Meinung jedoch vermissen. Der Geschäftsleiter muss davon ausgehen können, dass der Berater den Rat sorgfältig erstellt hat. Dies ist jedoch nicht zwangsläufig nur anhand eines schriftlichen Gutachtens festzustellen. Nicht gleichgesetzt werden darf daher eine sorgfältige Erstellung des Rates mit dessen Übermittlung an den Geschäftsleiter,[1146] vice versa lässt eine mündliche Beratung nicht notwendigerweise auf einen nur mangelhaft vorbereiteten Rat schließen.

In der Tat kann eine knappe mündliche Erläuterung in einer schwereren (Rechts-) Frage mit erheblichen Auswirkungen für die Gesellschaft keine sorgfältige Informationsgrundlage darstellen. Daher hat der Berater im Rahmen einer mündlichen Beratung dem Ratsuchenden die fachliche Bewertung und deren Ergebnis ausführlich in einem umfassenden persönlichen Vortrag darzulegen.[1147] Im Rahmen eines solchen Vortrages muss dem Ratsuchenden selbstverständlich die Möglichkeit gegeben werden, Fragen zu stellen, um etwaige Unklarheiten unmittelbar zu beseitigen.[1148] Ein mündlicher Vortrag kann tatsächlich für den nicht fachkundigen Geschäftsleiter verständlicher sein, sofern sich eine Diskussionsmöglichkeit mit dem Berater ergibt.[1149] Nicht vergessen werden darf natürlich, dass der Ratsuchende uneingeschränkt sicherstellen muss, dass der Berater über alle notwendigen Informationen verfügt. Dennoch ist es dem Geschäftsleiter möglich, dem Berater zuvor alle Informationen, ggf. schriftlich zukommen zu lassen und sodann auf eine mündliche Beratung zu vertrauen. Auch hier muss doch gerade zwischen einer sorgfältigen Erstellung des Rates, die nur durch eine ausreichende Informationsmitteilung sichergestellt

---

1145 *Mülbert/Leuscherner*, JZ 2009, 158 (160). Vgl. auch: *Kocher*, BB 2008, 1980 (1981).

1146 Ähnlich aus strafrechtlicher Sicht: *Kirch-Heim/Samson*, wistra 2008, 81 (85).

1147 Im Falle eines schriftlich erteilten Rates besteht jedoch keine Präsentationspflicht gegenüber der Geschäftsleitung, da das eigenständige Lesen des Rates durch das Organmitglied grundsätzlich den Sorgfaltsanforderungen genügt und somit ein vergleichbares Informationsniveau gewonnen werden kann. Vgl. *H.-F. Müller*, DB 2014, 1301 (1306). Aus dem amerikanischen Recht: *In re Walt Disney Co. Derivative Littig.*, 907 A.2d 693 (769). Siehe auch: *Rokas*, 2 Am. U. Bus. L. Rev. 323 (346). Auch im Falle eines schriftlichen Rates eine Präsentation verlangend: *Potten*, Irrtum in der kartellrechtlichen Entscheidungspraxis, S. 76 f.

1148 *H.-F. Müller*, DB 2014, 1301 (1306).

1149 *Krieger*, ZGR 2012, 496 (502). Ebenfalls eine mündliche Auskunft auch bei schwierigen Rechtsauskünften im Einzelfall als ausreichend anerkennend: *Hopt/Roth*, in: Großkomm. AktG, § 93 Rn. 139. Wohl auch: *Koch*, in: Hüffer, AktG, § 93 Rn. 44.

werden kann und einer anschließenden mündlichen Präsentation unterschieden werden. Außerdem kann das Geschäftsleitungsmitglied bei Beauftragung der Auskunftsperson vielfach selbst nicht beurteilen, ob es sich um ein schwerwiegendes Problem handelt oder ob der Rat eine einfach gelagerte und zügig abzuhandelnde Thematik betrifft.[1150]

Wurde der Rat mündlich erteilt, gestaltet sich allerdings die Plausibilitätskontrolle schwieriger. In der Tat wird es vielfach dem Geschäftsleitungsmitglied nicht möglich sein, den Rat während der mündlichen Präsentation zu überprüfen. Hierfür fehlt ihm zumeist das notwendige Fachwissen.[1151] Daher bedarf es zur anschließenden Verifizierung des Beratungsergebnisses, vor allem bei nicht eilbedürftigen oder komplexen Problemen, einer schriftlichen Fixierung. Dies führt jedoch nicht zwangsläufig dazu, dass ein ausführliches schriftliches Gutachten zu fordern ist. Wurde oben bereits dargelegt, dass es den Sorgfaltsanforderungen genügt, wenn das Geschäftsleitungsmitglied eine „management summary" durcharbeitet,[1152] ist hieran anknüpfend bei einer ausführlichen und vollumfassenden mündlichen Präsentation, die sowohl das Beratungsergebnis als auch die entsprechenden Beweggründe, Argumentationen und Begründungen enthält, nur eine schriftliche Zusammenfassung des Ganzen zu verlangen. Wenn doch im Rahmen der Plausibilitätskontrolle bereits das Durcharbeiten der Zusammenfassung des Gutachtens genügt, warum sollte also der Geschäftsleiter nicht auf einen sorgfältig erteilten mündlichen Rat vertrauen dürfen, den er sich in einer ausführlichen Präsentation anhören durfte und anschließend anhand einer Zusammenfassung auf seine Plausibilität hin überprüfen konnte? Eine solche Zusammenfassung muss folglich *vor* der Durchführung der geplanten Maßnahme vorliegen, sodass eine Plausibilitätskontrolle noch Sinn ergibt.

Daher kann eine auf ausreichenden Informationen begründete und umfangreiche mündliche Auskunft eine ebenso sorgfältige Informationsgrundlage darstellen wie eine schriftliche Begutachtung. Je umfangreicher und komplexer die Maßnahme ist, desto eher muss der Geschäftsleiter zumindest eine schriftliche Zusammenfassung verlangen, da nur so eine ordnungsgemäße

---

1150 *Krieger*, ZGR 2012, 496 (502 f.). Siehe auch: *Kremer*, in: Gesellschaftsrecht in der Diskussion 2012, S. 171 (182), der anfügt, dass ein mündlicher Vortrag für das ratsuchende Geschäftsleitungsmitglied vielfach eher nachvollziehbar sei als ein schriftliches Gutachten.

1151 Ähnlich: *Decker*, GmbHR 2014, 72 (77); *Drescher*, Haftung GmbH-Geschäftsführer, Rn. 311; *Gottschalk/Weng*, GWR 2013, 243 (246); *H.-F. Müller*, DB 2014, 1301 (1306); *Strohn*, CCZ 2013, 177 (183); *ders.*, ZHR 176 (2012), 137 (142).

1152 Siehe Kapitel 3 E) III. 4) a).

Plausibilitätskontrolle sichergestellt werden kann. Klar ist auch, dass bei einer höchst komplexen Maßnahme, die beispielsweise gar mit einer strukturellen Veränderung des Unternehmens einhergeht, eine schriftliche Beratung und eine hieran anknüpfende mündliche Präsentation förderlich ist. Selbstverständlich bleibt bei einem mündlich erteilten Rat immer eine nachfolgende Beweisbarkeit zu beachten, sodass im Anschluss an eine Präsentation die Erstellung eines Protokolls empfehlenswert ist.[1153]

2) Speziell: Stegreifauskünfte

Da auch mündliche Auskünfte im Grundsatz genügen, stellt sich weitergehend die Frage, ob gar Stegreifauskünfte als ausreichend erachtet werden können. In einem solchen Fall weiß der Ratsuchende, dass der Berater sich nicht ausführlich mit der Problematik befasst hat, sondern vielmehr unmittelbar auf seine Anfrage eine Antwort erteilt. Die Auskunft erfolgt also „zwischen Tür und Angel".[1154] Dies kann einerseits als Indiz für eine nicht sorgfältig erteilte Auskunft gewertet werden. Andererseits kann eine Stegreifauskunft gerade den Auskunftssuchenden überzeugen,[1155] da sie suggeriert, der Berater verfüge über die erforderlichen Kenntnisse, sodass er aufgrund seiner Qualifikation die Situation unmittelbar fachlich bewerten könne. Da er sicherlich einer eigenen Haftung entgehen möchte, hätte der Berater andernfalls eine solche Auskunft nicht unmittelbar erteilt und sich vielmehr Zeit für die Erstellung eines ausführlichen Rates erbeten.[1156]

In der zivilrechtlichen Rechtsprechung und Literatur wird das Problem wenig diskutiert.[1157] Ganz anders ist dies jedoch im Rahmen des Strafrechts. Die strafrechtliche Rechtsprechung und ein Teil der Literatur lehnen Stegreifauskünfte

---

1153 *Kremer*, in: Gesellschaftsrecht in der Diskussion 2012, S. 171 (183); *Merkt/Mylich*, NZG 2012, 525 (529). Vgl. auch: *Rieger*, Die aktienrechtliche Legalitätspflicht, S. 178.

1154 OLG Bremen, NStZ 1981, 265 (265 f.); BayObLG StV 1992, 421 (421 f.).

1155 *Fleischer*, in: FS Hüffer, S. 187 (197).

1156 Vgl. hierzu aus dem Ordnungswidrigkeitsrecht: OLG Zweibrücken, StV 1992, 119. Der Betroffene hatte telefonisch Informationen über eine notwendige Erlaubnis seines Kraftfahrzeuges bei der Handwerkskammer angefragt. Diese bestätigte die Erlaubnisfreiheit seines Fahrzeuges, was sich anschließend als falsch herausstellte. Das Gericht hielt fest, dass sich der Ratsuchende auch auf die mündliche Auskunft der Handwerkskammer verlassen durfte. Denn hier gelte es darauf abzustellen, ob die betreffende Stelle diese Auskunft telefonisch erteilt. Tut sie dies, könne man sich hierauf verlassen.

1157 Etwa: *Fleischer*, in: FS Hüffer, S. 187 (197).

als sorgfältige Entscheidungsgrundlage ab.[1158] Die wohl herrschende Lehre geht hingegen von deren grundsätzlichen Zulässigkeit aus.[1159] Hierbei wird einerseits darauf verwiesen, dass der Laie vielfach nicht die Kompetenz besitze, um zu beurteilen, ob es sich um eine komplexe (Rechts-) Frage handelt, die nur durch eine vertiefte Überprüfung zu beantworten ist oder ob es sich um eine einfach gelagerte Frage handelt.[1160] Zudem wird die besondere Überzeugungskraft von Stegreifauskünften für den Laien hervorgehoben.[1161] Diese zwei genannten Argumente können in Bezug auf den strafrechtlichen Verbotsirrtum überzeugen. Stegreifauskünfte können somit für den Täter als ordnungsgemäße Auskunft angesehen werden, sofern sich im Einzelfall keine Zweifel an der Auskunft ergeben. Eine solche Betrachtungsweise ist möglich, da auf einen subjektiven Maßstab des jeweiligen Täters in Bezug auf die Vermeidbarkeit des Verbotsirrtums nach § 17 S. 1 StGB abzustellen ist.[1162]

Im Rahmen des Kapitalgesellschaftsrechts mag dies jedoch nicht zu überzeugen. An den Geschäftsleiter ist ein erhöhter typisierter Sorgfaltsmaßstab gerichtet, da er wie ein Treuhänder für fremdes Vermögen tätig wird. Zumeist werden komplexe Sachverhaltskonstruktionen und daran anknüpfend umfangreiche fachliche Bewertungen betroffen sein, die bereits einer Stegreifauskunft entgegenstehen. Doch selbst wenn es sich um eine vermeintlich einfache Frage handelt, kann vom Geschäftsleitungsmitglied erwartet werden, dass es vom Berater verlangt, dass er die Auskunft sorgfältig und unter Einsatz seiner vollständigen

---

1158 BGH NStZ 2000, 307 (309); OLG Bremen, NStZ 1981, 265 (265 f.); BayObLG, StV 1992, 421. A. A. wohl BGHSt 20, 342 (372). Ablehnend aus der Literatur: *Rudolphi*, Unrechtsbewusstsein, S. 247 f.; *ders.*, JR 1977, 380 (381). Wohl auch: *Wolter*, JuS 1979, 482 (487).

1159 *Cramer/Sternberg-Lieben*, in: Schönke/Schröder, StGB, § 17 Rn. 18; *Löw*, Erkundigungspflicht beim Verbotsirrtum, S. 121; *Neumann*, in: NK-StGB, § 17 Rn. 76; *Roxin*, Strafrecht AT, § 21 Rn. 62; *Vogel*, in: LeipzKomm., StGB, § 17 Rn. 85. *Duttge*, in: Dölling/Duttge/Rössner, Strafrecht, § 17 Rn. 19, der eine eindeutige und bestimmte Stegreifauskunft als zulässig erachtet.

1160 *Fleischer*, in: FS Hüffer, S. 187 (197); *Roxin*, Strafrecht AT, § 21 Rn. 62.

1161 *Löw*, Erkundigungspflicht beim Verbotsirrtum, S. 121; *Roxin*, Strafrecht AT, § 21 Rn. 62; *Vogel*, in: LeipzKomm., StGB, § 17 Rn. 85.

1162 Strittig. Auf die subjektive Betrachtungsweise abstellend: BGHSt 3, 357 (366); *Kirch-Heim/Samson*, wistra 2008, 81 (83); *Vogel*, in: LeipzKomm., StGB, § 17 Rn. 40. Vgl. auch: *Spindler*, in: MüKo, AktG, § 93 Rn. 76. Ausführlich mit der Darlegung von Gegenansichten: *Neumann*, in: NK-StGB, § 17 Rn. 58. Diesen Unterschied zwischen zivilrechtlicher und strafrechtlicher Betrachtungsweise herausstellend: *Spindler*, in: FS Canaris, S. 403 (420).

fachlichen Fähigkeiten vorbereitet.[1163] Schließlich ist nicht nur das Interesse des ratsuchenden Geschäftsleiters betroffen, sondern eben vor allem das Interesse der Gesellschaft und somit zugleich das Interesse der Aktionäre oder der Gesellschafter. Mithin ist eine Stegreifauskunft als sorgfältige Entscheidungsgrundlage gerade nicht geeignet. Der Geschäftsführer ist gut beraten, wenn er sicherstellt, dass der Berater die entscheidungserhebliche Frage sorgfältig vorbereitet und begutachtet.

III. Dokumentation

Der ratsuchende Geschäftsleiter sollte eine vollumfängliche Dokumentation des Beratungsvorgangs sicherstellen.[1164] Es besteht keine allgemeine Pflicht zu einer solchen Dokumentation, sodass deren Fehlen nicht einer Haftungsprivilegierung entgegensteht. Jedoch darf nicht übersehen werden, dass die Geschäftsleitung nachweisen muss, dass sie den notwendigen Anforderungen nachgekommen ist und somit entweder einem unvermeidbaren Irrtum unterlag oder die Anforderungen des § 93 I 2 AktG eingehalten hat.[1165] Dies wird ihr jedoch in der Praxis zumeist nur gelingen, wenn ihr durch eine sorgfältige Dokumentation ein Nachweis zur Verfügung steht.

Eine solche Dokumentation sollte vollumfänglich sein, das heißt, sie sollte die Auswahl des fachkundigen und unabhängigen Beraters betreffen,[1166] sodann die diesem zur Verfügung gestellten Informationen[1167] und nicht zuletzt auch die

1163 Daher lehnt die strafrechtliche Rechtsprechung Stegreifauskünfte grundsätzlich ab: BGH NStZ 2000, 307 (309): „Maßgebend ist vielmehr, ob der Rechtsrat – aus der Sicht des Anfragenden – nach *eingehender sorgfältiger Prüfung* [Hervorh. d. Verf.] erfolgt und von der notwendigen Sachkenntnis getragen ist."

1164 *Bürgers/Israel*, in: Bürgers/Körber, AktG, § 93 Rn. 13; *Hölters*, in: Hölters, AktG, § 93 Rn. 250.

1165 *Gottschalk/Weng*, GWR 2013, 243 (246); *Hahn/Naumann*, CCZ 2013, 156 (162); *H.-F. Müller*, NZG 2012, 981 (983). *Strohn*, CCZ 2013, 177 (183), der die Offenlegung der zur Verfügung gestellten Informationen im Rahmen des Gutachtens befürwortet. Vgl. auch: *Strohn*, ZHR 176 (2012), 137 (139). Siehe zu der vom allgemeinen Haftungsrecht abweichenden Beweislastumkehr: Fn. 154.

1166 *H.-F. Müller*, NZG 2012, 981 (983).

1167 *Hahn/Naumann*, CCZ 2013, 156 (162); *Kremer*, in: Gesellschaftsrecht in der Diskussion 2012, S. 171 (178); *H.-F. Müller*, NZG 2012, 981 (983).

Plausibilitätskontrolle[1168] umfassen. Hierbei ist festzuhalten, warum das ratsuchende Organmitglied von der Plausibilität des Rates ausgegangen ist.[1169]

IV. Besondere Voraussetzungen in Bezug auf die jeweils zu erfüllende Pflicht

Die Anforderungen an den einzuholenden Rat müssen zudem immer mit Blick auf die jeweils zu erfüllende Pflicht angepasst werden.[1170] Die Entscheidung des BGH aus dem Jahr 2012 vermag dies besonders zu verdeutlichen: Der Insolvenzverwalter einer GmbH, die seit dem 31.08.2003 zahlungsunfähig war, verlangte vom alleinigen Geschäftsführer nach § 62 II GmbHG a. F. (= § 64 S. 1 GmbHG n. F.) Ersatz von Zahlungen an Lieferanten und Arbeitnehmer i. H. v. 44.245,06 Euro, die der Beklagte nach Eintritt der Insolvenzreife veranlasst hatte. Der Geschäftsführer versuchte sich mit der Argumentation zu entlasten, er habe bereits im August eine Unternehmensberaterin mit der Prüfung der Vermögenslage der Gesellschaft beauftragt. Das Ergebnis dieser Überprüfung lag jedoch erst am 09.11.2003 vor. Daher lehnte der BGH eine Haftungsprivilegierung ab. Aus Sinn und Zweck des Zahlungsverbotes nach § 64 GmbHG und der Insolvenzantragspflicht des § 15a InsO ergebe sich die Notwendigkeit, dass der Geschäftsführer bei Auftritt einer Krise unverzüglich einen Berater mit der Prüfung der Insolvenzreife beauftrage. Dies allein genüge jedoch nicht. Die knappe Frist des § 15a InsO beruhe darauf, dass die rechtzeitige Einleitung des Insolvenzverfahrens sichergestellt werden soll. Zudem solle nach § 64 GmbHG das Vermögen der Gesellschaft zusammengehalten werden. Beides sei jedoch nur dann zu erreichen, wenn neben der unverzüglichen Beauftragung des Beraters auch sichergestellt wird, dass der Berater das Beratungsergebnis unverzüglich vorlegt.[1171]

Ergeben sich also Zeichen für eine Krise der Gesellschaft, muss der Geschäftsleiter, sofern er zur Beurteilung der Insolvenzreife nicht selbst in der Lage ist, unmittelbar einen Berater beauftragen. Bereits im Rahmen dieser Auftragserteilung muss er auf eine unverzügliche Antwort hinwirken und einen kurzfristigen

1168 *Decker*, GmbHR 2014, 72 (77); *Gottschalk/Weng*, GWR 2013, 243 (246); *Hahn/Naumann*, CCZ 2013, 156 (163); *Hennrichs*, in: FS Hommelhoff, S. 383 (395); *H.-F. Müller*, NZG 2012, 981 (983); *Strohn*, ZHR 176 (2012), 137 (142).

1169 *Hahn/Naumann*, CCZ 2013, 156 (163); *Strohn*, ZHR 176 (2012), 137 (142).

1170 *H.-F. Müller*, DB 2014, 1301 (1306).

1171 Zum Ganzen: BGH NZG 2012, 672 (673). Siehe auch: *H.-F. Müller*, DB 2014, 1301 (1305); *Drescher*, Haftung GmbH-Geschäftsführer, Rn. 674.

Vorlagetermin vereinbaren.[1172] Ein weiteres Abwarten und eine fehlende unmittelbare Überprüfung der Insolvenzreife würde ein schuldhaftes Zögern darstellen. Was unter einer „unverzüglichen Vorlage" zu verstehen ist, hat der BGH nicht genauer bestimmt. Lediglich hat er in seiner Entscheidung einen Zeitraum von 10 Wochen vom Eintritt der Zahlungsunfähigkeit bis zur Vorlage des Gutachtens nicht genügen lassen. In der Tat ist dies eine zu lange Zeitspanne. Als Anknüpfungspunkt sollte hier die Frist des § 15a I 1 InsO beachtet werden, wonach der Geschäftsleiter ohne schuldhaftes Zögern, spätestens aber drei Wochen nach objektivem Eintritt des Insolvenzgrundes[1173] Insolvenzantrag stellen muss. Die fehlende Fähigkeit des Geschäftsleiters zur sorgfältigen Überprüfung der Vermögenslage bzw. zur Aufstellung einer Überschuldungsbilanz hat keine Auswirkungen auf das als Höchstfrist einzustufende Fristerfordernis des § 15a I InsO und kann nicht durch etwaige Sanierungsbemühungen oder sonstige Versuche verlängert werden.[1174]

Daher muss der Geschäftsleiter bei Anzeichen einer Krise sicherstellen, dass er den Berater unmittelbar und vollumfänglich informiert und dass das Ergebnis des Gutachtens nach weniger als drei Wochen vorliegt. Es muss schließlich ausreichend Zeit verbleiben, um den Rat auf dessen Plausibilität hin zu überprüfen und alsdann, sofern erforderlich, fristgerecht Insolvenzantrag stellen zu können.[1175] Auch wenn dem Berater in einem solchen Falle nur ein geringer Zeitraum zur Überprüfung zusteht, darf sich dies nicht auf die Qualität der Beratung auswirken. Eine vorläufige Beurteilung der wirtschaftlichen Lage der

---

1172 *Blöse*, GmbHR 2012, 746 (749); *Decker*, GmbHR 2014, 72 (76 f.); *Gottschalk/Weng*, GWR 2013, 243 (246); *Hillmer*, BC 2012, 282 (283); *H.-F. Müller*, DB 2014, 1301 (1305); *ders.*, NZG 2012, 981 (982); *Nowak*, GmbHR 2012, 1294 (1298); *Schwarz*, CCZ 2013, 34 (37); *Schult/Nikoleyczik*, GWR 2012, 270.

1173 Strittig. Auf den objektiven Eintritt des Insolvenzgrundes abstellend: *Klöhn*, in: MüKo, InsO, § 15a Rn. 119; *Habersack/Foerster*, in: Großkomm. AktG, § 92 Rn. 86; *K. Schmidt*, in: Scholz, GmbHG, § 64 Rn. 46 f.; *Hirte*, in: Uhlenbruck, InsO, § 15a Rn. 14. Auf das objektive Vorliegen des Insolvenzgrundes und dessen Erkennbarkeit abstellend: *Fleischer*, in: Spindler/Stilz, AktG, § 92 Rn. 68; *Spindler*, in: MüKo, AktG, § 92 Rn. 67. *Mertens/Cahn*, in: KK-AktG, Anh. § 92 Rn. 21 verlangen zusätzlich eine positive Kenntnis oder eine böswillige Unkenntnis des Insolvenzgrundes.

1174 BGHZ 75, 96 (209); *Fleischer*, in: Spindler/Stilz, AktG, § 92 Rn. 69; *Klöhn*, in: MüKo, InsO, § 15a Rn. 120; *Spindler*, in: MüKo, AktG, § 92 Rn. 68. Nach *H.-F. Müller*, NZG 2012, 981 (982) dürfe der Geschäftsleiter die Beauftragung eines Dritten gerade nicht dazu missbrauchen, das Unternehmen selbstständig über einen längeren Zeitraum als drei Wochen hinaus zum Nachteil der Gläubiger fortzuführen.

1175 *Nowak*, GmbHR 2012, 1294 (1298). Siehe auch: *H.-F. Müller*, NZG 2012, 981 (982).

Gesellschaft genügt daher nicht.[1176] Fehlen dem Berater die nötigen Kapazitäten, um in diesem begrenzten Zeitraum einen sorgfältigen Rat zu erstellen, darf er hiermit nicht beauftragt werden. In einem solchen Falle muss der Geschäftsleiter auf einen anderen Berater mit ausreichender personeller und zeitlicher Kapazität zurückgreifen.[1177]

Die jeweilige gesetzliche Pflicht kann sich vor allem, wie bereits oben ausgeführt, auf die Plausibilitätskontrolle auswirken.[1178] So ist im Rahmen der Überprüfung der Insolvenzreife der Gesellschaft durch einen Berater der erteilte Rat daraufhin zu überprüfen, ob die von ihm erstellten Bilanzen die wesentlichen Elemente des Gesellschaftsvermögens aufführen und ob die positive oder negative Fortführungsprognose auf einer nachvollziehbaren Begründung unter Einschluss der zukünftigen Unternehmensplanungen beruht.[1179] Hierbei müssen also die aktuellen Entwicklungen der Gesellschaft, aber auch zu erwartende Geschäfte Berücksichtigung finden.

Die Anpassung der Prüfungsvoraussetzungen an die jeweilige Pflicht ist nicht auf § 15a InsO begrenzt. Vielmehr muss ganz allgemein stets auf den Inhalt der entsprechenden Pflicht geachtet[1180] und somit beispielsweise etwaige Form- oder Fristerfordernisse eingehalten werden.

V. Zweiter Rat

In den meisten Entscheidungsfindungsprozessen genügt das Geschäftsleitungsmitglied mit der Beauftragung eines sorgfältig ausgewählten, informierten und überwachten Beraters seinen Sorgfaltsanforderungen. Als allgemeine Ausnahme sind die bereits beschriebenen Situationen anzusehen, in denen beispielsweise Zweifel an der Verlässlichkeit der Auskunftsperson bzw. der Sorgfältigkeit des erteilten Rates aufkommen[1181] oder etwa zwei unterschiedliche Fachgebiete betroffen sind, sodass mehrere Berater mit unterschiedlicher Expertise befragt werden müssen[1182].

Darüber hinaus wird in der Literatur die Ansicht vertreten, dass bei komplexen Vorgängen, die für die Gesellschaft von entscheidender Bedeutung sind, es

1176 *Blöse*, GmbHR 2012, 746 (749); *Schwarz*, CCZ 2013, 34 (37).
1177 *H.-F. Müller*, NZG 2012, 981 (982).
1178 Siehe Kapitel 3 E) VII. und VIII.
1179 *H.-F. Müller*, DB 2014, 1301 (1305).
1180 *H.-F. Müller*, DB 2014, 1301 (1305).
1181 Vgl. Kapitel 3 E) IV.
1182 Vgl. Kapitel 3 C) I. 3).

angebracht sei, einen zweiten Berater zu beauftragen, um den ursprünglichen Rat absichern zu lassen.[1183] Insbesondere solle dies bei kritischen Situationen, Entscheidungen mit weitreichenden Konsequenzen oder bei voluminösen Geschäften erforderlich sein.[1184]

Eine solche Festlegung, dass stets bei besonders bedeutsamen Maßnahmen ein zweiter Berater erforderlich sei, kann jedoch in dieser Allgemeinheit nicht überzeugen.[1185] In der Tat ist es so, dass mit steigender Bedeutung der Maßnahme und dem Umfang des geplanten Geschäfts der „Informationsbeschaffungs aufwand"[1186] der Geschäftsleitung steigt. In einem sehr bedeutenden Fall muss also etwa ein besonders fachkundiger Berater ausgewählt werden. Beispielhaft soll hier an eine Fusion zweier international agierender Unternehmen gedacht werden. Beauftragt die Geschäftsleitung hierzu eine international tätige und auf Unternehmensfusionen spezialisierte Großkanzlei, werden sich zumeist mehrere Partner und Associates mit dem Beratungsauftrag beschäftigen, deren berufliche Weiterbildung besonders auf *Mergers & Acquisitions* (M&A) ausgerichtet ist. Eine solche Beratung kann sich über mehrere Monate hinziehen, an deren Ende ein hochkomplexer und im Normalfall vollumfänglicher Rat steht, der auch einen entsprechenden finanziellen Aufwand des Unternehmens erfordert. Ergeben sich im Rahmen der Plausibilitätskontrolle keinerlei Zweifel an dem eindeutigen Rat, so ist nicht einzusehen, warum die Geschäftsleitung eine zweite Anwaltskanzlei beauftragen müsste. Dies würde doch nochmals erhebliche Kosten verursachen und ggf. eine entsprechende Zeit in Anspruch nehmen. Der konkrete Informationsbedarf ist vielmehr durch das plausible Erstgutachten bereits gedeckt. Ein weiteres Gutachten würde letztlich ein rein formales Absicherungsgutachten darstellen, das jedoch gerade nach der Begründung des UMAG nicht gewollt war.[1187]

1183 *Bicker*, AG 2014, 8 (11); *Fleischer*, BB 2008, 1070 (1071); *Freund*, GmbHR 2011, 238 (240); *Grigoleit/Tomasic*, in: Grigoleit, AktG, § 93 Rn. 40; *Hopt/Roth*, in: Großkomm. AktG, § 93 Rn. 139; *Paefgen*, in: Ulmer, GmbHG, § 43 Rn. 68; *Spindler*, in: FS Canaris, S. 403 (421); *ders.*, in: MüKo, AktG, § 93 Rn. 78.

1184 *Freund*, GmbHR 2011, 238 (240). Nach *Spindler* sind etwa Fusions- bzw. Umwandlungsentscheidungen oder Übernahmevorhaben betroffen. Siehe hierzu: *Spindler*, in: FS Canaris, S. 403 (421); *ders.*, in: MüKo, AktG, § 93 Rn. 78.

1185 Kritisch zum zwangsläufigen Erfordernis einer *second opinion* bei bedeutsamen Maßnahmen: *Boll*, Rechtsrat, S. 133; *Buck-Heeb*, BB 2013, 2247 (2255); *H.-F. Müller*, NZG 2012, 981 (982); *Piepenbrock*, Defense of Reliance, S. 207 f.

1186 *Peters*, AG 2010, 811 (813).

1187 So: *Piepenbrock*, Defense of Reliance, S. 207 f.; *Scholl*, Vorstandshaftung und Vorstandsermessen, S. 250 f. Siehe Fn. 285.

Klar ist andererseits: Ergeben sich Zweifel an der Kompetenz des Beraters oder der Sorgfältigkeit des Arbeitsproduktes, muss, wie bereits mehrmals erwähnt, ein neuer Berater beauftragt werden. Allgemein bei einer umfangreichen Transaktion oder einer Unternehmensmaßnahme mit besonderer Bedeutung stets zwei voneinander unabhängige Beratungen zu verlangen, überspannt jedoch die an die Geschäftsleitung gerichteten Anforderungen. Für ein solches Erfordernis finden sich auch in anderen Rechtsordnungen keine Nachweise.

Eine Verpflichtung zu einem Zweitgutachten, sofern ein sorgfältiges Erstgutachten vorliegt, ist also nicht gegeben.[1188] Möchte die Geschäftsleitung die geplante Maßnahme aber noch aus einer anderen Perspektive beleuchten lassen, ist dies zulässig. Denn ein Zweitgutachten kann der Geschäftsleitung im Einzelfall weitere Erkenntnisse vermitteln, da durch eine weitere Informationsquelle ggf. zusätzliche Informationen gewonnen werden können, die der Erstgutachter nicht in Betracht gezogen hat.[1189]

1188 *Krieger/Sailer-Coceani*, in: Schmidt/Lutter, AktG, § 93 Rn. 34.

1189 *Freund*, GmbHR 2011, 238 (240): „Die Erfahrung lehrt, dass die Beleuchtung einer Problematik durch verschiedene Augen stets neue, zum Teil verblüffende Aspekte zutage fördert, ebenso wie im Übrigen die intensive Erörterung eines Sachverhalts oder eines vermeintlich gefundenen Ergebnisses mit qualifizierten Gesprächspartnern [...].“ Vgl. auch: *Bürgers/Israel*, in: Bürgers/Körber, AktG, § 93 Rn. 13 sprechen von einer Empfehlung an die Geschäftsleitung. Ebenso: *Schöne*, Managerhaftung, in: Börsen-Zeitung vom 25.02.2012, S. 13.

Kapitel 4: Rechtsfolgen

A) Eindeutiges Ergebnis der Beratung

Führt die Beratung zu einem eindeutigen Ergebnis, kann das Organmitglied die Haftungsprivilegierung nur erreichen, sofern es dem Rat folgt.[1190] Der Geschäftsleiter darf sich grundsätzlich auf einen ordnungsgemäß eingeholten Rat verlassen.[1191] Es besteht zwar keine generelle Pflicht der Geschäftsleitung, einem eingeholten Rat Folge zu leisten, dennoch handelt sie vergleichsweise auf eigene Gefahr, sofern sie entgegen den Empfehlungen des Experten handelt.[1192] Ein unvermeidbarer Rechtsirrtum liegt daher nur vor, wenn das Geschäftsleitungsmitglied den Vorgaben des Experten folgt. Vergleichsweise kann der Geschäftsleiter nicht vernünftigerweise davon ausgehen, auf der Grundlage angemessener Informationen nach § 93 I 2 AktG zu handeln, wenn er die Vorgaben des Experten unberücksichtigt lässt. Der BGH entschied daher, dass eine schuldhafte Verletzung der Insolvenzantragspflicht nicht gegeben sei, sofern das Organmitglied einen sorgfältig ausgewählten, informierten und überwachten Berater beauftragt, sodann „*dem Rat folgt* [Hervorh. d. Verf.] und von der Stellung eines Insolvenzantrages absieht".[1193] Daher ist eine ausdrückliche Aussage des Gutachtens erforderlich, wie sich der Geschäftsleiter ordnungsgemäß zu verhalten hat.[1194] Bei erheblichen Abweichungen kann er sich nicht auf den gesellschaftsrechtlichen Vertrauensgrundsatz berufen, der doch gerade dazu dient, dass die Informationen des Beraters im Rahmen der ordnungsgemäßen Entscheidungsfindung Berücksichtigung finden. Nur dann soll dem Ratsuchenden eine Haftungsprivilegierung zustehen. Wird der Expertenmeinung in weitem Umfang nicht gefolgt, ist das ein deutliches Zeichen dafür, dass das Organmitglied gerade kein Interesse

1190 *Rieger*, Die aktienrechtliche Legalitätspflicht, S. 178; *A. Ulmer*, BLJ 2013, 59 (64).

1191 *Fleischer*, in: FS Hüffer, S. 187 (198).

1192 *Decker*, GmbHR 2014, 72 (77); *Fleischer*, KSzW 01.2013, 3 (9). Siehe auch: *In re Walt Disney Co. Derivative Litig.*, 907 A.2d 693 (770 Fn. 550) (Del. Ch. 2005), bestätigt in 906 A.2d 27 (Del. 2006): Section 141 (e) DGCL diene dem Board dazu, im Rahmen des Entscheidungsfindungsprozesses unterstützt zu werden. Ein Ersetzen der Entscheidung des Boards durch den Experten sei hingegen gerade nicht gewollt. Vgl. auch: *In re IXC Communications, Inc. Shareholders Litigation v. Cincinnati Bell, Inc.*, 1999 WL 1009174 (6). Zudem: *Rokas*, 2 Am. U. Bus. L. Rev. 323 (330) lehnt die Anwendbarkeit der Section 141 (e) DGCL im Falle des Abweichens vom Rat ab.

1193 BGH NZG 2007, 545.

1194 Aus strafrechtlicher Sicht: *Kirch-Heim/Samson*, wistra 2008, 81 (85).

an der beratenden Funktion des Experten hat und vielmehr die Entscheidung aufgrund seines eigenen, ggf. nicht ausreichenden Sachverstandes treffen möchte.[1195] Im Vordergrund steht für den Geschäftsleiter in dieser Situation also nicht der Hinzuerwerb von Informationen, sondern das Erstreben einer unberechtigten Haftungsprivilegierung durch ein Schein-Gutachten. Auch in Urteilen aus Delaware wird den ratsuchenden Board-Mitgliedern eine Berufung auf Section 141 (e) DGCL nur dann gewährt, wenn sie tatsächlich dem erteilten Rat gefolgt sind.[1196]

Jedoch sind Situationen denkbar, in denen das Organmitglied *geringfügig* vom Beratungsergebnis abweicht. In diesem Fall vermag ein striktes Verwehren der Enthaftungsmöglichkeit nicht zu überzeugen. Hier sollten vielmehr die Besonderheiten des Einzelfalles beachtet werden. Beruht dieses Abweichen etwa darauf, dass der vom Berater vorgeschlagene Weg aufgrund einer nachträglich eingetretenen Unmöglichkeit nicht gangbar ist, kann die enthaftende Wirkung bestehen bleiben, sofern der Geschäftsleiter unter Einsatz seiner eigenen Kenntnisse seine tatsächliche Entscheidung an die aktuellen Begebenheiten anpasst und hierbei eine besondere Sorgfalt beachtet.[1197] Kommen jedoch die geringsten Zweifel an der Zulässigkeit der Maßnahme auf, bedarf es der erneuten Beauftragung eines fachkundigen Beraters, dem der geänderte Sachverhalt mitgeteilt wird. Ebenso ist ein solcher zweiter Rat erforderlich, sofern ein erhebliches Abweichen von der Erstauskunft notwendig wird.

Selbstverständlich muss der Rat also *vor* der Vornahme der geplanten Maßnahme erteilt werden,[1198] denn der Rat soll nicht lediglich zur nachträglichen Haftungsprivilegierung des Organmitglieds dienen, sondern vielmehr präventiv eine ordnungsgemäße Entscheidungsfindung sicherstellen. Nur hierdurch ist eine Haftungsprivilegierung zu rechtfertigen. Ein *nach* der Handlung erteilter Rat genügt also nicht: So ist in einem amerikanischen Urteil zu lesen

1195 *Uebler*, 65 BUSLAW 1023 (1045).

1196 *Ash v. Mc Call*, 2000 WL 1370341 (9) (Del. Ch. 2000); *Brehm v. Eisner*, 746 A.2d 244 (262) (Del. 2000). Siehe auch: *United States v. Hill*, 298 F.Supp. 1221 (1235) (D. Conn.1969): „Fundamental requirements for any claim of reliance on counsel's opinion is that all relevant information was submitted *and that the opinion was followed* [Hervorh. d. Verf.]."

1197 Ähnlich: *Hawes/Sherrard*, 62 Va. L. Rev. 1 (35).

1198 *Hawes/Sherrard*, 62 Va. L. Rev. 1 (35 f.); *Uebler*, 65 BUSLAW 1023 (1045). Siehe Fn. 675.

> *„[…] and the opinion he gives you will protect you with respect to what you do afterwards. He isn't a Court giving a judgment with respect to what you did before. He can't give you a retroactive bath of immunity.*"[1199]

Eine nachträglich eingeholte Beratung kann, wenn überhaupt, allein dem Umstand dienen, durch dieses Gutachten darzulegen, dass ein sorgfältig eingeholter Rat zum richtigen Zeitpunkt zu einem vergleichbaren Ergebnis gelangt wäre.[1200]

Bei Befolgung eines rechtlichen Rates ist außerdem folgendes zu beachten: Auf eine gefestigte höchstrichterliche Rechtsprechung darf sich der Geschäftsleiter verlassen.[1201] Dies gilt selbst dann, wenn in der Literatur abweichende Ansichten vorhanden sind,[1202] da die letztverbindliche Normauslegung nach den grundgesetzlichen Bestimmungen den Gerichten zusteht.[1203] Einer absolut herrschenden Meinung muss er sich gar grundsätzlich anschließen. Doch auch wenn eine solche fehlt, sofern obergerichtliche Entscheidungen die Rechtslage einheitlich beurteilen, kann dem gefolgt werden.[1204] Zudem ist bei Fehlen einer entsprechenden Rechtsprechung, einer ganz herrschenden Meinung in der Literatur zu folgen.[1205]

B) Verbleibende Ungewissheiten – Offene Rechts- bzw. Tatsachenlage

Wesentlich problematischer stellt sich die Lage dar, sofern das Gutachten zu einem offenen Ergebnis gelangt, respektive keine eindeutige Handlungsempfehlung ausspricht. Ein solch offenes Ergebnis kann auf einem Fehlen einer höchstrichterlichen Rechtsprechung beruhen. Auch können sich instanzgerichtliche

---

1199 *United States v. Interstate Engineering Corp.*, 288 F. Supp. 402 (416) (D.N.H. 1967). Vgl. auch das Zitat von *Uebler* in Fn. 675.

1200 Aus dem Strafrecht: *Kirch-Heim/Samson*, wistra 2008, 81 (86). Ausführlich zur Möglichkeit der Berücksichtigung hypothetischer Umstände: Kapitel 4 C).

1201 BGH NJW 2008, 840 (842); *Buck-Heeb*, BKR 2011, 441 (445); *Fleischer*, in: Spindler/Stilz, AktG, § 93 Rn. 31; *ders.*, in: MüKo, GmbHG, § 43 Rn. 38; *Gottschalk/Weng*, GWR 2013, 243 (246 f.); *Hasselbach/Ebbinghaus*, AG 2014, 873 (880); *Twele*, Die Haftung des Vorstands für Kartellrechtsverstöße, S. 58.

1202 *Fleischer*, in: Spindler/Stilz, AktG, § 93 Rn. 31; *ders.*, in: MüKo, GmbHG, § 43 Rn. 38; *Gottschalk/Weng*, GWR 2013, 243 (246 f.); *Hasselbach/Ebbinghaus*, AG 2014, 873 (880).

1203 Vgl. *Roxin*, Strafrecht AT, § 21 Rn. 65.

1204 *Strohn*, CCZ 2013, 177 (184).

1205 BGH NJW 1972, 1045 (1046); *Alpmann*, in: jurisPK, BGB, § 286 Rn. 56; *Benicke/Nalbantis*, in: Soergel, BGB, § 286 Rn. 169; S. *Lorenz*, in: BeckOK, BGB, § 286 Rn. 58.

Entscheidungen widersprechen. Dazu gibt es zudem Normen mit unbestimmten Rechtsbegriffen, zu denen keinerlei gerichtliche Entscheidungen vorhanden sind, sodass die Auslegung gänzlich ungeklärt ist. Besteht keine gefestigte Rechtsprechung, kommt es zudem häufig vor, dass die Meinungen in der juristischen Literatur divergieren.[1206] Ein Rat in einem nicht-rechtlichen Fachgebiet kann aufgrund der unterschiedlichsten Ungewissheiten ebenfalls zu einem offenen Ergebnis gelangen. Ist dies der Fall, muss der Geschäftsleiter sicherstellen, dass das offene Ergebnis nicht auf den Berater zurückzuführen ist. Kann er durch einen weiteren Berater zu weiterführenden Erkenntnissen gelangen, hat er einen solchen zu beauftragen.[1207] Um dies beurteilen zu können, ist es erforderlich, dass das Gutachten genau erkennen lässt, auf welchen Gründen die ungewisse Rechts- oder Sachlage beruht.[1208]

Ist die geplante Maßnahme als unternehmerische Entscheidung einzustufen, ist die Business Judgment Rule nach § 93 I 2 AktG zu beachten. Demnach steht dem Geschäftsleiter ein weites Ermessen bei der Entscheidungsfindung zu, sofern er aufgrund angemessener Informationen handelt.[1209] Hat er also einen umfassenden fachkundigen Rat eingeholt und gelangt dieser zu einem offenen Ergebnis, hat der Geschäftsleiter Chancen und Risiken abzuwägen, wobei ihm ein erheblicher Beurteilungsspielraum zusteht und er zugleich weitgehende Risiken eingehen darf.[1210]

Liegt hingegen eine gebundene Entscheidung vor, stellt sich die Frage, ob dem Geschäftsleitungsmitglied ebenfalls ein Beurteilungsspielraum zusteht oder ob er weiterhin strikt an die Legalitätspflicht gebunden ist. Dies hat in der Literatur zu einer intensiven Diskussion geführt. Einige Autoren wollen dem Geschäftsleitungsmitglied ein Ermessen zugestehen und dies entweder durch eine direkte[1211]

1206 Vgl. auch die Ausführungen in Kapitel 3) B) II.

1207 *H.-F. Müller*, DB 2014, 1301 (1306); *Sander/Schneider*, ZGR 2013, 725 (757). Siehe auch: *Grigoleit/Tomasic*, in: Grigoleit, AktG, § 93 Rn. 40.

1208 *H.-F. Müller*, DB 2014, 1301 (1306). Vgl. hierzu: *Haas/Ziemons*, in: Michalski, GmbHG, § 43 Rn. 49, die vor allem auch bei einer offenen Rechtslage ein sorgfältiges Rechtsgutachten verlangen.

1209 Ausführlich: Kapitel 2 A) II.

1210 *Decker*, GmbHR 2014, 72 (78); *H.-F. Müller*, DB 2014, 1301 (1306). Vgl. auch: *Strohn*, CCZ 2013, 177 (184).

1211 Wohl für eine direkte, zumindest aber für eine entsprechende Anwendung der Business Judgment Rule: *Cahn/Müchler*, BKR 2013, 45 (52); *Hauschka*, GmbHR 2007, 11 (13); *Kocher*, CCZ 2009, 215 (217).

oder aber zumindest analoge[1212] Anwendung der Business Judgment Rule nach § 93 I 2 AktG gewährleisten oder gar auf eine Legal Judgment Rule[1213] stützen. Andere wollen zumindest die Rechtsgedanken der Business Judgment Rule heranziehen.[1214]

Auch wenn sich die unterschiedlichen Ansichten in ihrer Dogmatik teilweise unterschieden, geht die wohl h. L. davon aus, dass dem Geschäftsleiter bei einer offenen Rechtslage – aufgrund der zumindest entsprechenden Anwendung der Business Judgment Rule – ein weiter Beurteilungsspielraum zustehe und er sich somit auf die für die Gesellschaft günstige Rechtslage verlassen dürfe, sofern die Ansicht *vertretbar* sei.[1215] Hierbei müsse das Organmitglied die Chancen und Risiken für die Gesellschaft abwägen. Sofern keine übermäßigen Risiken für die Gesellschaft drohen, dürfe es der favorisierten Ansicht folgen.[1216]

Doch ein Beurteilungsspielraum, der aus der (zumindest entsprechenden) Anwendung des § 93 I 2 AktG hergeleitet wird, ist abzulehnen. Richtig ist, dass bei einer offenen Rechtslage der Geschäftsleiter mit einer rechtlichen Ungewissheit konfrontiert ist, was somit auf eine inhaltliche Nähe zur Business Judgment Rule hinweist. Wie bereits oben dargelegt wurde, erfasst die Business Judgment Rule allerdings ausdrücklich nur unternehmerische und eben keine gebundenen Entscheidungen. Die Abgrenzung zwischen beiden ist allein anhand objektiver

1212 *Gottschalk/Weng*, GWR 2013, 243 (246 f.); *Hasselbach/Ebbinghaus*, AG 2014, 873 (878 f.); *Hopt/Roth*, in: Großkomm. AktG, § 93 Rn. 139; *Piepenbrock*, Defense of Reliance, S. 102.

1213 *Bürkle*, VersR 2013, 792 (794 ff.).

1214 *Bicker*, AG 2014, 8 (10); *Mertens/Cahn*, in: KK-AktG, § 116 Rn. 68 ff.; *Spindler*, in: FS Canaris, S. 403 (413 ff.); *ders.*, in: MüKo, AktG, § 93 Rn. 76. Die unterschiedlichen Meinungen darlegend: *Hasselbach/Ebbinghaus*, AG 2014, 873 (873 ff.); *Piepenbrock*, Defense of Reliance, S. 56 ff. Sehr ausführlich: *Holle*, Legalitätskontrolle, S. 62 ff.

1215 *Bicker*, AG 2014, 8 (10); *Dreher*, in: FS Konzen, S. 85 (92 f.); *Fleischer*, ZIP 2005, 141 (149 f.); *ders.*, BB 2008, 1070 (1071); *ders.*, in: FS Hüffer, S. 187 (195 f.); *Hölters*, in: Hölters, AktG, § 93 Rn. 76; *Koppensteiner/Gruber*, in: Rowedder, GmbHG, § 43 Rn. 10; *Lücke/Simon*, in: Saenger/Inhester, GmbHG, § 43 Rn. 37; *Mertens/Cahn*, in: KK-AktG, § 93 Rn. 75; *Rieger*, Die aktienrechtliche Legalitätspflicht, S. 178 f.; *Sander/Schneider*, ZGR 2013, 725 (756 f.); *Spindler*, in: FS Canaris, S. 403 (421); *Zöllner/Noack*, in: Baumbach/Hueck, GmbHG, § 43 Rn. 23c. Ähnlich: *Hopt/Roth*, in: GroßKomm. AktG, § 93 Rn. 140. *Bachmann* spricht davon, dass das Geschäftsleitungsmitglied dann einer Haftung entgehe, wenn es einer vertretbaren Auffassung folge, *Bachmann*, Gutachten 70. DJT, E 44 f.; *ders.*, in: FS Stilz, S. 25 (26).

1216 Fn. 1215.

Kriterien durchzuführen.[1217] Eine Übertragung der Grundsätze der Business Judgment Rule auf eine gebundene Entscheidung, für die es objektiv nur *eine* gesetzlich zulässige Vorgehensweise gibt, auch wenn diese zum Entscheidungszeitpunkt nicht abschließend einschätzbar ist, widerspricht der gesetzgeberischen Intention, wonach der sichere Hafen des § 93 I 2 AktG für illegales Verhalten gerade nicht gelten soll.[1218]

Daran kann auch eine rechtliche Unsicherheit nichts ändern. Hiergegen wird teilweise argumentiert, rechtliche Entscheidungen beruhten in vergleichbarer Weise wie unternehmerische Entscheidungen häufig auf einer ex-ante nicht zu klärenden Ungewissheit.[1219] Bei dieser Argumentation wird jedoch übersehen, dass die eingeschränkte gerichtliche Überprüfung im Rahmen der Business Judgment Rule darauf beruht, dass unternehmerische Entscheidungen unternehmerischen und kaufmännischen Sachverstand und Erfahrung benötigen, die das Gericht selbst nicht besitzt. Wird jedoch die Einhaltung von gesetzlichen Normen überprüft, ist doch gerade der originäre Sachverstand des Gerichts betroffen, sodass eine Einschränkung der gerichtlichen Überprüfungsdichte nicht angebracht ist.[1220]

Somit scheidet sowohl die direkte als auch analoge Anwendung der Business Judgment Rule für den vorliegenden Fall aus.[1221] Eine derart weitreichende Durchbrechung des Legalitätsprinzips, wie sie teilweise angenommen wird,[1222] kann nicht überzeugen, da bei einem rechtswidrigen Verhalten eine Pflichtverletzung gegeben ist, auch wenn diese erst im Rahmen einer nachträglichen gerichtlichen

---

1217 Vgl. hierzu ausführlich die Ausführungen in Kapitel 2 E) II. 2) c).

1218 Siehe Fn. 176. Siehe auch: *Holle*, Legalitätskontrolle, S. 77 ff.; *Kreuz*, Enthaftung des Geschäftsleiters, S. 20; *Scholl*, Vorstandshaftung und Vorstandsermessen, S. 198 f.

1219 *Bachmann*, ZHR 177 (2013), 1 (8); *Mertens/Cahn*, in: KK-AktG, § 93 Rn. 18 f.; *Spindler*, in: FS Canaris, S. 403 (414).

1220 *Hauger/Palzer*, ZGR 2015, 33 (47). Diese führen zudem aus, dass die reine Behauptung, der Gesetzgeber habe lediglich bewusste Rechtsbrüche von der Haftungsprivilegierung der Business Judgment Rule ausnehmen wollen, nie schlüssig begründet worden sei.

1221 *Bauer*, in: Gesellschaftsrecht in der Diskussion 2014, S. 195 (224); *Buck-Heeb*, BB 2013, 2247 (2257); *Habersack*, in: FS Schneider, S. 429 (437); *Hauger/Palzer*, ZGR 2015, 33 (47); *Holle*, Legalitätskontrolle, S. 62 ff.; *H.-F. Müller*, DB 2014, 1301 (1306); *Uwe H. Schneider*, DB 2011, 99 (100); *Twele*, Die Haftung des Vorstands für Kartellrechtsverstöße, S. 154 f.; *Wagner*, BB 2012, 651 (653). Allgemein die Anwendung der Business Judgment Rule in Bezug auf Pflichtaufgaben ablehnend, auch dann, wenn dem Vorstand ein Beurteilungs- und Ermessensspielraum zusteht: *Holle*, AG 2011, 778.

1222 Ausdrücklich so: *Spindler*, in: FS Canaris, S. 403 (415).

Überprüfung festgestellt wird. Zudem ist das Kriterium der *Vertretbarkeit* gänzlich ungeeignet. Wird einer vereinzelten Mindermeinung in der Literatur gefolgt, wird dies zumeist bei einer ausreichenden Begründung auch dann vertretbar sein, wenn eine ganz herrschende Meinung dem entgegensteht. Dies würde somit dazu führen, dass der Geschäftsleiter gar höchst wahrscheinliche Rechtsverstöße in Kauf nehmen dürfte.[1223]

Ein derart umfangreicher Beurteilungsspielraum wie ihn die wohl h. L. annimmt, ist mithin abzulehnen. Richtig ist, dass die äußerst strengen Voraussetzungen eines unvermeidbaren Rechtsirrtums nicht vollkommen auf die Innenhaftung des Geschäftsleiters übertragbar sind, da nicht unmittelbar der Schutz der Gläubiger betroffen ist.[1224] Hier geht es also vielmehr um die Frage der gerechten Risikoverteilung zwischen Gesellschaft und Geschäftsleitung bei einer offenen Rechtslage.

Sofern die Rechtslage besonders zweifelhaft ist, verlangt der strenge Sorgfaltsmaßstab nach §§ 93 I 1 AktG, 43 I GmbHG und die zu berücksichtigende Legalitätspflicht, dass die geplante Maßnahme unterbleibt, sofern die Durchführung der Maßnahme im allgemeinen Ermessen der Geschäftsleitung liegt und folglich ein Unterlassen nicht als pflichtwidrig anzusehen wäre.[1225] Nur durch eine solche Betrachtungsweise wird der Legalitätspflicht in ausreichendem Maße Rechnung getragen.

Andererseits, trifft den Geschäftsleiter nach allen möglichen Auslegungsmethoden eine unbedingte Handlungspflicht, die sich aufgrund der divergierenden Meinungen jedoch unterscheidet, kann ein Unterlassen nicht als richtig angesehen werden. In einem solchen Falle muss er den *sichersten Weg* wählen.[1226] Das Organmitglied muss die unterschiedlichen Meinungen in Rechtsprechung und Literatur erfassen. Hierbei darf es regelmäßig nicht einer absoluten Mindermeinung eines Einzelnen folgen, da in diesem Fall die Chancen auf eine rechtmäßige Entscheidung als relativ gering anzusehen sind und ein Verstoß gegen die

---

1223 Zum Ganzen: *Twele*, Die Haftung des Vorstands für Kartellrechtsverstöße, S. 159.

1224 *Hopt/Roth*, in: Großkomm. AktG, § 93 Rn. 140. Offen lassend: *Spindler*, in: MüKo, AktG, § 93 Rn. 177.

1225 Vgl. *H.-F. Müller*, DB 2014, 1301 (1306): „Schutzwürdiges Vertrauen kann es nur auf einen Rechtsrat geben, der einen Konflikt mit Gesetz oder Satzung so weit wie möglich ausschließt." Etwas weniger streng, wonach in einem solchen Falle eine besonders intensive Risikoabwägung durchzuführen sei: *Kocher*, CCZ 2009, 215 (217).

1226 *H.-F. Müller*, DB 2014, 1301 (1306). Vermittelnd zwischen den unterschiedlichen Ansichten: *Thole*, ZHR 173 (2009), 504 (521 ff.), der jedoch die Grundsätze der Business Judgment Rule entsprechend anwenden will.

Legalitätspflicht wahrscheinlich ist.[1227] Wird die favorisierte Ansicht hingegen von mehreren Autoren oder einem Großteil der Rechtsprechung vertreten, gilt es sodann, die möglichen Risiken für die Gesellschaft abzuwägen.[1228] An dieser Stelle steht dem Geschäftsleiter aufgrund der unsicheren Rechtslage nur ein eng umgrenztes Ermessen zu,[1229] das sich jedoch nicht aus der (analogen) Anwendung der Business Judgment Rule, sondern aus dem allgemeinen Sorgfaltsmaßstab ergibt.[1230] Denn es ist nicht einzusehen, warum das Risiko einer unklaren Rechtslage gesellschaftsintern alleine den Geschäftsleiter treffen sollte, denn schließlich handelt er wie ein Treuhänder für *fremde* Vermögensinteressen.[1231] Vergleichbares gilt, wenn aufgrund der ungewissen Rechtslage nicht ersichtlich ist, ob der Geschäftsleiter auf die Durchführung der Maßnahme verzichten darf.[1232]

1227 *Bayer*, in: FS K. Schmidt, S. 85 (92). Tendenziell weniger streng: *Thole*, ZHR 173 (2009), 504 (524): „Je gefestigter die Rechtsprechung, umso höher sind die Anforderungen, so dass es eben keine allgemeine Vertretbarkeitsschwelle gibt." Wohl ähnlich: *Hasselbach/Ebbinghaus*, AG 2014, 873 (880).

1228 *Bauer*, in: Gesellschaftsrecht in der Diskussion 2014, S. 195 (226); *Bayer*, in: FS K. Schmidt, S. 85 (92); *Hasselbach/Ebbinghaus*, AG 2014, 873 (880). *Koch*, in: Hüffer, AktG, § 93 Rn. 44 geht davon aus, dass es nicht genüge, dass die Ansicht, der gefolgt wurde, vertretbar sei. Ebenso: *Langenbucher*, ZBB 2013, 16 (22).

1229 Einen solchen Ermessensspielraum auch ohne Bezugnahme auf die Business Judgment Rule anerkennend: *Habersack*, in: FS Schneider, S. 429 (437); *ders.*, Managerhaftung, S. 5 (28 ff.); *Twele*, Die Haftung des Vorstands für Kartellrechtsverstöße, S. 155.

1230 So: *Bauer*, in: Gesellschaftsrecht in der Diskussion 2014, S. 195 (225 f.). *Holle*, Legalitätskontrolle, S. 62 ff., 80 ff., der von einem Beurteilungsspielraum der Geschäftsleitung auch außerhalb unternehmerischer Entscheidungen spricht.

1231 *Binder/Kraayvanger*, BB 2015, 1219 (1221); *Hauger/Palzer*, ZGR 2015, 33 (50); *Twele*, Die Haftung des Vorstands für Kartellrechtsverstöße, S. 155.

1232 In einer Entscheidung des BGH lehnte ein Verwalter für Wohnungseigentum die Genehmigung für den Ausbau des Dachgeschosses ab. Nach Ansicht des BGH handelte der Verwalter in einem nicht vorwerfbaren Rechtsirrtum, da dieser sich bei einem Rechtsanwalt informierte und es genüge, dass der *Verwalter seine Rechtsansicht sogfältig gebildet habe*, da dieser nicht im eigenen, sondern im fremden Interesse tätig gewesen sei. Diese Ausführungen können auch auf den Geschäftsleiter, der ebenfalls für fremde Vermögensinteressen tätig wird, übertragen werden: BGHZ 131, 346 (354 f.): „Die strengen Voraussetzungen, die die Rechtsprechung an die Entschuldbarkeit eines Rechtsirrtums des Schuldners gestellt hat, gehen auf die Überlegung zurück, daß derjenige schuldhaft handelt, der seine Interessen trotz zweifelhafter Rechtslage auf Kosten fremder Rechte wahrnimmt [...]. So liegen die Dinge beim Rechtsirrtum des Verwalters über die Zustimmungspflicht nicht. Die Entscheidung über die Zustimmung trifft er nicht im eigenen Interesse, er nimmt vielmehr die

Um eine sorgfältige Ermessensentscheidung treffen zu können, sollte das Gutachten verdeutlichen, welches die sicherste Vorgehensweise ist, für welche Betrachtungsweise folglich die besseren Gründe sprechen und welche konkreten Risiken für die Gesellschaft bestehen.[1233] Trifft die Gesellschaft ein besonderes, ggf. gar existenzbedrohendes Risiko aus der bevorzugten Vorgehensweise, muss diese Maßnahme unterbleiben. Ein enormes Haftungsrisiko durch ein möglicherweise rechtswidriges Handeln wiegt somit in der Regel schwerer als die möglichen Chancen zur Gewinnmaximierung.[1234]

War der Geschäftsleiter zum Handeln verpflichtet und hat er hierbei sorgfältig seine Entscheidung durch eine umfassende Risikoanalyse gebildet und den sichersten Weg gewählt, entfällt dessen Verschulden aufgrund eines unvermeidbaren Irrtums also auch dann, wenn sich anschließend die Maßnahme als rechtswidrig herausstellt. Seine Pflichtverletzung bleibt hingegen – anders als

---

Interessen Dritter wahr, deren Geschäft er besorgt. In zweifelhafter Rechtslage kann er einer Verletzung seiner Pflicht nicht dadurch vorbeugen, daß er die Zustimmung erteilt. Denn ebenso wie er der Gemeinschaft bei Nichtvorliegen eines dem Vorhaben entgegenstehenden Grundes Zustimmung schuldet, schuldet er, wenn ein solcher Grund doch vorhanden ist, deren Versagung. Kommt er nach ordnungsgemäßer Prüfung der Rechtsfrage zu der Auffassung, die Zustimmung sei nicht oder noch nicht geschuldet, hat er dabei aber die Möglichkeit einer anderen Beurteilung durch das zuständige Gericht in Rechnung zu stellen, müßte er – vom Standpunkt des Oberlandesgerichts Karlsruhe aus – zustimmen; solange andererseits auch die Möglichkeit nicht von der Hand zu weisen ist, daß das Gericht seine Auffassung teilt, hätte er die Zustimmung zu versagen. Einem solchen, nicht lösbaren Pflichtenwiderstreit ist der Verwalter nicht ausgesetzt. Ihm steht vielmehr bei Rechtszweifeln über das Vorliegen eines wichtigen Grundes ein Beurteilungsspielraum offen. Hat er sein Urteil, die rechtlichen Voraussetzungen der beantragten Zustimmung seien nicht erfüllt, mit Sorgfalt gebildet, kann ihm nicht angelastet werden, wenn er gleichwohl irrt und aus diesem Grunde die Zustimmung verweigert. Dasselbe gilt, wenn er in gleicher Lage von einer eigenen Entscheidung absieht und die Eigentümerversammlung anruft oder dieser einen Vorschlag für das weitere Vorgehen unterbreitet."

1233 *Twele*, Die Haftung des Vorstands für Kartellrechtsverstöße, S. 159 spricht von etwaigen Schadensersatzverpflichtungen, Geldbußen, Nichtigkeitsfolgen oder besonderen Reputationsschäden. Vergleichsweise bestimmt auch das „Merkblatt der Industrie- und Handelskammern für den gerichtlichen Sachverständigen", dass das Gutachten verschiedene Lösungswege darlegen und den Grad der Wahrscheinlichkeit der jeweiligen Lösung angeben sollte. Auszug hierzu in: *Pastor*, in: Pastor/Werner, BauP, Rn. 3117.

1234 *Strohn* will unter sehr engen Ausnahmen einen möglichen Beurteilungsspielraum zulassen, *Strohn*, CCZ 2013, 177 (184).

im Anwendungsbereich der Business Judgment Rule – bestehen.[1235] Hat der Geschäftsleiter letztlich alles ihm Mögliche getan, um eine rechtmäßige Entscheidung aufgrund einer Handlungspflicht zu sichern, ist es nur sachgerecht, dass das Risiko der Verkennung der Rechtslage die Gesellschaft trifft.

C) Berücksichtigung eines hypothetischen Kausalverlaufs

Kommt der Geschäftsleiter bei fehlendem eigenen Fachwissen den oben genannten Voraussetzungen nicht nach, unterlässt er etwa die Beauftragung eines Beraters vollständig, wählt er einen nicht ausreichend qualifizierten oder unabhängigen Berater aus, informiert diesen fehlerhaft oder unvollständig, oder aber unterlässt er die notwendige Plausibilitätskontrolle, scheitert im Grundsatz die Haftungsprivilegierung. Fraglich erscheint, ob das ratsuchende Organmitglied dennoch mit der Argumentation einer Haftung entgehen kann, dass selbst die ordnungsgemäße Beauftragung und Überwachung eines Experten zu einer fehlerhaften Beratungsleistung geführt hätte, was ein vergleichsweise fehlerhaftes Handeln zur Folge gehabt hätte.

Zunächst stellt sich, unabhängig einer etwaigen dogmatischen Konstruktion, die Frage, ob eine solche Argumentation überhaupt Berücksichtigung finden sollte. Im Rahmen der Geschäftsleiterhaftung ist im Grundsatz anerkannt, dass ein rechtmäßiges Alternativverhalten den Geschäftsleiter entlasten kann.[1236] Ausnahmen sind nach einer umstrittenen Ansicht dann anzunehmen, sofern durch die Berufung auf ein rechtmäßiges Alternativverhalten der Schutzzweck der Norm vereitelt würde, was insbesondere bei Verletzung von Kompetenz-, Organisations- und Verfahrensnormen anzunehmen sei.[1237] Andere lehnen die Berufung auf ein rechtmäßiges Alternativverhalten dann ab, wenn die verletzte

---

1235 Ähnlich wohl: *Uwe H. Schneider*, DB 2011, 99 (100). A. A. *Fleischer*, in: FS Hüffer, S. 187 (195 f.).

1236 BGHZ 152, 280 (284); BGH DStR 2007, 1641; OLG Düsseldorf, NJW-RR 1998, 1256 (1257 f.); OLG Frankfurt, NZG 2001, 173; OLG München, BKR 2008, 129; *Buck-Heeb*, in: Gehrlein/Ekkenga/Simon, GmbHG, § 43 Rn. 58; *Decker*, GmbHR 2014, 72; *Fleischer*, in: Spindler/Stilz, AktG, § 93 Rn. 216; *Goette*, ZHR 176 (2012), 588 (601); *Haas/Ziemons*, Michalski, GmbHG, § 43 Rn. 199a, 255b; *Hölters*, in: Hölters, AktG, § 93 Rn. 262; *Hopt/Roth*, in: Großkomm. AktG, § 93 Rn. 415 f.; *Krieger/Sailer-Coceani*, in: Schmidt/Lutter, AktG, § 93 Rn. 40; *Wellhöfer*, in: Wellhöfer/Peltzer/Müller, Vorstandshaftung, § 2 Rn. 40; *Zöllner/Noack*, in: Baumbach/Hueck, GmbHG, § 43 Rn. 16.

1237 *Haas/Ziemons*, in: Michalski, GmbHG, § 43 Rn. 199a; *Hopt/Roth*, in: Großkomm. AktG, § 93 Rn. 416; *Paefgen*, in: Ulmer, GmbHG, § 43 Rn. 195; *Spindler*, in: MüKo, AktG, § 93 Rn. 174; *Wellhöfer*, in: Wellhöfer/Peltzer/Müller, Vorstandshaftung, § 2

Norm einen Verletzungs*erfolg* verhindern solle; nur wenn die Verletzungs*handlung* verhindert werden solle, sei die Berufung auf ein rechtmäßiges Alternativverhalten zulässig.[1238] Die im Vordringen befindliche Auffassung will hingegen unabhängig vom Schutzzweck der jeweiligen Norm, ein rechtmäßiges Alternativverhalten grundsätzlich zulassen.[1239] Der BGH schließt sich in einem Urteil wohl letztgenannter Ansicht zumindest insoweit an, dass er allein durch den Verstoß gegen Verfahrensnormen ein Berufen auf ein rechtmäßiges Alternativverhalten nicht gänzlich ausschließt.[1240]

Gegen eine Berücksichtigung etwaiger hypothetischer Umstände spricht, dass es gerade der Geschäftsleitung obliegt, für eine ordnungsgemäße Entscheidungsfindung Sorge zu tragen. Argumentieren ließe sich, dass die haftungsprivilegierende Wirkung nur dann eintreten sollte, wenn das Organmitglied alle Voraussetzungen eingehalten hat. Andernfalls könnte man annehmen, dass es gerade keinen haftungsrechtlichen Schutz verdiene.[1241] Zudem soll die Haftungsprivilegierung gerade das Organmitglied zum Einhalten der genannten Voraussetzungen anhalten, sodass dies eine Anreizfunktion beinhaltet, die gerade entfallen könnte, wenn die im Kapitel 3 genannten Voraussetzungen

---

Rn. 40. Zum allgemeinen Haftungsrecht: *Grüneberg*, in: Palandt, BGB, Vorb. § 249 Rn. 65.

1238 *W. Müller*, in: Wellhöfer/Peltzer/Müller, Vorstandshaftung, § 24 Rn. 76 – zur Haftung des Wirtschaftsprüfers.

1239 Ausführlich: *Fleischer*, DStR 2009, 1204 (1208 f.). Vgl. auch: *Altmeppen*, in: Roth/Altmeppen, GmbHG, § 43 Rn. 104; *Buck-Heeb*, in: Gehrlein/Ekkenga/Simon, GmbHG, § 43 Rn. 58; *Fleischer*, in: Spindler/Stilz, AktG, § 93 Rn. 216; *Lücke/Simon*, in: Saenger/Inhester, GmbHG, § 43 Rn. 53; *Zöllner/Noack*, in: Baumbach/Hueck, GmbHG, § 43 Rn. 16. Zum allgemeinen Schadensrecht: *Oetker*, in: MüKo, BGB, § 249 Rn. 217 ff.; *Schiemann*, in: Staudinger, BGB, § 249 Rn. 106; *Schubert*, in: BeckOK, BGB, § 249 Rn. 102. Kritisch auch: *Hölters*, in: Hölters, AktG, § 93 Rn. 262. Zusammenfassend: *Krieger/Seiler-Coceani*, in: Schmidt/Lutter, AktG, § 93 Rn. 40.

1240 BGH NZG 2008, 783: „Die Gesellschaft muss aber die Angemessenheit der Vergütung beweisen, wenn ein Gesellschafter-Geschäftsführer sie sich unter Verstoß gegen die innergesellschaftliche Kompetenzordnung ohne Abstimmung mit den übrigen Gesellschaftern bereits ausgezahlt hat." Der BGH hält somit trotz des Verstoßes gegen die Kompetenzordnung das Berufen auf ein rechtmäßiges Alternativverhalten für möglich. Siehe auch: BGH NJW 2007, 917 (918). Andererseits beruft er sich jedoch in einer neueren Entscheidung allgemein bei der Beurteilung der Zulässigkeit des rechtmäßigen Alternativverhaltens auf den Schutzzweck der jeweiligen Norm: BGH NJW 2012, 2022 (2023).

1241 Dieses Argument anführend, im Ergebnis dem aber nicht zustimmend: *H.-F. Müller*, DB 2014, 1301 (1307).

nicht eingehalten wurden.[1242] Die Androhung der Schadensersatzhaftung dient schließlich zumindest auch der präventiven Steuerung des Vorstandshandelns.

Dennoch verdient die Beachtung des hypothetischen Verlaufs Vorzug.[1243] Der Schutzzweck der Schadensersatzhaftung ist schließlich, neben der präventiven Steuerung des Vorstandshandelns, auf einen Schadensausgleich gerichtet. Er soll sicherstellen, dass aufgrund einer ordnungsgemäßen Entscheidungsfindung keine Rechtsverletzungen entstehen, durch die die Gesellschaft einen Schaden erleidet. Es besteht gerade kein Grund, diese Funktion auf eine Sanktionsfunktion auszudehnen.[1244] Genau dies wäre jedoch der Fall, würde man allgemein auf den Einwand des rechtmäßigen Alternativverhaltens bzw. auf die Berücksichtigung des hypothetischen Kausalverlaufs verzichten. Denn das Organmitglied hätte ein ordnungsgemäßes Handeln nicht sicherstellen können, sodass sich die oben genannten Voraussetzungen in dieser bestimmten Situation zur ordnungsgemäßen Entscheidungsfindung nicht eignen, weshalb die präventive Steuerungsfunktion des Schadensersatzrechtes ins Leere läuft. *H.-F. Müller* spricht zutreffend davon, dass die Regeln zur Einholung fachkundiger Beratung keine „l'art pour

---

1242 So und ebenfalls im Ergebnis ablehnend: *H.-F. Müller*, DB 2014, 1301 (1307).

1243 Allgemein in Bezug auf die nicht eingeholte fachkundige Beratung: OLG Düsseldorf, NJW-RR 1998, 1256 (1257 f.); OLG München, BKR 2008, 129; OLG Frankfurt, NZG 2012, 173; *Buck-Heeb*, BKR 2011, 441 (443); *Grundmann*, in: MüKo, BGB, § 276 Rn. 73; *Grys/Geist*, BKR 2009, 127 (129); *Harnos*, Geschäftsleiterhaftung, S. 308 f.; *Kaulich*, Haftung von Vorstandsmitgliedern, S. 229; *Sander/Schneider*, ZGR 2013 725 (743). In Bezug auf eine unterlassene Plausibilitätskontrolle: *Hennrichs*, in: FS Hommelhoff, S. 383 (395); *Strohn*, CCZ 2013, 177 (184). In Bezug auf eine nicht sorgfältige Sachverhaltsmitteilung: *Wagner*, BB 2012, 651 (657). Zurückhaltend: *Drescher*, Haftung GmbH-Geschäftsführer, Rn. 675 f. Aus strafrechtlicher Sicht: BGHSt 37, 55 (67 f.); BGH NJW 1996, 1604 (1606); OLG Celle, NJW 1977, 1644 (1645); BayObLG NJW 1989, 1744 (1745); BayObLG NStZ-RR 2000, 377 (379); 2000, 381 (382); *Duttge*, in: Dölling/Duttge/Rössner, Strafrecht, § 17 Rn. 20; *Joecks*, in: MüKo, StGB, § 17 Rn. 62; *Kirch-Heim/Samson*, wistra 2008, 81 (61); *Löw*, Erkundigungspflicht beim Verbotsirrtum, S. 140 ff.; *Neumann*, in: NK-StGB. § 17 Rn. 81 f.; *Otto*, Jura 1990, 645 (650); *Rudolphi*, in: SK-StGB, § 17 Rn. 42. *Sternberg-Lieben/Schuster*, in: Schönke/Schröder, StGB, § 17 Rn. 22, die in einem solchen Falle die Kausalität des Nichteinholens des Rates ablehnen. Anders noch vor der Einführung des § 17 StGB durch das 2. Strafrechtsreformgesetz: BGHSt 21, 18 (21); BayObLG NJW 1960, 504; 1965, 1924 (1926); OLG Köln, NJW 1974, 1830 (1831).

1244 Ähnlich: *Zöllner/Noack*, in: Baumbach/Hueck, GmbHG, § 43 Rn. 16. Allgemein eine Sanktionsfunktion des aktienrechtlichen Organhaftungsrechts ablehnend: *Hopt*, ZIP 2013, 1793 (1795). Zum allgemeinen Haftungsrecht: *Oetker*, in: MüKo, BGB, § 249 Rn. 222; *Schiermann*, in: Staudinger, BGB, § 249 Rn. 105 f.

l'art" seien.[1245] Insbesondere deshalb ist ein rechtmäßiges Alternativverhalten bei Kompetenzverstößen nicht ausgeschlossen.[1246]

Auf unternehmerische Entscheidungen können daher die allgemeinen Grundsätze des rechtmäßigen Alternativverhaltens übertragen werden, da dort die ordnungsgemäße Beratung die Pflichtverletzung nach § 93 I 2 AktG entfallen lässt.[1247] Unterlässt der Geschäftsleiter somit die Beauftragung eines Beraters, wäre dieser jedoch mit Sicherheit zum gleichen Ergebnis gelangt,[1248] kann sich das Organmitglied auf dieses rechtmäßige Alternativverhalten berufen, sodass seine Haftung entfällt. Gleiches gilt bei einer nicht ordnungsgemäßen Beauftragung, Information oder Überwachung eines Beraters.

Da bezüglich gebundener Entscheidungen nach hier vertretener – und in Kapitel 2 E II erläuterter – Ansicht durch die Einholung fachkundiger Beratung grundsätzlich nur das Verschulden des Organmitglieds entfallen kann, die Pflichtverletzung hingegen bestehen bleibt, kann diesbezüglich nicht vollständig auf die Rechtsfigur des rechtmäßigen Alternativverhaltens zurückgegriffen werden. Insoweit kann *Sander/Schneider*[1249] zugestimmt werden, wenn sie meinen, die hier vertretene Ansicht stünde der Berufung auf ein rechtmäßiges Alternativverhalten in Bezug auf gebundene Entscheidungen entgegen. Zwar wird teilweise ein *entschuldigtes Alternativverhalten*[1250] anerkannt, andererseits lehnte der BGH[1251] ein solches bereits ab.

Dies schließt jedoch nicht aus, dass diese hypothetischen Umstände im Rahmen einer anderen dogmatischen Konstruktion Berücksichtigung finden. Kann der Geschäftsleiter beweisen, dass ein ordnungsgemäß eingeholter Rat gleichermaßen ein fehlerhaftes Ergebnis und somit durch dessen Ausführung eine Pflichtverletzung zur Folge gehabt hätte, ist fraglich, ob ein Unterlassen der Einholung des Rechtsrates bzw. eine nicht ordnungsgemäße Beauftragung

---

1245 Zum Ganzen: *H.-F. Müller*, DB 2014, 1301 (1307).

1246 *Lücke/Simon*, in: Saenger/Inhester, GmbHG, § 43 Rn. 53.

1247 Siehe allgemein: Kapitel 2 E) III. Allgemein den Grundsatz des rechtmäßigen Alternativverhaltens anerkennend, da stets bei ordnungsgemäßer Beratung entgegen der hier vertretenen Ansicht die Pflichtverletzung entfallen würde: *Sander/Schneider*, ZGR 2013, 725 (743).

1248 Ein möglicherweise falsches Ergebnis genügt nicht. Siehe hierzu auch: *Lohse*, Unternehmerisches Ermessen, S. 234 ff.

1249 *Sander/Schneider*, ZGR 2013, 725 (743).

1250 Zum allgemeinen Schuldrecht: *Schiemann*, in: Staudinger, BGB, § 249 Rn. 102.

1251 BGH NJW 2006, 2767 (2769): „[...] *denn die Berufung auf ein rechtswidriges Alternativverhalten ist unzulässig* [...]." *Siehe auch:* OLG Köln, VersR 1996, 456 (458). Vgl. auch: *Grüneberg*, in: Palandt, BGB, Vorb. v. § 249 Rn. 64 a. E.

als fahrlässig angesehen werden kann. Denn Fahrlässigkeit setzt zwingend die *Erkennbarkeit* der fehlerhaften Maßnahme voraus.[1252] Würde ein hypothetisch sorgfältig ausgewählter, informierter und überwachter Berater mit an Sicherheit grenzender Wahrscheinlichkeit einen fehlerhaften Rat abgegeben, wäre für diesen die Rechtslage oder sonstige fachliche Lage nicht erkennbar. Denn andernfalls wäre er hypothetisch nicht zu dem unrichtigen Ergebnis gelangt. Da es dem sorgfältigen Experten schon hypothetisch nicht gelungen wäre, die Situation richtig zu bewerten, kann dem Geschäftsleiter in dieser Situation ebenfalls kein Vorwurf gemacht werden.[1253] Für ihn war das sorgfaltswidrige Handeln erst recht nicht erkennbar.[1254] Insofern ist der Rechts- bzw. Tatsachenirrtum nur dann für das Organmitglied vermeidbar, wenn die sorgfältig eingeholte Beratung *möglicherweise* zur Behebung des Irrtums geführt hätte.[1255]

Wenn dies für ein gänzliches Unterlassen einer Beratung gilt, kann nichts anderes gelten, wenn zwar auf einen Berater zurückgegriffen wurde, der Berater jedoch nicht sorgfältig ausgewählt oder informiert wurde. Hat der Geschäftsleiter die notwendige Plausibilitätskontrolle unterlassen, muss er vergleichsweise darlegen, dass eine ordnungsgemäße Überprüfung die Fehlerhaftigkeit des Gutachtens nicht aufgedeckt hätte. Gelingt ihm ein solcher Beweis, war für ihn weder die Fehlerhaftigkeit noch sein nachfolgender Gesetzesverstoß erkennbar. In einem solchen Fall kann ihm die unterlassene Überprüfung also nicht zur Last gelegt werden.[1256] Mithin muss nicht auf die Rechtsfigur des verschuldensfreien Alternativverhaltens im Rahmen gebundener Entscheidungen zurückgegriffen werden, da dem Geschäftsleiter schlicht kein eigenes Verschulden in Bezug auf

---

1252 *Buck-Heeb*, BKR 2011, 441 (443 f.); *Grundmann*, in: MüKo, BGB, § 276 Rn. 68 ff. Vgl. auch allgemein die Nachweise in Fn. 43.

1253 So speziell zur unterlassenen Plausibilitätskontrolle: *Strohn*, CCZ 2013, 117 (184).

1254 Vgl. OLG Frankfurt, NZG 2001, 173 (174); OLG Düsseldorf, NJW-RR 1998, 1256 (1257 f.). Siehe auch OLG München, BKR 2008, 129 (130) in Bezug auf ein vorsätzliches Handeln. Für den Fahrlässigkeitsvorwurf kann allerdings nichts anderes gelten, *Grys/Geist*, BKR 2009, 127 (129).

1255 Ähnlich aus dem Strafrecht: BGHSt 37, 55 (67): „Denn Gegenstand des Schuldvorwurfs ist nicht die Unterlassung einer Erkundigung schlechthin, sondern nur eine solche, die, wenn sie eingeholt worden wäre, zum Tragen gekommen wäre […].“ Siehe auch: OLG Celle, NJW 1977, 1644 (1645); *Otto*, Jura 1990, 645 (650). Vgl. auch: BGH NJW 1996, 1604 (1606).

1256 *Strohn*, CCZ 2013, 177 (184), der allgemein die Grundsätze des rechtmäßigen Alternativverhaltens heranziehen möchte. Siehe hierzu speziell auch: OLG Frankfurt, NZG 2001, 173 (174).

die fehlerhafte Maßnahme zur Last gelegt werden kann. Sein Irrtum war unvermeidbar.

Um die Unvermeidbarkeit des Irrtums aufgrund der hypothetischen Ursachen zu begründen, ist es jedoch – wie bereits angedeutet – zwingend erforderlich, dass der Geschäftsleiter den *sicheren Nachweis* erbringt, dass der hypothetisch sorgfältig beauftrage und überwachte Berater zum gleichen Ergebnis gelangt wäre.[1257] Ein nur möglicherweise fehlerhaftes Ergebnis genügt nicht. Ein sicherer Nachweis wird sich jedoch vielfach als „probatio diabolica" darstellen, da er nur sehr schwer zu führen ist und die hypothetische Lage häufig nicht zweifelsfrei vorhergesagt werden kann.[1258] Daher wird die Berücksichtigung solch hypothetischer Umstände auch nicht zu einer geringeren Sorgfalt der Geschäftsleiter führen.[1259] Denn die Einhaltung der Voraussetzungen zur ordnungsgemäßen Beratung ist einfacher zu beweisen und begründet eine weitergehende Sicherheit für den Geschäftsleiter, da er sich hierauf verlassen kann. Daher wird der Geschäftsleiter weiterhin zur sorgfältigen Beauftragung eines Beraters bewegt.[1260]

D) Regress des Geschäftsleiters

Sofern der Geschäftsleiter seinen Nachweis zur sorgfältigen Beauftragung und Überwachung des Beraters der Gesellschaft gegenüber nicht erbringen kann, haftet er nach §§ 93 II AktG, 43 II GmbHG. Alsdann verbleibt ihm die Möglichkeit, sich beim Berater aufgrund der fehlerhaften Beratungsleistung zu regressieren. Zwar besteht ein Vertragsverhältnis unmittelbar zumeist nur zwischen

---

1257 BGHZ 152, 280 (284 f.); *Fleischer*, in: MüKo, GmbHG, § 43 Rn. 266; *ders.*, in: Spindler/Stilz, AktG, § 93 Rn. 216; *Haas/Ziemons*, Michalski, GmbHG, § 43 Rn. 199a; *Hölters*, in: Hölters, AktG, § 93 Rn. 262; *Paefgen*, in: Ulmer, GmbHG, § 43 Rn. 194; *Wellhöfer*, in: Wellhöfer/Peltzer/Müller, Vorstandshaftung, § 2 Rn. 40; *Zöllner/Noack*, in: Baumbach/Hueck, GmbHG, § 43 Rn. 16. Zum allgemeinen Schuldrecht: BGHZ 120, 281 (287); *Grüneberg*, in: Palandt, BGB, Vorb. v. § 249 Rn. 66; *Oetker*, in: MüKo, BGB, § 249 Rn. 221; *Schiermann*, in: Staudinger, BGB, § 249 Rn. 105. Siehe auch: Fn. 1248. Anders ist dies im Strafrecht aufgrund des Grundsatzes „in dubio pro reo". Hier genügt die *Möglichkeit*, dass eine Beratung zur falschen Auskunft geführt hätte: BGHSt 37, 55 (67 f.); BayObLG NJW 1989, 1744 (1745); *Duttge*, in: Dölling/Duttge/Rössner, Strafrecht, § 17 Rn. 20; *Kirch-Heim/Samson*, wistra 2008, 81 (86).

1258 *Fleischer*, in: Spindler/Stilz, AktG, § 93 Rn. 216. Vgl. auch: *Hölters*, in: Hölters, AktG, § 93 Rn. 262 in Bezug auf den Verstoß von Verfahrensregeln.

1259 Ähnlich zum allgemeinen Schuldrecht: *Schiermann*, in: Staudinger, BGB, § 249 Rn. 105.

1260 Vgl. *Lohse*, Unternehmerisches Ermessen, S. 235.

Gesellschaft und Berater, unter gewissen Umständen kann der Geschäftsleiter jedoch in den Schutzbereich dieses Vertrages eingeschlossen sein, sog. Vertrag mit Schutzwirkungen zugunsten Dritter.[1261]

In einer Entscheidung des BGH aus dem Jahre 2012 verlangte die Alleingesellschafterin und Geschäftsführerin einer GmbH vom beratenden Steuerberater Regress, da sie selbst vom Insolvenzverwalter der Gesellschaft in Anspruch genommen wurde. Nach Ansicht der Geschäftsleiterin hätte der Steuerberater sie auf die Insolvenzreife der Gesellschaft hinweisen müssen. Der BGH geht davon aus, dass die Klägerin auch in ihrer Funktion als Geschäftsführerin der Gesellschaft in den Schutzbereich des Vertrages einbezogen sei. Das Gutachten für die Gesellschaft stelle eine Entscheidungsgrundlage für den Geschäftsleiter dar, in dessen Verantwortung es liege, im Falle der Zahlungsunfähigkeit oder Überschuldung rechtzeitig Insolvenzantrag zu stellen (Leistungsnähe). Zudem sei nach dem Interesse der Vertragsparteien der Geschäftsleiter vom Schutz des Vertrages umfasst (Gläubigernähe), denn der Beratungsvertrag diene gerade auch dem Interesse des Geschäftsleiters, der hierdurch ggf. seine Haftung (aufgrund der in dieser Arbeit dargelegten Grundsätze) ausschließen könne. Die für den Vertrag mit Schutzwirkung zugunsten Dritter notwendige Erkennbarkeit für den Berater und die Schutzwürdigkeit des Geschäftsführers liegen nach Ansicht des BGH, zumindest bei der Überprüfung der Insolvenzreife, ebenfalls vor.[1262]

Dieses Urteil hat zu einer intensiven juristischen Diskussion geführt und sowohl Zustimmung[1263] als auch Ablehnung[1264] erfahren. Ein Anspruch des Geschäftsleiters kann jedoch nach Ansicht des BGH nur dann bestehen, wenn ein Anspruch der Gesellschaft gegen den Berater besteht. Die Schutzwirkung des Vertrages könne nicht weiter gehen, als die eigentliche vertragliche Verpflichtung. Einschränkend ist daher zu beachten, dass eine Schutzwirkung des Vertrages im Rahmen der insolvenzrechtlichen Haftung nur dann in Betracht kommt, wenn der Vertrag die Überprüfung der Insolvenzreife umfasst.[1265] Eine

1261 *Hopt/Roth*, in: Großkomm. AktG, § 93 Rn. 139 (Fn. 521).

1262 Insgesamt: BGHZ 193, 297 (308 ff.). Bereits in einer anderen Entscheidung erachtete es der BGH als möglich, dass der Geschäftsleiter in den Schutzbereich eines Umsatzsteuermandates zwischen Gesellschaft und Steuerberater einbezogen wird, BGH NZG 2011, 1384.

1263 *Gehrlein*, NZG 2013, 961 (964); *Schwarz*, NZI 2012, 869 (872).

1264 *H.-F. Müller*, ZInSO 2013, 2181 (2186 ff.). Wohl auch zurückhaltend: *Römermann*, GmbHR 2013, 513 (518). Bereits vor dem Urteil eine Drittwirkung ablehnend: *Gräfe*, DStR 2010, 669 (670 f.).

1265 BGHZ 193, 297; BGH NJW-RR 2013, 983 (985).

allgemeine steuerberatende Tätigkeit umfasst eine solche Überprüfung in der Regel nicht, sodass eine drittschützende Wirkung des Beratungsvertrages ausscheidet.[1266] Dennoch kann eine insolvenzrechtliche Überprüfungsverpflichtung auch konkludent begründet werden. Insbesondere trifft dies dann zu, wenn sich ein Steuerberater in einem Beratungsgespräch zur Insolvenzreife der Gesellschaft äußert. Dann haftet er für diese Ausführungen.[1267]

Ob diese doch weite Einbeziehung des Geschäftsleiters in den Schutzbereich des Vertrages zwischen Gesellschaft und Berater, somit also die enorme Haftungserweiterung der Auskunftsperson, zutreffend ist, kann hier nicht weiter erörtert werden. Dies verdient vielmehr einer eigenen monographischen Untersuchung. Festzuhalten bleibt jedoch, dass dem Geschäftsleiter nach der aktuellen Rechtsprechung des BGH unter bestimmten Voraussetzungen auch ohne unmittelbare vertragliche Beziehung die Möglichkeit verbleibt, den Berater in Regress zu nehmen.

1266 So ausdrücklich: BGH NJW-RR 2013, 983 (984).

1267 BGH NJW 2013, 2345 (2345 f.). Siehe fortführend zur Haftung des Steuerberaters: BGH NJW-RR 2014, 827.

Fazit

A) Ergebnisse der Untersuchung in Thesen

1. Die Haftung eines Geschäftsleiters einer Kapitalgesellschaft ist ausgeschlossen, wenn dieser einen unabhängigen und für den konkreten Fall fachlich kompetenten Berater beauftragt, diesem alle zur sorgfältigen Entscheidungsvorbereitung notwendigen Informationen mitteilt und den erteilten Rat alsdann auf dessen Plausibilität hin überprüft.
2. Verfügt der Geschäftsleiter nicht über ausreichende Kenntnisse, ist es ihm im Einzelfall gestattet, durch die Beauftragung eines Beraters die notwendigen Informationen zur Entscheidungsvorbereitung zu ermitteln. Eine ständige und allumfassende Beratung, durch die sich das Organmitglied seiner Leitungsverantwortung entziehen würde, ist hingegen unzulässig.
3. Sowohl im Rahmen gebundener Entscheidungen als auch bezüglich unternehmerischer Entscheidungen muss ein Geschäftsleitungsmitglied bei fehlendem eigenen Fachwissen einen fachkundigen Berater zur ordnungsgemäßen Entscheidungsvorbereitung beauftragen. Betriebswirtschaftliche Argumente dürfen bei gebundenen Entscheidungen nicht berücksichtigt werden, sofern es um die Frage geht, ob fachkundige Hilfe hinzugezogen werden soll. Die Legalitätspflicht steht schließlich nicht zur Disposition des Geschäftsleiters.
4. Folgt das Organmitglied dem Rat eines sorgfältig ausgewählten, informierten und überwachten Beraters und stellt sich die Beratung im Anschluss als fehlerhaft heraus, unterliegt es selbst einem unvermeidbaren Rechts- bzw. Tatsachenirrtum, der nach allgemeiner Zivilrechtsdogmatik das Verschulden entfallen lässt. Ist hingegen eine unternehmerische Entscheidung betroffen, kommt dem Geschäftsleiter das Haftungsprivileg der Business Judgment Rule nach § 93 I 2 AktG zugute, sodass bereits eine Pflichtverletzung abzulehnen ist.
5. Eine Zurechnung des Beraterverschuldens nach § 278 S. 1 BGB scheidet in der Regel aus, da ein Vertragsverhältnis zwischen Berater und Gesellschaft, nicht jedoch zwischen Berater und Geschäftsleitung zustande kommt. Der Berater ist daher als Erfüllungsgehilfe der Gesellschaft anzusehen.
6. Die Einholung einer fachkundigen Beratung ist dem Geschäftsleiter gestattet, soweit ein Beratungsbedarf besteht. Dies ist insbesondere dann der Fall, wenn dem Geschäftsleiter die notwendigen Kenntnisse zur sorgfältigen Beurteilung der Sach- oder Rechtslage fehlen. Doch auch wenn keine

ausreichenden personellen oder zeitlichen Kapazitäten vorhanden sind, kann er sich beraten lassen. Hierbei ist ihm ein weites Ermessen zuzugestehen.

7. Der beauftragte Berater muss für die zu beurteilende Frage fachlich qualifiziert sein. Dabei muss es sich zwar nicht zwingend um einen Berufsträger handeln, eine berufliche Qualifikation ist jedoch erforderlich. In Bezug auf eine rechtliche Beratung genügt regelmäßig die Fachanwaltszulassung, wobei diese aber nicht zwingend zu fordern ist. Wichtiger als der Nachweis spezieller Formalqualifikationen ist, dass der Geschäftsleiter vernünftigerweise davon ausgehen durfte, dass der Berater über die erforderliche Qualifikation zur Beurteilung der konkreten Problematik verfügt.
8. Bedarf es einer Beratung, die gleich mehrere Fachgebiete betrifft, muss das Geschäftsleitungsmitglied regelmäßig mehrere Berater beauftragen, es sei denn, die Qualifikation des Beraters umfasst ausnahmsweise mehrere Fachgebiete.
9. Der Berater darf die ihm gestellte Aufgabe ausschließlich anhand fachlicher Kriterien beurteilen. Der Geschäftsleiter muss daher sicherstellen, dass die Begutachtung frei von sachfremden Erwägungen und Eigeninteressen erfolgt. Eine Vorbefassung des Beraters allein kann dessen Unabhängigkeit nicht ausschließen. Hierfür müssen vielmehr besondere Anhaltspunkte ersichtlich sein.
10. Syndikusanwälte sind im Grundsatz als unabhängige Berater für das eigene Unternehmen anzusehen. Sie müssen im übergeordneten Unternehmensinteresse agieren und haben das Unternehmen somit vor einer Inanspruchnahme auf Schadensersatz zu schützen. Dieser Funktion können sie jedoch nur nachkommen, wenn sie einen unabhängigen Rechtsrat abgeben.
11. Der Berater kann einen sorgfältigen Rat nur dann erstellen, wenn der Geschäftsleiter ihm alle notwendigen Informationen korrekt und umfassend zur Verfügung stellt. Hat er den Berater nach bestem Wissen über die nach seiner Ansicht erforderlichen Informationen unterrichtet, kann er sich aber darauf verlassen, dass der Berater, sofern dieser weitere Informationen für erforderlich hält, diese vom Geschäftsleitungsmitglied anfordert.
12. Die Verantwortung für die zu treffende Entscheidung verbleibt auch mit Beauftragung eines Beraters beim Geschäftsleiter. Daher darf der ihm erteilte Rat nicht ungesehen übernommen werden. Vielmehr muss er den Rat einer eigenen Plausibilitätskontrolle unterziehen, wobei er sich von Mitarbeitern des Unternehmens unterstützen lassen kann.

13. Eine Plausibilitätskontrolle setzt grundsätzlich voraus, dass der Geschäftsleiter den Rat zur Kenntnis nimmt, die zugrunde liegenden Tatsachen kontrolliert und sicherstellt, dass der Rat sowohl die geplante Maßnahme abdeckt als auch keine offensichtlichen Mängel enthält. Die Prüfungsintensität richtet sich dabei nach dem jeweiligen Fachgebiet. Je näher das allgemeine Geschäftsleiterwissen betroffen ist, desto intensiver muss die Plausibilitätskontrolle durchgeführt werden.
14. Der typisierte Sorgfaltsmaßstab nach §§ 93 I 1 AktG, 43 I GmbHG macht eine intensivere Plausibilitätskontrolle erforderlich, sofern das Organmitglied im entsprechenden Fachgebiet über eigene Sachkenntnisse verfügt, wobei dies nicht soweit führen darf, dass dem Geschäftsleiter die Vorteile einer arbeitsteiligen Organisation gänzlich genommen werden.
15. Der Geschäftsleiter muss grundsätzlich den Auftragsinhalt und somit den Umfang der Beratung zumindest konkludent festlegen. Hierdurch wird sichergestellt, dass der Rat die geplante Maßnahme umfasst.
16. Der Rat kann im Allgemeinen schriftlich oder mündlich erteilt werden. Sofern keine besondere Eilbedürftigkeit gegeben ist, ist jedoch darauf zu achten, dass dem mündlichen Rat eine schriftliche Zusammenfassung folgt, die die notwendige Plausibilitätskontrolle ermöglicht.
17. Allgemein müssen die Voraussetzungen an die jeweils zu erfüllende Pflicht angepasst werden. Hier ist insbesondere an die Einhaltung von gesetzlichen Fristen zu denken, sodass sichergestellt wird, dass der Rat rechtzeitig erfolgt.
18. Gelangt der Berater zu einem eindeutigen Ergebnis, darf sich der Geschäftsleiter hierauf verlassen. Vice versa muss das Organmitglied dem Rat grundsätzlich im vollen Umfang folgen, um eine eigene Haftung zu vermeiden.
19. Gelangt der Rat zu einem offenen Ergebnis, sind die Unterschiede zwischen gebundenen und unternehmerischen Entscheidungen zu berücksichtigen. Bei unternehmerischen Entscheidungen kommt der Geschäftsleitung ein weites Entscheidungsermessen nach § 93 I 2 AktG zugute. Im Rahmen gebundener Entscheidungen ist zu differenzieren: Liegt die Durchführung einer Maßnahme im allgemeinen Ermessen des Geschäftsleiters, muss diese unterbleiben, um das Einhalten der Legalitätspflicht sicherzustellen. Ist das Organmitglied jedoch zum Handeln verpflichtet, darf es nicht schlicht der für die Gesellschaft günstigsten (Rechts-) Ansicht folgen, sondern muss unter einer umfassenden Risikoabwägung den für die Gesellschaft sichersten Weg wählen.
20. Verstößt der Geschäftsleiter gegen eine dieser Pflichten, verbleibt ihm noch die Möglichkeit, dazulegen, dass ein hypothetisch sorgfältig beauftragter

und überwachter Berater ebenfalls zu einem fehlerhaften Urteil gelangt wäre. Kann im Rahmen einer unternehmerischen Entscheidung auf die Rechtsfigur des rechtmäßigen Alternativverhaltens zurückgegriffen werden, ist dies nach der hier vertretenen Ansicht in Bezug auf gebundene Entscheidungen nicht möglich. Dennoch kann der Geschäftsleiter einer Haftung entgehen: War die Rechts- oder Sachlage für einen hypothetisch sorgfältig beauftragten und überwachten Experten nicht erkennbar, trifft dies auf den Geschäftsleiter erst recht zu. Folglich kann ihm kein Fahrlässigkeitsvorwurf zur Last gelegt werden.

21. Kann der Geschäftsleiter die Einhaltung der Voraussetzungen des Vertrauensgrundsatzes nicht beweisen, verbleibt ihm ggf. die Möglichkeit, sich beim Berater für einen fehlerhaften Rat zu regressieren, da das Organmitglied in den Schutzbereich des Vertrages zwischen Gesellschaft und Berater einbezogen sein kann.

B) Schlussbemerkung

Die in dieser Arbeit dargelegten Grundsätze schaffen einen gerechten Ausgleich zwischen dem Interesse der Gesellschaft an einer ordnungsgemäßen Entscheidungsfindung und dem Interesse der Geschäftsleitung, bei Einhaltung dieses Verhaltensstandards einer eigenen Haftung zu entgehen. Die weitreichenden Pflichten der Geschäftsleitung sind erforderlich, um Gefälligkeitsgutachten zu vermeiden und stattdessen sachlich versierte Auskünfte zu erhalten, die als fachgerechte Entscheidungsgrundlage dienen. In Anlehnung an die angloamerikanische Rechtslage empfiehlt es sich, die hier dargelegten Grundsätze zum Entscheidungsprozess, somit also einen Teil der internen Geschäftsleitungsorganisation, gesetzlich festzulegen. Die erheblichen Auswirkungen für das Organmitglied machen eine solche gesetzliche Kodifizierung des Vertrauensgrundsatzes sinnvoll. Hierdurch kann der Gesetzgeber vielfältige Streitigkeiten in der Literatur beseitigen und zugleich dem vermeintlichen Bedeutungsverlust der Syndikusanwälte entgegentreten.

Somit sollte folgender Paragraph § 93a AktG bzw. § 43a GmbHG eingefügt werden:

S. 1 Eine Haftung des Vorstandsmitglieds [Geschäftsführers] gegenüber der Gesellschaft oder gegenüber Dritten ist ausgeschlossen, wenn es dem schriftlichen oder mündlichen Rat einer Auskunftsperson folgt. Dies gilt dann, wenn

1. das Vorstandsmitglied vernünftigerweise davon ausgehen durfte, dass die Auskunftsperson die entscheidungserhebliche Frage unabhängig und fachlich qualifiziert bewertet,
2. das Vorstandsmitglied vernünftigerweise davon ausgehen durfte, dem Berater alle für die Bewertung notwendigen Informationen korrekt zur Verfügung gestellt zu haben, und
3. die Auskunft einer eigenen Plausibilitätskontrolle unterzogen wird.

S. 2 Der Sorgfältigkeit der Auskunft steht es nicht entgegen, wenn der Berater in einem ständigen Beschäftigungsverhältnis zu seinem Auftraggeber steht oder wenn er bereits vorher mit der entsprechenden Frage beauftragt war.

S. 3 Erfolgt die Beratung mündlich, hat das Vorstandsmitglied unverzüglich eine schriftliche Zusammenfassung zu verlangen, die es einer Plausibilitätskontrolle unterziehen muss.

Erfreulich ist, dass sich der Gesetzentwurf der Fraktionen der CDU/CSU und SPD vom 16.06.2015 – Entwurf eines Gesetzes zur Neuordnung des Rechts der Syndikusanwälte – im Gesetzgebungsverfahren durchgesetzt hat. Auf diese Weise wird den Syndikusanwälten eine seit langem überfällige Annäherung an selbstständige Rechtsanwälte zugestanden.

Literaturverzeichnis

Altmeppen, Holger, Anm. zu BGH, Urt. v. 14.05.2007 - Az. II ZR 48/06 (KG), NJW 2007, 2121.

Amort, Matthias, Haftung und Regulierung von Ratingagenturen - Ansätze einer Krisenprävention, EuR 2013, 272–284.

Andres, Dirk/Leithaus, Rolf/Dahl, Michael, Insolvenzordnung (InsO) Kommentar, 3. Auflage, München 2014.

Arnold, Arnd, Die Steuerung des Vorstandshandelns, Eine rechtsökonomische Untersuchung der Principal-Agent-Problematik in Publikumsgesellschaften, München 2007.

Arnold, Christian, Vorstandshaftung wegen pflichtwidrigen Abschlusses eines Beratervertrages mit Regelungen zur Vorstandsvergütung, DB 2015, 1650–1651.

Assmann, Heinz-Dieter/Schneider, Uwe H. (Hrsg.), Wertpapierhandelsgesetz Kommentar, 5. Auflage, Köln 2009.

Atkins, Peter, Reliance by Directors: What's a Conscientious Director to do?, Skadden, 25.03.2014. Abrufbar unter: http://www.skadden.com/insights/reliance-directors-whats-conscientious-director-do-0 [Zuletzt abgerufen am 31.03.2016] (zitiert: *Atkins*, Reliance by Directors).

Austin, R. P./Ramsay, I. M., Ford's Principles of Corporations Law, 14th Edition, Australia 2010.

Bachmann, Gregor, Das „vernünftige" Vorstandsmitglied - Zum richtigen Verständnis der deutschen Business Judgment Rule (§ 93 Abs. 1 Satz 2 AktG), in: Habersack, Mathias/Huber, Karl/Spindler, Gerald (Hrsg.), Festschrift für Eberhard Stilz zum 65. Geburtstag, München 2014, S. 25–44.

Bachmann, Gregor, Die Geschäftsleiterhaftung im Fokus von Rechtsprechung und Rechtspolitik, BB 2015, 771–777.

Bachmann, Gregor, Die Haftung des Geschäftsführers für die Verschwendung von Gesellschaftsvermögen, NZG 2013, 1121–1128.

Bachmann, Gregor, Editorial - Reformbedarf bei der Business Judgment Rule?, ZHR 177 (2013), 1–12.

Bachmann, Gregor, Reform der Organhaftung? Materielles Haftungsrecht und seine Durchsetzung in privaten und öffentlichen Unternehmen, Gutachten E zum 70. Deutschen Juristentag, in: Ständige Deputation des Deutschen Juristentages (Hrsg.), Verhandlungen des 70. Deutschen Juristentages, Hannover

2014, Band I, Gutachten Teil E, München 2014 (zitiert: *Bachmann*, Gutachten 70. DJT).

Bachmann, Gregor, Zehn Thesen zur deutschen Business Judgment Rule, WM 2015, 105–112.

Balotti, R. Franklin/Shaner, Megan W., Safe harbor for officer reliance: Comparing the approaches of the Model Business Corporation Act and Delaware's General Corporation Law, 74-WTR LCPR 161–174.

Balthasar, Stephan/Hamelmann, Uwe, Finanzkrise und Vorstandshaftung nach § 93 Abs. 2 AktG: Grenzen der Justiziabilität unternehmerischer Entscheidungen, WM 2010, 589–594.

Bauer, Denise A., Strengere Anforderungen für Ratingagenturen nach der neuen ÄnderungsVO, BB 2013, 363–365.

Bauer, Jan, Sorgfaltspflichten und Haftungsrisiken beim Unternehmenskauf, in: Gesellschaftsrechtliche Vereinigung (Hrsg.), Gesellschaftsrecht in der Diskussion 2014, Köln 2015, S. 195–227.

Baumann, Jan, Sorgfaltsanforderungen an ein nicht sachkundiges Vorstandsmitglied bei Beratung durch unabhängigen Experten, BOARD 2012, 79–80.

Baumbach, Adolf (Begr.)/*Lauterbach, Wolfgang/Albers, Jan/Hartmann, Peter*, Zivilprozessordnung, 73. Auflage, München 2015.

Baumbach, Adolf/Hueck, Alfred, GmbHG, Gesetz betreffend die Gesellschaften mit beschränkter Haftung, 20 Auflage, München 2013.

Bayer, Walter, Legalitätspflicht der Unternehmensleitung, nützliche Gesetzesverstöße und Regress bei verhängten Sanktionen – dargestellt am Beispiel von Kartellverstößen –, in: Bitter, Georg/Lutter, Marcus/Priester, Hans-Joachim/Ulmer, Peter (Hrsg.), Festschrift für Karsten Schmidt, Köln 2009, S. 85–103.

Beck'scher Online Kommentar, BORA, Hrsg. Römermann, Volker, Edition 11, München 2016 (zitiert: *Bearbeiter*, in: BeckOK, BORA).

Beck'scher Online Kommentar, GmbHG, Hrsg. Ziemons, Hildegard/Jaeger, Carsten, Edition 25, München 2015 (zitiert: *Bearbeiter*, in: BeckOK, GmbHG).

Beck'scher Online-Kommentar, BGB, Hrsg. Bamberger, Heinz Georg/Roth, Herbert, Edition 38, München 2015 (zitiert: *Bearbeiter*, in: BeckOK, BGB).

Beck'scher Online-Kommentar, ZPO, Hrsg. Vorwerk, Volkert/Wolf, Christian, Edition 19, München 2015 (zitiert: *Bearbeiter*, in: BeckOK, ZPO).

Beck'sches Handbuch der AG, Gesellschaftsrecht – Steuerrecht – Börsengang, Hrsg. Müller, Welf/Rödder, Thomas, München 2009 (zitiert: *Bearbeiter*, in: BeckHandb. AG).

Becker, Florian, Die Regulierung von Ratingagenturen, DB 2010, 941–945.

Benicke, Christoph/Hellwig, Jan F., Das System der Schadensersatzhaftung wegen Leistungspflichtverletzung, NJW 2014, 1697–1702.

Berger, Klaus Peter/Ryborz, Stefan, Die Haftung von Ratingagenturen zwischen Kompensation und Verhaltenssteuerung, WM 2014, 2241–2296.

Bernhard, Wolfgang/Witt, Peter, Unternehmensleitung im Spannungsfeld zwischen Ressortverteilung und Gesamtverantwortung, ZfB 1999, 825–844.

Bicker, Eike, Legalitätspflicht des Vorstands – ohne Wenn und Aber?, AG 2014, 8–14.

Binder, Jens-Hinrich, Anforderungen an Organentscheidungsprozesse in der neueren höchstrichterlichen Rechtsprechung – Grundlagen einer körperschaftsrechtlichen Entscheidungslehre?, AG 2012, 885–898.

Binder, Jens-Hinrich, Geschäftsleiterhaftung und fachkundiger Rat, AG 2008, 274–287.

Binder, Jens-Hinrich, Mittelbare Einbringung eigener Aktien als Sacheinlage und Informationsgrundlagen von Finanzierungsentscheidungen in Vorstand und Aufsichtsrat – Besprechung ISION, ZGR 2012, 757–775.

Binder, Ulrike/Kraayvanger, Jan, Regress der Kapitalgesellschaft bei der Geschäftsleitung für gegen das Unternehmen verhängte Geldbußen, BB 2015, 1219–1230.

Bissel, Carsten, Die Rechtsstellung des Syndikusanwalts und die anwaltliche Unabhängigkeit, Erlangen1996.

Blank, Hubert, BGH: Haftung des Mieters für fehlerhafte Beratung eines Mieterschutzvereins, LMK 2007, 208173.

Blank, Hubert, Mietrechtshaftung und Mieterrisiko, NZM 2007, 788–795.

Blöse, Jochen, Anm. zu BGH, Urt. v. 27.03.2012 – II ZR 171/10, GmbHR 2012, 746–750.

Blöse, Jochen, Anm. zu OLG Schleswig-Holstein, Urt. v. 11.02.2010 – 5 U 60/09, GmbHR 2010, 864–869.

Boll, Simon, Kein Verbotsirrtum im EU-Kartellrecht, GWR 2013, 319.

Boll, Simon, Rechtsrat und Haftung in der Kapitalgesellschaft, Hamburg 2015.

Bosch, Nikolaus/Lange, Knut Werner, Unternehmerischer Handlungsspielraum des Vorstandes zwischen zivilrechtlicher Verantwortung und strafrechtlicher Sanktion, JZ 2009, 225–237.

Böttcher, Lars, Bankvorstandshaftung im Rahmen der Sub-Prime-Krise, NZG 2009, 1047–1052.

Böttcher, Lars, Organpflichten beim Unternehmenskauf, NZG 2007, 481–485.

Brommer, Andreas, Folgen einer reformierten Aktionärsklage für die Vorstandsinnenhaftung, AG 2013, 121–130.

Brox, Hans/Walker, Wolf-Dietrich, Allgemeines Schuldrecht, 39. Auflage, München 2015.

Brüning, Janique/Samson, Erich, Bankenkrise und strafrechtliche Haftung wegen Untreue gem. § 266 StGB, ZIP 2009, 1089–1094.

Buchhorn, Eva/Werle, Klaus, Auf eigene Gefahr in: Manager Magazin, Ausgabe 7/2006 vom 23.06.2006, S. 124–132.

Buck-Heeb, Petra, Die Haftung von Mitgliedern des Leitungsorgans bei unklarer Rechtslage, Notwendigkeit einer Legal Judgment Rule?, BB 2013, 2247–2257.

Buck-Heeb, Petra, Vertrauen auf den Rechtsrat Dritter und Wissenszurechnung bei der Anlageberatung, BKR 2011, 441–449.

Budras, Corinna, Syndikusanwälte pochen auf Gleichberechtigung, in: FAZ, Nr. 31 vom 06.02.2013, S. 19.

Bürgers, Tobias/Körber, Torsten (Hrsg.), Heidelberger Kommentar, Aktiengesetz, 3. Auflage, Heidelberg 2014.

Bürkle, Jürgen, Aufsichtsrechtliches Legal Judgment: Sachlicher Anwendungsbereich und prozedurale Voraussetzungen, VersR 2013, 792–802.

Byrne, Mark, Do directors need better statutory protection when acting on the advice of others?, Australian Journal of Corporate Law, Vol. 21 Nr. 3, S. 238–257.

Cahn, Andreas/Müchler, Henny, Die Verantwortlichkeit der Organmitglieder einer Sparkasse für den Erwerb riskanter Wertpapiere, in: Burgard, Ulrich/Hadding, Walther/Mülbert, Peter O./Nietsch, Michael/Welter, Reinhard (Hrsg.), Festschrift für Uwe H. Schneider zum 70. Geburtstag, Köln 2011, S. 197–228.

Cahn, Andreas/Müchler, Henny, Produktinterventionen nach MiFID II, Eingriffsvoraussetzungen und Auswirkungen auf die Pflichten des Vorstands von Wertpapierdienstleistungsunternehmen, BKR 2013, 45–55.

Deckenbrock, Christian/Henssler, Martin (Hrsg.), Rechtsdienstleistungsgesetz, Rechtsdienstleistungsverordnung und Einführungsgesetz zum RDG, Kommentar, 4. Auflage, München 2015.

Decker, Andreas, Organhaftung und Expertenrat – Umfang und Grenzen einer Haftungsvermeidung durch fachkundige Expertise, GmbHR 2014, 72–78.

Dehmel, Florian, Gesetzesentwurf zur Neuordnung des Rechts der Syndikusanwälte, DB 2015, 1516–1518.

DeMott, Deborath A., The Discrete Roles Of General Counsel, 74 Fordham L. Rev. 955–981.

Deutsch, Erwin, Allgemeines Haftungsrecht, 2. Auflage, Köln 1996.

Dichtl, Erwin/Issing, Otmar (Hrsg.), Vahlens Großes Wirtschaftslexikon, Band 2, L – Z, 2. Auflage, München 1993.

Diehl, Heinz, Anm. zu LG Paderborn, Urt. v. 25.07.2002 – 1 S 68/02, ZFS 2003, 75.

Dölling, Dieter/Duttge, Gunnar/Rössner, Dieter (Hrsg.), Gesamtes Strafrecht, Handkommentar, 3. Auflage, Baden-Baden 2013.

Dreher, Meinrad, Die kartellrechtliche Bußgeldverantwortlichkeit von Vorstandsmitgliedern, Vorstandshandeln zwischen aktienrechtlichem Legalitätsprinzip und kartellrechtlicher Unsicherheit, in: Dauner-Lieb, Barbara/Hommelhoff, Peter/Jacobs, Matthias/Kaiser, Dagmar/Weber, Christoph (Hrsg.), Festschrift für Horst Konzen zum siebzigsten Geburtstag, Tübingen 2006, S. 85–107.

Drescher, Ingo, Die Haftung des GmbH-Geschäftsführers, 7. Auflage, Köln 2013.

Drexler, David A./Black, Lewis S./Sparks, A. Gilchrist, Delaware corporation law and practice, Band 1, New York 2007.

Ek, Ralf, Haftungsrisiken für Vorstand und Aufsichtsrat, 2. Auflage, München 2010.

Elson, Charles M., Fairness Opinions: Are they fair or should we care?, 53 OHSLJ 951–1003.

Emmerich, Volker/Habersack, Mathias (Hrsg.), Aktien- und GmbH-Konzernrecht, Kommentar, 7. Auflage, München 2013.

Engelmann, Jan B./Capra, C. Monica/Noussair, Chales/Berns, Gregory S., Expert Financial Advice Neurobiologically "Offloads", Financial Decision-Making under Risk. Abrufbar unter: http://www.plosone.org/article/info%3Adoi%2F10.1371%2Fjournal.pone.0004957 [Zuletzt abgerufen am 31.03.2016] (zitiert: *Engelmann/Capra/Noussair/Berns*, Expert Financial Advice Neurobiologically "Offloads").

Erman, Bürgerliches Gesetzbuch, Hrsg. Westermann, Harm Peter/Grunewald, Barbara/Maier-Reimer, Georg, Band 1, 14. Auflage, Köln 2014; 10. Auflage, Köln 2000 (sofern die Vorauflage zitiert wird, ist dies ausdrücklich benannt).

Eufinger, Alexander, Die Regresshaftung von Vorstand und Geschäftsführer für Kartellverstöße der Gesellschaft, WM 2015, 1265–1271.

Falkenhausen, Joachim Freiherr von, Die Haftung außerhalb der Business Judgment Rule, Ist die Business Judgment Rule ein Haftungsprivileg für Vorstände?, NZG 2012, 644–651.

Feuerich, Wilhelm E./Weyland, Dag, Bundesrechtsanwaltsordnung, Kommentar, 9. Auflage, München 2016.

Fischer, Frank O., Ausschluss der Kündigung eines Mietverhältnisses nach § 554 Abs. 1 Satz 1 BGB wegen fehlenden Zahlungsverzuges des Mieters? ZMR 1994, 309–311.

Fleischer, Holger (Hrsg.), Handbuch des Vorstandsrechts, München 2006.

Fleischer, Holger, Aktienrechtliche Legalitätspflicht und „nützliche" Pflichtverletzungen von Vorstandsmitgliedern, ZIP 2005, 141–152.

Fleischer, Holger, Aktuelle Entwicklungen der Managerhaftung, NJW 2009, 2337–2343.

Fleischer, Holger, Corporate Governance in Europa als Mehrebenensystem, ZGR 2012, 160–196.

Fleischer, Holger, Das unternehmerische Ermessen des GmbH-Geschäftsführers und seine GmbH-spezifischen Grenzen, NZG 2011, 521–527.

Fleischer, Holger, Expertenrat und Organhaftung, KSzW 01.2013, 3–9.

Fleischer, Holger, Haftung des herrschenden Unternehmens im faktischen Konzern und unternehmerisches Ermessen (§§ 317 II AktG, 93 I AktG) – Das UMTS-Urteil des BGH –, NZG 2008, 371–373.

Fleischer, Holger, Kartellrechtsverstöße und Vorstandsrecht, BB 2008, 1070–1076.

Fleischer, Holger, Kompetenzüberschreitungen von Geschäftsleitern im Personen- und Kapitalgesellschaftsrecht, Schaden – rechtmäßiges Alternativverhalten – Vorteilsausgleich, DStR 2009, 1204–1210.

Fleischer, Holger, Rechtsrat und Organwalterhaftung im Gesellschafts- und Kapitalmarktrecht, in: Kindler, Peter/Koch, Jens/Ulmer, Peter/Winter, Martin (Hrsg.), Festschrift für Uwe Hüffer zum 70. Geburtstag, München 2010, S. 187–203.

Fleischer, Holger, Rechtsverlust nach § 28 WpHG und entschuldbarer Rechtsirrtum des Meldepflichtigen, DB 2009, 1335–1341.

Fleischer, Holger, Reformperspektiven der Organhaftung: Empfiehlt sich eine stärkere Kodifizierung von Richterrecht?, DB 2014, 1971–1975.

Fleischer, Holger, Verantwortlichkeit von Bankgeschäftsleitern und Finanzmarktkrise, NJW 2010, 1504–1506.

Fleischer, Holger, Verbotsirrtum und Vertrauen auf Rechtsrat im europäischen Wettbewerbsrecht, EuZW 2013, 326–332.

Fleischer, Holger, Vertrauen von Geschäftsleitern und Aufsichtsratsmitgliedern auf Informationen Dritter, ZIP 2009, 1397–1406.

Fleischer, Holger, Vorstandshaftung und Vertrauen auf anwaltlichen Rat, NZG 2010, 121–125.

Fleischer, Holger, Zum Grundsatz der Gesamtverantwortung im Aktienrecht, NZG 2003, 449–459.

Florstedt, Tim, Zur organhaftungsrechtlichen Aufarbeitung der Finanzmarktkrise, AG 2010, 315–323.

Freitag, Robert/Korch, Stefan, Die Angemessenheit der Information der Business Judgment Rule (§ 93 Abs. 1 Satz 2 AktG), ZIP 2012, 2281–2286.

Freund, Stefan, Konturierung der Organpflichten von Geschäftsführern und Vorständen, GmbHR 2011, 238–243.

Gattuso, Dominick T./Proctor, Vernon R., Reining in Directors and Officers in Corporate America, In Delaware, the Answer Is Not to Expand Their Personal Liability, Business Law Today, Volume 19, Number 3, 2010, S. 1–4 (zitiert: *Gattuso/Proctor*, BLT 2010, 1).

Gehrlein, Markus, Höchstrichterliche Rechtsprechung zur Haftung des Steuerberaters wegen fehlerhafter Insolvenzprüfung, NZG 2013, 961–967.

Gehrlein, Markus/Ekkenga, Jens/Simon, Stefan (Hrsg.), GmbHG, Gesetz betreffend die Gesellschaften mit beschränkter Haftung, Kommentar, 2. Auflage, Köln 2015.

Goette, Wulf, Grundsätzliche Verfolgungspflicht des Aufsichtsrats bei sorgfaltswidrig schädigendem Verhalten im AG-Vorstand?, ZHR 176 (2012), 588–616.

Goette, Wulf, Zu den vom Aufsichtsrat zu beachtenden Abwägungskriterien im Rahmen seiner Entscheidung nach den ARAG/GARMENBECK-Kriterien – dargestellt am Beispiel des Kartellrechts, in: *Krieger, Gerd/Lutter, Marcus/Schmidt, Karsten* (Hrsg.), Festschrift für Michael Hoffmann-Becking zum 70. Geburtstag, München 2013, S. 377–394.

Goette, Wulf, Zur Verteilung der Darlegungs- und Beweislast der objektiven Pflichtwidrigkeit bei der Organhaftung, ZGR 1995, 648–674.

Gottschalk, Eckart/Weng, Andreas, Was ist bei der Inanspruchnahme rechtlicher Beratung zu beachten? Ein Leitfaden für Geschäftsleiter, GWR 2013, 243–247.

Götz, Heinrich, Die Pflicht des Aufsichtsrats zur Haftbarmachung von Vorstandsmitgliedern, Besprechung des ARAG-Urteils des BGH, NJW 1997, 3275–3278.

Gräfe, Jürgen, Haftungsgefahren des Steuerberaters/Wirtschaftsprüfers in der Unternehmenskrise des Mandanten (Teil 2), DStR 2010, 669–672.

Graumann, Matthias/Grundei, Jens, Wann entsprechen unternehmerische Entscheidungen der gesellschaftsrechtlichen Anforderungen »angemessener Information«?, DBW 2011, 379–399.

Grigoleit, Hans Christoph (Hrsg.), Aktiengesetz, Kommentar, München 2013.

Groeben, Hans von der/Schwarze, Jürgen/Hatje, Armin, Europäisches Unionsrecht, 7. Auflage, München 2015.

Großfeld, Bernhard, Recht der Unternehmensbewertung, 5. Auflage, Köln 2009.

Großkommentar Aktiengesetz, Hrsg. Hirte, Heribert/Mülbert, Peter O./Roth, Marcus, Band 4/2, §§ 92–94, 5. Auflage, Berlin 2015;

Band 3, Hrsg. Hopt, Klaus J./Wiedermann, Herbert, §§ 76–94, 4. Auflage, Berlin 2008 (zitiert: *Bearbeiter*, in: Großkomm. AktG) (sofern die Vorauflage zitiert wird, ist dies ausdrücklich benannt).

Grunewald, Barbara/Römermann, Volker (Hrsg.), Rechtsdienstleistungsgesetz, Köln 2008.

Grys, Anna/Geist, Stefanie, Anm. zu BGH, Beschluss v. 20.01.2009 - Az. XI ZR 510/07, BKR 2009, 127–130.

Guthrie, Chris/Rachlinski, Jeffrey J./Wistrich, Andrew J., Inside The Judicial Mind, 86 Cornell Law Review (2001) 777–830.

Habbe, Julia Sophie/Köster, Anna-Elisabeth, Neue Anforderungen an Vorstand und Aufsichtsrat von Finanzinstituten, BB 2011, 265–268.

Habersack, Mathias, Die Legalitätspflicht des Vorstands der AG, in: Burgard, Ulrich/Hadding, Walther/Mülbert, Peter O./Nietsch, Michael/Welter, Reinhard (Hrsg.), Festschrift für Uwe H. Schneider zum 70. Geburtstag, Köln 2011, S. 429–441.

Habersack, Mathias, Managerhaftung, in: Lorenz, Egon (Hrsg.), Karlsruher Forum 2009: Managerhaftung, Karlsruhe 2010, S. 5–40.

Hahn, Christopher/Naumann, Daniel, Organhaftung trotz sachverständiger Beratung - Entscheidungskonflikte zwischen dem „Gebot des sichersten Weges“ und unternehmerischer Wagnis, CCZ 2013, 156–163.

Hamacher, Peter, Der Syndikusanwalt, in: Deutscher Anwaltsverein (Hrsg.), Anwälte und ihre Geschichte, Zum 140. Gründungsjahr des Deutschen Anwaltvereins, Tübingen 2011, S. 913–948.

Hamilton, Robert W., Symposium: Reliance and Liability Standards for Outside Directors, 24 WFLR 5–30.

Hannigan, Brenda, Company Law, 3. Edition, Oxford 2012.

Harnos, Rafael, Geschäftsleiterhaftung bei unklarer Rechtslage, Eine Untersuchung am Beispiel des Kartellrechts, Berlin 2013.

Hasselbach, Kai/Ebbinghaus, Felix, Anwendung der Business Judgment Rule bei unklarer Rechtslage, AG 2014, 873–883.

Hauger, Nils F. W./Palzer, Christoph, Kartellbußen und gesellschaftsrechtlicher Innenregress, ZGR 2015, 33–83.

Hauschka, Christoph E. (Hrsg.), Corporate Compliance, Handbuch der Haftungsvermeidung im Unternehmen, 2. Auflage, München 2010.

Hauschka, Christoph E., Ermessensentscheidung bei der Unternehmensführung, GmbHR 2007, 11–16.

Hawes, Douglas W./Sherrard, Thomas J., Reliance on advice of counsel as a defense in corporate and securities cases, Vigrinia Law Review, Volume 62, 1976, S. 1–148.

Heermann, Peter W., Wie weit reicht die Pflicht des Aufsichtsrats zur Geltendmachung von Schadensersatzansprüchen gegen Mitglieder des Vorstands?, AG 1998, 201–211.

Heidel, Thomas (Hrsg.), Nomos Kommentar, Aktienrecht und Kapitalmarktrecht, 4. Auflage, Baden-Baden 2014.

Hellwig, Hans-Jürgen, Der Syndikusanwalt – neue Denkansätze, Die systemattische Ausgrenzung des Syndikusanwalts seit 1934, AnwBl. 2015, 2–12.

Hellwig, Hans-Jürgen, Die Finanzkrise – Fragen und Anmerkungen, in: Grunewald, Barbara/Westermann, Hans Peter (Hrsg.), Festschrift für Georg Maier-Reimer zum 70. Geburtstag, München 2010, S. 201–217.

Hellwig, Martin, Finanzmarktregulierung – Welche Regelungen empfehlen sich für den deutschen und europäischen Finanzsektor? – Finanzkrise und Reformbedarf, Gutachten E zum 68. Deutschen Juristentag, in: Ständige Deputation des Deutschen Juristentages (Hrsg.), Verhandlungen des 68. Deutschen Juristentages, Berlin 2010, Band I, Gutachten, Teil E, F und G, München 2010 (zitiert: *M. Hellwig*, Gutachten 68. DJT).

Henkel, Andreas/Mock, Sebastian, Anm. zu BGH, Urt. v. 14.05.2007 – Az. II ZR 48/06, EWiR 2007, 495–496.

Henn, Günter (Begr.), *Frodermann, Jürgen/Jannott, Dirk* (Hrsg.), Handbuch des Aktienrechts, 8. Auflage, Heidelberg 2009.

Hennrichs, Joachim, Corporate Governance und Abschlussprüfung, Zuständigkeiten, Interaktionen und Sorgfaltsanforderungen, in: Erle, Bernd/Goette, Wulf/Kleindiek, Detlef, et al. (Hrsg.), Festschrift für Peter Hommelhoff zum 70. Geburtstag, Köln 2012, S. 383–400.

Hennrichs, Joachim, Zum Fehlerbegriff im Bilanzrecht, NZG 2013, 681–687.

Henssler, Martin/Prütting, Hanns (Hrsg.), Bundesrechtsanwaltsordnung, 4. Auflage, München 2014.

Henssler, Martin/Strohn, Lutz (Hrsg.), Gesellschaftsrecht, BGB, HGB, PartGG, GmbHG, AktG, GenG, UmwG, InsO, AnfG, InstGesR, 2. Auflage, München 2014.

Hillmer, Hans-Jürgen, Inanspruchnahme von Beratungsleistungen als Geschäftsführerpflicht, BC 2012, 282–283.

Hoffmann-Becking, Michael, Beratungsverträge mit Aufsichtsratsmitgliedern – grenzenlose Anwendung des § 114 AktG?, in: Bitter, Georg/Lutter, Marcus/Priester, Hans-Joachim/Ulmer, Peter (Hrsg.), Festschrift für Karsten Schmidt, Köln 2009, S. 657–670.

Holle, Philipp Maximilian, Legalitätskontrolle im Kapitalgesellschafts- und Konzernrecht, Tübingen 2014.

Holle, Philipp Maximilian, Rechtsbindung und Business Judgment Rule, AG 2011, 778–786.

Hölters, Wolfgang (Hrsg.), Aktiengesetz, Kommentar, 2. Auflage, München 2014.

Hommerich, Christoph/Prütting, Hanns, Das Berufsbild des Syndikusanwalts, Bonn 1998.

Hopt, Klaus J., Die Verantwortlichkeit von Vorstand und Aufsichtsrat: Grundsatz und Praxisprobleme – unter besonderer Berücksichtigung der Banken, ZIP 2013, 1793–1806.

Huber, Ulrich, Leistungsstörungen, Band I, Die allgemeinen Grundlagen – Der Tatbestand des Schuldnerverzugs – Die vom Schuldner zu vertretenden Umstände, in: Gernhuber, Joachim (Hrsg.), Handbuch des Schuldrechts in Einzeldarstellungen, Band 9/1, Tübingen 1999.

Hüffer, Uwe, Aktiengesetz, 11. Auflage, München 2014; 10. Auflage, München 2012 (sofern die Vorauflage zitiert wird, ist dies benannt).

Ihlas, Horst, D & O, Directors & Officers Liability, 2. Auflage, Berlin 2009.

Jaeger, Carsten/Trölitzsch, Thomas, Unternehmerisches Ermessen des Aufsichtsrats bei der Geltendmachung von Schadensersatzansprüchen gegenüber Vorstandsmitgliedern, ZIP 1995, 1157–1163.

Jahn, Joachim, Manager haften selten – aber streng, in: FAZ, Nr. 214 vom 15.09.2014, S. 17.

Jauernig, Bürgerliches Gesetzbuch, mit Allgemeinem Gleichbehandlungsgesetz (Auszug), Kommentar, Hrsg. Stürner, Rolf, 16. Auflage, München 2015 (zitiert: *Bearbeiter*, in: Jauernig, BGB).

Jungmann, Carsten, Die Business Judgment Rule – ein Institut des allgemeinen Vorstandsrechts? – Zur Geltung von § 93 Abs. 1 Satz 2 AktG außerhalb des Aktienrechts, in: Bitter, Georg/Lutter, Marcus/Priester, Hans-Joachim/Ulmer, Peter (Hrsg.), Festschrift für Karsten Schmidt, Köln 2009, S. 831–855.

Junker, Claudia/Biederbick, Jörn, Die Unabhängigkeit des Unternehmensjuristen, Dürfen Organmitglieder auf den Rat der Rechtsabteilung hören?, AG 2012, 898–906.

juris Praxiskommentar BGB, Gesamthrsg. Herberger, Maximilian/Martinek, Michael/Rüßmann, Helmut/ Weth, Stephan, Band 2 – Schuldrecht, 7. Auflage, Saarbrücken 2014 (zitiert: *Bearbeiter*, in: jurisPK, BGB).

Kaiser, Dagmar/Rieble, Volker, Haftet der Schuldner für das Ausbleiben seines Erfüllungsgehilfen?, NJW 1990, 218–221.

Kaulich, Matthias, Die Haftung von Vorstandsmitgliedern einer Aktiengesellschaft für Rechtsanwendungsfehler, Berlin 2012.

Kebekus, Frank/Zenker, Wolfgang, Business Judgment Rule und Geschäftsleiterermessen – auch in Krise und Insolvenz?, in: Grunewald, Barbara/Westermann, Harm Peter (Hrsg.), Festschrift für Georg Maier-Reimer zum 70. Geburtstag, München 2010, S. 319–343.

Kiefner, Alexander/Krämer, Lutz, Geschäftsleiterhaftung nach ISION und das Vertrauendürfen auf Rechtsrat – Plädoyer für eine Anwendung der Rechtsprechungsgrundsätze mit Augenmaß, AG 2012, 498–502.

Kim, Sung Hui, Gatekeepers Inside Out, 21 Georgetown Journal of Legal Ethics, 411–463 (zitiert: *Kim*, 21 GEOJLE 411).

Kindler, Peter, Vorstands- und Geschäftsführung mit Augenmaß – Über einige neuere Grundsatzentscheidungen des II. Zivilsenats des BGH zu §§ 93 AktG und 43 GmbHG, in: Habersack, Mathias/Hommelhoff, Peter, Festschrift für Wulf Goette zum 65. Geburtstag, München 2011, S. 231–238.

Kirch-Heim, Claudio/Samson, Erich, Vermeidung der Strafbarkeit durch Einholung juristischer Gutachten, wistra 2008, 81–88.

Klees, Andreas, Anm. zu BGH, Urt. v. 25. 10. 2006 – VIII ZR 102/06, NJW 2007, 431.

Kleine-Cosack, Michael, Bundesrechtsanwaltsordnung mit Berufs- und Fachanwaltsordnung, Kommentar, 6. Auflage, München 2009.

Kleine-Cosack, Michael, Kurzkommentar zu BGH, Beschluss v. 13.03.2000 – AnwZ (B) 25/99, EWiR 2000, 859–860.

Kleine-Cosack, Michael, Rechtsdienstleistungsgesetz – RDG – Kommentar, 3. Auflage, Heidelberg 2015.

Kleine-Cosack, Michael, Versorgungswerk-Aus für Syndikus: BSG erliegt Unabhängigkeitsmythos, Der Gesetzgeber ist gefordert, AnwBl. 2014, 891–898.

Klöhn, Lars, Geschäftsleiterhaftung und unternehmensinterner Rechtsrat – Wie unabhängig sind Unternehmensjuristen?, DB 2013, 1535–1540.

Kniffa, Rolf/Koeble, Wolfgang (Hrsg.), Kompendium des Baurechts, Privates Baurecht und Bauprozess, 4. Auflage, München 2014 (zitiert: *Bearbeiter*, in: Kniffa/Koeble, BauR).

Knops, Kai-Oliver/Brocker, Lars, Die Pflicht zur Aufklärung über Bonifikationen im Effektengeschäft – ein Rechtsirrtum (bei Banken)?, WM 2010, 1101–1148.

Kocher, Dirk, Der BGH sollte seine neue Rechtsprechung auf bestimmte formelle Präsentationen beschränken, BB 2008, 1980–1981.

Kocher, Dirk, Zur Reichweite der Business Judgment Rule, CCZ 2009, 215–221.

Kölner Kommentar zum Aktiengesetz, Hrsg. Zöllner, Wolfgang/Noack, Ulrich, Band 2/1, §§ 76–94 AktG, 3. Auflage, Köln 2010; Band 2/2, §§ 95–117 AktG, 3.

Auflage, Köln 2013; Band 9, SpruchG, 3. Auflage, Köln 2013 (zitiert: *Bearbeiter*, in: KK-AktG).

Kölner Kommentar zum WpÜG, Hrsg. Hirte, Heribert/Bülow, Christoph von, 2. Auflage, Köln 2010 (zitiert: *Bearbeiter*, in: KK-WpÜG).

König, Jochen, Pflicht von Vorstand und Aufsichtsrat zur sorgfältigen Eigen-Prüfung trotz Vorliegens eines Rechtsgutachtens, jurisPR-HaGesR 12/2011, Anm. 3 (zitiert: *König*, in: jurisPR-HaGesR 12/2011, Anm. 3).

Kontogeorgou, Margarita, Externes Rating und Anlegerschutz im Spiegel der neuen Verordnung (EU) Nr. 462/2013, DStR 2014, 1397–1404.

Körber, Torsten, Geschäftsleitung der Zielgesellschaft und due diligence bei Paketerwerb und Unternehmenskauf, NZG 2002, 263–272.

Kort, Michael, Pflichten von Vorstands- und Aufsichtsratsmitgliedern beim Erwerb eigener Aktien zwecks Vorstandsvergütung, NZG 2008, 823–825.

Kossendey, Christoph, Confirmation Bias, in: Leuphana, Institut für Mittelstandsforschung, Universität Lüneburg, Lexikon der verhaltenswissenschaftlichen Betriebswirtschaftslehre, S. 1–8. Abrufbar unter: http://www.leuphana.de/fileadmin/user_upload/Forschungseinrichtungen/imf/files/lexikon/wahrnehmung/Confirmation_Bias.pdf [Zuletzt abgerufen am 31.03.2016] (zitiert: *Kossendey*, Confirmation Bias).

Kremer, Thomas, Haftungsausschluss durch Beratung, in: Gesellschaftsrechtliche Vereinigung (Hrsg.), Gesellschaftsrecht in der Diskussion 2012, Köln 2013, S. 171–185.

Kremer, Thomas/Voet van Vormizeele, Philipp, Neues Rollenverständnis für Syndikusanwälte und das Anwaltsprivileg, AG 2011, 245–254.

Kreuz, Thomas, Enthaftung des Geschäftsleiters einer Kapitalgesellschaft durch Rechtsrat, Hamburg 2015.

Krieger, Gerd, Wie viele Rechtsberater braucht ein Geschäftsleiter? Ein kritischer Zwischenruf zu Strohn ZHR 176 (2012), 137, ZGR 2012, 496–504.

Krieger, Gerd/Schneider, Uwe H. (Hrsg.), Handbuch der Managerhaftung, Vorstand, Geschäftsführer, Aufsichtsrat, Pflichten und Haftungsfolgen, Typische Risikobereiche, 2. Auflage, Köln 2010.

Kunz, Karl-Ludwig, Strafausschluß oder -milderung bei Tatveranlassung durch falsche Rechtsauskunft?, GA 1983, 457–471.

Lamparter, Dietmar H., Dicke Rechnung, in: Die ZEIT, Nr. 4 vom 20.01.2011, S. 29.

Lang, Volker/Balzer, Peter, Handeln auf angemessener Informationsgrundlage – zum Haftungsregime von Vorstand und Aufsichtsrat von Kreditinstituten, WM 2012, 1167–1174.

Langenbucher, Katja, Vorstandshaftung und Legalitätspflicht in regulierten Bereichen, ZBB 2013, 16–23.

Langevoort, Donald C., Getting (too) comfortable: In-house lawyers, enterprise risk, and the finaincial crisis, 2012 WILR 495–519.

Larenz, Karl, Lehrbuch des Schuldrechts, Erster Band, Allgemeiner Teil, 14. Auflage, München 1987.

Latham, Matthew, G., Breach of director's duties: Limits of Reliance on Advice as Defence, International Law Office. Abrufbar unter: http://www.internationallawoffice.com/newsletters/detail.aspx?g=343f7fd7-1cb8-46f3-bb1d-07bc98addbb5 [Zuletzt abgerufen am 31.03.2016] (zitiert: *Latham*, Breach of Directors' duties).

Leipziger Kommentar, Strafgesetzbuch, Großkommentar, Hrsg. Laufhütte, Heinrich Wilhelm/Rissing-van Saan, Ruth/Tiedemann, Klaus, 12. Auflage, Erster Band, Berlin 2008 (zitiert: *Bearbeiter*, in: LeipzKomm., StGB).

Lexikon-Institut Bertelsmann (Hrsg.), Die grosse Bertelsmann Lexikothek, Bertelsmann Lexikon in 15 Bänden, Band 14, Stick – Venn, Gütersloh 1994 (zitiert: Bertelsmann Lexikon).

Lohse, Andrea, Unternehmerisches Ermessen, Zu den Aufgaben und Pflichten von Vorstand und Aufsichtsrat, Tübingen 2005.

Longstreth, Bevis, Reliance on advice of counsel as a defence to securities law violations, 37 BUSLAW 1185–1197 (1982).

Looschelders, Dirk, Schuldrecht Allgemeiner Teil, 13. Auflage, München 2015.

Lorenz, Stephan, Zahlungsverzug und Verschulden, WuM 2013, 202–209.

Loritz, Karl-Georg/Wagner, Klaus-R., Haftung von Vorständen und Aufsichtsräten, DStR 2012, 2189–2195.

Löw, Christine, Die Erkundigungspflicht beim Verbotsirrtum nach § 17 StGB, Frankfurt 2002.

Löwe-Rosenberg, Die Strafprozessordnung und das Gerichtsverfassungsgesetz, Großkommentar, Hrsg. Erb, Volker/Esser, Robert/Franke, Ulrich/Graalmann-Scheerer, Kirsten/Hilger, Hans/Ignor, Alexander, Zweiter Band, §§ 48–93, 26. Auflage, Berlin 2008 (zitiert: *Bearbeiter*, in: Löwe-Rosenberg, StPO).

Lowry, John, The Irreducible Core of the Duty of Care, Skill and Diligence of Company Directors: Australian Securities and Investments Commission v Healey, (2012) 75 MLR 249–274.

Lutter, Marcus, Bankenkrise und Organhaftung, ZIP 2009, 197–201.

Lutter, Marcus, Die Business Judgment Rule und ihre praktische Anwendung, ZIP 2007, 841–848.

Lutter, Marcus/Hommelhoff, Peter/Bayer, Walter/Kleindiek, Detlef (Hrsg.), GmbH-Gesetz, Kommentar, 18. Auflage, Köln 2012 (zitiert: *Bearbeiter*, in: Lutter/Hommelhoff, GmbHG).

Mann, Marius E., Anwaltsprivileg und Zeugnisverweigerungsrecht des unternehmensinternen Syndikus, DB 2011, 978–984.

Marsch-Barner, Reinhard/Schäfer, Frank A. (Hrsg.), Handbuch börsennotierte AG, Aktien- und Kapitalmarktrecht, 3. Auflage, Köln 2014.

Mayer-Maly, Theo, Rechtsirrtum und Rechtsunkenntnis als Probleme des Privatrechts, AcP 170 (1970), 133–180.

Mayson, Stephen/French, Derek/Ryan, Christopher, Company Law 2013–2014, 30th Edition, Oxford 2013.

McDonald, Laurie/Moodie, Grand/Ramsay, Ian/Webster, Jon, Experts' Reports in Corporate Transactions, Annandale 2003 (zitiert: *McDonald et.al.*, Experts' Reliance).

Medicus, Dieter/Lorenz, Stephan, Schuldrecht I, Allgemeiner Teil, Ein Studienbuch, 21. Auflage, München 2015.

Medicus, Dieter/Petersen, Jens, Bürgerliches Recht, Eine nach Anspruchsgrundlagen geordnete Darstellung zur Examensvorbereitung, 25. Auflage, Köln 2015.

Menger, Anton, Das Bürgerliche Recht und die besitzlosen Volksklassen, Darmstadt 1968.

Merkt, Hanno/Mylich, Falk, Einlage eigener Aktien und Rechtsrat durch den Aufsichtsrat, Zwei aktienrechtliche Fragen im Lichte der ISION-Entscheidung des BGH, NZG 2012, 525–530.

Mertens, Hans-Joachim, Unternehmensleitung und Organhaftung, in: Feddersen, Dieter/Hommelhoff, Peter/Schneider, Uwe H. (Hrsg.), Corporate Governance, Optimierung der Unternehmensführung und der Unternehmenskontrolle im deutschen und amerikanischen Aktienrecht, Köln 1996, S. 155–164 (zitiert: *Mertens*, in: Feddersen/Hommelhoff/Schneider, Corporate Governance, S. 155).

Meyer, Andreas, Finanzmarktkrise und Organhaftung, CCZ 2011, 41–47.

Michalski, Lutz (Hrsg.), Kommentar zum Gesetz betreffend die Gesellschaften mit beschränkter Haftung (GmbH-Gesetz), Band II, §§ 35–85 GmbHG, §§ 1–4 EGGmbHG, 2. Auflage, München 2010.

Möllers, Thomas M. J./Wecker, Christine, Regulierung von Ratingagenturen in der Europäischen Union, ZRP 2012, 106–110.

Moosmayer, Klaus, Der EuGH und die Syndikusanwälte, NJW 2010, 3548–3551.

Mülbert, Peter O./Leuscherner, Lars, Anm. zu BGH, Urt. v. 02.06.2008 – Az. II ZR 210/06 (KG), JZ 2009, 158–161.

Müller, Hans-Friedrich, Beraterhaftung für Insolvenzverschleppungsschäden, ZInsO 2013, 2181–2188.

Müller, Hans-Friedrich, Geschäftsleiterhaftung und Vertrauen auf fachkundigen Rat, DB 2014, 1301–1307.

Müller, Hans-Friedrich, Geschäftsleiterhaftung wegen Insolvenzverschleppung und fachkundige Beratung, NZG 2012, 981–983.

Müller, Klaus, Der Sachverständige im gerichtlichen Verfahren, Handbuch des Sachverständigenbeweises, 3. Auflage, Heidelberg 1988.

Münchener Anwaltshandbuch Aktienrecht, Hrsg. Schüppen, Matthias/Schaub, Bernhard, 2. Auflage, München 2010 (zitiert: *Bearbeiter*, in: Schüppen/Schaub, Münchener Anwaltshandbuch, AktR).

Münchener Anwaltshandbuch Versicherungsrecht, Begr. Terbille, Michael, Hrsg. Höra, Knut, 3. Auflage, München 2013 (zitiert: *Bearbeiter*, in: Terbille/Höra, Münchener Anwaltshandbuch, VersR).

Münchener Handbuch des Gesellschaftsrechts, Hrsg. Priester, Hans-Joachim/Mayer, Dieter/Wicke, Hartmut, Band 3, Gesellschaft mit beschränkter Haftung, 4. Auflage, München 2012.

Hrsg. Hoffmann-Becking, Michael, Band 4, Aktiengesellschaft, 4. Auflage, München 2015 (zitiert: *Bearbeiter* in: MünchHdb).

Münchener Kommentar zum Aktiengesetz, Hrsg. Goette, Wulf/ Habersack, Mathias, Band 2, §§ 76–117, 4. Auflage, München 2014 (zitiert: *Bearbeiter*, in: MüKo, AktG).

Münchener Kommentar zum Bürgerlichen Gesetzbuch, Hrsg. Säcker, Franz-Jürgen/Rixecker, Roland, Band 2, Schuldrecht, Allgemeiner Teil, §§ 241–432, 6. Auflage, München 2012; Band 3, Schuldrecht, Besonderer Teil, §§ 433–610, 6. Auflage, München 2012; Band 11, Internationales Privatrecht II, Internationales Wirtschaftsrecht, Einführungsgesetz zum Bürgerlichen Gesetzbuche, 6. Auflage München 2015 (zitiert: *Bearbeiter*, in: MüKo, BGB).

Münchener Kommentar zum GmbHG, Hrsg. Fleischer, Holger/Goette, Wulf, Band 1, 2. Auflage, §§ 1–34, München 2015; Band 2, 2. Auflage, §§ 35–52, München 2016; Band 3, 2. Auflage, §§ 53–85, München 2016 (zitiert: *Bearbeiter*, in: MüKo, GmbHG).

Münchener Kommentar zum Handelsgesetzbuch, Hrsg. Schmidt, Karsten/Ebke, Werner F., Band 4, Drittes Buch. Handelsbücher, §§ 238–342e HGB, 3. Auflage München 2013 (zitiert: *Bearbeiter*, in: MüKo, HGB).

Münchener Kommentar zum Strafgesetzbuch, Hrsg. Heintschel-Heinegg, Bernd von, Band 1, §§ 1–37 StGB, 2. Auflage, München 2011 (zitiert: *Bearbeiter*, in: MüKo, StGB).

Münchener Kommentar zur Insolvenzordnung, Hrsg. Kirchhof, Hans-Peter/Eidenmüller, Horst/ Stürner, Rolf, Band 1, §§ 1–79, 3. Auflage, München 2013 (zitiert: *Bearbeiter*, in: MüKo, InsO).

Münchener Kommentar zur Zivilprozessordnung, Hrsg. Krüger, Wolfgang/Rauscher, Thomas, Band 2, §§ 355–1024, 4. Auflage, München 2012 (zitiert: *Bearbeiter*, in: MüKo, ZPO).

Musielak, Hans-Joachim/Hau, Wolfgang, Grundkurs BGB, 14. Auflage, München 2015.

Musielak, Hans-Joachim/Voigt, Wolfgang (Hrsg.), Zivilprozessordnung mit Gerichtsverfassungsgesetz, Kommentar, 12. Auflage, München 2015.

Nomos Kommentar, Strafgesetzbuch, Hrsg. Kindhäuser, Urs/Neumann, Ulfried/ Paeffgen, Hans-Ulrich, Band 1, 4. Auflage, Baden-Baden 2013 (zitiert: *Bearbeiter*, in: NK-StGB).

Nowak, Raphael M., Haftungsvermeidungsstrategien für den Geschäftsführer einer sich in der Krise befindlichen GmbH, GmbHR 2012, 1294–1299.

Offermann-Burckart, Susanne, Kassel locuta, causa finita!? – Das BSG urteilt über Syndikusanwälte, NJW 2014, 2683–2686.

Oppenländer, Frank/Trölitzsch, Thomas (Hrsg.), Praxishandbuch der GmbH-Geschäftsführung, 2. Auflage, München 2011.

Otto, Harro, Der Verbotsirrtum, Jura 1990, 645–650.

Paefgen, Walter G., Die Darlegungs- und Beweislast bei der Business Judgment Rule, NZG 2009, 891–896.

Paefgen, Walter G., Organhaftung: Bestandsaufnahme und Zukunftsperspektiven, AG 2014, 554–584.

Palandt, Otto (Begr.), Bürgerliches Gesetzbuch, mit Nebengesetzen, 75. Auflage, München 2016.

Pellegrino, Mario, Subjektive oder objektive Vertragshaftung? Ein rechtsvergleichender Blick auf die Rolle des Verschuldens im Vertragsrecht, ZEuP 1997, 41–57.

Peters, Kai, Angemessene Informationsbasis als Voraussetzung pflichtgemäßen Vorstandshandelns, AG 2010, 811–817.

Picker, Eduard, Positive Forderungsverletzung und culpa in contrahendo – Zur Problematik der Haftung „zwischen" Vertrag und Delikt, AcP 183 [1983], 369–520.

Piepenbrock, Dina, „Defense of Reliance" im deutschen Aktienrecht, Rechtsauskunft als Vertrauensgrundlage für Vorstandsentscheidungen, Hamburg 2013.

Poertzgen, Christoph, Anm. zu BGH, Urt. v. 14.05.2007 – Az. II ZR 48/06, DTWIR 2007, 429–431.

Potten, Jens, Der Irrtum in der kartellrechtlichen Entscheidungspraxis: Erkundigungspflichten – Erkundigungsmöglichkeiten, München 1986.

Primaczenko, Vladimir, Eigene Aktien der Gesellschaft können nicht als Sacheinlage eingebracht werden, GWR 2011, 518.

Proll-Gerwe, Tim, Der Syndikusanwalt, Seit 135 Jahren Anwalt zweiter Klasse, in: Unternehmensjurist, Ausgabe 1/2013, S. 18–23 (zitiert: *Proll-Gerwe,* in: Unternehmensjurist, 1/2013, S. 18).

Prütting, Hanns, Das Eckpunktepapier des Bundesjustizministeriums zu den Syndikusanwälten, Ein wichtiger legislativer Schritt, AnwBl. 2015, 199–201.

Prütting, Hanns, Die Ausgrenzung des Syndikus – ein Schritt in die falsche Richtung, Widerspruch zwischen BGH und BFH fordert den Gesetzgeber – Vorschlag für einen neuen § 46 BRAO, AnwBl. 2013, 78–84.

Prütting, Hanns, Die Unabhängigkeit des Syndikusanwalts, Ein Blick auf die Rechtsprechung deutscher und europäischer Gerichte, AnwBl. 2009, 402–405.

Prütting, Hanns/Wegen, Gerhard/Weinreich, Gerd (Hrsg.), BGB Kommentar, 10. Auflage, Köln 2015.

Radin, Stephen A., The Business Judgment Rule, Fiduciary Duties of Corporate Directors, 6. Edition, Volume I, United States 2009.

Raiser, Thomas/Veil, Rüdiger, Recht der Kapitalgesellschaften, Ein Handbuch für Praxis und Wissenschaft, Aktiengesellschaft, Societas Europaea, Kommanditgesellschaft auf Aktien, Gesellschaft mit beschränkter Haftung, Kapitalgesellschaft & Co., Insolvenzrecht, Konzernrecht, Umwandlungsrecht, Übernahmerecht, Kapitalmarktrecht, 6. Auflage, München 2015.

Redeke, Julian, Zu den Voraussetzungen unternehmerischer Ermessensentscheidungen, NZG 2009, 496–498.

Reibel, Rudolf, Neuerungen des Rechtsdienstleistungsgesetzes für Steuerberater, SteuerConsultant, Ausgabe 4, 2008, S. 18–22.

Reichel, Hans, Anm. zu Gericht Düsseldorf, Urt. vom 19.05.1930, 441/29 IV, JW 1931, 525.

Reichert, Jochen, Das Prinzip der Regelverfolgung von Schadensersatzansprüchen nach „ARAG/Garmenbeck", Eine kritische Würdigung, in: Erle, Bernd/Goette, Wulf/Kleindiek, Detlef, et al. (Hrsg.), Festschrift für Peter Hommelhoff zum 70. Geburtstag, Köln 2012, S. 907–926.

Rieger, Katja, Die aktienrechtliche Legalitätspflicht des Vorstands, München 2012.

Rittner, Fritz, Rechtswissen und Rechtsirrtum im Zivilrecht, in: Essner, Josef/Thieme, Hans (Hrsg.), Festschrift für Fritz von Hippel zum 70. Geburtstag, Tübingen 1967, S. 391–422.

Rokas, Alexandros N., Reliance of experts from a corporate law perspective, 2 Am. U. Bus. L. Rev. 323–351 (2013).

Römermann, Volker, RDG – zwei Schritte vor, einen zurück, NJW 2008, 1249–1254.

Römermann, Volker, Steuerberater: Geborene Mittäter bei Insolvenzverschleppung?, GmbHR 2013, 513–519.

Roth, Günter H./Altmeppen, Holger, Gesetz betreffend die Gesellschaften mit beschränkter Haftung (GmbHG) Kommentar, 8. Auflage, München 2015.

Roth, Hans-Peter, Regierungsentwurf eines Gesetzes zur Verringerung der Abhängigkeit von Ratings, GWR 2014, 317–319.

Rowedder, Heinz (Begr.)/Schmidt-Leithoff, Christian (Hrsg.), Gesetz betreffend die Gesellschaft mit beschränkter Haftung (GmbHG), Kommentar, 5. Auflage, München 2013.

Roxin, Claus, Strafrecht, Allgemeiner Teil, Band I, Grundlagen, Der Aufbau der Verbrechenslehre, 4. Auflage, München 2006.

Rudolphi, Hans-Joachim, Anm. zu KG, Urt. v. 24.03.1977 – Az. (2) Ss 442/76 (9/77), JR 1977, 380–382.

Rudolphi, Hans-Joachim, Unrechtsbewusstsein, Verbotsirrtum und Vermeidbarkeit des Verbotsirrtums, in: Juristische Fakultät der Georg-August-Universität Göttingen (Hrsg.), Göttinger Rechtswissenschaftliche Studien, Band 76, Göttingen 1969.

Saenger, Ingo (Hrsg.), Zivilprozessordnung, Handkommentar, 6. Auflage, Baden-Baden 2015.

Saenger, Ingo/Inhester, Michael (Hrsg.), GmbHG, Handkommentar, 2. Auflage, Baden-Baden 2013.

Sander, Julian/Schneider, Stefan, Die Pflicht der Geschäftsleitung zur Einholung von Rat, Dogmatische Grundlagen und praktische Folgerungen, ZGR 2013, 725–759.

Schäfer, Frank A., Vorsatz bei unterlassener Aufklärung über den Erhalt von Rückvergütungen, WM 2012, 1022–1025.

Schaub, Peter/Schaub, Michael, Ratingurteile als Entscheidungsgrundlage für Vorstand und Abschlussprüfer?, ZIP 2013, 656–664.

Schautes, Dirk Christoph, Anwaltliche Unabhängigkeit, Eine rechtsvergleichende Untersuchung des deutschen und US-amerikanischen Berufsrechts, Bonn 2005.

Schmidt, Karsten, Gesellschaftsrecht, 4. Auflage, Köln 2002.

Schmidt, Karsten/Lutter, Marcus (Hrsg.), Aktiengesetz Kommentar, I. Band, §§ 1–149, 3. Auflage, Köln 2015.

Schmitt, Joachim/Hörtnagl, Robert/Stratz, Rolf-Christian, Umwandlungsgesetz, Umwandlungssteuergesetz, 6. Auflage, München 2013.

Schneider, Uwe H., Anwaltlicher Rat zu unternehmerischen Entscheidungen bei Rechtsunsicherheit, DB 2011, 99–103.

Scholl, Bernd, Vorstandshaftung und Vorstandsermessen, Rechtliche und ökonomische Grundlagen, ihre Anwendung in der Finanzkrise sowie der Selbstbehalt bei der D&O-Versicherung, Baden-Baden 2015.

Scholz, Franz (Hrsg.), Kommentar zum GmbH-Gesetz, mit Anhang Konzernrecht, II. Band, §§ 35–52, 11. Auflage, Köln 2014; III. Band, §§ 53–85, 11. Auflage, Köln 2015.

Scholz, Kai-Steffen, Verlust von Aktionärsrechten gem. § 28 WpHG, AG 2009, 313–321.

Schön, Stephan/Cortez, Benjamin, Finanzmarktkrise als Vertrauenskrise, Special Purpose Entities und Ratingagenturen als Ursache für Informationsasymmetrien an den globalen Finanzmärkten, IRZ 2009, 11–17.

Schöne, Franz-Josef, Managerhaftung – die Luft wird dünner, in: Börsen-Zeitung, Ausgabe 40 vom 25.02.2012, S. 13–14.

Schönke, Adolf/Schröder, Horst, Strafgesetzbuch, Kommentar, 29. Auflage, München 2014.

Schröder, Christian, Anm. zu BGH, Urt. v. 14.05.2007 – Az. II ZR 48/06, GmbHR 2007, 759–762.

Schult, Ludger/Nikoleyczik, Tobias, Geschäftsführer muss auf unverzügliche Vorlage des Prüfungsergebnisses eines zur Prüfung der Insolvenzreife hinzugezogenen Experten hinwirken, GWR 2012, 270.

Schultz-Süchting, Rolf, Der Einfluß des Rechtsanwalts auf das Verschulden seines Mandanten im gewerblichen Rechtsschutz, GRUR 1974, 432–437.

Schulze Althoff, Lydia, Ist der Syndikus Rechtsanwalt?, ZRP 2013, 254–254.

Schulze, Reiner, Nomos Kommentar, Bürgerliches Gesetzbuch, Handkommentar, 8. Auflage, Baden-Baden 2014.

Schumacher, Harald/Tödtmann, Claudia/Hielscher, Henryk, Regressforderungen – Jetzt sollen die Manager bezahlen, in: Wirtschaftswoche vom 14.12.2013. Abrufbar unter: http://www.wiwo.de/unternehmen/industrie/regressforderungen-jetzt-sollen-die-manager-bezahlen/9178610.html [Zuletzt abgerufen am 31.03.2016] (zitiert: Schumacher/Tödtmann/Hielscher, Regressforderungen, Wirtschaftswoche vom 14.12.2013).

Schwarz, Helmut, Steuerberaterhaftung bei unterlassener Aufklärung über die Insolvenzantragspflicht bei Insolvenzreife einer GmbH/AG, NZI 2012, 869–873.

Schwarz, Volker, Anmerkung zu BGH, Urt. v. 27.03.2012 - Az. II ZR 171/10, CCZ 2013, 34–38.

Seiz, Claudia, Ein Schritt vor und zwei zurück? – Zum letzten Stand des Anwaltsgeheimnisses für Unternehmensanwälte im Europäischen Kartellverfahren – Kurzbesprechung der Schlussanträge der Generalanwältin Juliane Kokott vom 29.4.2010 - C-550/07 P (Akzo Nobel/Kommission) –, in: EuZW 2010, 524–526.

Selter, Wolfgang, Haftungsrisiken von Vorstandsmitgliedern bei fehlendem und von Aufsichtsratsmitgliedern bei vorhandenem Fachwissen, AG 2012, 11–20.

Soergel, Hans Th. (Begr), Bürgerliches Gesetzbuch mit Einführungsgesetz und Nebengesetzen, Band 3/2, Schuldrecht 1/2, §§ 243–304, 13. Auflage, Stuttgart 2014; Band 2, Schuldrecht I, §§ 241–432, 12. Auflage, Stuttgart 1990; (sofern die Vorauflage zitiert wird, ist dies benannt).

Spindler, Gerald, Die Haftung von Vorstand und Aufsichtsrat für fehlerhafte Auslegung von Rechtsbegriffen, in: Heldrich, Andreas/Prölss, Jürgen/Koller, Ingo (Hrsg.), Festschrift für Claus-Wilhelm Canaris zum 70. Geburtstag, Band II, S. 403–528.

Spindler, Gerald, Sonderprüfung und Pflichten eines Bankvorstands in der Finanzkrise, Anmerkung zu OLG Düsseldorf, Beschl. v. 9. 12. 2009, Az. 6 W 45/09 - IKB, NZG 2010, 281–285.

Spindler, Gerald/Stilz, Eberhard (Hrsg.), Kommentar zum Aktiengesetz, Band 1, §§ 1–149 AktG, 3. Auflage, München 2015.

Staudinger, Julius von (Begr.), J. von Staudingers Kommentar zum Bürgerlichen Gesetzbuch: mit Einführungsgesetz und Nebengesetzen, Buch 2: Recht der Schuldverhältnisse, §§ 249–254 (Schadensersatzrecht), Berlin 2005; Buch 2: Recht der Schuldverhältnisse, §§ 255–304 (Leistungsstörungsrecht I), Berlin 2014; Buch 2: Recht der Schuldverhältnisse, §§ 255–304 (Leistungsstörungsrecht I), Berlin 2004 (sofern die Vorauflage zitiert wird, ist dies benannt).

Strohn, Lutz, Editorial - Beratung der Geschäftsleitung durch Spezialisten als Ausweg aus der Haftung?, ZHR 176 (2012), 137–143.

Strohn, Lutz, Pflichtenmaßstab und Verschulden bei der Haftung von Organen einer Kapitalgesellschaft, CCZ 2013, 177–184.

Systematischer Kommentar zum Strafgesetzbuch, Hrsg. Wolter, Jürgen, Band 1, §§ 1–45b StGB, 8. Auflage, Köln 2014 (zitiert: *Bearbeiter*, in: SK-StGB).

Terwedow, Nicole/Klavina, Zane, Inwieweit dürfen sich Vorstand, Aufsichtsrat und Abschlussprüfer auf Ratings erworbener Finanzprodukte verlassen?, Der Konzern 2012, 535–547.

Tettinger, Peter J./Wank, Rolf/Ennuschat, Jörg, Gewerbeordnung, Kommentar 8. Auflage, München 2011.

The American Law Institute, Principles Of Corporate Governance: Analysis and Recommendations, Volume 1, Parts I - VI, §§ 1.01–6.02, Washington 1994 (zitiert: *American Law Institute*, Corporate Governance).

Theiselmann, Rüdiger, Geschäftsleiterhaftung für Zahlungen nach Insolvenztreife: Neue BGH-Rechtsprechung zur Berücksichtigung eines Vermögensabflusses, DB 2015, 671–672.

Theisen, Manuel R., Organhaftung - Musste die Titanic wirklich untergehen…- oder hätte ein Gutachten das Drama verhindern können?, BB 38.2012 - Die erste Seite.

Thole, Christoph, Managerhaftung für Gesetzesverstöße, Die Legalitätspflicht des Vorstands gegenüber seiner Aktiengesellschaft, ZHR 173 (2009), 504–535.

Twele, Markus, Die Haftung des Vorstands für Kartellrechtsverstöße, Baden-Baden 2013.

Uebler, Thomas A., Reinterpreting section 141 (e) of Delaware's General Corporation Law: Why interested directors should be "fully protected" in relying on expert advice, 65 BUSLAW 1023–1054, 2010.

Uhlenbruck, Wilhelm/Hirte, Heribert/Vallendar, Heinz (Hrsg.), Insolvenzordnung, Kommentar, 14. Auflage, München 2015 (zitiert: *Bearbeiter*, in: Uhlenbruck, InsO).

Ulmer, Alexander J., Vorstandshaftung trotz sachverständiger Beratung, BLJ 2013, 59–65.

Ulmer, Peter/Habersack, Mathias/Löbbe, Marc (Hrsg.), Gesetz betreffend die Gesellschaft mit beschränkter Haftung (GmbHG), Großkommentar, Band II, §§ 29 bis 52, 2. Auflage, Tübingen 2014; Band III, §§ 53 bis 87, 1. Auflage, Tübingen 2005 (zitiert: *Bearbeiter*, in: Ulmer, GmbHG).

Uwe H. Schneider, Die Haftung von Mitgliedern des Vorstands und der Geschäftsführung bei Vertragsverletzungen der Gesellschaft, in: Kindler, Peter/ Koch, Jens/Ulmer, Peter/ Winter, Martin (Hrsg.), Festschrift für Uwe Hüffer zum 70. Geburtstag, München 2010, S. 905–916.

Vera, Antonio, Der Arzt im Krankenhaus des 21. Jahrhunderts: Professional oder klinischer Manager?, ZögU 2007, 300–316.

Vetter, Eberhard, Kurzkommentar zu BGH, Urt. v. 20.09.2011 - Az. II ZR 234/09, EWiR 2011, 793–794.

Vetter, Eberhard, Rechtsprobleme des externen Ratings, WM 2004, 1701–1712.

Vetter, Eberhard, Spagat zwischen Freiheit und Verantwortung: Reform der Organhaftung?, AnwBl. 2014, 582–587.

Wachter, Thomas (Hrsg.), AktG, Kommentar zum Aktiengesetz, 2. Auflage, Köln 2014.

Wackerbarth, Ulrich, Kurzkommentar zu BGH, Urt. v. 27.03.2012 – II ZR 171/10, EWiR 2012, 457–458.

Wagner, Jens, „Internal Investigations" und ihre Verankerung im Recht der AG, CCZ 2009, 8–17.

Wagner, Jens, Die Rolle der Rechtsabteilung bei fehlenden Rechtskenntnissen der Mitglieder von Vorstand und Geschäftsführung, BB 2012, 651–658.

Walton, Nina, Delegated Monitoring: When Can Boards Rely on Outside Experts? 14 Am. L. & Econ. Rev., 2012, S. 271–301.

Wason, Peter, Reasoning about a rule, in: Quarterly Journal of Experimental Psychology, 1968, S. 273–281.

Weitbrecht, Andreas, Anm. zu EuGH, Urt. v. 18.06.2013 – Az. C-681/11, NJW 2013, 3085–3086.

Wellhöfer, Werner/Peltzer, Martin/Müller, Welf, Die Haftung von Vorstand Aufsichtsrat Wirtschaftsprüfer mit GmbH-Geschäftsführer, München 2008 (zitiert: *Bearbeiter*, in: Wellhöfer/Peltzer/Müller, Vorstandshaftung).

Werder, Axel von, Führungsorganisation, Grundlagen der Corporate Governance, Spitzen- und Leitungsorganisation, 2. Auflage, Wiesbaden 2008 (zitiert: *v. Werder*, Corporate Governance).

Werner, Ulrich/Pastor, Walter, Der Bauprozess, Prozessuale und materielle Probleme des zivilen Brauprozesses, 15. Auflage, Köln 2015 (zitiert: *Bearbeiter*, in: Werner/Pastor, BauP).

Wiedemann, Herbert, Gesellschaftsrecht, Ein Lehrbuch des Unternehmens- und Verbandsrechts, Band 1, Grundlagen, München 1980.

Windbichler, Christine, Gesellschaftsrecht, 23. Auflage, München 2013.

Wolter, Jürgen, Schuldhafte Verletzung einer Erkundigungspflicht, Typisierung beim Vermeidbarkeitsurteil und qualifizierte Fahrlässigkeit beim Verbotsirrtum - OLG Celle, NJW 1977, 1644, JuS 1979, 482–488.

Yale Law Journal, Reliance on advice of counsel, 70 YLJ 978–994, 1961.

Zimmermann, Reinhard, The Law of Obligations, Roman Foundations of the Civilian Tradition, Kenwyn 1990.

Zugehör, Horst, Haftung des Steuerberaters für einen fehlerhaften Jahresabschluss, WM 2013, 1965–1976.

Verzeichnis sonstiger verwendeter Materialien

American Bar Foundation and Law and Business, Inc., Official Comment, Model Business Corporation Act.

Beschlussempfehlung und Bericht des Rechtsausschusses (6. Ausschuss) zu dem Gesetzentwurf der Bundesregierung- Drucksache 12/4993 – Entwurf eines Gesetzes zur Neuordnung des Berufsrechts der Rechtsanwälte und der Patentanwälte, BT-Drucks. 12/7656.

Bundesanstalt für Finanzdienstleistungsaufsicht, German action plan to reduce overreliance on CRA ratings, „Maßnahmenplan zur Reduzierung der Bezugnahme auf externe Ratings". Abrufbar unter: http://www.bafin.de/SharedDocs/Downloads/DE/Bericht/dl_massnahmenplan_externe_ratings_fsb.pdf?__blob=publicationFile&v=3 [Zuletzt abgerufen am 31.03.2016]

Bundesministerium der Justiz und für Verbraucherschutz, Neuregelung des Rechts der Syndikusanwälte – Eckpunkte. Abrufbar unter: http://www.bmjv.de/SharedDocs/Downloads/DE/pdfs/20150113_Eckpunkte_Syndikusanwaelte.pdf?__blob=publicationFile [Zuletzt abgerufen am 31.03.2016]

Bundesministerium der Justiz und für Verbraucherschutz, Referentenentwurf, Entwurf eines Gesetzes zur Neuordnung des Rechts der Syndikusanwälte. Abrufbar unter: *http://www.buj.net/resources/Server/Berufsrecht/Syndikus-Referentenentwurf-260315.pdf* [Zuletzt abgerufen am 31.03.2016]

Bundesrechtsanwaltskammer, Entwicklung der Fachanwaltschaften seit 1960, Stand 01.01.2015. Abrufbar unter: http://www.brak.de/w/files/04_fuer_journalisten/statistiken/2015/statistik_fa_zum-1.12015.pdf [Zuletzt abgerufen am 31.03.2016]

Delaware Laws, 134th General Assembly 14, 66 Del. L.Chap. 136 (1987) (official commentary).

Deutscher Industrie- und Handelstag, Merkblatt der Industrie- und Handelskammern für den gerichtlichen Sachverständigen.

Deutscher Juristentag, Beschlüsse, 70. Deutscher Juristentag, Abrufbar unter: http://www.djt.de/fileadmin/downloads/70/140919_djt_70_beschluesse_web_rz.pdf [Zuletzt abgerufen am 31.03.2016]

Entwurf eines Gesetzes über den Wertpapierhandel und zur Änderung börsenrechtlicher und wertpapierrechtlicher Vorschriften (Zweites Finanzmarktförderungsgesetz), BT-Drucks. 12/6679.

Entwurf eines Gesetzes zur Modernisierung des Schuldrechts, Begr. RegE SMG, BT-Drucks. 14/6040.

Entwurf eines Gesetzes zur Neuordnung des Rechts der Syndikusanwälte, Entwurf der Fraktionen der CDU/CSU und SPD, BT-Drucks. 18/5201.

Entwurf eines Gesetzes zur Neuregelung des Rechtsberatungsrechts, BT-Drucks. 16/3655.

Entwurf eines Gesetzes zur Neuregelung des Rechtsberatungsrechts, RegE, BT-Drucks. 623/06.

Entwurf eines Gesetzes zur Unternehmensintegrität und Modernisierung des Anfechtungsrechts (UMAG), Begr. RegE UMAG, BR-Drucks. 3/05.

Lord Goldsmith, House of Lords Grand Committee, Company Law Reform Bill [HL] (Committee Stage) Column: GC 282 vom 06.02.2006.

Redaktion beck-aktuell, Finanzausschuss: Experten beurteilen Ratingagenturen kritisch, 25.03.2010, becklink 300744.

Schriften zum Gesellschaftsrecht und Unternehmensinsolvenzrecht

Herausgegeben von Hans-Friedrich Müller und Peter Reiff

Band 1 Björn Müller: Haftungsprivilegierung der Geschäftsleitung durch fachkundige Beratung. Entwicklung eines gesellschaftsrechtlichen Vertrauensgrundsatzes unter Berücksichtigung anglo-amerikanischen Rechts. 2016.

www.ingramcontent.com/pod-product-compliance
Ingram Content Group UK Ltd.
Pitfield, Milton Keynes, MK11 3LW, UK
UKHW021832290926
8980IPUK00004B/399

9 783631 676301